Les régions du guide :
(voir la carte à l'intérieur de la couverture ci-contre)

Italie du Nord

Le Guide Vert, mode d'emploi : un guide en 3 parties

Organiser son voyage :

- Avant de partir.
- À faire sur place de A à Z.
- Des activités pour tous.
- Un agenda des événements.

Comprendre la destination :

- La destination aujourd'hui.
- Histoire.
- Art et culture.
- Gastronomie.
- Nature...

Découvrir la destination :

- Notre sélection de sites.
- Des circuits conseillés.
- Des cartes.
- Notre sélection d'adresses pour tous les budgets.

En fin de guide :
l'explication des symboles et la table des cartes et plans

Le Guide Vert :
découvrir la destination

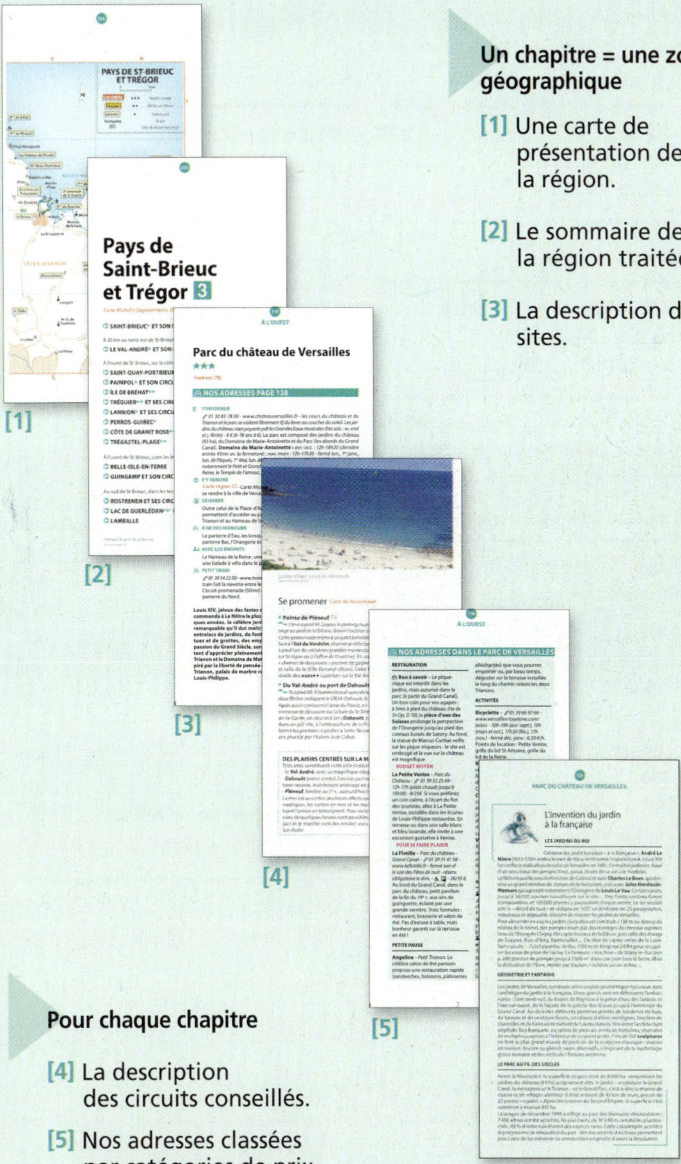

Un chapitre = une zone géographique

[1] Une carte de présentation de la région.

[2] Le sommaire de la région traitée.

[3] La description des sites.

Pour chaque chapitre

[4] La description des circuits conseillés.

[5] Nos adresses classées par catégories de prix.

[6] Des pages thématiques pour en savoir plus.

Retrouvez-nous sur : ***Voyage.ViaMichelin.fr***

Sommaire

1/ ORGANISER SON VOYAGE

2/ COMPRENDRE L'ITALIE DU NORD

3/ DÉCOUVRIR L'ITALIE DU NORD

1 LE PIÉMONT ET LE VAL D'AOSTE

2 LA LIGURIE

3 LA LOMBARDIE ET LA RÉGION DES LACS

4 VENISE ET LA VÉNÉTIE LE FRIOUL-VÉNÉTIE JULIENNE

5 TRENTIN-HAUT-ADIGE/ SÜDTIROL

2 BOLOGNA ET L'ÉMILIE-ROMAGNE

1/ ORGANISER SON VOYAGE

M. Barraud/Ojo Images/Photononstop

Aller en Italie du Nord

En avion

Les principales villes d'Italie sont reliées aux capitales et grandes villes de France, de Belgique et de Suisse. Au départ de Paris, les aéroports de Turin, Milan, Venise, Bologne, Gênes, Trieste, Vérone sont desservis quotidiennement. De la province, vols à partir de Lyon, Toulouse, Marseille, Clermont-Ferrand, Nantes et Nice.
Il existe aussi plusieurs vols quotidiens vers Milan depuis Bruxelles, Genève et Zurich.
Les tarifs les plus intéressants nécessitent une réservation plusieurs semaines à l'avance. Pensez aussi aux tarifs week-end ou de dernière minute sur Internet.

LES COMPAGNIES AÉRIENNES

Air France – 49 av. de l'Opéra - 75009 Paris - ✆ 36 54 (de France) - www.airfrance.fr.
Alitalia – ✆ 0 892 655 655 (0,34 €/mn) ou ✆ 01 44 94 44 20 - www.alitalia.fr.
Lufthansa – www.lufthansa.com. Vols avec correspondance pour Venise, Bologne, Gênes, Vérone, Trieste.

Compagnies Low cost

Easy jet – www.easyjet.com. Elle assure des vols de Paris à Bologne, Milan, Venise et Vérone, de Bordeaux, Toulouse et Bruxelles à Milan, de Nice et Toulouse à Venise.
Ryan Air – ✆ 0892 562 150 (0,34 €/mn) - www.ryanair.com. De Paris (au départ de Beauvais), vols vers Venise, Milan, Vérone, Bologne, Turin ; de Bruxelles, vols pour les mêmes aéroports, Gênes et Trieste.

En train

De **Paris Est** ou **Gare de Lyon**, la SNCF propose plusieurs trains de jour et deux trains de nuit vers Venise, Milan ou Turin. ✆ 36 35 (0,34 €/mn) - www.voyages-sncf.com. De jour, la liaison TGV au départ de Paris rejoint Turin (5h) et Milan (7h) par Chambéry.
La compagnie **Thello** rallie Venise par Milan, Brescia, Vérone, Vicence et Padoue, de Paris (Gare de Lyon) et Dijon, à prix modestes – ✆ 01 83 82 00 00 (10h-20h) - www.thello.com.
De **Bruxelles**, les trains vers l'Italie passent par Paris. **Genève**, quant à elle, est reliée directement à Milan.
Venice-Simplon-Orient-Express – réservation ✆ 01 55 62 18 00 - www.orient-express.com. Le légendaire et très luxueux Orient-Express relie Paris à Venise *via* Innsbruck et Vérone (en 2 jours et 1 nuit). Aller simple 1 920 €/pers.
Pour avoir des tarifs intéressants, pensez à la carte **Interrail Global Pass** qui permet de voyager librement en 2e classe en Europe et en Turquie (exception faite de votre pays de résidence) pendant 15 jours, 22 jours ou 1 mois. Ou bien à la carte **Interrail One Country Pass** qui permet, quel que soit l'âge, de circuler librement dans un seul pays d'Europe pendant 3 à 8 jours librement répartis sur un mois. Voir sur www.interrail.net.

En voiture

LES GRANDS AXES

Les voies d'accès pour l'Italie, hormis le passage côtier Menton/Ventimille, sont tributaires des cols et tunnels alpins.
Les routes principales utilisent le col du Montgenèvre, près de Briançon, le tunnel du Fréjus et le col du Mont-Cenis, près de St-Jean-de-Maurienne, le col du Petit-St-Bernard, près de Bourg-St-Maurice, et le tunnel du Mont-Blanc.
Au départ de la Suisse, trois routes sont possibles : par le col ou le tunnel du Grand-St-Bernard, le col du Simplon et celui du St-Gothard qui, *via* le Tessin et Lugano, permet d'accéder à la région des lacs lombards.
Renseignements sur les conditions de passage des cols :
Tunnel du Mont-Blanc – ✆ 04 50 55 55 00, (39) 0165 89 04 11 (Italie) - www.tunnelmb.com.
Tunnel de Fréjus – ✆ 04 79 20 26 00, (39) 0122 62 16 21 (Italie) - www.sftrf.fr, www.sitaf.it.
Tunnel du St-Bernard – ✆ (+39) 0165 78 09 02 (Italie), (+41) 27 788 44 00 (Suisse) - www.letunnel.com.

LES CARTES MICHELIN

Cartes Régional 561 (Val d'Aoste-Piémont-Lombardie-Ligurie) et **562** (Trentin-Haut-Adige-Frioul-Vénétie-Julienne-Émilie-Romagne) au 1/400 000.
Cartes Local : 351, 352, 353, 354, 355, 356 et **357** au 1/200 000 (ces dernières sont vendues en Italie uniquement).
Atlas routier Italie au 1/300 000.
En ligne : calcul d'itinéraire sur **www.viaMichelin.fr**

À AVOIR DANS LA VOITURE

Attention ! Chaque véhicule circulant en Italie doit être équipé d'un triangle réfléchissant de présignalisation et d'un blouson réfléchissant que le conducteur et chaque passager doivent endosser en cas d'arrêt au bord de la route. Vous les trouverez dans les stations-service importantes et les supermarchés.

DISTANCES EN KM	Aoste	Bologne	Côme	Ferrare	Gênes	Milan	Ravenne	Turin	Venise
Aoste		401	208	427	245	181	476	110	442
Bologne	401		260	47	291	210	76	332	154
Côme	208	260		263	185	49	335	165	280
Ferrare	427	47	263		338	254	74	373	113
Gênes	245	291	185	338		145	371	170	397
Milan	181	210	49	254	145		266	138	273
Ravenne	476	76	335	74	371	286		407	141
Turin	110	332	165	373	170	138	407		402
Venise	442	154	280	113	397	273	141	402	

En autocar

De Paris, plusieurs liaisons hebdomadaires sont assurées par la compagnie **Eurolines** vers Aoste, Bologne, Brescia, Gênes, Milan, Padoue, Parme, Turin, Venise, Ventimille, Vérone. Se renseigner au : 55 r. St-Jacques, 75005 Paris / 28 av. du Général-de-Gaulle, BP 313, 93541 Bagnolet Cedex / 75bis bd de Clichy, 75009 Paris - ✆ 0892 89 90 91 (0,34 €/mn) ou (33) 141 86 24 21 (de l'étranger) - www.eurolines.fr.
Exemple : départ de Paris (Gallieni) le vendredi à 22h45, arrivée à Turin le lendemain à 11h45 (120 € AR).

Avant de partir

Identités régionales

Émilie-Romagne
Capitale régionale : Bologna
Superficie : 22 445 km^2
Population : 4 432 418 habitants

Frioul-Vénétie Julienne
Capitale régionale : Trieste
Superficie : 7 858 km^2
Population : 1 235 808 habitants

Ligurie
Capitale régionale : Gênes (Genova)
Superficie : 5 418 km^2
Population : 1 616 788 habitants

Lombardie
Capitale régionale : Milan (Milano)
Superficie : 23 859 km^2
Population : 9 917 714 habitants

Piémont
Capitale régionale : Turin (Torino)
Superficie : 25 399 km^2
Population : 4 457 335 habitants

Trentin-Haut-Adige
Capitales régionales : Trento (Trente) et Bolzano
Superficie : 13 607 km^2
Population : 1 037 114 habitants

Val d'Aoste
Capitale régionale : Aoste (Aosta)
Superficie : 3 264 km^2
Population : 128 230 habitants

Vénétie
Capitale régionale : Venise (Venezia)
Superficie : 18 365 km^2
Population : 4 937 854 habitants

Météo

Les meilleurs moments pour partir à la découverte de l'Italie sont les mois d'avril, mai, juin, septembre et octobre, quand le climat est doux et que touristes et estivants n'ont pas encore envahi les sites et les lieux de villégiature. Pour les inconditionnels de la plage, juin et septembre sont les meilleurs moments.
Dans la mesure du possible, mieux vaut éviter les mois de juillet et août, d'une part à cause de la chaleur, mais aussi parce que, sur place, ce sont également les vacances d'été, avec tout ce que cela implique (prix à la hausse, files d'attente, etc.).
Pour ces deux saisons, vêtements légers, maillot, lunettes de soleil et chapeau sont bien sûr de rigueur. Pour ceux qui séjournent dans des régions de montagne, prévoir des chaussures de marche et un vêtement chaud. En dehors de la saison estivale, sachez qu'il pleut souvent, notamment dans la plaine du Pô : équipez-vous en conséquence.

Adresses utiles

OFFICES DE TOURISME

Office national italien du tourisme ou ENIT (Ente Nazionale Italiano per il Turismo) :
France – 23 r. de la Paix (75002) - ✆ 01 42 66 03 96 - www.enit.it ou www.italia.it.
Belgique – Av. Louise, 176 - 1050 Bruxelles - ✆ (+322) 647 17 41 - enit-info@infonie.be.
Canada – 110 Yonge Street, Suite 503 - M5C1T4 Toronto - ✆ (+1 416) 925 48 82 - www.enit.it.
Suisse – Uraniastrasse, 32 - 8001 Zürich - ✆ (+41) 43 466 40 40 - www.enit.ch.

ORGANISMES OFFICIELS

Ambassade et centre culturel

Ambassade d'Italie – 51 r. de Varenne, 75007 Paris - lun.-vend. 9h-13h, 14h-17h - ✆ 01 49 54 03 00 - fax 01 49 54 04 10 - www.ambparigi.esteri.it. Réseau consulaire au niveau national indiqué sur le site.

Bibliothèque de l'Institut culturel italien (plusieurs instituts en France) – 73 r. de Grenelle - 75007 Paris - ✆ 01 44 39 49 39 - www.iicparigi.esteri.it - lun.-vend. 10h-13h, 15h-18h - fermé juil.-août.

AGENCES DE VOYAGES SPÉCIALISÉES

Autrement l'Italie – 72/76 bd St-Michel - 75006 Paris - ✆ 01 44 41 69 95 - fax 01 44 07 21 80 - www.autrement-italie.net. Escapades originales permettant d'assister à un match Juve-Milan AC au stade Le Alpi, aux défilés de mode milanais, de s'initier aux gourmandises parmesanes, de faire du cocooning au bord du lac de Garde ou de découvrir Venise.

Bravo Voyages – 5 r. de Hanovre - 75002 Paris - ✆ 01 45 35 43 00 - fax 01 45 35 65 33 - www.bravovoyages.com. Organisation de séjours et locations.

Donatello – 10 r. Daunou - 75002 Paris - ✆ 01 44 58 30 81 ou 0826 10 21 02 (0,15 €/mn) - www.donatello.fr. Large choix sur le Nord : circuits organisés, week-ends dans les villes d'art et formules permettant à chacun de réaliser « son propre voyage », en toute liberté. Large choix d'hôtels de trois et quatre étoiles. Agences dans toute la France (vous retrouverez leurs adresses sur le site Internet).

Images du monde – 14 r. de Siam - 75013 Paris - ✆ 01 44 24 87 88 - www.images-du-monde.com. Circuits à la carte, locations d'appartements et de villas.

Visit Europe – ✆ 0 821 002 022 - www.visiteurope.fr. Week-ends, circuits, escapades à thème…

Voyageurs du Monde – 55 r. Ste-Anne - 75002 Paris - ✆ 01 42 86 16 00 - www.voyageursdumonde.fr.

Voyages en individuel, sur mesure ou selon itinéraires proposés, hôtels et agrotourisme.

Courts séjours et escapades :

Nouvelles Frontières – ✆ 0825 000 747 - www.nouvelles-frontieres.fr.

Voyages culturels

Clio – 34 r. du Hameau - 75015 Paris - ✆ 01 53 68 82 82 - fax 01 53 68 82 60 - www.clio.fr. Itinéraires, séjours culturels et thématiques avec conférenciers.

Intermèdes – 60 r. La Boétie - 75008 Paris - ✆ 01 45 61 90 90 - fax 01 45 61 90 09 - www.intermedes.com. Conférences culturelles le lun. et le jeu. à 17h, certains mar. à 14h30, à l'espace Georges-Bernanos - 4 r. du Havre, 75009 Paris. Différents circuits culturels de 5 à 7 jours avec conférencier vous sont proposés.

Terre Entière – 10 r. de Mézières - 75006 Paris - ✆ 01 44 39 03 03 - fax 01 42 84 18 99 - www.terreentiere.com. Croisières et voyages culturels, pèlerinages et itinéraires spirituels.

L'Italie du Nord en randonnée

Allibert – www.allibert-trekking.com.
France : ✆ 04 76 45 50 50.
Benelux : ✆ 02 526 92 90.
Suisse : ✆ 022 849 85 51.
Les Cinque Terre, les Grands Lacs, les cimes du Brenta, etc. en 6 jours avec un guide-accompagnateur, pour groupe de 6 à 15 participants.

Chemins du Sud – ZAC Saint-François - 52 r. François Gernelle - 84120 Pertuis Cedex - ✆ 04 90 09 06 06 - fax 04 90 09 06 05 - www.cheminsdusud.com. Circuits dans le Piémont, en Vénétie, sur les lacs Majeur et de Côme, dans le Parc national des Cinque Terre et dans

Cartes et Guides MICHELIN :
pour un voyage réussi !
QUEL ITINÉRAIRE ?
OÙ DORMIR ?
OÙ DÎNER ?
QUE VISITER ?
À QUEL PRIX ?
BOURGOGNE
France
France
www.michelin-boutique.com
www.voyage.viamichelin.fr
ATLAS ROUTIER
France
FLORIDE
MADRID
MICHELIN
Une meilleure façon d'avancer

la presqu'île de Portofino, une randonnée Art et culture à vélo autour de Venise et une autre, de Mantoue à Venise, en vélo et bateau.

Terres d'aventure – ☏ 0 825 700 825 - www.terdav.com - antennes à Bordeaux, Grenoble, Lille, Lyon, Marseille, Nantes, Paris, Rennes, Toulouse, Rouen, Strasbourg et Chamonix, à Genève et Bruxelles, à Montréal et Québec. Circuits organisés aux Cinque Terre, au bord du lac de Côme ou dans les Dolomites, certains adaptés aux familles.

Belgique : Terres d'aventure – 23 chaussée de Charleroi - 1060 St-Gilles Bruxelles - ☏ (32) 2 543 95 60.

Suisse : Terres d'aventure – 19 r. de la Rôtisserie - 1204 Genève - ☏ (41) 22 518 01 28.

Canada : Terres d'aventure – Uniktour - 555 René-Lévesque O #RC-03 - Montréal (QC) H2Z1B1 - ☏ 1 514 722 09 09 ; Uniktour - 1137 rte de l'Église - Québec (QC) G1V3W4 - ☏ 1 418 651 91 91.

Visages – Le Campana - 05600 Mont-Dauphin - ☏ 04 92 45 18 05 - fax 04 92 45 19 73 - www.visages-trekking.com. Basée au cœur des Hautes-Alpes, l'agence existe depuis 25 ans et propose plus de 40 circuits à pied dans toute l'Italie.

TOURISME ET HANDICAPS

Un certain nombre de curiosités décrites dans le guide (musées, palais, etc.) sont accessibles aux handicapés et signalées à votre attention par le signe ♿. Le signe (♿) indique que l'édifice n'est pas équipé en totalité et qu'il n'est accessible que partiellement.

Plus d'informations concernant l'accessibilité aux handicapés au ☏ 800 810 810 ou ☏ (39) 645 53 96 07 (de l'étranger ou un portable) - www.superabile.it.

Les éditions Vannini ont publié un **guide des sites et événements accessibles** aux différents types de handicap en Italie du Nord (18 €). Le site internet devrait, à terme référencer ces informations. Un numéro d'appel est disponible : ☏ 030 31 33 74 -www.turismo socialeitalia.it.

Dans les différentes régions, les guides et sites Internet présentant les musées et monuments indiquent généralement s'ils sont accessibles aux fauteuils roulants (par exemple, le site des musées du Haut-Adige : www.musei-altoadige.it).

On peut aussi trouver quelques infos sur www.disabili.com.

Pour de plus amples renseignements sur les conditions d'accessibilité, nous vous conseillons toutefois de téléphoner préalablement au musée que vous souhaitez visiter.

SITES INTERNET

www.enit.it : site de l'Office national italien du tourisme, très complet avec tous les renseignements pratiques (en français).

www.museionline.it : informations sur tous les musées italiens (en italien).

www.touristie.com : guide pratique en ligne avec un service de petites annonces, d'hébergement et de forum (en français).

www.italie1.com : informations utiles pour préparer votre voyage (en français).

www.fsitaliane.it : site des chemins de fer italiens (en italien).

Formalités

DOCUMENTS IMPORTANTS

Passeport ou carte d'identité

Pour un voyage de moins de 3 mois, il suffit d'être en possession d'une carte d'identité en cours

de validité pour les citoyens de l'Union européenne ou d'un passeport. Pour les mineurs, se renseigner auprès de la mairie ou du commissariat de police.
Pour les non-ressortissants de l'UE, passeport en cours de validité et visa d'entrée.

Permis de conduire

Permis de conduire à 3 volets ou permis de conduire international.

Documents pour la voiture

Outre les papiers du véhicule, il est recommandé de se munir d'une carte internationale d'assurance automobile, dite « carte verte ». Se renseigner auprès de sa propre compagnie d'assurances.

ANIMAUX DOMESTIQUES

Se munir d'un certificat vétérinaire de moins de 6 jours prouvant que son animal de compagnie a été vacciné contre la rage depuis plus d'un mois et moins de onze. Il faut également que l'animal soit tatoué et/ou porteur d'une puce électronique et qu'il ait un passeport délivré par un vétérinaire. L'animal doit être âgé de plus de 3 mois.
Attention, les Italiens ont beaucoup moins d'animaux domestiques que les Français. Nombre d'établissements hôteliers et de terrains de camping ne les admettent pas : consulter le *Guide Michelin Italia* de l'année pour choisir un hôtel acceptant les chiens.

SANTÉ

Afin de profiter d'une assistance médicale en Italie au même coût que dans leur pays d'origine, les citoyens de l'UE doivent se procurer la **carte européenne d'assurance maladie** (validité 1 an). Elle s'obtient en 2 à 3 semaines auprès de votre Caisse primaire d'assurance maladie ou par l'intermédiaire de votre compte Ameli ou par téléphone au 36 46. En cas de départ précipité, vous pouvez retirer auprès de votre centre une attestation provisoire valable 3 mois. Les citoyens de la principauté de Monaco et de Suisse s'adresseront à leur centre de Sécurité sociale.
Attention : les médicaments homéopathiques sont chers en Italie, il vaut mieux le prévoir et les emporter avec soi.

Budget

En haute saison (de mars à octobre), les prix de l'hébergement et même des restaurants sont la plupart du temps majorés à la hausse. Il est donc prudent de se renseigner auparavant.
Petit budget – Avec une chambre dans un hôtel modeste et des repas pris dans des pizzerie ou des trattorie, comptez entre 80 et 100 € par jour.
Budget moyen – Si vous logez dans un hôtel de charme et prenez vos repas au restaurant, prévoyez de dépenser environ 150 € par jour.
Budget confortable – Pour vous faire plaisir en descendant dans un hôtel haut de gamme et profiter d'un restaurant gastronomique, il faudra compter 250 €. Attention, il ne s'agit pas d'un budget « luxe », car les hôtels de cette catégorie, et notamment dans les villes d'art, peuvent être hors de prix.

FORFAITS INTÉRESSANTS

Pour des séjours courts dans des villes données (surtout Venise), n'hésitez pas à consulter une agence de voyages ou Internet pour obtenir un forfait train + hôtel ou avion + hôtel. Une carte donnant accès à divers musées peut également faire partie du forfait.

Se loger

Retrouvez notre sélection d'hébergements dans « Nos adresses à… », situées à la fin du descriptif de chaque chapitre.

RÉSERVATIONS

Nous ne saurions trop vous conseiller d'effectuer vos réservations longtemps à l'avance, notamment si vous partez dans des régions très touristiques ou des villes d'art, en particulier pour la période allant d'avril à octobre. Généralement, de novembre à mars et exception faite des cités d'art, les prix pratiqués sont revus à la baisse pour l'hébergement et de nombreux établissements pratiquent des tarifs intéressants ou proposent des forfaits économiques pour des week-ends ou des séjours prolongés.

D'une façon générale, si vous voulez limiter vos frais et si vous voyagez par vos propres moyens, n'hésitez pas à loger loin des villes : vous bénéficierez souvent d'un service agréable et d'un bon rapport qualité/prix.

NOS CATÉGORIES DE PRIX

Les catégories proposées sont fonction des prix moyens pour une chambre **double standard** en **haute saison**, (les prix des chambres augmentent sensiblement – entre 20 et 50 % selon les lieux – en haute saison c'est-à-dire d'avril à octobre).

Notre sélection est fondée sur les critères suivants : le niveau de confort, le rapport qualité-prix et l'atmosphère.

Pour repérer facilement les adresses sur nos plans de ville, nous leur avons attribué des pastilles numérotées. Sinon, dans chaque encadré, les adresses sont classées en quatre catégories de prix pour répondre à toutes les attentes *(voir le tableau ci-dessous)*.

Premier prix – Des hôtels, des chambres d'hôte simples et conviviales et des tables souvent gourmandes, toujours honnêtes.

Budget moyen – Des maisons, souvent de charme, de meilleur confort et plus agréablement aménagées. Là encore, chambres et tables d'hôte ou hôtels et restaurants plus traditionnels sont au rendez-vous.

Pour se faire plaisir – Afin de répondre aux attentes de ceux qui veulent se faire plaisir, le temps d'un repas ou d'une nuit, dans des conditions très confortables.

Une folie – La vie de château dans de luxueuses chambres d'hôte pas si chères que cela ou dans les palaces et les grands hôtels : à vous de choisir!

À moins que vous ne préfériez casser votre tirelire pour un repas gastronomique dans un restaurant renommé. Sans oublier que la traditionnelle formule « tenue correcte exigée » est toujours d'actualité dans ces élégantes maisons!

NOS CATÉGORIES DE PRIX		
	Hébergement	**Restauration**
Premier prix	jusqu'à 80 €	jusqu'à 20 €
Budget moyen	de 80 à 130 €	de 20 à 50 €
Pour se faire plaisir	de 130 à 180 €	de 50 à 70 €
Une folie	plus de 180 €	plus de 70 €

LES DIFFÉRENTS TYPES D'HÉBERGEMENT

Les hôtels et pensions

À la différence de l'hôtel, une pension est une petite structure familiale, parfois située dans un immeuble résidentiel. Elle offre un confort de base (chambres souvent dépourvues de salle de bains).

Dans tous les cas, avant de réserver, mieux vaut vérifier les prix par téléphone car ils peuvent varier en fonction de la période de l'année ou de la disponibilité des chambres. En raison du nombre limité de chambres par rapport à la demande, les hôteliers vous demanderont une confirmation par fax ou mail, parfois avec indication d'un numéro de carte de crédit.

Les gîtes d'agrotourisme

C'est ce qui correspond à nos gîtes ruraux. Dans la plupart des cas, la formule prévoit l'hébergement et la possibilité de goûter aux produits et spécialités de la ferme. Ces dernières années, la formule se fait parfois si raffinée que le client est traité aussi bien que dans les meilleurs hôtels.

En ce qui concerne les établissements inclus dans le guide, il est généralement possible de ne rester qu'une seule nuit, mais, pendant la haute saison, certains gîtes privilégient les séjours à la semaine ou une formule avec demi-pension ou pension complète pour un séjour d'une durée minimale. Notez également que, dans la plupart des cas, les gîtes proposent seulement des chambres doubles et que le prix qu'ils indiquent se réfère par conséquent à une chambre pour deux personnes ; si vous voyagez seul, vous pouvez toujours essayer de négocier le prix, on ne sait jamais ! Dans tous les cas, compte tenu du succès croissant de ce genre d'établissements, nous ne pouvons que vous recommander de réserver longtemps à l'avance.

Turismo Verde – Via Mariano-Fortuny, 20 - 00196 Roma - ✆ 06 32 40 111 - www.turismoverde.it.

Associazione Terranostra – Via XXIV-Maggio, 43 - 00187 Roma - ✆ 06 48 99 32 08 - fax 06 46 82 204 - www.terranostra.it.

Associazione Agriturist – Corso Vittorio Emanuele, 101 - 00186 Roma - ✆ 06 68 52 337 - fax 06 68 52 424 - www.agriturist.it.

Les Bed and Breakfast

Autre mode de logement (aussi appelé *affittacamere*) à prix intéressant : une chambre chez l'habitant. Ce dernier met à votre disposition plusieurs chambres (en général de 1 à 3). Une durée minimale de séjour est souvent demandée et les cartes de crédit sont rarement acceptées.

Bed & Breakfast Italia – Palazzo Sforza Cesarini - corso Vittorio Emanuele II, 282 - 00186 Roma - ✆ (00 39) 06 68 78 618 - www.bbitalia.it.

Caffelletto – Via Rogati, 1 - 35122 Padova - ✆ 049 66 39 80 - www.caffelletto.it. Sélection de B&B de tous styles.

Les campings

Malgré leur nombre limité et la distance qui les sépare du centre-ville, les campings permettent de se loger, pour un prix très abordable, dans un cadre souvent verdoyant. Renseignez-vous directement auprès des campings pour les tarifs. Les prix indiqués dans le guide s'entendent par nuit, pour deux personnes et une tente.

Pour toute information, adressez-vous à la **Federazione Italiana del Campeggio e del Caravanning** – Via Vittorio Emanuele, 11 - 50041 Calenzano (FI) - ✆ 055 88 23 91 - www.federcampeggio.it. La Fédération vend un guide des campings d'Italie ; coordonnées des associations locales sur le site.

Les auberges de jeunesse

Réservées aux seuls membres. La carte peut être facilement obtenue auprès de n'importe quelle auberge associée à la Fédération. Il n'y a pas de limite d'âge et la carte est valable une année. À côté de ces auberges officielles existent de nombreuses structures, fréquentées surtout par des jeunes, et qui proposent des dortoirs ou des chambres à plusieurs lits pour des prix intéressants.
En Italie, ces auberges sont gérées par l'Association italienne des auberges de jeunesse (l'**Associazione Italiana Alberghi per la Gioventù** ou **AIG**) – Via Cavour, 44 - 00184 Roma - ✆ 06 48 71 152 - www.aighostels.com.

Les couvents et maisons religieuses

C'est une façon économique de passer une nuit dans une grande ville. Le cadre est simplissime, mais soigné. Seul inconvénient : il faut être rentré vers 22h30 ou 23h.
Pour toute information, contacter les offices de tourisme ou le Centre italien de tourisme social, Association pour l'hébergement religieux (**CITS, Centro Italiano Turismo Sociale, Associazione dell'ospitalità religiosa**) - ✆ 06 48 73 145 - www.citsnet.it.

PAR INTERNET

Le site de l'ENIT (**www.italia.it**), référence des hébergements par régions, provinces et villes (noms en italien) avec leur descriptif.
Vous pouvez réserver tout type d'hébergement par Internet.
Hôtels – www.venere.com - ✆ 01 57 32 34 60. Un excellent site avec un large choix d'hôtels.
Gîtes ruraux – www.agriturist.it ou bien www.terranostra.it ou encore www.turismoverde.it.
Camping – Le site de la Fédération italienne de camping : www.federcampeggio.it.

AGENCES SPÉCIALISÉES

Gîtes et logement chez l'habitant

Agritourisme et ADR voyages – 8 r. St-Marc - 75002 Paris - ✆ 01 40 13 97 87 - www.locatissimo.com. Partenaires des Gîtes de France, ils vous proposent des gîtes ruraux à l'italienne.
Bed & Breakfast Italia – Palazzo Sforza Cesarini - corso Vittorio Emanuele II, 282 - 00186 Roma - ✆ 06 68 78 618 - www.bbitalia.it. Plus de 5 000 adresses sur tout le territoire, réservation en ligne.

Demeures de charme, fermes, villas, manoirs et appartements

Interhome – 36 r. La Boétie - 75008 Paris - ✆ 0 805 650 350 - www.interhome.fr.
Italie Loc'appart – 75 r. de la Fontaine-au-Roi - 75011 Paris - ✆ 01 45 27 56 41 - www.destinationslocappart.com. Louez un appartement à l'atmosphère simple et chaleureuse au cœur des plus belles villes d'art (Venise) et vivez à l'italienne. De trois nuits au minimum à trois mois.
Bellavista – 24 r. Ravignan - 75018 Paris - ✆ 01 42 55 41 92 - fax 01 46 06 77 21 - www. bellavista-villas.com.

Se restaurer

HORAIRES ET PRIX

En règle générale, les restaurants sont ouverts de 12h30 à 14h30 et le soir de 19h30 à 23h. Le service est souvent compris, mais il est de coutume de laisser un pourboire.

Dans les rares cas où le service n'est pas compris, vous trouverez, après le prix, le pourcentage à appliquer en sus. Le pain et le couvert *(pane e coperto)* devraient être inclus, mais dans certaines trattorie, et surtout dans les pizzerie, ils sont encore comptés à part.
Rappelez-vous que les cartes de crédit sont rarement acceptées dans les petits restaurants et dans les trattorie familiales.

LES DIFFÉRENTS TYPES DE RESTAURATION

Restaurants, trattorie et osterie

Il n'est plus si facile aujourd'hui de distinguer nettement ces trois types d'établissements : en règle générale, dans un restaurant, vous trouverez un service et un cadre soignés, voire élégants ; dans une **trattoria** ou une **osteria**, de gestion familiale, on vous servira une cuisine authentique à des prix plus abordables, dans une atmosphère animée et conviviale, arrosée d'un pichet de vin maison (de qualité variable). Dans les trattorie typiques, ne vous étonnez pas si le serveur ou le propriétaire vous énonce à haute voix la liste des plats du jour ; pour éviter toute mauvaise surprise au moment de l'addition, n'hésitez pas à demander un menu ! Attention au menu touristique, le choix est parfois très limité et les plats moins soignés.
On vous proposera en général une carte offrant une bonne sélection de vins régionaux.

Pizzerie et repas sur le pouce

La pizza est souvent une alternative savoureuse, rapide et économique à un véritable repas au restaurant. Dans ce guide, les prix des pizzas ne sont pas indiqués pour chaque établissement ; on compte en moyenne 15 € par personne, boisson comprise.
Pour ceux qui souhaitent prendre un repas sur le pouce, notamment le midi, nous avons aussi choisi quelques adresses où vous trouverez des sandwichs ou des plats du jour. Comptez en moyenne 5 € pour un sandwich, et 10 € pour un plat du jour, boisson comprise.

Bars à vins et œnothèques

Étant donné la richesse œnologique du pays, les bars à vins et les œnothèques ont connu ces dernières années un large succès. Ils proposent souvent des plats du jour et des amuse-gueules, mais vous y trouverez surtout un très grand choix de vins, servis à la bouteille ou au verre.

Sur place de A à Z

ACHATS

Avant même d'essayer, sachez que les tailles des vêtements italiens ne correspondent pas aux tailles françaises : retirez 2 tailles pour obtenir la taille française (un 44 italien correspond à un 40 français).

À l'inverse, pour les pointures de chaussures, ajoutez-en une (un 37 italien correspond à un 38 français).

Dans le centre des grandes villes, les magasins restent généralement ouverts à l'heure du déjeuner. Les autres adoptent l'horaire suivant : 9h-12h, 15h30-19h30. Beaucoup de magasins restent ouverts tard le soir dans les stations balnéaires.

ARGENT

Banques

Elles sont généralement ouvertes de 8h30 à 13h30 et de 15h à 16h, et fermées le samedi, le dimanche et les jours fériés.

Pour les ressortissants de pays n'appartenant pas à l'UE, on peut également changer de l'argent à la poste (sauf les chèques de voyage) et dans les agences de change. Une commission est toujours perçue.

Quelques appareils automatiques assurent également le change à partir de billets de banque suisses.

Cartes de crédit

Il est de plus en plus courant de pouvoir payer par carte, les commerçants et les établissements hôteliers (tout particulièrement dans les grandes villes) s'étant équipés des appareils nécessaires.

Le Guide Michelin Italia signale les cartes de crédit acceptées par les hôtels et restaurants sélectionnés par ses soins, lorsque ces établissements permettent ce type de paiement.

Les distributeurs automatiques acceptent généralement toutes les cartes de crédit internationales.

Quelques recommandations : bien que cela soit de plus en plus rare, on ne vous demandera pas toujours de composer votre code dans les magasins, une signature suffit ; faites donc bien attention à ne pas vous faire dérober votre carte, car les voleurs pourraient l'utiliser facilement ! Vérifiez aussi que la première transaction n'a pas eu lieu lorsqu'on vous demande de composer votre code une deuxième fois, ceci afin d'éviter toute mauvaise surprise.

CONSULATS

France – Consulats et antennes consulaires à : **Milan** - via della Moscova, 12 (20121) (accueil du public : via Mangili, 1) - ✆ 02 655 91 41 ; **Turin** - via Roma, 366 (10121) - ✆ 011 57 32 311 ; **Venise** - Palazzo Morosini, Ramo del Pestrin (près du Campo Santa Maria Formosa) - Castello 6140 (30123) - ✆ 041 52 24 319 - www.ambafrance-it.org

Belgique – Consulats et consulats honoraires à : **Gênes** - via Ponte Reale, 2 (16124) - ✆ 010 24 98 270 ; **Milan** – corso Magenta, 10 (20123) - ✆ 02 29 062 062 ; **Turin** - via Montevecchio, 28 (10128) - ✆ 011 59 77 33 ; **Trieste** – via S. Giovanni-Bosco, 5 (34144) - ✆ 040 36 19 34 ; **Venise** – Dorsoduro, 3464 (30123) - ✆ 041 52 42 944.

Suisse – Consulats à : **Gênes** - Lungobisagno Istria, 29 (16141) - ✆ 010 838 05 11 ; **Milan** - via Palestro, 2 (20121) - ✆ 02 77 79 161 ;

Padoue - OMSP Macola Srl, viale Veneto 26/28 - 35020 Saonara - ✆ 049 879 14 90 ; **Turin** - via della Consolata, 1bis - 011 59 55 09 ; **Venise** - Campo S. Agnese - Dorsoduro, 810 (30123) - ✆ 041 522 59 96.
Canada – Consulat à : **Padoue**, Riviera Ruzzante, 25 (35123) - ✆ 049 87 64 833.

CONTREFAÇONS

Les étals d'« articles griffés » des plus grandes marques de luxe – sacs, lunettes, ceintures, etc. – fleurissent sur les trottoirs, de préférence devant les lieux touristiques et dans les stations de métro. Attention, car il s'agit bien sûr de contrefaçons et vous pouvez vous exposer à des amendes.

ÉGLISES

En règle générale, elles sont fermées de 12h à 16h. Lorsque l'horaire est différent, celui-ci est précisé dans les conditions de visite. Les grandes basiliques sont ouvertes de 7h à 18h.
Une tenue appropriée est de mise (pantalons pour les hommes, jupes d'une longueur correcte et épaules couvertes pour les femmes). Le personnel responsable est habilité à refuser l'entrée aux visiteurs ne respectant pas cette règle.
Les visites sont interdites pendant les offices.
Il est préférable de programmer la visite le matin, car, à cause des problèmes de personnel, les églises n'arrivent pas toujours à assurer l'ouverture de l'après-midi ; en outre, le matin on peut bénéficier d'un meilleur éclairage naturel de l'intérieur. Il est également utile d'avoir de la monnaie pour l'éclairage de certaines œuvres. Tâchez enfin de vous munir de jumelles, afin de pouvoir admirer dans les meilleures conditions les œuvres d'art situées en hauteur.

ÉLECTRICITÉ

Le voltage est le même qu'en France (220 V), mais l'écartement des prises de branchement varie parfois quelque peu par rapport aux normes françaises : il est recommandé en conséquence de se munir d'un adaptateur. Celui-ci est notamment indispensable pour le branchement des prises d'ordinateur (à 3 branches).

MUSÉES, SITES ARCHÉOLOGIQUES ET PARCS

En général, les musées sont fermés le lundi (le mardi à Venise). La plupart ferment leur billetterie une demi-heure ou une heure avant leur fermeture.
Les monuments archéologiques et les parcs publics ferment environ une heure avant le coucher du soleil.
Dans de nombreux musées, les sacs doivent être déposés au vestiaire. En outre, l'usage du flash est généralement interdit.

JOURS FÉRIÉS

Un jour férié se dit *giorno festivo*, un jour ouvrable *giorno feriale*. Sont fériés les 1er et 6 janvier, dimanche et lundi de Pâques, les 25 avril (anniversaire de la libération de 1945), 1er mai, 15 août (Ferragosto), 1er novembre, 8, 25 et 26 décembre. De plus, en Italie, chaque ville fête son saint patron.

PARCS NATURELS

Les parcs nationaux du Nord de l'Italie sont au nombre de 7.
Le **Parco Gran Paradiso** s'étend entre le Val d'Aoste et le Piémont (*Valle d'Aosta p. 166*).
Le **Parco dello Stelvio** englobe le massif de l'Ortles-Cevedale, le Valfurva et les vallées de Martello, d'Ultimo, de Solda et de Trafoi. On y accède, soit à partir de la Lombardie

en empruntant la SS 38 qui permet de gagner Bormio, soit à partir du Trentin en empruntant l'autoroute puis la SS 43 et en poursuivant jusqu'à Rabbi. Informations aux offices du tourisme de Solda, Malè ou à l'Associazione Turistica Val Martello.

Le **Parco delle Dolomiti di Belluno** (*Belluno, p. 472*) : il s'étend sur la rive droite de la Piave, entre Feltre et Belluno, et inclut trois massifs principaux – les Vette Feltrine, les Monti del Sole et la Schiara.

Le **Parco della Val Grande** dans le Piémont, tout près du Lac Majeur, est l'une des zones naturelles les plus sauvages du pays (*Regione dei Laghi p. 298*).

Le **Parco delle Cinque Terre** en Ligurie présente un paysage de côtes escarpées, recouvertes de vignobles et ponctuées de villages de pêcheurs. Il est inscrit au Patrimoine mondial de l'Unesco (*Riviera ligure p. 211*).

Le **Parco Appennino Tosco-Emiliano** et le **Parco delle Foreste Casentinesi, Monte Falterona, Campigna** protègent les monts boisés des Apennins à la frontière entre Émilie-Romagne et Toscane : le premier couvre un milieu de haute montagne, le second des versants habités.

Les parcs naturels régionaux sont nombreux ; ils valorisent la qualité environnementale et paysagère de leur zone mais aussi la culture et le mode de vie de leurs habitants.

Pour plus de précisions : www.parks.it (en français ou anglais).

Le nord de l'Italie compte aussi deux Géoparcs : le **Parco del Beigua** et le **Parco Naturale Adamello-Brenta**. Ces parcs sont reconnus à la fois au niveau européen et par l'UNESCO comme territoires d'intérêt géologique et géomorphologique. Ils développent des mesures de conservation et des activités touristiques et pédagogiques.

POSTE

Les bureaux de poste sont généralement ouverts de 8h30 à 14h (12h le samedi). Dans les grandes villes, certains bureaux de poste sont ouverts l'après-midi jusqu'à 19h les jours ouvrables.

Les timbres *(francobolli)* sont en vente dans les bureaux de poste et les bureaux de tabac. Pour des envois en Italie et en Europe, comptez 0,75 € pour une lettre ordinaire (jusqu'à 20 g).

En Italie, les boîtes aux lettres sont rouges. Les lettres pour l'étranger peuvent aussi être postées dans les boîtes aux lettres bleues, réservées au courrier international, que vous trouverez dans les grandes villes.

PRESSE

La presse est très décentralisée, tout au moins en ce qui concerne les quotidiens, presque toutes les grandes villes émettant le leur. Toutefois, *La Repubblica* et *L'Unità* de Rome, le *Corriere della Sera* de Milan et *La Stampa* de Turin sont diffusés dans tout le pays, ainsi que le plus important quotidien économique, *Il Sole 24 ore*, de Milan. En 2009, un nouveau quotidien d'opposition a vu le jour à Rome : *Il Fatto Quotidiano* (livret satirique le dimanche). La passion des Italiens pour le sport permet, en outre, à plusieurs quotidiens sportifs dont *La Gazzetta dello Sport* de Milan et *Tuttosport* de Turin, ainsi que l'hebdo *Guerin Sportivo* de paraître conjointement.

SANTÉ

Pharmacie (Farmacia)

Les pharmacies sont signalées par une croix lumineuse. Ouvertes habituellement de 8h30 à 12h30 et de 16h à 20h du lundi au samedi. Les jours de fermeture, on y trouve affichés les noms des médecins et de la pharmacie de garde.

SAVOIR-VIVRE

Pour ceux qui désirent sortir dans un restaurant chic ou assister à des concerts ou opéras, sachez que les Italiens s'habillent plus volontiers que les Français et prévoyez une tenue habillée.

SÉCURITÉ

Sur les lieux touristiques, comme partout dans le monde, les pickpockets et voleurs à la tire sont à l'affût du touriste distrait et imprudent. Soyez vigilant. Ne laissez rien en évidence sur les banquettes de votre véhicule et, autant que possible, garez-vous pour la nuit dans un **parking gardé**.

SOUVENIRS

Chacune des régions d'Italie possède un patrimoine artisanal qui fait, à juste titre, sa fierté :

Val d'Aoste : mobilier rustique, objets en bois (sculptures, jouets) et en fer forgé, dentelles au fuseau (surtout à Cogne), et *drap* (tissus aux couleurs vives) de Valgrisenche.

Ligurie : il est possible de trouver des *mezzari* (carrés de toile d'origine orientale) à Gênes ; on travaille l'ardoise sur la Riviera Levante (Chiavari et Lavagna).

Lombardie : soie de qualité (Côme), instruments de musique à cordes (Crémone), meubles (Brianza).

Vénétie : verre (Murano), dentelle (Burano) et céramiques (Bassano).

Frioul-Vénétie Julienne : objets en bois (meubles, sculptures, masques), en fer, en cuivre et en céramique ; mosaïques.

Trentin-Haut-Adige : vêtements de style tyrolien, sculptures en bois (Val Gardena), objets en étain, cuivre, laiton et fer forgé.

Émilie-Romagne : majoliques de Faenza.

Sans oublier, bien sûr, les spécialités culinaires : pâtes, parmesan, jambon de Parme ou de San Daniele, vinaigre balsamique de Modène, truffe blanche d'Alba, huiles d'olive parfumées, et toutes sortes de vins délicieux (Barolo, Franciacorta). (Gastronomie *p. 50).*

SPORTS

Retrouvez notre sélection d'activités dans « Nos adresses à... », situées à la fin du descriptif de chaque chapitre.

Alpinisme

Tant les Alpes que les Apennins présentent un bon réseau de parcours et sentiers de diverses difficultés. Pour toute information, s'adresser au **Club alpino italiano (sezione di Milano)** - via E. Petrella, 19 - 20124 Milan - 02 20 57 231 - www.cai.it.

Canoë-kayak

Federazione Italiana Canoa Turistica – via Cavour, 89 - 26041 Casalmaggiore (CR) - www.canoa.org.

Cyclotourisme, VTT

Federazione Ciclistica Italiana – Stadio Olimpico, Curva Nord - 00135 Rome - 06 36 85 72 53 - fax 06 38 57 958 - www.federciclismo.it.

Escalade

Federazione Arrampicata Sportiva Italiana – via del Terrapieno, 27 - 40127 Bologne - 34 83 81 51 62 - www.federclimb.it. Les offices de tourisme peuvent fournir les informations locales et vendent généralement les cartes avec les voies d'escalade.

Golf

Federazione Italiana Golf – viale Tiziano, 74 - 00196 Rome - 06 32 31 825 - www.federgolf.it.

Sports d'hiver

Federazione Italiana Sport Invernali – via Piranesi, 46 - 20137 Milan - ✆ 02 75 731 - www.fisi.org. Elle donne aussi des informations sur le ski sur herbe, en été.

Tourisme équestre

Federazione Italiana Turismo Equestre e TREC – ✆ 06 32 65 02 31 - www.fitetrec-ante.it.

TABAC

L'interdiction de fumer dans tous les lieux publics, y compris les restaurants, bars et discothèques, est scrupuleusement respectée. Cette interdiction est également valable dans les hôtels où certains établissements proposent des chambres fumeurs. En cas d'infraction, l'amende s'élève à 275 €, le double si la cigarette a été allumée en présence d'une femme enceinte ou d'un enfant.

TÉLÉPHONE

Les cabines à pièces disparaissent, vous ne trouverez quasiment plus que des cabines à carte. On peut se procurer des cartes magnétiques *(scheda telefonica)* ou des cartes internationales dans les bureaux de tabac ou de poste.

Appels internationaux

Appels depuis l'Italie :
– vers la France : 00 + 33 + le n° du correspondant sans le 0 initial ;
– vers la Belgique : 00 + 32 + n° de la zone sans le 0 + n° du correspondant ;
– vers le Luxembourg : 00 + 352 + n° de la zone sans le 0 + n° du correspondant ;
– vers la Suisse : 00 + 41 + n° de la zone sans le 0 + n° du correspondant.

Appels vers l'Italie :
Depuis la France, la Belgique, le Luxembourg et la Suisse : 00 + 39 + n° du correspondant (avec le 0 pour les téléphones fixes, sans le 0 pour les portables).

Appels à l'intérieur du pays

Composer l'indicatif de la ville commençant toujours par 0 + le n° du correspondant. En Italie, les numéros n'ont pas été uniformisés et comportent de 5 à 8 chiffres. Les numéros de téléphones mobiles commencent par 3.

TRANSPORTS

En avion

Les vols intérieurs sont assurés entre les grandes villes italiennes par la compagnie nationale Alitalia et des compagnies Low cost comme Ryan Air *(voir p. 8)*. Les distances somme toute assez restreintes entre les villes rendent ce moyen de transport très onéreux et consommateur de temps. Il est à réserver pour les longues distances en Italie.

Informations – www.aeroporti.com.

En train

En Italie du Nord, le réseau ferré entre les villes italiennes est relativement dense et peut être, pour un court séjour dans les villes d'art de Lombardie par exemple, un moyen très pratique d'échapper aux problèmes de circulation et de parking dans les centres historiques. Des réductions sont possibles. Il existe plusieurs catégories de train.

Intercity (IC) et **Eurostar Italia** (ES), les plus rapides, ne relient que les grandes villes italiennes. Il y a des départs toutes les heures pour les liaisons Bologne/Milan, Bologne/Rimini, Milan/Turin, Milan/Venise, Gênes/Milan, Gênes/Turin.

Les **Espresso** ne s'arrêtent qu'aux gares principales du parcours.

Les **Interregionale** circulent d'une région à l'autre mais sont généralement peu rapides.

Les **Regionale** desservent toutes les gares du parcours et sont donc utiles pour se rendre dans des villes de moindre importance.
Le trajet **Milan-Bologne en 1h** est assuré par le train **Frecciarossa**. Celui-ci rallie Milan, de Turin, en 1h20.
Le **Frecciabianca** relie Milan aux villes de Venise, Udine, Trieste et Gênes à 200 km/h. Le **Frecciargento**, autre ligne à grande vitesse, assure la liaison entre Rome et Venise ou Vérone.
Pour toute information, consulter le site www.fsitaliane.it.

En car

Les liaisons par autocar sont nombreuses et peuvent être très utiles pour rejoindre des petites villes ou des stations de montagne. Adressez-vous aux offices de tourisme *(voir au début de chaque chapitre dans la partie « Découvrir »)*, ou auprès des gares routières, pour les horaires et les possibilités de trajet.

URGENCES

Quelques numéros de téléphone toujours valables en cas d'urgence (appels gratuits) :
SOS Police Secours : ✆ 113 (Police, Croix-Rouge… n'appeler qu'en cas d'urgence absolue).
Intervention d'urgence des carabiniers : ✆ 112
Pompiers : ✆ 115
Urgences sanitaires : ✆ 118
SOS Feux de forêt : ✆ 1515
Secours routier de l'ACI : ✆ 803 116

VISITES

À l'occasion de la Semaine du patrimoine *(Settimana dei Beni Culturali)*, dont la date est fixée d'une année sur l'autre, certaines institutions publiques ouvrent leurs portes gratuitement. Informations plus détaillées auprès des offices de tourisme.

Visites guidées

Les agences de voyages et les offices de tourisme fournissent tous les renseignements utiles.

VOITURE

Code de la route

Le réseau routier comprend des routes départementales, des nationales et des autoroutes. Contrairement à ce qui se fait dans l'Hexagone, les départementales et les nationales sont balisées par des panneaux de signalisation routière bleus avec des inscriptions en blanc, les autoroutes par des panneaux verts avec des inscriptions en blanc.
Bon à savoir – Sur les voies rapides et les autoroutes, il est obligatoire d'allumer les feux de croisement le jour.
Limitation de vitesse pour les voitures (moins de 3,5 t) : 130 km/h sur autoroute (certains tronçons d'autoroute peuvent être limités à 150 km/h, ils sont alors signalés par un panneau), 110 km/h sur route principale hors agglomération, 90 km/h sur route secondaire hors agglomération, 70 km/h sur voie rapide (avec signalisation), 50 km/h en agglomération.
Le port de la ceinture de sécurité est obligatoire à l'avant et à l'arrière.
Avertissements routiers – Pour les indications routières les plus communes, consulter le lexique en dernière page.
Indications touristiques – Les curiosités touristiques sont signalées par des panneaux à fond jaune. Les indications routières sont parfois un peu déroutantes pour le touriste et, notamment, les directions ne sont pas toujours systématiquement balisées. Soyez attentif, ne roulez pas trop vite et gardez la direction jusqu'à ce qu'un panneau vous indique précisément la voie à suivre.

De même, les indications de sortie sur l'autoroute et sur la route sont souvent signalées au dernier moment. Il est dans ce cas plus prudent de faire quelques kilomètres supplémentaires et demi-tour plutôt que risquer de causer un accident.

Péages

Le péage sur les autoroutes italiennes peut être réglé en espèces, avec une carte de crédit, *bancomat* ou avec la carte Viacard. Cette carte magnétique est en vente dans les bureaux régionaux de l'Automobile Club français et, en Italie, à l'entrée des autoroutes (Punto Blu), dans les restaurants Autogrill ou dans les bureaux de l'ACI (Automobile Club d'Italia).

Parking

Le stationnement est souvent réglementé dans les grandes villes comme dans les petites. Les lignes jaunes au sol indiquent que le stationnement est réservé aux riverains, les blanches délimitent les zones de stationnement gratuit. Pour le stationnement payant (le plus souvent de 8h à 20h, généralement signalé par des lignes bleues au sol), il vous faudra soit vous servir d'un horodateur, soit acheter des cartes de stationnement à gratter dans les bureaux de tabac, kiosques à journaux ou cafés (« gratta e sosta »), soit payer votre dû à un préposé. Pour le stationnement limité, vous devrez vous reporter aux panneaux : les deux marteaux croisés indiquent les jours ouvrables tandis que la croix indique le dimanche et les jours fériés. Certaines zones bleues autorisent le stationnement pendant une durée limitée, il est donc utile de vous munir d'un disque horaire.

Il est fréquent de trouver des parkings surveillés par des **gardiens**. Se renseigner sur les tarifs avant de se garer, afin d'éviter toute surprise désagréable.

Dans de nombreuses villes, de grands panneaux rectangulaires portant l'inscription **« Zona a traffico limitato riservata ai veicoli autorizzati »** ceinturent le centre historique. Ils signalent le début d'une zone à trafic limité (réservée aux véhicules autorisés) : éviter de pénétrer dans ces quartiers anciens, aux rues généralement très étroites, voire sans trottoirs, sous peine d'être passible d'une lourde amende (caméras de surveillance), et prévoir de se garer impérativement en dehors. Les hôtels de ces zones qui proposent des parkings à leurs hôtes s'occupent de déclarer les véhicules à la police ; mieux vaut s'assurer que cela a été fait.

Secours routier

Secours routier de l'ACI (Automobile Club d'Italia) : ✆ 803 116.

Carburant

Super = essence super.
Senza piombo = essence sans plomb, indice d'octane 95.
Super Plus ou Euro Plus = essence sans plomb, indice d'octane 98.
Sur les **routes et en ville**, les stations-service ferment généralement de 12h30 à 15h.
Le règlement peut être effectué directement sur certaines pompes, soit par carte de crédit, soit en espèces. Sur les autoroutes, elles sont ouvertes 24h/24.

En famille

Les enfants sont généralement bien accueillis en Italie, où les hôtels et les restaurants prévoient des aménagements et des menus spéciaux. Certains lieux de visite proposent des tarifs spéciaux pour les familles. Le tableau (ci-dessous et page suivante) récapitule par région (dans leur ordre d'apparition dans le guide) les musées, sites naturels ou loisirs qui leur sont destinés.

☺ – Liste de parcs d'attractions (**www.parchionline.it**) :

Minitalia Leolandia Park – Via Vittorio Veneto, 52, Capriate San Gervasio (37 km à l'est de Milan par l'autoroute A 4, carte Michelin 563) : quitter l'autoroute à la sortie Capriate - ✆ 02 90 90 169 - www.minitalia.com.

Fiabilandia – Via Cardano, 15 - Località Rivazzurra di Rimini (carte Michelin 562 ou 563/ J 19), accès par l'autoroute A 14, sortie Rimini sud - ✆ 0541 37 20 64 - www.fiabilandia.it.

Gardaland – Via Derna, 4 - Località Ronchi, commune de Castelnuovo del Garda (carte Michelin 561 ou 562/ F 14) ; accès par les autoroutes A 4, sortie Peschiera del Garda, ou A 22, sortie Affi - ✆ 045 64 49 777 - www.gardaland.it.

Italia in Miniatura – Via Popilia, 239, Viserba di Rimini (carte Michelin 562 ou 563/ J 19), accès par l'autoroute A 14, sortie Rimini nord - ✆ 0541 73 67 36 - www.italiainminiatura.com.

Mirabilandia – Statale Adriatica, 16 ; km 162, Savio di Ravenna (sur la S 16, au sud de Ravenne – carte Michelin 562 ou 563/ I 18), accès par l'autoroute A 14, sortie Ravenna (en venant du nord) ou Rimini nord (en venant du sud), puis S 16 - ✆ 0544 56 11 56 - www.mirabilandia.it.

SITES OU ACTIVITÉS À FAIRE EN FAMILLE

Chapitre du guide	Nature	Musée	Loisirs
Torino		Mole Antonelliana Musée du Cinéma Musée égyptien Musée de l'Automobile	
Langhe et Monferrato			Promenade dans les vignobles
Cuneo		Vernante et fresques de Pinocchio	
Saluzzo		Centro Cicogne à Racconigi	Excursions aux sources du Pô à Pian del Re
Valle d'Aosta	Parc du Grand Paradis	Forteresse de Bard	
Genova		Acquario Galata Museo del Mare	Ascenseur du Bigo Ateliers dessins au Museo Luzzati
Riviera ligure	Jardins Hanbury à Mortola Grottes de Toirano	Triora et musée de la Sorcellerie	Balade en bateau depuis Savona
Milano		Terrasses du Duomo Musée national de la Science et de la Technologie Léonard-de-Vinci	Quartier des Navigli
Bergamo		Museo del Presepio	Funiculaire vers la ville haute

SITES OU ACTIVITÉS À FAIRE EN FAMILLE			
Chapitre du guide	**Nature**	**Musée**	**Loisirs**
Mantova		Palazzo Te	
Cremona		Campanile del Torrazzo Musée Stradivarius	
Pavia		Place ducale à Vigevano	
Regione dei Laghi	Chapelles du Sacro Monte di Varallo	Musée Spazzacamino	Tours en bateaux sur les lacs
Venezia	San Giorgio Maggiore	Campanile de San Marco Ateliers de verreries à Murano	Promenade en vaporetto Plage du Lido
Laguna veneta			Station de Lignano
Riviera del Brenta		Villa Pisani	Manifestations folkloriques
Padova			Descente de la Brenta en bateau
Bassano del Grappa			Partie d'échecs à Marostica
Verona	Parc des Cascades de Molina Réserve de Malga Derocon	Musée géopaléontologique et grotte de Camposilvano	Saison lyrique de l'Arena
Treviso			Biennale d'art de l'enfant Festival international de l'illustration pour l'enfance
Trieste		Musée de la Mer Grotte géante Castello di Duino	
Trento		Castello del Buon Consiglio et Castel Beseno MUSE Musée des Coutumes et Costumes des Habitants du Trentin	
Bolzano/Bozen	Train électrique du Renon	Musée archéologique du Haut-Adige Musée des Sciences Naturelles (si les parents parlent allemand ou italien)	Marché de Noël
Merano	Jardins de Trauttmansdorff Refuges des oiseaux du Castel Tirolo Animaux de la ferme du Castel Fontana	Archeopark du Val Senales	Thermes de Merano
Vipiteno/Sterzing	Cascades de Stanghe	Mines de Schneeberg	
Dolomiti	Téléphérique et marche facile sur un sommet Petit train du Serrai di Sottoguda Parc de Fanes	Musée Ladin	Route des Dolomites
Bologna		Tour des Asinelli	
Delta del Po	Lagunes des Valli di Comacchio		Promenades à vélo
Rimini			Centre aquatique Blue Beach Parc à dauphins Delfinario Parcs à thème de la Riviera dei Parchi
Modena		Galleria Ferrari	
Parma		Châteaux de la province de Parme	

Mémo

Agenda

JANVIER

Aoste – Foire de Sant'Orso : vente des produits de l'artisanat valdotain (30 et 31).

FÉVRIER

Venise – Carnaval : fêtes sur les places, spectacles théâtraux, concerts (1er et 2e sem.).
Ivrea – Manifestations folkloriques, dont la célèbre bataille d'oranges (1er et 2e sem.).
Vérone – Défilé dit du « venerdì del Gnoco », procession masquée (1er et 2e sem.).
Val d'Aoste – Marche collective à ski de fond dans le Parc national du Gran Paradiso.

MARS

Turin – « Cioccolatò », salon annuel du chocolat (fin fév.-déb. mars.).

AVRIL

St-Marin – Investiture des Régents de la ville (le 1er).
Bergame et Brescia – « Arturo Benedetti Michelangeli », double Festival international de piano (avr. à mi juin).
Milan – Salon international du meuble (mi avr.).
Bolzano – Marché aux fleurs traditionnel, place Walther (30 avr.-1er Mai).

MAI

Brescia – « Mille Miglia » (course de voitures anciennes) .
Vérone – Festival de Jazz
Ferrare – Palio : les 8 contrades de la ville s'affrontent dans 4 courses de chevaux.
Venise – Régate « Vogalonga » (2e ou 3e dim.).
Castelrotto, Siusi et Fiè allo Sciliar – « Cavalcata Oswald von Wolkenstein » : tournoi et fête médiévale inspirés par le poète sud-tyrolien (fin mai. ou déb. juin).

JUIN

Padoue – Fête de saint Antoine (12 et 13).
Giazza (Lessinia) – « Festa del Fuoco ». Grande fête de la culture cimbre avec 13 feux allumés (le 23).
Vicence – Au Théâtre olympique : festival de musique classique.

DE JUIN À NOVEMBRE, TOUS LES DEUX ANS

Venise – Biennale des arts (les années impaires).

JUILLET

Vérone – Saison lyrique de l'Arena (fin juin-fin août).
Venise – Fête du Rédempteur : spectacle pyrotechnique dans la nuit du samedi au dimanche, célébrations religieuses et régate le dimanche (3e w.-end).

AOÛT

Ferrare – Ferrara Buskers Festival : prestations de musiciens ambulants. (dernière sem.)

SEPTEMBRE

Venise – Festival international du cinéma (Mostra), au Lido (déb. du mois).

Mantoue – Festival international de littérature (déb. du mois).
Venise – Régate historique sur le Grand Canal (1er dim.).
Marostica – « Partita a scacchi » (partie d'échecs géante) (2e vend., sam. et dim., années paires).
Langhe – Fête des vendanges dans tous les villages des Langhe et grande fête du vin à Barolo (2e quinz.).
Asti – Festival delle Sagre (2e dim.).
Asti – Course du Palio (3e dim.).
Vicence – Au Théâtre olympique : festival de théâtre (sept.-oct.).

OCTOBRE

St-Marin – Investiture des Régents de la ville (le 1er).
Turin – Salon international du goût.
Trieste – « Barcolana » (régate).
Gênes – Salon nautique international.
Gênes – Manifestations en l'honneur de Christophe Colomb (2e sem.).

NOVEMBRE

Asti - Fête de la truffe (mi nov.).
Venise – Fête de la Madonna della Salute, qui célèbre la fin de l'épidémie de peste de 1631 (21 nov.).
Turin – Luci d'artista (Lumières d'artistes) (mi nov.-mi janv.).

DÉCEMBRE

Sant'Andrea (Lessinia) – Foire aux escargots (1er w.-end).
Bolzano, Bressanone, Merano – Marchés de Noël.

Bibliographie

ART

Ravenne, les splendeurs d'un empire, P. Cesaretti et G. Guadalupi, photographies d'A. Dagli Orti, FMR, 2006. Remarquable ouvrage exaltant la magnificence des mosaïques de Ravenne.
L'Art italien, A. Chastel, coll. Tout l'art, Flammarion, 1995. Une synthèse érudite.
Ruines italiennes, V. Jolivet, Gallimard, 2006. Passionnante sélection de prises de vue réalisées dans tout le pays par le studio Alinari à partir de 1852.
Venise, sous la direction d'Alain Vircondelet, Flammarion, 2006. Trois volumes – Venise et son histoire, Art et architecture, Venise et son art de vivre – consacrés à la cité des Doges.
Ferrare : joyau de la Renaissance italienne, J. Chaizemartin, Berg International, 2012. Sorti juste avant le tremblement de terre, cet ouvrage dévoile les trésors méconnus de Ferrare.

HISTOIRE, CIVILISATION

Histoire de l'Italie, C. Brice, Perrin, 2003.
Renaissances italiennes 1380-1500, E. Crouzet-Pavan, Albin Michel, 2006. Pour mieux comprendre cette extraordinaire « révolution culturelle ».
Giuseppe Mazzini, père de l'unité italienne, J.-Y. Frétigné, Fayard, 2006.
Histoire de l'Italie, P. Milza, Fayard, 2005.
Verdi et son temps, P. Milza, Perrin, 2005.
Histoire de Venise : la République du Lion, A. Zorzi, Tempus, Perrin, 2005.
Collection « Le goût de... » au Mercure de France. Turin, Trieste, Venise, Lacs italiens.
Trieste : une identité de frontière, A. Ara, Cl. Magris, Seuil, 2008. Sur une ville au cœur de l'Europe, au carrefour des cultures.
L'Italie expliquée aux Français, C. Augias, Flammarion, 2011. Pour mieux comprendre la société italienne contemporaine.

LITTÉRATURE

Le Maître de Milan, J. Audiberti, coll. l'Imaginaire, Gallimard, 1986.
Le Roman de Ferrare, G. Bassani, Quarto, Gallimard, 2006. Quatre romans dont le célèbre *Jardin des Finzi-Contini*, et des nouvelles.
Les Vice-rois (1997), *Cyclone* (2000), *Assam* (2002), *Banditi* (2004), *Aventino* (2005), *Laura* (2006), G. de Cortanze, Actes Sud, Albin Michel, Gallimard. L'histoire romancée d'une famille de l'aristocratie piémontaise.
Le Pays des merveilles, G. Culicchia, Albin Michel 2006. Ce jeune romancier turinois dépeint avec humour et lucidité l'Italie des années 1990-2000.
La Princesse de Mantoue, M. Ferranti, Coll. Folio Gallimard 2004. Un roman autour de la Chambre des Époux dans le palais des ducs de Gonzague.
Les Dernières Lettres de Jacopo Ortis, N. U. Foscolo, Ombres, 1994. Passions et politique entre Piémont, Lombardie et Vénétie.
L'Adieu aux armes, E. Hemingway, Folio, Gallimard, 1972.
Italies, Anthologie des voyageurs français (1750-1820), Y. Hersant, Coll. Bouquins, Robert Laffont, 1988. Récits d'écrivains, notamment sur la région des lacs et Milan.
Les Routes de poussière, R. Loy, Rivages, 1995. La saga de trois générations de Piémontais.
Mort à Venise, T. Mann, Folio, Gallimard, 1995.
Les Fiancés, A. Manzoni, Poche LGF, 1965. Grand roman populaire italien.
Le Silence de Milan, A. M. Ortese, Actes Sud, 2001. Introspection dans la vie des démunis de Milan.
Ville, j'écoute ton cœur, A. Savinio, Gallimard, 1982. Une promenade dans Milan, guidée par le frère de Gorgio De Chirico.
Roméo et Juliette, W. Shakespeare, Le Livre de Poche, 2007. Un classique à (re) découvrir avant ou après un séjour à Vérone.
Dictionnaire amoureux de Venise, Ph. Sollers, Plon, 2004.
La Chartreuse de Parme, Stendhal, Folio, Gallimard, 2003.

Romans policiers

Pourquoi tuons-nous ? G. Biondillo, Joëlle Losfeld, 2006. Une enquête de l'inspecteur Ferraro à Milan.
L'Immense obscurité de la mort, M. Carlotto, Métailié, 2006. Une histoire de vengeance à la fois fascinante et terrifiante.
Des femmes bien informées, C. Fruttero, Robert Laffont, 2007. Une prostituée roumaine est assassinée à Turin. Des femmes de la ville témoignent.
Bologne, ville à vendre, L. Machiavelli, Métailié, 2006.
Le Vice de l'agneau, Le Sens de la formule, La Madone assassine et *L'Absence de l'absinthe*, A. Pinketts, Rivages. Lazare Santandrea et ses acolytes mènent des enquêtes loufoques dans les rues de Milan.
Le Turinois Alessandro Perissinotto a écrit : *La Chanson de Colombano* et *Train 8017*, qui se situent l'une au 16e s. et l'autre dans l'immédiat après-guerre, *À mon juge*, un roman épistolaire, et *Une petite histoire sordide*, dont l'intrigue se situe en Lombardie.
Les passionnantes enquêtes du commissaire vénitien Guido Brunetti, imaginées par l'Américaine Donna Leon, sont toutes disponibles en poche aux éditions du Seuil.

Pour les enfants

Contes et légendes d'Italie, réunis par G. Kabakova, ill. A. Torre, Flies France, 2007.
Contes d'Italie, M. Urbanet, Ch. Guibbaud, Milan Eds, 2009.

Discographie

C. Monteverdi, *L'Orfeo,* Concerto musicus de Vienne dir. N. Harnoncourt, Teldec.
A. Vivaldi, *Les Quatre Saisons,* S. Standage (violon) et The English Concert dir. T. Pinnock, Archiv.
T. Albinoni, *Adagio,* orchestre symphonique de Berlin dir. H. von Karajan, Deutsche Grammophon.
G. Donizetti, *L'Elisir d'amore,* avec J. Sutherland, L. Pavarotti, English Chamber Orchestra dir. R. Bonynge, Decca.
N. Paganini, *24 Caprices*, I. Perlman (violon), EMI.
G. Verdi, *La Traviata,* avec M. Callas, G. di Stefano, orchestre de la Scala de Milan dir. Carlo Maria Giulini, EMI Classics.

Filmographie

Nous indiquons ici une sélection de films ayant pour cadre l'Italie du Nord et disponibles en DVD :
Paisà de Roberto Rossellini (1946). Les deux derniers épisodes de ce film, évoquant la Seconde Guerre mondiale, ont pour cadre l'Émilie-Romagne.
Riz amer de Giuseppe de Santis (1949) se déroule dans les rizières du Pô, près de Vercelli.
Théorème de Pier Paolo Pasolini (1968) a pour décor Milan tout comme *Rocco et ses frères* de Luchino Visconti (1961).
La Fille à la valise de Valerio Zurlini (1960) se passe à Parme et Rimini.
Mort à Venise de Luchino Visconti (1971).
Le Jardin des Finzi-Contini de Vittorio de Sica (1971). Dans l'Italie de 1938, une famille juive de l'aristocratie de Ferrare assiste, incrédule, à la montée de l'anti-sémitisme. Oscar du meilleur film étranger en 1970.
Amarcord de Federico Fellini (1973) recrée l'enfance du cinéaste à Rimini dans les années 1930.
1900 de Bernardo Bertolucci (1976) a été tourné en Émilie-Romagne.
L'Arbre aux sabots d'Ermano Olmi (1978) se déroule dans la région de Bergame.
La Seconda Volta de Mimmo Calopresti (2002). À Turin, la rencontre entre une ex-terroriste et sa victime.
Nos meilleures années de Marco Tullio Giordana (2003). Une partie de cette saga familiale se passe à Turin.
Le vent fait son tour de Giorgio Diritti (2007). Tourné dans la val Maira (région de Coni) avec les habitants. L'histoire d'une famille de Français qui s'installe dans un village.
Ciao Stefano de Gianni Zanasi (2008) est une comédie tournée à Rimini.
Il Sangue dei vinti de Michele Soavi (2008). Une enquête policière en pleine Seconde Guerre mondiale, dans le Piémont.
Un été italien de M. Winterbottom (2009). Colin Firth est le protagoniste de ce film dramatique, dont l'histoire se déroule dans le vieux Gênes.
Amore de Luca Guadagnino (2011). Drame au sein d'une riche famille d'industriels milanais. Une vision particulière de Milan.

2/ COMPRENDRE L'ITALIE DU NORD

Milan, détail d'architecture.
J. Frumm/hemis.fr

Nature et paysages

Étirée sur 1 300 km du nord au sud, de la latitude de Dijon à celle de Tunis, l'Italie avance au sein de la Méditerranée, entre l'Espagne et la Grèce, sa caractéristique « botte » bénéficiant d'une extraordinaire variété de climats et de paysages. En haut de la botte, l'Italie du Nord est un condensé géographique entre l'altitude et les plaines, arrosée de fleuves et de lacs, bordée par les mers Ligure et Adriatique.

Un relief contrasté

Un littoral d'un exceptionnel développement (près de 7 500 km) baigné par quatre mers intérieures (Ligure, Tyrrhénienne, Ionienne et Adriatique), des plaines couvrant environ un quart des 301 262 km^2 que représente sa superficie totale : tels sont les principaux traits de l'espace italien. Le Val d'Aoste, le Piémont, la Lombardie, la Vénétie, le Trentin-Haut-Adige, le Frioul-Vénétie Julienne, la Ligurie et l'Émilie-Romagne constituent l'Italie du Nord, caractérisée par deux grands systèmes hydriques. D'une part, le **bassin du Pô** qui s'étire du Piémont à l'Adriatique. D'autre part, les montagnes (56 % du territoire) enserrant cette plaine padane : les **Alpes**, au nord, et, au sud, la chaîne des **Apennins**, épine dorsale du pays qui essaime ses hautes collines de la côte Ligure à l'Émilie. Méditerranée et Adriatique, venant lécher le pied des Alpes de chaque côté, ajoutent à la variété des paysages, alliant rigueur alpine et douceur méditerranéenne.

CÔTÉ MONTAGNE

De la frontière française aux portes de la Slovénie, un paysage montagneux couronne le Nord italien. La gigantesque barrière des Alpes, jaillies lors d'un plissement survenu à l'ère tertiaire, dispensatrices d'une importante énergie électrique, est franchie par plusieurs cols et traversée par des tunnels reliant l'Italie à la France et à l'Europe du Nord (tunnels du Fréjus, du Mont-Blanc ou du Brenner).

Plusieurs sommets des **Alpes** sont « binationaux ». Sur la frontière française, le mont Blanc (4 810 m), au-dessus de la station de Courmayeur, dépasse d'une tête le massif italo-suisse du mont Rose avec le Lyskamm (4 527 m) et le Cervin (4 478 m). Blotti entre les Alpes Pennines au nord et les Alpes Grées au sud, le **Val d'Aoste**, étiré tel un profond sillon, est arrosé par la Doire Baltée, dont les affluents forment de pittoresques vallées latérales : Valtournenche, val de Gressoney, val d'Ayas et val Grisenche. Plus à l'est, les **Alpes piémontaises** sont striées de

courtes vallées qui convergent vers Turin pour former, avec les Alpes Cozie, un massif compact dominé par le mont Viso. De là s'élance le **Pô**, fleuve légendaire parcourant 652 km avant de se jeter dans la mer Adriatique par un large delta.
Le nord des **Alpes lombardes** est occupé par trois rangées horizontales de montagnes. Adossée à la Suisse, la chaîne des Alpes Rhétiques est dominée par la Bernina (4 049 m) et l'Ortles (3 905 m), tapissés de glaciers. Au sud, les Alpes Orobie culminent à 3 000 m, tandis que s'adoucit une zone « préalpine » dépassant rarement 2 000 m, partagée entre trois secteurs marqués par les lacs : à l'ouest, les Préalpes de Varèse, entre le lac Majeur et le lac de Côme ; au centre les Préalpes bergamasques qui s'étendent jusqu'au lac d'Iseo ; à l'est, les

PARCS NATURELS DES ALPES

Les Alpes italiennes comptent nombre de parcs, nationaux, régionaux ou gérés par les provinces. Le Parc national du **Grand Paradis**, entre le Val d'Aoste et le Piémont, créé en 1922, étendu sur 70 000 ha et étagé entre 800 m et 4 061 m, est peuplé de bouquetins, de marmottes, de chamois et de rapaces, de randonneurs aussi, envoûtés par la féerie du paysage. Jumelé avec le parc du Mercantour, celui des **Alpes-Maritimes** forme un espace protégé de plus de 10 000 ha, fréquenté par plusieurs milliers de chamois. Bien plus au nord-est, en Lombardie, gagnant même le Trentin, le **parc du Stelvio**, immense, compte près de 140 000 ha où s'épanouissent bouquetins, chamois et cerfs. Les parcs des **Dolomites d'Ampezzo** et des **Dolomites frioulanes** conservent pareillement le milieu naturel de la chaîne. Voir *www.parks.it.*

Préalpes de Brescia, jusqu'au lac de Garde. Le **Haut-Adige** représente la partie la plus orientale des Alpes italiennes. Les **Alpes atésines** (dont la Palla Bianca atteint 3 738 m) jouent un rôle de frontière avec la Suisse et l'Autriche.

Massif calcaire travaillé par l'érosion, les **Dolomites** se dressent entre le Trentin-Haut-Adige et la Vénétie (avec la Marmolada pour sommet, à 3 343 m). Ces paysages d'altitude assurent, été et hiver, un succès touristique aux stations des vallées de Cortina d'Ampezzo, des Val Gardena, Val Badia et Val Pusteria.

Se greffant sur les Alpes, la longue chaîne des **Apennins**, arête dorsale de la Péninsule, est issue d'un plissement tertiaire postérieur. Entre la Riviera Ponente depuis Vintimille et la Riviera Levante vers Gênes, jusqu'à la lisière toscane, au-dessus d'une côte majoritairement minée par le béton, le trafic routier et les zones industrielles, les Apennins s'imposent en balcon sur la Méditerranée. En Ligurie, le **mont Penna** (1 735 m) tombe en à-pics impressionnants dans la mer. Le relief est percé de cols de faible altitude plongeant aisément dans la plaine padane, au nord, et vers les collines piémontaises. Le versant émilien des Apennins, dominant la vallée de Parme, se prolonge jusqu'à l'Adriatique, marqué par le mont Limone (2 165 m). Plusieurs fleuves s'en écoulent, le plus important étant le **Reno** (211 km) qui flirte avec Bologne avant d'obliquer plein est vers la mer.

CÔTÉ PLAINE ET LITTORAL

Véritable château d'eau, les Alpes enfantent les principaux fleuves d'Italie. Nés de la fonte des neiges, gonflés par des pluies souvent diluviennes, ils se déversent sur la **plaine du Pô**, couvrant le Piémont, la Lombardie, l'Émilie-Romagne et la Vénétie. Dans cette plaine au climat peu amène s'est édifiée une bonne part de la force créatrice de l'Italie du Nord (*p. 43*). Bassin de 70 000 m², la plaine du Pô est un vaste fossé remblayé, ceinturé au nord par les Alpes, au sud par les Apennins ligure et toscan-émilien. Aux piémonts, encombrés de dépôts morainiques, succèdent de hautes terrasses perméables et des basses terres aux sols riches. Entre les deux surgissent les eaux de résurgence, dites *fontanili*, et des digues chargées de contenir les caprices du fleuve. Les champs de blé, les rizières du Piémont et de Lombardie, les exploitations de maïs, de blé et de betterave en Émilie-Romagne ou en Vénétie, témoignent d'une agriculture nourrie d'irrigations issues du Pô, tandis que le val d'Adige (le fleuve éponyme est le plus long d'Italie – 410 km – après le Pô), ouvert à un ensoleillement abondant, s'avère propice aux céréales, aux vignes, aux vergers et aux pâtures. À l'est, les aménagements ont permis de valoriser les terres du delta du Pô, de Venise à Ravenne, tandis que les alluvions rejetées par le fleuve continuent de menacer d'enlisement la Cité des Doges. La zone, devenue en grande partie agricole, est établie en Parc naturel régional. Le paysage plat, d'une poésie un peu mélancolique, s'étend à perte de vue, coupé de peupliers, de pins parasols, ponctué de grandes fermes isolées, traversé de canaux où l'on pêche l'anguille. Calée entre la mer Ligure et la mer Adriatique, l'Italie du Nord ne manque pas de côtes, ni de

LES RÉGIONS ITALIENNES

Abruzzo : *Abruzzes*
Basilicata : *Basilicate*
Calabria : *Calabre*
Campania : *Campanie*
Emilia-Romagna : *Émilie-Romagne*
Friuli Venezia Giulia : *Frioul-Vénétie Julienne*
Lazio : *Latium*
Liguria : *Ligurie*
Lombardia : *Lombardie*
Marche : *Marches*
Molise : *Molise*
Piemonte : *Piémont*
Puglia : *Pouilles*
Sardegna : *Sardaigne*
Sicilia : *Sicile*
Toscana : *Toscane*
Trentino Alto Adige : *Trentin-Haut-Adige*
Umbria : *Ombrie*
Valle d'Aosta : *Val d'Aoste*
Veneto : *Vénétie*

plages, ni de ports. De la frontière française à Gênes, la Riviera Ponente égrène ses stations balnéaires, où le béton a pris le pas sur l'iode. À l'est de Gênes, la Riviera Levante a su rester plus naturelle : ses plages de galets et ses criques de sable fin s'achèvent sur la délicieuse côte des Cinque Terre, au nord-ouest du golfe de La Spezia, plantée de vignobles et abritant quelques villages de pêcheurs. L'Adriatique, avec ses longues plages, propose du nord au sud des stations attirantes : Grado, Lignano Sabbiadoro en Frioul-Vénétie Julienne, ou encore Rimini en Émilie-Romagne.

ET CÔTÉ LACS

Au nord s'étendent lascivement de **grands lacs**. Toujours orientés nord-sud, ils se sont formés au Quaternaire sur d'anciennes vallées glaciaires. Le climat est particulièrement doux et la végétation caractérisée par une abondance de camélias, de rhododendrons et de palmiers. Fier de ses 212 km^2, à cheval sur le Piémont et la Lombardie, le **lac Majeur** s'étend, jusqu'en Suisse, sur 66 km du nord au sud. Alimenté notamment par le Tessin, il compte une dizaine d'îles dont les îles Borromées, tapissées de palais somptueux et de jardins. À l'ouest, le charmant petit **lac d'Orta**, avec ses rives boisées et son îlot San Giulio. À l'est, le **lac de Lugano** (environ 50 km^2), frontière entre l'Italie et la Suisse, et le **lac de Côme** (146 km^2), en forme de « Y » renversé. Plus à l'est encore, baignant la Lombardie, le Trentin et la Vénétie, le **lac de Garde**, avec ses 370 km^2, peut s'enorgueillir d'être le plus vaste des lacs italiens. Baptisé *Il Benaco* (le bienfaisant ou le bénéfique) pour son doux climat, il présente des paysages variés : ici, une côte basse, là d'abruptes pentes, des vignes, ou la chaîne montagneuse du Monte Baldo.
Voir Regione dei Laghi p. 292.

TREMBLEMENTS DE TERRE

Si l'Italie est connue pour son volcanisme actif, elle l'est aussi pour son activité sismique, rappelée par des tremblements de terre fréquents et parfois meurtriers. Le centre et le sud de la péninsule sont soumis à des secousses du fait de l'étirement de la chaîne des Apennins : le pays reste traumatisé par le séisme de L'Aquila en 2009 qui a fait 308 morts et plus de 50 000 sans-abri.

La plaine du Pô correspond à une zone de contact entre plusieurs plaques tectoniques et est traversée par de nombreuses failles, dont certaines sont actives. En mai 2012, la région de Ferrare subit ainsi une série de tremblements de terre violents : le 20 mai, Finale Emilia est l'épicentre d'un séisme de magnitude 6 ; une réplique de magnitude 4,3 le suit le 24 mai ; le 29 mai, un nouveau séisme de magnitude 5,8 secoue Mirandola, entre Modène et Ferrare. On compte 17 morts, essentiellement dans l'effondrement de bâtiments d'usine, 350 blessés et 14 000 sans-abri. Les constructions anti-sismiques ont sans doute limité les dégâts, mais l'économie de la région a été mise à mal et plusieurs monuments historiques n'ont pas résisté aux secousses.

Le site **cnt.rm.ingv.it** de l'Istituto Nazionale di Geofisica e Vulcanologia référence toutes les secousses mesurées en Italie, avec une mise à jour en temps réel et leur localisation sur une carte ; on obtient ainsi une image significative de l'activité sismique permanente de la Péninsule.

L'Italie du Nord aujourd'hui

Membre fondateur de l'Union européenne, l'Italie compte parmi les huit pays les plus riches du monde. Mais l'inégale répartition de ses richesses a bâti l'image d'un Nord puissant et industrialisé face à un Mezzogiorno d'une beauté parfois saisissante, mais rural et plus pauvre. Cependant, le Nord n'échappe plus à la crise, ce qui oblige aujourd'hui l'Italie à revoir son mode de développement.

Un Nord puissant et dynamique

Ce vaste territoire, qui s'étend des Alpes à la plaine du Pô, comprend 8 régions – Émilie-Romagne, Frioul-Vénétie Julienne, Ligurie, Lombardie, Piémont, Trentin-Haut-Adige, Val d'Aoste et Vénétie – divisées en 110 provinces, où se fondent près de 28 millions d'habitants. La forte immigration, issue d'Afrique ou d'Albanie, ou les migrations du sud, profitent aussi et essentiellement au Nord. Soumis à l'autorité centrale de Rome, comme toutes les autres parties de l'Italie, le Nord joue un rôle important dans la répartition des sièges au Parlement. Lors de la seconde présidence du Conseil de Silvio Berlusconi (Lombard), les scores importants de la Ligue du Nord en Italie septentrionale ont permis son entrée au gouvernement. Élections municipales et régionales ont lieu tous les 4 ans. Le Frioul-Vénétie Julienne, le Trentin-Haut-Adige et le Val d'Aoste bénéficient d'un statut autorisant plus d'autonomie.

UNE ÉCONOMIE FORTE

Si la Lombardie, la Vénétie et l'Émilie-Romagne se partagent 35 % du potentiel économique du pays, les secteurs d'activités économiques sont également partout présents.

Production agricole

De vastes rizières se déploient dans la partie centrale de la plaine du Pô (les 3/5 de la production italienne de riz proviennent des régions de Vercelli et de Novara), cultures intensives de blé et betterave sont privilégiées dans le delta, céréales, vergers et pâtures occupent le Trentin-Haut-Adige, l'élevage s'est développé dans le Piémont, en Émilie-Romagne, tandis que les vignes dessinent certains paysages du Piémont (le fameux barolo), des alentours de Pavie (le franciacorta), de Vérone (valpolicella et bardolino) et du Frioul (sauvignon, pinot, tokay). En Ligurie, la campagne est tapissée d'oliveraies et de cultures maraîchères, tandis que le littoral, rocheux et découpé, connaît une vie maritime intense (cabotage), favorisée par de nombreux petits ports en eau profonde.

Un Nord industriel

Les industries lourdes et légères occupent une place privilégiée en Italie du Nord. Industries hydroélectriques (Val d'Aoste et Piémont), sidérurgiques (Brescia, Gênes et autour de Bologne), industries textiles (Biella, Bergame et Mestre), métallurgiques (à Bologne et disséminées dans le Piémont), mécaniques (Bergame notamment) et alimentaires (Bologne, capitale gastronomique). S'y ajoutent encore des complexes chimiques (Turin, Brescia, Mestre) et pétrochimiques (Mantoue, Mestre). Sur la côte ligure, Gênes (port pétrolier, chantiers navals, usine thermo-électrique) et La Spezia (port marchand et militaire, centrale électrique, industrie des armes), connaissent une activité florissante.

Une structure industrielle particulière

Le succès de cette économie à multiples facettes tient aux richesses naturelles, à un management bâti sur la souplesse et l'innovation des petites et moyennes entreprises développées dans les années 1960 – ce que l'on a appelé le « miracle économique ». Le développement de ces PME, face au triangle industriel Turin-Milan-Gênes, dessine une « troisième Italie » au centre et au nord-est, faite de petites unités de production, souvent familiales, spécialisées dans des secteurs à haute valeur ajoutée.

Une réussite favorisée par un réseau de communications considérable : des autoroutes traversant le Nord de part en part, des lignes ferroviaires couvrant toute la région (de Turin à Bologne, de Milan à Venise), et plusieurs aéroports internationaux (Turin, Milan, Venise, Gênes, Bologne, Vérone).

Des services bien implantés

Le secteur tertiaire se veut tout aussi dynamique et puissant à Milan, capitale économique où convergent les centres d'affaires, les banques, les foires internationales et les grands couturiers, ou encore le groupe Mediaset (trois chaînes nationales) dirigé par S. Berlusconi.

La presse nationale occupe la première place en Italie du Nord : les quotidiens *Il Corriere della Sera* (premier tirage, avec 482 800 ex.), *La Gazzetta dello Sport* (premier journal sportif en Italie du Nord), *Il Sole*

ALERTE À LA POLLUTION

L'Italie du Nord connaît de graves problèmes de **pollution**, en particulier dans la plaine du Pô cernée par les reliefs qui en limitent l'aération. Elle souffre des fortes concentrations industrielles autour de villes comme Gênes ou Milan, et de la densité de la circulation automobile. Le brouillard hivernal y est alors un catalyseur de pics de pollution ; en janvier 2012, des flocons de neige chimique ont été observés sur une ligne Milan-Brescia-Vérone. En été, les niveaux d'ozone peuvent y être anormalement élevés. Pour contrer ces risques, la capitale lombarde, les cités de Côme, Brescia ou Bergame, ferment parfois l'accès de leur centre-ville aux voitures. Dès 2007, les régions du Nord se sont engagées dans une stratégie commune de réduction de la pollution automobile (journées sans voiture ; interdiction des véhicules les plus polluants ; filtres antiparticules obligatoires pour les diesels). Milan tente des expériences : après avoir limité l'entrée aux véhicules propres, elle a créé un péage d'accès à son « Area C » (*p. 247*), non sans susciter des oppositions locales. Le train reliant Lyon à Turin (prévu pour 2025) sur un axe où le trafic de marchandises est considérable, devrait à terme faire baisser les taux de pollution liés aux échanges transfrontaliers.

24 Ore, (économique), ont leur siège à Milan, *La Stampa* et *Tutto Sport*, à Turin. Les agences de publicité et les plus grandes maisons d'édition sont aussi concentrées dans la capitale lombarde : Feltrinelli, RCS Libri (avec Rizzoli, Bompiani, Adelphi et Fabbri…) et Mondadori (dirigé par Marina Berlusconi, dont le père est actionnaire majoritaire). Sans oublier le tourisme avec Venise, bien sûr, mais aussi la région des Lacs, les parcs naturels du Grand Paradis et du Stelvio, les lieux de séjours des Cinque Terre, les stations de ski et balnéaires, les villes d'art (Vérone, Bologne…) Autant d'atouts qui participent au succès de cette effervescente Italie.

MAIS TOUCHÉE PAR LA CRISE

Une industrie fragilisée

La mondialisation et les crises n'ont pas épargné le Nord. Si les grandes entreprises peuvent répondre aux pressions économiques et à la moindre croissance, les petites et moyennes les subissent avec plus de difficultés. Les vagues de suicides en 2011-2012, en particulier parmi les chefs d'entreprise, ont dévoilé la fragilité de ces structures et le malaise du monde industriel. Le tremblement de terre de mai 2012 en Émilie-Romagne a touché la région de Ferrare, cœur de l'industrie biomédicale. Le secteur agroalimentaire, misant sur deux produits d'exportation (parmesan et vinaigre balsamique), a subi des dommages estimés à 500 millions d'euros. Une perte que la région aura du mal à compenser dans un contexte de récession, en dépit des mesures fiscales d'aide mises en place par le gouvernement.

La politique d'austérité

Elle débute avec l'arrivée à la présidence du Conseil de Mario Monti, en novembre 2011. Malgré des tentatives de réforme sous le gouvernement de Berlusconi, la dette publique atteint près de 120 % du PIB. L'heure est à la révision des dépenses publiques : coupes dans les secteurs de la santé et l'administration, nouvelles taxes (carburant, produits de luxe, actifs détenus à l'étranger), libéralisation de l'économie et lutte contre la fraude fiscale. L'assainissement des comptes publics est une priorité.

La culture sacrifiée ?

Dans ce contexte, la préservation et la restauration des joyaux du patrimoine italien sont un fardeau pour l'État. Celui-ci, ne consacrant que 0,21 % de son budget à la culture, doit faire appel à l'Union Européenne ou à des mécénats privés pour entretenir les bâtiments historiques, tandis que la subvention aux théâtres a été réduite de moitié de 2010 à 2011. Il en résulte une dualité troublante : à Venise, par exemple, des fondations privées transforment les palais en superbes centres d'art tandis que les bâtiments municipaux se dégradent.

Un avenir à construire

L'arrivée au pouvoir d'austères universitaires et la démission de Silvio Berlusconi semblent signer la fin d'une époque de dépenses débridées. L'Italie doit définir une stratégie de développement durable. Sa population vieillit : plus de 20 % a plus de 65 ans, et moins de 15 % a moins de 15 ans. Les jeunes diplômés s'expatrient. Les emplois non qualifiés nécessitent une main-d'œuvre immigrée extra-communautaire : sur 4,5 millions d'étrangers, 60 % travaillent dans le Nord. Leur intégration est un enjeu de société, alors que la Ligue du Nord invite à un repli sur soi, voire à un détachement de la « Padanie » (riches régions du Nord) du reste du pays. L'unité italienne a fêté en 2011 ses 150 ans mais il lui reste encore de nombreux défis à relever !

Art de vivre

Si l'art de vivre tel que Fellini le montrait dans son film culte *La Dolce Vita* demeure une réalité en Italie du Nord, on est cependant à mille lieues des stéréotypes du « dolce farniente ». Ici, beauté, élégance et créativité riment avec métiers d'art, qualité et professionnalisme. La région forge et exporte au niveau mondial le goût et le savoir-faire italiens, et ce depuis toujours. C'est une question de passion.

Le pays de la « Dolce Vita »

LA VIE À L'ITALIENNE

Si l'expression de *dolce vita*, désormais associée au film de Fellini, tourné à Rome, s'est imposée dans toutes les langues, elle est également valable pour l'Italie du Nord, encouragée par une variété de paysages, un creuset artistique fécond, un climat agréable. Elle est finalement commune à tous les Italiens, quand bien même les vies, les caractères et les langues (car les dialectes sont ici de véritables langues) varient d'une région à l'autre.

La *dolce vita* : une affaire de sentiment, de bien-être, une préférence donnée à ce qui est important plutôt qu'à ce qui est urgent, avec la volonté aussi de marquer sa différence et souligner sa diversité. Héritage du passé, quand cités, fiefs et royaumes étaient rivaux, aujourd'hui l'Italien demeure plus fier de sa ville ou de sa région que porté par un nationalisme, sauf bien sûr quand il s'agit de la *Squadra azzurra* (l'équipe nationale de football) ! Cette fierté, dépourvue d'agressivité, ne se vit pas sans humour, sans jovialité et sans un phrasé toujours séduisant. Une certaine élégance, en somme, dont le raccourci, même hardi, s'observe dans les cafés, ces lieux qu'affectionnent tant les Italiens, où l'on boit, décontracté ou pressé, au comptoir ou en terrasse, le fameux *espresso* ou, plus nuancé, un *macchiato* (café serré agrémenté d'une goutte de lait).

LA PASSION DU SPORT

En Italie, le football, baptisé *calcio*, est une seconde religion qui soulève les passions, qu'il s'agisse de l'équipe nationale, vainqueur de la Coupe du monde en 2006 et finaliste de l'Euro 2012, ou d'une équipe locale. Le Nord concentre les meilleures équipes, glanant souvent le *scudetto* (championnat). Ce sont des clubs parmi les plus riches, souvent affiliés aux grandes entreprises. À Turin, à côté du Torino FC règne la fameuse « vieille dame », la Juventus (dont la famille Agnelli est le principal actionnaire). La capitale lombarde compte pareillement 2 rivaux : le Milan AC (présidé par Silvio Berlusconi) et l'Inter de Milan. Parme, Vérone, Udine, Gênes et Bologne figurent également parmi les équipes jouant au plus haut niveau, la Série A (équivalent à la Ligue 1 en France). Si les sommes d'argent investies dans le football sont

Place St-Marc, à Venise.
J. Arnold / hemis.fr

toujours impressionnantes, les clubs s'engagent désormais dans la voie d'un « fair-play financier », poussés par la diminution des investissements privés et la nouvelle réglementation sur les droits de diffusion télévisuelle. Entre le discours et la réalité, il y a tout de même encore une marge et de nouveaux scandales de matchs truqués entachent régulièrement les bonnes résolutions des clubs. Mais il n'est pas que le ballon rond pour déplacer les *tifosi*. Le cyclisme possède aussi ses connaisseurs, dispersés le long des routes à l'occasion des grandes épreuves : le *Giro*, tour d'Italie, qui régulièrement fait étape dans le Nord et emprunte les circuits montagneux des Alpes et des Dolomites ; la Tirreno-Adriatico, reliant les deux mers, le Tour de Lombardie ou les classiques courses d'un jour comme Milan-San Remo.

LES BELLES CYLINDRÉES

Comment ne pas penser aux Ferrari, Lamborghini, Maserati dont le nom rime si bien avec Italie ? Les plus grandes marques de voitures et de motos, associées aux sports mécaniques ou symboles d'une perfection automobile dans les lignes et le moteur, sont originaires du Nord de l'Italie.

Ferrari, la marque rouge au cheval cabré, a son siège à Maranello, près de Modène, à deux tours de roues du trident de **Maserati**. Les passionnés pourront observer les essais des pilotes Ferrari au circuit Fiorano. **Lamborghini**, dont l'emblème est un taureau de combat, se situe dans la province de Bologne. La marque a été rachetée par Audi. **Alfa Romeo**, qui associe ligne et sport dans ses modèles, est une des fiertés de l'industrie milanaise. La marque fait aujourd'hui partie du groupe Fiat, localisé à Turin.

Les adeptes de belles motos ne sont pas en reste : **MV Agusta** et **Moto Guzzi** sont des marques lombardes. Les célèbres **Ducati** (marque rachetée par Audi en 2012) sont produites à Bologne. Enfin, **Aprilia** opère à Noale, près de Venise.

La mode

Qu'il s'agisse d'artistes, de grands stylistes ou de citoyens lambda, sans génie artistique particulier, il semble que les Italiens aient une propension culturelle pour l'élégance. Celle-ci s'exprime aussi bien dans les luxueuses vitrines de mode de la via Montenapoleone à Milan, que sur les étals des marchés. Le vêtement « décontracté » à l'italienne n'est jamais synonyme de négligé car il faut toujours faire *bella figura* (bonne impression).

BREF DÉFILÉ DE MODE À TRAVERS LES SIÈCLES

13e s. : La sobriété des siècles précédents fait quelques concessions à la diversité. Les deux principales nouveautés sont les **boutons** et les **lunettes** (la plus ancienne occurence de lunettes dans une œuvre d'art est celles que portent le cardinal Ugo di Provenza, sur une fresque datée de 1352, dans la salle du chapitre de San Nicolò, à Trévise).

16e s. : L'heure est à l'extravagance. Les **talons** peuvent atteindre jusqu'à 60 cm ! À Venise, on a coutume de dire que « les talons font les Vénitiennes si grandes que sur la place St-Marc on croirait voir des naines transformées en géantes ». On porte des **boucles d'oreilles**, bien que ces dernières soient jugées inconvenantes car inspirées des habitudes des « Maures ».

Le terme « costume » date aussi de cette période. Il désigne la « façon de se vêtir » et s'inscrit à la fois dans la tradition et la durée. Le terme « mode », apparu au 17e s., insiste quant à lui sur la nouveauté dans la manière de s'habiller, à laquelle vient s'ajouter une notion de provisoire.

18e s. : À Venise, le **voile noir**, le **masque** et le **tricorne** sont très en vogue.

19e s. : On porte de longues vestes à ceinture haute. En pleine période romantique, les manches sont bouffantes, les corsets enserrent la taille, qui s'affine à l'extrême (la fameuse « taille de guêpe »). Une curiosité : la crinoline, ample sous-jupe froncée et baleinée de crin.

À partir de 1950 : Le premier défilé de créations italiennes est organisé en 1951 par l'homme d'affaires Giovanni Battista Giorgini dans sa villa de Florence. Le succès est immédiat et, en 1952, Florence accueille un défilé de haute-couture : la mode italienne est née. Rome prend bientôt la place de centre de la haute couture, laissant à Florence les présentations d'accessoires et les boutiques de mode. Mais l'avènement du prêt-à-porter consacre Milan, dont l'industrie textile s'empare du créneau et invite des stylistes à créer des collections. La mode milanaise est sobre et innovante. Des grands noms se forgent : Gianni Versace, Giorgio Armani. Ce dernier a lancé le prêt-à-porter pour homme et a dessiné des pantalons pour femmes, répondant parfaitement aux mutations sociales du moment.

CRÉATIVITÉ ET SAVOIR-FAIRE

Milan s'est désormais imposée en capitale de la mode, au même titre que Paris ou New York. Les jeunes créateurs s'y pressent, les couturiers de haute voltige y ont pignon sur rue. Les grands défilés, en avril pour les collections automne-hiver, en octobre pour celles du printemps-été, font l'événement. En dehors de Milan, tout le Nord de l'Italie fait preuve d'un extraordinaire talent dans le domaine de la mode.

Les grandes marques

La créativité de **Giorgio Armani** s'exprime dans sa célèbre « veste déstructurée », dans ses robes du soir auxquelles il associe des chaussures à talons plats, et dans ses motifs orientaux qu'il revisite en les épurant à l'extrême.

Benetton est la marque phare des jeunes, mondialement connue. Une célébrité due en grande partie aux polémiques suscitées par les photographies publicitaires d'Oliviero Toscani.

Laura Biagiotti est surtout connue pour ses vêtements en cachemire.

Dolce e Gabbana sont les inventeurs d'un look ironique, branché et faussement négligé.

Les sœurs **Fendi** perpétuent le savoir-faire familial dans la maroquinerie, la fourrure mais aussi, depuis les années 1960, dans le prêt-à-porter.

Gianfranco Ferré met l'accent sur « la qualité, le confort, l'unicité, le naturel ». Depuis le décès du créateur de la marque en 2007, celle-ci peine à retrouver une stabilité.

Gucci est le styliste « classique » par excellence : il a habillé Grace Kelly, Audrey Hepburn, Jacqueline Kennedy, Maria Callas.

Prada compte parmi les marques aux lignes classiques et rigoureuses.

Trussardi privilégie les lignes simples, une coupe et une finition irréprochables, tout en évitant les motifs inutiles.

Versace est le nom d'une famille de stylistes : Gianni, Donatella et Santo. Le style de Gianni Versace (et de ses successeurs), riche et somptueux, demeure très apprécié de plusieurs stars du rock (Elton John, Jon Bon Jovi) et du monde du cinéma.

Le design

Si la mode a trouvé son théâtre vivant à Milan, le design lui a emboîté le pas. La capitale lombarde accueille les plus grands designers et, de fait, offre la meilleure vitrine d'un genre souvent mal défini, confondu avec la décoration, voire le luxe et l'apparat. C'est oublier les origines du mot, apparu à la fin du 19e s., qui oppose l'artisanat à l'industrie, et souligne la production d'objets en série. Le stylo Bic en est le parfait exemple. Est « design » un objet qui joint l'esthétique à la fonction. Il y a là un rapport entre la mémoire, la tradition et le raffinement. C'est, en somme, une culture, une expression artistique. À Milan se déclinent écoles, showrooms et un Salon international du meuble en avril, ouvert au public, qui serait la pierre angulaire de cette activité. Des expositions et des manifestations qui témoignent d'une ville portée par une créativité permanente et où se côtoient (notamment autour de la piazza San Babila) les têtes d'affiches du design.

Alessi (objets pour la cuisine, dessinés par Starck, Castiglioni, Mari, Morrison, Arad, chaises par David Chipperfield, téléphones par Stefano Giovannoni), **Dilmos** (meubles et lampes) ou encore **Cassina**, **Driade**, **Kartell**, **B & B** et **Cappellini**, temple du design, avec ses meubles trendy conçus par les plus grands designers contemporains, tels Bouroullec, Dixon, Morrison et Wanders.

La figure de référence dans le domaine du design milanais et international est **Ettore Sottsass** (1917-2007).

Mais le design n'est pas l'apanage de la seule Milan. Plus à l'est, des industries suivent aussi la voie du luxe et du design, telle **Bisazza**, près de **Vicence,** spécialisée dans la mosaïque. Cette fabrique a su en faire un matériau de création pour l'art : catalogue digne d'une maison de haute couture, designers créant les motifs. Ainsi, pour sa nouvelle fondation, la firme a demandé à des artistes de créer des œuvres en mosaïques (*p. 397*).

Gastronomie

L'Italie n'est pas seulement la patrie des pâtes, des pizzas et des fiasques de vin enrobées de paille. Vous trouverez dans le Nord une cuisine subtile qui se caractérise par un délicat équilibre entre le cru et le cuit. La nature de chaque ingrédient est ainsi préservée et permet une extraordinaire richesse de déclinaisons régionales, toutes savoureuses. Quant aux vins, en particulier les grands rouges du Piémont, ils rivalisent en qualité avec les plus fameux crus français.

Une symphonie de goûts

TERROIRS ET RÉGIONS

En Italie du Nord, il n'existe pas une mais des cuisines, qui toutes répondent à un terroir et à ses produits. Certains, tels le gorgonzola, le parmigiano reggiano, le jambon de Parme et le jambon de San Daniele (du Haut-Adige) bénéficient d'une appellation d'origine contrôlée ou protégée. Si dans le Val d'Aoste et en Lombardie prédomine une cuisine rustique et roborative nourrie de graisses animales (beurre et crème pour lier les sauces et napper les plats mijotés), la Ligurie se veut le royaume de l'huile d'olive et du pesto, des légumes crus et croquants mélangés en salade, le Piémont fleure bon la truffe blanche (tartufo d'Alba), tandis que l'Émilie-Romagne décline les pâtes sous toutes leurs formes : cappelletti, ravioli, lasagne, tortellini… D'autres différences peuvent s'observer à l'intérieur d'une même région, comme dans le Frioul-Vénétie Julienne et dans le Trentin-Haut-Adige, traversés de courants allemands, hongrois, slovènes, croates, slaves et autrichiens, où la choucroute et les *canederli* (des boulettes de pain semblables aux *knödel*) côtoient la polenta et les gnocchi. Des différences marquées par l'histoire donc, l'appartenance à l'Europe centrale, et également par la géographie, la proximité des côtes et de la montagne : ici, poissons, fruits de mer et crustacés ; là, viandes, légumes, charcuteries et fromages.

RISOTTO

Le **risotto** est omniprésent sur toutes les tables. Le riz utilisé et la présentation varient suivant les régions : *alla milanese* (safran et moelle de bœuf), *alla piemontese* (jus de rôti et truffes), *al Barolo* (au barolo), ou *al nero* (à l'encre de calamar) du côté de Venise… Tradition paysanne oblige, les légumes secs et les céréales (maïs, orge mondé, pois chiche, fève et haricot) sont très sollicités, apprêtés en soupe *(minestra)*, en galette ou en purée. Les légumes verts ne sont pas en reste de cette symphonie potagère : radicchio de Trévise (la chicorée aux teintes pourpres) et asperge blanche de Bassano (en Vénétie), mais aussi l'asperge verte, le poireau, le petit pois, la pomme de terre, la blette, la tomate, l'artichaut et les olives.

VIANDES

Au chapitre des **viandes**, le porc bien sûr se fait roi, consommé grillé ou mijoté, également utilisé en charcuterie (lard, saucisson, mortadelle, salami, coppa, pancetta, culatello), le veau, donnant la fameuse *cotoletta alla milanese*, une côtelette panée et grillée, large et fine, et le *vitello tonnato*, un plat réalisé dans le filet (braisé puis finement tranché, et nappé d'une mayonnaise au thon), le bœuf, frais ou séché *(bresaola)* et quelques gibiers (lièvre...). Ce sont là autant d'ingrédients et de préparations fidèles aux tables familiales ainsi qu'à celles des restaurants.

FROMAGES ET VINS

Grosse productrice de lait, l'Italie du Nord peut s'enorgueillir d'une large palette de **fromages**, principalement de vache. Elle est également réputée pour ses **vins** : barolo et barbaresco en Piémont, franciacorta lombard, vermentino ligure, soave, valpolicella et bardolino (Vénétie), lambrusco, sangiovese et albano en Émilie-Romagne... Sans oublier la grappa, une eau-de-vie de marc de raisin, ou encore le vinaigre balsamique, exporté à travers le monde.

QUELQUES SPÉCIALITÉS

On retrouve, comme partout en Italie, l'espresso et la pizza, mais celle-ci se fait ici plus fine que l'authentique napolitaine. Certains plats, plus rares, font l'orgueil d'une localité ou d'une province. Dans le **Val d'Aoste**, la *fonduta* est une fondue à base de fromage délayé à chaud dans du lait, à laquelle on ajoute un œuf et des truffes blanches. Le **Piémont** possède sa *bagna cauda*, une sauce chaude faite d'huile, d'anchois et de beaucoup d'ail, ses *agnolotti* (sorte de ravioli), avant de finir en douceur avec un *bunet*, un flan au chocolat. Outre ses préparations « alla milanese », la **Lombardie** se veut fière de son *ossobucco* et de ses sucreries comme le *panettone* ou le *torrone* de Crémone. En **Vénétie**, on se régale d'un *fegato alla veneziana* (foie de veau sauté aux oignons), de *baccalà alla vicentina* (morue à la mode de Vicence), cuit dans beaucoup d'huile et de lait, et d'un *pandoro*, brioche parfumée à la fleur d'oranger. Dans le **Trentin**, on apprécie les *gnocchi*, boules de farine fourrées. Dans le **Haut-Adige** domine le *gröstl*, une tourte aux pommes de terre et à la viande, tandis que le **Frioul** répand son *frico*, une omelette au fromage. Et si l'**Émilie-Romagne**

IDENTITÀ GOLOSE

Organisé fin janvier ou début février à Milan, sous la houlette du journaliste Paolo Marchi, le congrès **Identità Golose** (identités gourmandes) rassemble, depuis 2005, la fine fleur de la cuisine et de la pâtisserie contemporaines. S'y retrouvent régulièrement les Italiens Enrico Cerea, Massimiliano et Raffaele Alajmo, Davide Scabbin, Corrado Assenza, Massimo Bottura, mais aussi des officiers de bouche venus de tous les continents... Chaque année, **une région italienne et un pays** sont mis **à l'honneur**, à travers leurs chefs et leurs spécialités. Chaleureux, accessible au grand public, ce congrès se déploie en démonstrations magistrales où chaque cuisinier livre ses recettes autour d'un produit, d'une technique ou d'une cuisson. On y déguste aussi les meilleurs produits italiens présentés par leurs producteurs. Traditionnellement organisé dans le Palazzo Mezzanotte, le congrès a désormais lieu dans le **MiCo**, Milano Congressi, via Gattamelata.

sert d'excellentes *tagliatelle alla bolognese* (ragoût à la sauce tomate), la **Ligurie** peut répondre par des *pansotti* (type de ravioli), la *cima* (poche de viande farcie), la *buridda* (soupe de poissons) ou la *zuppa di datteri* de La Spezia, une soupe de couteaux arrosée d'un vin blanc comme le vermentino… Voilà autant de spécialités ravigotantes qui participent d'une identité résolument gourmande.

L'ART DE BIEN MANGER

À vrai dire, le bon goût et le bien manger, à défaut d'être une affaire d'État (quoique…) sont une affaire toute italienne, qui s'inscrit dans la tradition, quelles que soient les couches sociales. Dans cet esprit, même un simple plat de pâtes exige attention et rigueur dans sa préparation et sa cuisson. Nul hasard alors si le mouvement **Slow Food** est né en Italie, sous la houlette de Carlo Petrini, en 1985. Basé à Bra, dans le Piémont, il se veut international (l'association compte plusieurs milliers de lieux de rencontres et de débats dans les cinq continents, et organise nombre de colloques et événements, comme le Salon du goût à Turin). Tourné vers la sauvegarde du patrimoine alimentaire traditionnel, il offre un soutien actif aux producteurs, aux paladins de la biodiversité œuvrant à une échelle humaine. Tout le monde est ainsi concerné : gourmets, cuisiniers, restaurateurs, producteurs, marins et paysans, commerçants. En somme, quiconque s'intéresse de près ou de loin à la gastronomie, entendue non comme le seul contenu de l'assiette mais comme une manière de consommer juste, bonne et savoureuse. Quelque chose qui répond donc à un savoir-vivre, voire à un art de vivre. Le goût précisément du bon goût, au diapason de ce que l'on trouve dans les trattorie, ces petits établissements gourmands sans prétention qui font la part belle au terroir.

RESTAURANTS ÉTOILÉS

Cinq restaurants ont été sacrés par le Guide Michelin 2012 qui leur a attribué les fameuses trois étoiles :
- **Da Vittorio**, à Brusaporto (province de Bergame, Lombardie), dont les chefs sont **Enrico et Roberto Cerea** ;
- **Osteria Francescana**, à Modène (Émilie-Romagne), dirigé par **Massimo Bottura** ;
- **Le Calandre**, à Rubano (province de Padoue, Vénétie), conduit par **Massimiliano Alajmo** ;
- **Dal Pescatore**, à Runate (Canneto sull'Oglio, province de Mantoue, Lombardie), mené par **Nadia et Giovanni Santini** ;
- **Al Sorriso**, à Soriso (province de Novare, Piémont), dont le chef est **Luisa Valazza**.

Art et architecture

Sur les trente siècles d'art et d'architecture italiens, il est délicat de dissocier les différentes capitales artistiques du pays, plus riches les unes que les autres. La plupart des grands artistes ont, à différentes époques, exercé leurs talents dans plusieurs régions. Par sa position géographique, toute la Péninsule a également absorbé et mis à profit de multiples influences extérieures. Mais l'Italie du Nord peut se targuer de singularismes régionaux, aboutissant à une imbrication de cultures qui n'eurent de cesse de stimuler la création. Il en résulte une extraordinaire diversité d'expressions artistiques et architecturales, qui partagent avec toute l'Italie la recherche de l'harmonie, la beauté des formes, un sens inné de l'espace, renvoyant toujours à la culture classique de l'Antiquité.

Les civilisations antiques

DES ÉTRUSQUES AUX GRECS

En Italie centrale, les Étrusques ont créé, à partir de la fin du 8e s. av. J.-C., un puissant empire qui devait durer jusqu'à l'affirmation de la suprématie romaine (3e s. av. J.-C.). Il s'agit d'un peuple encore mal connu, dont on a cependant su déchiffrer l'alphabet et certaines inscriptions funéraires, et qui pour les uns serait autochtone, tandis que d'autres, à la suite d'Hérodote, le disent venu de Lydie, en Asie Mineure. Les Étrusques occupèrent d'abord les régions comprises entre l'Arno et le Tibre, essaimèrent en Campanie et dans la plaine du Pô, s'installèrent également à Bologne et dans le delta du Pô, près de Lido di Spina. Ce fut une civilisation dominée par une puissante aristocratie terrienne, marquée par des classes moyennes adonnées au travail des métaux (cuivre, bronze et fer) ou à d'actifs échanges commerciaux.

Tandis que les Étrusques occupaient le Centre, les Grecs fondèrent, entre le 8e s. et le 5e s. av. J.-C., un grand nombre de colonies sur les côtes d'Italie méridionale, qui constituèrent la Grande Grèce, ainsi que sur les côtes de Sicile. On y distinguait les colonies ioniennes, achéennes et doriennes, d'après les peuples qui les avaient développées. L'élément fondamental de ces colonies était la « cité-État », qui contrôlait les territoires environnants. Aux 6e s. et 5e s. av. J.-C., période d'apogée de la civilisation grecque en Italie, les cités de l'Italie méridionale s'enrichirent grâce au trafic maritime, au point que Syracuse pouvait rivaliser avec Athènes.

LES ROMAINS

p. 100 (pour la partie historique).

La ville romaine

Les villes romaines de fondation nouvelle ont souvent une origine militaire ou sont intégrées, lors de l'établissement du projet, au plan du *castrum*, le camp militaire. Les nouvelles villes, réalisées selon ce modèle, étaient divisées en général en quatre quartiers par deux rues principales, le *decumanus* et le *cardo*, se coupant à angle droit et aboutissant à des portes. Les autres rues s'établissaient parallèlement. Les **rues** de la ville étaient parfois bordées de trottoirs de 50 cm de haut et pouvaient être longées de portiques destinés à protéger les promeneurs des intempéries. La chaussée, revêtue de grandes dalles parfaitement jointes, était par endroits coupée de bornes plates aussi hautes que le trottoir, entre lesquelles pouvaient passer les chevaux et les roues des chars. Ces bornes permettaient aux piétons de traverser la rue de plain-pied.

La maison romaine

Il existe deux types fondamentaux de maison romaine : les *insulæ*, immeubles de rapport à plusieurs étages divisés en appartements, souvent avec boutiques donnant sur la rue, et les *domus*, grandes et luxueuses habitations patriciennes avec atrium, évolution, d'origine hellénistique, de la *domus* italique. La nudité extérieure des murs et la rareté des fenêtres donnaient à ces dernières un aspect modeste. Mais l'intérieur, décoré de mosaïques, de statues, de peintures, de marbres, et comprenant parfois des thermes privés et un vivier, témoignait de la richesse de leur propriétaire.
À l'entrée, une inscription ou une mosaïque invitait parfois le visiteur à prendre garde au chien *(cave canem)*, tandis qu'un vestibule, sur lequel s'ouvrait la loge du gardien, conduisait à l'atrium.
L'atrium, constituant dans un premier temps le centre de la *domus*, se transforma par la suite en une cour intérieure, se déployant autour d'un bassin destiné à recevoir les eaux de pluie *(impluvium)*. Sur les côtés de l'atrium, seule partie de la maison où les étrangers étaient habituellement admis, s'ouvraient quelques pièces pourvues d'un lit *(cubicula)* ; le fond était occupé par le **tablinum**, salle à manger-séjour. L'atrium et les pièces qui y prenaient jour constituaient la forme la plus primitive de la maison romaine, telle que l'ont conservée les citoyens peu fortunés.
La partie réservée à la famille s'organisait autour d'un **péristyle**, cour entourée d'un portique, se présentant généralement sous forme de jardin avec bassins pavés de mosaïques, jets d'eau et statues. La salle à manger, ou **triclinium**, tire son nom des trois lits où les convives prenaient leur repas étendus, selon la coutume grecque, appuyés sur un coude.
Les communs comprenaient : la cuisine avec tout-à-l'égout, fourneau en maçonnerie, four ; les bains, qui étaient une réduction des thermes ; les logements des esclaves ; les greniers, celliers, écuries, etc. Les latrines occupaient un coin de la cuisine pour bénéficier de la même canalisation.

Le forum

Grande place souvent entourée d'un portique à l'époque impériale, le forum (à l'origine un marché situé à l'intersection des deux rues principales) devint le centre de la vie publique et commerciale.

L'ARCHITECTURE

L'architecture romaine diffère de l'architecture grecque, non seulement par sa vocation fondamentalement « plastique » et organique, mais encore par l'étroit rapport entre la forme extérieure et l'espace intérieur ; de plus, d'importantes innovations techniques et la liberté de conception permirent de recourir largement aux formes incurvées, plus douces et plus souples. La colonne, qui dans l'architecture grecque était le fondement du

système, fut remplacée pour des raisons fonctionnelles par le mur et le pilastre.
L'utilisation du **béton** rendit possible la réalisation d'énormes espaces unitaires couverts. Le caractère technique et urbain, essentiellement public, de l'art de la construction romaine doit être souligné puisqu'il se traduit dans la réalisation d'ouvrages gigantesques, comme les ponts, les aqueducs, les routes, les tunnels, les égouts, les installations thermales, les théâtres et amphithéâtres, les stades et cirques, les basiliques et nymphées, les palestres, colonnades et arcs de triomphe.

L'amphithéâtre

Cette création romaine est une grande construction à plusieurs étages, de forme légèrement elliptique, destinée à recevoir les spectateurs des jeux du cirque. L'anneau extérieur était surmonté d'un mur auquel pouvait être suspendu un immense voile, le **velarium**, qui protégeait le public du soleil et des intempéries.
À l'intérieur, clôturant l'arène, un mur défendait les spectateurs des premiers rangs contre les bêtes féroces lâchées sur la piste. Un ensemble de galeries circulaires, d'escaliers et de couloirs permettait aux spectateurs de gagner leurs places sans bousculades depuis les différentes entrées ou vomitoires. Les arènes de Vérone sont un exemple de cette architecture grandiose. Cet amphithéâtre, l'un des plus grands du monde, peut contenir quelque 25 000 spectateurs, répartis sur ses 44 étages de gradins.
À l'époque romaine, les spectacles consistent essentiellement en combats variés : animaux entre eux, gladiateurs contre fauves ou gladiateurs entre eux. Dans certains cas, l'arène pouvait être inondée pour accueillir de spectaculaires combats navals, les naumachies, réalisés avec des embarcations spéciales à fond plat.

Les théâtres

Formant un hémicycle, ils comprenaient des gradins souvent terminés par une colonnade, l'**orchestre** réservé aux personnages illustres ou à la figuration, et la **scène**, surélevée par rapport à l'orchestre. Les acteurs évoluaient en avant d'un imposant mur de scène richement décoré de colonnes, niches et sculptures, et revêtu de marbre et de mosaïques, à l'image d'une façade de palais.
La perfection de l'acoustique était obtenue grâce à un ensemble de facteurs architecturaux d'une grande subtilité. Les décors étaient tantôt fixes, tantôt mobiles et l'on pouvait, du sous-sol ou des cintres, créer des effets spéciaux surprenants (fumées, éclairs, coups de tonnerre, apparition de dieux – le fameux *deus ex machina* – ou de héros).
Si le théâtre servait avant tout à la représentation des comédies (les Romains étaient particulièrement friands de farces et de pantomimes souvent assez grossières) et des tragédies (le plus fréquemment simples transpositions de leurs homologues grecques), on s'y rendait également pour assister à des concours, des tirages de loterie ou des distributions de pain et d'argent.
Jusqu'à la fin du 2e s. av. J.-C., tous les acteurs portaient des perruques dont la forme et la couleur variaient avec la nature du personnage interprété ; après cette date, ils adoptèrent un masque en carton-pâte qui correspondait également à un rôle déterminé. Pour paraître plus majestueux, les acteurs de tragédie portaient (comme les tragédiens grecs) des cothurnes, sandales pourvues d'une très haute semelle de liège.

Un héritage fécond

DES CLEFS DE LECTURE

Pour comprendre l'art italien, la profusion et la variété des œuvres qu'il n'a cessé de produire, du 12e s. à la fin du 18e s., il faut avoir clairement présentes à l'esprit les conditions qui ont favorisé son développement : d'une part, il est demeuré sans conteste l'héritier des civilisations étrusque, grecque et romaine dont il reprend, à chaque époque, un certain nombre de motifs essentiels et de caractères profonds ; d'autre part, la géographie même du pays, s'étirant des Alpes à la Sicile, a favorisé la pénétration de multiples influences extérieures.
Après Byzance qui, dès la chute de l'Empire romain d'Occident, imprime son sceau pendant plusieurs siècles sur les rives septentrionales de l'Adriatique, ce sont les Ostrogoths, les Lombards, les Francs, les Arabes et les Normands qui apportent à chacune des régions conquises des solutions formelles originales.
C'est l'extraordinaire souplesse du caractère italien, capable d'absorber les leçons étrangères et de les mettre à profit, qui permettra à Vérone, Ferrare ou Milan, puis à Venise et Gênes, d'être l'une après l'autre le foyer d'une éclosion artistique particulière.
En dépit des particularismes régionaux, les artistes de la Péninsule présentent, dès le 12e s., un certain nombre de traits communs qui iront se multipliant jusqu'à la Renaissance : un intérêt prononcé pour l'harmonie et la rigueur des formes, ainsi qu'un sens inné de l'espace, probablement hérité de la culture classique. Grâce à ce patrimoine, il est possible d'affirmer que l'art italien est caractérisé par un sens de la mesure et de l'harmonie, interprété comme l'ordre rationnel et intelligible des choses, étranger aux autres civilisations artistiques.
Rejetant les accents naturalistes propres aux écoles d'Europe du nord, atténuant en même temps l'abstraction intellectuelle et le côté décoratif importés d'Orient, l'artiste italien invente peu à peu un système de représentation qui lui permet de mettre en perspective sa propre émotion, ressentie comme parfaite et définitive. La tendance classique à l'idéalisation se manifeste particulièrement dans le culte voué à la figure humaine, qu'il soit d'inspiration religieuse ou profane. En dépit de cette conception savante et élitiste, l'art a toujours été un important facteur de la composante sociale en Italie.
Parallèlement à cette recherche de l'ordre, toujours soutenue par une tension intellectuelle, se développe peu à peu une ouverture au réalisme, constamment idéalisé par la mémoire des modèles grecs. En témoigne la **place** médiévale, cette fameuse *piazza* qui regroupe, sur le modèle de l'antique forum romain, les principaux édifices de la vie sociale : l'église et le baptistère d'abord, le palais communal ou celui du prince ensuite, auxquels s'ajoutent parfois un tribunal ou un hôpital ; au centre s'élève souvent une fontaine ; des marchés, des réunions s'y tiennent. C'est dans ce décor urbain que s'affirme avec le plus d'évidence le goût du peuple italien pour les prestiges de l'illusion et son amour du spectacle. Dessinée comme une scène de théâtre – mais plus souvent le fruit d'une lente stratification riche de stimuli esthétiques et d'humeurs sociales –, embellie de toutes sortes d'ornements, la place est l'endroit où se concluent les affaires, où se prennent les décisions politiques, où se déroulent les cérémonies de la communauté ; de plus, l'histoire s'y lit dans le réemploi de matériaux,

Mosaïques du mausolée de Galla Placidia (5e s.) à Ravenne.
J. Huber/Sime/Photononstop

la reprise des motifs ornementaux et la superposition des styles. C'est là que l'artiste, à la fois architecte, sculpteur et peintre, accomplit son œuvre aux yeux de tous.
Cependant, ces urbanistes de génie entretiennent également des rapports privilégiés avec la nature et le paysage. Dans une campagne par essence pittoresque, ils élèvent de somptueuses **villas** entourées de jardins en terrasses que des sources et des bassins rafraîchissent, que des plantations choisies avec soin et savamment agencées ombragent. Toutes ces « fabriques » invitent au repos, à la méditation ou au spectacle, tantôt intime, tantôt grandiose, de la nature. Ainsi, de la Villa d'Hadrien, à Tivoli, aux terrasses fleuries des îles Borromées, en passant par le charme tout oriental de la Villa Rufolo de Ravello, par les élégantes constructions de la campagne florentine, par les fantaisies maniéristes de Rome, Tivoli ou Bomarzo, ornées de grottes et de statues, enfin par les délicieuses résidences des rives du Brenta dessinées par Palladio ou par les mises en scène urbanistes de Juvarra dans le Piémont, les architectes et les jardiniers italiens, indifférents à la grandeur solennelle que privilégie le classicisme français, ont créé une infinité de lieux où l'homme entretient un rapport paisible et harmonieux avec la nature.

L'ART BYZANTIN

L'époque des invasions barbares eut de considérables répercussions dans le domaine artistique, causant la disparition du langage « impérial » romain tardif et l'émergence du substrat populaire et narratif qui avait caractérisé le développement de l'art paléochrétien et aurait été à la base de l'impressionnisme romantique. Choisie par **Honorius** comme capitale de l'empire d'Occident, **Ravenne**, en Émilie-Romagne, après la mort de Théodoric et la guerre contre les Wisigoths, passa sous le contrôle de l'empereur byzantin **Justinien**, devenant le centre politique et culturel d'un empire qui n'occupait qu'une partie de la Péninsule. Si les empereurs ne purent se maintenir à Ravenne et en Vénétie Julienne au-delà du 8e s., ils continuèrent cependant à exercer leur domination sur une partie de l'Italie du Sud jusqu'au 11e s.

L'art byzantin tire ses racines de la tradition artistique hellénistico-romane, dont dérivent un certain réalisme et le sens classique de la mesure, les incorporant avec d'importantes influences orientales, qui en caractérisent le développement en un sens abstrait et décoratif.

Architecture et sculpture

L'architecture s'insère dans la tradition romaine tardive en développant les potentialités de la voûte et de la coupole. À côté de ces solutions très complexes – tant dans leur conception que dans leur exécution – et donc d'un coût très élevé (dont le meilleur exemple en Italie est la basilique St-Vital à Ravenne), le simple plan basilical est très largement utilisé. La simplicité structurale est compensée par l'admirable qualité de la décoration de mosaïque et de marbre. Sur les panneaux des sarcophages, des transennes (clôtures du chœur) et des ambons (chaires), les bas-reliefs manifestent un symbolisme décoratif par l'utilisation de figures d'animaux stylisés.

Mosaïques

C'est dans cette forme d'art somptueuse que les artistes byzantins donnèrent toute leur mesure. En fait, la préciosité du matériau fit de cette technique la plus adaptée à rendre la transcendance des figurations sacrées ou des apparitions de la Cour. Composées de tesselles, fragments de pierres dures, émaillées, taillées irrégulièrement de façon à accrocher la lumière et la refléter à travers une infinité d'angles, les mosaïques revêtent culs-de-four, parois et coupoles, leurs ors scintillant doucement dans une pénombre mystérieuse. Des figures énigmatiques et grandioses se détachent sur un ciel bleu de nuit et sur un paysage qu'animent arbres, plantes et animaux.

Les plus célèbres parmi ces mosaïques sont celles de **Ravenne** (5e et 6e s.), mais aux 11e et 12e s., le style byzantin reste prédominant à **Venise** (St-Marc) et jusque dans le Sud, jusqu'au 13e s.

L'ART LOMBARD (6e-8e S.)

Les Lombards se sont imposés en Italie du 6e au 8e s. Ce peuple d'origine germanique christianisé marqua le territoire de constructions civiles, militaires et religieuses, dont l'architecture emprunte tout à la fois au monde romain déclinant, aux influences byzantines, hellénistiques, germaniques, et même au Moyen-Orient. Bien que les bâtiments reposent parfois sur des fondations romaines, ils s'opposent au style classique : par exemple, l'église de Ste-Marie-Perte (677), aujourd'hui disparue, était de forme circulaire, entourée d'un déambulatoire en anneau bordé de colonnes. Mais l'art lombard se révèle surtout dans l'ornementation : fresques et mosaïques, chapiteaux et décorations s'inspirent de l'orfèvrerie par des motifs floraux et faunistiques. En peinture, les miniatures, très colorées, décorent les monastères.

Favorisant le mouvement monastique, les suzerains lombards furent les instigateurs de grands pèlerinages, dont celui voué à saint Michel à **Monte Sant'Angelo**, dans les Pouilles. Au nord, ils ont laissé de superbes complexes, classés au Patrimoine mondial de l'Unesco en 2011 : la **Cividale del Friuli** près d'Udine (*p. 431*), le monastère de **San Salvatore-Santa Giulia** à Brescia (*p. 263*) et le **Castiglione Olona** dans la région des Lacs (*p. 304*).

LE MOYEN ÂGE (11e-14e S.)

Comme tous les pays d'Europe, l'Italie du Moyen Âge se couvre d'édifices religieux ; pourtant, le goût de l'équilibre propre à cette nation et l'exemple de la monumentalité romaine feront que l'art italien ne cherchera jamais à atteindre le sublime vertige des grandes réalisations gothiques de France et d'Europe du Nord.

Époque romane

La renaissance du 11e s., préliminaire nécessaire pour le développement d'un style architectural nouveau et grandiose, mêle campagne et ville. Les nouvelles cathédrales et nouveaux monastères bénédictins combinent l'héritage classique de l'art carolingien et ottonien aux diverses expériences. Les éléments fondamentaux du langage architectural roman, toujours réalisés de sorte que leur fonction structurale soit évidente, sont l'alternance colonne-pilastre, qui rythme l'espace et génère une plastique vigoureuse, et sa continuation dans les systèmes de couverture, où elle se prolonge en archivoltes et tiercerons supportant les voûtes.

Dans la phase de formation du nouveau langage, un rôle de relief revient aux ouvriers de l'Italie du Nord, connus sous le nom de **maestri comacini**, artisans d'édifices exceptionnels, en pierre dans la zone de prémontagne, en brique dans les plaines, et de **maestri campionesi**, originaires de la région de Lugano et des lacs lombards *(voir aussi encadré)*.

Les cathédrales de Parme et de Ferrare offrent un style romano-gothique lombard intéressant. À Parme, le Duomo (12e s.) est flanqué d'un élégant campanile

L'ART ROMAN LOMBARD

Comme son nom l'indique, cet art est apparu en Lombardie au 10e s., en pleine période romane. Il se caractérise par des lignes sobres et harmonieuses, une structure solide et massive, une toiture à double pente *(tetto a capanna)*, de fines bandes verticales sur la façade ou « lésènes » (appelées *bandes lombardes* en Italie), de légères arcatures en plein cintre et un plan généralement à trois nefs, couvertes de voûtes d'arêtes, et à trois absides, avec des pilastres ronds et massifs à l'intérieur. L'un des exemples les plus représentatifs de cette architecture est la **basilique Sant'Ambrogio** de Milan *(p. 238)*. Parfois, des influences étrangères apparaissent : le plan à une nef avec collatéraux doubles de l'église **Sant'Abbondio**, à Côme (11e s.), présente des similitudes avec la cathédrale de Spire, en Allemagne. Ses collatéraux rappellent ceux de Cluny.

La beauté des églises de style roman lombard doit aussi beaucoup aux tailleurs de pierre *(lapicidi)*. Ceux de Milan ont réalisé l'ambon de Sant'Ambrogio et ceux de Pavie, autre centre réputé pour la taille de pierre à l'époque, les monstres, dragons et sirènes qui ornent l'incroyable façade de l'église San Michele *(p. 286)*. Ces sculpteurs lombards, organisés en corporations, se partageaient entre **maestri comacini** (7e s.-13e s.) et **maestri campionesi** (12e s.-14e s.).

La plupart sont restés anonymes mais, en s'éloignant un peu du roman lombard, deux noms échappent à cette tradition. Le sculpteur **Wiligelmo** (12e s.), qui a décoré la cathédrale de Modène *(voir p. 489)*, possédait une grande maîtrise des volumes. Une inscription sur la façade de l'édifice rappelle ses mérites. **Antelami**, actif entre 1180 et 1218, réalisa quant à lui le haut-relief de la **Déposition de Croix** de la cathédrale de Parme.

gothique et doté d'une façade précédée d'un porche reposant sur des lions et surmonté d'une loggia. À Ferrare, la cathédrale (12e s.) possède une façade tripartite avec un magnifique auvent dont le tympan offre une représentation du Jugement dernier. De son côté, la cathédrale San Lorenzo de Gênes (initialement élevée au 12e s., remaniée jusqu'au 16e s.) a la particularité de présenter une splendide façade gothique (avec une influence française dans la disposition des portails et de la grande rosace).

La **sculpture** est étroitement liée à l'architecture, avec une prédominance marquée pour le bas-relief, parfois développé en cycles complexes de caractère didactique, symbolique ou profane, dans lesquels se construit un nouveau langage très expressif, au point de conjuguer, avec autonomie prononcée et personnalité, des courants disparates.

La **peinture**, comme la **mosaïque** qui en constitue une variante plus précieuse, se développe principalement dans les grandes cathédrales où les immenses surfaces de maçonnerie sont littéralement transfigurées par les couleurs, voûtes comprises. L'aspect actuel, dépouillé et austère, de la majorité des églises, est presque toujours le fruit des méfaits du temps et des restaurateurs. En réalité, la décoration, fantaisiste et vive, alternait avec des cycles de fresques grandioses et absorbants, constituant souvent une véritable « bible des pauvres », où l'expérimentation décomplexée d'un nouveau langage figuratif se joignait à l'héritage byzantin.

Époque gothique

D'un point de vue structural, l'architecture gothique représente l'évolution de quelques prémices inhérentes à l'architecture romane. Le développement de l'utilisation de l'arc ogival, dont la potentialité n'avait pas été exploitée précédemment, permet de porter les croisées à une hauteur maximale, de concentrer le poids sur de très hauts et spectaculaires pilastres formés par des faisceaux de colonnes et de libérer l'ossature de maçonnerie de sa fonction porteuse. Il devient donc possible de substituer aux masses opaques des murs les immenses surfaces vitrées inondant l'église de lumière « divine ». À l'extérieur, l'édifice, qui atteint des hauteurs auparavant impensables, est renforcé par un grand nombre de contreforts et d'arcs rampants qui, invisibles à l'intérieur, accentuent le côté vertigineux de l'espace et intensifient l'élan vertical. En Italie, l'architecture gothique, introduite par les moines cisterciens, se maintient dans la lignée des modèles élaborés antérieurement, acceptant seulement, et d'une façon chaque fois différente, un plus grand emploi de la lumière comme élément structural. Le caractère concret de la plastique de l'édifice, à côté de l'omniprésence de l'héritage classique, demeure un fondement inaliénable. La diffusion minutieuse du gothique est due aux innombrables nouveaux ordres religieux, Franciscains et Dominicains en tête, qui adoptent cependant souvent le modèle traditionnel de la basilique paléochrétienne, pratique et économique, l'adaptant aux coutumes courantes. De son côté, la cathédrale de Milan, érigée sous la direction de Jean Galéas Visconti, est un remarquable et unique exemple de l'architecture gothique flamboyante (1386), à la fois colossal et léger, hérissé de clochetons, de pinacles, de gâbles et animé de plusieurs milliers de statues.

C'est dans l'architecture civile, les palais et les loggias publiques des

villes alors en plein essor, que se manifeste avec le plus d'originalité la manière gothique. À Venise, le style « gothique fleuri », qui allège les façades grâce à l'ouverture de loggias et de fenêtres ouvragées, persistera jusqu'au 15e s.
En **sculpture,** la dynastie des **Pisano** va donner une impulsion décisive en recourant soit aux modèles antiques, revus à travers le classicisme défendu par l'empereur Frédéric II, avec **Nicola** (v. 1215-v. 1280), soit à l'élaboration d'un réalisme d'une vigueur expressive extrême, d'origine implicitement gothique, avec **Giovanni** (1248-apr. 1314). Ces maîtres, suivis par l'architecte et sculpteur **Arnolfo di Cambio** (v. 1245-1302), inventent de nouveaux thèmes et réalisent des programmes ambitieux, tels que chaires et monuments funéraires d'où émane une nouvelle humanité.
Les premiers témoignages de la **peinture** italienne remontent au 12e s. avec les crucifix peints ou sculptés. Insensiblement, le hiératisme issu de l'art byzantin et ottoman s'assouplit ensuite. C'est **Giotto** (1266-1337), dont l'œuvre est illuminée par le mouvement, par la profondeur de champ, par la solide volumétrie des personnages qui créent l'espace, par une construction innovante de la scène et par une grande émotion, qui recueillera les fruits de cette évolution artistique et proposera une véritable révolution picturale, d'école laïque et civile, avec ses cycles de fresques à Assise et Florence, mais encore à Padoue où il orne les murs de la chapelle des Scrovegni de trente-neuf fresques évoquant les Vies de Joaquim et Anne, de la Vierge et du Christ. Toute la peinture suivante, jusqu'à Masaccio et Michel-Ange qui s'en inspirèrent directement, ne pourra faire abstraction de la nouveauté giottesque.
Les maîtres du Trecento (14e s.) florentin développent un style empreint à la fois de réalisme et de mysticisme, éloigné du langage rude et plein de vie de Giotto, que caractérisent souvent des lignes élégantes, des couleurs vives et un grand raffinement décoratif. Entre-temps était né dans les cours européennes le phénomène du **« gothique international »**, auquel adhérèrent surtout des artistes de l'Italie du Centre et du Nord, mûri en termes décoratifs par l'évolution des cycles de fresques réalisés par Simone Martini et Matteo Giovannetti (?-1367), à Avignon. Parmi les représentants principaux de cette époque artistique très raffinée, éclatante bien qu'en partie décadente, qui se prolonge jusqu'au 15e s., rappelons les peintres originaires de Vérone : **Stefano da Zevio** (v. 1379-ap. 1438), **Pisanello** (v. 1395-1455), portraitiste, animalier et médailleur prestigieux (*Verona p. 409)* et **Gentile da Fabriano** (v. 1370-1427).

PISANELLO (V. 1395- V. 1455)

L'artiste véronais posséda plusieurs cordes à son arc : médailleur, dessinateur et peintre. À la croisée du Moyen Âge et de la Renaissance, sa réputation s'est bâtie sur sa représentation romanesque du monde médiéval dans un style gothique international. Portraitiste des têtes couronnées mais également des papes, ce peintre courtois (dont nombre d'œuvres sont exposées au musée de Castelvecchio à Vérone), remarquable coloriste, s'est aussi beaucoup plu dans l'observation de la nature qu'il a tenté de rendre avec un grand raffinement.

LE QUATTROCENTO (15e S.)

Une curiosité passionnée pour l'Antiquité, une société urbaine fortement organisée autour d'un prince mécène, une nouvelle conception de l'homme, considéré désormais comme le centre de l'univers, une pléiade d'artistes, de savants, de poètes caractérisent la première **Renaissance** italienne, qui atteint l'apogée de son expression dans la ville des Médicis, Florence.

Architecture

La nouvelle conception artistique est défendue par son « fondateur », le Florentin **Filippo Brunelleschi** (1377-1446), sculpteur et architecte, disciple passionné de l'Antiquité. Sa puissante personnalité permit la mutation du maître maçon médiéval, fort de sa solide pratique, en architecte créant son œuvre à sa table de travail. Avec Brunelleschi, l'artiste devient un intellectuel. C'est à lui que l'on doit l'invention de la « perspective géométrique », qui lui permit de concevoir des édifices incroyablement harmonieux et rationnels. Il avait intuitivement perçu que les deux dimensions d'une toile pouvaient reproduire objectivement la réalité tridimensionnelle, recherche qui s'avéra fondamentale en peinture après lui. Sa rigueur intellectuelle détermina le caractère abstrait de ses créations architecturales, que ses successeurs imitèrent et banalisèrent, sans toutefois le comprendre. Le Génois, **Leon Battista Alberti** (1406-1472) exploita en revanche sa connaissance de l'Antiquité pour donner vie à un langage expressif nouveau, établi sur un rapport émotionnel entre les pleins et les vides (l'église Tempio Malatestiano à Rimini, par exemple, ou l'église Sant'Andrea à Mantoue), qui aurait influencé Bramante.

Sculpture

Lorenzo Ghiberti (1378-1455), dans l'exécution des admirables portes du baptistère de Florence, réinterprète la tradition gothique à la lumière de la leçon classique ; mais la figure la plus puissante de la sculpture de ce siècle reste **Donatello** (1386-1466). Profondément intéressé par l'homme et peu enclin à la spéculation intellectuelle, il sut interpréter avec un esprit libre et novateur la forme classique, en l'innervant d'un dynamisme violent et en la portant au sommet de la puissance expressive. Après l'expérience de Padoue, où il créa une œuvre normative pour tout l'art de l'Italie du Nord, il retourna à Florence et, dans le climat changé de la seconde moitié du siècle, donna forme à une humanité durement éprouvée par la souffrance, présageant la crise de la fin du siècle. Incompris de son temps, il fut considéré avec grand respect par Michel-Ange, dont il anticipa la dissolution bouleversante de la forme classique. Son contemporain **Luca Della Robbia** (1400-1482) se spécialisa dans les ouvrages de terre cuite vernissée et coloriée, tandis que **Agostino di Duccio** (1418-v. 1481), **Desiderio da Settignano** (1430-v. 1464) et **Mino da Fiesole** (1429-1484), continuèrent la manière donatellienne, en esquivant toutefois l'intensité dramatique.

Peinture

Avec Brunelleschi et Donatello, **Masaccio** (1401-1428) est le troisième protagoniste de la révolution du 15e s. Il applique avec cohérence la perspective brunelleschienne et la renforce en utilisant la lumière pour donner du volume aux corps, qui acquièrent une telle « vérité » physique que, pour la première fois, ils jettent de l'ombre : le nouvel espace en perspective est habité de personnages palpables, dont la matérialité est marquée de dignité morale. Interprétant différemment l'espace, **Paolo Uccello** (v. 1397-1475) utilise une perspective établie sur des points de fuite plus nombreux, démontrant ainsi qu'il est possible de reproduire le visible de diverses façons, avec les implications philosophiques que cela comporte. Parallèlement, **Fra Angelico**, également appelé « il Beato Angelico » (1387-1455), spirituellement attaché encore à la tradition gothique, s'ouvre aux théories nouvelles de la Renaissance. **Andrea del Castagno** (1419-v. 1457) met l'accent sur la vigueur du modelé et la monumentalité des formes. **Sandro Botticelli** (1444-1510) possède un dessin d'une extrême pureté qui donne à ses personnages une grâce fragile, quasi irréelle (ainsi de cette *Vierge à l'Enfant* au musée Poldi Pezzoli à Milan), conférant à ses scènes allégoriques une atmosphère de profond mystère. Mais au changement de siècle, avec la crise des valeurs humanistes, il donnera forme à d'hallucinants personnages, faits de lignes âpres et de couleurs accusées. **Domenico Ghirlandaio** (1449-1494) révèle pour sa part une véritable veine narratrice, avec des cycles de fresques grandioses présentant, dans une atmosphère de sérénité accrue, la classe dirigeante de Florence.

Le plein équilibre atteint par la Renaissance toscane se manifeste dans la personne sublime de **Piero della Francesca** (1415-1492), dont la synthèse perspective des formes et couleurs, immergée dans une lumière cristalline, concrétise les idéaux les plus intellectuels et spéculatifs de son temps. En témoigne notamment le *Retable de Montefeltro* à la Brera de Milan, où l'œuf d'autruche symbolise à la fois l'Immaculée Conception et la perfection abstraite et géométrique de la forme recherchée. À Mantoue, à la cour des Gonzague, **Andrea Mantegna** (1431-1506) réalise des scènes pleines de grandeur et de rigueur, utilisant les modèles antiques pour créer des héros aussi impénétrables que la pierre. Dans l'atmosphère baignée de gothique tardif, d'ésotérisme et d'alchimie de Ferrare, **Cosmè Tura** (1430-1495), influencé également par l'art flamand, comme le rappelle sa *Vierge à l'Enfant* à l'Accademia de Bergame, invente la plus féroce des galeries de personnages que la peinture ait jamais vue, projetant les hommes et les objets dans une matière chromatique qui semble constituée de métaux affûtés et de pierres précieuses.

L'autre grand pôle se situe à **Venise**, où dans les années 1470, grâce à l'apport de la peinture « atmosphérique » du Sicilien **Antonello da Messina** (1430-1479), qui avait assimilé la grande leçon flamande, et à la connaissance de Piero della Francesca, **Giovanni Bellini** (1432-1516) oppose à la construction géométrique, intellectuelle et antinaturaliste des peintres florentins une vision plus empirique de l'espace, dont la profondeur est rendue par la richesse chromatique de l'œuvre et l'utilisation des tons fondus.

Son contemporain, pareillement vénitien, **Vittore Carpaccio** (v. 1460-v. 1515-1516), tient une place à part dans la peinture de la seconde moitié du Quattrocento. Avec un mélange d'influences, partagées entre la peinture flamande, dotée d'une force anecdotique, et Gentile Bellini (frère de Giovanni), réputé pour son goût du cérémonial, Carpaccio introduit dans ses œuvres une forme narrative, non dépourvue d'un sens du spectacle, qui les rapprocherait des suites de tapisseries. Avec force pittoresque, un caractère naïf, voire fabuleux ou fantaisiste, une étrangeté onirique persiste dans son paysage urbain. En ce sens, outre les œuvres exposées à l'Accademia de Venise (la *Légende de sainte Ursule* ou le *Miracle de la relique de la Croix*, notamment), son travail, toujours dans la Cité des Doges, à la Scuola degli Schiavoni, véritable écrin artistique, est exemplaire. Dans les tons ocre et pourpres, chaleureux et chatoyants, il relate l'existence des saints Jérôme, Georges et Tryphon. L'espace se veut savamment calculé sur le jeu des perspectives et des couleurs, mais il y entre aussi de la poésie et de la distance, celle-là même qui permet d'ajouter un brin d'humour.

LE CINQUECENTO (16e S.)

Au 16e s., la sensibilité humaniste qui avait profondément marqué le siècle précédent atteint sa totale maturation. Les artistes sont de plus en plus attirés par la mythologie, l'art de l'Antiquité, la découverte de l'homme. Le foyer de la Renaissance se déplace de Florence à Rome, où les papes rivalisent d'efforts pour orner palais et églises, et s'étend jusqu'à Venise.
À la fin du siècle, les modèles esthétiques de la Renaissance se répandent dans toute l'Europe. L'âge d'or, auquel aspiraient poètes et humanistes, était cependant destiné à décliner, emporté par la tourmente luthérienne et par le bouleversement des structures politiques en Europe.

Architecture

Le siècle commence avec l'arrivée de **Bramante** (1444-1514), vétéran de l'expérience fondamentale milanaise, à Rome, où il concevra les plans de la nouvelle basilique St-Pierre, terminée par Michel-Ange. En dépit des apparences, son architecture n'est pas radicalement classique, car elle s'inspire de suppositions picturales et illusionnistes (faux chœur de Santa Maria près de San Satiro à Milan) qui simulent une profondeur qui n'existe pas. Il s'ensuit que l'architecture n'est plus un système rationnel de connaissance et de représentation de l'existence : c'est la crise du langage classique, qui trouvera une solution dans la grande architecture baroque.

Michel-Ange, qui s'inspire en partie de ses idées, conçoit l'architecture comme une sculpture, avec anthropomorphisme, en tentant de modeler un espace d'une très grande tension plastique.

Le Vignole (1507-1573) et **Andrea Palladio** (1508-1580), lequel laisse une empreinte profonde surtout à Vicence, traduisent le classicisme, théorisé dans leurs traités d'architecture, par l'édification d'un grand nombre d'églises, de palais et villas, notamment en Vénétie. De son côté, **Galeazzo Alessi** (1512-1572) se distingue par la noblesse de l'ordonnance et l'ingéniosité des solutions imaginées pour intégrer des monuments au décor urbain, comme à Gênes, sur la via Garibaldi.

Sculpture

Le siècle est dominé par **Michel-Ange** (1475-1564). Après avoir travaillé dans sa jeunesse à Florence, il s'installe à Rome, où des œuvres d'une vigueur plastique inégalée expriment son génie créateur, tourmenté et idéaliste. Le problème de la révélation divine est au cœur de son art, comme l'ardent désir de faire la distinction entre existence terrestre, incomplète et caduque, et éternité de l'âme, qui tend à se libérer des liens de la chair et de la souffrance dialectique entre la raison et la foi. S'inspirant et de l'Antiquité et de l'œuvre de Donatello, il les revisite dans un itinéraire d'une impressionnante

tension morale. Dans ses dernières œuvres, dont l'ultime serait la *Pietà Rondanini*, exposée au Castello Sforzesco à Milan, il parvient à dissoudre la matière, interprétée comme la matérialité du corps humain, à travers l'immatérialité de la lumière, l'esprit, effritant ainsi sans appel l'optimisme du classicisme humaniste.
Son héritage devient l'inévitable pierre de touche de tous les artistes du siècle, parmi lesquels l'élégant et raffiné **Benvenuto Cellini** (1500-1571), artisan du célèbre *Persée* florentin, et le Flamand **Jean Bologne** (1529-1608), auteur de nombreux groupes sculptés à Florence et aux alentours, qui, comme ses contemporains, soumet la sculpture aux impératifs d'un art de cour raffiné.

Peinture

Le 16e s. a produit un nombre impressionnant de peintres de tout premier plan, et les grandes lignes de la nouvelle peinture humaniste s'élaborèrent d'abord et surtout à Florence, relayée ensuite par Rome, puis Venise. Le siècle s'ouvre avec trois artistes exceptionnels :
Léonard de Vinci (1452-1519), fascinante personnalité qui illustre à merveille la curiosité des nouveaux humanistes, invente le *sfumato*, un modelé vaporeux qui rend sensible la distance séparant les objets.
Son constant souci de rechercher et de vérifier les mécanismes du mouvement et du fonctionnement des choses, sa tentative pour traduire la somme colossale de ses observations dans un système cohérent, font de lui un précurseur de la science (et du désir de connaissance) des temps modernes.
Ses réflexions sur les « mouvements de l'âme » et leurs illustrations dans d'éminents modèles picturaux influencèrent radicalement ses successeurs. En premier lieu, la fameuse *Cène* dans l'ancien réfectoire de l'église Santa Maria delle Grazie à Milan, où l'espace peint semble le prolongement de l'espace réel, dans une composition savante et dramatique.
Raphaël (1483-1520) n'est pas uniquement un prodigieux portraitiste et le peintre de Madones au dessin d'une extrême douceur : c'est aussi un décorateur d'une fabuleuse invention, notamment dans les « Chambres » du Vatican, où il fait preuve d'une science exceptionnelle de la composition.
Son langage, classique dans le sens le plus complet du terme, est à même de communiquer les contenus les plus intellectuels et les plus subtils, en figurations d'une logique persuasive, séduisante et apparemment facile, comme on l'observe dans le *Mariage de la Vierge* à la Brera de Milan.
Michel-Ange (1475-1564), s'il fut avant tout sculpteur, réussit également à transférer dans la peinture son extraordinaire expressivité dramatique et son sens des volumes, comme en témoignent les admirables fresques de la chapelle Sixtine : une humanité grandiose et héroïque, bouleversée par le message divin, ébranle la sécurité du classicisme contemporain pour imposer aux générations successives d'artistes le dilemme entre l'art du « divin » Raphaël et celui du « terrible » Michel-Ange.
L'**école vénitienne du 16e s.** se développe dans le sens du colorisme sous l'influence des Bellini, sans s'épargner une évidente sensualité. **Giorgione** (1478-1510) porte sa méditation sur le rapport entre l'homme et la nature dans une atmosphère mystérieuse. L'énigmatique *Tempête*, à l'Accademia de Venise, en demeure le parfait exemple. **Titien** (1490-v. 1576), qui fut l'élève des Bellini et travailla dans sa jeunesse avec

Giorgione, porte l'art vénitien à son apogée durant plusieurs décennies, soit dans de grandes compositions mythologiques ou religieuses, soit dans des portraits pénétrants (de Charles Quint à l'Arétin), souvent exécutés sous le mécénat de princes italiens et de souverains européens. Ses dernières œuvres, caractérisées par de hardies compositions très originales et par des dégradés de couleurs en touches denses et grumeleuses, véritable triomphe chromatique, constituent l'héritage impressionnant et très personnel de l'un des principaux témoins du siècle. **Le Tintoret** (1518-1594) apporte violence et vertige au luminisme de ses prédécesseurs et s'en sert pour rendre plus dramatiques ses grandes compositions religieuses. **Véronèse** (1528-1588) atteint une luminosité extraordinaire et des effets de scène originaux dans ses vastes compositions aux nombreux personnages et aux échappées architecturales grandioses, tandis que **Jacopo Bassano** (1518-1592) crée des scènes nocturnes ou rustiques, ouvertes sur la réalité de façon très novatrice, avec une grande liberté de touche et de composition.

Hors de Venise et de Rome, sous l'influence de Vinci et Raphaël, s'illustrent le Piémontais **Gaudenzio Ferrari** (1475-1546), qui réalisa la décoration des chapelles du **Sacro Monte di Varallo** *(voir p. 300)* et des fresques dans l'église Santa Maria delle Grazie (Milan), ainsi que le Parmesan Antonio Allegri, dit **le Corrège** (1489-1534). De son côté, l'école lombarde chercha surtout la beauté et la grâce. Ses représentants les plus connus furent **Vincenzo Foppa** (1427-1515), **le Bergognone** (1450-1523) et **le Bramantino** (env. 1465-1530). Les œuvres de **Bernardino Luini** (env. 1480-1532) révèlent l'influence de Léonard de Vinci.

LES ANNÉES D'INQUIÉTUDE

La crise de la fin du 15e s., l'invasion en Italie d'armées étrangères, avec pour conséquence une perte de liberté pour de nombreux États, l'accroissement des tensions religieuses (mise à sac de Rome, développement du protestantisme, Contre-Réforme), eurent des répercussions dramatiques sur les artistes les plus sensibles de l'époque.

En Italie du Nord, **Lorenzo Lotto** (1480-1556) analyse, avec une pénétration psychologique cinglante, les anxiétés spirituelles et morales des aristocrates et bourgeois provinciaux.

À Brescia, où dans le sillage de Foppa s'était formée une solide attention au « vrai » et au « moral », divers peintres se consacrèrent à la représentation de la douloureuse réalité de l'époque : **Romanino** (1484-1559), avec un expressionnisme violent influencé par les écoles du Nord et anticlassique, **le Savoldo** (1480-v. 1548), avec une intensité lyrique et intérieure, et **le Moretto** (1498-1554), avec un esprit de foi touchant, proche du monde des humbles.

Néanmoins, les résultats les plus éclatants de la crise anticlassique sont visibles chez **le Pontormo** (1494-1556) qui incarne le rôle de l'artiste, génial mais tourmenté, lunatique et visionnaire. Son autoportrait au Museo Lia de La Spezia en est un bel exemple. Ses œuvres, mûries de la méditation de Raphaël et de Michel-Ange, prennent très vite une tension inquiétante, bouleversant par leurs couleurs acidulées et leur spatialité irréelle l'ordre de la Renaissance.

LE MANIÉRISME (16e-17e S.)

Le terme ambigu de « maniérisme » désigne un phénomène culturel se situant entre la Renaissance

Statues en terre cuite du Sacro Monte d'Orta.
E. Zane / MICHELIN

et la période baroque. Il marque l'achèvement de la première, dont il reprend les motifs de « manière » toujours plus insistante, esquivant ou transformant en termes de formalisme intellectuel la crise de conscience de la génération précédente. On peut parler du maniérisme comme d'un art destiné à un public raffiné, d'une thèse qui, voulant se rattacher aux idéaux de beauté suprême définis par Raphaël et Michel-Ange, évolua vers un culte obsessionnel de l'élégance formelle et de la virtuosité d'exécution.

Outre le Tintoret, **Giulio Romano** (Jules Romain) – architecte peintre qui officia notamment à Mantoue et Sabbioneta –, et **le Parmesan**, citons comme représentant caractéristique de cette tendance, **Giorgio Vasari** (1511-1574), auteur des *Vies des plus excellents peintres, sculpteurs et architectes italiens*, ouvrage qui a influencé le jugement historique et critique jusqu'à nos jours. Tandis qu'en Europe la tendance maniériste se diffuse librement, elle est en partie endiguée en Italie par l'Église catholique qui, après le concile de Trente (1545-1563), est résolue à conformer l'art religieux à une plus grandes lisibilité et clarté doctrinales.

LE 17e S. : NATURALISME, CLASSICISME ET BAROQUE

Peinture

La première réaction contre les excès du maniérisme vient de l'**académie des « Incamminati »** de Bologne, qui propose un art moins affecté et plus proche de la nature. Une proposition qui se répand sous la direction des **Carrache**, famille de peintres dont l'aîné, Ludovic, créa une école de peinture à Bologne. À partir de ces positions se développent plusieurs courants artistiques successifs. Le classicisme évolue, sur les prémices posées par les Carrache dans les sphères bolonaises et romaines, d'où il se répandra partout. Son principe fondamental : les formes artistiques classiques empruntées à l'Antiquité et à Raphaël incarnent les modèles de perfection. La voûte du palais Farnese, à Rome, peinte par Annibal Carrache, ouvre en revanche la voie au style baroque avec sa dynamique irrésistible et ses effets accentués de perspective. Tant la peinture que l'architecture baroques sont caractérisées par l'art du mouvement, par la perspective renversée, par les volutes et par le goût du faux relief. La peinture intègre l'architecture et donne vie à d'impressionnantes visions. Ainsi, le plafond de l'église du Gesù à Rome, littéralement « ouvert » par **le Baciccia** (1639-1709), artiste génois qui introduit dans l'espace architectural une vision tangible de la réalité céleste.

L'autre aspect de la révolution qui secoue plusieurs siècles d'idéalisme en Italie vient du **Caravage** (1573-1610), Michelangelo Merisi de son vrai nom, né à Caravaggio, en Lombardie, dont l'œuvre, héritière de la tradition lombarde et bresciane et riche de scènes et de personnages empruntés au monde populaire, est marquée par un réalisme cruel et sans compromis ; elle frappe par l'intensité dramatique et les violents contrastes d'ombre et de lumière, expédients utilisés pour dévoiler la réalité morale qui se plie aux agissements et aux sentiments humains. L'exemple offert par l'artiste lombard sera suivi en Italie, en France et aux Pays-Bas par de nombreux artistes appelés les « caravagesques ».

Architecture et sculpture

L'architecture maniériste, qui évolue entièrement sur plan et se révèle donc intellectuelle et statique, diffère fondamentalement de l'architecture baroque caractérisée par le dynamisme spatial, la compénétration entre l'intérieur et l'extérieur, l'utilisation de lignes courbes et brisées et de la lumière comme véhicule des interventions divines. Le vrai style baroque, structural et essentiellement romain, est la création d'artistes œuvrant souvent à la fois comme architectes, peintres, sculpteurs et scénographes. Les transformations exécutées par **le Bernin** (1598-1680) à la basilique St-Pierre sont la plus parfaite illustration de ce style : la très célèbre colonnade, en permettant de corriger la massive et inerte verticalité de la façade, résout le problème de l'espace en développant, entre ses deux bras symboliquement ouverts pour accueillir les fidèles, une perspective d'arrière-plan à la place ouverte sur la ville.

Dans l'architecture de **Borromini** (1599-1667) apparaissent en

LES BORROMÉE À MILAN

Deux archevêques issus de la famille Borromée jouèrent un rôle primordial dans le développement artistique du Milanais aux 16ᵉ et 17ᵉ s. : **Carlo Borromeo** (1538-1584), qui participa au concile de Trente, soutint la Contre-Réforme et aida les Milanais pendant l'épidémie de peste de 1576, et son cousin **Federico** (1564-1631), fondateur de la bibliothèque Ambrosienne, qui vécut pendant la terrible épidémie de 1630 décrite dans *I Promessi Sposi* de Manzoni. Sous leur impulsion, des peintres décorèrent les églises du Milanais : Giovan Battista Crespi, dit le **Cerano** (1573-1632), **Giulio Cesare Procaccini** (1574-1625), le **Morazzone** (1573-1625), **Daniele Crespi** (env. 1598-1630). Les deux premiers participèrent à la réalisation des **Quadroni di San Carlo**, l'un des plus beaux témoignages picturaux de l'époque. Ces énormes toiles, exposées entre les pilastres du Duomo de Milan pour un mois lors de la fête de San Carlo (4 novembre), forment le cycle des *Faits de la vie du bienheureux Carlo* et des *Miracles de San Carlo*.

revanche les tensions déchirantes, les contrastes, les « folles » résolutions d'un esprit inquiet et tourmenté, tendant davantage à approfondir le dilemme et les contradictions de la souffrance spirituelle moderne qu'à exalter la grandeur des vicaires de Dieu sur terre.

Guarino Guarini (1624-1683), mathématicien et professeur de philosophie, s'installa à Turin où il fut nommé architecte de la Cappella della Santissima Sindone (la chapelle du Saint Suaire). Tout en mouvement et en fantaisie, son style se révéla bien plus original que celui de l'architecte **Carlo Castellamonte**. Dans la même ville, il intervint également sur l'église San Lorenzo et conçut le Palazzo Carignano *(voir p. 119)*.

LE 18e S.

Les profondes transformations culturelles du nouveau siècle, projeté vers une vision rationnelle et philosophique des phénomènes, se reflètent sur l'art : le courant baroque, vidé des contenus les plus intimement religieux, évolue dans un sens toujours plus laïc et décoratif. L'art tend à se libérer de toute signification référentielle, à gagner davantage d'autonomie et à devenir une fin en soi, destinée à divertir plus qu'à instruire. Née en France, cette tendance est appelée *rocaille*. L'Italie, qui alors a perdu la fonction de pays phare dans le domaine artistique, produit toutefois quelques figures au relief exceptionnel, en particulier dans le Piémont. La réorganisation urbaine et architecturale de Turin, parvenue au rang de capitale européenne, constitue l'entreprise la plus fascinante de l'époque. Dépassant les tensions et l'intensité dramatique de l'architecture baroque du 17e s. de son prédécesseur Guarino Guarini, **Filippo Juvarra** (1678-1736) conçut une architecture urbaine novatrice au goût théâtral très prononcé, scène idéale pour les apparitions costumées de la cour de la maison de Savoie (longues avenues plantées d'arbres et encadrées par les édifices). Il changea l'aspect de Turin en réalisant la façade du Palazzo Madama, pour laquelle il s'inspira de Versailles et du Palazzo Barberini à Rome. Il dessina aussi la basilique de Superga *(voir p. 135)*, l'église du Carmine, et travailla à la Palazzina di Caccia di Stupinigi et à la Reggia di Venaria.

La peinture extrêmement lumineuse du Vénitien **Giambattista Tiepolo** (1696-1770), créateur des arrière-plans perspectifs, peints non plus pour leur intérêt propre, mais pour le plus grand plaisir du spectateur, offre une nouvelle vision de l'art qui a désormais une valeur pour ses qualités simplement artistiques.

Francesco Guardi (1712-1793) s'est, lui, plu à représenter les fêtes vénitiennes, tout comme **Pietro Longhi** (1702-1785) s'est attaché à décrire la vie quotidienne dans la Cité des Doges.

LE 19e S.

Entre la fin du 18e s. et le début du 19e s., l'Italie participe aussi à la vague antiquisante, née de l'intérêt pour Herculanum et Pompéi, par opposition au style baroque, à la « licence » duquel on souhaite substituer une simplicité sobre (et morale), sereine et harmonieuse, modelée à partir des exemples immortels de l'Antiquité. Le néoclassicisme italien est surtout représenté par le sculpteur **Antonio Canova** (1757-1822), né tout près de Venise, à Possagno *(voir p. 402)*, où sa maison natale a été transformée en musée. Ses œuvres semblent adhérer parfaitement aux principes de « simplicité noble et grandeur tranquille » que Winckelmann attribuait à l'art grec (connu en réalité seulement à travers les copies romaines). Outre sa fameuse statue représentant Napoléon en César victorieux, trônant dans la cour d'honneur de la Brera à Milan, dans l'une de ses plus célèbres sculptures, le groupe des *Grâces*, l'extrême perfection des formes se traduit cependant par une sensibilité ambiguë, rendue vibrante par la nostalgie d'un monde considéré comme parfait mais irrémédiablement perdu, faisant subtilement allusion à la barrière impalpable entre la vie et la mort qui caractérise toute son œuvre et la poétique romantique du temps.

Le courant antiquisant s'impose également en architecture ; combiné à d'autres courants, il conduira à l'éclectisme et régnera à travers tout le siècle avec des résultats très inégaux. À Milan, si le néoclassicisme porte surtout la signature de **Giuseppe Piermarini** (1734-1808), l'architecte de **La Scala**, l'éclectisme de la seconde moitié du siècle doit sa plus grande réalisation, la **Galleria Vittorio Emanuele II**, à **Giuseppe Mengoni** (1829-1877) qui mourut d'une chute depuis le toit de la galerie quelques jours avant son inauguration. **Alessandro Antonelli** (1798-1888), qui constitue un cas à part, innerve le langage néoclassique avec des principes inédits d'ingénierie, mêlant la tradition académique aux expérimentations européennes les plus originales.

À la fin du 19e s., le style **Liberty** (Art nouveau italien) s'impose. Avec ses moulures aux motifs floraux et végétaux, ses ferronneries tourmentées, ses vitraux courbes et ses décors de céramique, il contribue à l'élégance des quartiers résidentiels de la bourgeoisie, à Milan, autour du Castello Sforzesco, et le long du Corso Venezia, et à Turin.

En peinture, parallèlement au courant néoclassique, souvent de caractère explicitement académique, s'affirme le langage romantique de **Francesco Hayez** (1791-1882), ami de Canova, connu des amateurs d'art pour son célèbre *Il bacio* (Le baiser). Mais surtout, sous le prétexte de figurations d'histoire médiévale, il fait allusion aux événements du Risorgimento. Il réalisa également des portraits (visibles à la Brera de Milan, ou encore à la pinacothèque Tosio Martinengo de Brescia). À partir de 1855 et pour environ une vingtaine d'années, une réaction à l'académisme apparaît avec les **Macchiaioli**, qui anticipent quelques aspects du mouvement impressionniste, sans connaissances théoriques précises, en plantant leur chevalet à l'extérieur et en optant pour la couleur, une touche simplificatrice et l'inspiration naturaliste. Les principaux protagonistes du mouvement sont **Giovanni Fattori** (1825-1908), dont on observe par exemple *Le Repos* à la Brera de Milan, **Silvestro Lega** (1826-1895), **Telemaco Signorini** (1835-1901). Certains sont en contact avec le milieu impressionniste de Paris. À la fin du 19e s., tandis que se répand une pratique à caractère anecdotique, le Trentinois **Giovanni Segantini** (1858-1899), **Pellizza da Volpedo** (1868-1907) et **Gaetano Previati** (1852-1920) développent une peinture divisionniste. Reflet des théories des post-impressionnistes français, elle approfondit d'une part l'analyse de la réalité, avec de fortes connotations sociales, et s'ouvre d'autre part aux thématiques allégoriques, en accord avec ce qui se passait en Europe. Leurs solutions furent fondamentales pour les avant-gardes artistiques du 20e s.

LE 20e S.

Le 20e s. commence de manière explosive avec la réaction décapante et antiesthétique des **futuristes** qui, sous l'influence du poète **Marinetti** (1876-1944), le théoricien du groupe, proclament haut et fort leur foi en la machine, la vitesse et la foule. Leurs toiles tentent de traduire le dynamisme du monde moderne par des formes fragmentées, apparentées au langage cubiste. Mais elles s'en différencient profondément par leur sens du mouvement qui fait écho aux leçons de philosophes contemporains comme Bergson et par leurs désordres violents et passionnés d'origine expressionniste.

Umberto Boccioni (1882-1916), **Giacomo Balla** (1871-1958), **Gino Severini** (1883-1966), **Carlo Carrà** (1881-1966) et l'architecte **Antonio Sant'Elia** (1888-1916) sont les protagonistes de cette avant-garde.

Giorgio De Chirico (1888-1978), flanqué de Carrà, qui avait renié la velléité juvénile, inventa la **peinture métaphysique**, mettant en scène d'inquiétantes manifestations où les objets, associés de manière imprévisible dans des perspectives impossibles, mais crédibles, vivent dans une atmosphère ambiguë et énigmatique. Partant de fondements en partie analogues, **Giorgio Morandi** (musée dédié à Bologne et Fondation Magnani Rocca à Parme), avec quelques objets usuels, invite en revanche à une méditation silencieuse sur le sens profond de l'histoire et de la peinture.

Après la Grande Guerre, le climat général de « retour à l'ordre » touche aussi de nombreux artistes italiens. À cette époque le groupe du **Novecento** (20e s.) développe les fondements du naturalisme, filtrés par une relecture de la métaphysique et de l'art médiéval et classique italien, avec des résultats souvent très poétiques et d'une remarquable concentration formelle. La majeure partie des peintres, sculpteurs et architectes italiens adhèrent à cette attitude ou du moins en sont influencés, surtout lorsque, dans les années 1920, le régime s'exprime en faveur de cette tendance stylistique. Des voix s'élèvent pour s'y opposer explicitement ou tacitement. Autour des représentants du groupe milanais de **Corrente**, de l'**École romaine** et des **Six de Turin** se rassemblent quelques-unes des forces les plus vives de l'art italien de cette époque qui, même dans l'individualisation précise de chaque parcours, ont en commun un intérêt pour les solutions expressionnistes. Celles-ci débouchent souvent sur un réalisme intensément tragique, d'une grande tension sociale et humaine. **Renato Guttuso** (1921-1987) parvient à une relecture personnelle des formules postcubistes, appliquées à des modèles explicitement antifascistes. Parmi les sculpteurs, l'un des plus significatifs est **Giacomo Manzù** (1908-1991), qui sut même renouveler, en laïc, les formes de l'art chrétien. Son sens profond de la lumière, qui confère à sa sculpture, notamment aux bas-reliefs, une vitalité donatellienne, l'aide à formuler une dénonciation de la violence perçue comme la mortification de l'être humain.

L'APRÈS-GUERRE

La tragédie de la guerre n'est pas sans influencer la pratique artistique : la période est à l'interrogation. On parle de « mort de l'art », même dans la nouvelle société de consommation des années 1950 et 1960. Le langage artistique n'est plus ressenti comme le mode d'expression de la réalité esthétique ; aussi emprunte-t-il de nouvelles voies que l'on peut estimer anti-esthétiques pour avoir été jusqu'alors étrangères à toute représentation artistique. Ces nouvelles pratiques allant souvent jusqu'au désaveu du support physique traditionnel, la toile.

Arts graphiques

C'est, en partie, le cas d'**Alberto Burri** (1915-1995), qui se rapproche tardivement de la peinture, sans passer par le milieu académique. En procédant à des collages sur de vieilles toiles abîmées, il n'entend pas représenter autre chose que ce qu'il donne à montrer, selon une réflexion sur « l'art des déchets », mais expose un fragment de matière qui n'acquiert de signification que par l'intervention de l'artiste.

Lucio Fontana (1899-1968), né en Argentine mais passé par l'académie de Brera dans la capitale lombarde, perçoit également les limites traditionnelles de l'expression artistique et cherche, en pratiquant des incisions dans la toile, de nouvelles solutions au vieux problème de l'espace, qui peut être créé mais pas représenté ; il souligne l'importance du « geste », de l'action qui met en contact l'en deçà et l'au-delà de la toile, et détruit la classique mise en espace.

Au mitan des années 1960, la tendance **Arte povera** (« art pauvre », pour la critique) se définit en opposition à un monde vu comme « riche », et voulant dépasser le pop'art. Les principales figures s'expriment à Turin, avec **Mario Merz** (1925-2003), **Luciano Fabro** (1936-2007), **Alighiero Boetti** (1940-1994), **Giuseppe Penone** (né en 1947) et **Giovanni Anselmo** (né en 1934). Leur rupture avec l'approche classique de l'art est totale et va jusqu'au refus radical de jouer un rôle, ressenti comme mystificateur et soumis au système qu'ils contestent.

Architecture

Depuis peu, l'UNESCO examine la candidature de la ville d'**Ivrée** (province de Turin) au Patrimoine mondial. Conçue par l'entrepreneur utopiste **Adriano Olivetti,** cette cité industrielle bâtie entre 1930 et 1960 basait son aménagement sur un modèle de vie communautaire, inspiré des idées de Charles Fournier et de Robert Owen.

Quelques personnalités se démarquent, tel le Milanais **Gio Ponti** (1891-1979) qui a conjugué le rationalisme avec la tradition classique. Il est surtout l'auteur du gratte-ciel Pirelli à Milan.

Grande figure de l'architecture, le Génois **Renzo Piano** (*p. 99*) a conquis une réputation internationale en réalisant le centre Georges-Pompidou à Paris. Il a aussi signé à Turin la reconversion des anciennes usines Fiat en centre culturel et commercial, à Gênes le réaménagement du quartier du port et à Trente la construction du MUSE, musée des Sciences, dans l'ancienne zone industrielle Michelin. Enfin, **Gae Aulenti** (née en 1927) est l'une des rares femmes à s'être imposée dans l'exercice. Formée à Milan, elle a enseigné à Venise et Milan, avant de revenir sur les chantiers. De même, ses réalisations en design soulignent l'interaction des objets avec leur espace, ses projets d'architecture s'inscrivent dans leur environnement, sans emphase. Parmi ses grands travaux figure l'aménagement intérieur du musée d'Orsay à Paris. Quant à **Vittorio Gregotti** (né en 1927), c'est l'architecte du Teatro degli Arcimboldi et du quartier Bicocca, à Milan.

Dans la nouvelle génération, citons **Carlo Dal Bianco** (1964), formé à Venise, architecte et designer à Vicence, qui a aménagé l'usine Bisazza de Montecchio Maggiore en lieu d'exposition.

ABC d'architecture

Art antique

Temple périptère

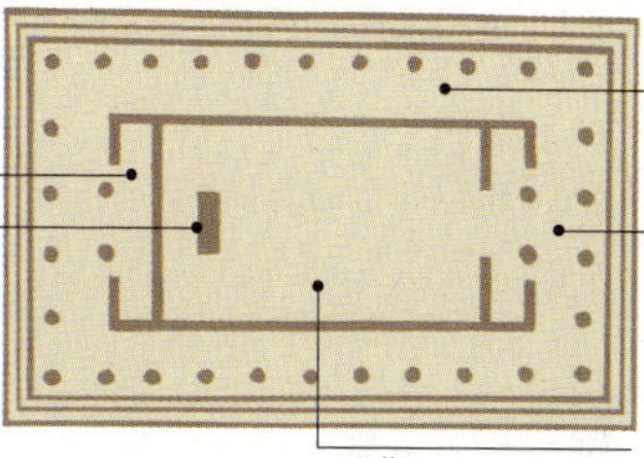

Élévation d'un temple d'ordre corinthien

L'architrave, la frise et la corniche forment l'entablement

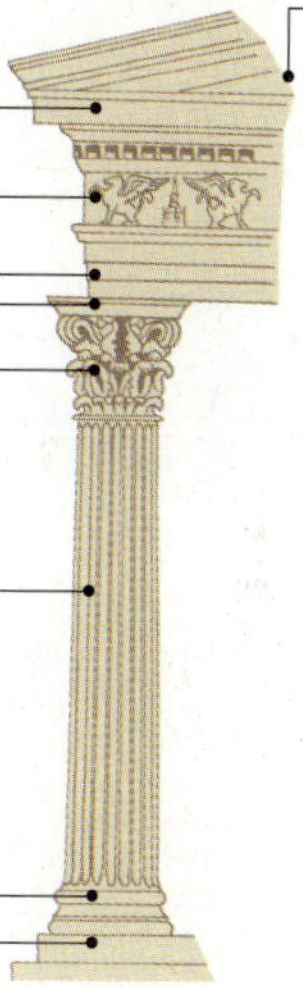

R. Corbel / MICHELIN

Architecture religieuse

Plan de la cathédrale de Parme (12e-14e s.)

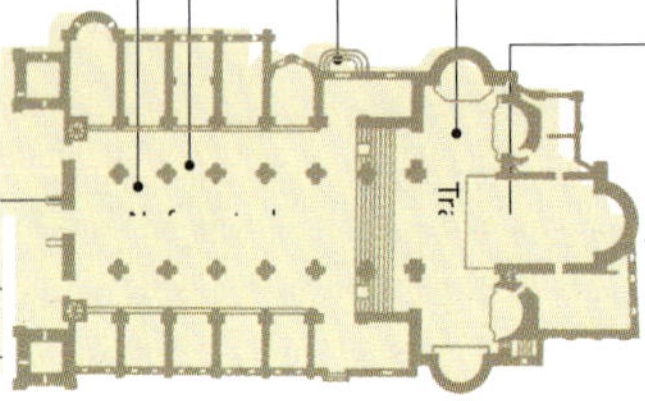

Coupe d'une église

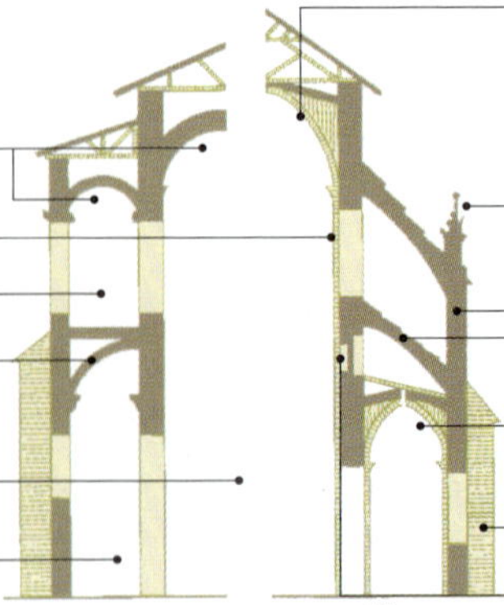

ÉGLISE ROMANE
Milan – Basilique St-Ambroise (11e-12e s.)

Chef-d'œuvre d'équilibre et d'harmonie, la basilique fascine par l'apparente simplicité de sa composition et le rapport très élaboré entre le matériau et la lumière.

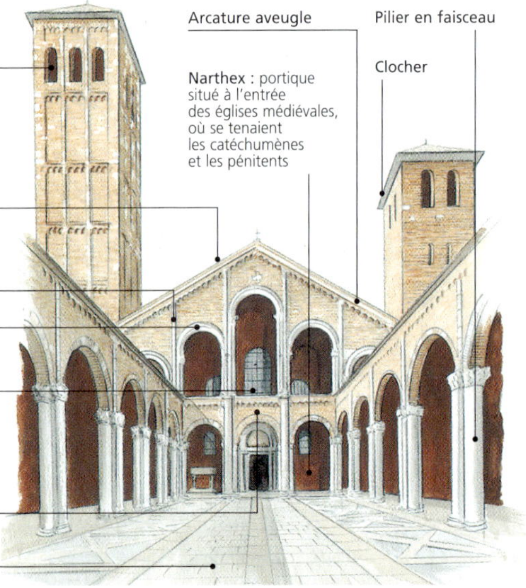

H. Choimet / MICHELIN

ÉGLISE GOTHIQUE
Milan – Abside de la cathédrale (14e-15e s.)

Remarquable et unique exemple de style gothique tardif en Italie, le dôme fut entrepris en 1386 à l'initiative de Jean Galéas Visconti. Les travaux s'étalèrent jusqu'à la fin du 19e s., qui vit l'achèvement de la façade. Très fortement influencé par les réalisations transalpines, l'édifice se révèle assez éloigné des expériences effectuées à l'époque en Toscane.

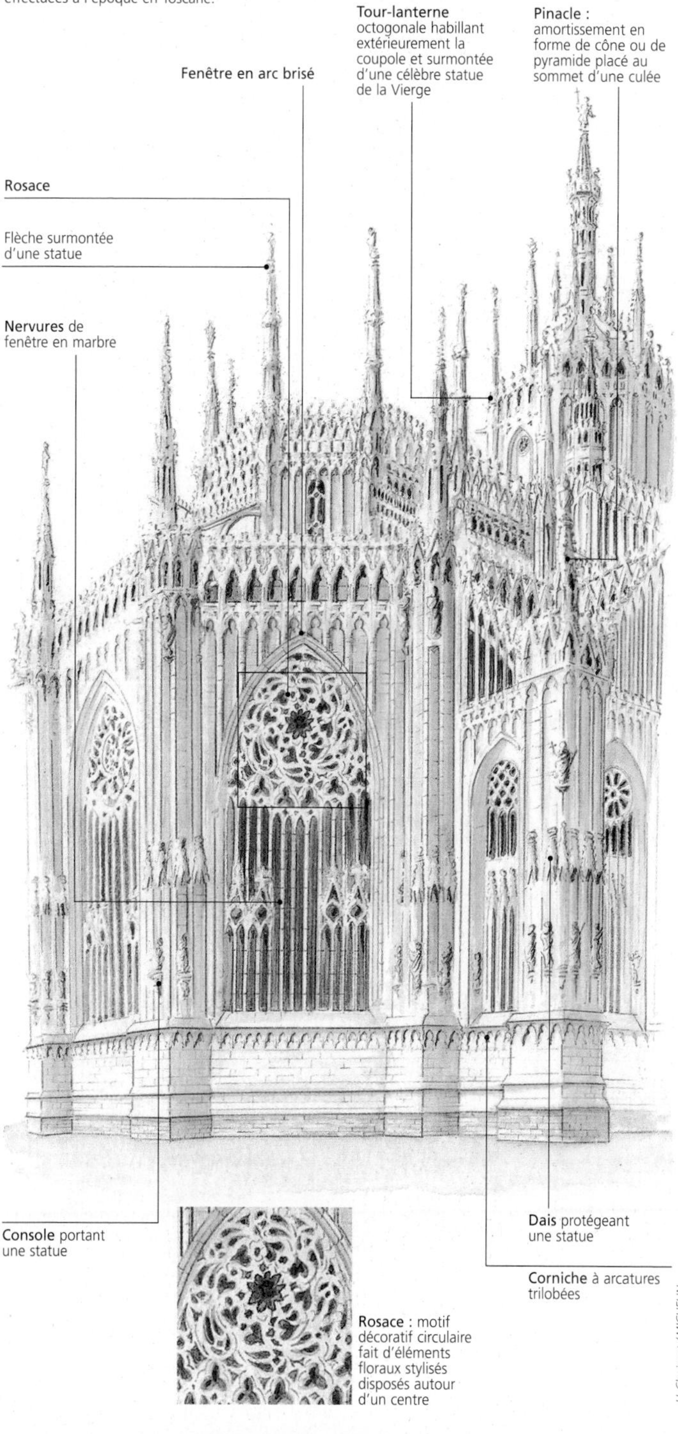

H. Choimet / MICHELIN

Turin – Palais de Carignan (1679-1681)

Le jeu de droites et de courbes caractérise la façade de ce palais, mais l'emploi de la brique est un trait spécifique de l'Émilie, dont était originaire l'architecte, Guarino Guarini.

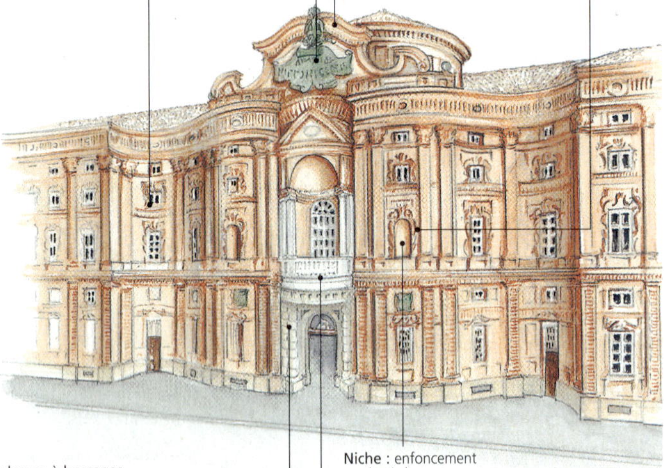

Milan – Théâtre de la Scala (1776-1778)

Réalisation sobre et mesurée de Giuseppe Piermarini, la célèbre scène italienne, qui associe à la simplicité de sa façade la richesse de son décor intérieur, devint un modèle pour les théâtres néoclassiques construits par la suite.

H. Choimet / MICHELIN

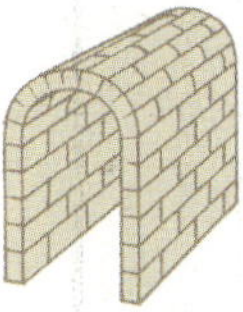
en berceau plein cintre

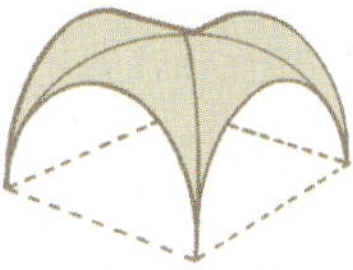
d'arête en plein cintre

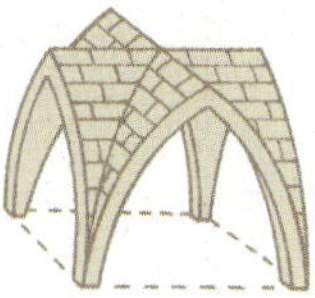
d'ogives

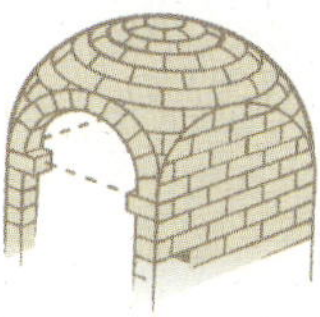
coupole sur pendentifs

Quelques termes d'art

Abside : extrémité, en demi-cercle ou polygonale, d'une église, derrière l'autel ; le terme indique aussi bien la partie extérieure que la partie intérieure.
Absidiole : petite chapelle ouvrant sur le déambulatoire d'une église romane ou gothique.
Archivolte : ensemble des arcs ornant une arcade. Il peut être en plein cintre ou brisé.
Atlante (ou **Télamon**) : statue masculine servant de support.
Atrium (ou **portique à quatre arcades**) : cour bordée de portiques, devant la façade des édifices religieux paléochrétiens et romans.
Basilique : édifice religieux rectangulaire, bâti sur le plan de basiliques romaines et divisé en trois ou cinq nefs.
Bas-relief : sculpture adhérant à un fond, dont elle se détache avec une faible saillie.
Bastion : dans l'architecture militaire, ouvrage de défense polygonal en saillie par rapport à l'enceinte fortifiée.
Bossage : motif ou revêtement architectural formé de bosses, pierres taillées uniformément en saillie sur la paroi externe. Celles-ci sont entourées de ciselures profondes ou de lignes de séparation. Le bossage était très en vogue à la Renaissance.
Chaire (ou **ambon**) : dans les églises, tribune élevée au-dessus du sol aux emplacements différents, d'où le prédicateur parlait à ses fidèles.
Chapiteau : élément qui forme le sommet d'une colonne, constitué d'une partie lisse qui le relie au fût, et d'une partie décorée. On distingue trois ordres classiques : dorique, ionique (à double volute), et corinthien, décoré de feuilles d'acanthe. Ce dernier est souvent utilisé dans les édifices des 16e-17e s.
Chœur : dans les églises, partie à l'arrière de l'autel où se tiennent les chantres et meublée de stalles en bois à décorations variées.
Ciborium : dans l'église, édicule surmontant un autel.
Claveau : pierre taillée en forme de coin qui entre dans la composition d'un arc.
Console (ou **cul-de-lampe** ou **corbeau**) : élément en pierre ou en bois, en forte saillie sur un mur, destiné à être le support de poutres ou de corniches.
Contrefort : bloc de maçonnerie externe, élevé en saillie contre un mur, qui s'oppose aux poussées des arcs et des voûtes.
Cordon : élément ornemental horizontal accusant la démarcation des étages.
Croisée : structure en pierre ou en bois qui divise la baie d'une fenêtre ou d'une porte. Les éléments verticaux sont appelés meneaux.
Croix (plan en) : on distingue la croix grecque, à branches égales, et la croix latine dont les branches du transept sont plus courtes.
Crypte : excavation creusée sous une église où l'on plaçait les corps des saints. Il s'agit souvent d'une véritable église ou d'une chapelle.

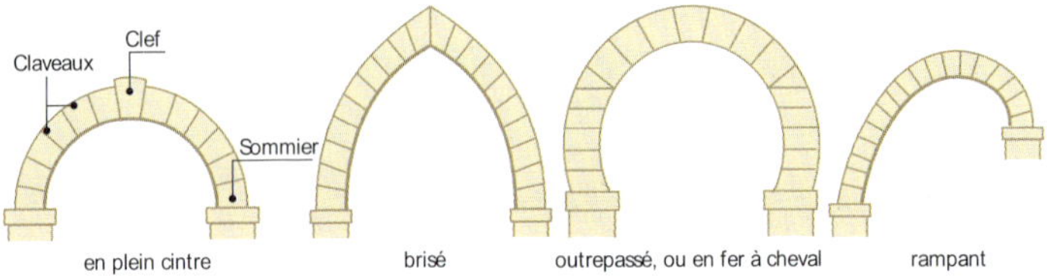

Déambulatoire : prolongement des bas-côtés autour du *presbiterio* (voir ce mot) et permettant aux fidèles de circuler devant les reliques dans les églises de pèlerinage.
Ébrasement : disposition biaise, par rapport au plan d'axe du mur, des parois latérales d'une baie de porte ou de fenêtre.
Encorbellement : saillie par rapport à l'alignement.
Enroulement : motif décoratif constitué de feuilles s'enroulant en spirale.
Entablement : couronnement constitué de l'architrave, la frise et la corniche.
Exèdre : partie munie de sièges, placée au fond des basiliques romaines ; par extension, édicule aux formes arrondies ou espace semi-circulaire en plein air.
Fenêtres jumelées, trilobées, bigéminées : fenêtres divisées verticalement par deux, trois, quatre compartiments.
Fronton : ornement, généralement triangulaire, placé au-dessus des édifices, portes, fenêtres, niches.
Gâble : pignon ornemental triangulaire surmontant des portails.
Grotesque : motifs d'ornementation fantastiques inspirés des motifs de décoration de l'Antiquité. Le terme provient de « grottes », nom donné aux vestiges romains enfouis de la Domus Aurea, découverts à la Renaissance.
Haut-relief : sculpture au relief très accusé, sans pour autant qu'il se détache du fond (se situe entre le bas-relief et la ronde-bosse).
Jambage (ou **piédroit**) : montant vertical qui délimite latéralement une baie (porte, fenêtre, etc.) et qui soutient le linteau.
Lanternon : tambour avec des fenêtres, surmontant une coupole.
Lésène : pilastre de faible saillie, se détachant légèrement du mur, utilisé comme ornement.
Linteau : élément horizontal qui sert à relier des pilastres ou des colonnes et qui constitue la partie inférieure de l'entablement (dans les édifices classiques comme le temple).
Matroneum : dans les édifices religieux paléochrétiens et romans, galeries réservées aux femmes.
Moulure : élément ornemental linéaire constitué d'une bande façonnée en saillie.

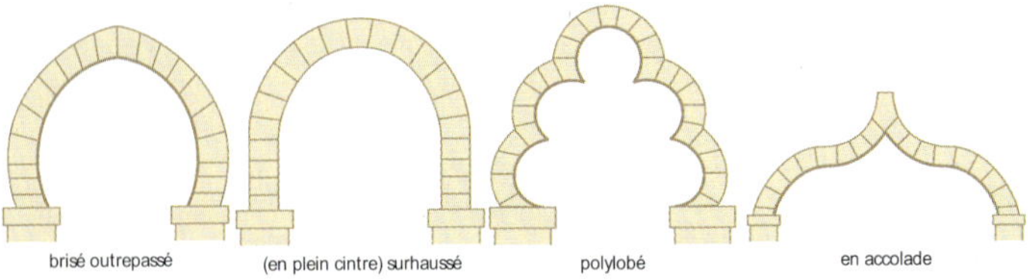

Nef : chaque partie de plan allongé d'une église. La nef centrale, souvent de dimensions plus grandes, est appelée simplement nef, tandis que les nefs latérales sont appelées bas-côtés.

Nervure : élément de séparation de la surface d'une coupole et d'une voûte, qui sert à décharger le poids sur les structures inférieures.

Ogive : arc tendu diagonalement qui sert à soutenir une voûte.

Ove : ornement en forme d'œuf.

Pendentifs : éléments triangulaires venant se raccorder aux murs et permettant de passer du plan carré au plan octogonal ou circulaire (couronné par la coupole).

Péristyle : colonnade formant un portique qui entoure l'extérieur d'un édifice.

Polyptyque : ensemble de panneaux peints ou sculptés liés entre eux par des charnières.

Prédelle : partie inférieure d'un polyptyque ou d'un retable.

Presbiterio : dans les églises, espace autour de l'autel réservé au clergé.

Pronaos : dans le temple grec, espace qui se trouve devant la cella. Par la suite, portique sur colonnes qui précède l'entrée dans une église ou dans un palais.

Retable : construction verticale portant un décor peint ou sculpté, placée sur un autel ou en retrait de celui-ci.

Rosace : fenêtre circulaire souvent placée sur la façade d'une église, ornée de délicats motifs en pierre (petites colonnes, volutes, dessins) disposés en éventail.

Tambour : élément cylindrique ou polygonal sur lequel repose la coupole.

Transept : vaisseau transversal coupant la nef, donnant à l'église la forme d'une croix.

Tribune : dans les églises paléochrétiennes, galeries en hauteur, ouvertes sur la nef. Plus tard, élément de décoration des parties extérieures.

Triptyque : panneau peint ou sculpté formé de deux volets latéraux se rabattant sur la partie centrale qu'ils recouvrent.

Trompe-l'œil : peinture qui donne l'illusion de relief et de perspective.

Voûte : couverture d'une travée.

Littérature

La littérature italienne est strictement liée à la naissance de sa langue. C'est une belle histoire qui commence en Toscane et qui, même cinq cents ans après, regarde encore la Toscane comme modèle. En 1827, le Milanais Manzoni ira à Florence à la recherche d'une langue et d'un style vraiment nationaux pour son chef-d'œuvre, *I Promessi Sposi*. **Selon son expression, c'était le désir de « rincer le linge dans l'Arno » qui l'avait amené là-bas…**

NAISSANCE ET SPLENDEUR DE LA LITTÉRATURE ITALIENNE

Les origines de la littérature italienne, liées à l'évolution de la langue, remontent au 13e s. L'émouvant *Cantique des créatures*, composé par **saint François d'Assise** (1182-1226) en dialecte ombrien pour répondre au vœu de l'ordre d'utiliser la langue populaire, se situe parmi les œuvres les plus anciennes. La tendance poétique la plus célèbre fut le **dolce stil nuovo** (doux style nouveau). Ce terme, forgé par Dante, qui y adhéra au début de son activité littéraire, indique un genre lyrique qui célèbre en vers très musicaux l'amour spirituel et édifiant pour une femme élevée au rang d'ange. Guinizzelli et Cavalcanti ont eux aussi été adeptes de ce style. Auteur de la *Vita Nuova*, des *Rime*, du *Banquet* et de *De vulgari eloquentia*, **Dante Alighieri** (1265-1321) pose les bases de la future langue nationale, le toscan, et lui offre le plus grand des chefs-d'œuvre de la littérature italienne, *La Divine Comédie*. Au cours de ce voyage allégorique dans l'outre-tombe, Dante, accompagné de Virgile dans les deux premiers règnes (Enfer, Purgatoire) et de Béatrice au Paradis, rencontre de célèbres damnés, dont les peines sont proportionnelles à la conduite qu'ils eurent de leur vivant. **Pétrarque** (1304-1374), poète et humaniste, qui s'éteignit près de Padoue, chante son amour pour Laura dans son *Canzoniere*, recueil de sonnets et de chansons qui inspirèrent la lyrique de l'époque, même au-delà des frontières italiennes. **Boccace** (1313-1375), dans son *Décaméron*, œuvre sans scrupules et ironique, rassemble cent nouvelles inspirées de l'idéal de vie de la bourgeoisie naissante, composée de l'humanité la plus complexe et la plus variée.

HUMANISME ET RENAISSANCE

Le nouveau mouvement culturel, s'inspirant des goûts classiques grecs et latins, développe le concept d'*humanisme*, incarné par les grandes figures d'artistes et savants que sont Filippo Brunelleschi, Leon Battista Alberti, Léonard de Vinci.
À Florence, centre littéraire dynamique, se développe l'activité culturelle de Laurent de Médicis, dit **le Magnifique** (1449-1492), figure idéale d'humaniste. **Boiardo** (env. 1441-1494), auteur du *Roland amoureux*, poème chevaleresque mêlant la poésie épique du cycle carolingien à la poésie courtoise

Bouquiniste de la piazza Carlo Felice à Turin.
T. Borredon / hemis.fr

du cycle breton, écrit à la cour de Ferrare.
La découverte de l'Amérique, point culminant d'une série d'explorations, bouleverse, pour les ouvrir à l'imagination, les horizons délimités par les superstitions traditionnelles, incarnées par les Colonnes d'Hercule, limite infranchissable du monde connu.
C'est l'époque de la pensée féconde, celle de **Machiavel** (1469-1527) – qui, dans *Le Prince*, expose les moyens pour l'homme qui gouverne un État et un peuple de conserver et stabiliser son pouvoir –, celle aussi de **Guichardin** et de **l'Arioste** (1474-1533), auteur du *Roland furieux (voir Ferrare, p. 493)*.
Parmi les auteurs d'inspiration classique, citons **Bembo** (1470-1547) qui codifie la langue toscane, **Castiglione** (1478-1529) dont le *Courtisan* définit les vertus du parfait homme courtois et **Michel-Ange** (1475-1564), qui concentre son activité littéraire sur une conception platonique de l'amour et de l'art.
Les comédies enjouées de **l'Arétin** (1492-1556), qui se situent à l'opposé de l'idéal courtois par le contenu et par le style, sont étrangères au classicisme aristocratique, tout comme celles de **Ruzzante** (v. 1502-1542), au goût marqué par le réalisme exprimé en dialecte padouan, ou l'œuvre littéraire de **Cellini** (1500-1571), sculpteur et orfèvre à l'existence aventureuse.
Vasari (1511-1574), peintre et architecte, excelle dans le genre biographique ; il présente, dans *Vies*, plus de cent artistes, de Cimabue à lui-même.

LA CONTRE-RÉFORME ET LE BAROQUE

La découverte de l'Amérique, avec ses contrecoups sur l'économie méditerranéenne et la propagation de la réforme luthérienne, débouchèrent sur une période plus tourmentée. Ce fut une époque d'inspiration mineure et de grand conformisme, où le problème de la langue fut résolu par l'Académie de la « Crusca », créatrice du

Vocabulaire, remarquable œuvre lexicographique qui immortalisait la langue littéraire.
La mutation du climat spirituel se manifeste par exemple avec la personnalité tourmentée du **Tasse** (1544-1595) et sa *Jérusalem délivrée* *(voir Ferrare, p. 493)*.
Scientifique et méthodologiste de la recherche, **Galilée** (1564-1642) se réfère à Archimède et réfute la théorie d'Aristote; en différenciant la méthode scientifique de celle applicable à la théologie et la philosophie, il se met involontairement dans une situation problématique vis-à-vis de l'Église. Celle-ci, déjà secouée par la tourmente du protestantisme, défend obstinément une position désormais fragile. Face à l'intransigeance doctrinale de l'Inquisition se développe alors le **conceptisme**, caractéristique de la poésie baroque, en quête avant tout de « merveilleux ».

DES LUMIÈRES AU DÉCADENTISME

Au début du 18e s., l'Académie des lettres de l'**Arcadia** opposait au « mauvais goût » baroque un « bon goût » inspiré de la pureté de la poésie bucolique classique. C'est également l'époque de **Giambattista Vico** (1668-1744), qui élabora la théorie des flux et reflux historiques, fondée sur les trois stades (sens, imagination et raison) de l'histoire des civilisations, puis du dramaturge **Métastase** (1698-1782).
En ce Siècle des lumières, le centre de la culture italienne se situe à Milan, grâce à des personnalités comme **Verri** (1728-1797) et **Beccaria** (1738-1794) qui, dans son célèbre traité *Des délits et des peines*, se bat avec une logique rigoureuse pour l'abolition de la peine de mort. Le cœur du théâtre se trouve à Venise avec **Carlo Goldoni** (1707-1793) : dans son œuvre comique, le parler vénitien confère vivacité et spontanéité à la réalité qui est représentée.
Giuseppe Parini (1729-1799) fut un écrivain didactique, tandis que **Vittorio Alfieri** (1749-1803) reste connu pour ses tragédies, dans lesquelles les thèmes de la liberté et de l'opposition à la tyrannie sont récurrents. **Ugo Foscolo** (1778-1827), en se risquant au genre épistolaire *(Les Dernières Lettres de Jacopo Ortis)* et à la poésie lyrique *(Les Tombeaux)*, s'inscrit dans la tradition littéraire européenne de Richardson, Rousseau, Goethe et Gray.
Le 19e s. s'ouvre avec deux écrivains tout aussi sublimes que différents, **Giacomo Leopardi** (1798-1837), et **Alessandro Manzoni** (1785-1873). Le premier élabora le concept de « pessimisme historique », fondé sur le contraste entre la Nature, état originellement heureux, et la Raison (ou civilisation), coupable d'avoir apporté le malheur; cette réflexion le conduit ensuite au « pessimisme cosmique » qui, en incluant dans la condamnation la nature elle-même, considère le malheur comme la condition intrinsèque de l'homme. Le second, Manzoni, contribue au développement du roman historique, genre permettant de combiner veine créatrice et vraisemblance historique, avec *Les Fiancés*, grandiose épopée des humbles fondée sur une conception providentielle de l'existence humaine.
Dans les œuvres de **Giovanni Verga** (1840-1922), principal représentant du **vérisme**, n'apparaissent plus la providence manzonienne et l'espérance optimiste du rachat des plus démunis, représentés comme les « vaincus ».
La poésie lyrique de la seconde moitié du 19e s. est représentée par **Giosuè Carducci** (1835-1907), premier Italien à recevoir le prix

D'ANNUNZIO

Les Terres vierges, L'Enfant de la volupté, La Gioconda… Ce sont là quelques œuvres de Gabriele D'Annunzio (1863-1938), poète, écrivain, dramaturge. Derrière ces œuvres, un homme à la sensualité exacerbée, en quête de fastes, de toutes les jouissances, défiant le conformisme bourgeois, d'un nationalisme annonçant, au lendemain de la Grande Guerre, l'arrivée du fascisme. Marqué par les lectures de Nietzsche, de Baudelaire et de Barrès, D'Annunzio est un curieux personnage de condottiere, impatient, lyrique et scandaleux à la fois. De la chronique mondaine à l'engagement dans la Première Guerre mondiale, de l'apprentissage de la modernité à la culture française, de l'aventure théâtrale au Vittoriale, son palais sur les rives du lac de Garde… Tel est l'itinéraire fait de provocations, de maîtresses, de réflexions, de ce dandy.

Nobel de littérature en 1906 ; personnalité mélancolique inspirée par la poésie classique, il critiqua le romantisme dont il ne retenait essentiellement que la composante sentimentale.
Appartenaient au courant décadentiste (bien que de manière très différente) **Gabriele D'Annunzio** (1863-1938), au style raffiné et précieux, animé d'un goût sensuel pour le langage, et **Giovanni Pascoli** (1855-1912), pour qui l'évocation poétique de la prime enfance est l'expression de l'art en tant que rêve et moment d'émerveillement.

DU DÉCADENTISME À NOS JOURS

Le début du 20e s. vit la naissance de **revues** politiques, culturelles, morales et littéraires auxquelles collaborèrent Giuseppe Prezzolini (1882-1982) et Giovanni Papini (1881-1956). Les théories du **futurisme**, mouvement qui s'étendait à toute forme d'expression artistique, furent exposées dans le *Manifeste*, de 1909, par son animateur, **Filippo Tommaso Marinetti** (1876-1944), qui exalta la vitesse, les mythes de la machine et de la guerre et « l'insomnie fébrile ». Ces théories trouvèrent leur expression formelle dans la désarticulation de la syntaxe et de la ponctuation, et dans la libre mise en place des mots sur le papier.
En harmonie avec la nouvelle sensibilité européenne, exprimée par Musil, Proust et Joyce, la littérature italienne adhéra au goût de la « découverte », communiqué par les études psychanalytiques naissantes sur l'intériorité et l'inconscient. Dans *La Conscience de Zeno*, **Italo Svevo** (1861-1928) sonde l'aliénation du personnage principal, inepte par définition, dont le passé et le présent s'entrecroisent dans un monologue intérieur. **Pirandello** (1867-1936) analyse lui aussi la tragique solitude de l'homme. Il met en scène des personnages dont l'identité se disloque en facettes contradictoires au contact de leur entourage et dont l'unique issue est la folie.
Né après la Première Guerre mondiale, l'**hermétisme** lutte pour la poétique même du langage, qui doit se libérer du poids d'une tradition emphatique et mémorielle. Dans les poésies de **Giuseppe Ungaretti** (1888-1970), le langage est évocateur, prégnant, et essentiel. **Salvatore Quasimodo** (1901-1968) autre porte-parole de l'hermétisme, est particulièrement apprécié pour ses traductions des auteurs grecs et latins et de Shakespeare.
Comptent également la poésie du Génois **Eugenio Montale**

(1896-1981), qui chante avec une éloquence acerbe et incisive l'angoisse et le « mal de vivre » intrinsèques à la nature humaine ; et celle du Triestin **Umberto Saba** (1883-1957), nourri par sa ville natale, Trieste, d'une culture de l'Europe centrale, qui voit la langue soutenue et la langue familière se conjuguer dans une matière intensément lyrique et autobiographique.

Après la Seconde Guerre mondiale, le **néoréalisme**, qui trouva un moyen d'expression idéal et plus immédiat dans le cinéma, se proposait de traiter de façon plus réaliste la vie et la misère des ouvriers, des paysans et des gamins des rues. **Cesare Pavese** (1908-1950) y adhéra ; son œuvre a pour thèmes la solitude et la difficulté d'être, reflets d'un malaise intérieur irrésolu qui le conduisit au suicide. Dans *Les Indifférents*, le Piémontais **Alberto Moravia** (1907-1990) parle de chute et de résignation au sein d'une famille de la moyenne bourgeoisie romaine tandis que dans *La Storia*, **Elsa Morante** (1912-1985) fait resurgir l'enfance sous les traits les plus inattendus.

Auteur de fables subtilement ironiques, **Italo Calvino** (1923-1985) fut néoréaliste à ses débuts ; il fut aussi un chercheur perspicace et un expérimentateur des mécanismes de l'écriture. Le Milanais **Giorgio Manganelli** (1922-1990) préfère s'inscrire contre la tradition réaliste pour laisser s'exprimer son imagination féconde. **Leonardo Sciascia** (1921-1989), profond connaisseur des maux italiens, et plus particulièrement de la Mafia, fut un écrivain à la prose très pure, un essayiste et un auteur de nouvelles policières, d'évocations historiques et d'enquêtes romancées. La plume de **Carlo Emilio Gadda** (1893-1973), « l'ingénieur », se distingue en revanche par une expérimentation linguistique géniale, qui capture les hypocrisies, les folies et les maux obscurs de la société contemporaine. **Pier Paolo Pasolini** (1922-1975), natif de Bologne, figure provocatrice et contestée, vécut avec une intensité tragique le contraste entre l'idéologie marxiste, la spiritualité chrétienne et les valeurs paysannes. **Dino Buzzati** (1906-1972), réputé pour son fameux *Désert des Tartares*, à la fois poète, écrivain, illustrateur et journaliste, s'illustre par un penchant pour le fantastique et le

SI C'EST UN HOMME

Il s'agit là de l'un des premiers témoignages (publié en 1946) sur les camps d'extermination nazis, celui de **Primo Levi**, arrêté par la milice fasciste, et déporté au camp d'Auschwitz. Il y reste de fin janvier 1944 à fin janvier 1945, au moment de la libération du camp. Récit au quotidien des souffrances endurées, ponctué de réflexions générales sur la vie, *Si c'est un homme* révèle l'emprise de la faim, la prégnance de la mort, les violences physiques, les humiliations subies, « la démolition d'un homme ». L'objectif avoué n'est pas de décrire des détails atroces, ou de rapporter une chronique, mais de donner sens à une situation humaine. Le témoignage de Levi répond aussi au besoin absolu de raconter et de transmettre la mémoire des morts, de trouver les mots pour raconter cette expérience, tout en éprouvant d'emblée le sentiment de partage impossible de son expérience et le refus de l'écoute. Paru en 1947 avec un faible tirage à 2 500 exemplaires, l'ouvrage connut une résonance importante à partir de 1958. Avec *La Trêve* (La Tregua, 1963), Primo Levi relata la période qui suivit sa libération jusqu'à son retour à Turin.

surréel, alimenté de scepticisme, qui peut rappeler Poe ou Kafka à certains égards, cependant que **Mario Rigoni Stern** (1921, Asiago en Vénétie-2008) poursuit une œuvre au phrasé dépouillé, au plus près de la réalité. Après D'Annunzio, Svevo et Saba, **Claudio Magris** (né en 1939), signant notamment *Utopie et Désenchantement, Danube, son voyage* et *Trieste, une identité de frontière*, perpétue la tradition maintenant séculaire qui veut que Trieste, fief culturel et d'échanges commerciaux, abrite les plus belles plumes.

Le panorama littéraire des années 1980-1990, outre les romans paysages du Ligure **Francesco Biamonti**, voit l'immense succès du *Nom de la rose* (1980), thriller gothique du sémiologue et essayiste **Umberto Eco** (1932) qui, depuis, multiplie les best-sellers et les prix littéraires. En 1997 le prix Nobel de littérature est attribué à **Dario Fo** (1926), comédien et dramaturge, sorte de ménestrel médiéval qui, dans ses spectacles, critique le pouvoir et défend les opprimés.

Avec peut-être moins d'âpreté dans le phrasé ou de lyrisme, moins de truculence, les auteurs des générations suivantes ne sont pas en reste de succès. Citons **Stefano Benni** (né en 1947 à Bologne), auteur de romans *(Achille au pied léger, La Compagnie des Célestins)*, pièces de théâtre et poèmes, et le Turinois **Alessandro Baricco**, né en 1958 *(Oceano mare, Soie, Cette histoire-là)*.

Une place à part revient à l'original **Guido Ceronetti** (Turin, 1927), écrivain, journaliste, homme de théâtre et artiste de rue (il joue de l'orgue de Barbarie). Il traduit aussi des livres bibliques depuis l'hébreu.

En poésie, **Alda Merini** (1931-2009) a été l'une des voix milanaises les plus tourmentées, d'une grande intensité et sensibilité.

Les années 1990 voient également la renaissance du roman policier, appelé en italien le « giallo » d'après la collection à la couverture jaune lancée par l'éditeur Mondadori dès la fin des années 1920. De nombreux auteurs émergent et rencontrent un vrai succès public. En 1990, certains d'entre eux créent à Bologne le Groupe 13, un groupe de réflexion sur le roman noir. **Carlo Lucarelli** *(Almost Blue, La Huitième Vibration)*, **Massimo Carlotto** *(Arriverderci amore, J'ai confiance en toi)*, **Loriano Macchiavelli** *(Bologne, ville à vendre, Une blonde de trop)*, **Gianni Bondillo** *(Pourquoi tuons-nous ?)* ou **Andrea G. Pinketts** *(La Madone assassine)* prennent les cités du nord – Milan et Bologne notamment – pour cadre et livrent un portrait sans concession sur la société italienne de ces trente dernières années…

Chez les plus jeunes se sont fait remarquer l'écrivain et scénariste vicentin **Vitaliano Trevisan**, né en 1960 *(Les Quinze mille pas, Le Pont (Un effondrement), Une nuit en Tunisie)*, et le Turinois **Giuseppe Culicchia**, né en 1965 *(Le Pays des Merveilles, Un été à la mer)*. Ils dressent eux aussi un tableau désabusé et acide du monde italien contemporain. On suivra également la scénariste-réalisatrice **Francesca Melandri** (née en 1965) dont le premier roman, *Eva dort*, trace une fresque familiale et historique dans le Haut-Adige.

Pour finir en musique et sur scène, le Milanais d'origine bulgare **Moni Ovadia** (1946) est l'interprète par excellence du théâtre et de la musique juive, surtout yiddish.

Musique

Si l'on considère, comme souvent, que les Italiens sont un peuple de saints, de poètes, de héros et de navigateurs, il ne faut pas oublier que ce sont également des musiciens. La notation musicale est inventée en Italie, où le violon développe toute sa potentialité ; où Vivaldi naît et compose, inspirateur de Bach et inexplicablement négligé jusqu'au début du 20e s. ; où Verdi, favorable à la cause du Risorgimento, donne vie à des opéras applaudis dans les théâtres du monde entier.

LES ORIGINES

À la suite de la grande vague du **chant grégorien**, doté d'une écriture complexe (les notes n'existaient pas mais il y avait un système de signes particuliers appelés *neumi*), le bénédictin **Guido d'Arezzo** (997-v. 1050) introduisit la notation musicale et fixa le nom des notes à partir des syllabes initiales des 6 premiers vers de l'hymne à saint Jean-Baptiste : *« Ut queant laxis/Resonare fibris/ Mira gestorum/Famuli tuorum/ Solve polluti/Labii reatum Sancte Johannes »*, auxquels s'ajouta le « si » composé à partir des initiales de *Sancte Johannes*, tandis que l'« ut » se transforma en « do » au 17e s.

Au 16e s., dans le sillage de l'exemple flamand, la polyphonie vocale, alors très en faveur, connaît son âge d'or grâce à **Giovanni Pierluigi da Palestrina** (v. 1525-1594), compositeur de musique surtout religieuse, extrêmement fécond (105 messes, dont sa fameuse *Missa Papæ Marcelli*). À la même époque, **Andrea Gabrieli** (v. 1510-1586) et son neveu **Giovanni** (v. 1557-1612) furent organistes à la basilique St-Marc de Venise et excellèrent dans la musique polyphonique, tant sacrée que profane. Giovanni composa même des sonates pour violon, parmi les premières du genre.

Le grand réformateur musical fut le Crémonais **Claudio Monteverdi** (1567-1643), dont le chef-d'œuvre demeure la « fable en musique » *Orfeo* (1607). Le musicien, qui préconisait l'usage d'un langage musical fondé sur un lien parfait entre paroles et musique, a laissé, outre ses compositions pour la scène, des pièces de musique sacrée et des madrigaux (compositions vocales polyphoniques).

Après s'être consacré à la composition d'œuvres vocales, **Girolamo Frescobaldi** (1583-1643) se tourna vers la musique instrumentale pour orgue et clavecin.

L'ÉPOQUE BAROQUE ET LE 18e S.

Ce n'est qu'aux 17e et 18e s. que l'Italie voit naître une véritable école musicale – aussi bien dans le domaine lyrique qu'instrumental – marquée par le charme et la fraîcheur de l'inspiration ainsi que par le génie de la mélodie.

Le Vénitien **Antonio Vivaldi** (1678-1741), le célèbre « Prêtre roux », se distingue par son

Intérieur de la Scala de Milan, après restauration en 2004.
Photoservice Electa/U / Universal Images Group/Age fotostock

inépuisable gaieté créatrice : il écrivit de nombreux concertos se développant selon un schéma tripartite *allegro/adagio/allegro* et présentant parfois des passages descriptifs (ou « musique à programme »), telles, entre autres, les célèbres *Quatre Saisons*.
Dans une veine assez proche, **Baldassarre Galuppi** (1706-1785), originaire de Burano (île voisine de Venise), mit en musique des livrets de Goldoni et composa des sonates pour clavecin au rythme trépidant. Vivant les dernières heures glorieuses de son histoire, Venise fut généreuse à cette époque en donnant naissance également aux frères **Marcello** – **Benedetto** (1686-1739) et **Alessandro** (1684-1750), l'auteur du fameux *Concerto pour hautbois, cordes et orgue* (au magnifique adagio) – ainsi qu'à **Tomaso Albinoni** (1671-1750), dont les compositions instrumentales rappellent celles de Vivaldi. Les intermèdes comiques donnés entre les actes d'une œuvre furent à l'origine de l'**opéra bouffe**, où excellait l'école napolitaine, dont les principaux représentants furent **Pergolèse** (1710-1736), **Cimarosa** (1749-1801), auteur du *Mariage secret*, et **Paisiello** (1740-1816), auquel on doit notamment *Nina, ossia la Pazza per amore*.
L'Italie du 18e s. connut par ailleurs d'importantes personnalités travaillant à l'extérieur des frontières. Ainsi **Antonio Salieri** (1750-1825), originaire de Vénétie, fut un compositeur actif et un illustre professeur : Beethoven, Schubert et Liszt furent formés par lui. Vers la fin de sa vie, il traversa une grave crise psychologique qui le conduisit à s'accuser de la mort de Mozart. Cet épisode fut exploité par Milos Forman dans son film *Amadeus* (1984). Contemporain de Salieri, le Piémontais **Giovanni Battista Viotti** (1755-1824) apporta beaucoup au répertoire du violon avec ses 29 excellents concertos pour violon. Il vécut à Paris et à Londres où il mourut ruiné par la faillite d'un commerce de vins. Même s'il ne fut pas musicien, **Lorenzo Da Ponte** (1749-1838) contribua par son talent poétique

LE VIOLON

Né comme « perfectionnement » de la viole, il reste de ce fait associé aux anciennes écoles de lutherie (seconde moitié du 16e s.-déb. 18e s.), presque toutes crémonaises, au point de rendre le binôme luthier-instrument pratiquement naturel (dans tous les programmes de concerto le violon est indiqué sous le nom de son fabricant : Gasparo da Salò, Amati, Guarneri, Stradivari). Dans le domaine de la virtuosité, le violon s'est remarquablement exprimé avec **Arcangelo Corelli** (1653-1713), qui s'essaya dans les sonates pour violon et basse continue (« la basse continue » est la base musicale, riche de notes tenant les sons fondamentaux de l'accord, sur lequel l'instrument soliste construit la mélodie), dont la célèbre Follia ; **Giuseppe Torelli** (1658-1709), auteur d'importants *concerti grossi* (le « concerto grosso » est une composition dans laquelle les voix des instruments solistes s'opposent au « grosso » de l'orchestre) ; **Giuseppe Tartini** (1692-1770), à qui l'on doit deux sonates aussi déchirantes que brillantes de virtuosité, **Le Trille du diable** (le diable semble avoir inspiré nombre de morceaux de musique, surtout de violon) et **Didon abandonnée** ; **Pietro Locatelli** (1695-1764), qui affina par la suite la technique du violon dans ses **Caprices** et **Sonates** ; Giovanni Battista Viotti, et, naturellement, l'inégalable Niccolò Paganini.

à de grandes œuvres musicales. Sa vie tumultueuse le mena jusqu'à New York, où il mourut, mais auparavant à Vienne, capitale musicale de l'époque. C'est là qu'il collabora avec Mozart, en écrivant les livrets d'opéra qui lui assurèrent la célébrité : *Les Noces de Figaro, Don Giovanni et Così fan tutte*.

Enfin, pour clore cette période faste, l'époque romantique fut illustrée magnifiquement et curieusement (puisque le violon avait cédé la place en terme de mode au piano) par l'incomparable violoniste **Niccolò Paganini** (1782-1840). Sa vie aventureuse, sa géniale richesse d'interprétation et sa virtuosité légendaire, tout autant que sa maigreur et sa haute taille, contribuèrent à lui donner une réputation démoniaque. Parmi ses nombreuses œuvres, les plus connues sont ses 24 *Capricci* et ses 6 concertos, dont le final du second est la célèbre *Campanella*.

L'OPÉRA

Au 19e s., la musique instrumentale, hormis Paganini, ne connut pas de grands compositeurs, la production ayant été accaparée par l'art lyrique propice à l'expression des passions exacerbées du Risorgimento.

Gioacchino Rossini (1792-1868) opère le passage entre l'âge classique et le romantisme *(Otello, Guillaume Tell)* tout en alimentant brillamment le répertoire de l'opéra bouffe *(L'Italienne à Alger, La Pie voleuse, Le Barbier de Séville)*.

Vincenzo Bellini (1801-1835), dont les orchestrations demeurent un peu faibles, a laissé d'admirables mélodies *(La Somnambule, Norma)*. Son rival, le Bergamasque **Gaetano Donizetti** (1797-1848), outre quelques œuvres mélodramatiques *(Lucia di Lammermoor)*, où l'action sacrifie au *bel canto*, composa d'agréables opéras bouffes : *L'Élixir d'amour, Don Pasquale*…

Acclamé comme le compositeur majeur de cette période troublée (pendant la domination autrichienne, « Viva VERDI » signifiait aussi « Viva **V**ittorio **E**manuele **R**e **D**'**I**talia »), **Giuseppe Verdi** (1813-1901) marque l'apogée du genre avec des œuvres dramatiques aux situations et sentiments passionnés totalement romantiques : *Nabucco, Rigoletto,*

Le Trouvère, La Traviata, Don Carlos, Aïda… Il est également l'auteur d'un admirable *Requiem*. **Amilcare Ponchielli** (1834-1886) connut un succès considérable à l'époque avec sa *Gioconda*, qui inclut le morceau si facile à retenir qu'est *La Danse des heures*. Le mouvement vériste remporta ensuite du succès grâce à Pietro Mascagni *(Cavalleria Rusticana)* et Ruggero Leoncavallo *(Paillasse)*.

Enfin, **Giacomo Puccini** (1858-1924) conclut ce siècle lyrique en donnant quelques chefs-d'œuvre de mélodramatisme musical populaire avec *La Tosca, Madame Butterfly, La Bohème* ou *Turandot*.

Par réaction, la génération suivante travailla essentiellement pour la musique orchestrale. **Ottorino Respighi** (1879-1936) est l'auteur de poèmes symphoniques impressionnistes : *Les Fontaines de Rome, Les Pins de Rome* et *Les Fêtes romaines*. **Luigi Dallapiccola** (1904-1975) demeure connu pour avoir été le chef de file de l'école dodécaphonique italienne (fondée sur l'utilisation de la totalité des douze tons de la gamme et non sur leur dépendance à l'intérieur d'une tonalité). Le Vénitien **Luigi Nono** (1924-1990) est un éminent représentant de la technique sérielle.

SCÈNES ET INTERPRÈTES

Si les nombreux conservatoires fournissent des salles de concerts d'une très bonne acoustique, les théâtres italiens les plus connus sont la prestigieuse **Scala de Milan**, le **Regio** et le nouveau **Lingotto de Turin**, le **Carlo Felice de Gênes**, la **Fenice de Venise**, le **Ponchielli de Crémone**. L'été, l'amphithéâtre de Vérone prête son cadre à de grandioses représentations.

Parmi les grands orchestres et les groupes de musique de chambre, il faut citer le **Filarmonica de la Scala**, les **Solisti Veneti** et l'**Orchestre de Padoue** et celui de **Vénétie**.

Les grandes scènes d'Italie et du monde ont accueilli et continuent d'applaudir les successeurs de Toscanini, tels **Claudio Abbado**, Carlo Maria Giulini (1914-2005), Riccardo Muti, Riccardo Chailly, Claudio Scimone, aussi bien que des solistes réputés : les violonistes Accardo et Ughi, les pianistes Pollini, Campanella, Ciccolini, Lucchesini et Maria Tipo, les violoncellistes Brunello et Filippini.

À la suite de **Caruso**, Beniamino Gigli et Renata Tebaldi, de magnifiques voix ont servi et servent la célébrité du pays du *bel canto* comme Renato Bruson, Cecilia Bartoli, Fiorenza Cossotto,

LE PIANO

Il naît comme une « évolution » du clavecin, grâce à Bartolomeo Cristofori (1655-1732) : celui-ci substitua aux sautereaux qui pincent les cordes du clavecin les marteaux qui frappent les cordes du piano. Toutefois, le premier Italien qui en diffusa la renommée dans toute l'Europe fut le pianiste Muzio Clementi (1752-1832), rival en sa matière de Mozart. Il composa une centaine d'études pour cet instrument, ainsi que le *Gradus ad Parnassum* et six *Petites Sonates* (Sonatine), agréables traits d'union entre les sonates de Mozart et celles de Beethoven. Par sa grande richesse de sons et de timbres, le piano fut l'instrument idéal des romantiques, pour lesquels il permettait d'exprimer admirablement aussi bien les déchirements mélancoliques et les atmosphères nocturnes que les passions les plus fortes. À une époque plus récente, le Toscan Ferruccio Busoni (1866-1924) transcrivit de nombreuses pièces de Bach pour le piano.

GIANMARIA TESTA

Issu d'une famille de paysans piémontais, dans la province de **Cuneo**, Testa (né en 1958) fait partie des valeurs sûres de la chanson italienne. Avec deux particularités : un timbre suave et sourd à la fois, grave et rocailleux proche de la terre, des textes remarquables, épurés, trempés de mélancolie, d'amour et d'humour, portés par des mélodies limpides aux accents de jazz, de bossa, d'habanera et de tango. **Chanteur et guitariste**, parfois accompagné d'une contrebasse et d'une clarinette, Testa écume les scènes (et les succès) internationaux depuis 1995, date de son premier album, *Montgolfières*.

Cecilia Gasdia, Luciano Pavarotti (1935-2007, *voir p. 516)*, Katia Ricciarelli, Renata Scotto et Lucia Valentini Terrani (1946-1998).
À ces artistes s'ajoutent les grands **danseurs et chorégraphes** italiens des 20e et 21e s. : Carla Fracci, Carlotta Zambelli, Luciana Savignano, Alessandra Ferri, Roberto Bolle, Alessio Carbone, Eleonora Abbagnato, Paolo Bortoluzzi, Emio Greco, Francesca Lattuada, Carlotta et Caterina Sagna.

MUSIQUES ACTUELLES

Au diapason des rythmes contemporains, l'Italie du Nord a vu l'éclosion de nombre d'artistes musiciens et chanteurs en tout genre.
Certains ont connu une carrière internationale comme **Paolo Conte** (1937), qui porte haut le drapeau de la chanson italienne dans un mélange de jazz, de tango et de boogie, ou encore **Adriano Celentano**, connu dans le monde entier pour sa chanson *Azzurro*, composée avec Paolo Conte.
Un autre de ses succès, *Il ragazzo della via Gluck*, évoque de manière poétique ses origines milanaises et a été repris en français par Françoise Hardy sous le titre *La Maison où j'ai grandi*.
D'autres artistes connaissent une popularité plus strictement nationale. **Fabrizio de André** (1940-1999) a signé une chanson sociale, piquée d'amour. De leur côté, **Francesco Guccini** (1940) et, en son temps, **Lucio Dalla** (1943-2012), privilégient la musique mélodique. Aujourd'hui, **Ivano Fossati** (1951), entre jazz et rock, et **Zucchero** (1955) comme **Vasco Rossi** (1952) comptent parmi les meilleurs représentants du rock transalpin, tandis que **Gianmaria Testa** (1958) semble suivre les traces de son aîné Paolo Conte, à la conquête des scènes européennes.
Côté jazz, la Péninsule semble un réservoir inépuisable de talents. Du batteur **Aldo Romano** (né à Belluno en 1941) au pianiste **Stefano Bollani** (né à Milan en 1972) en passant par les trompettistes **Enrico Rava** (né à Trieste en 1939) et **Flavio Boltro** (né à Turin en 1961), toutes les générations et sensibilités sont représentées. Mélodiques, chaleureuses et souvent teintées d'humour, les créations des jazzmen italiens ont largement trouvé leur public au-delà des frontières et plus particulièrement en France, où ils apparaissent très fréquemment dans les clubs et les festivals.
En Italie du Nord, de nombreux festivals sont également organisés, surtout pendant la période estivale (Vérone, Vicence, lac Majeur, La Spezia…). *Agenda, p. 31.*

Cinéma

C'est à Turin, au début du 20e s., que le cinéma italien prend son envol. Jusqu'à la Seconde Guerre mondiale, sa production se complaît dans une vision rassurante et optimiste de l'Italie. Après le néoréalisme auquel succède la comédie à l'italienne, vient le temps de la fantaisie et de la créativité servies par Federico Fellini ou, plus récemment, par Roberto Benigni, le cinéma italien actuel explore toute la gamme des sentiments humains…

LES DÉBUTS ET LE NÉORÉALISME

Né à **Turin** au début du siècle *(voir p. 127)*, le cinéma italien connut très vite un essor considérable (50 sociétés de production en 1914) et un succès international. D'abord spécialisés dans le film historique, les producteurs s'orientèrent vers le film d'aventures dans les années 1910, puis, dans les années 1930, vers un cinéma de propagande et surtout d'évasion, subventionné par l'État, qui permettait au spectateur d'échapper, le temps d'une projection, à la réalité de l'Italie fasciste.

En 1935 est créé à Rome un centre expérimental de cinématographie (où se retrouvent Rossellini et De Santis). Deux ans plus tard, en 1937, toujours dans la capitale, sont inaugurés en grande pompe par Mussolini les studios de **Cinecittà**, avec l'idée d'en faire un instrument du régime. Pas pour longtemps. Comblant la distance qui s'est instaurée à l'écran entre la vie et son image pendant le fascisme, une poignée de réalisateurs va proposer un retour au concret, une observation attentive des réalités quotidiennes humaines et sociales, dans un cadre privilégiant les décors naturels. Si le Milanais **Luchino Visconti** (1906-1976) se révèle en précurseur dans une adaptation du roman de James Cain, *Le Facteur sonne toujours deux fois*, avec *Ossessione* (1943), le film de **Roberto Rossellini** (1906-1977) *Rome, ville ouverte* (1945), sur les tragiques conséquences de la guerre, s'impose comme le film fondateur du néoréalisme. Rossellini enchaîne avec *Paisà* (1946), *Allemagne année zéro* (1948), soulignant l'oppression nazie-fasciste, et Visconti avec *Terra trema* (1947), documentaire social sur les pêcheurs, mineurs et paysans de Sicile. Dans la même veine, **Vittorio De Sica** (1901-1974), dans *Sciuscià* (1946), et *Le Voleur de bicyclette* (1948), brosse le portrait de cette Italie d'après-guerre, en proie au chômage et à la misère. **Giuseppe De Santis** (1917-1997) avec *Riz amer* (1949), drame sentimental sur fond de rizières (illuminé par la sensualité de Silvana Mangano) et *Pâques sanglantes* (1950) décrit un milieu populaire partagé entre la soumission à l'idéologie dominante et des aspirations révolutionnaires. Non sans influencer les générations suivantes, le néoréalisme s'éteint au début des années 1950, ne répondant plus aux souhaits d'un public désireux d'oublier la misère.

À vrai dire, il s'éteint pour réapparaître sous une autre forme, la comédie italienne. Même cadre, même réalité. À cela près que le motif est traité, détourné par le rire. **Mario Monicelli** (1915) ouvre le genre avec *Gendarmes et Voleurs* (1951), *Le Pigeon* (1958), *La Grande Guerre* (1959). Il poursuivra avec *L'Armée Brancaleone* (1966) et *Mes chers amis* (1975). **Luigi Comencini** (1916-2007), avant un cinéma imprégné du thème de l'enfance, tourne *Pain, amour et fantaisie* (1953), **Pietro Germi** (*Divorce à l'italienne*, 1962) et surtout **Dino Risi** (1916-2008) emboîteront le pas de cette légèreté, le Milanais signant des œuvres hilarantes et bouffonnes, gorgées de vie, dont les plus fameuses restent *Une vie difficile* (1961), *Le Fanfaron* (1962), *Les Monstres* (1963), *La Femme du prêtre* (1970) et *Parfum de femme* (1975).

DES ANNÉES 1960 À NOS JOURS

Les années 1960 représentent l'apogée du cinéma italien : soutenue par une puissante infrastructure industrielle, la production (plus de 200 films par an) se révèle de grande qualité. Des auteurs s'imposent, livrant à l'écran nombre de chefs-d'œuvre – dépassant largement cette décennie. À commencer par **Federico Fellini** (1920-1993), natif de Rimini. Après avoir tourné *I Vitelloni* (1953), remarquable évocation de sa ville natale, puis *La Strada* (1954), il se fait connaître du grand public en 1960 avec *La Dolce Vita* (Palme d'or du Festival de Cannes). Ses films aux images fabuleuses, foisonnantes et baroques, gavées de fantasmes, sont le miroir de ses songes, les articulations d'une mémoire vive (*Huit et demi*, 1963 ; *Le Satyricon*, 1969 ; jusqu'à *La Voce della luna*, 1990).

Michelangelo Antonioni (1912-2007) propose, en 1960, *L'Avventura*, qui donne le ton de toute une œuvre inspirée par la solitude et l'incommunicabilité entre les êtres. Ses films, influençant considérablement le cinéma de ces années, comme *La Nuit*, (1961), *L'Éclipse* (1962), ou encore *Identification d'une femme* (1982), portent l'empreinte de ses obsessions.

FESTIVALS

De la **Mostra** de Venise aux **Journées de Pordenone**, le septième art possède deux grands festivals en Vénétie. Le premier, né en 1932, est au Lido ce qu'est la croisette à Cannes, et a lieu en septembre. Prestigieux, étincelant, il a vu couronner par un Lion d'or *Le Général Della Rovere* de Rossellini (1959), *Main basse sur la ville* de Rosi (1963), *Sandra* de Visconti (1965) ou encore *La Légende du saint buveur* d'Olmi (1988). Le second festival, beaucoup moins médiatique, est pourtant la plus importante manifestation au monde consacrée à la préservation et à la diffusion du cinéma muet. Les « Journées » (Giornate del Cinema Muto), nées en 1982, se tiennent chaque année à la mi-octobre. C'est là une semaine de projections avec accompagnement musical. Intégrales de réalisateurs et coups de projecteurs sur des cinématographies nationales rythment, dans une ambiance chaleureuse, une manifestation à laquelle demeure associée la figure de Jean Mitry (1904-1988), premier président honoraire des Giornate. En hommage au grand historien et théoricien français du cinéma, le prix récompensant annuellement la contribution d'un individu ou d'une institution à l'appréciation du cinéma muet porte son nom.

Depuis 2006, Rome organise aussi un Festival international du Film.

JE ME SOUVIENS

Tourné en 1973, *Amarcord* se veut le récit de Rimini dans les années 1930. Un récit déroulé en petites scènes, dont l'arête centrale serait le jeune Titta, en famille, à l'école, avec ses camarades, parmi les gens du cru. En somme, toute la jeunesse de Fellini. Dans cette mosaïque d'anecdotes souvent cocasses, culbutée par la grande histoire, bercée par les partitions lascives de Nino Rota, le cinéaste ajoute sa poétique de l'onirisme, son sens de la dérision, un tour de moulin de nostalgie. Signifiant « je me souviens » dans le patois de Rimini, *Amarcord* s'inscrit pleinement dans le souvenir, essentiel ou puisé dans les bas-côtés de la mémoire. Surtout, le film se place au cœur du dispositif fellinien : la mémoire comme lieu d'images, de visions, d'apparitions, de sensations. Des images qui sont précisément les composantes du souvenir, au sens où Proust livrait combien l'image peut apporter autre chose qu'elle-même : la tonalité, la couleur, les émotions, soit le saillant du souvenir. Avec un parti pris : le rêve perçu comme une réalité. De quoi faire un cinéma du souvenir, précisément celui de Fellini, des *Vitelloni* à la *Cité des femmes*, de *Huit et demi* à la *Voce della luna*.

De son côté, Visconti réalise *Rocco et ses frères*, en 1960 (une année exceptionnelle si l'on en juge la succession de titres) puis en 1963, *Le Guépard* (Palme d'or à Cannes). Loin de ses premiers tournages, ses films, alors empreints de faste et d'esthétisme, se nourrissent d'une observation attentive de tout ce qui fuit, se dégrade ou glisse vers la mort. Ces années 1960 marquent également les débuts de cinéastes qui mettent en scène leur engagement politique et social, dont le plus important pourrait être **Pier Paolo Pasolini** (1922-1975), écrivain, photographe et cinéaste, virevoltant provocateur, puisant son inspiration dans les faubourgs prolétariens, la mythologie et le Nouveau Testament (*Accatone*, 1961, *L'Évangile selon saint Matthieu*, 1964, *Œdipe roi*, 1967, *Le Décaméron*, 1971). À Pasolini s'ajoutent **Francesco Rosi** (né en 1922), dans l'analyse politique et sociale (*Main basse sur la ville*, 1963), puis le Milanais **Marco Ferreri** (1928-1997), iconoclaste et turbulent, bousculant les mœurs avec *Dillinger est mort* (1969) ou *La Grande Bouffe* (1973).
D'autres réalisateurs s'installent dans ce riche paysage cinématographique. Le Parmesan **Bernardo Bertolucci** (né en 1941), le Bergamasque Ermanno Olmi (né en 1931) et **Marco Bellochio**, de Piacenza (né en 1939)…
Le cinéma transalpin rayonne ainsi jusqu'à la fin des années 1970 avec de grandes œuvres, dans un mélange de genres et de préoccupations artistiques : *Mort à Venise* (1970) et *Ludwig* (1972) de Visconti ; *Amarcord* (1973), *Casanova* (1976) de Fellini ; *Profession : reporter* (1974) d'Antonioni ; *L'Affaire Mattei* (1971), *Cadavres exquis* (1975) de Rosi et *1900* (1976), avec pour point de départ à cette fresque de Bertolucci un village d'Émilie-Romagne, *L'Arbre aux sabots* d'Olmi (1978)…
À l'orée des années 1980, victime de la concurrence télévisuelle et de l'effondrement du marché, le cinéma italien traverse une crise, à laquelle il résiste à peine grâce à une poignée de films d'auteurs comme *Les Contes de la folie ordinaire* (1981) de Ferreri, *La Nuit de San Lorenzo* des frères Taviani (1982) ou *Le Bal* (1983) d'Ettore Scola.
Un cinéaste devient alors chef de file d'une nouvelle génération, et porte seul le poids du grand écran sur les épaules : **Nanni Moretti**, attaché à l'écriture et au récit, aux

personnages à la fois engagés dans la bataille sociale, tourmentés et en mal d'existence. Ainsi *Bianca* (1984), *La messe est finie* (1985), *Palombella Rossa* (1989) et *Journal intime* (1993) – avant que le réalisateur ne remporte la Palme d'or à Cannes en 2001 pour *La Chambre du fils* et ne signe une tragi-comédie avec Berlusconi pour toile de fond dans *Le Caïman* (2006). Il est salué en 2011 au Festival de la presse italienne en obtenant trois Nastri d'Argento pour un film original, *Habemus Papam*, racontant avec humour et poésie l'angoisse d'un pape fraîchement élu, incapable d'apparaître en public.

Dans le sillage de Moretti ont suivi **Daniele Luchetti** (*Le Porteur de serviette*, 1992, *Mon frère est fils unique*, 2007 et *La Nostra Vita*, 2010) ; **Pupi Avati** (*Regalo di Natale*, 1986, *Un cœur ailleurs*, 2003 et *Le Père de Giovanna*, 2008) ; **Carlo Mazzacurati** (*Il Toro*, 1994, *Vesna va veloce*, 1996, *La Passione*, 2010) et **Marco Risi** (*Mery per sempre*, 1989, *Il muro di gomma*, 1991 et *Fortapàsc*, 2009).

Parallèlement à ce cinéma d'auteur, les trente dernières années ont vu se déployer un septième art aux multiples facettes, avec notamment un retour à la comédie à l'italienne, dont certains acteurs et auteurs ont permis une diffusion internationale : *Ricomincio da tre* (1981), *Le vie del Signore sono finite* (1987), de **Massimo Troisi** ; *Compagni di scuola* (1988) et *Maledetto il giorno che ti ho incontrato* (1992) de **Carlo Verdone** ; et, plus connu encore, *Cinema Paradiso* de **Giuseppe Tornatore** (1989).

Il revient cependant à un artiste trublion de porter haut les couleurs du cinéma italien, **Roberto Benigni**. Le comédien et cinéaste signe *Le Petit Diable* (1988), *Johnny Stecchino* (1991) et *Le Monstre* (1994), puis triomphe aux Oscars, aux César et à Cannes avec la fable émouvante et délicate *La Vie est belle* (1998). En 2008, sa carrière est récompensée par un César d'Honneur.

Plus récemment, se sont succédé d'autres réussites publiques et critiques. En 2000, le Milanais **Silvio Soldini** se distingue avec *Pain, tulipes et comédie*, dans lequel les protagonistes, doucement excentriques, vivent dans une Venise authentique et dépourvue de touristes. En 2002, avec *Respiro*, **Emanuele Crialese** met en scène la belle histoire d'une femme fantasque, éprise de liberté, puis en 2007 dans *Golden Door* évoque la grande vague d'immigration italienne vers les États-Unis. Son film *Terraferma* (2011), mettant en scène le monde des pêcheurs siciliens confronté aux migrations touristiques et clandestines, est acclamé à la Mostra de Venise.

D'une durée de 6 heures, *Nos meilleures années* (2003), du Milanais **Marco Tullio Giordana**, demeure peut-être la plus belle somme actuelle d'un cinéma éclectique. Ce récit fraternel, grave et heureux, intime et néanmoins universel, égrene les trois dernières décennies de l'histoire italienne. Mettant en scène la vie et les contradictions d'un couple d'acteurs à succès sous l'Italie fasciste, *Une histoire italienne*, avec Monica Bellucci, est récompensé en 2008 par le Prix François-Chalais à Cannes.

Mais dans les variations de genres et des mouvements, la grandeur du cinéma italien s'est aussi bâtie sur les planches et à l'écran, avec sa farandole d'acteurs, dont certains sont nés en Italie du Nord : **Vittorio Gassman** (1922-2000), Gian Maria Volonte (1933-1994), **Laura Betti** (1927-2004), Ugo Tognazzi (1922-1990), **Giuletta Masina** (1920-1994) **Adriana Asti** (née en 1933) ou Lucia Bosè (née en 1931)…

Quelques personnalités

Voici une petite sélection de personnages originaires du Nord qui ont contribué à la renommée du « Bel Paese » dans le monde entier et dans des domaines très divers. À lire comme une mise en bouche…

ANDREA MANTEGNA (VERS 1431-1506)

La pinacothèque de Brera, à Milan, possède une représentation du Christ mort réalisée par Andrea Mantegna qui pourrait illustrer à elle seule tout l'œuvre de cet artiste, fils de bûcheron, né à Isola di Cartura, près de Vicence. C'est là tout un exercice sur la perspective qui fait aussi preuve de dramaturgie. Initié à l'école de Squarcione, influencé par Uccello et Lippi, Mantegna, longtemps installé à Padoue, puis à Vérone et Mantoue, s'inscrit dans les premières heures de la Renaissance. Avec une certaine austérité, un trait rigide chargé de couleurs qui pousse du côté de l'émotion.

GIOVANNI ANTONIO AMADEO (1447-1522)

Sculpteur lombard qui officia essentiellement à la chartreuse de sa ville natale, Pavie (façades et reliefs aux motifs bibliques). Il collabora également à l'édification de la chapelle Colleoni à Bergame et de la cathédrale de Milan.

GUIDO RENI (1575-1642)

Étudiant à l'académie de Carrache, influencé par l'œuvre de Raphaël au cours d'un voyage à Rome, Reni, né à Bologne, demeure moins connu que ses aînés tel le Titien ou ses contemporains comme le Caravage. Il n'en reste pas moins un peintre essentiel dans le 17e s. italien, un artiste fin et délicat, exalté par la lumière, privilégiant élégamment l'anecdote, les tableaux religieux et les motifs mythologiques. À son actif, la coupole de la basilique San Domenico à Bologne, le *Massacre des Innocents* (pinacothèque de Bologne), *Saint Pierre et Saint Paul* à la Brera de Milan.

TOMASO ALBINONI (1671-1750)

Certes moins connu que son contemporain Antonio Vivaldi (1678-1741), le musicien vénitien compte parmi les plus importants compositeurs italiens. Il est l'auteur d'une cinquantaine d'opéras, d'une œuvre instrumentale conséquente, de sonates pour violon et violoncelle, de symphonies, de concertos et de ballets. Une œuvre riche, inspirant plusieurs thèmes à Jean-Sébastien Bach.

GIUSEPPE MAZZINI (1805-1872)

Des études de philosophie puis des années de droit avant d'accéder au barreau. Telle est la formation de Giuseppe Mazzini, né à Gênes. Mais loin d'accomplir une carrière de tranquille avocat, Mazzini a été l'homme d'un seul plaidoyer : celui de l'unité italienne, dont il est aujourd'hui considéré comme le père. Fervent révolutionnaire, ardent militant des idées nouvelles, fondamentalement patriote et démocrate, fondateur du mouvement Jeune Italie (1833), Mazzini n'a eu de cesse, toute sa vie, et en avance sur son temps, d'abolir les disparités et rivalités traversant l'Italie. Non sans droiture, non sans rigueur ni morale.

GIOVANNI GIOLITTI (1842-1928)

À la question : « Est-ce si difficile de gouverner l'Italie ? », le Piémontais aurait répondu : « Pas du tout, mais c'est complètement inutile ! ». Considéré comme un libéral progressif, Giolitti a été un homme politique influent et important au début du 20e s. Personnage à la fois controversé et contradictoire, confondu souvent pour son clientélisme et des affaires de corruption, plusieurs fois ministre, alternant les postes, il a été l'auteur de nombre de réformes sociales et agraires, et à l'origine de grandes grèves. Il a introduit le suffrage universel masculin, s'est prononcé pour la conquête de la Libye et a favorisé l'entrée des fascistes à la Chambre (en 1921), avant de s'opposer à Mussolini, trois ans plus tard.

CARLO BUGATTI (1856-1940)

Dans la famille Bugatti, le père. Certes moins connu que son fils Ettore (1881-1947), qui a laissé son nom à de prestigieuses voitures. Pourtant, Carlo Bugatti a marqué de son empreinte le monde florissant de l'Art nouveau. Dessinateur, artiste « industriel », architecte, décorateur, orfèvre, sculpteur… Le Milanais a, toute son existence, pris à bras-le-corps ce qu'il entreprenait. Au premier chef, le mobilier, pour lequel il emprunte à l'Orient ses détails architecturaux et ses motifs ornementaux, travaille sur la géométrie des formes, les compositions asymétriques, les matériaux nobles (bois, parchemin, cuivre martelé, incrustations d'ivoire, étain et laiton…). Son sens inné de la décoration trouvera une nouvelle expression dans les pièces d'argenterie et de bronze. Plus sculpteur qu'orfèvre, Bugatti s'épanouit dans la fantaisie créatrice, un humour qu'il inscrit dans chacun de ses plâtres, chacune de ses œuvres.

ALCIDE DE GASPERI (1881-1954)

Curieux destin que celui de ce philosophe et politicien. Il naît à Pieve Tesino, dans la province de Trente, quand celle-ci appartient encore à l'Autriche. En 1911, il est élu député à la chambre autrichienne et se fait le porte-parole de l'italianité de sa province natale. Au lendemain de la Grande Guerre, quand les traités attribuent le Trentin à l'Italie, il est *de facto* italien. Puis il est élu député, présidant le Parti populaire catholique créé par l'abbé Luigi Sturzo. Poursuivi par les fascistes, réfugié à la bibliothèque du Vatican durant la Seconde Guerre mondiale, fondateur de Démocratie chrétienne, il est président du Conseil de 1945 à 1953, et prône une fédération européenne. Peu avant sa mort, il préside la Communauté européenne du charbon et de l'acier (CECA).

LUIS TRENKER (1892-1990)

Né à Ortisei, dans le Haut-Adige alors autrichien, cet alpiniste chevronné a fait connaître les superbes montagnes de sa région d'origine grâce à ses livres et nombreux films. Acteur, producteur, réalisateur, il est une figure du cinéma de montagne des années 1920-1930. Ses films, essentiellement

Le Calvaire (retable de San Zeno Maggiore de Vérone) d'Andrea Mantegna.
D.R.

d'aventure, mettent en scène l'attachement au pays et les valeurs d'héroïsme. Après la guerre, il privilégie le style documentaire, se concentrant sur le Tyrol, dont une partie est devenue italienne.

DINO RISI (1916-2008)

Si le Milanais d'origine est arrivé tard à la réalisation, après une expérience de médecin psychiatre et de critique cinématographique, il n'en a pas moins marqué le cinéma italien. De son premier long métrage, *Vacances avec un gangster* (1951) avec Sophia Loren, à son dernier, *Vita con Figli* (1990) avec Monica Bellucci, il a imprimé à la pellicule un sens de la comédie, cette fameuse « comédie italienne ». Parmi ses œuvres les plus célèbres figurent *Le Fanfaron* (1962), *Les Monstres* (1963), *La Femme du prêtre* (1970), *Parfum de femme* (1975), *Les Séducteurs* (1980), *Fantôme d'amour* (1981) ou encore *Le Fou de guerre* (1985) avec Coluche. D'un film à l'autre, il s'inscrit de plain-pied dans l'âge d'or du cinéma italien, partagé entre la bouffonnerie, l'observation critique, la satire sociale, l'irrévérence et le cynisme.

FAUSTO COPPI (1919-1960)

Ce Piémontais est l'un des rares coureurs cyclistes à avoir porté le surnom de « campionissimo », super-champion. Son palmarès le justifie pleinement : cinq tours d'Italie (Giro), deux de France, cinq de Lombardie, trois Milan-San-Remo, un Paris-Roubaix, quatre championnats d'Italie sur route, et la liste ne s'arrête pas là. Il fut le premier à réaliser le doublé Giro-Tour de France, en 1949. Ses successeurs peinent à lui faire de l'ombre. Même Marco Pantani (1970-2004), grimpeur hors pair qui a remporté le doublé en 1998, n'en aligne pas autant. Il n'en a pas eu le temps non plus, tragiquement disparu après avoir été soupçonné de dopage et avoir cédé à la drogue.

MARIO RIGONI STERN (1921-2008)

Considéré comme l'un des écrivains italiens les plus importants du 20e s., Mario Rigoni Stern, né dans la province de Vicence, peut s'enorgueillir d'un double succès : public et critique. À son premier roman, plus ou moins autobiographique, *Le Sergent dans la neige* (1953), relatant la retraite de soldats italiens sur le front russe, ont succédé d'autres succès, comme *Lointains hivers*, *En guerre*, *Hommes, bois et abeilles*, ou encore *En attendant l'aube*. Un style minimaliste, dépouillé, dont l'équivalent français serait Hubert Mingarelli, puisant à l'essentiel et jouant sur le travail de la mémoire ; tels sont les caractères de son œuvre, partagée entre romans et nouvelles.

GIANNI AGNELLI (1921-2003)

Surnommé le « patriarche », l'« avvocato » (parce qu'il avait d'abord entamé des études de droit) ou encore « le roi sans couronne », Gianni Agnelli a dirigé les usines Fiat (Fabbrica Italiana Automobili Torino) créées en 1899 par son grand-père, durant plus de trois décennies, de 1966 à 1996. C'est précisément sous sa direction, en 1969, que la firme a pris le contrôle de Ferrari, de Lancia (en 1978) et d'Alfa Romeo (en 1985) pour devenir la première firme italienne dans le secteur de la construction automobile, tout en développant filiales et succursales à travers le monde. Rigoureux, entretenant des liens étroits avec les banquiers et la politique, fin diplomate et négociateur avec les syndicats, propriétaire de la Juventus, le club de football phare de Turin, il symbolise l'économie italienne de l'après-guerre, celle de la reconstruction.

VITTORIO GASSMAN (1922-2000)

Feu follet bouleversé et bouleversant du cinéma italien, ce natif de Gênes a commencé sa carrière sur les planches. Des planches qu'il n'a jamais quittées, entre deux tournages de films. Et quels films ! À l'instar de Marcello Mastroianni, Vittorio Gassman a traversé l'essentiel du cinéma transalpin, de jeune séducteur en vieillard acariâtre. Il est virevoltant dans *Le Pigeon* de Mario Monicelli (1958), hilarant dans *Les Monstres* (1963) de Dino Risi, corrosif dans *Le Fanfaron* (1962), toujours dirigé par Risi, avec lequel il tourna une quinzaine de longs métrages, et orgueilleux dans un western italien fameux : *Qu'est-ce que je viens foutre au milieu de cette révolution ?* Il est enfin prodigieux dans *Parfum de femme*, en vieux militaire coquin et désabusé (récompensé par le prix d'interprétation à Cannes en 1974). Après avoir joué pour King Vidor, Robert Altman, Alain Resnais, Ettore Scola ou encore Marco Ferreri, au soir de sa vie, il retourna à ses premières amours, en donnant des cours de théâtre.

GIORGIO STREHLER (1921-1997)

D'origine triestine, Strehler est une icône du théâtre italien en général et milanais en particulier. En 1947, il fonda en effet, avec Paolo Grassi, le Piccolo Teatro della Città di Milano, premier théâtre public italien non itinérant. Le « Maestro e basta » *(Maestro et c'est tout)*, comme on le surnommait, a renouvelé le genre théâtral ainsi que la mise en scène des opéras en portant à la scène une problématique majeure à ses yeux : l'homme et la société.

RENZO PIANO (NÉ EN 1937)

Architecte et fils d'architecte. C'est dire si Renzo Piano, né à Gênes, a baigné très tôt dans les plans, les échelles et les dessins. Après diverses collaborations avec Louis Kahn, Richard Rogers et Jean Prouvé, il réalise ses travaux personnels à l'orée des années 1970, sur tous les continents. Des maisons individuelles à Milan, le Centre Georges-Pompidou (Beaubourg) à Paris, les aménagements modernes du vieux port de Gênes, des bateaux de croisière, le terminal de l'aéroport d'Osaka au Japon, la reconstruction de l'Atelier Brancusi (Paris), le centre culturel Tjibaou de Nouméa, la tour Debis à Berlin… Des travaux couronnés par le prestigieux prix Pritzker en 1998. Depuis, il est le concepteur de l'église Padre Pio dans le sud de l'Italie, du Centre Paul-Klee à Berne, l'architecte de la rénovation de la Morgan Library (New York) et de l'immeuble du New York Times, du Broad Contemporary Art Museum de Los Angeles, d'une extension de l'Art Institute de Chicago, du MUSE de Trente et, projet emblématique, de la Tour Sharp, haute de 310 m, à Londres.

PAOLO CONTE (NÉ EN 1937)

Né dans la ville piémontaise d'Asti, patrie du poète tragique Vittorio Alfieri, Paolo Conte s'est longtemps déployé sur deux registres différents : la chanson et le barreau. En 1979, son troisième album, *Gelato al Limon* connaît un succès international. Paolo Conte compose, joue, interprète, toujours attaché à sa langue natale, dans un style qui n'appartient qu'à lui : un méli-mélo de musiques d'ailleurs, de jazz, de tango, de boogie, de partitions sud-américaines, tout un arc-en-ciel de notes servies par une voix rauque, sautillante. *Appunti di viaggio*, *Aguaplano*, *Novecento*, jusqu'à *La Musica è pagana* dans son dernier album, le best-off *Gong-Oh* (2011), sont autant de titres envoûtants.

GIUSEPPE SINOPOLI (1947-2001)

Ce célèbre chef d'orchestre fut un grand wagnérien et un véritable « génie pluridisciplinaire ». Outre « son » art, il se consacrait également avec passion et un grand professionnalisme à la psychiatrie et à l'archéologie.

MASSIMO BOTTURA (NÉ EN 1965)

L'un des chefs de file de la jeune cuisine italienne, auréolé de trois étoiles Michelin. Installé à Modène, dans son restaurant « Osteria Francescana », le chef propose une cuisine débarrassée du superflu, de l'ostentatoire, pour privilégier l'essentiel : le produit, qu'il transcende. Ainsi, une tranche de mortadelle présentée sous forme de mousse, un agneau rosé accompagné d'une sauce à la menthe et au Fernet-Branca, un risotto au potiron, des tagliatelle au ragoût… Une cuisine simple et goûteuse à la fois.

Histoire

Suivons pas à pas la progression de l'histoire italienne et les traces qu'elle a laissées. Une louve légendaire marque le début du parcours, mais les nombreux sites préhistoriques rappellent que le peuple italien trouve ses racines beaucoup plus loin. César et ses concitoyens nous conduisent ensuite le long de routes qu'empruntent encore aujourd'hui les Italiens et qui traversent tout le pays. Les Barbares arrivent, les empereurs naissent et meurent, les combats font rage entre guelfes et gibelins, un Nouveau Monde s'ouvre au-delà des mers, en même temps qu'une époque où l'homme devient la mesure de toute chose. Commençons le voyage…

L'héritage du passé

AVANT ROME

- **20 000 ans av. J.-C.** – Populations, essentiellement composées de chasseurs, dans l'actuelle Ligurie.
- **1 000 ans av. J.-C.** – Peuple indo-européen, les **Vénètes** occupent les rives de l'Adriatique dans l'actuelle Vénétie, tandis que les **Ligures** s'installent sur la côte méditerranéenne, de Vintimille à La Spezia. Les premiers seront soumis à Rome au 2e s. av. J.-C., et les seconds au Ier s., sous Auguste. Dans les Alpes, des fouilles archéologiques ont mis au jour des sites datant de 5000 à 500 av. J.-C. L'homme venu des glaces, Ötzi, a aussi apporté des informations sur ces populations ; sa mort est datée de 4546 (± 15 ans) av. J.-C., ce qui a permis de reconsidérer la datation de l'âge du cuivre dans les Alpes, conventionnellement daté entre 2500 et 1000 av. J.-C.

DES ORIGINES DE ROME À L'EMPIRE

Av. J.-C.

- **753** – Selon la légende, **Romulus** fonde Rome (née en fait de l'union de villages latins et sabins, vers le 8e s.).
- **7-6e s.** – Après le règne des rois sabins s'installe à Rome la dynastie des **Tarquins** : le roi, le Sénat et les comices se partagent le pouvoir.

LES SITES PALAFITTIQUES PRÉHISTORIQUES ALPINS

Inscrits au Patrimoine mondial de l'Humanité en 2011, 111 sites préhistoriques, dont 18 en Italie, constituent un ensemble incomparable permettant d'étudier les modes de vie et de résidence des populations alpines du néolithique à l'âge de bronze (5000-500 av. J.C.). Conservés dans des conditions exceptionnelles sous l'eau, sur les bords de lacs, de rivières ou dans des marécages, les vestiges des villages fournissent aux archéologues des informations précieuses sur la construction des maisons, les activités agricoles, le développement de la métallurgie, les moyens de transport (pirogues, roues), les textiles, ainsi que sur les routes commerciales (silex, coquillages, or, ambre, poteries).

- **509** – Établissement de la République : pouvoirs attribués à deux consuls élus pour un an.
- **451-449** – Loi des XII Tables, premier pas vers l'égalité civile entre patriciens (nobles pouvant prouver leurs origines) et plébéiens (jusqu'alors sans droit politique).
- **390** – Les Gaulois envahissent l'Italie, occupent Rome, mais en sont chassés par Camille.
- **218-201** – Deuxième guerre punique. **Hannibal** traverse les Alpes, bat les Romains au lac Trasimène, les écrase à Cannes, mais, au lieu de marcher sur Rome, il s'amollit dans les « délices de Capoue ». En 210, **Scipion** porte la guerre en Espagne, puis en Afrique ; Hannibal est rappelé à Carthage. En 202, Scipion est vainqueur d'Hannibal à Zama.
- **133** – Occupation de toute l'Espagne et fin des grandes conquêtes en Méditerranée.
- **125** – Les Romains en Gaule méridionale.
- **88-79** – **Sylla** établit sa dictature à Rome.
- **70** – Pompée et Crassus, nommés consuls, sont les maîtres de Rome.
- **63** – **Conjuration de Catilina**, démasquée par Cicéron, déclaré « père de la patrie ».
- **60** – **Premier triumvirat** : Pompée, Crassus, César. Rivalité des trois hommes.
- **59** – César consul.
- **58-51** – Campagne des Gaules (52 : reddition de Vercingétorix à Alésia).
- **49** – César franchit le Rubicon et chasse Pompée de Rome.
- **49-45** – **César** triomphe de Pompée et de ses partisans en Espagne, en Grèce et en Égypte. Il écrit ses Commentaires sur la guerre des Gaules.
- **Début 44** – César se fait nommer dictateur à vie.
- **15 mars 44** – César est assassiné par des partisans de la République, dont Brutus, son fils adoptif.
- **43** – **Deuxième triumvirat** : Octave (neveu et héritier de César), Antoine, Lépide.
- **41-30** – Lutte ouverte entre Octave et Antoine. Après sa défaite à Actium (31), Antoine se suicide avec Cléopâtre, auprès de laquelle il s'était réfugié.

LE HAUT-EMPIRE

- **27** – Octave, seul maître de l'Empire, reçoit du Sénat le titre d'**Auguste** et tous les pouvoirs.
- **14 apr. J.-C.** – Mort d'Auguste.
- **54-68** – Règne de **Néron**, qui fait mourir Britannicus, sa mère Agrippine, ses femmes Octavie et Poppée, incendie Rome et organise la première persécution violente des chrétiens.
- **68** – Fin de la **dynastie des Julio-Claudiens** : Auguste, Tibère, Caligula, Claude, Néron.
- **69-96** – **Dynastie des Flaviens** : Vespasien, Titus, Domitien.
- **96-192** – « Siècle d'or des **Antonins** » : règnes heureux de Nerva, Trajan, Hadrien, Antonin le Pieux, Marc Aurèle, qui consolident l'organisation de l'Empire.
- **193-275** – **Dynastie des Sévères** : Septime Sévère, Caracalla, Héliogabale, Alexandre Sévère, Dèce, Valérien, Aurélien.
- **235-268** – Anarchie militaire, période troublée : les légions font et défont les empereurs.
- **270-275** – Aurélien rétablit l'unité de l'Empire.

LE BAS-EMPIRE ET LA DÉCADENCE

- **284-305** – Règne de **Dioclétien** ; institution de la tétrarchie ou gouvernement à quatre ; persécution des chrétiens (303) ; ceux-ci appellent le règne de Dioclétien « l'ère des martyrs ».
- **306-337** – Règne de **Constantin**, qui décrète par l'édit de Milan (313) la liberté de tous les cultes.

Constantinople, nouvelle capitale de l'Empire.

• **379-395** – Règne de **Théodose le Grand**, empereur chrétien qui en 382 déclare le christianisme religion d'État. À sa mort, partage de l'Empire entre ses deux fils : Arcadius (Orient) et Honorius (Occident), qui s'établit à **Ravenne**.

• **5e s.** – L'Empire romain est livré aux assauts répétés des Barbares : en 410, Alaric, roi des Wisigoths, s'empare de Rome ; en 455, sac de Rome par les Vandales de Genséric.

• **476** – Le Germain **Odoacre** dépose l'empereur Romulus Augustule : fin de l'empire d'Occident.

DE L'EMPIRE ROMAIN AU SAINT EMPIRE ROMAIN GERMANIQUE

• **493** – Odoacre est chassé par les Ostrogoths de Théodoric.

• **535-553** – L'empereur romain d'Orient **Justinien** (527-565) reconquiert l'Italie.

• **568** – Invasion lombarde conduite par le roi Alboin.

• **590-604** – Le pape **Grégoire Ier le Grand** amorce l'évangélisation des peuples germaniques et anglo-saxons.

• **752** – Rome menacée par les Lombards : le pape fait appel à Pépin le Bref.

• **726** – Venise se proclame indépendante de Byzance, élection du premier doge, Orso Ipeto.

• **756** – **Donation de Quierzy** : Pépin le Bref restitue au pape Étienne II les territoires autrefois byzantins reconquis sur les Lombards, événement qui fut à l'origine de l'État pontifical et du pouvoir temporel du pape.

• **774** – **Charlemagne**, fils de Pépin, devient roi des Lombards.

• **800** – À Rome, le pape Léon III couronne Charlemagne empereur d'Occident.

• **9e s.** – La dissolution de l'Empire carolingien provoque en Italie une grande anarchie et la création de nombreux États féodaux rivaux. La papauté traverse une période de graves troubles et de décadence.

• **951** – Intervention en Italie du roi de Saxe **Otton Ier** qui devient roi des Lombards.

• **962** – Otton Ier, sacré empereur, fonde le Saint Empire romain germanique.

LA QUERELLE DU SACERDOCE ET DE L'EMPIRE

• **1076** – La réforme grégorienne **(Grégoire VII)** tente de redonner du prestige à l'Église. La **querelle des Investitures** éclate à la suite d'une rencontre entre le pape et l'empereur Henri IV.

• **1077** – L'empereur Henri IV s'humilie devant le pape Grégoire VII à Canossa.

• **1155** – **Frédéric Barberousse** sacré empereur par le pape. Reprise de la lutte entre l'Empire et la papauté : conflits entre **gibelins** (partisans de l'empereur) et **guelfes** (partisans du pape).

• **1167** – Création de la **Ligue lombarde** (union de villes guelfes du nord de l'Italie contre l'empereur, sous l'égide du pape).

• **1176** – Bataille de Legnano et préliminaires de paix entre Frédéric Barberousse et le pape Alexandre III, réconciliés en 1177.

• **1216** – À la mort d'**Innocent III**, la papauté est à l'apogée de sa puissance.

• **1227-1250** – Nouvel épisode de la lutte entre l'Empire (Frédéric II) et la papauté (Grégoire IX, Innocent IV). Triomphe de la papauté.

INFLUENCE FRANÇAISE ET DÉCLIN DE L'INFLUENCE IMPÉRIALE

• **13e s.** – Apogée de la prospérité économique des Communes.

• **1252** – Le **florin**, frappé à Florence en argent depuis 1182, devient une pièce d'or très en faveur dans les échanges internationaux.

- **1300** – Boniface VIII instaure le premier jubilé.
- **1303** – **Attentat d'Anagni**, fomenté par Philippe le Bel contre le pape Boniface VIII.
- **1309-1377** – Établissement des papes en Avignon (de Clément V à Grégoire XI, qui revient à Rome à la prière de sainte Catherine de S.).
- **1328** – Échec de l'intervention en Italie de l'empereur Louis de Bavière. De cette époque date la lente renonciation des empereurs germaniques à leur volonté de pouvoir politico-religieux sur les terres de l'antique Empire romain.
- **1378-1418** – **Grand schisme d'Occident** (antipapes à Pise et à Avignon), auquel met fin le concile de Constance (1414-1418).
- **1395** – Création du duché de Milan par Jean Galéas Visconti.
- **1402** – Dernière intervention allemande en Italie (l'empereur est battu par les milices lombardes).
- **1453** – Constantinople, capitale de l'Orient chrétien, tombe aux mains des Turcs.
- **1454** – Paix de Lodi. Milan et Venise mettent une parenthèse au conflit qui les oppose pour la suprématie de l'Italie septentrionale.
- **1492** – Mort de **Laurent le Magnifique** et découverte de l'Amérique.
- **1494** – À la demande de Ludovic le More, intervention du roi de France Charles VIII en Italie.

L'ÂGE D'OR ÉCONOMIQUE ET CULTUREL (15ᵉ S. ET DÉBUT DU 16ᵉ S.)

Alors que le Sud maintient ses structures féodales fondées sur la grande propriété, le Centre et le Nord sont transformés par l'activité dynamique des corporations et ateliers d'artisans. Le poids économique de l'Italie à cette époque s'explique par le commerce et l'importante activité bancaire qu'il génère. Les négociants et banquiers installés à l'étranger contribuent à divulguer à travers l'Europe la civilisation italienne,

DATES CLÉS

- **753 av. J.-C.** – Romulus fonde Rome.
- **390 av. J.-C.** – Les Gaulois envahissent l'Italie jusqu'à Rome.
- **27 apr. J.-C.** – Octave, maître de l'Empire romain, est proclamé Auguste.
- **774** – Charlemagne est roi des Lombards.
- **962** – Otton Ier, déjà roi des Lombards, fonde le Saint Empire romain germanique.
- **12e s.** – Rivalités entre guelfes et gibelins.
- **17e s.** – La Savoie devient l'État le plus puissant d'Italie du Nord.
- **1814** – Fin de la mainmise napoléonienne en Italie.
- **1861** – Victor-Emmanuel II est proclamé roi d'une Italie unifiée.
- **1919** – Le Trentin, le Haut-Adige et Trieste sont accordés à l'Italie.
- **1946** – Proclamation de la République italienne.
- **1957** – Traité de Rome. L'Italie entre dans « l'Europe des six ».
- **1970-1980** – « Années de plomb », marquées par les actes terroristes.
- **1994** – Victoire du centre-droit, premier gouvernement de Silvio Berlusconi.
- **2006** – Victoire de la coalition de gauche. Romano Prodi est élu président du Conseil.
- **2008** – Retour au pouvoir de Silvio Berlusconi.
- **2011** – Mario Monti est nommé président du Conseil.

qui s'épanouit alors dans toutes les grandes cours. Les souverains-mécènes que sont les Médicis à Florence, les Sforza à Milan, les Montefeltre à Urbin, les Este à Ferrare, les Gonzague à Mantoue et les papes à Rome (comme Jules II et Léon X) rivalisent entre eux pour entretenir les artistes et posséder le plus beau palais.
Mais la découverte du Nouveau Monde entraîne l'inexorable déclin des républiques maritimes, si florissantes au Moyen Âge, avec le déplacement vers l'Atlantique des courants commerciaux : Gênes est rapidement ruinée, Pise absorbée par Florence, sa rivale de toujours, Amalfi et Venise connaissent de sérieuses difficultés en raison de l'avancée des Turcs vers l'ouest.
La fragmentation politique de la Péninsule, en outre, en fera une proie pour les nations plus puissantes, alors naissantes.

DU 16e S. À L'ÉPOQUE NAPOLÉONIENNE

- **16e s.** – Lutte entre la France et l'Espagne pour la suprématie en Europe.
- **1515-1526** – François Ier vainqueur à Marignan, mais vaincu à Pavie, doit renoncer à l'héritage italien.
- **1527** – Sac de Rome par les lansquenets de **Charles Quint**.
- **1545-1563** – Avec le **concile de Trente**, l'Église tente de retrouver l'autorité et la crédibilité que la Réforme protestante a mises à mal.
- **1559** – Traité du Cateau-Cambrésis : domination espagnole sur le Milanais et les royaumes de Naples, de Sicile et de Sardaigne jusqu'au début du 18e s.
- **1571** – Victoire navale de Venise (associée à l'Espagne et au Saint-Siège) contre les Turcs, à **Lépante**.
- **17e s.** – La Savoie devient l'État le plus puissant du Nord de l'Italie.
- **1713** – Victor-Amédée II de Savoie obtient la Sicile, dont il devient roi et qu'il échangera en 1720 contre la Sardaigne.
- **1796** – Campagne de Bonaparte en Italie, qui crée la République cispadane au sud du Pô.
- **1797** – Traité de Campoformio : cession de la Vénétie à l'Autriche. Création des Républiques cisalpine et ligurienne.
- **1798-1799** – Proclamation des Républiques romaine et parthénopéenne (Naples).
- **1805** – Napoléon Ier transforme la République italienne en royaume, ceint la couronne de fer des rois lombards et confie la vice-royauté à son beau-fils Eugène de Beauharnais.
- **1808** – Rome occupée par les troupes françaises. Murat devient roi de Naples.
- **1809** – Les États pontificaux rattachés à l'Empire français. Pie VII prisonnier en France (1812). Rébellion du Tyrol.
- **1814** – Écroulement de la politique napoléonienne. Pie VII de retour à Rome.

VERS L'UNITÉ ITALIENNE (1815-1870)

Bien que Machiavel eût déjà rêvé au 16e s. d'une unité italienne, il fallut attendre la Révolution française pour commencer à envisager concrètement un rassemblement sous un même régime politique.
L'unification des provinces d'Italie requit cinquante ans : amorcé dès le lendemain du congrès de Vienne (1815), le **Risorgimento** fut préparé par un grand nombre de *carbonari* et de tentatives d'insurrection diverses durement réprimées.
La fondation du mouvement de la Jeune Italie en 1831 par **Giuseppe Mazzini** enflamma plus tard les âmes des patriotes.
En 1848 éclate la **première guerre d'indépendance** contre l'Autriche, menée par Charles-Albert de Savoie, roi de Sardaigne.

L'UNITÉ ITALIENNE

Après des débuts victorieux, la défaite piémontaise à Custoza entraîne l'abdication de Charles-Albert (mars 1849) et l'avènement de **Victor-Emmanuel II**. La politique subtile de son Premier ministre **Cavour** et la participation du Piémont à la guerre de Crimée aux côtés de la France (1854) portent la question italienne au centre des préoccupations européennes. Les accords de Plombières (1858), entre Cavour et Napoléon III, conduisent l'année suivante à la **deuxième guerre d'indépendance**, à l'issue de laquelle Piémontais et Français sortent victorieux (victoires de Magenta et Solferino). À la suite de révoltes populaires dans l'Italie centrale et du Nord, la Lombardie, l'Émilie-Romagne et la Toscane sont annexées au royaume de Sardaigne. En 1860, **Garibaldi** et l'**expédition des Mille** libèrent la Sicile et l'Italie du Sud de la domination des Bourbons (la Savoie et Nice sont en revanche cédées à la France) ; le Mezzogiorno, les Marches et l'Ombrie sont rattachés à l'État italien naissant. **Le 17 mars 1861, le Parlement de Savoie proclame le royaume d'Italie** ; Victor-Emmanuel II en devient le souverain, Turin la capitale jusqu'en 1866, date à laquelle Florence lui succède pour des raisons politiques.

Avec la **troisième guerre d'indépendance**, l'Italie, alliée à la Prusse contre l'Autriche, obtient, malgré les défaites de Lissa et Custoza, l'annexion de la Vénétie. Quatre ans plus tard, le 20 septembre 1870, les troupes du général Cardona entrent dans Rome par la **brèche de la Porta Pia** : Rome est alors annexée à l'Italie et proclamée capitale (1871).

L'INFLUENCE PIÉMONTAISE
On peut y trouver les raisons d'une proximité géographique. En tout cas, le Piémont peut s'enorgueillir d'avoir tenu un rôle majeur dans l'unification italienne – au diapason de la France – et non sans fortes personnalités imposant leurs convictions. **Cavour** (1810-1861), issu d'une famille noble piémontaise, crée en 1847 le journal *Il Risorgimento*, dont le titre est en soi un programme politique, avant de devenir ministre de Charles-Albert Ier puis de **Victor-Emmanuel II**. Allié à Napoléon III (en échange de Nice et de la Savoie) pour bouter les Autrichiens hors de l'Italie du Nord, il rattache au Piémont l'Émilie-Romagne, la Lombardie et la Toscane en 1860. À ses côtés, la même année, **Garibaldi** (1807-1882) assoit cette marche en avant de l'unité en s'emparant de la Sicile, juste avant que Victor-Emmanuel II soit couronné roi d'Italie le 27 avril 1861, précisément à Turin, sa ville natale.

L'Italie unifiée

DE 1870 À 1946

- **1882** – L'Italie, l'Allemagne et l'Autriche signent la **Triple Alliance**.
- **1885** – Les Italiens s'installent en Érythrée et sur la côte des Somalis.
- **1900** – Assassinat du roi Humbert Ier par l'anarchiste Bresci, à Monza, en Lombardie. Avènement de **Victor-Emmanuel III**.
- **1903-1914** – « Dictature parlementaire » de **Giolitti**, qui ne règle pas les graves problèmes de chômage et de misère, poussant à l'agitation révolutionnaire et anarchiste (grandes grèves).
- **1904-1906** – Rapprochement de l'Italie avec la France et l'Angleterre.
- **1911-1912** – Guerre italo-turque. Libye et Dodécanèse occupés.
- **1914** – La **Première Guerre mondiale** éclate. L'Italie entre en guerre le 24 mai 1915, aux côtés de la France, de la Grande-Bretagne et de la Russie (la Triple Entente) contre l'Autriche-Hongrie, puis (le 28 août 1916) contre l'Allemagne.
- **1918** – Avec la victoire de la bataille de **Vittorio Veneto**, en Vénétie, l'Italie conclut (4 nov.) la Première Guerre mondiale.
- **1919** – Le traité de St-Germain-en-Laye accorde à l'Italie le Trentin et le Haut-Adige, Trieste et l'Istrie. D'Annunzio, à la tête de ses *arditi* (légionnaires), s'empare de Fiume (Rijeka en Croatie), annexée à l'Italie en 1924. Déceptions nationalistes et crise économique persistante profitent aux partis extrémistes : fondation des « Faisceaux de combat » par Mussolini.
- **1920-1921** – Désordres sociaux (occupations d'usines, grèves) ; premières affirmations du parti fasciste de Benito Mussolini.
- **1922** – Marche sur Rome par les fascistes : **Mussolini** est nommé chef du gouvernement.
- **1925** – Après l'assassinat du député socialiste Matteotti (1924), qui dénonçait les méthodes fascistes, et la protestation des parlementaires de l'opposition (« Aventino »), Mussolini édicte les lois d'exception (lois fascistissimes) : un régime dictatorial s'installe.
- **1929** – Les **accords du Latran**, entre le gouvernement italien et la papauté, mettent fin à la séculaire « question romaine » des rapports entre l'État et l'Église.
- **1936** – Après le succès de la guerre d'Éthiopie, occupation coloniale par les Italiens et fondation de l'Empire. La Société des Nations condamnant Mussolini, celui-ci se rapproche de l'Allemagne nazie (axe Rome-Berlin).

- **1939** – Début de la **Seconde Guerre mondiale**.
- **1940** – L'Italie entre en guerre aux côtés de l'Allemagne contre la France et la Grande-Bretagne.
- **1943** – 10 juillet, les Alliés débarquent en Sicile. 25 juillet, destitution et arrestation de Mussolini. 8 septembre, armistice ; une grande partie du pays occupée par les troupes allemandes.
12 septembre, libéré par les Allemands, Mussolini fonde dans le Nord la **République sociale italienne** avec Salò comme capitale (lac de Garde).
- **1944-1945** – Difficile reconquête de l'Italie par les Alliés. Dans le Centre-Nord, occupé par les nazis-fascistes, la Résistance prend place. 25 avril 1945, libération du pays et fin de la guerre : Mussolini, en fuite vers la Suisse, est arrêté et fusillé sur les rives du lac de Côme.
- **1946** – En mai, abdication de Victor-Emmanuel III ; avènement de Humbert II.
- **2 juin** : **proclamation de la République** après un référendum.

DEPUIS 1946

- **1947** – Le traité de Paris retire à l'Italie ses colonies, l'Istrie, la Dalmatie et le Dodécanèse, et lui impose des rectifications de frontière au profit de la France.
- **1948** – Le 1er janvier : entrée en vigueur de la nouvelle Constitution.
- **1954** – Trieste est définitivement rattachée à l'Italie.
Fervent défenseur de l'unité européenne, aux côtés de Jean Monnet, Robert Schuman et Konrad Adenauer, le démocrate-chrétien **De Gasperi** est élu président de la Communauté européenne du charbon et de l'acier (Ceca).
- **1955** – L'Italie adhère à l'Onu.
- **Mars 1957** – **Traité de Rome** créant la Communauté économique européenne (Marché commun) : l'Italie est dans l'« Europe des Six ».
- **1966** – Graves inondations ; nombreux dégâts à Florence et à Venise.
- **1970-1980** – Les « Années de plomb » : des actes terroristes secouent l'Italie.

« TU ES PIERRE ET SUR CETTE PIERRE JE BÂTIRAI MON ÉGLISE »

Le titre de pape (du grec *pápas*, père) était à l'origine attribué aux patriarches et évêques d'Orient. À partir du 5e s., l'appellation se diffusa en Occident, où elle devint la prérogative de l'évêque de Rome. Son statut s'affirma progressivement à la suite de situations historiques et politiques déterminantes et de l'influence de la figure impériale. Au cours des siècles, l'histoire de la papauté va se confondre avec celle des rapports entre l'Église et les grands pouvoirs politiques.

Au 19e s., l'autorité du pape fut remise en question par le Risorgimento : l'unification du pays ne pouvait être complète si le souverain pontife ne renonçait pas au pouvoir temporel qu'il exerçait sur la Péninsule. Lorsqu'en 1870 les troupes de Victor-Emmanuel II entrèrent dans Rome, le pape Pie IX s'enferma au Vatican, se considérant prisonnier de l'État italien.

La « Question romaine » fut résolue définitivement en 1929, sous le pontificat de Pie XI, avec les accords du Latran passés entre le Saint-Siège et le gouvernement fasciste de Mussolini. Ils reconnaissaient la souveraineté du pape à l'intérieur de la Cité du Vatican, l'extraterritorialité de quelques édifices et institutions romains et une autorité spécifique de l'Église en matière d'enseignement et de mariage en Italie. Les accords furent intégrés en 1947 à la nouvelle Constitution de l'Italie républicaine, puis redéfinis dans le nouveau Concordat de 1984.

- **1973** – Échec de la tentative de « compromis historique » proposé par le Parti communiste à la Démocratie chrétienne pour installer une coalition.
- **1978** – Assassinat d'Aldo Moro, ancien président du Conseil, par les terroristes des « Brigades rouges ».
- **1980** – Un attentat revendiqué par l'extrême droite cause plus de quatre-vingts victimes en gare de Bologne.
- **1981** – Attentat contre le pape Jean-Paul II commis par le turc Mehmet Ali Agca place St-Pierre.
- **1982** – Assassinat le 3 septembre du préfet de Palerme, Alberto Dalla Chiesa, de sa femme et d'un garde du corps.
- **1991** – Création de la Ligue du Nord (Lega Nord), dirigée par Umberto Bossi, militant pour l'indépendance de la Padanie, région vaguement définie autour du Pô. Le parti, réputé xénophobe, obtiendra un succès électoral limité à la Lombardie et la Vénétie.
Scission historique du PCI (Parti communiste italien), dirigé par Achille Occhetto, en PDS (Partito Democratico della Sinistra) et RC (Rifondazione Comunista).
En mars, avec un déferlement de réfugiés commence le débarquement dramatique des Albanais sur les côtes des Pouilles.
- **1992** – Début de l'époque des scandales de Tangentopoli et de l'opération « mains propres » dirigée contre la corruption économico-politique, qui entraîne l'effondrement de la classe dirigeante de la Ire République.
Assassinat des juges Giovanni Falcone et Paolo Borsellino, engagés dans la lutte contre la Mafia.
- **1994** – Le centre droit dirigé par **Silvio Berlusconi** gagne les élections organisées avec la nouvelle loi électorale au scrutin majoritaire. Début de la IIe République.
- **21 avril 1996** – Victoire électorale de la coalition de l'Ulivo : pour la

« IL CAVALIERE »

Loué ou honni, **Silvio Berlusconi** a incarné la vie politique italienne de ces vingt dernières années. Cet entrepreneur lombard a fondé la **Fininvest**, société mère d'un groupe de communication et médias, qui possède la moitié des télévisions italiennes et est aussi le principal éditeur de livres et de périodiques. Son équipe de football, le **Milan AC**, glane les trophées. Il a d'ailleurs su exploiter son empire médiatique, aussi bien que s'inspirer des codes sportifs et du langage du football, pour bâtir son image politique.
Berlusconi se lance en politique en 1993. Il crée son parti, **Forza Italia**, puis est élu chef du gouvernement en **1994**. Neuf mois plus tard, sa coalition s'effondre, tandis que la justice enquête sur ses affaires (notamment la corruption de magistrats et de responsables économiques). En 2001, homme le plus riche d'Italie, il revient au pouvoir au sein d'une coalition de centre droit, la « Maison des libertés ». En dépit des affaires en justice, il reste 5 ans, mais il est battu aux élections législatives de 2006. En 2007, il annonce la fondation du PdL, **Popolo della Libertà** (Peuple de la Liberté). Il est réélu en 2008, mais de nouveaux scandales fragilisent son pouvoir et la crise économique précipite sa chute. Il démissionne le 16 novembre **2011**.
Le « **berlusconisme** » désigne désormais un style politique propre à l'Italie depuis les années 1990 : personnalisation du pouvoir, diminution du rôle des partis au profit de leurs leaders, usage de la télévision et des techniques du marketing pour forger l'opinion politique.

« SUPER MARIO » ?

Mario Monti a été nommé **président du Conseil** à la suite de Silvio Berlusconi. Ce « technicien » a alors pour mission de redresser le pays qui est au bord de la faillite et s'enfonce dans la récession.
Né en 1943 à Varèse (Lombardie), cet **économiste** enseigne sa discipline à l'université de Turin puis préside l'Université Bocconi de Milan, où il a fait ses études, jusqu'en 1994. Le premier gouvernement Berlusconi le nomme à la **Commission européenne**, où il restera jusqu'en 2004. Il participe alors à plusieurs groupes de réflexion sur l'Europe. En 2005, il devient consultant à la banque d'investissements **Goldman Sachs**.
Le 9 novembre 2012, le président de la République italienne **Giorgio Napolitano** lui confère le titre de Sénateur à vie en récompense de ses travaux à la Commission. Le 13 novembre, il lui demande de former le nouveau gouvernement qui prête serment le 16 novembre.
N'ayant aucune appartenance politique et reconnu pour ses analyses économiques, Mario Monti – dont le **Loden**, manteau des bergers tyroliens, symbolise le retour à une politique sérieuse après les scandales financiers et moraux des années berlusconiennes – a permis de redonner **confiance** aux autres États européens, aux agences de notation et aux banques d'investissements. Fort d'un vote de confiance exceptionnel de la part des deux Chambres et bénéficiant de la lassitude des Italiens vis-à-vis de la politique berlusconienne, il engage le pays dans une série de réformes de ses dépenses publiques et multiplie les **mesures d'austérité**.

première fois sous la République, la gauche est au pouvoir.

- **27 mars 1998** – L'Italie entre dans le club de la monnaie unique européenne.
- **2001** – Victoire du centre-droit aux élections le 13 mai : deuxième gouvernement Berlusconi, avec notamment l'appui de la Ligue du Nord.
En juillet, à l'occasion de la réunion du G7 à Gênes, manifestants antimondialistes et forces policières s'opposent violemment.
- **2003** – Présidence italienne de l'Union européenne (juillet à décembre).
- **2006** – En février, Turin accueille les 20e Jeux olympiques d'hiver.
En avril, victoire de la coalition de gauche. **Romano Prodi** est élu président du Conseil.
En mai, **Giorgio Napolitano** devient président de la République.
En juillet, l'Italie remporte en Allemagne sa quatrième Coupe du monde de football.
- **2008** – Retour de Silvio Berlusconi au pouvoir après la victoire de son parti aux élections législatives et sénatoriales anticipées.
Milan est choisie pour accueillir l'**Exposition universelle de 2015**. Elle avait déjà organisé celle de 1906, dernière du genre à avoir eu lieu sur le sol italien.
- **2011** – 150e anniversaire de l'unité italienne.
- **Novembre 2011** – Le G 20 de Cannes décide de mettre l'État italien sous tutelle du Fonds monétaire international et de la Commission européenne.
Silvio Berlusconi démissionne et, le 16 novembre, l'économiste **Mario Monti** devient Président du Conseil. En décembre, l'Italie est officiellement en récession, le gouvernement lance une politique d'austérité.
- **2013** – Élections générales pour former les deux Chambres du Parlement.

3/ DÉCOUVRIR L'ITALIE DU NORD

Détail d'une porte ouvragée à Orta San Giulio.
J. Arnold / hemis.fr

Le Piémont et le Val d'Aoste 1

Carte Michelin Régional 561

La région des Langhe, entre vignobles et châteaux (ici, Grinzane Cavour).

M. Ripani / Sime / Photononstop

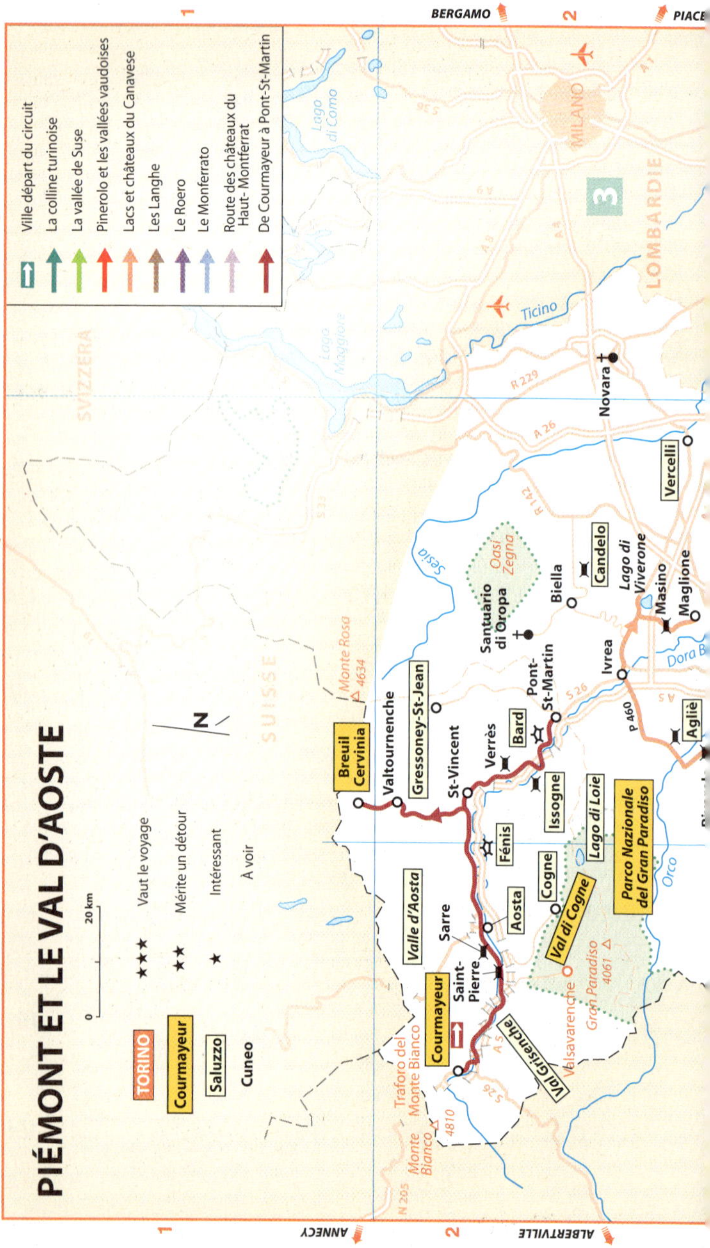
PIÉMONT ET LE VAL D'AOSTE
0
20 km
N
TORINO
Courmayeur
Saluzzo
Cuneo
★★★ Vaut le voyage
★★ Mérite un détour
★ Intéressant
À voir
Ville départ du circuit
La colline turinoise
La vallée de Suse
Pinerolo et les vallées vaudoises
Lacs et châteaux du Canavese
Les Langhe
Le Roero
Le Monferrato
Route des châteaux du Haut- Monferrat
De Courmayeur à Pont-St-Martin
LUZERN
BERGAMO
PIACE
ANNECY
ALBERTVILLE
A
B
C
1
2
SVIZZERA
SUISSE
LOMBARDIE
3
MILANO
Lago di Como
Lago Maggiore
Ticino
Novara
Vercelli
R 229
A 26
R 142
A 4
A 8
A 9
A 1
S 36
S 33
Sesia
Oasi Zegna
Santuario di Oropa
Biella
Candelo
Lago di Viverone
Masino
Maglione
Ivrea
Dora B
Agliè
P 460
A 5
S 26
Monte Rosa 4634
Breuil Cervinia
Valtournenche
Gressoney-St-Jean
St-Vincent
Verrès
Bard
Pont-St-Martin
Issogne
Fénis
Lago di Loie
Parco Nazionale del Gran Paradiso
Orco
Cogne
Val di Cogne
Aosta
Valle d'Aosta
Sarre
Saint-Pierre
Gran Paradiso 4061
Valsavarenche
Valgrisenche
Courmayeur
Traforo del Monte Bianco
Monte Bianco 4810
N 205

LE PIÉMONT ET LE VAL D'AOSTE

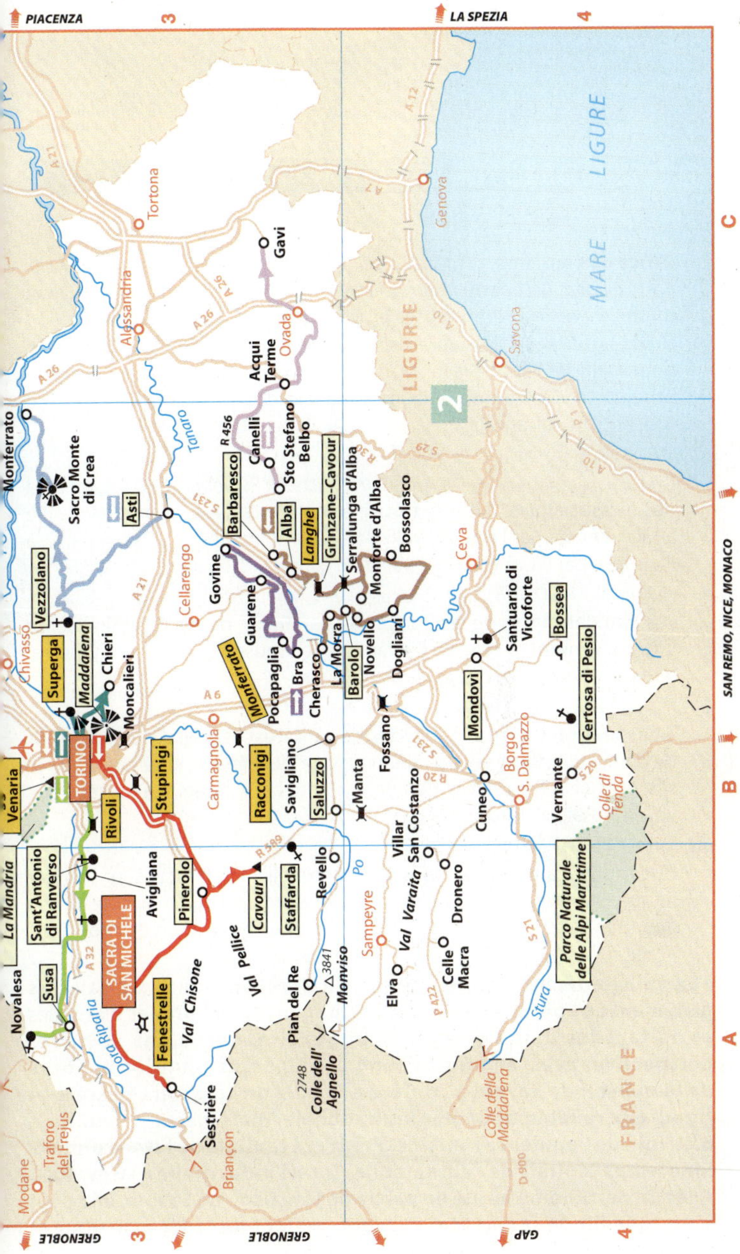

Torino

Turin

★★★

907 563 habitants – Piémont

NOS ADRESSES PAGE 140

S'INFORMER

Office de tourisme – *Piazza Castello/via Garibaldi, stazione ferroviaria di Porta Nuova, Aeroporto internazionale di Caselle* - ✆ *011 53 51 81 - www.turismotorino.org.* Nombreuses brochures thématiques en français.

Visites guidées – Plusieurs visites thématiques sont proposées : Turin gourmand, les lieux de la foi, Made in Torino (tour des plus grandes entreprises de la ville – automobile, aérospatiale, design, gastronomie) en italien, anglais et français.

SE REPÉRER

Carte de région B3 (p. 114-115) – *carte Michelin Régional 561 G 4-5.* Au pied des massifs alpins, Turin se trouve à l'entrée de l'A 4. La ville est reliée au Val d'Aoste par l'A 5, à la vallée de Suse et au Mont Cenis par l'A 32, à Plaisance par l'A 21 et à Coni par l'A 6.

À NE PAS MANQUER

Les grandes places de la ville (piazza San Carlo, piazza Castello, piazza Vittorio Veneto), le Palazzo Madama et son musée, le musée du Cinéma, une pause dans l'un des cafés historiques.

ORGANISER SON TEMPS

Turin ne se prêtant guère au tourisme hâtif, il est difficile d'y passer moins de deux jours. Réservez au minimum une journée aux itinéraires proposés, et choisissez, en fonction de vos goûts et intérêts, les musées que vous souhaitez visiter.

AVEC LES ENFANTS

Une montée au sommet de la Mole Antonelliana en ascenseur panoramique, un voyage dans l'univers du film au musée du Cinéma, le Musée égyptien, le musée de l'Automobile… et une dégustation de chocolat !

« La ville jouissant du plus beau site naturel au monde » disait très justement Le Corbusier de Turin. Ses longues rues, bordées d'arcades et de façades d'une grande homogénéité, déroulent de belles perspectives avec, en toile de fond, les Alpes. La tradition militaire de la maison de Savoie a conféré à la ville un caractère austère et rigoureux reflété par un baroque sublime, mais mesuré, équilibré, bien loin de l'opulence romaine. Première capitale de l'Italie unifiée, longtemps capitale de l'automobile, Turin l'industrielle a su évoluer. Avec un patrimoine hérité en partie de la maison de Savoie, elle peut s'enorgueillir de ses musées exceptionnels et de sa vie artistique et musicale. Turin est aussi une ville gourmande, et c'est dans l'un de ses merveilleux cafés au décor de boiseries, de marbres et de lustres que l'on goûtera sa spécialité, le chocolat. Une ville à découvrir absolument.

La piazza San Carlo.
Calle Montes/Photononstop

Se promener Plan de ville II (p. 125)

LE CENTRE HISTORIQUE A2/B1-2

Circuit 1 tracé en vert sur le plan. Compter une journée, avec les musées Départ de la piazza Carlo Felice.

Via Roma A2-3

La principale artère commerciale de la ville, qui relie la gare de Porta Nuova à la place Castello, foisonne de magasins de luxe. Elle doit son esthétique moderniste, estampillée des années 1930 (en particulier pour le premier tronçon, en venant de la gare) à l'architecte rationaliste Marcello Piacentini. Sur la **piazza Carlo Felice** se dresse l'Hôtel Roma, dans lequel l'écrivain **Cesare Pavese** (1908-1950) mit fin à ses jours (chambre 346).

★★★ Piazza San Carlo A2

Cette place, aux bâtiments harmonieusement distribués, constitue un bel ensemble d'architecture urbaine. Au sud, les églises **San Carlo** et **Santa Cristina** encadrent la via Roma : la façade de Santa Cristina *(sur la gauche)*, surmontée de candélabres, a été dessinée par **Juvarra** (1678-1736), le fameux architecte d'origine sicilienne à qui Turin doit quelques-unes de ses plus belles réalisations. Au milieu de la place s'élève le célèbre « caval d'bronz », le cheval de bronze de Marocchetti (1838), monument équestre à la gloire d'Emmanuel-Philibert qui, vainqueur des Français à St-Quentin en 1557, recouvra ses États après vingt-cinq ans d'occupation par la France (traité du Cateau-Cambrésis, 1559). Deux des cafés historiques de Turin, le café San Carlo et le Torino, rivalisent d'élégance et de faste sous les arcades *(voir Nos Adresses, p. 144)*.

La via Giuseppe Luigi Lagrange, parallèle à la via Roma, devient la via Accademia delle Scienze après son intersection avec la **via Maria Vittoria**★, une belle rue où s'alignent élégants palais baroques, galeries d'art, antiquaires, cafés et magasins. De la jolie **piazza Carlo Emanuele II,** appelée par les Turinois « piazza Carlina », la via dell'Accademia Albertina, à droite, puis la via Cavour, à gauche, mènent à la découverte d'autres lieux pleins de charme : l'**aiuola Balbo**, la **piazza Cavour** et, un peu sur la gauche, la **piazza Maria Teresa**, plus intime. *Revenir sur ses pas jusqu'à la via Accademia delle Scienze.*

Palazzo dell'Accademia delle Scienze A2

Ce palais, élevé au 17e s. d'après les plans de Guarini, est le siège de l'Académie des sciences fondée en 1757 par le mathématicien Giuseppe Luigi Lagrange et abrite le musée Egizio, l'un des plus grands musées italiens. De 1865 à 2012 le deuxième étage du palais accueillit la **Galleria Sabauda★★**, prestigieuse collection d'art de la maison de Savoie, actuellement en cours de transfert vers la Manica Nuova du Palazzo Reale (*voir encadré*).

★★★ Museo Egizio A2

Via Accademia delle Scienze, 6 - Rdc et 1er étage du Palazzo dell'Accademia delle Scienze - ✆ 011 56 17 776 - www.museoegizio.it - tlj sf lun. 8h30-19h30 - fermé 25 déc. - 7,50 € - audioguide en français.

C'est l'un des plus riches musées égyptiens du monde, qui regroupe des collections historiques et les objets des fouilles réalisées entre 1900 et 1935 par la Missione Archeologica Italiana, dont faisaient partie Schiaparelli (directeur du musée de 1894 à 1927) et Farina, son successeur.

La visite commence au 1er étage, qui regroupe des collections évoquant tous les aspects de la civilisation de l'Ancienne Égypte : la vie après la mort, la momification, les écritures, la vie quotidienne, la période ptolémaïque, la période romaine. On retiendra : la série des **sarcophages**, plus simples durant le Moyen Empire (2100-1580 av. J.-C.), sculptés sous le Nouvel Empire ; un intéressant ensemble de **canopes** (vases funéraires qui servaient à recueillir les viscères des morts) ; une importante collection de **momies**, accompagnées notamment de rouleaux de papyrus (les fameux **Livres des morts**). Aux **chambres funéraires** reconstituées (Guizèh – 2500 av. J.-C.) s'ajoute une exceptionnelle collection de **stèles funéraires** (Moyen et Nouvel Empire). À partir du 4e s. av. J.-C. (conquête d'Alexandre le Grand), l'influence hellénique se fait sentir (masques, statuettes) puis, à partir de 30 av. J.-C., l'influence romaine s'impose (vases de bronze). Une salle est consacrée aux **inscriptions** : hiéroglyphes (déchiffrés par Champollion en 1824) et « écriture hiératique » (tracé cursif des hiéroglyphes) sur papyrus, morceaux de calcaire, tessons de poterie.

Au rez-de-chaussée, on admire la spectaculaire **section d'Art statuaire★★** qui rassemble une vingtaine de statues, assises ou debout, de la déesse Sekhmet de Karnak, à tête de lion, et des statues de pharaons appartenant au Nouvel Empire (1580-1100 av. J.-C.), âge d'or de l'Égypte pharaonique. Au cours du réamenagement du musée (qui continuera après le départ de la Galleria Sabauda), le chef décorateur Dante Ferretti, trois fois Oscar du meilleur décor (dont en 2012 pour *Hugo Cabret* de Martin Scorsese), a imaginé plonger cet espace dans une semi-obscurité transpercée par des rais de lumière qui tombent sur les statues. L'effet est magique !

On découvre ensuite le **temple rupestre de Thoutmès III** (vers 1450 av. J.-C.). Offert en 1965 par l'Égypte pour l'aide apportée par l'Italie dans le sauvetage des sites nubiens pendant la construction du barrage d'Assouan, il a été transporté d'Elessiya (200 km au sud d'Assouan) et recomposé.

Enfin, la **tombe de l'architecte Kha★** et de son épouse Merit, retrouvée intacte, qui est une parfaite illustration du culte des morts avec son mobilier (lits, tabourets, coffres, linge) et ses offrandes alimentaires, jusqu'aux guirlandes de fleurs que l'on posait sur les sarcophages.

LES CHEFS-D'ŒUVRE DE LA GALLERIA SABAUDA

Pendant les travaux (fin prévue en 2014), les œuvres principales de la pinacothèque seront exposées dans la Manica Nuova du Palazzo Reale (*entrée via XX Settembre 88, à côté du Duomo*) et à la Reggia de la Venaria.
Parmi les pièces les plus intéressantes :
Crucifixion★ de Gaudenzio Ferrari (1475-1546)
Stigmates de saint François ★★ par Van Eyck (1390-1441)
Scènes de la Passion du Christ ★★ par Hans Memling (vers 1435-1494)
Vieillard endormi★★ de Rembrandt (1606-1669)
Visitation★ et **Dévot en adoration★** de Van der Weyden (1400-1464)
Repas chez Simon★ de Véronèse (1528-1588)
Annonciation★★ de Orazio Gentileschi (1563-1639)
Fils de Charles Ier d'Angleterre★ de Van Dyck (1599-1641)
Paysages★ de Bellotto (1720-1780)

Devant le palazzo dell'Accademia delle Scienze se dresse l'imposante église **San Filippo Neri**, la plus grande de la ville. Commencée par Guarini à la fin du 17e s., elle n'a été achevée que deux siècles plus tard et possède une façade néo-classique monumentale.

1

Piazza Carignano A2

Cette jolie place est délimitée par le palais du même nom, le théâtre et le restaurant **Del Cambio**, un lieu où semblent se confondre passé et présent et qui comptait parmi ses habitués le comte de Cavour. *✆ 011 54 37 60 - réserv. conseillée.*

★★ Palazzo Carignano - Museo del Risorgimento A2

Admirable réalisation baroque de **Guarini**, caractérisé par une façade originale très animée *(voir illustration p. 76)*, ce palais vit naître Victor-Emmanuel II (1820-1878), artisan de l'unité italienne et premier roi d'Italie (1861). Le **musée national du Risorgimento italien** a investi les lieux en 1935. Complètement réaménagé à l'occasion du 150e anniversaire de l'unité italienne, il réunit un riche ensemble de documents et témoignages sur l'histoire du pays, de la fin du 18e s. à la Seconde Guerre mondiale, qui illustre les événements liés au Risorgimento avec, en toile de fond, l'actualité internationale. Au cours de la visite, on peut voir la **salle du Parlement sub-alpin★** qui, dans les années 1848-1860, entendit s'exprimer Cavour, Garibaldi, Verdi et Manzoni. Quant à la grandiose **salle du Parlement italien**, que l'on fit construire après 1861 pour accueillir les députés toujours plus nombreux, elle ne fut jamais utilisée, car, durant les travaux, la capitale fut transférée à Florence. *Via Accademia delle Scienze, 5 - ✆ 011 56 21 147 - www.museorisorgimentotorino.it - tlj sf lun. 9h-19h - 8 €.*

De la **piazza Carlo Alberto**, dominée par l'aile élevée postérieurement (19e s.), de style éclectique, du palais Carignano et par celle de la Bibliothèque nationale, bâtie à l'emplacement des écuries du palais, on rejoint la piazza Castello en empruntant la **galleria Subalpina★**. Cet élégant passage couvert de verre et de fer, à la décoration Art nouveau, abrite de belles librairies ainsi que le **café Baratti & Milano**, ouvert en 1875 *(voir Nos Adresses, p. 144)*.

★ Piazza Castello A2

Cœur politique et religieux de Turin, elle résulte de la réorganisation urbaine opérée par l'architecte Ascanio Vitozzi (1539-1615). Vaste place où prennent naissance les artères principales de la ville, elle est fermée par le Palais royal

L'histoire glorieuse d'une ville qui fut capitale d'Italie

DES TAURINI AUX SAVOIE

Au 1er siècle, la capitale des Taurini (tribu celte) fut transformée par les Romains en colonie militaire, sous le nom d'Augusta Taurinorum. Christianisée, elle devint le siège d'un évêché au début du 5e s. Au 6e s., elle fut confiée à un duc lombard et passa plus tard sous la domination des Francs. À partir du 11e s. et pendant presque neuf cents ans, Turin eut son sort lié à celui de la **maison de Savoie** et en partagea les vicissitudes. Issue de Humbert aux Blanches Mains, mort en 1056, cette dynastie régna en effet sur la Savoie et le Piémont, puis sur la Sardaigne et l'Italie – à qui elle donna des rois de 1861 à 1946. Les Savoie, gouvernant avec habileté, prenant tantôt le parti du pape, tantôt celui de l'empereur, sachant maintenir plus tard un équilibre entre la France et les ducs de Milan, étendirent peu à peu leur domination sur la région. C'est au début du 18e s. que Charles-Emmanuel II et Victor-Amédée II dotèrent la ville de riches monuments en faisant appel aux architectes Guarini et Juvarra.

LE FOYER DU RISORGIMENTO

Charles-Emmanuel III renforça encore l'importance de Turin au cours de son règne (1732-1773), en réformant l'administration de son royaume et en instaurant dans la capitale une cour à l'étiquette rigide qui rappelait celle de Versailles. En 1798, les troupes françaises chassèrent Charles-Emmanuel IV de Turin afin d'imposer un régime issu des principes révolutionnaires de 1789. Mais, à la chute de Napoléon, Victor-Emmanuel Ier, revenu sans difficultés à la tête de son royaume, instaura une politique hostile à toute ingérence étrangère dans les affaires piémontaises. Turin devint alors le foyer des luttes contre l'Autriche et le centre de l'unification italienne. À la suite des efforts de son ministre **Cavour** pour réorganiser l'État piémontais, de l'alliance France-Piémont contre l'Autriche, des victoires de Magenta et de Solferino (1859), **Victor-Emmanuel II** fut proclamé premier roi d'Italie et Turin fut la première ville à accueillir un gouvernement italien. La maison de Savoie régna sur la Péninsule jusqu'à la proclamation de la République italienne en 1946.

UNE MÉTROPOLE INDUSTRIELLE ET INTELLECTUELLE

L'aventure Fiat…

Une intense activité industrielle a fait de Turin la capitale italienne de la mécanique. C'est du reste dans la capitale piémontaise que naquit l'**industrie automobile italienne** avec la fondation de la FIAT en 1889 par Giovanni Agnelli, et celle en 1906, par Vincenzo Lancia, de Lancia, que le groupe FIAT racheta en 1969. **Le Lingotto**, établissement historique de la FIAT élevé en 1920 sous le signe du fonctionnalisme et possédant des moyens techniques d'avant-garde, tels que de spectaculaires rampes d'essai hélicoïdales situées sur le toit, fut défini par Le Corbusier comme « l'un des spectacles les plus impressionnants présentés par l'industrie ». D'importantes usines de pneumatiques, comme celle de la firme Michelin qui inaugura en 1906 sa première implantation à l'étranger en investissant le célèbre édifice de la via Livorno, et des maîtres-carrossiers de renommée mondiale (dont le célèbre Pininfarina) ont contribué à affirmer et accroître la vocation de la ville dans le domaine automobile.

… et les autres

Tout le monde associe Turin à Fiat, mais d'autres sociétés d'importance mondiale sont nées ou ont leur siège dans cette ville et ses environs : Lavazza, Caffè Vergnano, Cinzano, Martini & Rossi, Gancia, Caffarel et Peyrano pour le secteur alimentaire ; Aurora (stylos-plumes et d'autres instruments d'écriture) ; l'institut bancaire San Paolo et la Cassa di Risparmio di Torino pour les banques ; la SAI, la Toro et la Reale Mutua Assicurazioni pour les assurances ; la STET-Telecom Italia pour les télécommunications ; Robe di Kappa, Superga et Invicta pour les vêtements de sport et De Fonseca pour les chaussures, Alenia pour la recherche aérospatiale.

Turin, centre culturel

Mais Turin revendique d'autres solides traditions : la création de maisons d'édition, dont Einaudi, Lattes, Loescher, Paravia, SEI et UTET, la fondation en 1895 de *La Stampa*, l'un des plus grands quotidiens nationaux, ainsi qu'une intense activité dans le domaine musical, grâce à la présence de l'Orchestre symphonique de la RAI et du prestigieux Teatro Regio.

Pour preuve de ces multiples traditions, la ville accueille de nombreuses manifestations culturelles, telles que le *Salon du livre* (*www.salonelibro.it*), le festival international de musique *MiTo Settembre Musica* qui se déroule entre Turin et Milan *(www.mitosettembremusica.it)*, auxquels il faut ajouter le prestigieux *Torino Film Festival (www.torinofilmfest.org)*, hommage au « septième art » d'une ville qui, jusqu'à la Première Guerre mondiale, fut la capitale de l'industrie cinématographique italienne.

LES JEUX OLYMPIQUES D'HIVER 2006

L'accueil des Jeux olympiques en 2006 a constitué une nouvelle étape dans la reconversion culturelle et touristique de la ville, entamée une dizaine d'années plus tôt, parallèlement au déclin des activités industrielles. Le nouveau métro et l'enfouissement des 15 km de voie ferrée qui coupaient la ville en deux ont réclamé des travaux titanesques, sans compter les aménagements sportifs confiés aux plus grandes agences d'architecture. Quant aux institutions culturelles, elles ont été mises à contribution en proposant une palette impressionnante d'expositions et d'événements. Un dynamisme qui se poursuit.

L'AVENIR

La célébration du 150e anniversaire de l'unité italienne en 2011, marquée par ses grandes expositions aux OGR (Officine Grandi Riparazioni) et à la Reggia di Venaria et ses rendez-vous culturels, fut l'occasion pour Turin de confirmer sa réputation de ville moderne et créative, de modèle culturel et de reine de la gastronomie avec l'une des plus grandes épiceries fines du monde (Eataly) et le *Salon international du goût - Terra Madre*. Également soucieuse de son potentiel touristique, elle l'améliore sans cesse par d'importants réaménagements : en cours, la gare de Torino Porta Susa ; la nouvelle présentation du Museo Egizio ; le projet de transformation des Officine Grandi Riparazioni (OGR) en un pôle culturel et scientifique dédié à la culture contemporaine et à l'innovation ; la création du **Polo Reale di Torino**, un grand complexe muséal qui englobera la Galleria Sabauda, le Palazzo Reale, le Palazzo Chiablese, la Biblioteca Reale, l'Armeria Reale, le Museo di Antichità et les Giardini Reali.

et les arcades derrière lesquelles se trouve le **Teatro Regio**. Inauguré en 1740 et gravement endommagé par les bombardements de la Seconde Guerre mondiale, celui-ci fut reconstruit et rouvert en 1973. Une grille contemporaine en bronze du sculpteur Umberto Mastroianni, intitulée **Odyssée musicale**, ferme le hall du théâtre. Au centre, l'imposante masse du château domine la place à laquelle il a donné son nom avant d'être rebaptisé Palazzo Madama. Entre la via Roma et la via Pietro Micca s'élance la **Torre Littoria** (87 m de haut), élevée en 1932, vestige controversé d'une place où se confrontent 2000 ans d'histoire. Avant de quitter les arcades de la place, faites une halte ou jetez un coup d'œil au **caffé Mulassano**, établi en 1907 *(voir Nos Adresses, p. 144).*

★★ Palazzo Madama A2

Il doit son nom aux deux « Madame Royale » qui y séjournèrent aux 17e-18e s. : Christine de France (1606-1663), veuve de Victor-Amédée Ier, et Jeanne de Savoie-Nemours (1644-1724), veuve de Charles-Emmanuel II. Le château fut élevé au cours des 14e et 15e s. sur les restes d'une porte romaine, la Porta Pretoria, élément des anciens remparts d'Auguste. Au début du 17e s., alors que le château était la résidence de Christine de France, une nouvelle façade fut réalisée et la cour intérieure couverte, afin de permettre la construction d'un grand salon d'apparat au premier étage. La façade occidentale, en revanche, fut dessinée au 18e s. par Juvarra, dans le cadre d'un vaste projet de reconstruction interrompu par la mort de Jeanne de Nemours. L'architecte eut juste le temps d'en réaliser l'avant-corps grandiose avec le hall, ainsi que le somptueux **escalier monumental★★** (*accès libre*) qui, inspirés de modèles français et romains, apparaissent mieux proportionnés que ces derniers grâce au sens de la mesure qui caractérise le baroque turinois. Le palais, qui fut le siège du Sénat sub-alpin de 1848 à 1864, abrite le **Museo Civico d'Arte Antica★★**. Dans le hall sont mises en évidence les différentes strates d'édification du bâtiment, à partir de l'époque romaine.

★★ Museo Civico di Arte Antica di Palazzo Madama A2

Piazza Castello - ☎ 011 44 33 501 - www.palazzomadamatorino.it - ♿ - tlj sf lun. 10h-18h, dim. 10h-20h - 10 €.

Le musée civil d'Art antique relate le cheminement artistique du Moyen Âge à l'époque baroque à travers 70000 peintures, sculptures, céramiques, orfèvreries, etc. La visite intègre le résultat des fouilles menées lors des travaux de restauration terminés en 2006 : mise au jour des fondations romaines et des pavements médiévaux. La présentation des collections suit un parcours chronologique et typologique et dans chaque étage les pièces maîtresses du musée

IL CIRCOLO DEI LETTORI

Un charmant hôtel particulier du 17e s. (longtemps résidence de l'ambassadeur de France), des salons où ancien et moderne se mêlent jusqu'au wi-fi gratuit, un joli restaurant où goûter les spécialités de la gastronomie régionale, une agréable cafétéria pour un light lunch et la possibilité (avec un peu de chance ou un programme du mois à disposition) de croiser votre auteur préféré qui donne une lecture publique : voilà les irrésistibles ingrédients du Circolo dei Lettori, association gratuite et ouverte à tous, qu'il ne faut pas rater, même pour une petite halte de 10 minutes dans ses salons décorés de fresques ou pour un petit café.

Palazzo Graneri della Roccia, via Bogino 9 - ☎ 011 43 26 827 - www.circolodeilettori.it

sont regroupées dans la tour des Trésors. Les sous-sols abritent la collection lapidaire du Moyen Âge, avec notamment le **trésor de Desana**, du nom du village piémontais d'où proviennent ces beaux objets d'orfèvrerie datant du 4-5e s. D'ici on accède à l'agréable **jardin médiéval**, récemment reconstitué conformément aux sources historiques. Au rez-de-chaussée, les collections gothiques et de la Renaissance. Parmi celles-ci, les **chefs-d'œuvre★★** du musée : le **Portrait d'homme** d'Antonello da Messina, le codex des **Très Belles Heures de Notre-Dame** de Jean de Berry avec des enluminures de Jan Van Eyck, et un magnifique coffre ayant appartenu au cardinal Guala Bicchieri. Au premier étage, les anciens appartements des deux madames royales (décorés des fresques) exposent les œuvres commissionnées par les ducs à des artistes italiens ou étrangers. La salle des fêtes accueille des joyaux de l'ébénisterie baroque, tandis que dans la tour des Trésors, un choix d'objets évoque les célèbres cabinets de curiosités des familles royales. Le premier étage abrite aussi l'élégant **Caffè Madama**, qui s'ouvre sur la place par les fenêtres de la véranda nord et permet une pause agréable dans un décor de fresques baroques. Au deuxième étage figurent les objets d'art décoratif, avec notamment une collection de majoliques et de porcelaines (la plus importante d'Italie), ainsi qu'une exceptionnelle collection de verreries peintes et dorées, donation du marquis d'Azeglio. Le final se joue en haut de la tour qui offre une magnifique **vue★★** panoramique sur la ville.

★ Palazzo Reale A-B2

Piazzetta Reale - ✆ 011 43 61 455 - www.piemonte.beniculturali.it - ♿ - tlj sf lun. 8h30-19h30 - fermé 25-26 déc. et 1er janv. - 6,50 €.

Le **Palais royal**, sobre édifice dont la façade fut dessinée par Amedeo di Castellamonte au 17e s., fut la résidence des princes de la maison de Savoie jusqu'en 1865. Le palais et ses annexes font partie de l'ambitieux projet du **Polo Reale**, un grand complexe muséal qui en 2014 réunira le Palais royal, la Galleria Sabauda, la bibliothèque et l'armurerie royales, le musée des Antiquités et les jardins du palais *(Giardini Reali)*, dessinés à la fin du 17e s. par Le Nôtre et en instance de réaménagement.

Les **appartements** du palais, auxquels on accède par l'admirable **escalier des Ciseaux★** *(Scala delle Forbici)* de Filippo Juvarra, présentent une somptueuse décoration baroque, rococo et néoclassique.

Le palais abrite également l'**armurerie royale★** *(Armeria Reale)*, qui réunit une belle collection d'armes, d'armures et de souvenirs militaires du 13e au 20e s. *Piazza Castello 191 - ✆ 011 56 41 729 - tlj sf lun. 8h30-19h30 - fermé 25-26 déc. et 1er janv. - 4 €.*

La **Biblioteca Reale**, créée par Charles-Albert de Savoie-Carignan et constituée essentiellement d'ouvrages sur l'histoire des États de Savoie et des sciences historiques, conserve une prestigieuse collection de dessins de **Léonard de Vinci**, et notamment son célèbre **autoportrait★** à la sanguine. *Piazza Castello 191 - ✆ 011 54 38 55 - ouv. lun.-vend. 8h30-18h30 ; sam. 8h30-13h30 ; visites touristiques jeu.-vend. 14h-18h30 et sam. 8h30-13h30.*

À gauche du palais s'élève l'**église San Lorenzo★**, que Guarini enrichit d'un **dôme★** et d'un couronnement assez audacieux. L'intérieur, richement orné de marbre, associe avec virtuosité courbes et contre-courbes.

Le passage situé à l'angle gauche de piazza Castello mène à la piazza San Giovanni.

★ Duomo A2

Via XX Settembre, 87.

Rare exemple turinois d'architecture Renaissance, le **Duomo**, dédié à saint Jean, patron de la ville, fut construit à la fin du 15e s. par le cardinal Della

Rovere. Sa façade arbore trois portails finement sculptés. Le couronnement du campanile de brique a été réalisé par Juvarra.
À l'**intérieur**, derrière le maître-autel, s'ouvre la **chapelle★★★** *(cappella della Sacra Sindone),* chef-d'œuvre baroque de **Guarini** : rotonde coiffée d'une haute coupole, elle abritait le « **saint suaire** », dans lequel le Christ aurait été enveloppé après la descente de la Croix. En 1997, un incendie a gravement endommagé la coupole, qui n'est pas visible et fait l'objet de complexes travaux de restauration. La précieuse, bien que contestée, relique, cédée à la maison de Savoie en 1453 et transférée de Chambéry à Turin en 1578, après un incendie (un autre !), est conservée dans une longue châsse d'aluminium et de verre, dans une autre chapelle, au fond du collatéral gauche. Pour en apprendre davantage, visiter le **Museo della Sindone**. *Via San Domenico 28 ✆ 011 43 65 832, www.sindone.org, 9h-12h et 15h-19h, 6 €.*

Zone archéologique A-B1

À proximité du Duomo se trouvent d'intéressants vestiges de la cité romaine (Augusta Taurinorum) : les restes d'un théâtre du 2e s. apr. J.-C., abandonné au 3e s. et redécouvert lors de la construction de la nouvelle aile du Palazzo Reale, à la fin du 19e s., et la **porta Palatina** (1er s. apr. J.-C.), bel exemple de porte d'enceinte romaine, en brique rouge.

★ Museo di Antichità B1

Via XX Settembre 88- ✆ 011 52 12 251 - http://museoarcheologico.piemonte.beniculturali.it - tlj sf lun. 8h30-19h30 - fermé 25 déc. et 1er janv. - 4 €.
Le musée s'organise en trois sections : le noyau historique, comprenant des collections rassemblées par les ducs de Savoie et enrichies au fil du temps ; l'archéologie piémontaise, qui se distingue par une présentation antéchronologique allant du Moyen Âge à la préhistoire ; et des salles s'ouvrant sur les ruines du théâtre, dédiées à l'histoire la plus ancienne de la ville.

LE QUADRILATÈRE ROMAIN Plan de ville II (p. 125), A1-2

Circuit 2 tracé en vert sur le plan II. Compter une demi-journée, avec les musées. Départ devant le Duomo.
Historiquement, il s'agit de la zone d'implantation romaine prise au sens large, délimitée par la via XX Settembre, le corso Regina Margherita, la via Bertola et la via Bligny. Elle constitue audjourd'hui le centre mondain, commercial et artistique de Turin. En grande partie piétonnière, on y découvre avec plaisir quelques beaux témoignages du patrimoine de la ville, des restaurants et des cafés avenants, de jolies boutiques et des antiquaires.

LA CAPITALE DU CHOCOLAT

Turin succomba au délice du chocolat dès le 16e s., lorsque le duc Emmanuel-Philibert de Savoie rapporta de la cour d'Espagne les premiers grains de cacao. Le *gianduiotto*, un petit chocolat emballé dans du papier doré, est LA spécialité du Piémont. Sa pâte se compose d'un mélange de cacaos forts et de noisettes d'appellation d'origine contrôlée. S'il existe plusieurs recettes et de nombreuses variantes, la qualité demeure une constante. Les confiseurs turinois ne tolèrent en effet que le chocolat 100 % beurre de cacao, faisant fi des réglementations européennes ! La ville consacre au chocolat un festival annuel, le **CioccolaTò** *(www.cioccola-to.it).*

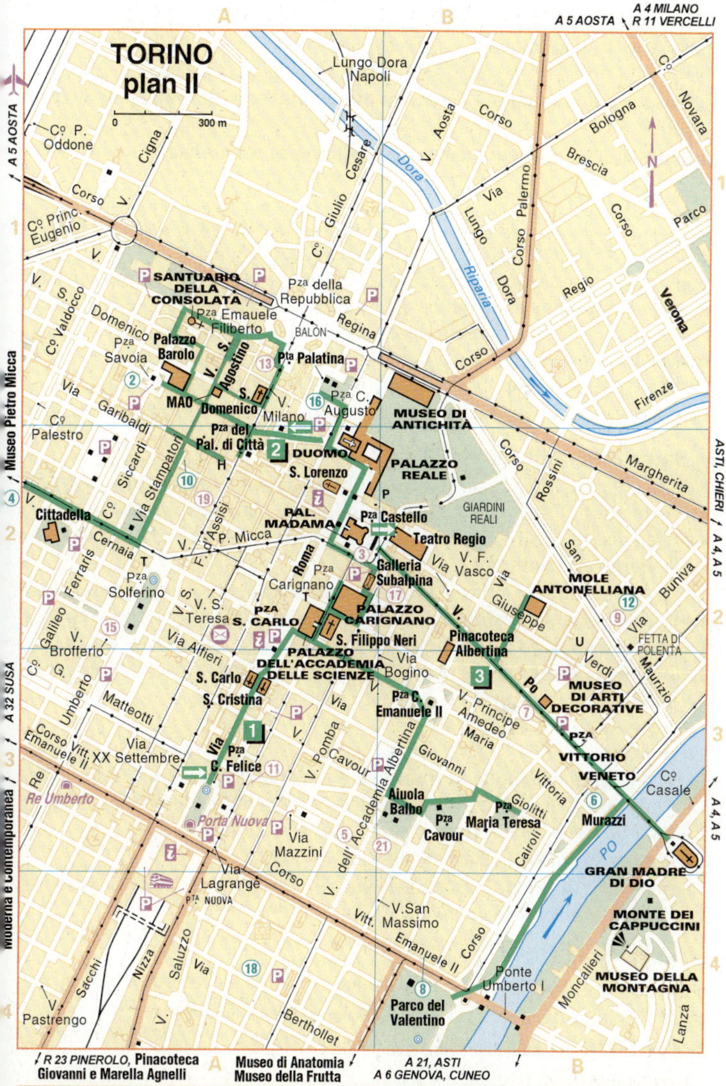

SE LOGER

SE RESTAURER

La via IV Marzo traverse le plus ancien noyau de la ville et conduit à l'harmonieuse **piazza del Palazzo di Città**, que domine l'hôtel de ville érigé au 17e s. par Francesco Lanfranchi.
Par la via Corte d'Appello, on atteint l'élégante **piazza Savoia** où s'élève un obélisque commémorant l'abolition du tribunal ecclésiastique (lois Siccardi de 1850).
Revenir sur ses pas et tourner à gauche dans la via delle Orfane.

★ Palazzo Barolo A1

Via delle Orfane, 7 - ✆ 011 43 60 311 - www.palazzobarolo.it - mar.-vend. 10h-12h et 15h-17h30, sam. 15h-17h30, dim. 15h-18h30 ; fermé lun. - 4 €.
Splendide exemple de l'architecture nobiliaire de la fin du 17e s., pourvu d'un escalier somptueux et de belles salles décorées de fresques. L'écrivain Silvio Pellico, bibliothécaire du marquis de Barolo et de sa femme Juliette Colbert de Maulévrier, y vécut jusqu'à sa mort en 1854. C'est également ici, dans les caves du palais, que le célèbre vin barolo fut vinifié pour la première fois.
Poursuivre sur la via delle Orfane, ou emprunter la parallèle via della Consolata.

★ Santuario della Consolata A1

L'édifice fut élevé par Guarino Guarini à l'emplacement d'une église plus ancienne dont il subsiste le campanile roman. Mais c'est à Filippo Juvarra que l'on doit le presbytère elliptique et le maître-autel où une icône vénérée de la Vierge est conservée.
Sur la place du même nom se trouve le charmant petit café **Il Bicerin** avec la confiserie attenante, ainsi que la jolie herboristerie Rosa Serafino, fondée en 1875.
En contournant l'abside de l'église, on plonge dans l'animation de la **piazza Emanuele Filiberto** et ses bruyantes terrasses de cafés et restaurants, puis on suit la **via Sant'Agostino**, où se succèdent boutiques et restaurants à la mode (*Nos Adresses, p. 145*).
En poursuivant sur la droite après la piazza Emanuele Filiberto, on arrive sur la grandiose **piazza della Repubblica** (**Porta Palazzo** pour les Turinois). Là, plus de 1 000 étals variés et cosmopolites composent tous les matins, du lundi au samedi, l'un des plus grands marchés à ciel ouvert d'Europe.
De la piazza della Repubblica, prendre la via Milano.
Remarquez, aux nos 11, 13 et 18 de la **via Milano**, les décorations animalières ornant les immeubles.

★ San Domenico A1

C'est la seule église gothique de la ville (14e s.), qui recèle, outre des œuvres de D. Ferrari et M. Spanzotti, un précieux cycle de fresques du 14e s.

★ MAO (Museo d'Arte Orientale) A1

Via San Domenico, 11 - ✆ 011 44 36 927 - www.maotorino.it - tlj sf lun. 10h-18h - fermé 25 déc. - 7,50 €.
Les belles salles de l'ancien palais baroque de la famille Mazzoni accueillent les riches collections du musée au long de cinq galeries ordonnées par région ou par culture : Asie méridionale (Gandhara, Inde et Sud-Est asiatique), Chine, Japon, Himalaya et Islam. La muséographie, moderne et interactive, est très plaisante et la visite se révèle passionnante, même pour les néophytes.

Via Garibaldi A1-2

Percée en 1775 sur le tracé de l'ancien *decumanum*, elle relie la piazza Castello et la piazza Statuto et fut longtemps la plus longue rue piétonne d'Europe. Elle reste l'une des artères les plus animées de la ville et concentre un grand

LE BICERIN

En piémontais, « bicerin » désigne un petit verre aussi bien qu'un breuvage à trois strates. Car c'est dans un petit verre que se boit ce délicat mélange de café, de chocolat et de crème fleurette, qu'il ne faut surtout pas remuer, afin d'éviter que le café ne traverse les couches du chocolat et de la crème et ne perde son amertume.

nombre de boutiques au style jeune et informel, librairies et cafés. La **Cappella della Congregazione dei Mercanti e Banchieri** (chapelle de la congrégation des marchands et des banquiers), au n° 25, date de 1662 et mérite une visite. De la via Garibaldi prendre à gauche l'agréable **via degli Stampatori** où, au n° 4, se dresse le **Palazzo Scaglia di Verrua**, joli bâtiment Renaissance qui présente une façade ornée de fresques et abrite une belle cour d'honneur. *Continuer sur la via Stampatori puis tourner à droite sur la via Cernaia.*

Cittadella Hors plan II dir. A2

Il s'agit des vestiges de la citadelle, bâtie par Emanuele Filiberto en 1564 et détruite au 19e s., dont les remparts et un réseau de 14 km de galeries souterraines assuraient la protection de la ville. Pendant le siège et la bataille de Turin de 1706, **Pietro Micca** sacrifia sa vie dans l'une de ces galeries pour défendre la ville. Du **Museo Pietro Micca**, qui fournit une documentation sur le siège, on accède au réseau des galeries. *Via Guicciardini 7 - ✆ 011 54 63 17 - www.museopietromicca.it - tlj sauf lun. 10h-18h - 3 €.*

1

DE LA PIAZZA CASTELLO AU PÔ Plan II (p. 125)

Circuit 3 tracé en vert sur le plan II. Prévoir une demi-journée pour cette promenade agréable, entre cinéma et moments de détente sur le Pô.
Départ de la Piazza Castello.

★ Via Po B2-3

Tracée entre le 17e et le 18e s. pour relier le centre monumental au Pô, elle est, avec ses palais à arcades, d'une rare unité architecturale, l'une des rues les plus belles et les plus harmonieuses de la ville.

PREMIÈRE CAPITALE ITALIENNE DU CINÉMA

Avant Rome, Turin fut la capitale du cinéma. En effet, le premier film italien, un documentaire tourné en 1904, fut réalisé à Turin. En 1910, l'industrie du cinéma y voit véritablement le jour avec la création des **studios Itala film**, d'où sortira en 1914 la première superproduction italienne : *Cabiria*, de Giovanni Pastrone, avec des dialogues de Gabriele D'Annunzio. Dans les années 1920, les studios de Turin traversent une crise due à la concurrence des méga-productions américaines, tandis que le fascisme centralise à Rome la vie culturelle et industrielle. Dès l'après-guerre, la ville devient l'un des pôles du cinéma néoréaliste (*Riz amer* de De Santis), puis, dans les années 1960, du cinéma underground italien. Par la suite, de nombreux réalisateurs tourneront à Turin, comme Michelangelo Antonioni, Luigi Comencini, Ettore Scola et, plus tard, Nanni Moretti. L'ouverture du musée national du Cinéma en 2000, le développement du Torino Film Festival et la nouvelle Commission du Film, chargée de favoriser la production du cinéma en région, devraient conforter Turin dans la culture cinématographique.

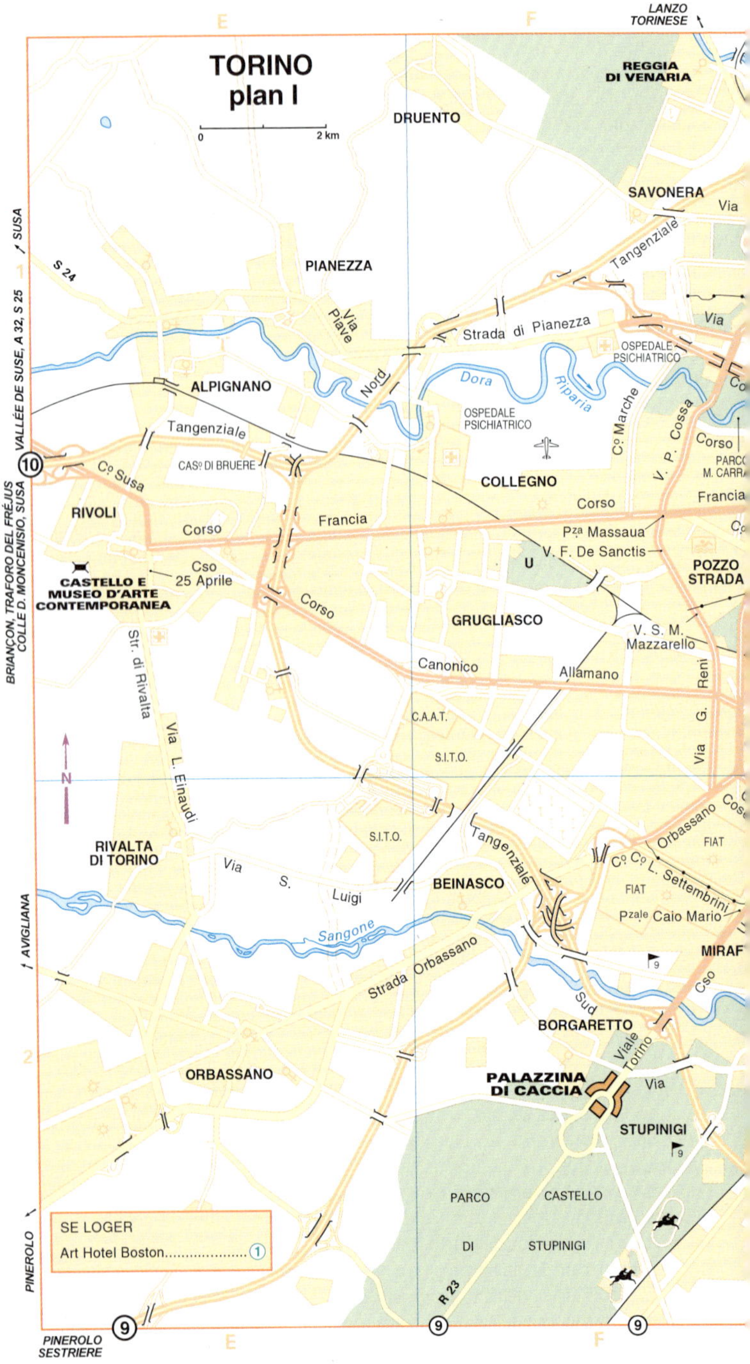
TORINO
plan I
0
2 km
LANZO
TORINESE
SUSA
VALLÉE DE SUSE, A 32, S 25
BRIANÇON, TRAFORO DEL FRÉJUS
COLLE D. MONCENISIO, SUSA
AVIGLIANA
PINEROLO
PINEROLO
SESTRIERE
E
F
1
2
10
9
9
9
REGGIA
DI VENARIA
DRUENTO
SAVONERA
Via
Tangenziale
Via
S 24
PIANEZZA
Via
Piave
Strada di Pianezza
OSPEDALE
PSICHIATRICO
Nord
Dora
Riparia
ALPIGNANO
OSPEDALE
PSICHIATRICO
Cº Marche
V. P. Cossa
Corso
PARCO
M. CARRA
Tangenziale
CASº DI BRUERE
Cº Susa
COLLEGNO
Corso
Francia
RIVOLI
Corso
Francia
Pza Massaua
V. F. De Sanctis
Cso
25 Aprile
U
POZZO
STRADA
CASTELLO E
MUSEO D'ARTE
CONTEMPORANEA
Corso
GRUGLIASCO
V. S. M.
Mazzarello
Str. di Rivalta
Canonico
Allamano
Via G. Reni
C.A.A.T.
S.I.T.O.
Via L. Einaudi
N
S.I.T.O.
Tangenziale
Orbassano
Cso
FIAT
RIVALTA
DI TORINO
Via
S.
Luigi
BEINASCO
Cº Cº L. Settembrini
FIAT
Pzale Caio Mario
Sangone
Strada Orbassano
MIRAF
Cso
Sud
BORGARETTO
Viale
Torino
ORBASSANO
PALAZZINA
DI CACCIA
Via
STUPINIGI
PARCO
DI
STUPINIGI
CASTELLO
R 23
SE LOGER
Art Hotel Boston.................... 1

TORINO

LANZO TORINESE AEROPORTO
AOSTA
MILANO NOVARA
CHIVASSO
VILLARETTO
LA FALCHERA
TORINO SETTIMO T.
SETTIMO TORINESE
Nord
Stura
Cso Garibaldi
Str. dell' Aeroporto
Cso Vercelli
C° Romania
Via Torino
R 11
P 460
A 4
Str. della Campagna
Cso Grosseto
FIAT
Str. di Settimo
ABBADIA DI STURA
P 590
PO
LUCENTO
Potenza
MADONNA DI CAMPAGNA
G. Cesare
Lungo Stura Lazio
Pza Derna
Strada di S. Mauro
V. S. Botticelli
BARCA BERTOLLA
SAN MAURO TORINESE
V. Borgaro
Pza Sofia
V. T. Agudio
Casale
Circuito della Maddalena
BASILICA DI SUPERGA
Regina
Lecce
Pza Rivoli
Corso Novara
Str. di Superga
Str. al Traforo del Pino
SASSI
SUPERGA
BALDISSERO
DUOMO
Margherita
Lungo Dora Voghera
C° Casale
MADONNA DEL PILONE
Emanuele II
GAM
Corso Chieri
REAGLIE
MONGRENO
Via Mongreno
voir plan II
Villa della Regina
Str. di S. Margherita
S. MARGHERITA
Museo di Anatomia
Museo della Frutta
Nizza
Moncalieri
Str. di Val Salice
S. VITO
C° Torino
R 10
Sebastopoli
Sovietica
Lingotto
Pinacoteca Agnelli
PILONETTO
Parco della Rimembranza
PINO TORINESE
CHIERI, ASTI
MUSEO DELL' AUTOMOBILE CARLO BISCARETTI DI RUFFIA
Parco Europa
Cso Unità d'Italia
Colle della Maddalena
CASTELVECCHIO
Traiano
Via
Cso
CAVORETTO
REVIGLIASCO
PECETTO TORINESE
Pza Bengazi
Str. Torino
Circuito della Maddalena
PO
S. PIETRO
Torino
TESTONA
Str. Revigliasco
Revigliasco
MONCALIERI
Cso Savona
Strada
Str.
MORIONDO
Carignano
MONCALIERI LA ROTTA
TROFARELLO
VALLE
SAUGLIO
TAGLIAFERRO
R 20
PALERO
Genova
Strada
A 6
Via Postiglione
S 393
R 29
CAMBIANO
TORINO MONCALIERI
Sud
A 21
CARMAGNOLA SALUZZO
CUNEO SAVONA
CUNEO
GENOVA PIACENZA
ALBA

Non loin s'élève la **pinacoteca Albertina**, qui réunit des œuvres représentatives du Piémont, de la Lombardie et de la Vénétie, une section flamande-hollandaise et un magnifique ensemble de **cartons★** de Gaudenzio Ferrari et de son école.
Via dell'Accademia Albertina, 8 - ✆ 011 81 77 862 - www.accademialbertina.torino.it - tlj sf dim. 10h-18h - fermé 25 et 31 déc. et 14-15 août - 4 €.

★★ Mole Antonelliana Plan II B2

Ce singulier édifice, d'une hauteur de 167 m, emblème de Turin, est une œuvre audacieuse et originale de l'architecte Alessandro Antonelli (1798-1888). Projeté en 1863 en tant que temple de la communauté juive, il fut cédé à la municipalité en 1877. Le **musée du Cinéma** y est installé.
Un ascenseur central entièrement vitré, permettant de contempler les étonnants aménagements du musée, conduit au sommet de la Mole, d'où s'offre un vaste **panorama★★** sur la ville. *Via Montebello, 20 - www.comune.torino.it/gtt/turismo/ascensore.shtml - tlj sf lun. 10h-20h (sam. 23h) - 5 €; billet combiné avec Museo Nazionale del Cinema 9 €.*

★★★ Museo Nazionale del Cinema Plan II B2

Mole Antonelliana, via Montebello, 20 - ✆ 011 21 78 540 - www.museonazionaledelcinema.it - tlj sf lun. 9h-20h (sam. 23h) - 7 €; billet combiné avec ascenseur panoramique 9 €. Comptez 2h de visite au minimum.
Inauguré en l'an 2000, le musée doit son existence à la collectionneuse et critique Maria Adriana Prolo (1908-1991) qui l'imagina dès 1941. Un itinéraire interactif et fantastique, magiquement scénographié par François Confino, y retrace les grands thèmes de l'histoire du cinéma et les premières expérimentations sur le mouvement des images. La « salle du Temple » constitue le cœur du musée : là, sous le regard du Moloch, le monstre de *Cabiria*, le visiteur installé dans une chaise longue peut regarder un court-métrage et admirer la coupole de la Mole, ou encore explorer les chapelles adjacentes consacrées chacune à un thème, de l'absurde à l'horreur en passant par l'humour. Équipements scénographiques, projections, expositions de photographies, de maquettes, d'objets, d'affiches, la muséographie multiplie les témoignages et les mises en scène : salles plongées dans un clair-obscur, tentures rouges… Le musée fait son cinéma.
Retourner sur la via Po.

★ Museo di Arti Decorative Plan II B3

Au nº 55. ✆ 011 837 688 3 - www.fondazioneaccorsi-ometto.it - ♿ - visite guidée (1h) tlj sf lun. 10h-13h, 14h-18h - 8 €.
Meubles, tableaux, porcelaines, principalement du 18ᵉ s., ont été rassemblés tout au long de sa vie par le grand marchand d'art Pietro Accorsi (1891-1982), propriétaire du palais.

★ Piazza Vittorio Veneto Plan II B3

Cette grande place du 19ᵉ s., entourée d'arcades sur trois côtés, dégage une belle **vue★★** sur la colline turinoise et s'abaisse en pente douce vers le fleuve, que l'on atteint en descendant vers les **Murazzi** (Lungo Po Diaz). Ces énormes murs de défense érigés au 19ᵉ s. ont été investis par des clubs et discothèques branchés où se retrouvent, surtout à la belle saison, les noctambules les plus « trendy » de la ville.
Au-delà du pont Vittorio Emanuele I, que fit construire Napoléon, se profile le bâtiment néoclassique de l'**église de la Gran Madre**. À la droite de celle-ci,

Vue générale sur Turin et la Mole Antonelliana.
T. Bognar / Photononstop

le **mont des Capucins** *(Monte dei Cappuccini)* réserve du haut de ses 284 m un inégalable **panorama★★★** sur la ville.

★ Parco del Valentino Plan II B4

S'étendant le long du Pô sur 1,5 km environ, ce parc boisé offre une agréable promenade en bordure du fleuve, où se mêlent de nombreux restaurants, discothèques et *imbarchini* (petits embarcadères).
Au nord se trouve le **Castello del Valentino★**, édifié dans la première moitié du 17e s. pour la duchesse Christine de France et siège aujourd'hui de la faculté d'architecture. On y voit également le palais des Expositions, le Teatro Nuovo et le **Borgo Medievale★**, reconstitution d'un ensemble urbain du 15e s. et de son château, sur le modèle de 40 édifices du Piémont et du Val d'Aoste. Le complexe fut réalisé à l'occasion de l'Exposition Générale Italienne de Torino de 1884, pour figurer le pavillon d'art antique. *Viale Virgilio, 107 - ✆ 011 44 31 701/02 - www.borgomedievaletorino.it - Visite du village : tlj 9h-20h été, 9h-19h reste de l'année - entrée libre - Visite du château : tlj sf lun. 10h-18h - 6 €.*

À voir aussi Plan de ville I (p. 128-129)

★★★ Museo dell'Automobile Carlo Biscaretti di Ruffia G2

Corso Unità d'Italia, 40 ; au sud de la ville (accès par le corso Massimo d'Azeglio) - ✆ 011 67 76 66 - www.museoauto.it - ♿ - 10h-19h, vend. et sam. 10h-21h, fermé lun. apr.-midi et mar. mat. - 8 €.

Grâce au réaménagement et à la nouvelle scénographie de François Contino (qui a signé aussi celle du Museo del Cinema), ce musée historique (jadis un peu poussiéreux) a fait peau neuve et propose un parcours émotionnel et multisensoriel capable de séduire même le visiteur le plus indifférent à l'univers des moteurs. L'histoire de l'automobile s'amorce et se déroule au deuxième étage, portée par la trame des bouleversements historiques et sociétaux du 20e s. Le premier étage, dévolu à l'exploration de la voiture, dévoile ses secrets et incite à réfléchir sur sa relation complexe à l'homme. L'atterrissage ultime s'opère dans le domaine du design, au milieu des voitures de rêve et des prototypes. Un voyage plein de magie !

★★ Galleria Civica d'Arte Moderna e Contemporanea (GAM) G1

Via Magenta, 31 - ✆ 011 44 29 518 - www.gamtorino.it - tlj sf lun. 10h-18h - 10 €.
Cette grande collection de peintures et sculptures, qui offre un panorama de l'art italien des 19e et 20e s. et de ses principaux acteurs, porte une attention particulière au milieu piémontais. On trouve au deuxième étage, consacré au 19e s., le plus vaste ensemble d'œuvres d'**Antonio Fontanesi** (1818-1882), dont les paysages sont marqués par une composition solennelle, une lumière voilée, la densité et la richesse dans la couleur. À voir également, des tableaux de Massimo d'Azeglio (1798-1866), qui introduisit en Italie le « paysage historique », et du peintre romantique Francesco Hayez (1791-1882). Le premier étage, dédié au 20e s., retrace l'évolution de l'art italien et des expériences européennes contemporaines, à travers les événements et les artistes les plus significatifs, jusqu'aux expériences de l'art informel et de l'Arte povera des années 1960 *(voir Comprendre l'Italie du Nord p. 72)*.

★ Pinacoteca Giovanni e Marella Agnelli G2

Via Nizza, 230 - ✆ 011 00 62 713 - www.pinacoteca-agnelli.it - tlj sf lun. 10h-19h - 4 €.
La pinacothèque mérite une visite pour au moins deux raisons : la qualité de ses expositions et le bâtiment qui l'abrite. Turin est le berceau de l'entreprise Fiat, fondée en 1899, dont le **Lingotto** était l'atelier de fabrication. Réalisé par Giacomo Mattè Trucco, c'est l'un des chefs-d'œuvre de l'architecture industrielle du 20e s. L'édifice de 153 000 m² traduit une nette influence de l'usine américaine et des lois du fordisme qui préconise l'assemblage de la voiture étage par étage. Une fois parvenu au bout de la chaîne, le modèle est prêt pour un essai sur la piste aménagée sur le toit.
Lorsque la production automobile, s'arrêta en 1982, **Renzo Piano** se vit confier la reconversion du bâtiment. Il y aménagea une galerie commerciale, un cinéma multiplexe et deux hôtels design. Au sommet, il construisit la pinacothèque Giovanni et Marella Agnelli, qui est constituée de la collection donnée à la ville de Turin par Giovanni Agnelli (1921-2003) et compte notamment des chefs-d'œuvre de Canaletto, Canova et Matisse. Le musée organise également des expositions temporaires.

Museo di Anatomia et Museo della Frutta G1

Corso Massimo d'Azeglio, 52 - ✆ 011 67 07 883 - www.museounito.it/anatomia ; museo della Frutta : via Pietro Giuria, 15 - ✆ 011 67 08 195 - www.museodellafrutta.it - tlj sf dim. et j. fériés 10h-18h - 3 € chacun (merc. gratuit).
Ils sont tous deux installés dans les bâtiments des instituts d'anatomie et leur ouverture au public témoigne d'une volonté de mise en valeur du patrimoine universitaire. Le **musée d'Anatomie** a conservé intentionnellement son installation d'époque : fondé en 1739 et réaménagé en 1898, il témoigne du prestige de l'école d'anatomie turinoise. Toutefois la visite n'est pas conseillée à tous, tant le réalisme des écorchés est saisissant !
Le **musée des Fruits** rassemble une collection exceptionnelle de plus de mille fruits artificiels, dus à Francesco Garnier Valletti (1808-1889).
Pour les passionnés de criminologie, le bâtiment accueille aussi un musée dédié à **Cesare Lombroso**, un des fondateurs de l'école italienne de criminologie, célèbre surtout pour ses thèses sur le « criminel né » et la physiognomique. *Mêmes conditions de visite, www.museounito.it/lombroso*

À proximité Plan de ville I (p. 128-129) et plan de région (p. 114-115)

LA COURONNE DES « DÉLICES »

Les élégantes résidences de la maison de Savoie, érigées à partir du 17e s. autour de la ville, à laquelle elles étaient reliées par de longs boulevards rectilignes, formaient une couronne destinée aux affaires et aux « plaisirs » de la cour. Pour leur construction furent sollicités les plus grands architectes liés à la famille de Savoie : Ascanio Vitozzi, Carlo e Amadeo di Castellamonte, Michelangelo Garove, Guarino Guarini et Filippo Juvarra. L'ensemble de ces demeures a été inscrit au Patrimoine mondial de l'Unesco.

Les sites sont présentés ici du nord au sud, dans le sens contraire des aiguilles d'une montre.

★★ Reggia di Venaria Plan I F1

À 10 km au nord. En voiture, du centre se diriger vers le Juventus Stadium et prendre la SP 1. Accès par bus spécial GTT Venaria Express (départ corso Stati Uniti à l'angle avec le corso Umberto I et arrêts gares Porta Nuova et Porta Susa). ✆ 011 499 23 33 - www.lavenaria.it - tlj sf lun. 9h-17h, sam. et dim. 9h-20h - fermé 25 déc. - 15 € (5 € seult jardins).

La **via Mensa★** (17e s.), dessinée par Castellamonte comme perspective « longue-vue », conduit à cet imposant complexe (480 000 m²) destiné à la *venatio regis*, la chasse royale.

La construction de ce « Versailles du Piémont » débuta en 1660, sous Charles-Emmanuel II, et se poursuivit durant un siècle. Diverses interventions en modifièrent progressivement le plan d'origine. Les salles les plus notables sont la **Sala di Diana★**, le salon de réception et la **Grande Galleria★★**, richement décorée. À voir aussi, l'église de St-Hubert (patron des chasseurs) et la grande écurie (qui faisait également office d'orangerie), œuvres de Filippo Juvarra. Le complexe, qui accueille aussi les principales expositions temporaires de la ville de Turin, est complété par de merveilleux **jardins★★** (80 ha), qui comprennent le plus grand **potager royal** d'Italie et un parc de **sculptures contemporaines** réalisées par Giuseppe Penone.

★ La Mandria et les appartements royaux

En sortant du palais, tourner deux fois à gauche (entrée Ponte Verde). ✆ 011 49 93 381 - www.parcomandria.it - le parc est ouvert de 8h au coucher du soleil ; pour les appartements royaux, visites guidées uniquement. Créé au 18e s. pour accueillir le haras royal (chevaux pour l'armée et la chasse), ce domaine de 6 571 ha constitue un véritable poumon vert offrant de nombreuses possibilités de promenades et d'observation de la nature. À l'intérieur du château, on découvre les appartements dans lesquels Victor-Emmanuel II séjourna longtemps « en bourgeois », en compagnie de son épouse morganatique Rosa Vercellana, surnommée *Bela Rosin* (Rose la belle).

★★ Rivoli : Castello et Museo d'Arte contemporanea Plan I E1

À 18 km à l'ouest. Du centre, prendre le corso Regina Margherita puis la tangenziale vers le tunnel du Fréjus et sortir à Rivoli. Accès possible en métro (station Fermi) et navette (se renseigner pour les horaires auprès de l'office de tourisme) ou par le bus n° 36. ✆ 011 95 65 280 - www.castellodirivoli.org - ♿ - tlj sf lun. 10h-17h, sam. et dim. 10h-19h - fermé 25 déc., 1er janv. et 1er Mai - 6,50 €.

On accède au château par la **via Piol**, plaisante allée piétonne bordée de palais anciens, parmi lesquels la **Casa del Conte Verde** (14e s.), à la façade ornée de carreaux de terre cuite. De la place du château, belle vue sur Turin.

Posté stratégiquement sur la moraine du val de Suse, ce château d'origine médiévale fut deux fois remanié : au 17e s. sous Charles-Emmanuel Ier (l'édifice dit la Manica Lunga, destiné à la pinacothèque royale, est la seule partie subsistant de cette période) puis, au 18e s., sous Victor-Amédée II de Savoie, qui voulait en faire une demeure d'agrément. Le projet de Juvarra, grandiose, resta inachevé. Seules l'aile gauche (décorée dans certaines pièces) et la partie basse du pavillon central ont été réalisées.

Restauré par Andrea Bruno, le château accueille depuis 1984 le premier et plus important **musée d'Art contemporain** d'Italie, proposant une intéressante collection d'œuvres contemporaines, des années 1960 à nos jours (Sol Lewitt, Richard Long, Anselm Kiefer, Maurizio Cattelan…) et des expositions temporaires. Le contraste entre la décoration opulente chargée de fresques des salles du 18e s. et les installations contemporaines, parfois particulièrement caustiques et irrévérencieuses, teinte le parcours d'une touche insolite.

★★ Palazzina di Caccia di Stupinigi Plan I F2

À 11 km au sud-ouest. Suivre le corso Unione Sovietica jusqu'au bout. Accès par le bus n° 14, arrêt Pio VII, puis le n° 41 via Bossoli. Fermé depuis 2006 pour restauration, au moment de la rédaction de ce guide le palais est sur le point d'être réouvert au public, se renseigner au ☏ 011 35 81 220 - www.piemonteitalia.eu

Ce chef-d'œuvre, élevé en 1729 par Juvarra sous Victor-Amédée II de Savoie, est précédé d'une longue allée bordée de fermes et de l'hémicycle des écuries. Construit en forme de croix de Saint-André, il se compose de quatre ailes organisées autour du splendide **Salone centrale★★**. Sa vocation de pavillon de chasse est rappelée par la grande statue de cerf sur le toit, copie de l'original de 1766 placé au début du parcours muséal. Le palais, qui fut sous Napoléon le siège de la cour de Pauline Bonaparte et de Camille Borghèse, gouverneur de Turin, abrite le **musée d'Art et du Mobilier** où l'on peut visiter des appartements richement décorés dans le goût rococo du 18e s. Un vaste parc l'entoure.

Castello di Moncalieri Plan I G2

Piazza Baden Baden, 4, Moncalieri, à 9,5 km au sud-est. Suivre les panneaux indicateurs sur la tangenziale jusqu'à Moncalieri. Accès par le bus n° 67, arrêt Del Castello. Pour les visites, se renseigner : ☏ 011 64 02 883 - www.piemonte.beniculturali.it.

Cet imposant château, édifié au 15e s. mais largement remanié à partir de 1619, accueille des appartements royaux élégamment décorés. Une partie du palais abrite depuis 1948 une caserne de carabiniers.

★ Villa della Regina Plan I H1

Strada Santa Margherita 79. ☏ 011 81 95 035 - www.artito.arti.beniculturali.it/Villa - tlj sauf lun. mars-nov. 9h-18h ; reste de l'année 9h-16h - entrée gratuite.

C'est une charmante villa de campagne construite pour le cardinal Maurice de Savoie au début du 17e s. dans le style baroque, puis habitée par deux reines de la maison de Savoie, Anne Marie d'Orléans (1669-1728) et Marie Antoinette d'Espagne (1729-1785). Longtemps abandonnée, la villa a été réouverte à la visite en 2006. On y découvre de beaux appartements décorés et des jardins à l'italienne d'où l'on jouit d'une belle **vue★** sur la ville.

En dehors de la ville se trouvent d'autres demeures des Savoie : les châteaux d'Agliè (p. 139), Racconigi (p. 164), Pollenzo et Govone.

Circuits conseillés Plan de ville I (p. 128) et carte de région (p. 114)

★★ LA COLLINE TURINOISE

Circuit d'environ 50 km. Prendre le corso Regina Margherita et, après avoir traversé le Pô, suivre à gauche le corso Casale. Tourner ensuite à droite dans le circuito della Maddalena.

★★ Basilica di Superga Plan I H1

Pour la visite de la basilique ✆ 011 89 97 456 - www.basilicadisuperga.com - mars-oct. tlj 9h30-19h30 ; reste de l'année w.-end 9h30-18h30 - gratuit. Pour la visite des tombeaux royaux : 4 €, pour la coupole 3 €.

Tramway Sassi-Superga – On peut monter à la basilique avec le tramway à crémaillère qui part de la gare de Sassi (piazza Modena). *Tlj sf mar. - ✆ 011 57 64 733 - www.comune.torino.it/gtt/turismo.*

Bâti au sommet d'une colline de 670 m d'altitude, cet imposant édifice, construit de 1717 à 1731, est le chef-d'œuvre de l'architecte **Juvarra**. De plan circulaire, coiffé d'un dôme, il est surtout remarquable par sa monumentale façade, ses colonnes et pilastres imposants. Dans le chœur, la chapelle dédiée à la Vierge est un lieu de pèlerinage. Mais la basilique est avant tout le « Panthéon » des rois de Sardaigne.

Tombeaux royaux : la crypte renferme le tombeau de Victor-Amédée II, qui fit construire la basilique pour commémorer, dit-on, la levée du siège de Turin par les troupes franco-espagnoles en 1706. S'y trouvent aussi les tombes de Charles-Albert et de nombreux princes de la maison de Savoie.

De l'esplanade, admirable **vue★★★** sur Turin, la plaine du Pô et les Alpes.

Suivre la route panoramique Superga-Pino Torinese, puis Chieri.

> **LE GRANDE TORINO**
> En 1949 un avion qui ramenait à Turin les 18 joueurs du Grande Torino percute la basilique à cause du mauvais temps et s'écrase au sol. La légendaire équipe de football, qui avait remporté 5 fois de suite le championnat italien, constituait avec une dizaine de ses joueurs le plus gros de l'équipe nationale. La ville de Torino est paralysée par la stupéfaction et la douleur : le Grande Torino cesse d'exister.

Chieri Carte de microrégion B3

Ville connue pour sa gastronomie, elle conserve de précieux monuments représentatifs du gothique piémontais, dont le **Duomo★** (15e s.), flanqué d'un baptistère romano-gothique.

En parcourant la via Vittorio-Emmanuele II, bordée de palais anciens et de nobles demeures, on arrive à l'**arc de triomphe**, érigé en 1580, et à l'église San Domenico (13e-15e s.), dotée d'un beau campanile.

À **Pessione** *(5 km au sud de Chieri)* se trouve le **Museo Martini di Storia dell'Enologia★** installé dans les caves (18e s.) des premières usines Martini & Rossi. *Piazza Luigi Rossi, 2 - ✆ 011 94 191 - tlj sf lun. 14h-17h, w.-end 9h-12h, 14h-17h - fermé j. fériés et août - gratuit.*

Retourner vers Pino Torinese.

★ Colle della Maddalena Plan I H2

De Superga, la jolie route de Pino Torinese offre de larges **vues★★** sur Torino. De Pino Torinese, on peut gagner le **colle della Maddalena** (colline de la Madeleine) où a été aménagé, en souvenir des morts de la Première Guerre mondiale, le **parco della Rimembranza** (parc du Souvenir), grand parc public très fréquenté. La descente sur Torino offre de belles **perspectives★** ; à Cavoretto, le **parco Europa** domine la partie sud de la ville.

★ LA VALLÉE DE SUSE Carte de région (p. 114-115)

Circuit d'environ 60 km. Prévoir une journée.
Quitter Turin à l'ouest par le corso Francia. Emprunter la S 25. Pour aller à l'abbaye, sur la S 25, prendre la bifurcation à gauche, 6 km après Rivoli.

★★ Rivoli A2
p. 133.

★ Abbazia di Sant'Antonio di Ranverso A3
011 93 67 450 - tlj sf lun. 9h-12h30, 15h-17h30 - 2,60 €
Située sur l'historique Via Francigena, l'abbaye était un lieu d'assistance pour les pèlerins et un centre de cure pour les malades atteints du « feu de saint Antoine ». L'église, fondée au 12e s., présente une belle façade percée de trois portails surmontés de gâbles et de pinacles du 15e s. L'intérieur renferme de précieuses **fresques★** de **Giacomo Jaquerio** (actif de 1401 à 1453), où le réalisme de l'art bourguignon se mêle au raffinement du gothique international. Dans la sacristie se trouvent les fresques les mieux conservées : la scène des deux paysans qui offrent les cochons se rapporte au traitement traditionnel de la maladie du feu de saint Antoine, que l'on soignait avec de la graisse de porc. Au maître-autel, beau **polyptyque** de Defendente Ferrari (actif de 1510 à 1531).

Avigliana A3
Jusqu'au 15e s., cette petite ville fut l'une des résidences préférées des Savoie. Le centre historique, groupé autour de la charmante **piazza Conte Rosso**, proche de l'église paroissiale romano-gothique **San Giovanni**, est dominé par les ruines du **château** (10e s.). Au sud-est du centre, l'**église San Pietro★** (10e-11e s.) recèle un beau cycle de fresques des 14e-15e s. pour la plupart.
D'Avigliana, une route panoramique longe les deux lacs d'Avigliana, d'origine glaciaire, et remonte jusqu'à la Sacra di San Michele (13,5 km).

★★★ Sacra di San Michele A3
011 93 91 30 - www.sacradisanmichele.com - 16 mars-15 oct. : tlj sf lun. 9h30-12h30, 14h30-18h ; reste de l'année : tlj sf lun. 9h30-12h30, 14h30-17h - 5 €
Perchée sur un piton rocheux à 962 m d'altitude *(voir photo p. 137)*, cette **abbaye bénédictine** comptait au 13e s. plus de cent religieux et commandait à cent quarante monastères. Édifiée à la fin du 10e s. par un Auvergnat, Hughes de Montboissier, elle rappelle par son plan général l'abbaye du Mont-Saint-Michel. Après avoir franchi les portes de fer du châtelet d'entrée, on gravit le grand escalier, dit à juste titre « escalier des Morts », qui conduit à la **porte du Zodiaque**, dont les pilastres et les chapiteaux sont ornés de sculptures du « maestro Nicolò » (1135). Au sommet de la pointe rocheuse, l'**église abbatiale**, de style roman-gothique, est décorée de fresques du 16e s. Au maître-autel, triptyque dû à Defendente Ferrari (début 16e s.). Remarquables chapiteaux sculptés. De l'esplanade, belle **vue★★★** sur les montagnes et la vallée de la Doire.
Revenir sur la S 25 ou sur l'A 32 en direction du Fréjus.

★ Susa (Suse) A3
Au pied d'un énorme cercle de montagnes dominé par le Rocciamelone (3 538 m), la ville est située à l'intersection des deux routes qui conduisent en France, ce qui lui valut l'appellation de « Porte de l'Italie ». En raison de sa

La Sacra di San Michele (10e s.) dans la vallée de Suse.
Sacra di San Michele / Padri Rosminiani

position stratégique, Susa, de fondation celtique et centre de commerce florissant à l'époque romaine, fut plusieurs fois détruite (par Constantin en 312 et Barberousse en 1174).
Symbole de la ville, la **porte de Savoie★**, qui tient son nom de la région française, date de la fin du 3e s.-début du 4e s., époque de l'édification des remparts. À côté de la porte se dresse la **cathédrale**, fondée vers 1027-1029 et agrandie dans des formes gothiques au 14e s. Le côté sud donne sur la petite place San Giusto, dominée par un magnifique **campanile roman★★**.
Dans un petit coin de nature enchanteur s'élève l'élégant **arc d'Auguste★**, le plus vieux monument de la ville (8e s. av.-J.-C.). Les bas-reliefs exécutés par l'école locale illustrent le pacte d'alliance entre Cottius, seigneur de Suse, et Auguste. Précédant l'arc, vestiges d'un **aqueduc romain** (4e s.), au-delà desquels on parvient aux **rochers** celtiques **en forme de coupelles** (*rocce coppelliformi*, 6e-5e s. av.-J.-C.) utilisés par les druides pour les rites sacrificiels. Au sud, excentré suivant l'usage, se trouve un **amphithéâtre** (1er-2e s.) érigé dans un cadre paisible.

Abbazia della Novalesa A3

À 8 km au nord-est de Susa. ✆ 0122 65 32 10 - www.abbazianovalesa.org - juil-15 sept. tlj sf jeu. 9h30-12h30, 14h30-17h30 ; reste de l'année w.-end 9h30-12h30, 14h30-16h. Cette imposante abbaye bénédictine, fondée au 8e s. comme tête de pont de la domination franque en zone lombarde, fut détruite par les Sarrasins au 10e s., puis reconstruite, pour ensuite décliner progressivement à partir du 13e s. Joyau de l'abbaye, les extraordinaires **fresques★★** de la **chapelle Sant'Eldrado** (12e s.), illustrent les Vies de saint Eldred et saint Nicolas de Bari.

PINEROLO ET LES VALLÉES VAUDOISES Carte de région (p. 114-115)

Circuit d'environ 90 km. Départ au sud-ouest de Turin (dir. Plan I E2). Depuis la gare de la Porta Nuova, suivre la via Paolo Sacchi, puis les corsi Filippo Turati et Unione Sovietica avant de tourner à droite dans le corso Cosenza.

À l'intersection avec le corso Orbassano qui donne accès à l'A 55, prendre à gauche.

★ Pinerolo A3

Le roi de France et la maison de Savoie se disputèrent longtemps la ville. Les Français y tinrent prisonniers des personnages célèbres de la cour, comme le mystérieux Masque de fer, supposé frère ou fils naturel de Louis XIV. La piazza Vittorio Veneto sur laquelle donnent la mairie (jadis arsenal de Louis XIV) et l'ancien hospice des Catéchumènes, aujourd'hui siège de l'Université et des musées municipaux, constitue le centre de la ville. À quelques pas, dans le viale Giolitti, se trouve la **Scuola militare di Cavalleria**, qui abrite le musée historique de l'Arme de cavalerie.
Le **Duomo** San Donato, de style gothique, fut reconstruit au 19e s. à la suite d'un tremblement de terre.
La via **Principi d'Acaja★** était l'axe principal de la ville et reliait la partie haute et la partie basse. On peut y admirer des bâtiments anciens dont la Casa del Vicario (14e s.) et la Casa del Senato (15e s.). En remontant la rue, on atteint le col **San Maurizio** sur lequel se dresse l'église du même nom. Bâtie au 11e s., elle fut remaniée au 15e s. Le clocher (14e s.) était à l'origine une tour communale.
★ **Rocca di Cavour** (rocher de Cavour) – *À 12 km au sud par la SS 589.* Sommet recouvert pendant le Quaternaire de dépôts alluviaux dus à la fonte des glaciers, donc isolé des autres sommets. Intégrée à une réserve naturelle, le rocher abrite également d'importants témoignages paléoanthropologiques, notamment des gravures et peintures rupestres.

Val Pellice A3

À **Torre Pellice**, le **Musée vaudois**, fondé en 1889, raconte l'histoire de la communauté protestante la plus importante d'Italie. *Via Beckwith, 3 - ✆ 0121 93 21 79 - www.fondazionevaldese.org - ♿ - jeu. et w.-end 15h-18h - fermé déc. et janv. - 5 €.*

Val Chisone A3

De Pinerolo, la SS 23 suit le cours du Chisone et monte vers Sestrière. On traverse Villar Perosa, localité bien connue des amateurs de football, puisque c'est là qu'est présentée chaque année l'équipe de la Juventus.
Environ 6 km plus loin, une déviation à gauche mène à Prali, dans la **vallée Germanasca**, dans laquelle se trouve **Scopriminiera** 👪, une immense mine de talc reconvertie en écomusée que l'on découvre à bord d'un petit train de mineurs. *Loc. Paola - ✆ 0121 80 69 87 - www.scopriminiera.it - tlj sf mar. 9h30-17h - fermé déc.-fév. et Pâques - 11 €.*
Retourner sur la SS 24 pour admirer le **fort de Fenestrelle★★**, extraordinaire système défensif composé d'un ensemble de forts qui suit la crête de la montagne, sur une dénivellation de 635 m et une longueur de 3 km. La construction, entreprise par Louis XIV en 1694, fut complétée par les ducs de Savoie. *✆ 0121 83 600 - www.fortedifenestrelle.com - sept.-juin : tlj sf mar.-merc. 10h-18h ; juil.-août : tlj aux mêmes horaires - itinéraires et tarifs variés.*
Après Pragelato, on atteint **Sestrière**, fondée par les Agnelli dans les années 1930 et devenue depuis l'une des capitales mondiales du ski.

LACS ET CHÂTEAUX DU CANAVESE Carte de région (p. 114-115)

▶ *Circuit en boucle de 160 km. Départ au nord de Turin.*
Le **Canavese**, qui s'étend en amphithéâtre au nord de Torino, est ponctué de lacs de l'époque glaciaire et de très nombreux châteaux témoignant de son

LES VAUDOIS

Le mouvement fut fondé vers 1170 par **Pierre Valdo ou Valdès**, un marchand lyonnais qui prêchait la pauvreté, le retour aux évangiles et refusait toute hiérarchie ecclésiastique. Excommuniée et persécutée, la communauté trouva en partie refuge dans les vallées du Piémont et en Lombardie. En 1561, l'**édit de Cavour** lui interdit de s'installer en dehors des vallées Pellice, Germanasca et Chisone. Après de multiples épreuves, notamment les sanglantes « **Pâques piémontaises** » de 1655 au cours desquelles les troupes du duc de Savoie commirent de nombreux massacres, les vaudois obtinrent définitivement du roi Charles-Albert la liberté de culte en 1848.

passé féodal. L'un des personnages clés de l'histoire de la région est **Arduino** (Arduin), marquis d'Ivrea et roi d'Italie de 1002 à 1014. Vaincu par Henri II, il se retira dans l'abbaye de Fruttuaria dont les restes sont intégrés dans l'église de l'Assomption de San Benigno Canavese.

Sortir de Torino par le nord-est et prendre la SS 460 en direction de Rivarolo. À Feletto, suivre les indications pour Agliè.

★ Castello di Agliè B2

✆ 0124 33 01 02 - www.ilcastellodiaglie.it - tlj sf lun. 8h30-19h30 - 5 €, 3 € les jardins.
Construit au 17e s. par Amedeo di Castellamonte pour le comte Filippo San Martino di Agliè, il devint la propriété des Savoie en 1763, qui l'agrandirent et intégrèrent le village dans sa structure. L'intérieur, dont les aménagements datent principalement du 19e s., renferme un charmant petit **théâtre★** néoclassique et une somptueuse **salle de bal**, décorée de fresques du 17e s., retraçant l'histoire d'Arduino. Un vaste parc à l'anglaise entoure la résidence. Devant le château s'égrènent les arcades de la via Principe Tommaso, près de laquelle se trouve **Santa Marta★**, petite église édifiée en 1740, dont le plan évoque la silhouette d'une petite dame.

Prendre la SP 52 puis la SP 222 pour rejoindre Rivarolo Canavese.

Rivarolo Canavese possède un beau château du 14e s., plusieurs fois remanié par la suite.

Prendre la direction de Favria puis de Rivara.

Le **castello di Rivara** (12e-14e s.) abrite le siège d'un Centre d'art contemporain *(pour toute information ✆ 0124 31 122)*. Dans les années 1860-1880, la ville hébergea l'école de Rivara, un groupe hétérogène de peintres qui s'inspira des expériences des Macchiaioli et de l'école de Barbizon.

Ivrea B2

Berceau de la firme Olivetti et de sa célèbre machine à écrire, la ville s'étend sur la rive droite de la Doire Baltée, à l'ouest de la **Serra di Ivrea**, la plus grande muraille morainique d'Europe. L'ancienne colonie romaine d'Eropedia est dominée par la silhouette du **château** du 14e s. Dans la partie haute de la ville se trouve aussi le Duomo, d'origine romane mais remanié au 19e s.

Dans la partie basse de la ville, l'artère principale, l'élégante via Palestro mène à la piazza Vittorio Emanuele (siège de la mairie) et à la piazza Ottinetti.

Sur l'autre rive de la Doire, autour de la via Jervis, se trouvent les anciens établissements Olivetti transformés en **musée de l'Architecture moderne** (Museo dell'Architettura moderna) *via Jervis, 26 - www.maamivrea.it* - qui présente d'intéressants exemples d'architecture civile et industrielle (1930-1970). À l'intérieur du complexe, se trouve l'église **San Bernardino** (15e s.) décorée de splendides **fresques★** de Giovanni Martino Spanzotti.

Ivrea accueille un célèbre **carnaval**, qui atteint son point d'orgue lors de la spectaculaire *battaglia delle arance* (bataille des oranges) : depuis 150 ans des équipes à pied et sur des chars s'y affrontent à coups de jets d'oranges. Au nord de la ville, six petits **lacs** glaciaires (Sirio – le plus grand, Pistono, Nero, Chiaverano, Campagna, San Michele), se nichent au cœur d'une belle végétation. À 15 km au sud-est, au pied de la Serra, s'étend le **lac de Viverone**. Biella *(voir Vercelli p. 150)* se situe à une vingtaine de kilomètres au nord.

Retourner sur ses pas pour quelques kilomètres sur la SS 228 puis tourner à gauche en direction de Caravino.

Dans un **site magnifique★★** apparaît le **castello di Masino**, construit au 12e s. par les comtes de Valperga et transformé au 17e s. en élégante résidence de campagne. L'intérieur (belle salle de bal) conserve des tableaux et du mobilier des 17e et 18e s. et, selon la tradition, le corps d'Arduino. Un beau parc, des écuries et un **musée des Carrosses** complètent la visite. *✆ 0125 77 81 00 - www.fondoambiente.it - tlj sf lun. 10h-18h (16h30 oct.-nov. et 2e quinz. de fév.) - 8 €.*

À 10 km au sud-est, dans le village de **Maglione**, on peut admirer des sculptures et des fresques créées par des artistes contemporains pour le MACAM (Museo d'Arte Contemporanea all'Aperto). En se dirigeant vers Mazzè (château des Valperga), on arrive au joli **lac de Candia,** au sein du parc naturel du même nom.

NOS ADRESSES À TURIN

TRANSPORTS

Arriver/partir

En voiture – Malgré sa position excentrée (à une centaine de kilomètres seulement de la France), Turin bénéficie d'un bon réseau autoroutier qui la relie rapidement à plusieurs villes. Grâce à son fameux plan octogonal et à ses larges avenues percées au 19e s., la circulation, même importante, est encore aisée.

En car – Le terminus se trouve corso Vittorio Emanuele, 131 *(www.regione.piemonte.it)*.

En train – Les principales gares sont : Porta Nuova *(corso Vittorio Emanuele II, 53)* et Porta Susa *(piazza XVIII Dicembre, 8)*. La gare de Porta Susa est desservie par le métro qui va de la gare de Porta Nuova jusqu'à Collegno, à l'ouest de Turin.

En avion – L'aéroport international de Turin est situé à 16 km au nord de la ville, à **Caselle Torinese** - *✆ 011 56 76 378 - www.aeroportoditorino.it.*

Il est desservi par les principales compagnies aériennes nationales et internationales, qui le relient aux grandes villes italiennes et européennes. Le trajet en **taxi** pour rejoindre le centre-ville (env. 30mn) coûte 30 € (tarif fixe valable pour les taxis garés en face de la sortie). Service des taxis turinois : *✆ 011 57 37 ou 011 57 30.*

Les **cars** de la Sadem *(www.sadem.it)* font la navette toutes les 30-45mn : à partir de la ville, de 5h15 à 23h *(départs de Porta*

Nuova – corso Vittorio Emanuele II, à l'angle de la via Sacchi – et de Porta Susa – corso San Martino, à l'angle de la piazza XVIII Dicembre); à partir de l'aéroport, de 5h27 à 23h *(départs niveau Arrivées, en face de la sortie des vols nationaux)*. En ville, le ticket *(6,50 €)* s'achète auprès des revendeurs proches des terminaux ou à bord du car au départ de Turin (majoration de 0,50 €) ; au départ de l'aéroport, près du kiosque du hall des départs, au guichet automatique ou dans le hall des arrivées.

La ligne de **train** Torino-Ceres relie la gare Torino Dora à Caselle en 20mn avec le billet Trenibus *(3,70 €)*, départ toutes les 30mn. De la gare Torino Dora, on peut prendre la navette DoraFly pour rejoindre le centre-ville.

Se déplacer en ville

Le meilleur moyen de découvrir la ville est de la visiter à pied, car, si elle est étendue, le centre historique, lui, est plutôt réduit et se parcourt agréablement à l'abri des élégantes arcades qui bordent les rues principales.

☺ En semaine, le centre-ville est interdit aux voitures de 7h30 à 10h30.

Transports urbains – GTT - *n° vert ✆ 800 019 152 - www.comune.torino.it/gtt*. Les tickets sont en vente auprès des bureaux de tabac, des kiosques et de quelques bars agréés ; il en existe plusieurs types : le ticket ordinaire urbain *(1,50 €)* est valable 70mn ; le ticket à la journée *(5 €)* permet une libre circulation pour une journée entière ; le ticket Shopping *(3 €)* est valable 4 heures, une fois validé, entre 9h et 20h.

☺ La **Torino + Piemonte Card** est valable de 2 à 7 j. Elle donne accès gratuitement à plus de 180 sites culturels et à tous les transports publics de surface ou touristiques *(2 j. 25 €, 5 j. 34 €, 7 j. 35 €, Junior Card 12 € (-18 ans) valable 2 j.) – www.turismotorino.org)*.

Métro – Une ligne du Val, le métro automatique, relie la Stazione Fermi (Collegno) à Porta Nuova (Turin) et est en travaux pour prolongation jusqu'au Lingotto. *Lun.-vend. 5h30-23h30, sam. 5h30-1h10, dim. 8h-22h - billet à l'unité 1,50 €.*

Taxis – Centrale Radio : *✆ 011 57 37*; Radio Taxi : *✆ 011 57 30, ✆ 011 3399.*

Bicyclette – Il est possible de louer des bicyclettes dans les parcs de la ville pendant l'été *(-50 % avec la Torino + Piemonte Card). www.comune.torino.it.*

Dans le parc de La Mandria, à Venaria Reale (1 340 ha de parc à 15 km au nord-ouest du centre-ville) : location de bicyclettes, promenades à cheval et sentiers de découverte.

Il est également possible de louer des bicyclettes dans d'autres parcs de la ville. *✆ 800 48 66 64 (n° vert).*

VISITES

Torino + Piemonte Card – Voir Transports.

Navigation sur le Pô – Du Lungo Po Diaz partent des excursions de durées diverses sur le fleuve. *✆ 011 57 64 733, d'Italie 800 019 152 (n° vert) - www.comune.torino.it/gtt/turismo.*

City Sightseeing Torino – *Terminus Piazza Castello/via Garibaldi - ✆ 011 53 51 81 - www.torino.city-sightseeing.it - premier départ 10h - janv.-fév. : w.-end ; reste de l'année tlj - billet valable 24h, 15 € (-10 % avec la Torino + Piemonte Card)*. Comptez 1h pour la visite complète, en 6 langues.

Ascenseur panoramique de la Mole Antonelliana – Ce service, indépendant de la visite du musée du Cinéma, permet de profiter d'une vue panoramique spectaculaire sur la ville. *✆ 011 57 64 733, d'Italie 800 019 152 (n° vert) - www.comune.torino.it/gtt/turismo.*

HÉBERGEMENT

☺ À l'occasion de manifestations commerciales ou touristiques, les prix des hôtels peuvent subir une légère hausse : informez-vous au moment de la réservation. Voir plans I et II.

PREMIER PRIX

Albergo Vinzaglio – Plan II A2 (en dir.) - *Corso Vinzaglio 12 - ✆ 011 56 13 793 - www.albergovinzaglio.it - fermé en août - 14 ch.* Petit hôtel tranquille et lumineux, dans un immeuble ancien situé à 20mn à pied du centre. Les chambres – quelques-unes sans salle de bains – sont fonctionnelles et bien tenues. Bon rapport qualité prix dans un quartier agréable.

BUDGET MOYEN

B & B All'Orso Poeta – Plan II B4 - *Corso Vittorio Emanuele II, 10 - ✆ 011 51 78 996 - www.orsopoeta-bed-and-breakfast.it* - Dans un immeuble élégant du 19e s. situé entre le Pô et la gare Porta Nuova, ce petit B & B propose des chambres agréables et bien équipées, avec vue sur le parc du Valentino ou la Mole Antoneliana.

B & B Foresteria degli Artisti – Plan II B2 - *Via Artisti 15 - ✆ 011 83 77 85 - www.foresteriadegliartisti.it* Un lieu plein de charme, dans un quartier tranquille, à deux pas de la Mole Antoneliana et des rues animées du centre. Chambres cosy et bien tenues.

B & B Ai Savoia – Plan II A1 - *Via del Carmine, 1/b - ✆ 339 12 57 711 - www.aisavoia.it - fermé en août.* Élégant B & B logé dans le Palazzo Saluzzo Paesana, dans le centre artistique et mondain de la ville. Les chambres aristocratiques rendent hommage aux rois et aux reines de la maison de Savoie.

Hotel Alpi Resort – Plan II B3 - *Via Bonafous, 5 - ✆ 339 25 81 330 - www.hotelalpiresort.it - 29 ch.* Hôtel moderne et agréable, près de la piazza Vittorio Veneto. Chambres confortables et bien meublées.

B & B Via Stampatori – Plan II A2 - *Via Stampatori 4 - ✆ 011 81 29 677 - www.viastampatori.com* Dans le Palazzo Scaglia di Verrua, un des plus beaux palais de Turin, un établissement raffiné au décor moderne, pour un séjour de charme au cœur de la ville.

Piemontese – Plan II A4 - *Via Berthollet 21 - ✆ 011 66 98 101 - www.hotelpiemontese.it* - 🅿 - *37 ch.* À deux pas de la gare Porta Nuova, chambres colorées et personnalisées avec goût. Les plus belles, aux poutres apparentes, sont équipées de jacuzzi. Très agréable véranda pour le petit-déjeuner.

POUR SE FAIRE PLAISIR

Art Hotel Boston – Plan I E2 - *Via Massena, 70 - ✆ 011 50 03 59 - www.hotelbostontorino.it - 86 ch.* Situé dans l'élégant quartier résidentiel Crocetta, tout près de la GAM, cet hôtel affiche un superbe aménagement au design moderniste et toutes ses chambres sont de véritables œuvres d'art. L'immeuble, qui date de 1911, a été récemment réaménagé pour accueillir des œuvres d'art moderne et contemporain et des collections éclectiques qui embrassent livres d'art, vinyles rares, pièces de design vintage et contemporain.

UNE FOLIE

NH Santo Stefano – Plan II A1 - *Via Porta Palatina, 19 - ✆ 011 52 23 311 - www.nh-hotels.com - 123 ch.* Emplacement privilégié, entre le Duomo, la porte Palatine, le quadrilatère romain et le Palais royal, pour cet hôtel design. L'extérieur évoque une tour médiévale, tandis que l'intérieur allie matériaux naturels et détails high-tech. Hammam ouvert à tous.

RESTAURATION

Quadrilatère romain – Entre la via Sant'Agostino et la via delle Orfane, les petites rues regorgent de restaurants, cafés et bars à vins. Ambiance très conviviale le soir.

PREMIER PRIX

La Pescheria – Plan II A3 - *Via San Francesco da Paola, 27/A - 011 81 27 318 - www.lapescheria.com - fermé dim. et lun.* Vous choisissez le poisson au comptoir, vous vous asseyez et on vous le prépare immédiatement (cru ou cuit). Vous voilà prévenus : il n'y a que du poisson au menu, mais ça en vaut la peine!

Pastificio Defilippis– Plan II A3 - *Via Lagrange, 39 - 011 54 21 37 - www.pastificiodefilippis.com* La via Lagrange est la patrie des gourmets et cette adresse en est La Mecque depuis 1872, année de fondation du laboratoire artisanal de pâtes. Le bistrot est l'endroit idéal pour goûter un *primo piatto* ou une spécialité régionale.

Re Calamaro– Plan II A2 - *Via Carlo Alberto, 7 A - 011 06 76 078 - www.recalamaro.it.* Le « Roi Calamar » est un adresse sympa pour goûter des fritures de… calamars, seiches, gambas et petits poissons. À emporter ou manger sur place.

BUDGET MOYEN

Arcadia – Plan II A2 - *Galleria Subalpina - 011 56 13 898 - www.ristorantearcadia.com - fermé dim.* À l'intérieur de la superbe Galleria Subalpina se niche ce restaurant digne d'un décor de théâtre. L'amour de la cuisine du terroir rencontre ici la viande et le poisson tandis que des spécialités plus exotiques s'invitent aussi au rendez-vous. Bar à sushis raffiné.

Ristorante Consorzio – Plan II A1 - *Via Monte di Pietà 23 - 011 27 67 661 - www.ristoranteconsorzio.it - fermé sam. midi et dim.* Une adresse jeune et agréable, qui propose une cuisine de tradition bien interprétée. Grande attention au terroir.

Magorabin – Plan II B2 - *Corso San Maurizio 61/b - 011 81 26 808 - www.magorabin.it - fermé dim. et lun. midi.* Dans ce petit établissement à l'ameublement très moderne, le chef, cordial et cabotin, concocte des plats créatifs et inventifs. À ne pas manquer.

Porto di Savona – Plan II B3 - *Piazza Vittorio Veneto, 2 - 011 81 73 500 - www.foodandcompany.com.* Une trattoria typique comme on n'en trouve plus, avec ses murs ornés de vieilles photos de la ville et de célébrités. L'endroit idéal pour s'immerger dans la tradition gastronomique de la région.

Tre Galline – Plan II A1 - *Via Bellezia, 37 - 011 43 66 553 - www.3galline.it - fermé dim. et lun. midi.* Restaurant de tradition où l'on déguste les saveurs les plus typiques de la cuisine piémontaise. Ne manquez pas les *bolliti* (pot-au-feu) en saison.

Taverna dell'Oca – Plan II A3 - *Via dei Mille 24 - 011 83 75 47- www.tavernadelloca.com - fermé sam. midi et lun.* Dans ce cadre bariolé et informel, l'oie est la reine de nombreuses recettes, tandis que d'autres spécialités régionales occupent le rang de « dauphines ».

UNE FOLIE

Vintage 1997 – Plan II A2 - *Piazza Solferino, 16/h - 011 53 59 48 - www.vintage1997.com - fermé sam.*

midi et dim., début janv., 3 sem. août. Tentures rouges et boiseries composent le cadre de cet élégant restaurant, où l'on déguste l'une des meilleures cuisines de la ville, alchimie réussie entre créativité et tradition.

HÉBERGEMENT ET RESTAURATION DANS LES CIRCUITS

BUDGET MOYEN

Dans la vallée de Suse

Napoleon – *Via Mazzini, 44 - 10059 Susa - ✆ 01 22 62 28 55 - fax 01 22 31 900 - www.hotelnapoleon.it - 62 ch.* Dans le centre-ville, un hôtel agréable et confortable.

Dans les vallées vaudoises

Locanda La Posta – *Via dei Fossi, 4 - 10061 Cavour - ✆ 0121 69 989 - www.locandalaposta.it - 18 ch.* Un ancien et charmant relais de poste à l'accueil familial. Savoureuses spécialités régionales.

Lago del Laux – *Via al Lago, 7 - Frazione Laux, à 1 km au sud d'Usseaux, 4 km à l'ouest de Fenestrelle sur la SS 23 - ✆ 0121 83 944 - www.hotellaux.it - fermé merc. sf juin-août et mar. de nov. à mars - 7 ch.* À 1 381 m, en bordure d'un joli lac. Le restaurant propose des spécialités régionales ou occitanes. Chambres soigneusement tenues.

LES CAFÉS HISTORIQUES

Rendez-vous de la bourgeoisie de la ville et, à la fin du 19e s., des hommes du Risorgimento, ces cafés sont une institution incontournable à Turin. Leur décor, leur ambiance et leurs spécialités gourmandes méritent le détour.

Al Bicerin – *Piazza della Consolata 5 - ✆ 011 43 69 325 - www.bicerin.it - fermé merc.* Ce petit café fondé en 1763 est l'endroit idéal pour déguster le breuvage éponyme.

Baratti & Milano – *piazza Castello, 29 - ✆ 011 44 07 138 - www.barattiemilano.it - fermé lun.* Inauguré en 1875 comme confiserie, ce café, avec ses élégantes salles Liberty, était l'endroit préféré des dames de la haute société turinoise. Bon endroit aussi pour le déjeuner, plat unique ou menu léger à déguster dans la très jolie salle.

Caffè San Carlo – *Piazza San Carlo, 156 - ✆ 011 56 17 748 - http://caffesancarlo.it.* Né en 1822, cet élégant café, somptueux, fut l'une des places fortes des patriotes à l'époque du Risorgimento, pour devenir plus tard le salon de la ville où se retrouvaient artistes, hommes de lettres et d'État.

Caffè Torino – *Piazza San Carlo, 204 - ✆ 011 54 51 18 - www.caffe-torino.it.* Fondé en 1903, ce café Liberty, avec ses frises dorées, ses grands lustres et ses petites cheminées en bois et marbre, vit ses tables occupées par des membres de la famille royale, des intellectuels et des acteurs, dont James Stewart, Ava Gardner et Brigitte Bardot.

Fiorio – *Via Po, 8 - ✆ 011 81 73 225 - www.fioriocaffegelateria.com.* Fondé en 1785, il fut par tradition le lieu de rencontre des aristocrates et intellectuels conservateurs. Ses glaces sont une des gloires de Turin.

Mulassano – *Piazza Castello 9 - ✆ 011 54 79 90 - www.caffemulassano.com* Fondé en 1907, intime et charmant, précieusement décoré de marbre, bronze, bois et cuir, il accueillait les notables de la maison de Savoie et les artistes du Teatro Regio, tout proche. Parmi ses habitués, le comique Macario et le poète Guido Gozzano.

Platti – *Corso Vittorio Emanuele II, 72 - ✆ 011 50 69 056 - www.platti.it/.* Ce marchand de liqueurs devint au fil du temps un élégant café, fréquenté principalement par des intellectuels et des écrivains, dont Cesare Pavese. Entièrement rénové, l'endroit comprend aussi un restaurant.

PETITE PAUSE

Mood Libri & Caffè – *Via Cesare Battisti 3/a - ✆ 011 518 86 57 - www.moodlibri.it - fermé dim.* Dans une rue branchée du centre historique, ce café-librairie aux tons chauds accueille aussi des expositions sous ses voûtes.

Taberna Libraria – *Via Bogino 5 - ✆ 011 81 28 028 - www.tabernalibraria.to.it - fermé dim.* Boire un verre, feuilleter un livre, acheter des produits gastronomiques ou déjeuner : voilà toutes les possibilités que propose ce bar à vin-restaurant-librairie.

Tre Galli – A1 - *Via Sant'Agostino 25 - ✆ 011 52 16 027 - www.3galli.com - fermé dim.* Un plaisant restaurant-bar à vins, au cœur du quartier mondain et nocturne de Turin. Grand choix de vins pour accompagner une bonne sélection de charcuteries et de fromages. Terrasse en été.

Grom – *Piazza Paleocapa, 1/D ; Via Accademia delle Scienze, 4 ; via Garibaldi, 11 ; Via Cernaia, 18- www.grom.it.* Ce glacier a ouvert ses portes en 2003 à Turin, avant d'essaimer partout en Italie et même à Paris, Malibu, New York, Osaka et Tokyo ! La qualité des matières premières et l'excellence du produit fini contribuent à sa notoriété.

Olsen– *Via Sant'Agostino 4/b - ✆ 011 43 61 573 - www.torteriaolsen.it - fermé dim.* Endroit très sympa pour un repas sur le pouce ou un goûter. Spécialités : tartes sucrées ou salées.

Focacceria Ligure – *Via Sant'Agostino 6 - ✆ 011 43 65 091* - N'oubliez pas que la Ligurie faisait partie du royaume de la maison de Savoie ! Voilà donc un savoureux hommage à la gastronomie de cette région : *focacce, farinate* et *pasta col pesto.*

Hafa Cafè – *Via Sant'Agostino 23/c - ✆ 011 43 67 091 - www.hafacafe.it* - Ce petit café vous convie à un voyage fantastique vers le Maroc à travers ses atmosphères et ses parfums. Après avoir goûté un thé à la menthe on peut faire du shopping dans le magasin attenant, qui présente des spécialités artisanales marocaines.

1

ACHATS

Gastronomie

☺-Pour les passionnés d'art et d'antiquités, les points de rencontre sont la via Cavour et la via Maria Vittoria, tandis que la via Lagrange est la patrie des gourmets. C'est ici en effet que l'on peut trouver en abondance la fine fleur des spécialités turinoises : les *agnolotti* (raviolis farcis à la viande), la *bagna cauda* (sauce à l'ail et aux anchois), les célèbres gressins et, naturellement, les friandises au chocolat (chocolats fourrés, *gianduiotti* pralinés, *bonet*), le tout accompagné des prestigieux (et parfois très coûteux) vins de la région : barolo, barbera, barbaresco, nebbiolo (rouges), asti spumante, brachetto et moscato d'Asti (pour le dessert), et aussi le *vermouth*, qui vit le jour à Turin à la fin du 18e s.

Gastronomie

Marchés – Tous les matins, sauf le dimanche, s'installe sur la **piazza della Repubblica** le plus grand marché à ciel ouvert d'Europe. Le samedi matin et le deuxième dimanche du mois un rendez-vous à ne pas manquer est le **Balòn**, traditionnel marché aux puces de Turin depuis 1856.

Borgiattino– *Corso Vinzaglio 29 - ✆ 011 5629075 - www.borgiattino.com - fermé merc. et dim.* Fromages pour tous les goûts et de toute provenance, italiens et autres.

Eataly– *Via Nizza, 230 - www.eatalytorino.it.* Dans l'ancienne usine Carpano (vermouth), ce gigantesque espace contemporain, proche du Lingotto, concentre ce qui se fait de mieux en termes de gastronomie : vins, fromages, appellations contrôlées, produits frais… On peut y faire ses courses, suivre des séances de dégustation ou des cours d'éducation culinaire. Ce temple du goût met en scène la gourmandise : caves d'affinage, caves à vin, sacs d'épices, tranchoirs pour la charcuterie… C'est une expérience de tous les sens et pour toute la famille.

Guido Castagna – *Via Maria Vittoria 27/c - ✆ 011 19 88 65 85 - www.guidocastagna.it - fermé dim.* Cet espace élégant, semblable à une bijouterie, propose la production de la star qui monte dans l'art du chocolat à Turin.

Guido Gobino – *Via Lagrange 1 - ✆ 011 56 60 707 - www.guidogobino.it - fermé dim.* Dans cette boutique du centre-ville, la découverte des créations du roi des maîtres chocolatiers turinois vous transportera dans un voyage des sens. Derrière le comptoir se cache un espace de dégustation raffiné où il ne faut pas rater le *bicerin* de Gobino.

Paissa – *Piazza San Carlo, 196 - ✆ 011 56 28 462 - www.paissa.it - fermé dim.* Depuis 1884, spécialités gastronomiques des quatre coins du monde.

Stratta – *Piazza San Carlo, 191 - ✆ 011 54 79 20.* Confiserie créée en 1836, célèbre pour ses bonbons multicolores.

Beauté et mode

Borsalino – *Via Roma 13 - ✆ 011 51 19 260 - www.borsalino.it.* La maison de chapeaux de luxe fondée à Alexandrie en 1857 est devenue un ambassadeur de la mode italienne dans le monde.

IRAC – *Via San Massimo 12 - ✆ 011 88 86 88 - www.nicolaocosmetics.com.* La maison fondée en 1804 par Nicolao Perrone, parfumeur de la comtesse de Castiglione (maîtresse de Napoléon III), continue de vendre ses parfums et ses produits de beauté dans une belle boutique au décor rétro.

Juventus Store– *Via Garibaldi 4 - ✆ 011 43 38 709 - www.juventus.com - fermé dim. et lun. mat.* Turin est la ville de la Juventus, l'équipe de football la plus titrée d'Italie. Dans le magasin officiel les passionnés trouveront toutes sortes de gadgets.

ACTIVITÉS

Art contemporain

La capitale piémontaise est une véritable Mecque pour les passionnés d'art contemporain. À la GAM et au château de Rivoli s'ajoutent d'autres lieux d'exposition et de nombreuses manifestations au cours de l'année. Voici quelques suggestions.

Fondazione Sandretto Re Rebaudengo – *Via Modane, 16 - ✆ 011 37 97 600 - www.fsrr.org.* La fondation, installée dans un bâtiment de 3 500 m^2, soutient la création contemporaine par le biais d'expositions, de rencontres et de prix.

Fondazione Merz – Hors plan – *Via Limone, 24 - ✆ 011 197 19 437 -*

www.fondazionemerz.org - tlj sf lun. 11h-19h - 5 €. Fasciné par la lumière et ses utilisations, Mario Merz (1925-2003) a créé des installations assez étonnantes avec des spirales faites de tubes lumineux posés autour de sa forme de prédilection, l'igloo. Installée dans l'ancienne centrale thermique des ateliers de l'usine Lancia (1930), une belle fondation lui rend hommage et soutient la création contemporaine.

Luci d'artista – Depuis 1997, cette manifestation, qui se déroule pendant les fêtes de fin d'année (début novembre à fin janvier), propose un « itinéraire de lumière » à travers la ville, au gré d'installations conçues par les plus grands artistes internationaux. Certaines d'entre elles sont devenues permanentes, comme la *Série de Fibonacci*, de Mario Merz, sur la Mole Antonelliana.

Art dans la ville – Sous la nouvelle ligne de raccordement ferroviaire, onze œuvres d'artistes contemporains vont être mises en place (certaines, comme l'*Igloo* de Mario Merz, le sont déjà). Brochure avec plan à l'office de tourisme.

Artissima – *Via Bertola, 34 - ☎ 011 197 441 06 - www.artissima.it.* Cette foire internationale d'art contemporain a lieu chaque année en novembre au Lingotto.

AGENDA

MiTo Settembre Musica – *www.mitosettembremusica.it - sept.* Festival international de musique (classique, contemporaine, ethnique, jazz, rock, chanson d'auteur) qui se déroule entre Turin et Milan, dans plus de 70 lieux (théâtres, églises, cours et places des deux villes).

Salone internazionale del Gusto -Terra Madre – *Lingotto Fiere - www.salonedelgusto.it - oct.* « C'est peut-être le seul endroit du monde où les paysans et les artistes, le monde de la culture universitaire et les chefs, les grandes figures de "l'œno-gastronomie" et les "simples" néophytes peuvent se croiser et faire naître des échanges ou des liens amicaux. »

Salone Internazionale del Libro – *www.salonelibro.it - mai.* La plus importante foire du livre d'Italie.

Vercelli

Verceil

★

46 979 habitants – Piémont

NOS ADRESSES PAGE 151

S'INFORMER

Office de tourisme – *Viale Garibaldi, 90 - Vercelli - ✆ 0161 58 002 - fax 0161 25 78 99 - www.atlvalsesiavercelli.it - 9h-13h, 14h15-18h15- fermé dim.-lun.*

SE REPÉRER

Carte de région B2 (p. 114-115) – *carte Michelin Régional 561 G7.* Le territoire de Vercelli est marqué par deux fleuves : le Pô au nord et la Sesia à l'est, qui sépare la province de Vercelli de celle de Novara. Les terres plates du sud font place progressivement, vers le nord, à de douces collines couvertes de vignobles, avant d'atteindre les imposants décors montagneux du Parco dell'Alta Valsesia, au pied du mont Rose.

À NE PAS MANQUER

La Basilica di Sant'Andrea.

ORGANISER SON TEMPS

Comptez une demi-journée pour la ville et deux jours avec les alentours.

C'est au cœur des brumeuses rizières piémontaises, qui au fil de la saison passent du vert tendre au doré, entre exploitations agricoles fondées par les ordres monastiques et élégants châteaux, qu'apparaît Vercelli. Au 13e s., la ville connut une période de grande prospérité dont témoigne encore un plan urbain essentiellement médiéval.

Se promener

★★ Basilica di Sant'Andrea

Piazza Bicheri (en face de la gare).

Ce superbe monument, élevé en 1220 au moment de l'âge d'or de la ville, est un mélange de style gothique outre-alpin (verticalité des tours et clocher octogonal) et de style caractéristique de la plaine du Pô (pignon triangulaire, arcatures et utilisation de la brique). La façade, ceinte de deux tours élancées, est animée par le jeu chromatique de la pierre et du marbre et ornée de trois portails à voussures, dont les tympans ont été attribués au sculpteur Benedetto Antelami. Le clocher le plus massif, sur le flanc droit, date du 15e s. L'austère intérieur à trois nefs conserve un chœur en bois marqueté et le tombeau (14e s.) de Tommaso Gallo, premier abbé de la basilique (2e chapelle dans le transept droit).

De la nef gauche, on accède aux édifices abbatiaux et au **cloître** offrant une belle vue sur le complexe.

De la basilique, prendre la via G. Ferraris (sur laquelle ouvre le porche en arcades de l'ancien hôpital de Sant'Andrea, du 13e s.) qui rejoint la piazza

Rizières dans la région de Vercelli.
G. A. Rossi / Tips/ Photononstop

« LA PROVINCE EUROPÉENNE DU RIZ »

La culture du riz fut introduite dans la région de Vercelli au 15e s., ce qui changea le style de vie et le paysage de ce discret coin d'Italie.

On entreprit des œuvres de bonification et d'irrigation, et on développa un type particulier de fermes-habitations disposées en forme de rectangle, la « cascina a corte chiusa ». Les rizières s'étendent sur des kilomètres, rythmant les saisons avec leurs couleurs et activités différentes. Aujourd'hui, la culture est complètement mécanique, mais le paysage garde encore la nostalgie de la vie dure et poétique des *mondine*. L'histoire de ces femmes qui travaillaient dans les rizières est magistralement racontée dans le film *Riz amer*, de Giuseppe De Santis (1949), qui fut tourné dans la cascina Veneria de Lignana.

Il y a plus de 100 variétés de riz dans le Vercellese, parmi lesquelles : Baldo, Arborio, Nuovo Maratelli, Sant'Andrea, Carnaroli, Balilla.

Cavour datant du Moyen Âge. Un peu plus loin, on croise le très animé corso Libertà, bordé d'églises, de palais et de magasins.

Du corso Libertà, tourner à droite dans la via Cagna.

San Cristoforo

Cette église, construite au 16e s. puis remaniée au 18e s., abrite un magnifique cycle de **fresques★**, exécutées entre 1529 et 1534 par Gaudenzio Ferrari, retraçant des épisodes de la vie de Marie-Madeleine (à droite) et de la Vierge (à gauche). La *Crucifixion* et l'*Ascension* sont parmi les plus belles œuvres de l'artiste du Sacro Monte de Varallo *(voir encadré)*, qui a également peint la belle *Madonna degli aranci* (dans l'abside).

Revenir vers le corso Libertà puis tourner à gauche dans la via Borgogna.

★ Museo Borgogna

Via Antonio Borgogna, 4/6 - ✆ 0161 25 27 76 - www.museoborgogna.it - tlj sf lun. 15h-17h30, sam. 10h-12h30, dim. 10h-12h30 et 14h-18h. - 8 €.

La plus riche collection du Piémont après la Galleria Sabauda de Turin rassemble des œuvres d'art italiennes et nordiques du 15ᵉ au 19ᵉ s. Particulièrement intéressantes : les fresques provenant des églises de la région et les œuvres de la Renaissance piémontaise (Martino Spanzotti, Il Sodoma, Defendente Ferrari, Gerolamo Giovenone, Gaudenzio Ferrari et Bernardino Lanino).

Sinagoga

Via E. Foa, 70. Visite guidée, se renseigner au ✆ 339 25 79 283 (portable).

Dans l'ancien ghetto, la synagogue, construite selon les plans de Giuseppe Locarni dans les années 1870, affiche un style mauresque.

À proximité Carte de région (p. 114-115)

Novara C2

À 22 km au nord-est.

On peut y visiter la **Basilica di San Gaudenzio★**, élevée entre 1577 et 1659, sur les plans de l'architecte lombard Pellegrino Tibaldi, et couronnée, entre 1844 et 1878, par une belle **coupole★★**, réalisation audacieuse d'A. Antonelli, architecte originaire de Novara. L'intérieur de l'église renferme quelques œuvres intéressantes : peintures de Morazzone (17ᵉ s.) et de Gaudenzio Ferrari (16ᵉ s.) ; **sarcophage★** en argent de saint Gaudens, patron de Novara.

On peut également signaler le **Cortile del Broletto**, une jolie cour carrée que bordent plusieurs édifices intéressants, dont le palais du Podestat, du 15ᵉ s., le palais communal (dit « broletto »), du 13ᵉ s., et le palais des Paratici **(Musée municipal)** ainsi que le **Dôme**, monumental édifice néoclassique élevé par A. Antonelli, avec un baptistère paléochrétien des 6ᵉ et 7ᵉ s. et un **pavement★** de style byzantin blanc et noir, en mosaïques.

Biella B2

À 42 km au nord-ouest par la SS 230.

Piazza Vittorio Veneto, 3 - ✆ 015 35 11 28 - fax 015 34 612 - www.atl.biella.it.

Principal centre de l'industrie textile italienne, Biella se compose de deux parties distinctes reliées par un funiculaire.

Biella Piano, la partie basse et la plus moderne, a conservé sur la piazza del Duomo un remarquable **baptistère** du 11ᵉ s., orné de fresques du 14ᵉ s. Non loin se dresse l'église **San Sebastiano** (16ᵉ s.), qui abrite des œuvres d'art et un beau cloître.

Piazzo, la ville haute, plus ancienne, s'organise autour de la jolie piazza della Cisterna, bordée d'édifices anciens comme la Casa dei Teccio qui date du Moyen Âge. Sur la via Serralunga, au nº 27, se trouve le centre d'art contemporain de la Fondazione Pistoletto (*✆ 015 28 400 - www.cittadellarte.it - mar.-jeu. sur RV, vend. 16h30-20h, w.-end 11h-13h et 13h30-18h30 - 6 €*).

Autour de la ville s'étendent de nombreux espaces naturels protégés comme le **parco**

LES MONTS SACRÉS

En 2003, l'ensemble des Monts sacrés d'Italie du Nord – 7 dans le Piémont (Santuario di Oropa, Nuova Gerusalemme di Varallo Sesia, Nostra Signora dell'Assunzione di Serralunga di Crea *(voir p. 156)*, San Francesco di Orta San Giulio, Santa Trinità di Ghiffa, Calvario di Domodossola, Santuario di Belmonte di Valperga Canavese) et deux en Lombardie (Sacro Monte di Varese et Sacro Monte di Ossuccio) ont été inscrits sur la liste du **Patrimoine mondial de l'Unesco**.

Ces groupes de sanctuaires ont été construits fin 15e s.-début 16e s. par les frères mineurs, gardiens du Saint-Sépulcre, comme alternatives aux Lieux saints de Jérusalem et de Palestine, difficilement accessibles. Leur intégration aux paysages naturels est particulièrement remarquable, tout comme les œuvres d'art qu'ils renferment, notamment celles de **Gaudenzio Ferrari** à Varallo *(voir p. 300)*.

della Burcina Felice Piacenza *(à Pollone, à 7 km au nord-est)* – à visiter de préférence entre mai et juin, pendant la floraison des rhododendrons – et l'**Oasi Zegna**, entre Trivero et Rosazza *(suivre la direction Panoramica Zegna)*, traversé par une route panoramique que l'homme d'affaires Ermenegildo Zegna fit construire dans les années 1930 *(pour information, voir l'office du tourisme de Biella ou le site www.oasizegna.com)*.

Santuario di Oropa B2

Alt. 1 180 m, à 13 km au nord-est de Biella par la SS 144.

On y vénère depuis le 13e s. une Vierge noire miraculeuse. La construction de cet immense sanctuaire à flanc de montagne, commencée au 17e s., n'a été achevée qu'en 1960 avec la nouvelle église. Le complexe comprend 19 chapelles construites dans l'esprit des Monts sacrés *(voir encadré ci-dessus)*.

★ Ricetto di Candelo B2

À 5 km au sud-est de Biella.

Les *ricetti*, très répandus dans le Piémont, étaient des structures rurales fortifiées destinées à protéger les céréales et le vin et qui, en cas de danger, offraient aussi refuge à la population. Le *ricetto* médiéval de Candelo (13e-14e s.) se couvre de fleurs entre avril et mai, pendant la fête *Candelo in fiore (renseignements auprès Pro Loco Candelo - ✆ 015 25 36 728)*.

NOS ADRESSES À VERCELLI

ACHATS

À **Vercelli**, les gourmands goûteront aux *bicciolani*, délicieux biscuits parfumés aux épices. On en trouve partout en ville, mais parmi les meilleures adresses, citons la **Pasticceria Follis** – *corso Libertà, 164 - ✆ 0161 25 11 91*.

À **Biella**, nombreux magasins d'usines *(outlets)* qui bradent leurs collections. Pour info, voir l'office de tourisme.

Les Langhe et le Monferrato

★★

NOS ADRESSES PAGE 157

S'INFORMER

Office du tourisme d'Alba – *Piazza Risorgimento, 2 - 12051 Alba - ✆ 0173 35 833 - www.langheroero.it.* Accueil efficace. Prêt d'audioguides pour découvrir la ville.

Office du tourisme d'Asti – *Piazza Vittorio Alfieri, 29 - 14100 Asti - ✆ 0141 53 03 57 - www.astiturismo.it.*

Office du tourisme de Barolo – *Château Falletti - 12060 Barolo - ✆ 0173 56 277 .*

SE REPÉRER

Carte de région BC3-B4 (p. 114-115) – *carte Michelin Régional 561 G4-5.* Au sud d'Alba, le territoire des Langhe s'étire au sud-est de Turin entre les fleuves Tanaro et Bormida. Un peu plus au nord, la province du Monferrato s'étend autour d'Asti.

À NE PAS MANQUER

Le village de Barbaresco, le centre-ville d'Alba, Barolo, l'abbaye de Vezzolano.

ORGANISER SON TEMPS

Comptez deux à trois jours pour sillonner les Langhe et le Monferrato. Au printemps et à l'automne, les couleurs des vignes sont particulièrement chatoyantes.

AVEC LES ENFANTS

Une promenade dans les vignobles.

C'est dans les vignobles des Langhe et du Monferrato que s'élaborent de vins renommés dans le monde entier. Également patrie de la gastronomie, de la truffe blanche et d'autres produits du terroir, cette enclave de verdure, qui s'étend jusqu'aux Alpes ligures, est le paradis des gourmets... Autrefois aux mains des marquis de Falletti, la région conserve un patrimoine intéressant et propose de sympathiques festivals.

Circuits conseillés Carte de région p. 114-115

LES LANGHE B3-4

Circuit d'environ 90 km, d'Alba à Cherasco, à travers les vignobles.

Les routes P 22 et P 661 qui traversent les Langhe offrent de splendides panoramas sur un paysage dominé par les châteaux et les vignobles. N'hésitez donc pas à vous perdre un peu, en flânant de village en village.

★ Alba B3

C'est l'antique cité romaine d'Alba Pompeia qui donna à Rome l'empereur Pertinax (126-193 apr. J.-C.). La tradition catholique veut que son nom soit un acrostiche de **A**ngelo (Ange), **L**eone (Lion), **B**ue (Bœuf), **A**quila (Aigle), les

Vignobles et truffe

VINS ET TERROIR DES LANGHE

Les collines calcaires du Tanaro et de la Bormida di Spigno délimitent la région des **Langhe**, qui présente des crêtes effilées et de profondes vallées creusées par les torrents.
Les vignobles, qui tapissent les flancs des collines, donnent des vins prestigieux comme le barolo, le nebbiolo et le barbaresco dont la renommée s'explique par la nature particulière des sols. Trois zones géographiques et minérales composent le vignoble des Langhe, qui produit essentiellement des rouges. Autour de **Monforte d'Alba**, le sol argileux et blanc produit des vins taniques, très puissants, idéals pour des vins de garde. À **La Morra**, la terre sablonneuse donne des crus moins corsés, plus fruités et légers, qui se conservent de quatre à cinq ans. Autour de **Barolo** et de **Novello**, le terrain composé d'un mélange de sable et d'argile donne des vins particulèrement équilibrés. Les grands crus de Barolo sont d'ailleurs réputés. Élaborés avec le cépage nebbiolo, ils ne reçoivent l'appellation que trois ans après leur mise en bouteille. Vous trouverez donc partout des nebbiolos (parfois délicieux) mais attention, ce ne seront jamais de grands vins de Barolo !
Les autres produits typiques de la région sont les célèbres truffes blanches d'Alba *(voir ci-dessous)* ainsi que les noisettes. Toutes les spécialités des Langhe se dégustent dans leurs innombrables œnothèques.

LES VIGNES DU MONTFERRATO

La dépression de Villafranca d'Asti et le cours inférieur du Tanaro divisent la région en Bas et Haut-Monferrato (respectivement au nord et au sud, en dépit du nom). Défendu par de nombreuses forteresses et parsemé d'une myriade de châteaux, tours et bourgs fortifiés, le **Monferrato** est une terre généreuse qui offre au Piémont plusieurs de ses meilleurs vins : barbera, dolcetto et grignolino parmi les rouges ; cortese et gavi dans les blancs ; asti spumante, muscat et brachetto pour accompagner les desserts.

CHAMPIGNONS DE COFFRE-FORT

La **truffe blanche** *(tartufo bianco)*, surnommée la « fille de l'éclair » dans l'Antiquité, est un champignon souterrain ayant la forme d'un tubercule, qui croît en terrain humide, argileux et peu exposé au soleil, en symbiose avec les racines de chênes, de saules ou de peupliers. Il est essentiellement composé d'eau et de sels minéraux, absorbés à travers les racines de l'arbre. Ce dernier détermine la couleur de la truffe, si bien qu'en fonction de l'essence qui a présidé à sa croissance, elle se décline du blanc veiné de rose au gris-marron. Les *trifolai* (de *trifola*, mot patois signifiant truffe) s'emploient à sa recherche, accompagnés de leurs chiens parfaitement dressés, qui doivent repérer la truffe sans l'abîmer.
Deux à trois fois plus chère que sa cousine noire du Périgord, elle se récolte surtout en octobre et en novembre et se déguste crue. C'est en effet sous cette forme qu'elle dégage le plus d'arôme, un parfum discret souvent associé à l'ail sauvage. Les Italiens l'apprécient râpée sur du pain frais ou en de fins copeaux sur des pâtes brûlantes. Elle se marie aussi très bien avec le fromage ou les œufs, accompagnés de vin blanc. Cette savoureuse et apparente simplicité lui a valu d'être appelée le « Mozart des champignons » par Rossini.

symboles des évangélistes. Aujourd'hui, Alba est une étape gastronomique réputée pour ses **truffes blanches** (*p. 153*) et ses vins. La ville s'orne de plusieurs **tours seigneuriales**, d'églises et de maisons médiévales. Le centre-ville, tout en briques roses, déploie ses ruelles piétonnes autour de la **via Vittorio Emanuele**, très animée, et de la **cathédrale** de style gothique dédiée à saint Laurent. À l'intérieur, remarquez les stalles marquetées datant de la Renaissance, sculptées avec une grande virtuosité. Le plan circulaire de l'**église Santa Maria Maddalena** (18e s.), donnant dans la via Vittorio Emanuele, rappelle les chapelles médicéennes de Florence. Juste avant la piazza Savona, l'**église San Domenico** (13e s.) possède une belle façade gothique et, à l'intérieur, un intéressant ensemble de fresques.

★ Les villages B3-4

En quittant Alba, faites un détour au nord-est par **Barbaresco★** (B3), un village connu pour l'harmonieuse beauté de ses maisons médiévales et son vignoble. Puis dirigez-vous au sud vers **Grinzane Cavour★** (B3) et son imposant **château★** où siège depuis 1982 le jury du fameux prix littéraire homonyme. *0173 26 21 59 - www.castellogrinzane.com - tlj sf mar. (sf sept.-15 nov.) : avr.-oct. 9h30-19h (reste de l'année 18h) - fermé janv. - 5 €.*

Un peu plus loin, dans le joli bourg tout en colimaçon de **Serralunga d'Alba**, vous pourrez également visiter un **château** ayant appartenu à la famille des Falletti, d'où il y a un beau **panorama★**. *0173 61 33 58 ou 0173 35 833.*

Laissant les doux reliefs des environs d'Alba, en descendant vers les collines des Langhe et **Monforte d'Alba** (B4), le paysage se fait plus vallonné et plus verdoyant. **Bossolasco** (B4) est une ravissante bourgade aux maisons décorées de rosiers grimpants.

Après avoir passé Murazzano, un village perché où l'on produit un fromage renommé, remontez au nord vers **Dogliani** (B4). C'est la patrie du dolcetto où **Luigi Einaudi** (1874-1961), journaliste, économiste et président de la République italienne de 1948 à 1955, est enterré.

Novello (B4) est un agréable village juché au sommet d'une colline.

À **Barolo★** (B3), vous pourrez visiter le principal fief de la famille Falletti où se trouvent également l'Enoteca regionale del Barolo (*Nos Adresses p. 158*) et la bibliothèque *(pas de visite)* de **Silvio Pellico** (1789-1854). Connu dans toute l'Europe des Lumières pour son roman engagé *Le mie prigioni* (1830), il devint à la fin de sa vie le brillant bibliothécaire de la famille *(rens. : 0173 38 66 97)*.

Un peu plus au nord, le village **La Morra** (B3) date du 12e s. Depuis la terrasse de la piazza Castello s'offre un beau **panorama★** sur les Langhe et le Tanaro en contrebas.

De La Morra à Castiglione Falletto en passant par Barolo, un sentier balisé permet une très agréable **randonnée** à travers les vignobles sur 8,6 km (comptez 2h45, balisage blanc et rouge). *Autres itinéraires disponibles dans les offices du tourisme d'Alba et de Barolo et sur le site www.langheroero.it.*

Cherasco B3

Cette agréable petite ville est surtout connue pour ses marchés d'antiquités. En 1796, Napoléon y signe la paix avec la Savoie dans le **palais Salmatoris**, édifié au 17e s. L'intérieur conserve de belles fresques. En revenant sur la via Vittorio Emanuele, on rejoint la place principale. Après l'église St-Augustin (17e s.), la rue est fermée par l'imposant et théâtral **Arc du Belvédère** (1667). Sur la gauche, **Santa Maria del Popolo★** (1706) présente une façade peu travaillée, qui contraste avec l'intérieur orné de stucs aux couleurs pastel. La rue qui fait face à l'église mène au **Palazzo Gotti di Salerano** (1650), dont les salles déco-

rées de fresques hébergent un musée communal. Au bout de la via Cavour, sur la droite, une splendide allée de platanes conduit au **Castello Visconteo** (14e s.).
On peut poursuivre son chemin avec le circuit du Roero qui fait suite : traverser le Tanaro après Cherasco et rejoindre Pollenzo par la SP 662, à droite.

LE ROERO Carte de région (p. 114-115)

Circuit de 65 km.
Quitter Alba vers l'ouest par la SS 231.
La région du Roero déploie ses vignobles (Roero, Ameis, Favorita) sur la rive gauche du Tanaro. Une série de villages permet de découvrir ses paysages minéraux, à commencer par **Pollenzo** *(par la SP 662 à gauche)*, puis Bra.

Bra B3

Piazza Caduti per la Libertà, 20 - 0172 43 01 85 - www.turismoinbra.it.
Cette charmante bourgade paisible possède d'élégants palais entourés de cours et de jardins. Près de la via Vittorio Emanuele II, l'église baroque de **Sant'Andrea** a été réalisée par Guarino Guarini, avec une façade dessinée par le Bernin. Non loin, le **Palazzo Traversa** (1450) représente l'unique témoignage de l'architecture gothique de la ville. En remontant la via Barbacana qui longe Sant'Andrea, on arrive à l'**église Santa Chiara★**, petit chef-d'œuvre du rococo piémontais avec une étonnante double coupole. Bra est aujourd'hui connue de tous les gastronomes en tant que chef-lieu du mouvement « Slow Food », un collectif attaché à la défense des aliments et des vins de qualité, qui possède même son université.
Quitter Bra au nord-est en empruntant la SP 134 jusqu'à **Pocapaglia**.
Poursuivre jusqu'à la SP 10 et tourner à droite en direction d'Alba. Au croisement avec la R 29, tourner à gauche (vers Canale). Poursuivre jusqu'à la SP 171 et prendre à droite vers Guarene.

Guarene B3

Le **Castello Provana★** est un magnifique exemple de résidence du 18e s. Le village compte aussi le **Palazzo Re Rebaudengo**, consacré à l'art contemporain. *Piazza del Municipio - 011 379 76 602 - www.fsrr.org/ita/fondazione/sedi/guarene - ouvert uniquement pendant les expositions.*
Poursuivre vers le nord par la SP 50 jusqu'à Castellinaldo, puis tourner à droite dans la SP 176. À Priocca, poursuivre par la SP 2, puis la SP 235 vers l'est.
Govone et son château, œuvre de Guarini et Juvarra, concluent le circuit.

★ LE MONTFERRATO Carte de région (p. 114-115)

Circuit de 100 km, d'Asti à Casale Monferrato.

★ Asti B3

Postée à la frontière du Roero et du Bas-Monferrato, Asti, patrie du poète tragique **Vittorio Alfieri** (1749-1803), s'anime chaque année pour la **Douja d'or** (fête du vin) et la course du **Palio**, précédée d'un défilé de près d'un millier de personnages en costumes des 14e et 15e s. La ville conserve des témoignages de l'architecture médiévale (notamment quelques très belles **tours★**) et il est agréable de flâner dans ses ruelles. Le **baptistère de San Pietro★** (13e s.) forme, avec l'église et le cloître, un ensemble harmonieux. Au cœur du vieux quartier, le portique de la **cathédrale★** gothique (14e s.) est délicatement ouvragé et l'intérieur est orné de peintures baroques.
Prendre la direction de Turin par la SS 458 et parcourir environ 36 km.

1

★ Abbazia di Vezzolano B3

✆ 011 99 20 607 (à l'heure des repas) - tlj sf lun. 9h-12h30, 14h-18h30 (fermé apr.-midi en hiver) - gratuit.

Noyée dans la verdure d'un bassin silencieux, cette abbaye constitue l'un des plus grands témoignages de l'art roman-gothique piémontais. Sur la belle façade en brique et en grès de l'église s'ouvre un portail orné de reliefs, donnant accès au joyau de Vezzolano, un splendide **jubé★★** de 1189, dont les magnifiques bas-reliefs polychromes représentent les patriarches et des scènes de la vie de la Vierge. Ses vastes proportions permettaient de séparer les fidèles de la partie réservée aux moines. L'intérieur de l'église, à deux vaisseaux, présente des arcs en ogive et des voûtes d'arête reposant sur des pilastres. À l'extrémité du bas-côté droit, on accède à l'élégant **cloître★** (englobant un des vaisseaux de l'église), qui abrite des restes de fresques des 13e et 14e s.

Rejoindre la SS 590 et suivre la direction Casale Monferrato. Au panneau indicateur « Serralunga », tourner à droite.

Sacro Monte di Crea B3

Le **Mont Sacré de Crea** fait partie des neuf Monts sacrés du Piémont et de la Lombardie *(voir encadré p. 151)*. Vingt-trois chapelles sont disséminées sur ses pentes. La plupart datent de la fin du 16e s., celles du 19e s. se distinguent par leur décoration plus sobre. **Vue** magnifique depuis la **Cappella del Paradiso**.

Serralunga di Crea - www.parcocrea.it ou www.sacrimonti.net.

Revenir sur la SS 590.

Casale Monferrato B3

L'ancienne capitale du Monferrato (1464-1713) est une agréable petite ville à l'allure du 18e s. L'un de ses plus anciens édifices serait le **duomo** (12e-13e s.), restauré au 19e s. De son côté, la **via Mameli★** et ses admirables palais du 18e s. incarnent l'élégance. En prenant la via Cavour, sur la droite, on arrive au **cloître de Santa Croce★**, qui conserve des restes de fresques du 16e s. réalisées par Moncalvo, surnommé le « Raphaël du Montferrat ».

Au nº 44 du vicolo Olper se trouve la **synagogue★** baroque (**Sinagoga degli Argenti**), qui abrite un très riche musée d'art et histoire hébraïques *(✆ 0142 71 807 - www.casalebraica.org - dim. 10h-12h, 15h-17h).*

Au fond de via Alessandria (nº 26), le **Palazzo di Anna d'Alençon**, marquise du Monferrato, et sa **cour★** d'époque Renaissance.

ROUTE DES CHÂTEAUX DU HAUT-MONTFERRATO Carte de région (p. 114-115)

Circuit d'environ 66 km, de Canelli à Gavi Comptez 52 km jusqu'à Ovada par la S 456, puis encore 24 km jusqu'à Gavi par les petites routes. Une route panoramique, appelée aussi « route du Vin », emprunte la ligne de crêtes des coteaux plantés de vignobles.

À **Canelli** (B3), pour tout savoir sur la fabrication du spumante, rendez-vous dans les cathédrales du vin : 20 km de galeries souterraines, creusées au 19e s. pour l'affinage du pétillant breuvage ! *(✆ 0141 82 011 - www.comune.canelli.at.it).*

Non loin, on peut visiter le village de **Santo Stefano Belbo** (B3) où se trouve la maison natale de l'écrivain **Cesare Pavese** (1908-1950), qui a merveilleusement décrit dans ses romans les charmes de la campagne piémontaise *(www.santostefanobelbo.it).*

En arrivant à **Acqui Terme** (C3), on risque d'être un peu surpris par cette ville thermale moderne. Déjà connue à l'époque des Romains pour ses bains de boue et ses eaux curatives, elle conserve toutefois quelques témoignages romains et médiévaux. On traverse ensuite, en direction de Gavi (C3), une série de villages perchés, dotés de **châteaux forts**, parmi lesquels Visone, Morsasco, Cremolino, Molare, Tagliolo, Lerma, Casaleggio, Mornese et, en faisant un petit crochet au nord-est, Montaldeo, Castelletto d'Orba et Silvano d'Orba.

LES LANGHE ET LE MONFERRATO

TRANSPORTS

En voiture – Les distances sont peu importantes entre les villes et la voiture est le moyen le plus souple pour sillonner la région. Agences de location à Turin, Cuneo et Alessandria.

HÉBERGEMENT

PREMIER PRIX

Les Langhe

Cascina Papa Mora – *Via Ferrere, 16 - 14010 Cellarengo (à 18 km d'Asti et 26 km d'Alba) - ✆ 0141 93 51 26 - www.cascinapapamora.it - P - 6 ch. - 1/2 P. possible.* Entouré de champs et de vergers, c'est l'endroit idéal pour un séjour au calme, avec une piscine donnant sur les collines et une cuisine succulente. Promenades à cheval et vente de produits bio de la ferme.

Agriturismo Erbaluna – *Borgata Pozzo, 43 - frazione Annunziata La Morra - ✆ 0173 50 800 - www.erbaluna.it - P - 5 ch. et 1 appart. - fermé de déc.-avr.* Agréable agritourisme au cœur des Langhe, offrant des chambres simples et bien tenues. Petit-déjeuner copieux à base de produits maison. Les patrons fabriquent également un vin délicieux.

BUDGET MOYEN

Les Langhe

Hotel Savona – *Via Roma, 1 - 12051 Alba - ✆ 0173 44 04 40 - www.hotelsavona.com - P - 95 ch.* Douillet et très central, ce bel hôtel est le plus confortable de la ville. Service attentif.

Le Monferrato - Asti

Hotel Palio – *Via Cavour, 106 - 14100 Asti - ✆ 0141 34 371 - www.hotelpalio.com - P ♿ - 37 ch.* Moderne, spacieux et bien aménagé, cet hôtel propose des chambres parfaitement bien équipées. Clientèle d'affaires pendant les nombreuses foires de la ville.

RESTAURATION

BUDGET MOYEN

Les Langhe

La Cantinetta – *Via Roma, 33 - 12060 Barolo - ✆ 0173 56 198 - fermé merc. soir et jeu.* Au premier abord, l'endroit ressemble à une boutique avec ses caisses empilées, mais le restaurant se trouve au bout du couloir. Cuisine du terroir savoureuse dont un fameux pâté de lièvre à la confiture d'oignons rouges. Terrasse avec vue sur les collines.

Osteria dell'Arco – *Piazza Savona, 5 - 12051 Alba - ✆ 0173 36 39 74 - www.osteriadellarco.it - fermé dim. (sf oct.), Noël - réserv. conseillée.* Tranquillement installé sous un porche de la place, vous dégusterez ici une excellente cuisine piémontaise, sous les auspices du Slow Food.

Le Monferrato - Asti

L'Angolo del Beato – *Vicolo Cavalleri 2, angle piazza Statuto - 14100 Asti - ✆ 0141 53 16 68 -*

1

www.angolodelbeato.it - fermé dim. - réserv. conseillée. Spécialités régionales au rendez-vous, dans une succession d'agréables salles voûtées. La carte s'oriente plutôt vers la viande et les civets. Très bon accueil et ambiance feutrée.

PETITE PAUSE

Les Langhe

Pasticceria Barbero – *Via Vittorio Emanuele, 74 - 12062 Cherasco - ✆ 0172 48 83 73.* Depuis 1881, cette pâtisserie prépare les délicieux « baci di Cherasco » : des éclats de noisettes grillés au four et recouverts de chocolat fondant.

Le Roero

Pasticceria Converso – *Via Vittorio Emanuele, 199 - 12042 Bra - ✆ 0172 41 36 26 - fermé lun. et 2 sem. en juil.* Un bel établissement début de siècle, où l'on déguste de délicieux gâteaux piémontais.

ACHATS

Les Langhe

Enoteca regionale del Barolo – *Castello comunale Falletti - 12060 Barolo - ✆ 0173 56 277 - www.wimubarolo.it - fermé vac. de Noël et janv.* Dans la vaste cave du château, on vous expliquera avec efficacité l'élaboration des vins des Langhe. Dégustations payantes. Liste des exploitations ouvertes à la visite.

La Maddalena – *Via Vittorio Emanuele - 12051 Alba - ✆ 0173 44 02 30.* Une aubaine en cas d'excès de table ! Cette boutique vend de savoureuses tisanes naturelles. Le salon de thé permet de les goûter (essayez « la tisane du soir »).

Œnothèques régionales

Pour toute information sur les œnothèques du Piémont : www.regione.piemonte.it/agri/comunicazione/enoteche.

ACTIVITÉS

Golf – **Cherasco** - *✆ 0172 48 97 72 - www.golfcherasco.com - fermé les mar. et janv.-mars.* Planté d'arbres et agrémenté de petits cours d'eau, ce 18 trous séduira les amateurs.

Montgolfière – Une façon inoubliable de découvrir la région à un rythme qui s'accorde bien à ces paysages. *www.langheroero.it, rubrique Sports / Montgolfière.*

AGENDA

Foire de la truffe – De fin septembre à début novembre, de très nombreux événements, stages et dégustations sont organisés à **Alba** autour du précieux champignon. *✆ 0173 36 10 51 et www.fieradeltartufo.org.*

Douja d'or – Cette fête du vin et du terroir se tient chaque année à **Asti** au mois de septembre. Nombreux concours et visites gourmandes. *www.doujador.it.*

Palio d'Asti – Moins connue que celle de Sienne, cette course de chevaux date tout de même du 13e s. Les chevaux courent chaque année le 3e dimanche de septembre, tandis que la ville entière se costume durant la semaine. *Renseignements à l'OT d'Asti et sur www.palio.asti.it.*

Fête des vendanges – 2e dimanche de septembre. Les vignerons de tous les villages des **Langhe** vous invitent à participer aux premières étapes de la vinification. *Renseignements à l'OT de Barolo.*

Mangialonga – Dernier dimanche de septembre. Journée marathon organisée autour de **La Morra**. Au programme : promenade dans les vignobles, déjeuners à la ferme et dégustations de vins. Réservations impératives : *www.mangialonga.it.*

Cuneo

55 201 habitants – Piémont

NOS ADRESSES PAGE 161

S'INFORMER

IAT Office de tourisme – *Via Roma, 28 - Cuneo - 0171 69 32 58.*

ATL Azienda Turistica Locale del Cuneese – *Via Vittorio Amedeo II, 8/A - Cuneo - 0171 69 02 17 - www.cuneoholiday.com.*

SE REPÉRER

Carte de région B4 (p. 114-115) – *carte Michelin Régional 561 F-I 4-6.* Cuneo se trouve à 100 km au sud de Turin. Son centre ancien s'étend au nord de la piazza Galimberti, le long de la rue principale, la via Roma.

À NE PAS MANQUER

Une dégustation de produits du terroir à Cuneo ; la ville haute de Mondovì, avec les fresques baroques de l'église de la Mission ; le sanctuaire de Vicoforte.

ORGANISER SON TEMPS

Réservez une journée à la visite de la ville et une autre journée à l'exploration des vallées alentour.

AVEC LES ENFANTS

Un petit tour à Vernante pour découvrir les murs peints consacrés à Pinocchio.

De par sa position stratégique à la confluence des rivières Gesso et Stura, Cuneo a été pendant des siècles disputée par la France et l'Italie. Aujourd'hui, la tranquille capitale de la « provincia Granda » constitue un bon point de départ pour explorer le sud du Piémont, une région riche en patrimoine et en gastronomie (en particulier en fromages, en charcuteries et en vins).

Se promener

Centre historique

De la vaste et élégante **piazza Galimberti★**, ainsi nommée en hommage à Duccio Galimberti, héros de la Résistance né à Cuneo en 1906 (maison-musée au n° 6), part la **via Roma**, axe central du cœur historique. Elle concentre, avec les rues adjacentes, les principaux monuments de la ville.

Immédiatement à droite se dresse la **cathédrale** (17e-19e s.), dont l'abside abrite un retable d'Andrea Pozzo. Prendre ensuite à droite la via Mondovì qui débouche dans la **contrada Mondovì★**, l'un des endroits les plus pittoresques de la ville.

En retournant sur la via Roma, on découvre l'ancienne tour communale et, en face, l'hôtel de ville (municipio) du 17e s. Un peu plus loin sur la droite se trouve **Sant'Ambrogio** (18e s.) à l'intérieur richement décoré. Derrière l'hôtel de ville, l'église jésuite **Santa Maria** conserve des œuvres d'Andrea Pozzo et de Lanfranco. Via Santa Maria, l'ancienne **église San Francesco** est un rare témoignage de l'époque médiévale. Dans son cloître est installé le Museo Civico. Juste à côté, l'**église Santa Croce** (18e s.), à la belle façade concave, renferme d'importantes œuvres d'art.

À proximité Carte de région (p. 114-115)

Vallées de Cuneo AB4

Plusieurs vallées s'étendent en étoile autour de la ville, offrant de nombreuses possibilités d'excursions, de séjours thermaux et de ski.

Au nord-ouest, la Valle Grana, caractérisée par un paysage préalpin, est la patrie du fromage **Castelmagno**. La vallée de la Stura di Demonte (A4) sépare les Alpes Cozie des Alpes-Maritimes et relie l'Italie à la France par le col de la Maddalena (1 996 m).

Au sud-ouest, la vallée du Gesso s'enfonce dans le **Parco Naturale delle Alpi Marittime★** (Parc des Alpes maritimes - AB4), le plus vaste parc naturel du Piémont, jumelé depuis 1987 avec le parc français du Mercantour. Cette ancienne réserve de chasse des Savoie, dominée par l'Argentera (3 297 m), est sillonnée de nombreux sentiers botaniques, dits royaux, donnant sur des dizaines de lacs. La vallée de la Vermenagna s'élève jusqu'à Limone Piemonte, la principale station de ski des Alpes-Maritimes, et le col de Tende (1 908 m), jadis emprunté par les Sarrasins venant de France et par les marchands de sel. À l'est, la vallée du Pesio mène à la **Certosa di Pesio★** (B4), complexe fondé par les Chartreux au 12e s., dans un panorama verdoyant, et remanié aux 17e-18e s.

★ Mondovì B4

À 26 km à l'est par la SS 564.

Office de tourisme – *Via Vico 2 - 0174 40 389 - www.comune.mondovi.cn.it.*

La cité se compose de deux parties : Breo, la ville basse, et Piazza, la plus ancienne, située à 550 m d'altitude sur une colline dominant la vallée de l'Ellero. À Breo, l'église des Santi Pietro e Paolo (15e-17e s.) se dresse sur la jolie place San Pietro. La via Vico conduit au centre de la ville, la **piazza Maggiore★**, bordée par le Palazzo della Città, le Palazzo Bressani et l'**église de la Mission**. Derrière une façade austère, cette dernière abrite un ensemble de **fresques baroques★★** exécutées par le frère jésuite Andrea Pozzo (1679). De l'autre côté de la piazza Maggiore se trouve la **cathédrale** (18e s.), qui présente une façade monumentale et un intérieur au somptueux décor. Tout à côté, **l'évêché**, siège de l'université de 1560 à 1719, conserve de belles décorations intérieures. Derrière la cathédrale, les jardins panoramiques du **Belvédère** offrent de belles **vues★** sur la ville basse, les Langhe et les Alpes. Au centre de l'esplanade se dresse la Torre dei Bressano.

En retraversant la piazza Maggiore et en s'engageant dans la via Giolitti, on atteint la maison natale (n° 17) de Massimo Giolitti, homme d'État né en 1842. Au bout de la rue se dresse la citadelle, érigée sur l'ordre d'Emmanuele Filiberto au 16e s. (une caserne l'occupe aujourd'hui). En tournant à gauche, on arrive à l'église de la Miséricorde (18e s.) à l'intérieur fastueusement orné de fresques.

Santuario di Vicoforte B4

À 6 km au sud-est de Mondovì par la SS 28.

Cet imposant sanctuaire dédié au culte marial, construit à la fin du 16e s. sur un projet d'Ascanio Vitozzi, possède une **coupole elliptique★** (l'une des plus grandes du monde), réalisée au 18e s. par Francesco Gallo et entièrement couverte de fresques. Le monastère cistercien adjacent abrite une hôtellerie destinée aux pèlerins et aux touristes.

★ **Grotta di Bossea à Frabosa Soprana** B4

À 20 km au sud de Mondovì. ✆ 0174 34 92 40 ou 345 12 82 581- www.grottadibossea.com - fermé 25 déc. et 1er janv. - 11 €.
Située dans un environnement fortement karstique, la grotte présente de spectaculaires formations, des petits lacs, des cascades et des restes fossiles.

Vernante B4

À 23 km au sud de Cuneo, par la SP 21.
Le village doit sa singularité aux façades de ses maisons, où quelque 130 peintures murales racontent les aventures de Pinocchio. Elles furent réalisées d'après l'illustrateur turinois Attilio Mussino (1878-1954), qui donna à la marionnette de Carlo Collodi (1826-1890) son image légendaire avec son nez à rallonge. Mussino s'inspira de Vernante, où il finit sa vie, comme décor de fond.

NOS ADRESSES À CUNEO

HÉBERGEMENT

PREMIER PRIX

Boves

Agriturismo La Bisalta-Locanda del Re – *Via Tetti Re, 5 - à 17 km au sud-est de Cuneo - ✆ 0171 38 87 82 - fermé de mi-oct. à avr. - 5 ch.* Une ferme du 17e s. bien restaurée, au pied des Alpes, où l'on pratique l'élevage des escargots – lesquels peuvent se déguster dans le restaurant adjacent « Locanda del Re » (sur réserv. uniquement). Chambres spacieuses et décorées avec goût ; deux d'entre elles possèdent des sols originaux du 18e s. et des voûtes en brique. Court de tennis et mini-golf.

BUDGET MOYEN

Cuneo

Cuneo Hotel – *Via Vitt. Amedeo II, 2 - ✆ 0171 68 19 60 - www.cuneohotel.com - 20 ch.* Hôtel situé en plein centre mais tranquille, avec des chambres récemment rénovées et vastes, décorées de meubles fonctionels en bois clair, tandis que les parties communes, sobres, déclinent une gamme de bruns sombres.

Vicoforte

Hotel Portici – *Piazza Carlo Emanuele, 47 - ✆ 0174 56 39 80 - www.hotelportici.com - 29 ch.* Idéalement situé juste en face du sanctuaire, cet hôtel propose de grandes chambres élégantes.

RESTAURATION

BUDGET MOYEN

Cuneo

Osteria della Chiocciola – *Via Fossano, 1 - ✆ 0171 66 277 - fermé dim. et 2 sem. en janv.* Ce restaurant-œnothèque sert des plats de tradition et une carte des vins d'un excellent niveau. En automne, spécialités à base d'escargots.

PETITE PAUSE

Pasticceria Arione – *Piazza Galimberti, 14 - Cuneo - ✆ 0171 69 25 39 - www.arione-cuneo.com - fermée lun.* Cette pâtisserie a inventé en 1923 les fameux *cuneesi*, chocolats au rhum appréciés – entre autres – par Ernest Hemingway. En 1954, ce dernier s'arrêta spécialement à Cuneo pour les goûter.

Saluzzo

Saluces

★

16 797 habitants – Piémont

NOS ADRESSES PAGE 165

S'INFORMER

Office de tourisme IAT – *Piazza Risorgimento 1 - ✆ 0175 46 710*

SE REPÉRER

Carte de région B3 (p. 114-115) – *carte Michelin Régional 561 I 4.* Saluzzo se trouve entre Cuneo et Turin, auxquelles elle est reliée par la S 20 et la S 662. Se garer de préférence dans la partie basse de la ville.

À NE PAS MANQUER

La Casa Cavassa et l'église San Giovanni à Saluzzo, la piazza Santarosa à Savigliano, le château de Racconigi, la chapelle du marquis de Revello, les fresques du château de la Manta, les fresques de l'église paroissiale d'Elva et, plus prosaïquement, les *droneresi bianchi* de Dronero.

ORGANISER SON TEMPS

Prévoyez deux jours.

AVEC LES ENFANTS

Le Centro Cicogne à Racconigi ; excursion aux sources du Pô à Pian del Re.

Cette gracieuse petite ville, dont le centre médiéval veillé par un imposant château s'étend en éventail sur le versant d'une colline, fut, du 12e au 16e s., le siège d'un puissant marquisat qui fit de Saluzzo un centre culturel raffiné et prospère. Les étroites ruelles et les escaliers revêtus de galets invitent à d'agréables promenades pour découvrir les beaux témoignages du passé tout en jetant un coup d'œil aux vitrines des boutiques d'antiquités et aux échoppes d'ébénisterie et de ferronnerie d'art.

Se promener

★ Casa Cavassa

✆ 0175 41 455 - www.casacavassa.it - mars-sept. mar. et merc. 10h-13h et 15h-17h, jeu.-dim. 10h-13h et 15h-19h (hiv. 10h-13h et 14h-18h), fermé lun., 1er janv., 1er Mai, 1er nov., 25 déc. - 5 € ; billet combiné avec la tour municipale 6 €.

Un beau portail Renaissance, surmonté de la devise « Droit quoy qu'il soit » et de l'emblème des Cavassa (un poisson – *chavasse* en patois local – remontant le courant), donne accès à cette élégante demeure du 15e s. Sur la belle galerie panoramique au balcon orné des *Travaux d'Hercule*, œuvre en grisaille réalisée par l'artiste flamand et bourguignon Hans Clemer (appelé le Maître d'Elva), s'ouvrent plusieurs salles qui conservent des décors d'origine, des meubles Renaissance et un splendide retable, également de Clemer, **La Vierge de Miséricorde★**, trônant parmi de précieuses stalles du 15e s.

★ San Giovanni

Érigée au 14e s., l'église St-Jean renferme derrière sa façade dépouillée un riche intérieur. À l'entrée du bas-côté gauche se trouve un beau **cycle de fresques★** du 15e s. où les épisodes de la vie du Christ sont encadrés de représentations d'édifices urbains et de groupes de personnages pleins d'animation. La pièce maîtresse de l'édifice est l'extraordinaire **abside★★**, joyau d'art gothique bourguignon, « brodée » de pierre verte de Sampeyre. La niche sur la gauche accueille le **tombeau de Louis II de Saluzzo**, exécuté par Benedetto Briosco (maître maçon de la chartreuse de Pavie après Amadeo) ; celle de droite était destinée à recevoir le tombeau de sa femme, Marguerite de Foix, enterrée finalement en Espagne (remarquer la petite console dans l'angle intérieur gauche, où se trouve le curieux personnage du prophète doté de lunettes). Depuis le bas-côté gauche, on accède au cloître, sur lequel s'ouvre la salle capitulaire conservant le **mausolée de Galeazzo Cavassa**.

Près de l'église, de l'autre côté de la place, s'élève la **tour municipale** (Torre Civica), construite par le marquis Louis Ier au 15e s. L'effort fourni pour son ascension est récompensé par la belle **vue★** dont on jouit du sommet. *Mars-sept. : w.-end et j. fériés 10h30-12h30 et 15h-19h, reste de l'année 10h30-12h30 et 14h30-18h30 - 2 € ; billet combiné avec Casa Cavassa 6 €.*

1

À proximité Carte de région (p. 114-115)

UN TOUR DANS LE MARCHESATO AB3-4

Savigliano B3

À 13 km à l'est par la SS 662.

Corso Roma, 36 - ✆ 0172 71 02 47.

La visite de cette charmante cité commence par la belle **piazza Santarosa★**, dessinée au 12e s. et encadrée d'édifices médiévaux et Renaissance, parmi lesquels la Torre Civica (13e s.) et un arc de triomphe érigé en 1560 en l'honneur de la maison de Savoie.

La via Sant'Andrea, qui serpente à travers le quartier aristocratique, est bordée par l'église baroque Sant'Andrea et, en face, par le **Palazzo Taffini d'Acceglio** (17e s.) dont on peut admirer l'élégante cour d'honneur. L'intérieur conserve un grand salon orné de fresques de Giovanni Antonio Molineri. Dans la rue latérale, via Jerusalem, se dresse le **Palazzo Muratori Cravetta★**, dans lequel s'associent harmonieusement peinture, sculpture et architecture.

En retraversant la piazza Santarosa, on atteint le **Teatro Milanollo** (19e s.) qui présente un élégant intérieur.

DES ENFANTS CÉLÈBRES

La ville vit naître le patriote et écrivain **Silvio Pellico** (1789-1854). Accusé de faire partie du mouvement des *carbonari*, il fut condamné à mort par les Autrichiens en 1820. Cette peine fut commuée en quinze ans de prison qu'il passa dans une forteresse en Moravie. Gracié en 1830, il rédigea ses mémoires, *Mes prisons*, qui rencontrèrent un grand succès en Europe. De 1838 à sa mort, il fut le secrétaire de la famille Barolo *(voir p. 126 et 154)*.

Le général **Carlo Alberto Dalla Chiesa** (1920-1982), responsable de la lutte antimafia à Palerme et célèbre victime d'un attentat, est lui aussi natif de Saluzzo.

Prendre la SS 20 et la SS 28 vers le sud-est jusqu'à **Fossano** (à 14 km) et l'austère et imposant **château des princes d'Acaja★** (14e s.) qui se détache sur l'horizon montagneux. La rue principale, via Roma, est bordée d'arcades et d'élégants palais.

★★ Castello di Racconigi B3

À 14 km au nord de Savigliano sur la SS 20.

0172 84 005 - www.ilcastellodiracconigi.it - Château : visite guidée mar.-dim. 9h-18h30 - 5 €. Parc : tlj sf lun. 10h-19h (18h nov.-mars) - 2 €.

La forteresse militaire des marquis de Saluzzo devint au 17e s. propriété des Savoie-Carignano qui la transformèrent en résidence d'été. Le projet d'origine est signé Guarino Guarini qui a laissé la façade côté parc, tandis que celle côté entrée a été réalisée par Giovanni Battista Borra en 1755. Les intérieurs, richement décorés et meublés à l'étage des réceptions, offrent au second niveau, habité par les Savoie jusqu'à la fin de la Seconde Guerre mondiale, un aperçu de leur vie plus intime. Les salles les plus remarquables sont le splendide **Salon d'Hercule et Diane**, les pièces chinoises, le **cabinet étrusque** et les cuisines. Derrière le château s'étend un vaste parc, au fond duquel se trouve la **Margaria**, ferme modèle construite dans le style néogothique en 1852.

En longeant le parc en voiture, on arrive au **Centro Cicogne**, créé en 1985 pour favoriser la réintroduction de la cigogne blanche. Il s'occupe aujourd'hui de la sauvegarde de divers anatidés *(0172 83 457 - www.cicogneracconigi.it)*.

★ Abbazia di Staffarda A3

À 10 km au nord-ouest par la S 589. 0175 27 32 15 - tlj sf lun. 9h-12h30 et 13h30-18 (hiver 17h), billet combiné avec Cappella Marchionale 6,50 €.

Cet imposant ensemble monastique, érigé par les moines cisterciens aux 12e et 13e s. dans le style de transition romano-gothique, fut un important centre économique, siège de foires et de marchés. À droite de l'entrée s'ouvre l'hôtellerie avec son beau réfectoire gothique, tandis qu'un peu plus loin sur la gauche s'étend la terrasse du marché (*Loggia del Mercato*, 13e s.). En face, le long bâtiment où logeaient les frères convers mène au **cloître**. Au fond à droite s'élève l'**église**, précédée d'un portique. À l'intérieur, l'austérité solennelle, où le seul motif décoratif est le contraste entre les briques rouges et les pierres blanches, est animée par une recherche d'asymétrie, possible allusion à l'imperfection de l'œuvre humaine. Sous la voûte de l'abside, le regard un peu perplexe du petit visage du soleil (15e s.) semble observer le visiteur.
On pourra admirer le bel **ensemble absidial** de la rue qui mène à l'abbaye.
À 9 km au sud se trouve **Revello** (A3), résidence estivale de Marguerite de Foix et Louis II, marquis de Saluzzo, qui l'embellirent de précieux monuments et en particulier de la **Cappella Marchionale★** *(à l'intérieur de la mairie)*, joyau du gothique tardif, entièrement décoré de fresques. *0175 27 32 15.*
Non loin se dresse la **collégiale**. Son beau portail de marbre (1534) précède un intérieur qui recèle de précieuses œuvres du 16e s., parmi lesquelles le magnifique polyptyque **Saints Pierre et Paul★★** de Hans Clemer.

Castello della Manta B4

À 4 km au sud par la S 589. 0175 87 822 - www.fondoambiente.it - mars-sept. : tlj sf lun. 10h-18h ; oct.-nov. et 2e quinz. de fév. tlj sf lun. 10h-17h - 6 €.

Cette forteresse du 12e s. fut transformée en demeure seigneuriale au 15e s. par Valeran, fils de Thomas III, marquis de Saluzzo. Les splendides **fresques★★** de la salle seigneuriale (1re moitié du 15e s.) représentent, avec l'élégance et le goût décoratif qui caractérisent le gothique, *La Parade des héros et héroïnes* –

avec des personnages inspirés du poème chevaleresque *Le Chevalier errant* composé par Thomas III – et la vivante allégorie de la Fontaine de jouvence. Pour les amateurs de châteaux, à **Lagnasco** *(6 km à l'est)*, le **château Tapparelli d'Azeglio** recèle de très belles peintures Renaissance *(✆ 0175 72 101)*.

PROMENADE DANS LES VALLÉES A3-4

À l'ouest de Saluzzo, la vallée du Pô remonte vers le **Monviso** (3 841 m), jusqu'à 2 020 m, à **Pian del Re**, où jaillit la source du plus grand fleuve italien. En prenant la SS 589 pour Venasca, on s'engage dans la verdoyante **Valle Varaita** (A3) qui, après Sampeyre et Casteldelfino, bifurque et monte vers Pontechianale et le **col de l'Agnello** (2 748 m, *fermeture nov.-mai*) par lequel on atteint la frontière française.

De Sampeyre (A4), on peut monter jusqu'au col du même nom (2 284 m, *conduire avec prudence*), qui offre des **vues★** splendides sur le Monviso, puis redescendre jusqu'au village d'**Elva** (A4), dont l'église paroissiale abrite de splendides **fresques★★** (15e s.) de Hans Clemer.

De là, l'impressionnant val d'Elva (10 km, *conduire avec extrême prudence)* mène au sauvage Val Maira, doté d'un riche patrimoine artistique, comme le **polyptyque★** de Hans Clemer dans l'église parroissiale de **Celle Macra** (détour de 2 km par la SS 22).

En partie basse de la vallée se blottit **Dronero** (A4), gracieuse cité aux origines anciennes, qui conserve un pont médiéval (belle vue sur la ville de l'autre côté du pont) et le grenier à blé, loggia du 14e s. utilisée pour le marché aux céréales. À 4 km à l'est de Dronero, à **Villar San Costanzo** (A4), on peut visiter la **Riserva Naturale dei Ciciu** (marionnettes), aux curieuses formations d'argile et de gneiss en forme de champignon, et l'église parroissiale élevée sur le site d'un ancien monastère dont subsistent la **chapelle St-Georges★**, ornée de fresques du 15e s., et la crypte romane.

1

NOS ADRESSES À SALUZZO

SE LOGER

PREMIER PRIX

B & B La Canonica di Pagno – *Via Provinciale, 20 - Pagno (à 5 km au sud-ouest de Saluzzo) - ✆ 0175 76 333 ou 349 05 99 439 (mobile) - www.lacanonicadipagno.it - ⊭ - 4 ch.* Dans le Val Bronda, cet ancien presbytère offre peu de chambres mais elles sont aménagées avec goût. Environnement enchanteur.

Hotel Cavallo Bianco – *Piazza Manuel, 18 - Dronero - ✆ 0171 91 65 90 - www.ilcavallobianco.com - 18 ch.* L'hôtel occupe un immeuble du 17e s. du centre historique. Les chambres du 1er étage sont les plus agréables mais, celles du second, plus récentes, offrent une belle vue sur les toits de la cité.

RESTAURATION

BUDGET MOYEN

Rosso Rubino – *Piazza Marconi 2 - Dronero - ✆ 0171 90 56 78 - fermé lun., 2 sem. en mars, 1 sem. en nov.* Plats traditionnels plaisamment réinterprétés et spécialités à base de poisson.

PETITE PAUSE

Pasticceria Brignone – *Via Roma 2 - Dronero - ✆ 0171 91 81 51 - www.pasticceriabrignone.com.* Pour les délicieux *droneresi bianchi*, chocolats au rhum recouverts de meringue.

Valle d'Aosta

Val d'Aoste

★

122 040 habitants – Val d'Aoste

NOS ADRESSES PAGE 172

S'INFORMER
Ufficio Regionale del Turismo – *www.regione.vda.it.*

SE REPÉRER
Carte de région AB2 (p. 114-115) – *carte Michelin Régional 561 E 3-4.* Le Val d'Aoste se situe au nord-ouest de l'Italie, touchant les frontières française et suisse. La vallée est traversée par l'A 5.

À NE PAS MANQUER
Aoste et ses monuments romains, la forteresse de Bard, le parc du Grand Paradis.

ORGANISER SON TEMPS
Prévoyez de rester au moins trois ou quatre jours dans l'une des vallées, pour en explorer toutes les possibilités.

AVEC LES ENFANTS
Guettez les animaux du parc du Grand Paradis, visitez la forteresse de Bard.

La nature préservée des vallées retirées, les nombreux châteaux de la vallée centrale, les vals jalonnés de villages aux toits de lauzes et balcons de bois, les innombrables possibilités d'excursions et les routes splendides aboutissant au pied d'éblouissants glaciers font du Val d'Aoste l'une des plus belles régions d'Italie. Formé par la vallée centrale de la Doire Baltée (Dora Baltea) et les pittoresques vallées secondaires (Valtournenche, val de Gressoney, val d'Ayas, val Grisenche), le Val d'Aoste est situé au cœur des hauts sommets des Alpes françaises et suisses : mont Blanc, Cervin (Cervino), mont Rose (Monte Rosa), Grand Combin, Dent d'Hérens, Grand Paradis (Gran Paradiso), Grande Sassière. Le Val d'Aoste est, depuis 1948, une région autonome sur le plan administratif ; on y parle encore un dialecte franco-provençal et les actes publics sont rédigés en italien et en français.

Découvrir la vallée Carte de région (p. 114-115)

★★ Parco Nazionale del Gran Paradiso AB2

L'organisme du parc propose des excursions avec les guides du parc qui vous feront découvrir les particularités de chacune des vallées. ✆ 011 86 06 233 - www.pngp.it.

Versant valdôtain : ✆ 0165 90 26 93 - Loc. Cheriettes 11010 Aymavilles (AO) ; www.pngp.it.

Versant piémontais : ✆ 0124 95 31 66 - Borgata Prese c/o ex Grand Hotel 10080 Ceresole Reale (TO) ; www.pngp.it.

La vallée de Rhêmes sous la neige.
S. Torrione / hemis.fr

Créé en 1922, ce parc englobe sur près de 70 000 ha l'ancienne réserve royale de chasse. On y accède par le val de Rhêmes, le val Savarenche, le val de Cogne, ou par Locana et la route du col du Nivolet.

C'est le refuge de très nombreux animaux sauvages, dont les derniers **bouquetins** d'Europe, reconnaissables à leurs épaisses cornes annelées. Relativement confiants, ils peuvent se laisser approcher pour des photos lorsqu'ils descendent dans les vallées au printemps, à condition toutefois d'avancer tout doucement… Il est aussi possible d'observer la vie des **chamois** et des **marmottes** pratiquement toute l'année, même s'ils sont plus craintifs. Sur des chemins plus reculés, vous croiserez peut-être des **renards**. Plus loin sur les cimes, les seigneurs du ciel sont l'**aigle royal**, la **chouette** et le **gypaète barbu**, un rapace qui se nourrit de charognes. Quant aux oiseaux, on dénombre des dizaines d'espèces sauvages. Le parc constitue également une réserve pour les espèces les plus rares de la flore alpine.

Val di Rhêmes et val Savarenche A2

Ces deux vallées s'atteignent par **Introd**, un joli bourg dominant la gorge de la Dora de Rhêmes.

Excellent point de départ pour une découverte du Parc du Grand Paradis, le **val de Rhêmes** est une vallée ouverte, lumineuse et bien équipée. Son premier village, **Rhêmes-St-Georges★**, est l'un des plus beaux avec ses anciennes maisons traditionnelles en pierre, ses jardins en terrasse et ses paisibles ruelles. Depuis **Rhêmes-Notre-Dame**, où se trouve le bureau du parc *(voir plus haut)* qui présente la faune et la flore à découvrir, on peut gagner le massif de la Grande-Rousse (3 607 m). Le bout de la route praticable conduit au refuge Benevolo.

Le hameau de Pont termine la route du **val Savarenche**, ancien domaine de chasse, et conduit au refuge Vittorio-Emanuele II, célèbre dans le monde de l'alpinisme.

NATURE ET TOURISME

Le Val d'Aoste, par sa position privilégiée, offre de splendides **vues★★★** et se révèle être un véritable paradis pour les passionnés de ski (stations de **Breuil-Cervinia★★**, **Courmayeur★★**, **La Thuile**, **Gressoney-la-Trinité**, **Champoluc**). Traversant les forêts et les bois, frôlant les glaciers, comme celui particulièrement spectaculaire du mont Rose, les pistes offrent des panoramas magnifiques. Quant aux amateurs de ski de fond, ils trouveront leur bonheur dans le Parc national du Grand Paradis **(Cogne★)**.
Les activités économiques de la région se concentrent autour du tourisme, de l'élevage et de l'artisanat. Le travail du bois occupe une place importante et la production est très variée : meubles (buffet, banc), objets en tous genres (comme les *grolle*, coupes en bois caractéristiques de la région), sculptures et jouets (principalement des animaux stylisés).

★★ Val di Cogne A2

Il faut passer par de nombreux villages avant d'arriver à celui de **Cogne★**, cœur du parc logé au pied d'une vaste combe dominée par les glaciers du Gran Paradiso (4 061 m). Centrée sur une importante activité minière jusqu'en 1970, la vallée vit aujourd'hui du tourisme, des sports d'hiver et de l'artisanat.
À 4 km de Cogne se trouve l'agréable **cascade de Lillaz**, juste après le hameau du même nom. Si vous avez envie d'une promenade un peu plus longue *(env. 2h30 AR)*, suivez, en direction de la cascade, le sentier balisé qui indique sur la droite le **lago di Loie★**. Après une montée rude et tonifiante, vous atteindrez ce ravissant petit lac de montagne (2 396 m d'altitude) entouré d'herbes rases, idéal pour un pique-nique avec une vue plongeante sur le haut de la vallée.
Au départ de **Valnontey**, durant tout le mois de juillet, le **jardin alpin Paradisia** est en pleine floraison. Créé en 1955 à 1 700 m d'altitude, il propose deux itinéraires de visite pour découvrir plus de 1 000 variétés de plantes, dont le délicat lys blanc *(Paradisea liliastrum)*, le grand astragale qui ne pousse que dans la vallée d'Aoste, ou l'aethionéma de Thomas *(aethionema thomasianum)*, une survivante de l'ère tertiaire. Il abrite également un jardin destiné aux papillons. *0165 74 147 - de mi-juin à-sept. ; reste de l'année : fermé - 3 €*

Circuit conseillé Cartes de région (p. 114) et Valle d'Aoste (p. 170)

DE COURMAYEUR À PONT-ST-MARTIN

Circuit de 190 km. Comptez une journée.

★★ Courmayeur A2

Plan de la ville et des environs dans l'Atlas Michelin Italie.
De cette agréable station très connue des alpinistes et des skieurs, on peut effectuer diverses excursions. Par téléphérique : traversée du massif du Mont-Blanc *(à partir de la Palud, Le Guide Vert Alpes du Nord)* ; la Cresta d'Arp.
En voiture : le val Veny ; le val Ferret ; la Testa d'Arp ; la route du Petit St-Bernard, l'un des principaux passages des Alpes déjà utilisés dans l'Antiquité.

★ Val Grisenche A2

Majestueuse et assez fermée, cette vallée permet de belles promenades dans une nature préservée. Avec son habitat traditionnel de pierres grises et d'ardoises, le village de **Valgrisenche** possède l'une des plus jolies églises de la vallée, l'**église de St-Grat★**, évêque d'Aoste (5e s.). Édifiée au 19e s., elle reprend dans son unique nef elliptique les grandes lignes de l'architecture baroque, avec une débauche de marbre. Le **clocher** carré attenant remonte à la fondation de la paroisse, au 14e s.

Juste après le hameau du Perret, le **lago di Beauregard** se trouve à 1 770 m d'altitude et s'étend sur quelque 4 km. Lors de la construction du barrage en 1957, le village de Fornet fut totalement englouti. Pour trouver la route touristique qui fait le tour du lac, il faut passer la digue. À pied ou en voiture, cette route circulaire permet de découvrir de beaux **panoramas★** sur le lac et les glaciers de la Testa del Rutor (3 486 m).

St-Pierre A2

Castello Sarriod de la Tour – Édifié entre le 10e et le 12e s. autour d'une puissante tour carrée protégée par une enceinte, ce château massif surplombe la Doire. Largement remanié jusqu'au 18e s., il a appartenu à la famille Sarriod jusqu'en 1923. La chapelle conserve de belles **fresques★** de 1250. Les poutres du plafond de la **salle des fêtes★** sont décorées de 171 sculptures du 15e s., formant un étonnant répertoire d'images fantastiques et grivoises. *✆ 0165 90 46 89 - www.regione.vda.it/cultura/beni_culturali/patrimonio/castelli - visite guidée tlj sf mar. 10h-12h30, 13h30-17h (ou plus tard, selon les jours et la saison) - fermé 25 déc. et 1er janv. - 3 €.*

Castello di St-Pierre/Museo regionale di Scienze Naturali – Dominant le village avec sa silhouette effilée, ce château date du 11e s. et possède un beau clocher roman. Il abrite dans les anciennes écuries un intéressant musée qui présente les minéraux, la flore et la faune de la vallée. Riche collection de coléoptères. *✆ 0165 30 63 23 - www.museoscienze.it - fermé pour travaux au moment de la rédaction de ce guide.*

À la sortie de St-Pierre, après avoir laissé à droite la route du val de Cogne, vous verrez apparaître à gauche le **château de Sarre** qui fut résidence d'été des comtes de Savoie ; puis, à droite, la **forteresse d'Aymavilles** (14e s.) cantonnée de grosses tours rondes crénelées.

★ Aosta (Aoste) A2

Piazza Pretoria 3 - ✆ 0165 23 66 27.

Située au centre du val qui porte son nom, Aoste, capitale de la région, conserve son plan d'ancien *castrum* romain et quelques monuments de cette époque dans un agréable centre-ville piétonnier. Actif foyer religieux au Moyen Âge, Aoste a donné naissance à saint Anselme, archevêque de Canterbury, mort en 1109. C'est aujourd'hui un actif centre industriel et, depuis la percée du tunnel du Mont-Blanc en 1965, un noyau touristique d'importance, au carrefour de la route menant au col du Grand St-Bernard et en Suisse.

★ **Monuments romains** – Groupés au centre de la ville, ce sont principalement la **porte Pretoria** et le majestueux **arc d'Auguste**, tous deux datant du 1er s. av. J.-C., le **pont romain**, le **théâtre** et les ruines de l'**amphithéâtre**.

★★ **Sant'Orso** – Construite sur une ancienne basilique paléochrétienne, la collégiale de St-Ours (du nom d'un religieux irlandais venu évangéliser la vallée au 11e s.) s'organise autour d'une église qui conserve de très belles **stalles** de bois sculpté (15e s.) et un jubé baroque. Au fond de la **crypte** (11e s.), le socle d'un imposant fauteuil de pierre est percé d'un trou, dans lequel les fidèles se glissaient jadis à trois reprises pour guérir leurs rhumatismes… Sur le côté, une porte donne accès à un charmant petit **cloître★** roman dont les **chapiteaux★★** historiés illustrent des scènes bibliques et profanes. Remarquez le **prieuré** de style Renaissance et ses **fenêtres★** élégantes. Sous la toiture, on

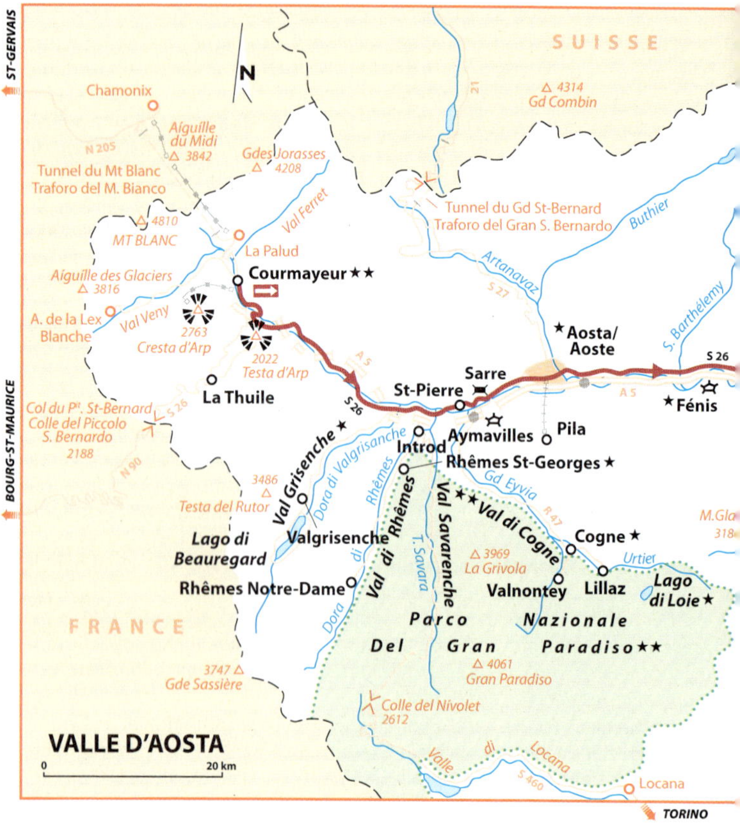

peut admirer un émouvant cycle de **fresques★** du 11e s. *Pour voir les fresques de la collégiale, s'adresser au gardien, à l'église de San Lorenzo, en face. Pas de visite pendant les offices religieux.*

Cattedrale – Construite au 12e s. et maintes fois remaniée, elle présente une façade néoclassique (1848). Dans le chœur, pavement à mosaïque du 12e s., stalles gothiques du 15e s. et tombeau de Thomas II de Savoie (14e s.). Riche **trésor**. Cloître du 15e s. *Trésor : w.-end 15h30-17h30 - 3 €.*

Museo Archeologico Regionale – Installée dans un ancien couvent, une agréable architecture contemporaine met en valeur les divers témoignages de l'occupation romaine de la vallée : stèles anthropomorphes, bracelets et fibules ouvragés, masques funéraires en bronze, outils…

Ne manquez pas le décor en os du **lit funéraire** de la nécropole de St-Roch avec ses figurines mythologiques d'une grande délicatesse. La visite s'achève par une belle collection de numismatique (collection « Pautasso »). *Piazza Roncas, 12 - ✆ 0165 27 59 02 - www.regione.vda.it/turismo - ♿ - tlj 9h-19h (25 déc. et 1er janv., 15h-19h) - gratuit.*

Pila A2

Depuis Aoste, une jolie excursion vous mènera jusqu'à Pila, petite station située à 1 800 m d'altitude. Vous pouvez la rejoindre en voiture (18 km, par Gressan ou par Charvensod) ou prendre la télécabine située près du quartier

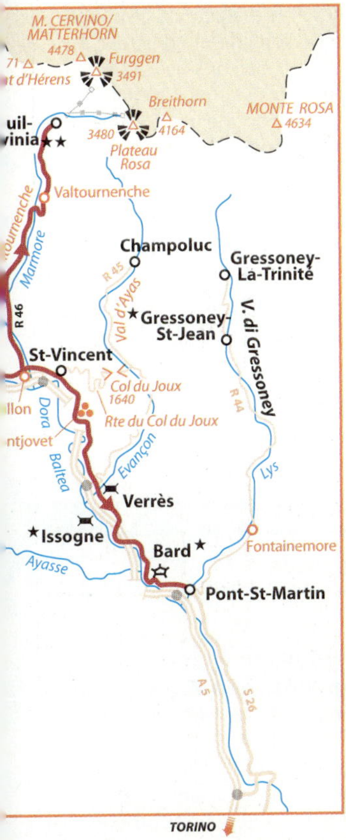

piétonnier et de la gare *(www.pilaturismo.it)*.
Des sommets, une **vue★★★** incomparable à 360° sur le mont Blanc et le mont Rose s'offre à vous. En hiver, le domaine skiable propose de belles pistes.

★ Castello di Fénis A2

✆ 0165 76 42 63 - visite guidée slt - 5 €.
Cette imposante **forteresse** renferme des meubles de bois sculpté typiques de la production valdôtaine. Cour intérieure remarquable par ses fresques de la *Légende dorée*.

★★ Breuil-Cervinia B1

Station de sports d'hiver située à 2 050 m d'altitude. Excursion en téléphérique au plateau Rosà et au Furggen (3 491 m).

St-Vincent B2

Son casino, au cœur d'un beau parc, est très fréquenté.
Le long de la route, remarquer les châteaux de Montjovet puis de **Verrès** (14e s.). Ce dernier curieusement, n'a ni tours d'angle ni donjon.

★ Castello d'Issogne B2

✆ 0125 92 93 73 - visite uniquement guidée - 5 €.
Construit à la fin du 15e s. par Georges de Challant, ce château est remarquable par sa cour ornée d'une fontaine surmontée d'un grenadier en fer forgé, sa galerie à arcades décorée de scènes paysannes (fresques du 15e s.) et son mobilier valdôtain.

★ Fortezza di Bard/Museo delle Alpi B2

✆ 0125 83 38 11 - www.fortedibard.it - 8 €.
Démantelée en 1800 par Napoléon et reconstruite au 19e s., cette imposante forteresse commande la haute vallée de la Doire Baltée. La visite de cet immense musée est vraiment indispensable pour mieux comprendre l'histoire et les traditions de la vallée. Complet et très vivant, le parcours s'appuie sur des témoignages de la vie quotidienne d'hier et d'aujourd'hui, ainsi que sur des installations interactives originales illustrant en détail tous les aspects de la vie valdôtaine : histoire, géographie, nature, culture, sport, éducation. Pour accéder au musée, installé dans les 29 salles de l'ancienne forteresse, 4 ascenseurs sont nécessaires.

Pont-St-Martin B2

Cette petite ville doit son nom au pont romain protégé par une chapelle dédiée à saint Jean Népomucène.

Val di Gressoney B2

De Pont-St-Martin, vous pouvez prolonger le circuit en remontant le val de Gressoney *(33 km jusqu'à Gressoney-la-Trinité par la R 44)*. Le village de **Gressoney-St-Jean★** (1 385 m) mérite un arrêt. Vous êtes ici en pays Walser, où l'on conserve les traditions, les costumes et le dialecte de ce peuple des montagnes. Blotti autour de son église et de son chemin de croix, St-Jean offre des ruelles animées, de beaux chalets aux balcons de bois (les *baita*) et des balades à pied ou à ski de fond parmi les sapins. Le château néo-gothique de la reine Marguerite de Savoie (1898) donne une touche romantique au tableau, avec le mont Rose au fond de la vallée.

En hiver, les amateurs de ski alpin peuvent emprunter une navette pour rejoindre **Gressoney-La-Trinité** (1 637 m) et accéder à toutes les vallées du domaine du Monterosa Ski par le télésiège Jolanda. Ce vaste domaine – 180 km de pistes – réunit les vallées d'Ayas Champoluc, Gressoney et Valsesia.

NOS ADRESSES DANS LA VALLE D'AOSTA

INFORMATIONS UTILES

Météo – À consulter impérativement avant toute randonnée en montagne : *à l'OT d'Aoste ou à la Protection civile, ✆ 0165 27 23 33 (serveur automatique).*

TRANSPORTS

En train – Gare ferroviaire à Aoste, *piazza Manzetti, 1 - www.fsitaliane.it.* Liaisons quotidiennes avec Turin et Milan.

En voiture – La vallée est traversée par une autoroute (plutôt chère). Vous trouverez les accès aux cols vers la France et la Suisse affichés dans les bureaux de tourisme. Location de voitures à Aoste (**Europcar** : *piazza Manzetti, 3 - ✆ 0165 41 432).*

En bus – Gare routière à Aoste, en face de la gare ferroviaire *(via Carrel, 1).* Nombreuses liaisons quotidiennes avec les principaux villages de la vallée : compagnies **Savda** *(✆ 0165 26 20 27 - www.savda.it)* ; **Vita Tours** *(✆ 0125 96 65 46)* dessert les vallées d'Ayas, Gressoney et Champorcher.

SE LOGER

PREMIER PRIX

Val Savarenche

Agriturismo Lo Mayen – *Località Bien, 1 (4 km de Valsavarenche) - ✆ 0165 90 57 35 - P - 8 ch.* Un agréable agrotourisme avec de jolies chambres mansardées, calmes, sobres et très propres. Les propriétaires, producteurs de fromages, se feront un plaisir de vous en expliquer la fabrication.

Valtournenche

Hotel Tourist – *Via Roma, 32 - 11028 Valtournenche - 8 km au sud de Cervinia - ✆ 0166 92 070 - www.hotel-tourist.it - ♿ - fermé oct. - P - 34 ch.* Cet hôtel au décor accueillant et lumineux (couleurs claires et finitions en bois et en pierre) propose des chambres spacieuses au mobilier en cerisier. Le restaurant sert une cuisine du terroir et un minibus gratuit vous conduit jusqu'aux pistes.

BUDGET MOYEN

Courmayeur

Hotel dei Camosci – *Località La Saxe - 11013 Courmayeur -*

0165 84 23 38 - www. hoteldeicamosci.com - ♿ - fermé mai-15 juin, oct.-nov. - P - 23 ch. Un hôtel confortable et typique, à l'écart du centre-ville. Les chambres fonctionnelles et accueillantes, de style montagnard, présentent des vues sur le mont Blanc. Cuisine de la région et très bon accueil.

Val di Rhêmes

Albergo Granta Parey – *Località Chanavey - 11010 Rhêmes-Notre-Dame - 1,5 km au nord de Rhêmes-Notre-Dame - 0165 93 61 04 - www.rhemesgrantaparey.com - fermé oct.-nov. - P - 31 ch.* Les enfants sont les bienvenus dans ce grand hôtel géré en famille, situé à quelques mètres des remontées mécaniques et des pistes de ski de fond. Chambres confortables avec parquet et mobilier en pin et salle de restaurant réservée aux hôtes. Centre de détente avec sauna.

Val di Cogne

Hotel La Barme – *Località Valnontey - 11012 Cogne - 2,5 km au sud-est de Cogne - 0165 74 91 77 - www.hotellabarme.com - ♿ - fermé nov. - P - 16 ch.* Un petit hôtel géré en famille, idéal pour les excursions dans le Parc du Grand Paradis en été et pour la pratique du ski de fond en hiver. Tout en pierre et en bois avec un mobilier de couleur claire, l'établissement dispose d'un restaurant, d'un jardin estival et d'un sauna. Prêt de VTT aux clients.

SE FAIRE PLAISIR

Aoste

Hotel Milleluci – *Località Porossan Roppoz 15, à 1 km d'Aoste - 11100 Aoste - 0165 23 52 78 - www.hotelmilleluci.com - ♿ - P - 31 ch. - ouvert tte l'année.* Décorées avec beaucoup de goût, dans le style valdôtain, les chambres sont très confortables et donnent sur la vallée. Accès libre à la piscine découverte (chauffée à l'énergie solaire), au jacuzzi, au sauna et au hammam. Le petit-déjeuner est particulièrement abondant et savoureux. Excellent accueil.

Val di Gressoney

Gran Baita – *Strada Castello Savoia, 26 - località Gressmatten, à 5mn à pied du village de Gressoney-St-Jean - 01 25 35 64 41 - www.hotelgranbaita.it - 12 ch. - fermé de mai à fin juin et de déb. sept. à nov.* Adresse de charme dans une vieille *baita* du 18e s., donnant sur le mont Rose. Calme et sauna pour la détente. Formule demi-pension.

Jolanda Sport – *Località Edelboden Superiore, 31 - Gressoney-la-Trinité - 01 25 36 61 40 - www.hoteljolandasport.com - fermé mai, oct.-nov. - 32 ch.* Un confortable hôtel de gestion familiale, au pied de la piste du même nom, pratique pour l'accès au domaine skiable du mont Rose. Formule demi-pension.

RESTAURATION

BUDGET MOYEN

Aoste

Casale – *Frazione Condemine, 1 - 11020 St-Christophe - 4 km au nord-est d'Aoste - 0165 54 12 03 - fermé dim. soir, lun. (hiver), 2 sem. en janv.* Si l'endroit possède une vingtaine de chambres confortables donnant sur la vallée, c'est surtout pour le restaurant qu'il faut connaître l'endroit. On y prépare une cuisine de qualité, à la fois originale et traditionnelle, dans une atmosphère familiale (le propriétaire se fera un plaisir de vous conseiller).

Vecchia Aosta – *Via Porta Pretoriana, 4 - 11100 Aosta - 0165*

1

36 11 86 - www.vecchiaosta.it - fermé merc. - réserv. conseillée. Une très bonne table en ville, installée sur plusieurs salles, dans une vieille bâtisse. Spécialité de charcuteries et de pâtes à la *fontina*. Agréable terrasse sur la rue piétonne, service charmant.

PETITE PAUSE

Aosta

La Bottega degli Antichi Sapori – *Via Porta Praetoria, 63 - 11013 Aosta - ✆ 0165 23 96 66.* Fromages, jambons, vins… ce ne sont pas les spécialités qui manquent dans la région d'Aoste. Cette appétissante épicerie vous offre l'embarras du choix et vous pourrez y trouver différents types de pâtes et de sauces.

Old Distillery Pub – *Via Près Fosses, 7 - ✆ 0165 23 95 11 ; www.olddistillerypub.com.* Avec ses vitres de couleur, ses rideaux à fleurs et ses tables anciennes, ce pub est un véritable bout d'Écosse transporté en Italie. Ambiance assurée.

ACHATS

La vallée est une terre épicurienne, riche en excellents produits : l'AOC du **jambon cru de Bosses** (à ne pas confondre avec le jambon d'Aoste fabriqué industriellement en France !) ou du **jambon braisé de St-Oyen**, la **mocetta** (viande séchée), la **fontina** de vache (fromage) ainsi que d'excellents **miels** et **confitures**.

Artisanat – Le **chemin des artisans** vous permet de découvrir 32 ateliers de fabrications traditionnelles : tissages, bois tournés, ferronnerie… Demandez la carte dans les offices de tourisme ou à la boutique **Ivat**, rue de l'Église, à Courmayeur (*✆ 0165 84 62 27*).

EN SOIRÉE

Caffè della Posta – *Via Roma, 51 - 11013 Courmayeur - ✆ 0165 84 22 72.* Tout en pierre, ce beau café accueille depuis 1911 les voyageurs qui veulent reprendre des forces et les invite à se réchauffer près de son immense cheminée avant de retourner dans le froid hivernal.

ACTIVITÉS

Randonnées – Club alpin italien (CAI) – *Corso Battaglione Aosta, 81 - 11100 Aoste - ✆ 0165 40 194 - www.caivda.it.* Pour toute information sur les randonnées en montagne, les guides, les refuges, les glaciers et les pistes.

AGENDA

Foire de St-Ours – Les 30 et 31 janvier, cette foire organisée à **Aoste** est l'occasion d'un grand rassemblement d'artisans. En été, elle a lieu le 14 août.

Marcia Gran Paradiso – Chaque année en février, à **Cogne**, une marche à skis de fond ouverte à tous sur un parcours de 45 km. Rens. à l'AIAT de Cogne et *www.marciagranparadiso.it.*

Vue sur le Massif du Mont-Blanc.
A&G Reporter/Tips/Photononstop

La Ligurie 2

Carte Michelin Régional 561

Vignes dans la région des Cinque Terre.

T. Steinhardt / Author's Image / Photononstop

LA LIGURIE

TORINO
A
ASTI
ALESSANDRIA
B
MILANO
Tanaro
1
Alba
Acqui
Terme
Maira
Tanaro
Bormida
Pso del
Turchino
M. Beiqua
1287
Cuneo
GAP
PIÉMONT
Varazze
Albissola Marina
Savona
Via Aurelia
Finale Borgo
Noli
Finale Ligure
Ponente
Colle di Tenda/
Col de Tende
1400
Grotte di Toirano
934
Colle di Nava
Albenga
di
Alassio
Diano
Castello
Cervo
Riviera
Taggia
Diano Marina
Imperia Oneglia
Jardins Hanbury
Ventimiglia
Imperia Porto
Maurizio
Via Aurelia
Bussana Vecchia
MONACO
Menton
Bordighera
San Remo
Balzi Rossi
MARE
A
B

LA LIGURIE

LIGURIE
PIACENZA
LOMBARDIE
ÉMILIE-ROMAGNE
TOSCANE
20 km
M. Antola 1597
Santo Stefano d'Aveto
M. Maggiorasca 1799
M. Penna 1735
Pso d. Bocco
Pso di Cento Croci
Varese Ligure
Carrodano
Taro
Magra
Vara
ENOVA
Staglieno
PUNTA CHIAPPA
San Lorenzo della Costa
Rapallo
Basilica dei Fieschi
Nervi
Camogli
S. Fruttuoso
Chiavari
Sestri Levante
Boccadasse
Santa Margherita Ligure
PROMONTORIO DI PORTOFINO
Parco Nazionale delle Cinque Terre
Levanto
Vernazza
Manarola
Riomaggiore
Portovenere
La Spezia
Sarzana
Lerici
Golfo di Spezia
RIVIERA DI LEVANTE
Golfo Genova
LIGURE
Bastia
Palermo
LIVORNO
6
GENOVA ★★★ Vaut le voyage
San Remo ★★ Mérite un détour
Cervo ★ Intéressant
Pegli À voir
Ville de départ du circuit
Riviera du Ponant
Riviera du Levant

Genova

Gênes

★★★

611 171 habitants – Ligurie

NOS ADRESSES PAGE 198

S'INFORMER

Offices de tourisme – *Via Garibaldi - ✆ 010 55 72 903/751 ; piazza De Ferrari (Teatro Carlo Felice) - ✆ 010 860 61 22 ; aéroport - ✆ 010 60 15 247 ; Porto Antico - ✆ 010 55 74 200/202*

SE REPÉRER

Carte de région C1 (p. 178-179) – *carte Michelin Régional 561 I 8*. Entourée de montagnes, Gênes s'ouvre en arc de cercle sur la mer sur environ 30 km. Le centre-ville, situé autour du port, renferme un dédale de ruelles étroites, les *carruggi*, tandis que la partie la plus récente de la ville, derrière le port, offre de grands espaces quadrillés d'immenses artères.

SE GARER

Si vous arrivez en voiture, nous vous conseillons de laisser votre véhicule au parking (payant) de la piazza della Vittoria ou sur le Vieux Port.

À NE PAS MANQUER

Une vue sur la ville depuis le belvédère du Castelletto, la via Garibaldi et ses musées, l'église du Gesù, la Galleria Nazionale di Palazzo Spinola, le Palazzo del Principe.

ORGANISER SON TEMPS

Mieux vaut commencer la visite de Gênes non par son port, mais par ses hauteurs, afin de la découvrir dans son ensemble et d'apprécier sa situation exceptionnelle. Descendez ensuite jusqu'au port pour y flâner et visiter le musée de la Mer ou l'aquarium, en vous arrêtant en chemin sur la via Garibaldi. Vous pourrez réserver la journée du lendemain à l'exploration des *carruggi* de la ville médiévale, aux églises et musées de votre choix.

AVEC LES ENFANTS

Un voyage au cœur du monde marin à l'aquarium et au Galata Museo del Mare, puis au-dessus de la ville par l'ascenseur du Bigo ; le musée consacré à l'illustrateur Emanuele Luzzati.

Le chef-lieu de la Ligurie occupe un site extraordinaire, offrant au visiteur le spectacle de ses façades colorées donnant sur le plus important port d'Italie. Gênes « la Superbe » étage sur les pentes d'un amphithéâtre de montagnes ses pittoresques quartiers. C'est une ville de contrastes où de riches palais et de somptueuses églises côtoient des édifices plus modestes au milieu desquels courent d'étroites ruelles, dites « carruggi ». La ville de Christophe Colomb est une cité artistique dont la vie culturelle dynamique lui a valu, en 2004, le titre de Capitale européenne de la culture. En 2006, l'ensemble exceptionnel des palais des Rolli et ceux de la via Garibaldi ont été inscrits au Patrimoine mondial de l'Unesco.

Détail de la splendide cathédrale gothique San Lorenzo.
A & G Reporter / Tips / Photononstop

Se promener Plan I (p. 188) et plan II (p. 184-185)

★★★ LE PORT

Visites et minicroisières : ✆ 010 25 67 75 ou 010 26 57 12 - www.liguriaviamare.it.
Le premier port d'Italie est un immense complexe s'étendant sur près de 30 km. Il comprend un bassin pour les bateaux de plaisance, des chantiers navals et un terminal pour les ferrys, les bateaux de croisière (avec embarquement à la gare maritime rénovée) et les containers.

On y accède par la **piazza Caricamento** (Plan I G2) sur laquelle s'élève le **Palazzo San Giorgio**, malheureusement en partie masqué par la Sopraelevata (autoroute). Ce palais, édifié au 13e s., accueillit d'abord le siège de la commune puis celui de la fameuse banque St-Georges. Son aspect actuel est dû à divers remaniements effectués du 17e au 20e s. Derrière le palais et parallèlement au port s'étendent les portiques médiévaux (**Sottoripa**), construits au 12e s. pour les transactions commerciales et partiellement détruits pendant la Seconde Guerre mondiale.

À l'ouest, l'entrée du port moderne de Sampierdarena (Porto Nuovo) est signalée par la **Lanterna**, le phare de Gênes, symbole de la ville, qui abrite un musée consacré à l'histoire de celle-ci (hors plan II). Construit au 12e s., maintes fois remanié, il est aujourd'hui entouré des gratte-ciel du nouveau quartier d'affaires, parmi lesquels le célèbre *Matitone* qui rappelle le campanile de l'église San Donato. *Visite de la Lanterna et du musée. ✆ 010 91 00 01 - w.-end et j. fériés 14h30-18h30 - 2 €.*

À l'est, le **vieux port** (porto vecchio), totalement refait en 1992 à l'occasion des Colombiades (manifestations organisées lors du 500e anniversaire de la découverte de l'Amérique par Christophe Colomb), est devenu, avec ses cafés, ses restaurants et ses magasins, l'un des points de rencontre de la ville. Il est dominé par le **Bigo** (*✆ 010 23 45 678 - www.acquariodigenova.it - 4 €).*

Œuvre de **Renzo Piano**, le **Bigo**, structure métallique semblable à une grue et dotée d'un ascenseur panoramique dévoile une **vue★★** spectaculaire sur la ville. .

★★★ Acquario Plan I, F2

Area Porto Antico, Ponte Spinola - ✆ 010 23 45 678 - www.acquariodigenova.it - ♿ - juil.-août : 8h30-22h ; reste de l'année : 9h30-19h30 - 19 € (le tarif varie selon les visites et les espaces : Città dei Bambini, Galata Museo del Mare, Bigo, Biosfera, minicroisières).

Aquarium à la structure moderne et didactique. Des panneaux lumineux expliquent *(en italien et en anglais)* les espèces rassemblées et les milieux, reconstitués dans les nombreux bassins. En début de parcours est proposé un film introduisant au monde sous-marin ; des supports informatiques permettent ensuite une visite « active », tandis que divers points d'observation donnent parfois l'impression de se trouver parmi les poissons et les mammifères marins. Ont été recréés les milieux sous-marins de la Méditerranée, de la mer Rouge et de Madagascar, la forêt tropicale et la barrière de corail. Sont particulièrement intéressants : les phoques, les reptiles, les dauphins, les requins, les pingouins, les murènes et le bassin tactile des raies.

Plus loin, sur le même quai que l'aquarium, vous remarquerez une sphère en verre, la **Biosfera**. Réalisée par Renzo Piano à l'occasion du G8 de 2001, la Biosphère reproduit un milieu de la forêt pluviale.

Museo nazionale dell'Antartide Plan I, F2

✆ 010 24 70 653 - Fermé pour restauration au moment de la rédaction de ce guide.

Inauguré en 1998 dans la Palazzina Millo, le musée a pour but de faire connaître le méconnu et fascinant continent de l'Antarctique et les activités de recherche dont il est l'objet, en particulier dans le domaine de la biologie et de l'écologie, à travers des reconstitutions de milieux, des présentations d'échantillons et la projection de films.

En avançant sur la via del Molo, on atteint la **Porta Siberia** (Plan II B2), conçue par Alessi en 1553. Elle abrite le **Museo Luzzati**, qui expose des œuvres de l'artiste génois (1921-2007), également illustrateur de livres pour enfants. Le musée organise des ateliers pour les enfants. *Area Porto Antico, 6 - ✆ 010 25 30 328 - www.museoluzzati.it - tlj sf lun. 10h-13h, 14h-18h, w.-end 10h-18h - 5 €.*

Antichi Magazzini del Cotone Plan II A2

Accès par la via del Molo. Visite : voir ci-dessus, Acquario.

Bâtis au 19e s., les **anciens entrepôts de coton** ont été restaurés par Renzo Piano à l'occasion des Colombiades. Construits en 1901, ces entrepôts abritent au 1er étage la **Città dei Bambini★** (Cité des enfants), espace réservé aux 3-14 ans, conçu avec le concours et sur le modèle de celle de la Cité des sciences de La Villette à Paris. À travers toute une série de jeux interactifs, les jeunes visiteurs sont invités à découvrir les sens, le monde naturel, les grands principes technico-scientifiques, et à cultiver leur civisme et les concepts de respect, tolérance, différence.

★ Galata Museo del Mare Plan II B1

Calata De Mari, 1 (Darsena - Via Gramsci). ✆ 010 23 45 655 - www.galatamuseodelmare.it

À l'ouest du vieux port, logé dans le bâtiment le plus ancien de l'arsenal de la République, ce nouveau musée fait partie, avec la Commanda di Pré et le musée Naval de Pegli (p. 197-198), du complexe des musées de la Mer de la ville. Sur quatre étages, il développe une présentation chronologique de la vie maritime et du port de Gênes. Si la muséographie est claire, les collections, belles et intéressantes, les cartels ou les légendes des écrans interactifs ne sont, malheureusement, rédigés qu'en italien ou en anglais. Le rez-de-chaussée présente « l'époque de la rame », avec notamment une galère du 17e s. reconstituée et une salle consacrée à Christophe Colomb. Les expositions du 1er et le 2e étage évoquent « l'âge de la voile », avec des mappemondes et d'anciens atlas, ainsi que la reconstitution d'un chantier naval de la fin du 19e s. et d'un brigantin. Vous pourrez également y vivre des émotions fortes aux commandes d'un navire passant le cap Horn. Le 3e étage est dédié à « l'âge des transatlantiques et des yachts », sans oublier le rappel d'un passé moins insouciant, celui des émigrants italiens partis du port de Gênes pour trouver une vie plus facile de l'autre côté de l'Atlantique.

★★★ GÊNES DU SIÈCLE D'OR Plan I (p. 188)

Circuit 1 tracé en vert sur le plan. Comptez une demi-journée avec les musées. La promenade débute piazza Matteotti et suit un parcours mettant en lumière le développement urbain majeur que connut la ville aux 16e et 17e s.

★ Palazzo Ducale G2

Piazza Matteotti, 9 - 010 55 74 004 - www.palazzoducale.genova.it.
Le centre du pouvoir de la République pendant six siècles est aujourd'hui celui d'activités culturelles, accueillant des salles d'expositions et plusieurs associations comme l'Académie ligure des sciences et des lettres, les archives historiques de la ville, etc. Le noyau du bâtiment médiéval se trouve sur la gauche et se compose du Palazzo di Alberto Fieschi, de celui degli Abati et de la **Torre Grimalda**. Le bâtiment principal, avec ses deux cours à portique, a été érigé entre la fin du 16e s. et le début du 17e s. par Andrea Vannone. La façade néoclassique, donnant sur la piazza Matteotti, fut reconstruite au 19e s. après une totale reconstruction de la place elle-même, lorsque fut percée la via Lorenzo. À l'intérieur, les salles les plus importantes sont celles de la **chapelle★**, décorée de fresques de G. B. Carlone évoquant l'histoire de la ville, et les appartements du doge.

Chiesa del Gesù (ou dei Santi Ambrogio e Andrea) G2

Cette ancienne église dédiée à saint Ambroise, entièrement reconstruite par les jésuites à la fin du 16e s. et au début du 17e s., est un joyau du baroque. Érigée par Tibaldi en 1597, elle recèle un intérieur somptueux en marbre et en stuc et d'importantes œuvres d'art, parmi lesquelles l'*Assomption* de Guido Reni ainsi que deux très belles **toiles de Rubens★★**, *La Circoncision*, peinte pour le maître-autel et *Saint Ignace guérissant une démente*. Autre tableau à ne pas manquer : la très belle *Crucifixion* de Simon Vouet.
Prendre la via Cardinale, afin de rejoindre la piazza De Ferrari où s'élèvent le prestigieux **teatro Carlo Felice** et plusieurs autres palais dont l'Académie ligure des beaux-arts.
Cette partie de la ville fut urbanisée aux 19e et 20e s. La via Roma, ouverte en 1870 par la démolition d'églises et de couvents afin de relier le centre avec les nouvelles zones résidentielles des collines, conserve encore des témoignages d'Art nouveau, tout comme la via XX Settembre. De la même époque date la **Galleria Mazzini**, un passage couvert d'une structure métallique et d'un toit de verre, qui abrite bouquinistes et boutiques.
Emprunter la tranquille Galleria Mazzini, parallèle à la via Roma.

2

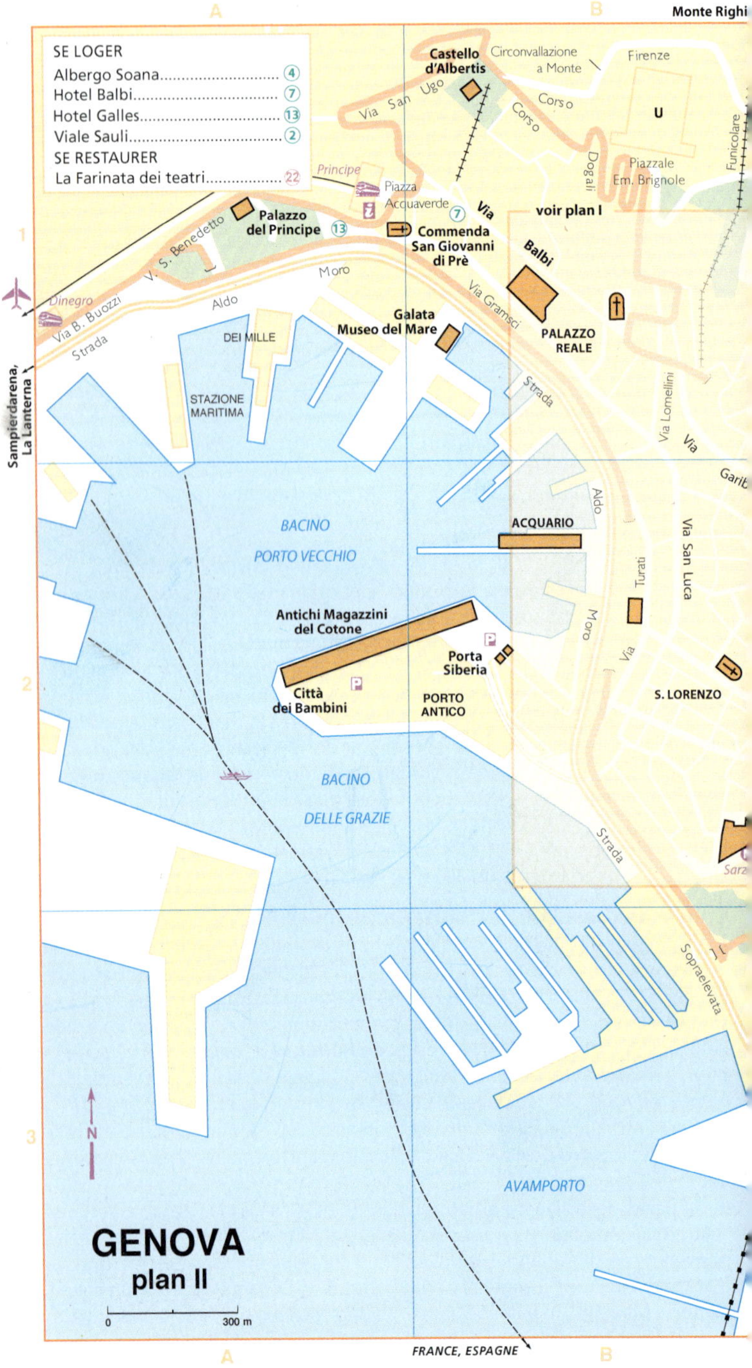
SE LOGER
Albergo Soana ... 4
Hotel Balbi ... 7
Hotel Galles ... 13
Viale Sauli ... 2
SE RESTAURER
La Farinata dei teatri ... 22
A
B
Monte Righi
Castello d'Albertis
Circonvallazione a Monte
Firenze
Via San Ugo
Corso
Corso
U
Funicolare
Dogali
Piazzale Em. Brignole
Principe
Piazza Acquaverde
voir plan I
Palazzo del Principe
Via Balbi
Commenda San Giovanni di Prè
V. S. Benedetto
Moro
Aldo
Dinegro
Via B. Buozzi
Strada
Via Gramsci
Galata Museo del Mare
PALAZZO REALE
DEI MILLE
Sampierdarena, La Lanterna
STAZIONE MARITIMA
Strada
Via Lomellini
Via Garib
Aldo
BACINO PORTO VECCHIO
ACQUARIO
Via San Luca
Turati
Moro
Via
Antichi Magazzini del Cotone
Porta Siberia
Città dei Bambini
PORTO ANTICO
S. LORENZO
BACINO DELLE GRAZIE
Strada
Sarz
Sopraelevata
N
AVAMPORTO
GENOVA
plan II
0
300 m
FRANCE, ESPAGNE
1
2
3

C
D
Monte Righi,
Cimitero di Staglieno
Mura di
San Bartolomeo
Via Bobbio
Via L. Montaldo
FERRARIS
Via G. de Prà
Corso
Paganini
C. Magenta
MUSEO
CASTELLO
MACKENZIE
Via Cabella
Casella
Via Canevari
Via G. Moresco
Corso C. Armellini
Piazza
Manin
Corso Solferino
Via Palestro
Assarotti
Grappa
Monte
Pza D. Fontane
Marose
Piazza
Corvetto
Via Serra
Via Roma
SPIANATA
DELL'
ACQUASOLA
Piazza
Brignole
Corso
Via Canevari
Torrente Bisagno
Via E. de Amicis
Pza
Ferrari
Viale IV Novembre
Galata
San Vincenzo
Brignole
Via Archimede
S. Stefano
Via
MERCATO
ORIENTAL
Piazza
Verdi
Via Dante
Pza
Dante
Via XX Settembre
Via Fiume
Via L. Cadorna
Via Tolemaide
Viale Duca D'Aosta
Via Invrea
Corso Buenos Aires
Corso A. Podestà
Piazza di
Carignano
Santa Maria
Assunta in Carignano
Via Macaggi
Piazza
della
Vittoria
Piazza
P. da Novi
Via Diaz
Viale Brigate Bisagno
Via N. Bixio
Corsica
POL
Via Rivoli
Via A. Volta
Corso A. Saffi
Partigiane
Via Torino
Via Casaregis
Via C. Barabino
Piazza
Palermo
Via Jacopo Ruffini
Villa Croce
(Museo d'Arte
Contemporanea)
Corso A. Saffi
Strada Sopraelevata
Viale Brigate
Corso
Casaregis
LA FIERA
Piazza
Rossetti
Corso Marconi
Albaro, Boccadasse, Corso Italia
1
2
3

Palazzo Doria Spinola H2

De forme carré, ce bâtiment construit entre 1541 et 1543 n'avait à l'origine que deux étages. Le premier en loggia est orné d'une frise en stuc et, à l'intérieur, de fresques de L. Cambiaso (16e s.) représentant des villes italiennes et étrangères (belle vue de Gênes). Le palais abrite aujourd'hui la préfecture.

Prendre ensuite la salita Santa Caterina qui conduit à la piazza Fontane Marose sur laquelle s'ouvre la via Garibaldi (voir plus loin).

Par la via Interiano, on atteint la piazza Portello où l'on peut prendre un ascenseur pour monter à **Castelletto**. Du belvédère Montaldo, on découvre une très belle **vue★★** sur toute la ville et son port.

Les courageux peuvent redescendre par de charmantes petites ruelles (salita alla Spianetta di Castelletto puis salita di San Francesco) jusqu'à la via Garibaldi.

★★★ Via Garibaldi G1-2

Trois palais de cette rue – Tursi, Bianco et Rosso – abritent des salles d'expositions regroupées au sein des **Musei di Strada Nuova★★**. (p. 191 et 194).

Vers la moitié du 16e s., quelques familles aristocratiques parmi les plus riches et les plus puissantes décidèrent de construire leurs demeures dans une rue légèrement éloignée du centre historique. Ces grands palais résidentiels formèrent le quartier de la noblesse qui, sous la constitution de 1528, assumait le gouvernement de la République. Tout d'abord nommée la Strada Nuova, puis la via Aurea, cette rue, à l'origine fermée aux deux extrémités, a été redessinée par Galeazzo Alessi et bordée de somptueux palais qui en font l'une des plus belles rues d'Italie. L'édification de cette rue fit grande impression et retentit dans toute l'Europe. Les dessins que Rubens réalisa au cours de son séjour à Gênes sont en grande partie consacrés aux palais de cette rue, synonyme de beauté et de monumentalité.

N° 1. Palazzo Agostino Pallavicini (Banco Popolare di Brescia) – Commissionné en 1558 à l'architecte Galeazzo Alessi.

N° 2. Palazzo Pantaleo Spinola (Banco di Chiavari e della Riviera Ligure) – Commissionné en 1558. La sobriété de la façade est contrebalancée par la magnificence des décorations intérieures (fresques du 17e s.).

N° 3. Palazzo Parodi – Commissionné par Franco Lercari, il fut attribué à tort à Galeazzo Alessi. Le palais fut acheté par Bartolomeo Parodi en 1845.

N° 4. Palazzo Tobia Pallavicino (Camera di Commercio) – Commissionné en 1558 à l'architecte Galeazzo Alessi, il est aussi connu sous le nom de Palazzo Carrega-Cataldi. Joli vestibule orné de grotesques, suivi du grand salon, qui s'ouvrait autrefois sur un jardin sacrifié au 18e s. pour agrandir le palais. C'est précisément dans l'aile moderne, à l'étage supérieur, que se trouve une éblouissante **galerie★** dorée, de style rococo.

N° 5. Palazzo Angelo Giovanni Spinola (Deutsche Bank) – Commissionné en 1558.

N° 6. Palazzo Doria – Commissionnée par Giovanni Battista et Andrea Spinola à l'architecte B. Cantone, la propriété passa vers 1723 aux mains de la famille Doria à qui elle appartient toujours. Dans l'atrium de l'entrée, on peut voir une lampe avec un aigle, symbole des Doria.

Par le vico della Maddalena (à gauche du Palazzo Doria), on peut rejoindre l'église de **Santa Maria Maddalena**, dont l'**intérieur★** est l'un des exemples les plus représentatifs du baroque génois.

Remonter sur la via Garibaldi.

★ **N° 7. Palazzo Lomellino** – *www.palazzolomellino.org*. Aussi appelé Palazzo Podestà, il a été commissionné par Nicolosio Lomellino à G. B. Castello et se

LES PALAIS DES ROLLI

En 1576, le Sénat de la cité décrète la création des Rolli, liste de résidences privées dignes de recevoir les visiteurs d'État et les délégations étrangères. Les cent cinquante demeures sélectionnées (principalement situées sur la via Garibaldi et la via Balbi) se divisaient en trois catégories, selon leur importance et leur beauté. Les papes et les empereurs pouvaient être hébergés seulement dans trois demeures : le Palazzo Lercari et le Palazzo Tursi sur la via Garibaldi, le Palazzo Doria Spinola sur la via Roma (aujourd'hui siège de la préfecture). Cet ensemble de palais a été classé au Patrimoine mondial de l'Unesco en 2006.

distingue des autres palais par sa façade ornée de masques, festons, etc., et recèle un beau **nymphée★** au fond de la cour.

Nos 8 et 10. Palazzo Cattaneo Adorno – Commissionné par Lazzaro et Giacomo Spinola en 1583. Il présente deux entrées principales, correspondant respectivement aux deux ailes distinctes : celle de l'ouest, propriété de la famille Adorno depuis trois siècles, comporte des fresques de Lazzaro Tavarone, tandis que l'aile orientale appartient depuis la fin du 19e s. à la famille Cattaneo.

★★ **N° 9. Palazzo Tursi** – Avec sa façade trois fois plus longue que celle des palais érigés à la même époque et ayant deux jardins en terrasses sur les côtés, il fut commissionné par Nicolo Grimaldi, le plus important banquier du roi d'Espagne Philippe II. Il passa à Giovanni Andrea Doria en 1596, fut acheté par la famille de Savoie en 1820, et fut finalement acquis par la municipalité de Gênes en 1848. Il est orné d'une belle cour à arcades et abrite à l'étage des salles d'exposition *(p. 194)*.

N° 11. Palazzo Bianco – Il occupe l'emplacement d'un palais plus ancien, érigé entre 1530 et 1540 par Luca Grimaldi, l'un des membres de l'une des plus importantes familles génoises. Mais l'édifice actuel doit sa réalisation à Maria Durazzo Brignole Sale, qui chargea Giacomo Viano de sa reconstruction au début du 18e s. Il abrite la pinacothèque *(p. 194)*.

N° 12. Palazzo Campanella – Commissionné par Baldassare Lomellino, il fut considérablement remanié au 18e s., selon les souhaits de son propriétaire de l'époque, Cristoforo Spinola. Les anges tenant des guirlandes de chaque côté du portail constituent une décoration unique.

Nos 14 et 16. Palazzo delle Torrette – Édifié en 1716 pour masquer la vue sur les maisons médiévales.

N° 18. Palazzo Rosso – Le palais, commissionné par Rodolfo et Giovanni Brignole Sale, fut conçu comme une double résidence destinée aux deux frères, établie autour d'une cour. En 1874, il fut légué à la ville, avec ses collections d'art, par l'épouse du dernier héritier de la famille *(p. 194)*.

Poursuivre par la via Cairoli et prendre la via San Siro à gauche pour voir l'**église San Siro**, dont l'**intérieur★** est décoré de fresques du 17e s. de G. B. Carlone. Le maître-autel en marbre et en bronze est l'œuvre de P. Puget (1670). Prendre ensuite la salita San Siro, puis la petite via Lomellini sur la droite : au n° 11 se situe la maison natale de Giuseppe Mazzini, qui abrite le **Museo del Risorgimento** *010 24 65 843 - www.museidigenova.it - mar.-vend. 9h-19h, sam. 10h-19h, fermé dim.-lun. et j. fériés - 4 €.*

Plus loin se trouve l'ancien couvent **San Filippo Neri**, très bel exemple d'architecture de la fin du 17e et du début 18e s. En continuant la via Lomellini, on arrive à la piazza del Carmine, où s'élève l'**église de la Santissima Annunziata del**

Vastato (17e s.). Sa fastueuse **décoration★★** intérieure, mêlant avec bonheur ors, stucs et fresques, est caractéristique du baroque génois. Les peintres les plus renommés du 17e s. à Gênes ont contribué à sa décoration.

★ Via Balbi Plan I F1 et Plan II B1

Cette artère est la plus occidentale des nouvelles rues aménagées durant le Siècle d'or. À l'instar de la via Garibaldi, elle est à l'origine d'un quartier résidentiel aristocratique et bordée de palais intéressants. Au n° 1 s'élève le palais Durazzo Pallavicini, du 17e s.

SE LOGER

Albergo Cairoli	1
Hotel Cristoforo Colombo	10
Locanda di Palazzo Cicala	16

SE RESTAURER

Antica cantina i Tre Merli	1
Antica Osteria di Vico Palla	4
Antica Sciamadda	7
Cantine Squarciafico	10
Carega	13
Pintori	25
Sà Pesta	28

Au n° 5, l'imposant **palais de l'Université★** (17e s.) possède une cour et un escalier majestueux.

★★ **Palazzo Reale (Palais royal)** – (au n° 10) Édifié en 1650, anciennement Balbi Durazzo (devenu résidence officielle de la famille de Savoie à Gênes à partir de 1824, d'où son appellation), il comporte un étage noble garni de mobilier des 18e et 19e s. La **cour★** aux proportions harmonieuses se prolonge par un joli jardin qui s'ouvre en terrasse sur le port. À l'intérieur, on peut admirer sur le plafond les fresques de Domenico Parodi (1668-1740), auquel on doit aussi l'éblouissante **galerie des Glaces★** inspirée de la galerie du palais Doria Pamphili de Rome, et de celle, plus célèbre encore, du château de Versailles. Après la salle du Trône, on trouve, dans la salle des Audiences, le *Portrait de Catarina Balbi Durazzo* par Van Dyck. *☏ 010 27 10 236 - www.palazzorealegenova.it - mar.-merc. 9h-13h30, jeu.-dim. 9h-19h - fermé lun. - 4 € - billet combiné avec Palazzo Spinola - 6,50 €.*

À l'extrémité de la rue, prendre à gauche la salita San Giovanni.

★ Chiesa et Commenda San Giovanni di Prè Plan II AB1

Cette église romane, à deux niveaux superposés, fut fondée en 1180 par les chevaliers de Malte. Le clocher, l'un des rares de cette époque à avoir survécu, possède une flèche en pierre. L'édifice contigu servait d'hospice pour les pèlerins qui embarquaient pour la Terre sainte. Il loge aujourd'hui l'un des musées maritimes de la ville.

★★ LA VIEILLE VILLE Plan I (p. 188)

2

Circuit 2 tracé en vert sur le plan. Compter au moins 3h pour la visite. La promenade part de la piazza San Lorenzo.

Elle s'étend à l'est du Vieux Port et remonte en un lacis de ruelles étroites et pittoresques flanquées de hauts édifices. C'est encore un quartier populaire, très commerçant et très animé.

★★ Cattedrale di San Lorenzo G2

Museo del Tesoro – *☏ 010 24 71 831 - www.museidigenova.it - lun.-sam. 9h-12h, 15h-18h, - fermé dim. et j. fériés - billet combiné avec le Museo diocesano 6 €.*

Initialement élevée au 12e s. et remaniée jusqu'au 16e s., elle présente une splendide **façade★★** gothique de style génois (à bandes alternées noires et blanches) où l'on reconnaît pourtant l'influence française dans la disposition des portails (13e s.) et de la grande rosace. Au portail central sont représentées des scènes de la Vie du Christ *(aux piédroits)* et, au tympan, le martyre de saint Laurent et le Christ entre les symboles évangéliques. À l'angle droit de la façade, le rémouleur du 13e s. rappelle l'Ange du cadran solaire de Chartres, chargé de la même fonction. Le dôme a été dessiné par Alessi. À l'**intérieur★**, sévère et majestueux, le vaisseau central, surmonté d'une fausse matronée (galerie réservée aux femmes), repose sur des colonnes de marbre. Les ossements du saint sont gardés dans la **chapelle St-Jean-Baptiste★** *(à l'extrémité du bas-côté gauche).*

Le **trésor★** recèle le fameux **« Sacro Catino »** – coupe hexagonale en verre soufflé, de couleur émeraude, que la légende identifie comme le Saint-Graal – le sarcophage contenant les cendres de saint Jean-Baptiste (14e s.), de style gothique international, et un précieux plat en calcédoine (changeant de tons en fonction de la lumière) du 1er s. apr. J.-C., portant en son centre la tête du saint (ajoutée au 15e s.).

Le **cloître★** des Chanoines (Chiostro dei Canonici) accueille le **musée diocésain d'Art sacré★** *(Via Tommaso Reggio, 20/r - ☏ 010 25 41 250 - www.*

diocesi.genova.it/museodiocesano - tlj sf dim. 9h-12h, 15h-18h - billet combiné avec Museo del Tesoro 6 € - cloître 2 €) qui présente du matériel archéologique, des sculptures (tombeau du cardinal Fieschi), des peintures principalement génoises, des reliquaires, des vêtements liturgiques.
Prendre la via di Scurreria et tourner à droite dans le vico San Matteo.

★ Piazza San Matteo G2

Petite place harmonieuse au cœur de la ville, bordée de palais (13e-15e s.) ayant appartenu à la famille Doria (au n° 17, palais Renaissance offert par la commune de Gênes à Andrea Doria en 1528). L'**église San Matteo**, ancienne chapelle nobiliaire de la famille Doria, présente une façade romane de style génois (alternance d'assises noires et blanches) ; l'intérieur est décoré de fresques de Luca Cambiaso (16e s.). La crypte conserve le tombeau et l'épée d'Andrea Doria. À gauche de la façade, on peut admirer, à travers la grille, le gracieux cloître datant du 14e s.
Rejoindre la **piazza Campetto**, sur laquelle s'élèvent le Palazzo Imperiale, à la façade décorée de stucs peints, et le Palazzo del Melograno : il abrite aujourd'hui un grand magasin, mais on peut toujours y voir un insolite Hercule en marbre du 16e s.
Adjacente à la place, l'église **Santa Maria delle Vigne** dont les origines remontent au 10e s. ne conserve de cette époque que le campanile. À l'extérieur de l'église, sous le passage voûté, se trouve inclus dans le mur un sarcophage du 2e s., monument funéraire d'Anselmo d'Incisa (1304).
À gauche de la piazza Campetto démarre la très animée **via degli Orefici** qui compte plusieurs édicules votifs. Au n° 47, remarquez la très belle imposte sculptée d'une *Adoration des Mages* du 15e s.

Piazza Banchi G2

Cette place doit son nom aux « banquiers » qui, au Moyen Âge, avaient leurs éventaires sous les maisons qui l'entouraient. Elle fut le centre du commerce de Gênes jusqu'au 19e s. et aussi le siège de l'un des trois grands marchés de la ville, celui du blé. S'y dresse la **loggia dei Mercanti** (loge des marchands), construite à la fin du 16e s., qui devint en 1855 le siège de la première Bourse de marchandises d'Italie et sert aujourd'hui de salle d'exposition. La place est dominée par l'étonnante église surélevée de **San Pietro in Banchi** dont la façade est peinte en trompe-l'œil.

PAGANINI NE REPÈTE PAS

Génois de naissance, Paganini (1782-1840, Nice) personnifia l'idée de « désordre et génie » musical. S'il vécut une vie riche d'aventures sentimentales et de déconvenues économiques, il fut avant tout un incroyable virtuose du violon. Il savait tirer et exploiter de manière exceptionnelle toutes les possibilités de son instrument, violon comme guitare d'ailleurs ; ses audaces influencèrent aussi bien Liszt que Chopin, qui s'en inspirèrent pour le piano.
Ce génie des cordes avait aussi son caractère. Lors d'un concert à Turin, le roi de Sardaigne et duc de Savoie Charles-Félix le pria de jouer à nouveau une pièce. Le musicien lui répondit : « *Paganini non ripete* ». Depuis, les Italiens utilisent cette expression quand ils ne veulent pas expliquer ou faire une chose une deuxième fois.
Également compositeur, Paganini a laissé en héritage d'inoubliables **concertos pour violon et orchestre** ainsi que les célèbres **Vingt-Quatre Caprices**.

La via San Luca conduit à l'église **San Luca**, restaurée au 17e s. et décorée de fresques de Domenico Piola. Elle conserve aussi une belle *Nativité* du Génois Grechetto.

★★ Galleria Nazionale di Palazzo Spinola G2

« Les musées », ci-dessous et p. 194

Retourner sur la piazza dei Banchi et prendre la via Canneto il Curto jusqu'à la **piazza San Giorgio**.

La place baroque, autrefois lieu de marché, est bordée de deux églises. **San Giorgio**, fondée au 10e s., fut reconstruite au 18e s. et couverte d'une coupole parfaitement circulaire, tandis que **San Torpete**, édifiée au 12e s., devenue chapelle de la famille Cattaneo et reconstruite au 18e s., présente une coupole elliptique. En poursuivant par la via delle Grazie et en tournant à gauche sur la piazza Barisone, on atteint l'église des **Santi Cosma e Damiano** (G2), érigée aux 11e et 12e s. sur les fondations d'un oratoire byzantin. Longer l'église vers la piazza Embriaci, à la droite de laquelle s'élève la **Torre Embriaci**, la plus haute de la ville et la seule qui fut autorisée à excéder les 80 m de haut, hauteur maximale stipulée par l'ordonnance de 1296. Elle fut érigée à la mémoire de Guglielmo Embriaco qui rapporta de Terre sainte le Sacro Catino, conservé dans le trésor de San Lorenzo (*p. 189*).

★ Santa Maria di Castello G3

Joyau de l'art roman, l'église fut construite au 12e s. par des maîtres maçons et des entrepreneurs originaires de Côme, sur les vestiges d'une église plus ancienne. Le couvent adjacent compte trois cloîtres. La nef, très sobre, est flanquée de chapelles des 15e et 17e s. Parmi les nombreux chefs-d'œuvre, citons dans la chapelle Grimaldi le *Polyptique de l'Annonciation* de G. Mazzone (1469) et une Crucifixion du 13e s., sans doute rapportée de Terre sainte lors de la première croisade, et enfin, dans le second cloître (15e s.), dont la loge domine le port, la fresque de l'*Annonciation* de Just de Ravensburg.

Prendre la via San Bernardo, passer la place du même nom et tourner ensuite à droite.

★ San Donato G3

Érigée aux 12e et 13e s., cette église a conservé son portail d'origine et un ravissant **campanile★** octogonal de style roman. L'intérieur, du même style, ne peut que charmer : remarquer une Vierge à l'Enfant (1401) dans la chapelle latérale de droite, et le somptueux polyptyque de l'**Adoration des Mages★★** de Joos Van Cleve.

Un petit détour par la strada Sant' Agostino vous mènera au **Museo di Sant'Agostino** (*« Les musées », p. 196*)

La via San Donato conduit à la piazza delle Erbe, point de rencontre des jeunes Génois le soir. La salita del Priore conduit à la **Porta Soprana★**, l'une des plus vieilles entrées de la ville (12e s.), caractérisée par ses élégantes tours jumelles. Au-delà de la porte, on arrive immédiatement sur les vestiges de la **Casa di Colombo** (maison de Christophe Colomb), flanquée de l'élégant cloître de Sant'Andrea (12e s.).

Les musées

★★ Musei di Strada Nuova Plan I G2

Les trois musées de la via Garibaldi partagent les mêmes horaires : via Garibaldi - www.museigenova.it - ♿ - tlj sf lun. 9h-19h, w.-end 10h-19h - fermé lun. - 8 € billet combiné pour les trois musées.

Une République tournée vers la mer et l'art

LA PUISSANCE MARCHANDE

La flotte, un outil militaire et commercial

Gênes doit son expansion et son prestige à sa flotte qui, dès le 11e s., manifesta sa puissance dans les eaux tyrrhéniennes afin de les débarrasser de la présence sarrasine. En 1104, la flotte génoise comprend déjà 70 vaisseaux sortis de ses chantiers navals, qui constituent un redoutable pouvoir auquel ont recours, dès le 14e s., les puissances étrangères, comme les rois de France Philippe IV le Bel et Philippe VI de Valois.

Les croisades vont fournir aux Génois l'occasion d'établir des rapports commerciaux avec les villes de la Méditerranée orientale. Assurant l'indépendance de leur ville, qui devient la « République de saint Georges » (1100), marins, commerçants, financiers, banquiers unissent leurs efforts pour établir l'hégémonie maritime de Gênes.

Du commerce à la banque

D'abord alliée à Pise dans la lutte contre les Sarrasins (11e s.), Gênes entre en conflit avec celle-ci à propos de la Corse (13e s.), puis se heurte à Venise (14e s.) à laquelle elle cherchera longtemps à disputer le monopole du commerce en Méditerranée. L'empire colonial génois s'étendra jusqu'en mer Noire.

Au 14e s., les marins de Gênes assurent la distribution des marchandises précieuses provenant de l'Orient et possèdent le monopole de l'alun, qui sert à fixer les teintures; dans le même temps, à terre, les premières sociétés en commandite apparaissent.

Dès 1408 est créée la banque St-Georges, réunion de sociétés créancières de l'État, qui gèrent les finances et administrent les comptoirs. En son sein, les marchands se transforment en banquiers ingénieux, utilisant des procédés modernes tels que lettres de change, chèques et assurances pour accroître leurs bénéfices.

ENTRE DOGES ET CONDOTTIERI

Gênes, avec Amalfi, Pise et Venise, fut l'une des quatre **Républiques maritimes** italiennes. Il s'agissait de villes sur la mer, ayant acquis une importance énorme dans la Péninsule entre le 10e et le 13e s. grâce à leur extraordinaire pouvoir commercial en Méditerranée.

Des doges, comme à Venise

Cependant, les luttes intestines des grandes familles génoises vont conduire la cité à se choisir, à partir de 1339, un doge élu à vie et à rechercher, principalement au 15e s., des protections étrangères.

Comme à Venise, le doge dirigeait les affaires de la cité. Les grandes familles de l'aristocratie génoise se sont donc disputé le poste et certaines ont pu l'occuper plusieurs fois, dont les Balbi, les Brignole, les Cambiaso, les Cattaneo, les Centurione, les Chiavari, les Della Torre, les De Mari, les Doria, les Durazzo, les De Franchi, les Gentile, les Giustiniani, les Grimaldi, les Imperiale, les Invrea, les Lercari, les Lomellini, les Negrone, les Pallavicini, les Pinello, les Sauli, les Spinola, les Veneroso ou les Viale. Rues, palais et monuments portent encore leurs noms aujourd'hui.

Le temps de la « République marchande » et du déclin

En 1528, la ville reçoit du grand amiral **Andrea Doria** (1466-1560) une constitution aristocratique qui en fait une « République marchande ». Andrea Doria est l'une des plus glorieuses figures de Gênes, reflet de son esprit d'entreprise et de son indépendance : amiral, condottiere et législateur, intrépide et avisé, il se distingue contre les Turcs en 1519, puis seconde François Ier et, après la défaite de Pavie, protège la retraite de ses troupes. Mais, en 1528, ulcéré par les injustices du roi de France à son égard, il passe au service de Charles Quint qui le comble d'honneurs. Après sa mort, avec la concurrence des ports atlantiques, s'amorce le déclin du port, que Louis XIV fait détruire en 1684. En 1768, Gênes cède, par le traité de Versailles, la Corse à la France.

DU PORT INDUSTRIEL À LA RECONVERSION DES ANNÉES 2000

Foyer politique et économique incontournable

Sous l'impulsion de Giuseppe Mazzini, la ville sera en 1848 l'un des foyers les plus actifs du Risorgimento. Après le rattachement au royaume d'Italie et la reprise du développement commercial du port impulsée par **Cavour**, elle devient l'une des capitales de l'industrie navale, mécanique et sidérurgique italienne. Cette vocation se renforce tout au long du 20e s., jusqu'à faire de Gênes le troisième sommet, avec Milan et Turin, du triangle industriel italien. À partir des années 1980, l'activité industrielle décline progressivement, avec de lourdes conséquences sur le plan social, mais la ville réussit à aborder les années 2000 en misant sur un nouveau modèle de développement.

La mise en valeur du patrimoine historique

Gênes relance avec succès son port, sur le plan industriel, commercial, mais surtout touristique et culturel, grâce à des équipements dédiés aux navires de croisière et aux ferrys, à la restructuration du Vieux Port menée par **Renzo Piano** et à l'effort considérable de mise en valeur du centre historique. La désignation de la cité ligure comme Capitale européenne de la culture, en 2004, a contribué à raffermir ce nouvel élan.

LES BEAUX-ARTS À GÊNES

Aux 16e et 17e s., le déclin commercial de la cité coïncide avec une intense activité artistique qui se manifeste par la construction de nombreux palais et églises, ainsi que par la venue de peintres étrangers, principalement flamands : Rubens publie en 1607 un ouvrage sur les palais de Gênes ; Van Dyck portraiture les nobles génois entre 1621 et 1627 ; le Français Pierre Puget travaille de 1661 à 1667 pour des familles patriciennes, tels les Doria ou les Spinola. Les artistes locaux s'inspirent de ces savoir-faire étrangers. Ainsi, les œuvres du peintre **Louis Brea** (Nice, 1450-1522/1525) trahissent des influences lombarde et flamande. Elles sont conservées à Gênes (Galleria del Palazzo Bianco, Galleria Durazzo Giustiniani, Santa Maria di Castello), dans la région (Savona, Taggia, Montalto Ligure), à Nice et à Monaco. L'école génoise, caractérisée par un sens dramatique fiévreux et l'emploi de couleurs sourdes et fondues, est représentée par **Luca Cambiaso** (16e s.), **Bernardo Strozzi** (1581-1644), Castiglione Genovese, admirable graveur, et surtout **Alessandro Magnasco** (1667-1749), dont la touche rapide, intense et colorée, ainsi que le lyrisme dramatique, annoncent le modernisme. L'architecte **Galeazzo Alessi** (1512-1572) égala dans ses meilleurs moments Sansovino et Palladio par la noblesse de l'ordonnance et l'ingéniosité des solutions imaginées pour intégrer ses monuments au décor urbain.

Ce complexe est né de la donation exceptionnelle, faite à la ville par la duchesse Maria Brignole-Sale de Ferrari, du Palazzo Rosso en 1874 et du Palazzo Bianco en 1884 avec leurs collections, ainsi que de la volonté de l'administration municipale de destiner l'étage noble du Palazzo Tursi *(p. 187)* à un usage muséographique.

Pinacoteca di Palazzo Bianco – *Via Garibaldi, 11 - ☏ 010 27 59 185.* La collection de la pinacothèque s'ouvre par le précieux *Pallium orné des histoires de saint Laurent, saint Sixte et saint Hippolyte* (13e s.), offert en 1261 par l'empereur byzantin à la République de Gênes, à l'occasion d'un traité. Témoignant des étroites relations commerciales que Gênes entretenait avec les Pays-Bas, de nombreuses œuvres flamandes et hollandaises du 15e au 17e s. sont exposées, dont la *Crucifixion* de Gérard David, dramatique par ses couleurs sombres et la sobriété de sa composition, l'intense **Christ bénissant★** par Hans Memling, des œuvres de Jan Matsys, Van Dyck *(Le Christ de la monnaie)* et Rubens *(Vénus et Mars)*. Cependant, Gênes accueille et apprécie également les artistes italiens tels que Véronèse *(Crucifixion)* et Palma le Jeune *(Jésus et la Samaritaine)*. La collection se poursuit par des œuvres d'artistes espagnols (Murillo), génois, dont B. Strozzi (1581-1644), D. Piola (1627-1703) et sa *Charité*, et G. de Ferrari (1647-1726).

Galleria d'Arte di Palazzo Rosso – *Via Garibaldi, 18 - ☏ 010 27 59 185.* Dans cette galerie d'art sont exposées des œuvres de Palma le Vieux, Guido Reni, le Guerchin (*Le Père éternel avec un angelot*, 1620), Mattia Preti, et des toiles d'artistes génois tels que Guidobono. Au 2e étage, ne manquez pas d'admirer les plafonds peints à fresque (allégories des saisons et loggia de Diane) par les Génois De Ferrari, Piola et Viviano, et surtout les remarquables **portraits★** brossés par Van Dyck, ainsi que les collections de sculptures sur bois d'époque baroque. On peut conclure la visite par celle de l'appartement aménagé au dernier étage par la conservatrice dans les années 1950, puis monter au belvédère, d'où l'on a une très belle vue sur la via Garibaldi et le centre historique.

Palazzo Tursi – *Via Garibaldi, 9 - ☏ 010 27 59 185.* Il conserve des manuscrits de Christophe Colomb *(qu'on ne peut, normalement, pas consulter)*, le célèbre *Guarneri del Gesù* – le violon de Paganini – ainsi que des œuvres d'art décoratif (faïences, tapisseries, meubles) et la collection de monnaies, poids et mesures officiels de l'ancienne République de Gênes.

★★ Galleria Nazionale di Palazzo Spinola Plan I G2

Piazza Pellicceria, 1 - ☏ 010 27 05 300 - www.palazzospinola.it - tlj sf lun. 8h30-19h30, dim. et j. fériés 13h30-19h30 - 4 €.

Le palais, édifié à la fin du 16e s. par la famille Grimaldi, a ensuite été habité successivement par les Pallavicino, les Doria et les Spinola. Il a conservé sa décoration intérieure d'origine. Les œuvres qui y sont réunies et le mobilier d'époque composent un très bel ensemble. Les deux étages nobles offrent un magnifique exemple de demeure des 17e (pour le premier étage) et 18e s. (pour le deuxième) ; les troisième et quatrième étages, détruits lors de la Seconde Guerre mondiale, ont été reconstruits. Les deux étages nobles permettent ainsi de suivre l'évolution du style des mobiliers, mais aussi de la décoration à fresque grâce aux **plafonds★**, riches et baroques pour ceux de Tavarone (17e s.), plus aérés pour ceux de Ferrari et de Galeotti (18e s.). Entre le premier et le deuxième étage, on voit encore la cuisine. Au deuxième étage, l'élégante et raffinée **Galleria degli Specchi★** (galerie des glaces) est une réalisation de L. de Ferrari. La **collection de peintures★** rassemble des œuvres de la Renaissance italienne et flamande, dont le charmant **Portrait**

Le port de Gênes.
J. Arnold / hemis.fr

d'Ansaldo Pallavicino de Van Dyck, le *Portrait d'une religieuse* du Génois Strozzi, *L'Amour sacré et l'Amour profane* de Guido Reni et, au troisième étage (qui abrite aujourd'hui la collection de peintures proprement dite), le douloureux **Ecce homo★** d'**Antonello da Messina**.

2

★★ Palazzo del Principe Plan II A1

Piazza del Principe, 4 - ✆ 010 25 55 09 - www.dopart.it/genova - mars-sept. : merc.-dim. 10h-17h, reste de l'année sur RV - 9 €.

Cette résidence du 16e s. d'Andrea Doria, qui en 1531 reçut le titre de prince, fut décorée par un élève de Raphaël à Rome, **Perin del Vaga**, qui exécuta les **fresques★** du vestibule, de la Loge des Héros et des appartements symétriques du condottiere et de sa femme, auxquels on accède par la loge. Le salon de la Chute des Géants présente une fresque (dont le thème a donné son nom à la salle) particulièrement bien conservée, et recèle un **Portrait d'Andrea Doria★** par **Sebastiano del Piombo** (1526) et un portrait du même personnage à 92 ans. Giovanni Andrea, neveu et héritier du prince, agrandit le palais et fit construire la galerie dorée où l'on trouve une remarquable série de **tapisseries★**, réalisées à Bruxelles (fin 16e s.), qui retracent l'histoire de la bataille de Lépante, soutenue par les flottes chrétiennes contre les Turcs (1571).Le très joli jardin du palais est orné, en son centre, de la fontaine de Neptune.

★ Castello d'Albertis-Museo delle Culture del Mondo Plan II B1

Corso Dogali, 18 - accès possible de la via Balbi par l'ascenseur du Castello D'Albertis-Montegalletto - ✆ 010 27 23 820 - www.museidigenova.it - ♿ - avr.-sept. : tlj sf lun. 10h-18h (19h w.-end) ; reste de l'année : tlj sf lun. 10h-17h (18h w.-end) - 6 € (-12 ans 4,50 €).

Le château néogothique que fit construire, sur d'anciennes fortifications, le capitaine d'Albertis (1846-1932), voyageur, naturaliste et érudit, occupe une merveilleuse **position★** sur la colline qui domine le port. La visite permet d'abord de découvrir la demeure et les objets ayant appartenu au capitaine, avant d'accéder à la partie proprement ethnographique (objets archéologiques, ustensiles et objets rituels, textiles et terres cuites). Le parcours s'achève par la section consacrée à la musique et aux instruments des cinq continents.

★ Villetta Di Negro-Museo d'Arte orientale Edoardo Chiossone

Plan I H2

C'est, au-dessus de la piazza Corvetto, une sorte de belvédère-labyrinthe, avec palmiers, cascades et grottes artificielles. De la terrasse, belle **vue★** sur la ville et la mer.

Au sommet de la Villetta Di Negro, le **musée Chiossone★** *(Piazzale Mazzini, 4 - ✆ 010 55 74 741 - www.museidigenova.it - tlj sf lun. 9h-19h, w.-end 10h-19h - fermé j. fériés - 4 €)* rassemble la collection du graveur homonyme génois, qui vécut pendant 23 ans au Japon à la fin du 19e s. et fut un passionné d'art oriental : sculptures bouddhiques, objets, armures, remarquable ensemble d'estampes, objets en ivoire et en laque.

Museo di Sant'Agostino Plan I G3

Piazza Sarzano, 35/r - ✆ 010 25 11 263 - www.museidigenova.it - ♿ - tlj sf lun. 9h-19h, w.-end 10h-19h - fermé j. fériés - 4 €.

Le couvent, avec son église annexe du 13e s. (aujourd'hui auditorium), abrite le **musée d'Architecture et de Sculpture ligures** (Museo di Architettura e Scultura Ligure), qui réunit des fragments et des sculptures provenant d'édifices religieux détruits et de demeures privées. Noter en particulier la pierre tombale du 13e s. de Simonetta et Percivalle Lercari, semblable à la page d'un livre enluminé en pierre, et le *Monument de Marguerite de Brabant* par Giovanni Pisano (14e s.) ; au deuxième étage, on remarque les sculptures de Pierre Puget *(Enlèvement d'Hélène)* et d'Antonio Canova *(Madeleine pénitente)*.

À voir aussi Plan II p. 185

Santo Stefano C2

L'église, en position surélevée, donne sur la via XX Settembre, artère principale de Gênes bordée de palais Liberty. De construction romane, elle comprend une remarquable abside de style lombard. À l'intérieur, on peut admirer le **Martyre de saint Étienne★** (vers 1524), chef-d'œuvre de **Giulio Romano**.

Santa Maria Assunta di Carignano C3

Accès par la via Ravasco. Cette église monumentale fut élevée au 16e s. sur les plans d'Alessi. À l'intérieur, belle statue de **saint Sébastien★** par Puget.

Museo di Arte Contemporanea di Villa Croce C3

Via Jacopo Ruffini, 3 - www.villacroce.museidigenova.it - 9h-13h, sam. 10h-13h - fermé dim.-lun. et j. fériés - 4 €. Cette villa néoclassique abrite une collection d'œuvres italiennes et internationales d'art abstrait (1930-1980).

À proximité Carte de région (p. 178-179)

★ Cimitero di Staglieno C1

▶ *À 1,5 km au nord. De la piazza Corvetto, prendre la via Assarotti (en dehors du plan) puis la via Montaldo.*

Curieux cimetière, où les somptueux mausolées contrastent avec les simples *tumuli* de glaise.

VERS LA SPEZIA Carte de région (p. 178-179)

Albaro C1

Le quartier balnéaire de Gênes, avec ses grandes avenues arborées et ses maisons élégantes, est l'un des quartiers les plus agréables de la ville. Lieu de villégiature dès le 14e s., il recèle encore de magnifiques villas du 16e s., parmi lesquelles la **villa Cambiaso Giustiniani★**, d'Alessi. Le **corso Italia**, bordé de belles maisons de style Liberty, est le lieu de promenade préféré des Génois. Le petit **port de Boccadasse★**, entouré de maisons de pêcheurs multicolores, a su conserver tout son charme. Du cap de Santa Chiara, on jouit d'une superbe **vue★★** sur la Riviera qui embrasse le promontoire de Portofino. Les ruelles étroites, ombragées par les arbres débordant des jardins, conduisent au **petit port de Sturla**.

★ Nervi C1

À 10 km à l'est.

Cette petite station balnéaire aux façades multicolores était très à la mode au début du 20e s. La superbe **promenade Anita Garibaldi★★**, partant du pittoresque petit port, longe la mer au-dessus des rochers et offre une belle vue, allant des Alpes maritimes au mont de Portofino. De l'autre côté s'étendent les **parcs★** réunissant les jardins de trois anciennes villas qui abritent aujourd'hui les **musées de Nervi★** *(listés ci-dessous dans leur ordre d'apparition quand on arrive de Gênes centre; possibilité de billets cumulés).*

Wolfsoniana – *Via Serra Gropallo, 4 - ✆ 010 32 31 329 - www.wolfsoniana.it - tlj sf lun. 10h-19h - billet combiné avec les autres musées 12/16 € (24/48 h).* La collection, consacrée aux arts décoratifs et appliqués ainsi qu'au design, rassemble des pièces (tableaux, meubles, céramiques, tissus, affiches, etc.) des années 1880-1945.

2

Galleria d'Arte Moderna con opere della collezione Wolfson – *Villa Saluzzo Serra - via Capolungo, 3 - ✆ 010 37 26 025 - www.museidigenova.it - tlj sf lun. 10h-19h - billet combiné avec les autres musées 12/16 € (24/48 h).* La galerie, logée dans la villa Saluzzo (15e s.) entourée d'un beau parc, expose des tableaux, sculptures, gravures et dessins d'artistes italiens du 19e et du début 20e s. Des œuvres d'art décoratif de la collection Wolfson complètent le parcours.

Raccolte Frugone – *Villa Grimaldi Fassio, via Capolungo, 9 - ✆ 010 32 23 96 - www.museidigenova.it - tlj sf lun. 9h-19h, w.-end 10h-19h - fermé j. fériés - billet combiné avec les autres musées 12/16 € (24/48 h).* La belle villa Grimaldi Fassio (18e s.), célèbre pour sa **roseraie★**, conserve une importante collection d'œuvres d'artistes italiens des années 1860-1930.

Museo Giannettino Luxoro – *Via Mafalda di Savoia, 3 - ✆ 010 32 26 73 - www.museidigenova.it - mar.-vend. 9h-13h, sam. 10h-13h - fermé dim.-lun. et j. fériés - billet combiné avec les autres musées 12/16 € (24/48 h)* Cette résidence du début du 20e s. propose des œuvres des 17e-18e s. (tableaux, meubles, céramiques, argenterie). Belle collection de statuettes de crèche.

VERS SAVONA Carte de région (p. 178-179)

Pegli B1

À 15 km à l'ouest de Gênes-centre.

Villa Durazzo Pallavicini – *Via Pallavicini, 13 (près de la gare).* Le **parc★** de cette villa est certainement l'un des plus beaux d'Italie. Conçu vers la moitié du 19e s. par Michele Canzio, décorateur du théâtre Carlo Felice, il est organisé

comme une succession de scènes de théâtre agrémentées de petits édifices, de lacs, de grottes et de cascades.
Museo di Archeologia ligure – *Via Pallavicini, 11 - ✆ 010 69 81 048 - www.museidigenova.it - tlj sf lun. 9h-19h, w.-end 10h-19h - fermé j. fériés - 4 €.* Situé dans le parc Pallavicini, le musée présente un panorama du matériel archéologique mis au jour sur le territoire ligurien, de la période paléolithique aux pièces provenant des fouilles des cités romaines. Une section est dédiée aux rapports entre l'homme et la mer en Ligurie.
Museo navale di Pegli – *Villa Doria, piazza Bonavino, 7 - ✆ 010 69 69 885 - www.museidigenova.it - tlj sf lun. 9h-13h, w.-end 10h-19h - fermé j. fériés - 4 €.* Les collections maritimes du 11e au 19e s. (pièces archéologiques, instruments, cartes nautiques, maquettes) et la collection d'aquarelles du 19e s. ont pour cadre la villa Renaissance de Giovanni Andrea Doria.

NOS ADRESSES À GENOVA

INFORMATIONS UTILES

Card musei – Disponible dans les musées et à l'office de tourisme, cette carte donne accès à 22 musées de la ville et offre des réductions sur le billet d'entrée à l'aquarium, les théâtres et les cinémas. L'option musei + bus permet d'employer tous les moyens de transport gratuitement. Card 24h : 12 € (bus 13,50 €) ; Card 48h : 16 € (bus 20 €).

TRANSPORTS

En avion – L'aéroport international Cristoforo Colombo se trouve à 6 km du centre. Le **Volabus Ligne 100** relie l'aéroport au centre-ville avec un départ toutes les 20mn (6 €). Des liaisons par le train existent également.
En voiture – Gênes est desservie par 4 autoroutes : l'A 12 (de Florence), l'A 7 (de Milan), l'A 26 (de Turin) et l'A 10 (de Nice). Sortir à Genova Ouest, puis, après le péage, suivre la direction **Strada Sopraelevata**, cette route surélevée qui traverse toute la ville en suivant le bord de mer ! La circulation étant très difficile à Gênes, et impossible dans le centre historique, prévoyez de laisser votre voiture au **parking** : le principal se trouve sur la piazza della Vittoria (au bout de la Sopraelevata, prendre la via Brigate Partigiane) et il existe un forfait parking + bus vous permettant de circuler librement pendant toute la durée de votre stationnement.

En train – Gênes compte deux gares : la principale où tous les trains s'arrêtent, la **Stazione Principe** *(piazza Acquaverde)* et la **Stazione Brignole** *(piazza Verdi)*.
En bateau – Nombreuses lignes de ferries vers la Corse, la Sardaigne *(www.gnv.it, www.moby.it, www.tirrenia.it)*, la Tunisie et l'Espagne.
En transports publics – AMT gère le réseau d'autobus et la ligne de métro de Gênes, ainsi que des ascenseurs et funiculaires. *Billet : 1,50 € pour 90mn ; 4,50 € pour 24h - www.amt.genova.it.*
La route des montagnes (La circonvallazione a monte) – L'autobus n° 33 (départ de la piazza Corvetto ou de la gare Principe) parcourt cette jolie route panoramique flanquée de très beaux édifices du 19e s.

VISITES

Visites guidées – Pour les visites guidées en différentes langues, consulter le site www.turismo.comune.genova.it
Promenade en petit train – C'est l'une des sorties dominicales des Génois. À bord de ce joli train coloré (qui circule sur une petite voie), vous pourrez découvrir les villages et les collines qui se succèdent entre Gênes et Casella. Départs réguliers tous les jours depuis la gare de Gênes-Casella. Pour toute information : *010 83 73 21 - www.ferroviagenovacasella.it*

HÉBERGEMENT

Gênes

À l'occasion de manifestations commerciales ou touristiques (comme le **Salon nautique international**, en octobre), les prix des hôtels peuvent connaître une légère hausse. Il est conseillé de s'informer au moment de la réservation.

BUDGET MOYEN

Albergo Cairoli – Plan I G1 - *via Cairoli, 14/4 - 010 24 61 454 - www.hotelcairoligenova.com - 12 ch.* Pour ceux qui aiment les atmosphères intimes, ce petit hôtel permet de jouir de la ville et de son centre animé tout en se sentant comme chez soi. Si les chambres sont peu spacieuses, la jolie terrasse fleurie permet de se reposer en toute tranquillité.
Viale Sauli – Plan II C2 - *viale Sauli, 5 - 010 56 13 97 - www.hotelsauli.it - 56 ch.* Non loin de la gare Brignole (Plan II D2), cet hôtel sans charme a pour atouts d'être fonctionnel et très bien situé, à quelques minutes à pied du centre. Très bon rapport qualité/prix pour la ville.
Albergo Soana – Plan II C2 - *via XX Settembre, 23-8, 4e étage esc. A - 010 56 28 14 - fax 010 56 14 86 - www.hotelsoana.it - 19 ch.* Ce petit hôtel, situé dans un édifice du début du siècle, propose des chambres meublées dans un style moderne très simple. Face au pont monumental, une adresse intéressante pour ceux qui veulent se loger dans le centre.
Hotel Balbi – Plan II B1 - *Via Balbi, 21/3 - 010 27 59 288 - www.hotelbalbigenova.it - 3 ch.* Au 3e étage d'un immeuble du 19e s., sur la via Balbi qui relie la gare au centre-ville, un petit hôtel géré par une famille. Chambres simples et propres, un peu désuètes mais avec des salles de bains neuves.
Hotel Cristoforo Colombo – Plan I G3 - *Via di Porta Soprana, 27 - /fax 010 25 13 643 - www.hotelcolombo.it - 17 ch.* Tout, dans ce plaisant hôtel du centre-ville, contribue à créer une atmosphère personnalisée et originale : objets, cartes nautiques, affiches de

2

théâtre, lampes, etc. Une occasion de découvrir Gênes d'une autre façon, y compris de la terrasse où l'on sert le petit-déjeuner.
Hotel Galles – Plan II A1 - *via Bersaglieri d'Italia, 13 - ✆ 010 24 62 820 - fax 010 24 62 822 - www.hotelgallesgenova.com - 21 ch.* Très bien situé, entre la gare ferroviaire de Porta Principe et la gare maritime du Ponte dei Mille, cet hôtel possède un vaste hall, très lumineux, et des chambres spacieuses, modernes et accueillantes. Un décor soigné et tout le confort nécessaire pour un prix très intéressant.

SE FAIRE PLAISIR

Locanda di Palazzo Cicala – Plan I G2 - *piazza San Lorenzo 16 - ✆ 010 25 18 824 - fax 010 24 67 414 - www.palazzocicala.it - 10 ch.* À l'étage noble du palais Cicala, cette « auberge » allie style ancien et design contemporain pour un séjour exceptionnel sur la place du Duomo.

À proximité

BUDGET MOYEN

Hotel Bonera – *Via Sarfatti, 8 - Nervi - ✆ 010 37 26 164 - fax 010 37 28 565 - www.villabonera.com - 26 ch.* Cette demeure du 16e s., à 200 m de la promenade Anita Garibaldi, réserve à ses hôtes un décor original, en particulier dans les espaces communs. Mais les chambres aussi peuvent être pleines de surprises.

RESTAURATION

PREMIER PRIX

Friggitorie
Vous pourrez y déguster des *farinate* (à base de farine de pois chiche), tartes salées, des fritures de légumes ou de poisson *(frisceu)* et de la polenta frite *(panissa)*.
Antica Sciamadda – Plan I G2 - *via San Giorgio, 14 r - ✆ 010 24 68 516.*
Carega – Plan I G2 - *via Sottoripa, 113 r - ✆ 010 24 70 617.*
La Farinata dei teatri – Plan II C2 - *piazza Marsala, 5 r (au nord de la piazza Corvetto) - fermé dim.*

BUDGET MOYEN

Antica Cantina I Tre Merli – Plan I G2 - *vico dietro il coro della Maddalena, 26 r - ✆ 010 24 74 095 - www.itremerli.it - fermé sam. midi et dim.* À deux pas de l'aristocratique via Garibaldi, chaleureuse *trattoria* aux murs recouverts de bouteilles de vin. Cuisine locale, charcuterie et quelques spécialités originales.
Antica Osteria di Vico Palla – Plan I F2 - *vico Palla, 15 - ✆ 010 24 66 575 - www.vicopalla.it - fermé lun. et 10-20 août.* Un restaurant rustique, près de l'aquarium et du vieux port, qui propose de délicieuses spécialités liguriennes.
Cantine Squarciafico – Plan I G2 - *piazza Invrea, 3 r - ✆ 010 24 70 823 - www.squarciafico.it -* Près de l'église San Lorenzo, ce restaurant, installé dans les anciennes citernes du palais Squarciafico, datant du 16e s., propose les plats typiques de la cuisine génoise.
Pintori – Plan I G3 - *via San Bernardo, 68/r - ✆ 010 27 57 507 - fermé dim., lun., réserv. conseillée.* Peu visible, cachée dans un étroit *carruggio* de la vieille ville, cette *trattoria* vaut vraiment le détour. Vous y goûterez la véritable cuisine ligure, mais aussi quelques plats sardes, servis sur les tables rustiques d'une belle salle voûtée. Une cave bien fournie avec 700 vins différents et des prix plus qu'honnêtes.
Sà Pesta – Plan I G2 - *via Giustiniani, 16 - ✆ 010 24 68 336 - fermé lun.-merc. (soir) et dim. soir*

dim. - ⊠. Ambiance authentique : carreaux de faïence blancs et verts, tables en bois et en marbre, service informel et clientèle locale, pour savourer les grands classiques de la cuisine ligurienne, à commencer par la *farinata*.

PETITE PAUSE

F. lli Klainguti – *Piazza Soziglia, 98/100 r.* Cette pâtisserie-bar existe depuis 1828. Vitrines Liberty et meubles d'époque composent un décor élégant qui défie le temps. Spécialité de la maison : la tarte Zena.

Gelateria Box Cream – *Via degli Orefici, 59 r.* Depuis les années 1960, ce glacier situé dans le cœur historique s'emploie à régaler les Génois avec ses excellentes créations. Découvrez sa spécialité, la *panera*, un mélange de lait, crème, café et farine de caroube. Délicieuse !

Mangini – *Via Roma, 91 r.* Fondé en 1876, ce célèbre café-pâtisserie, autrefois lieu de rendez-vous des hommes de lettres et des journalistes, continue d'exercer la même fascination.

Panificio Grissineria Claretta – *Via della Posta Vecchia, 12 r.* L'un des fours les plus anciens de la ville, qui propose l'une des meilleures *focacce* de Gênes.

Romanengo – *Via Soziglia, 74/76 r.* Fondée en 1780, cette confiserie est l'une des plus célèbres d'Italie. Bonbons, fruits confits, pralines, gâteaux et chocolats feront le délice de tous les gourmands.

Sur le port – *Calata Cattaneo.* Bar panoramique sur la terrasse de ce bâtiment situé sur le Vieux Port (en face de l'ascenseur panoramique). Comprend aussi des restaurants.

ACHATS

Libreria Ducale – *Dans le Palazzo Ducale.* Beaucoup de livres d'art dans cette belle librairie, spécialisée également dans les ouvrages sur la ville et son histoire, et qui propose toutes sortes de cartes de Gênes.

Antica Drogheria Torielli – *Via San Bernardo, 32 r.* Cette épicerie fine, tenue par la même famille depuis 1920, continue à proposer une belle sélection de produits : épices, café, thé, chocolat et savon de Marseille. Une institution.

Drogheria di Vico dei Notari – *Vico Notari.* Petite boutique à l'ancienne, pour emporter savons, parfums, essences, huiles, etc.

Casa del Cioccolato Paganini – *Via di Porta Soprana, 45 r.* Boutique du célèbre artisan chocolatier génois.

AGENDA

Salon nautique international – Depuis presque 50 ans, en octobre, ce salon attire des milliers de visiteurs.

Celebrazioni Colombiane – La deuxième semaine d'octobre, la ville célèbre son enfant le plus célèbre et la découverte de l'Amérique au travers de nombreuses manifestations.

Promontorio di Portofino

Promontoire de Portofino

★★★

NOS ADRESSES PAGE 205

S'INFORMER

Informations touristiques – *Via Roma, 35 - ✆ 0185 26 90 24.*

SE REPÉRER

Carte de région C1 (p. 178-179) – *carte Michelin Régional 561 J 9.* Le promontoire de Portofino se situe à environ 40 km à l'est de Gênes, le long de la S 1.

À NE PAS MANQUER

La promenade à pied jusqu'au phare de Portofino et, pour les plus courageux, jusqu'à San Fruttuoso (retour en bateau vers Camogli ou Portofino. Déguster une glace sur le front de mer de Camogli.

ORGANISER SON TEMPS

Prévoir une journée, avec arrêts à San Fruttuoso et à Camogli.

S'avançant en promontoire rocheux et tourmenté, la presqu'île de Portofino constitue l'un des paysages les plus séduisants de la Riviera ligure, surtout grâce à sa lumière tamisée qui baigne le littoral découpé où se blottissent des petits ports. Cette péninsule a été en partie instituée parc naturel, zone dans laquelle faune et flore sont protégées. Quelques routes en corniche et de nombreux itinéraires pédestres permettent de mieux découvrir les secrets de sa beauté.

Le phare de Portofino.
P. Cappa / Marka/Age fotostock

Découvrir Carte du Promontorio di Portofino ci-contre

2

Parco naturale regionale di Portofino

Ente Parco di Portofino – *Viale Rainusso, 1 - Santa Margherita Ligure - ☏ 0185 28 94 79 - www.parcoportofino.it.*

Le parc couvre tout le promontoire, dont le point le plus haut culmine à 610 m. Ce balcon naturel s'allonge dans la mer sur plus de 3 km et sépare le golfo Paradiso, à l'ouest, du **golfo del Tigullio**, à l'est.

La zone protégée (1 200 ha) compte 680 habitants, répartis entre Camogli, Portofino et Santa Margherita Ligure.

Le parc offre toutes les caractéristiques d'un milieu de transition entre : forêt des Apennins et maquis, culture du châtaignier et culture de l'olivier, tradition paysanne et tradition de la mer. Un réseau très dense de sentiers permet de découvrir ce milieu naturel unique dont la flore est particulièrement intéressante. La pointe du promontoire, avec ses côtes en surplomb de la mer et ses colonies de corail rouge, présente un fond marin parmi les plus beaux de la Méditerranée.

Bon à savoir – Dix-huit sites sont consacrés à la plongée.

★★★ Portofino

Route privée avec accès libre.

Navigation : départs de Genova, San Fruttuoso, Santa Margherita Ligure, Rapallo, Chiavari, Lavagna, Sestri Levante, Cinque Terre et Porto Venere par le service maritime du Tigullio, ☏ 0185 28 46 70 - www.traghettiportofino.it ; de Camogli par les transports maritimes touristiques Golfo Paradiso, ☏ 0185 77 20 91 - www.golfoparadiso.it.

Voir aussi : www.liguriaviamare.it.

On y accède, à partir de **Santa Margherita Ligure**★★ *(5 km)*, élégante station balnéaire chère à Valery Larbaud, par une **route de corniche**★★ *(strada panoramica)* ménageant de très belles vues sur la côte rocheuse de la péninsule.

Petit village de pêcheurs, Portofino regroupe ses maisonnettes colorées au fond d'une crique naturelle.

La **promenade au phare★★★** *(1h AR à pied)* offre de magnifiques points de vue au cœur d'une végétation faite d'oliviers, d'ifs et de pins. À effectuer de préférence à la tombée du jour, lorsque le soleil éclaire le golfe de Rapallo★. Du **château** – anciennement Castello San Giorgio *(accès par les escaliers partant du port et de la petite église San Giorgio)* – splendides **vues★★★** sur Portofino et le golfe de Rapallo★. En continuant le sentier jusqu'au phare, la vue embrasse toute la côte jusqu'à La Spezia.

San Lorenzo della Costa

À 10 km dans l'arrière-pays.

À Santa Margherita Ligure, prendre la **route panoramique★★** qui offre de belles vues sur le golfe de Rapallo. Dans l'**église** de San Lorenzo, remarquer le **triptyque★** d'un maître brugeois (1499) qui pourrait être l'œuvre de Gérard David, lequel séjourna à Gênes.

À proximité Carte du Promontorio di Portofino (p. 202)

★★ Portofino Vetta

À 14 km à l'ouest.

De ce promontoire (450 m), on découvre une très belle vue sur la péninsule et la côte ligure.

★★ San Fruttuoso

Accès à pied : *de Portofino, sentier balisé, 5h AR ; de Portofino Vetta, sentier abrupt en fin de parcours, 3h AR.* **Accès en bateau** : *de Rapallo, Santa Margherita Ligure, Portofino ou Camogli.*

Ce délicieux village de pêcheurs, auquel n'aboutit aucune route carrossable, est logé au fond d'une anse étroite, nichée sous le mont Portofino. On peut y admirer la belle **abbaye de San Fruttuoso★**, érigée entre le 13e et le 14e s.

★★ Belvedere di San Rocco

À 13 km à l'ouest. De la terrasse de l'église, vue sur Camogli et la côte, de la pointe Chiappa jusqu'à Gênes.

On peut gagner la **pointe Chiappa★★★** *(1h30 à pied AR par un sentier en escalier partant à droite de l'église)* : vues inoubliables sur la péninsule de Portofino et, de la chapelle, sur la côte génoise.

★★ Camogli

À 15 km à l'ouest.

De hautes maisons vivement colorées se pressant autour d'un antique petit port composent le cadre de Camogli. Certaines d'entre elles possèdent de beaux **décors en trompe-l'œil** : amusez-vous à les débusquer, au gré des ruelles.

La petite ville compte aussi une **basilique** du 12e s., remaniée aux 16e et 19e s., un château (Castel Dragone) du 13e s., un musée de la Mer et un monastère (Monastero di San Prospero), qui offre une **très belle vue**.

LE PROMONTORIO DI PORTOFINO

HÉBERGEMENT

BUDGET MOYEN

Camogli

Albergo La Camogliese – *Via Garibaldi, 55 - Camogli - ✆ 0185 77 14 02 - www.lacamogliese.it - 21 ch.* Cet hôtel partage l'accès aux étages avec les habitants de l'immeuble mais dispose d'un joli hall indépendant. Quelques chambres avec vue sur la mer. Un établissement confortable et un excellent rapport qualité prix.

Santa Margherita Ligure

Agriturismo Villa Gnocchi – *Via Romana, 53 - San Lorenzo della Costa, 3 km à l'ouest de Santa Margherita Ligure - ✆ 0185 28 34 31 - www.villagnocchi.it - fermé du 16 oct. à Pâques - 12 ch.* Un site enchanteur, dominant Santa Margherita et le golfe du Tigullio, et une agréable terrasse-jardin, d'où l'on jouit d'une vue magnifique pour le petit-déjeuner. Chambres lumineuses et très soignées, joliment décorées. Possibilité de demi-pension.

Nuova Riviera – *Via Belvedere, 10/2 - Santa Margherita Ligure - ✆ 0185 28 74 03 - www.nuovariviera.com - fermé 3 nov.-26 déc. - 9 ch.* Dans une pimpante villa datant du début du 20e s. ont été aménagées 9 grandes chambres de style classique. Ambiance simple et agréable.

RESTAURATION

BUDGET MOYEN

Camogli

La Cucina di Nonna Nina – *Via Molfino, 126 - San Rocco, 6 km au sud de Camogli - ✆ 0185 77 38 35 - www.nonnanina.it - fermé merc., 10 j. en janv. et 2 sem. en nov.* Dans un joli hameau avec une vue spectaculaire depuis l'église. Accueillante trattoria familiale proposant des plats de la mer et de la terre.

Riviera ligure

★★

NOS ADRESSES PAGE 214

S'INFORMER

Agenzia Regionale per la Promozione Turistica « In Liguria » – *Palazzo Ducale - piazza Matteotti, 9 - Genova - ✆ 010 530 821 - www.turismoinliguria.it.*

SE REPÉRER

Carte de région AD1-2 (p. 178-179) – *carte Michelin Régional 561 I-K 4/12.* De Vintimille à La Spezia, au pied des Alpes et de l'Apennin ligure, et donc protégée des vents, s'étend une côte dessinant un ample arc dont le centre est occupé par la ville de Gênes. Le long de la côte se trouvent l'A 10 (Riviera du Ponant), l'A 12 (Riviera du Levant) et la S 1, Via Aurelia.

À NE PAS MANQUER

La découverte du Parc national des Cinque Terre.

ORGANISER SON TEMPS

Réservez au moins 4 jours à la découverte de la Riviera, sans compter les pauses baignade.

AVEC LES ENFANTS

Les jardins Hanbury à Mortola, Triora et son musée de la Sorcellerie, les grottes de Toirano, une balade en bateau à partir de Savona pour observer les baleines.

La Riviera ligure est le paradis des vacanciers. Son climat particulièrement doux y rend agréables les séjours, même en hiver. Les bords de mer sont jalonnés de stations fréquentées et bien aménagées du point de vue hôtelier ; mais l'arrière-pays procure aux amoureux de promenades solitaires de nombreuses possibilités.

Circuits conseillés Cartes de la Riviera Ligure (p. 209 et 213)

Les cartes situent, outre les localités et sites décrits, d'autres lieux particulièrement pittoresques (indiqués dans le plus petit caractère noir).

★ RIVIERA DI PONENTE (RIVE DU COUCHANT) Carte p. 209

Circuit de 275 km, de Vintimille à Gênes. Compter deux jours.

L'antique voie romaine Aurelia constitue aujourd'hui encore le principal axe routier. Difficile en raison de son parcours sinueux, de son étroitesse et du trafic intense qui l'emprunte, cette route offre néanmoins de fréquents points de vue remarquables, qu'elle s'élève en corniche ou qu'elle longe la mer de près. L'autoroute A 10, où alternent viaducs et tunnels, la double. Tantôt d'innombrables stations de villégiature et villas se succèdent au cœur d'une végétation abondante et variée, tantôt l'Aurelia traverse des plaines deltaïques, débouchés des nombreux torrents provenant de la montagne. L'exposition

LA PRINCIPAUTÉ DE SEBORGA
À cause d'une erreur bureaucratique, la petite principauté (11 km à l'est de Bordighera) ne fut jamais enregistrée officiellement parmi les propriétés de la maison de Savoie. Dans les années 1960, ses habitants se mirent à revendiquer leur indépendance, élirent un prince, commencèrent à battre monnaie et à émettre des timbres. Pour en savoir plus : *www.proseborga.com.*

solaire de la Riviera du Ponant, exceptionnelle, a favorisé la culture des fleurs, produites tout au long de l'année dans les serres qui occupent les collines. Contrastant violemment avec le littoral derrière lequel il s'élève brutalement, l'arrière-pays frappe par son silence et l'aspect sauvage de ses espaces boisés.

Ventimiglia

Toute proche de la frontière française, **Vintimille** a gardé sa ville haute médiévale (Città Vecchia), constituée d'un lacis de ruelles étroites où s'élèvent un Dôme des 11e et 12e s., un baptistère octogonal du 11e s., l'église San Michele (11e-12e s.) et l'oratoire des Neri (17e s.).

★★ **Jardins Hanbury** – *À* **Mortola Inferiore**, *à 6 km à l'ouest, en direction de la frontière française. ✆ 0184 22 95 07 - www.giardinihanbury.com - 9h30-18h (17h printemps et automne, 16h hiver) - fermé lun. nov.-fév. - 9 €.*

Disposés en terrasses au-dessus de la mer, ces jardins réunissent une végétation exotique très variée.

★ **Balzi Rossi** – *Frontière de Ponte San Ludovico. ✆ 0184 38 113 - tlj sf lun. 8h30-19h30 - fermeture 1h avant le coucher du soleil (et en cas de pluie ou de vent) - 2 €.*

La falaise rouge, percée de grottes, donne son nom à ce **site★★** charmant, surplombant la mer, avec vue sur Menton, et exceptionnel d'un point de vue archéologique. Des fouilles ont en effet mis au jour des restes d'éléphants, d'hippopotames, de marmottes, de rennes, ainsi que des restes humains et des objets – dont des statuettes de « Vénus » – attestant la présence de l'homme depuis 240 000 ans. Un musée explicite le site.

2

★ Dolceacqua

Ce plaisant bourg médiéval est dominé par le château des Doria (14e s.) et traversé par un pont du 15e s. C'est ici que l'on produit l'excellent *rossese*.
À 8 km au nord, **Apricale**, d'origine médiévale également, est surnommé le *village des artistes* pour les peintures murales qui ornent son centre historique. Reprendre la SP 64 qui suit le Val Nervia pour rejoindre **Pigna** (à 11 km), un autre village médiéval. L'église San Michele (15e s.) abrite une splendide rosace de Giovanni Gagini et un beau **polyptyque★** du 16e s. de Giovanni Canavesio. Très belle **vue★** depuis la piazza Castello.
Repartir vers la côte.

★★ Bordighera

Célèbre station balnéaire aux nombreuses villas et hôtels disséminés parmi des jardins fleuris qu'ombragent de superbes palmiers. La vieille ville aux ruelles tortueuses possède encore ses portes d'enceinte.

★★ San Remo

Coincée entre mer et montagne, le long d'une ample baie délimitée par le cap Noir et le cap Vert, la luxueuse capitale de la Riviera du Ponant jouit d'une délicieuse température tout au long de l'année et du plus fort ensoleillement de la Ligurie. En plus de ces avantages, elle offre de nombreux hôtels et établissements de bains, ainsi que port de plaisance, casino, hippodrome, fêtes brillantes, manifestations culturelles et sportives. San Remo est le principal centre du commerce des fleurs d'Italie : des millions de roses, œillets, brins de mimosa, etc., sont expédiés dans le monde entier (caractéristique marché aux fleurs d'octobre à juin, entre 6 et 8h).

Corso Imperatrice – Célèbre pour ses palmiers des Canaries, cette promenade le long de la mer est l'une des plus élégantes de la Ligurie.

★ **La Pigna** – C'est le nom donné à la ville haute à cause de sa forme pointue (*pigna* : bec). D'aspect médiéval, elle est parcourue par un lacis de ruelles bordées de hautes et étroites maisons. De la piazza Castello, monter au sanctuaire baroque de la Madonna della Costa : jolie **vue★** sur la ville et la baie.

Le **Mont Bignone★★**, 13 km au nord, offre de son sommet (1 299 m) un splendide **panorama★★** qui porte jusqu'à Cannes.

Bussana Vecchia

Ce village médiéval perché fut détruit par un tremblement de terre en 1887 et resta inhabité jusqu'à la fin des années 1960. Aujourd'hui des artistes, étrangers pour la plupart, ont ouvert de petites boutiques le long des ruelles pavées.

★ Taggia

Ce gros bourg situé au milieu des vergers, vignobles et oliveraies, commande la vallée de l'Argentina. Taggia fut, aux 15e et 16e s., un important centre artistique qui rassemblait des peintres tels que le Niçois Louis Brea, le Piémontais Canavese, les Génois Perin del Vaga et Luca Cambiaso.

L'**église San Domenico** recèle un bel ensemble de **peintures★** de Louis Brea : *Vierge de miséricorde, Baptême du Christ*. À voir aussi, la **via Soleri**, bordée d'intéressants édifices, et le **pont médiéval** à 16 arches.

Suivre la route de la Vallée de l'Argentina (SP 458) pour traverser le bourg médiéval de **Montalto Ligure** (à 11 km au nord) puis rejoindre, 20 km plus loin, **Triora**, appelé le « village des sorcières » suite aux procès en sorcellerie qui s'y tinrent à la fin du 16e s. Ne pas manquer une promenade dans les ruelles de la ville et la visite du **musée de la Sorcellerie** (Museo Regionale Etnografico e della Stregoneria). *Corso Italia, 1 - ✆ 0184 94 477 - www.museotriora.it - juil.-sept. : tlj 10h30-12h et 15h-18h30 ; oct.-juin : 14h30-18h (avr.-juin 15h-18h30), w.-end et j. fériés 10h30-12h - 2 €.*

Retourner vers la côte.

Imperia

La ville est composée de deux parties distinctes, séparées par le torrent Impero : **Oneglia**, la ville industrielle et la plus récente, et **Porto Maurizio**, la ville tournée vers la mer, avec le quartier typique de Parisio, perché sur le relief. Oneglia abrite un riche **musée de l'Olive**, conçu par un producteur d'huile d'olive bien connu dans la région, Fratelli Carli, et qui met en valeur cette activité traditionnelle du territoire ligure. *Via Garessio, 13, derrière la gare - ✆ 0183 29 57 62 - www.museodellolivo.com - tlj sf dim. 9h-12h30 et 15h-18h30 - fermé 15 août - 5 €.*

Diano Marina

De là, on peut gagner le bourg fortifié de **Diano Castello** dont la chapelle des chevaliers de Malte (12e s.) est couverte d'un toit en bois polychrome.

★ Cervo

Ce magnifique village, étagé sur un promontoire s'avançant dans la mer, conserve de jolies ruelles (zone piétonne) et la belle piazza dei Corallini sur laquelle se dresse la **façade★** baroque de **San Giovanni Battista**. Chaque

année, cette église accueille un prestigieux Festival international de musique de chambre.

De Marina di Andora, on peut s'enfoncer dans l'arrière-pays jusqu'à **Andorra Castello**, site isolé qui conserve les vestiges d'un château et de la belle église médiévale **Santi Giacomo e Filippo**.

★ Alassio

Cette localité, l'une des plus en vue de la Riviera du Ponant, s'est rendue célèbre dans les années 1960 pour son « muretto » sur lesquels les « people » de l'époque ont apposé leurs autographes. Le *budello*, paradis du shopping et lieu de rendez-vous en soirée, vaut la promenade.

En face de la portion de côte comprise entre Alassio et Albenga se trouve l'île de la Gallinara, belle réserve naturelle privée.

★ Albenga

Située légèrement en retrait de la mer, dans une fertile plaine d'alluvions riche en cultures maraîchères, Albenga possède une **vieille ville★** médiévale qui groupe ses ruelles autour de la **cathédrale**. Celle-ci est dominée par un imposant campanile de la fin du 14e s. et présente dans la nef une belle voûte peinte à fresque, en trompe-l'œil. Un **baptistère★** du 5e s., de plan octogonal, conserve une cuve baptismale et une ravissante mosaïque paléochrétienne de style ravennate. À côté du baptistère se dressent la **loggia et la tour communale**, remarquable ensemble datant du 13e s. De là démarre la belle **via Ricci★**, artère médiévale qui reprend le tracé du *decumanus* romain.

À 6 km dans l'arrière-pays se trouve **Villanova d'Albenga**, village médiéval entouré de remparts et parcouru de ruelles pittoresques.

★ Grotte di Toirano

0182 98 062 - www.toiranogrotte.it - visite guidée 9h30-12h30, 14h-17h - 12 €. Les premières parties des grottes furent habitées dès l'époque néolithique (on y voit encore des empreintes humaines, des traces de fumée de torche, des restes et des empreintes d'ours, ainsi que des boules d'argile utilisées comme armes) ; elles se développent ensuite en une belle série de cavernes renfermant des stalactites et stalagmites. Un temps envahie par l'eau, la dernière partie présente de ce fait de surprenantes formes arrondies.

Borgio Verezzi

Une route tortueuse et spectaculaire mène de la Via Aurelia au village de Verezzi, joli village médiéval perché à 200 m au-dessus de la mer, qui accueille en été un festival de théâtre connu.

Finale Ligure

À **Finale Marina**, une basilique offre une fantaisiste façade baroque. À **Finale Pia**, l'église abbatiale est flanquée d'un élégant campanile de la fin du 13e s. À 2 km à l'intérieur des terres, le vieux bourg de **Finale Borgo★** a conservé son enceinte fortifiée et sa collégiale San Biagio à l'élégant campanile polygonal du 13e s. ; à l'intérieur, polyptyque de sainte Catherine (1533) et tableau du 16e s. représentant saint Blaise.
Du **château San Giovanni** *(1h à pied AR au départ de la via del Municipio)*, **vue★** sur Finale Ligure, la mer et l'arrière-pays ; plus haut, le **château Gavone** conserve une belle tour ronde du 15e s. à bossages en pointes de diamant.

★ Noli

Village de pêcheurs ayant conservé des maisons anciennes, des tours du 13e s. et une église romane abritant un Christ en bois, également roman.

Savona

Septième port d'Italie, assurant le fret de pétrole, charbon et cellulose, ainsi que le transport des automobiles italiennes en direction de l'Angleterre et des États-Unis. La vieille ville conserve quelques palais Renaissance, un Dôme du 16e s. et, en bordure de mer, la **forteresse Priamar** (16e s.) où le patriote Mazzini fut emprisonné en 1830. L'église Santa Maria di Castello, à côté du Dôme, conserve un remarquable **polyptyque★** de **Vincenzo Foppa** (fin du 15e s.) représentant la Vierge et les saints.

★ Albissola Marina

La production artisanale de céramiques perpétue une tradition née au 13e s. À la fin du 16e s., Louis de Gonzague, duc de Nevers, fit venir les frères Conrade d'Albissola à Nevers pour y fonder la célèbre fabrique de faïences.
Villa Faraggiana – *019 48 06 22 - www.villafaraggiana.it - tlj sf lun. de mi-mars à sept. : 15h-19h ; reste de l'année sur RV - 8 €.* Cette villa du 18e s., entourée d'un beau **parc★** exotique, abrite le Centre ligure de l'histoire de la céramique : riche mobilier Empire, pavements de céramique et superbe **salle de bal★** revêtue de fresques et de stucs

Varazze

Station balnéaire fréquentée, Varazze est fière de sa longue tradition de chantier naval. Habitée déjà à l'époque néolithique, elle conserve les restes d'un important site archéologique dans son musée.

★★★ Genova (Gênes)

p. 180

★★★ RIVIERA DI LEVANTE (RIVE DU LEVANT) Carte p. 213

Circuit d'env. 200 km, de Gênes à La Spezia. Compter deux jours.
Cette côte présente plus de caractère et de rudesse que la Riviera du Ponant : des promontoires aigus avançant dans la mer, de petites anses abritées des vents où se blottissent de minuscules ports de pêche, de grandes baies lumineuses, des falaises, des bois de pins et d'oliviers occupant les collines de l'arrière-pays, constituent le charme de ce paysage. La route, sinueuse, accidentée, est toutefois rarement en corniche et s'éloigne souvent du rivage.

★ Nervi

p. 197.

★★★ Portofino

p. 202.

★ Rapallo

Élégante station balnéaire admirablement située au fond d'un golfe, à la base de la péninsule de Portofino. Une jolie **promenade★** (lungomare Vittorio Veneto) ombragée de palmiers longe la mer.

Chiavari

Station balnéaire possédant une vaste plage et un port de plaisance.
À 2 km au nord-est, à San Salvatore, s'élève la **basilique des Fieschi★**, petite église du 13e s. à assises alternées de marbre noir et blanc (intérieur à voûtes ogivales) ; en face, le palais Fieschi, élégant édifice de style gothique génois (13e s.).

2

★ Sestri Levante

Centre économique actif grâce aux chantiers navals de Riva Trigoso, Sestri Levante est surtout une petite cité touristique caractérisée par une péninsule le long de laquelle s'étend la célèbre **Baie du Silence★** (Baia del Silenzio). En mai, Sestri organise le Festival Andersen, dédié à l'enfance *(www.andersenfestival.it)*.

★★ Cinque Terre

Parco Nazionale delle Cinque Terre - via Discovolo, c/o Stazione Manarola - Riomaggiore - ✆ 0187 76 26 00 - www.parconazionale5terre.it.
Au nord-ouest du golfe de La Spezia, les Cinque Terre restent aujourd'hui encore d'un accès difficile : c'est sans doute pourquoi cette côte escarpée, plantée de vignobles et qui abrite quelques villages de pêcheurs, a gardé presque intacts ses traditions et son paysage farouche et surprenant. En 1997, les Cinque Terre ainsi que Portovenere et les îles de Palmaria, Tino et Tinetto, ont été inscrites sur la liste du Patrimoine mondial de l'Unesco et sont devenues en 1999 un **Parc national**.
Un sentier, longeant la côte, relie les cinq villages, Riomaggiore, Manarola, **Corniglia**, Vernazza et **Monterosso**, et offre une vue panoramique magnifique. On peut atteindre les villages en voiture, mais les routes tortueuses et la forte circulation rendent cette option difficile. Mieux vaut prendre le train ou, pour ceux qui ont du temps – et de bonnes jambes –, explorer les sentiers à pied.
★★ **Vernazza** – C'est le village le plus attrayant des Cinque Terre, avec ses hautes maisons colorées et son église, agglutinées autour d'une anse bien protégée contre les assauts de la mer.
★ **Manarola** – Bourg de pêcheurs, entouré de vignobles en terrasses, et possédant une petite église du 14e s. De la gare, la splendide **via dell'Amore★★** *(1/4h à pied)* offre de beaux points de vue sur la côte et les autres villages.

DES VINS RARES
En randonnant sur les sentiers du Parc national des Cinque Terre, vous remarquerez certainement de curieuses installations au milieu des vignes : des monorails, équipés d'un petit moteur et d'un siège, épousant la pente des terrasses qui descendent à pic vers la mer. Cet ingénieux système facilite le travail des exploitants de ces parcelles sur lesquelles on cultive un vin blanc sec DOC « cinque terre » et un vin liquoreux réputé, le *schiacchetrà*. Les producteurs de la zone sont regroupés en coopérative : Agricola Cinque Terre – *Loc. Groppo (Riomaggiore) - ✆ 0187 92 04 35, www.cantinacinqueterre.com*. Ces vins sont également en vente dans les villages du parc.

★ **Riomaggiore** – *Accès par une bretelle de la route La Spezia-Manarola*. Les vieilles maisons de ce bourg médiéval s'entassent dans l'étroit vallon d'un torrent. Le minuscule port de pêche est blotti dans une crique aux étranges rochers noirs stratifiés, typiques de la région.

★★ Portovenere

Cette petite ville d'aspect sévère, dominée par une imposante citadelle (12e-16e s.), a gardé de très anciennes maisons dont quelques-unes datent du 12e s. Certaines d'entre elles furent fortifiées par les Génois. L'église San Lorenzo a été édifiée au 12e s., l'église San Pietro conserve des vestiges du 6e s. ; de la terrasse, très belle **vue★★** sur les Cinque Terre et le **golfe des Poètes** (ainsi nommé en hommage au séjour de Byron et Shelley) au fond duquel se trouve La Spezia.

La Spezia

ℹ *Viale Italia, 5 - ✆ 0187 77 09 00.*

Base navale et port marchand, La Spezia possède l'arsenal le plus important d'Italie et se consacre aussi à l'industrie des armes.

★★ **Museo Lia** – *Via Prione, 234 - ✆ 0187 73 11 00 - http://museolia.spezianet.it - tlj sf lun. 10h-18h - fermé 25 déc., 1er janv. et 15 août - 6 €.*

Installée à l'intérieur d'un couvent du 17e s. entièrement restauré, la collection est le fruit de la passion d'**Amedeo Lia** qui, au cours de sa vie, a recueilli plus de 1 100 œuvres allant de l'époque romaine au 18e s. Divisée en sections thématiques, elle comprend un important ensemble d'ivoires, émaux, croix et objets de culte, une magnifique série de manuscrits enluminés, des tableaux, de la verrerie et des cristaux de roche.

Salle I : La collection s'ouvre par une *Vierge à l'Enfant* ombrienne, en bois polychrome (13e s.). À droite de l'entrée, dans une vitrine consacrée à l'art romain, une **petite tête en améthyste** représenterait la mère de Caligula. Sur la gauche sont rassemblés des ivoires (très riche coupe allemande d'époque baroque avec Alboïn et Rosemonde – *A 20*) et des émaux (volute de crosse ornée d'un saint Georges et d'un dragon en émail et or ; médaillon *(565)* d'or et émail représentant l'Adoration des Mages) ; au fond, exposition de croix, dont une croix de procession française (Limoges) du 13e s. *(516)*.

Salle II : Dédiée aux miniatures, elle renferme trois antiphonaires complets et de nombreuses pages enluminées, d'origine italienne principalement (14e-16e s.). À partir de la salle IV s'ouvre la collection de tableaux (13e-18e s.), présentée par ordre chronologique. Parmi les nombreux artistes rassemblés, il faut signaler les disciples de Giotto, Bernardo Daddi et Pietro Lorenzetti *(Saint Jean l'Évangéliste)*, Alvise Vivarini *(La Pénitence de saint Jérôme)*. Pour le 16e s., on remarque surtout Giampietrino *(Vierge à l'Enfant et saint Jean)*, Bellini, et un autoportrait du **Pontormo**. La peinture des 17e et 18e s. est représentée par

les caravagesques et par les paysages et portraits de style vénitien (Longhi, Guardi). Les salles XI et XII rassemblent de précieux bronzes, cristaux de roche et de la verrerie romaine, dont une petite bouteille à bandes dorées du 1er s. av. J.-C. La dernière salle réunit des natures mortes, du 17e s. principalement.

Castello di San Giorgio – Construit au Moyen Âge sur une position dominante puis plusieurs fois remanié, il accueille aujourd'hui le **Musée archéologique Ubaldo Formentini** – *Via XXVII Marzo - ✆ 0187 75 11 42 - http://museodelcastello.spezianet.it - 5 €.* Celui-ci expose des pièces archéologiques de la région, de la préhistoire à l'époque médiévale, notamment 19 précieuses stèles de l'âge du bronze provenant de la Lunigiana (Toscane).

Arsenale e museo navale – *Viale Amendola, 1 - ✆ 0187 78 46 93 - www.laspezia.net/navale/welcome.html - 1, 55 €.* Aménagé à la fin du 19e s., l'arsenal, l'un des plus importants d'Italie, abrite notamment une collection de figures de proue.

★ Lerici

Petit port et station balnéaire retirée au fond d'une anse bien abritée ; imposant château bâti au 13e s. et reconstruit par les Génois au 16e s.

★ Sarzana

À 16 km à l'est de La Spezia, dans les terres.

Autrefois base avancée de Gênes et rivale de Pise, cette ville active conserve de nombreux témoignages de son importance passée. La **cathédrale** abrite un **retable★** en marbre (1432), finement sculpté par Riccomani ; à droite du chœur, une chapelle recèle une ampoule qui aurait contenu le sang du Christ ; dans la chapelle à gauche du chœur, on admire un **crucifix★**, chef-d'œuvre de la peinture romane, par Guglielmo de Lucques (1138).

La **forteresse de Sarzanello★**, élevée en 1322 par le condottiere lucquois Castruccio Castracani, se trouve sur une hauteur au nord-est de la ville : curieux exemple d'architecture militaire, avec ses profonds fossés et ses courtines massives, cantonnées de tours rondes. *✆ 0187 62 20 80 - www.fortezzadisarzanello.com - 10h30-12h30 et 15h-17h30 - 3 €.*

Du donjon, magnifique **panorama★★** sur la ville et les premiers contreforts des Apennins.

NOS ADRESSES SUR LA RIVIERA LIGURE

TRANSPORTS

– Pour vous déplacer dans les Cinque Terre, il peut être intéressant d'opter pour la **Cinque Terre Card**. Elle donne accès au train entre Levanto et La Spezia (trajets illimités), aux navettes reliant les villages, aux VTT, au bateau (trajets illimités) et à certaines excursions. Plusieurs versions : **Cinque Terre Card Cinque Terre Treno** (train) ou **Cinque Terre Battello** (bateau). Valables 1 j., 2 j., 3 j. ou 7 j.

HÉBERGEMENT

PREMIER PRIX

Riviera du ponant

Albergo Rosita – *Via Mànie, 67 - 3 km au nord-est de Finale Ligure - ✆ 019 60 24 37 - fax 019 60 17 62 - www.hotelrosita.it - fermé 7-30 janv., 20 j. en fév. et en nov. - 9 ch.* Donnant à pic sur la mer et entouré de verdure, cet hôtel spacieux et lumineux, sobrement décoré de meubles en bois, est très bien tenu. Les chambres confortables disposent d'un balcon avec vue sur la mer et le petit-déjeuner est servi dans la véranda, sur la terrasse-solarium.

Albergo-ristorante Ines – *Via Vignolo, 12 -* **Noli** *- ✆ 019 74 80 86 - 16 ch.* Ce restaurant, près de l'église San Pietro, propose des chambres simples mais bien tenues. Spécialités de la mer.

BUDGET MOYEN

Riviera du ponant

Bel Soggiorno – *Corso Matuzia, 41 - San Remo - ✆ 0184 66 76 31 - fax 0184 66 74 71 - www.belsoggiorno.net - 36 ch.* Chambres lumineuses, récemment rénovées, dans un immeuble ancien proche de la mer.

Hotel Suisse – *Via Mazzini, 119 - Alassio - ✆ 0182 64 01 92 - fax 0182 66 02 67 - www.suisse.it - fermé 15 oct.-janv. - 49 ch.* Élégante maison de style Liberty, dans le centre, avec des chambres cosy et des espaces communs raffinés. La demi-pension comprend l'accès à la plage privée à 200 m. Bicyclettes gratuites à disposition et terrasse.

Hotel Villa Beatrice – *Via Sant'Erasmo, 6 (Via Aurelia) - Loano - ✆ fax 019 66 82 44- www.villabeatrice.info - fermé 27 sept.-19 déc. - 30 ch.* Séjour agréable dans cet hôtel proche du port et du quartier ancien de la ville. Jardin luxuriant, piscine et salle de fitness. Même propriétaire que le tout proche hotel Villa Mary *(viale Tito Minniti, 6).*

Hotel Ines – *Via Cavour, 10 - Varazze - ✆ 019 97 302 - fax 019 93 54 599 - www.hotelinesvarazze.it - 12 ch.* Jolie villa Liberty dans le centre de Varazze, à 100 m de la mer. Chambres confortables, beaux espaces communs et terrasse-solarium.

Riviera du levant

Da Ö Vittorio – *Via Roma, 160 - Recco, à 2,5 km à l'ouest de Camogli - ✆ 0185 74 029 - fax 0185 72 36 05 - www.daovittorio.it - fermé 20 nov.-6 déc. - 35 ch.* Jadis relais de poste, Da Ö Vittorio est aujourd'hui un restaurant avec des chambres modernes et fonctionnelles. Spécialités liguriennes à table.

Villa Argentina – *Via Torrente San Lorenzo, 2 - Moneglia - ✆ 0185 49 228 - www.villa-argentina.it - 18 ch.* Cette villa construite au début du 20ᵉ s., entourée d'un bel espace, abrite 18 chambres confortables et récemment rénovées.

Agriturismo Villanova – *Villanova, à 1,5 km à l'est de Levanto - ✆ 0187 80 25 17 - fax 0187 80 35 19 - www.agriturismovillanova.it - fermé janv. - 7 ch. et 2 appart.* Splendide propriété agricole avec deux dépendances : la maison de maître du 18e s. et le presbytère. Appartements et chambres soignés jusque dans le moindre détail, petit-déjeuner servi dans le jardin aux beaux jours.

B & B Le Terrazze – *Via Fieschi, 102 - Corniglia - ✆ 0187 81 20 96 - www.eterasse.it.* Deux soeurs ont transformé avec beaucoup de goût cette vieille maison de famille en « bed and breakfast », agréable et coloré.

Hotel Ca'd'Andrean – *Via Discovolo, 101 - 19010 Manarola - ✆ 0187 92 00 40 - www-cadandrean.it - fermé 11 Nov.- 25 déc. - 10 ch.* Le décor rustique de cet hôtel, situé dans une zone piétonne de la partie haute de la ville, n'est pas sans évoquer la campagne toute proche. Les chambres sont spacieuses et lumineuses, meublées dans un style moderne, le salon, pourvu d'une cheminée, est agréable et le jardin de citronniers, idéal pour se reposer.

Hotel Due Gemelli – *Via Litoranea, 1 - Località Campi - à 4,5 km de Riomaggiore - ✆ 0187 92 06 78 - www.duegemelli.it - P - 15 ch.* L'hôtel ne dispose pas d'un accès direct à la mer mais la vue panoramique que l'on a du balcon des chambres et de la terrasse-restaurant est très jolie. Établissement simple et familial, idéal pour ceux qui veulent visiter les Cinque Terre.

Pensione Miramare – *Via Fiascherino, 22 - 19030 Tellaro - 4 km au sud-est de Lerici - ✆ 0187 96 75 89 - fax 0187 96 65 34 - www.miramaretellaro.com - fermé de nov. au 22 déc. et du 9 janv. à Pâques - P - 22 ch.* Une pension simple et accueillante, très bien gérée par les propriétaires. Donnant sur Tellaro et le golfe des Poètes, l'établissement dispose d'une terrasse-jardin et pratique des prix plus que raisonnables.

POUR SE FAIRE PLAISIR

Riviera du ponant

Hotel e Residenza Beau Rivage – *Lungomare Roma, 82 - Alassio - ✆ 0182 64 05 85 - www.hotelbeaurivage.it.*
Ici séjourna, de 1885 à 1905, Richard West, qui peignit quelques-uns de ses tableaux depuis la plage et le jardin de l'hôtel. Chambres simples mais agréables ; appartements.

RESTAURATION

2

BUDGET MOYEN

Riviera du ponant

La Favorita – *Località Richelmo - 18030 Apricale - 16 km au nord de Vintimille - ✆ 0184 20 81 86 - fermé mar. soir et merc. (sf août), 10 j. en juin, 10 j. en nov. - réserv. conseillée.* Une jolie fermette transformée en restaurant, gérée en famille et avec passion. Les fleurs sur les tables et les plantes grimpantes sur les parois créent une harmonie parfaite avec le paysage que l'on aperçoit par les grandes baies vitrées. Cuisine authentique.

Magiarge Vini e Cucina – *Piazza Giacomo Viale - Bordighera - ✆ 0184 26 29 46 - www.magiarge.it - fermé lun. et mar.* Cadre agréable avec terrasse d'été. Au menu, principalement des plats de poisson. Belle carte de vins.

Maggiorino – *Via Roma, 183 - San Remo - ✆ 0184 50 43 38 - fermé sam. apr.-midi et dim., 20 juin - août, sept.* L'endroit idéal pour déguster une *farinata*, une tarte de légumes ou une *foccacia*.

Osteria Mezzaluna – *Vico Berno, 6 - 17021 Alassio - ✆ 0182 64 03 87 - www.mezzaluna.it - fermé lun. en hiver.* Les tables et les murs de cette *osteria* sont décorés de jolies faïences, tandis que les plafonds voûtés sont ornés de rames, de gouvernails et de bouées anciennes. C'est dans ce cadre pittoresque que vous dégusterez, au son de la musique *live*, charcuteries, fromages, *bruschette* et différents plats froids ou chauds.

Puppo – *Via Torlaro, 20 - Albenga - ✆ 0182 51 853 - www.dapuppo.it - fermé lun. et dim. midi, et ts les midi en été.* On savoure ici la fameuse *farinata* mais aussi d'autres spécialités locales (tartes salées, légumes farcis, viande et poisson).

Da Casetta – *Piazza San Pietro,12 - 17022 Borgio Verezzi - 4 km au sud-ouest de Finale Ligure sur la Via Aurelia - ✆ 019 61 01 66 - www.dacasetta.playrestaurant.tv - fermé mar. et à midi (sf w.-end oct.-juin) - réserv. conseillée.* Les plafonds voûtés en briques apparentes, une paroi rocheuse naturelle et les murs passés à la chaux créent un décor rustique et élégant, très agréable. Plats du terroir et légumes provenant de l'exploitation familiale.

Quintilio – *Via Gramsci, 23 - 17041 Altare - 12 km au nord-ouest de Savona sur la S 29 - ✆ 019 58 000 - www.ristorante-quintilio.it - fermé dim. soir, lun., juil., 10 j. en déc. - 5 ch.* Dans un cadre très sobre, élégamment rustique, ce restaurant propose une cuisine familiale ligure et piémontaise pleine d'imagination et un service convivial. L'établissement dispose également de quelques chambres confortables et soignées.

Vino e Farinata – *Via Pia, 15/r - Savona - fermé dim. et lun. et 10 j. août-sept.* Depuis cent trente ans, la minuscule entrée carrelée de la plus ancienne boutique de *farinate* (galettes de farine de pois chiches) n'a pas changé et celles-ci cuisent encore comme autrefois, dans le grand four, derrière le comptoir.

Riviera du levant

Sotto la Scala – *Via Cerisola, 7 - 16035 Rapallo - ✆ 0185 53 630 - fermé dim. soir, lun. (sf juil.-août), à midi (sf j. fériés) - réserv. conseillée.* Derrière la voie ferrée, une petite villa ancienne, décorée de meubles rustiques et de lampes d'époque, et dont les murs sont ornés de cartes postales et d'ustensiles du 19e s. Cuisine traditionnelle variée (il n'y a pas que des produits de la mer), préparée avec passion et amour.

Beppa – *Via Vecchia Provinciale, 89 - Carasco - ✆ 0185 38 07 25 - fermé mar. et mi janv.-mi fev.* Dans la campagne de l'arrière-pays de Chiavari, une *trattoria* où l'on prépare de bons plats du terroir.

Luchin – *Via Bighetti, 53 - 16043 Chiavari - ✆ 0185 30 10 63 - fermé dim. et oct.-nov.* - ⊭ - Cette *osteria*, située en plein centre, vous propose en plus de la traditionnelle *farinata* (galettes de farine de pois chiches) des plats ligures traditionnels, à des prix particulièrement honnêtes. Décor simple et chaleureux avec grandes tables en bois d'époque.

Enoteca internazionale – *Via Roma, 62 - Monterosso - ✆ 0187 81 72 78 - www.enoteca internazionale.com - fermé mar. en hiver et en janv.* Une œnothèque historique dans laquelle on déguste du vin accompagné de plats froids traditionnels.

Il ristorantino di Bayon – *Via Felice Cavallotti, 23 - La Spezia -*

℘ 0187 73 22 09 - fermé dim., 10 j. en mars, 10 j. en sept. Dans le centre historique, près du théâtre, élégant restaurant dans lequel on déguste des spécialités de la mer.

La Giara – *Via Bertoloni, 35 - Sarzana - ℘ 0187 62 40 13 - fermé mar. et merc. à midi.* Accueillant restaurant à l'atmosphère familiale, dans le centre de la ville. Spécialités locales de saison.

PETITE PAUSE

Riviera du ponant

Caffè Gino – *Piazza Milite Ignoto, 1 - 17026 Noli.* Des tables installées sur la jolie place piétonne de cet élégant village, vous aurez une belle vue sur la tour rouge de l'horloge et les maisons anciennes aux balcons fleuris. Une oasis de paix et de fraîcheur.

Pasticceria-Focacceria Scalvini – *Via Colombo, 3 - 17026 Noli.* De la tarte aux amandes au pain de Gênes en passant par les *amaretti*, chaque gâteau est le fruit de la longue tradition de cet établissement fondé en 1820.

Cafè S.M.S. – *Via Chiesa, 1 - 17011 Albissola Capo (sur la promenade).* Petit café à l'ambiance chaleureuse, avec terrasse sur la jolie promenade du bord de mer.

ACHATS

Riviera du levant

A Bütiega – *Via Fieschi, 142 - Corniglia - ℘ 0187 812 292.* Minuscule épicerie où trouver de bons produits typiques et biologiques : huiles, miels, pesto et fruits frais pour les randonneurs.

Olioteca Bansigo – *Via Capellini, 70 - Portovenere - ℘ 0187 79 10 54.* Cette boutique vous propose de déguster différentes huiles d'olive et d'en découvrir les parfums nuancés. Également, tapenades et conserves de légumes ou de poisson à base d'huile d'olive.

ACTIVITÉS

Croisières

Consorzio marittimo turistico 5 Terre – *Golfo dei Poeti - via Don Minzoni, 13 - 19121 La Spezia - ℘ 0187 732 987 - www.navigazionegolfodeipoeti.it.* Cette compagnie propose des liaisons au départ de La Spezia, Lerici et Portovenere vers les Cinq Terres, et d'autres liaisons à partir de Levanto, Deiva Marina et Portofino. Sachez toutefois que les conditions météo peuvent entraîner une annulation des départs pour une journée ou plus…

Cooperativa Battellieri del Porto di Genova – *℘ 010 25 31 041 - www.battellierigenova.it.* Excursions d'une journée à Gênes (visite de l'aquarium et de la Lanterna), à Portofino (baie de San Fruttuoso), ou aux Cinque Terre (tour de l'île de Palmaria). Et surtout, une occasion d'observer des **baleines** dans leur milieu naturel, commentée par des spécialistes du WWF.

Randonnées dans les Cinque Terre

Deux principales randonnées sont possibles. Le **sentier n° 1** reliant Levanto à Portovenere par les crêtes (comptez 12h) et le **sentier n° 2** traversant les cinq villages. Attention, les importants dénivelés des sentiers nécessitent une bonne forme physique et un équipement adéquat (chaussures de randonnée). Le printemps et l'automne sont les périodes les plus recommandées pour effectuer ces parcours. Pour toute information : **www.parconazionale5terre.it.**

La Lombardie et la région des Lacs 3

Carte Michelin Régional 561

Atmosphère hivernale sur Bergame.

A. Nardi / Tips/Photononstop

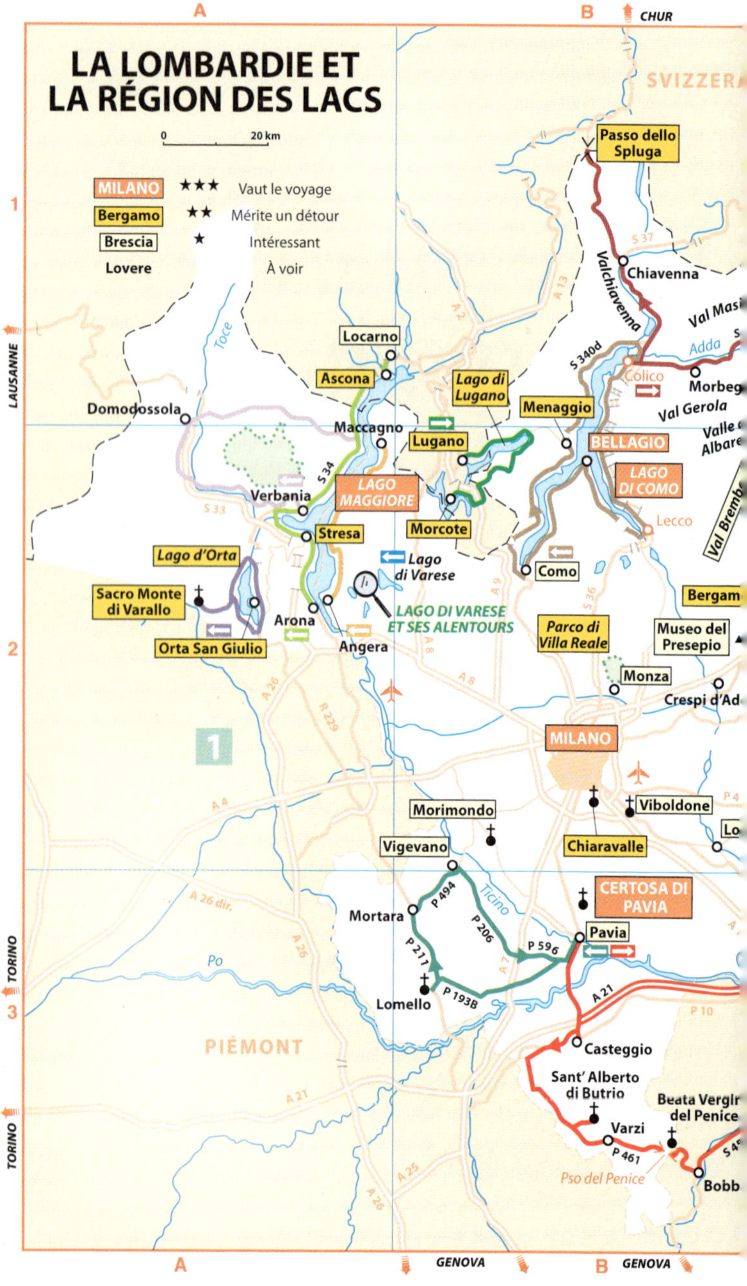
LA LOMBARDIE ET
LA RÉGION DES LACS
0
20 km
MILANO ★★★ Vaut le voyage
Bergamo ★★ Mérite un détour
Brescia ★ Intéressant
Lovere À voir
A
B
CHUR
1
2
3
SVIZZERA
Passo dello Spluga
S 37
Chiavenna
Valchiavenna
Val Masi
Adda
Colico
Morbeg
Val Gerola
Valle
Albare
Val Bremb
S 340d
A 13
A 2
Toce
Locarno
Ascona
Lago di Lugano
Menaggio
BELLAGIO
LAGO DI COMO
Lecco
Domodossola
Maccagno
Lugano
S 34
Verbania
LAGO MAGGIORE
S 33
Stresa
Morcote
Como
Lago d'Orta
Lago di Varese
LAGO DI VARESE ET SES ALENTOURS
A 9
S 36
Bergam
Sacro Monte di Varallo
Orta San Giulio
Arona
Angera
A 8
Parco di Villa Reale
Museo del Presepio
Monza
Crespi d'Ad
LAUSANNE
A 26
R 229
MILANO
1
A 4
Morimondo
Viboldone
P 4
Chiaravalle
Lo
Vigevano
CERTOSA DI PAVIA
A 26 dir.
Mortara
P 494
Ticino
P 206
Pavia
P 596
TORINO
Po
P 211
A 7
Lomello
P 193B
A 21
P 10
Casteggio
PIÉMONT
Sant' Alberto di Butrio
Beata Vergir del Penice
A 21
Varzi
P 461
Pso del Penice
Bobb
TORINO
A 25
A 26
GENOVA
GENOVA

LA LOMBARDIE ET LA RÉGION DES LACS

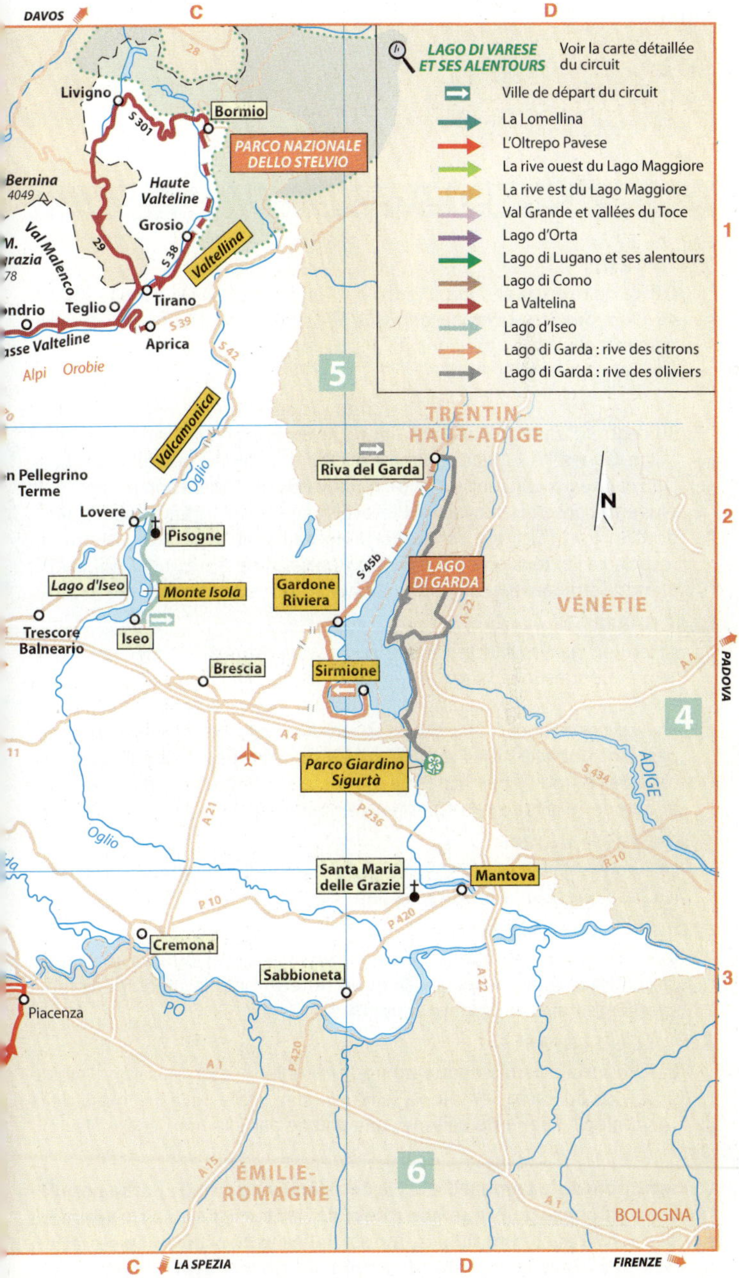

Milano

Milan

★★★

1 342 300 habitants – Lombardie

NOS ADRESSES PAGE 246

S'INFORMER

Office de tourisme – *Piazza Castello, 1 (angle avec la via Beltrami) - ☎ 02 77 40 43 43 ; Stazione Centrale (quais 13/14) - ☎ 02 77 40 43 18 - www.turismo.milano.it et www.visitamilano.it*

SE REPÉRER

Carte de région B2 (p. 220-221) – *carte Michelin Régional 561 F 9.* Milan est au centre d'un nœud autoroutier où se croisent l'A 4 Turin-Venise, l'A 7 Milan-Gênes, l'A 1 Milan-Florence et l'A 8 qui mène à la région des Lacs. Deux anneaux concentriques de boulevards délimitent son pourtour : le plus étroit enserre le noyau médiéval et remplace les fortifications du 14e s., dont la « Porta Ticinese » et la « Porta Nuova » sont les vestiges ; l'autre correspond à l'extension de la ville à la Renaissance. Après 1870, Milan s'est étendue rapidement en dehors des fortifications, le long des voies d'accès.

SE GARER

Attention : la circulation dans le centre-ville est réglementée par le système « Congestion Charge - Area C » (*la rubrique Transport « Se déplacer en ville », p. 247) - www.comune.milano.it rubrique « Per saperne di più » ou www.areacmilano.it).* Nous vous recommandons de vous garer dans les parkings publics, situés sur la seconde ceinture de boulevards, à proximité des terminus des lignes de métro. Le stationnement dans le centre et autour de la foire est réglementé et payant.

À NE PAS MANQUER

Le Duomo, le château des Sforza, les pinacothèques Ambrosiana et Brera, les basiliques Sant'Ambrogio et Sant'Eustorgio.

ORGANISER SON TEMPS

Visiter les incontournables demande au moins une journée, mais pour connaître un peu mieux la ville et prendre son pouls, un ou deux jours supplémentaires ne sont pas superflus.

AVEC LES ENFANTS

L'ascension aux terrasses du Duomo, le Triennale Design Museum, l'Acquario Civico du Parco Sempione, le Museo nazionale della Scienza e della Technologia Leonardo da Vinci, une balade dans le quartier des Navigli.

La métropole de la Lombardie est la deuxième cité d'Italie par sa population, son influence politique, son rôle culturel et artistique, et la première par ses activités commerciales, industrielles et bancaires. Sa situation au pied des Alpes et au cœur de l'Italie du Nord, l'esprit d'entreprise de ses habitants et les circonstances historiques ont fait de Milan l'une des villes les plus dynamiques du pays, ancrée dans le présent. Ici, on y

La terrasse et les flèches du Duomo.
C. Bowman/Photolibrary/Age fotostock

mesure sa spécificité : pas d'effusion mais une efficacité certaine et une discrétion qui pourrait à tort être interprétée comme une absence de convivialité ou de joie de vivre. Milan ne s'expose pas, elle se découvre.

Découvrir Plan de ville I (p. 227)

LE DUOMO ET SES ABORDS

★★★ Duomo H3

Extérieur – *Illustration p. 75.* Cet impressionnant chef-d'œuvre de l'architecture gothique flamboyante, à la fois colossal et léger, hérissé de clochetons, pinacles, gâbles, et animé de plusieurs milliers de statues, surgit au fond d'une vaste esplanade peuplée d'innombrables pigeons. Il faut le voir, en fin d'après-midi, éclairé par les rayons du soleil déclinant.

La construction de l'édifice, commencée en 1386 à l'initiative de Jean Galéas Visconti, se poursuivit aux 15e et 16e s. sous la direction de maîtres d'œuvre italiens, français et allemands. C'est Napoléon qui fit achever la façade (1805-1809).

En contournant l'édifice, on pourra admirer le **chevet** aux trois immenses baies à remplages de courbes et contre-courbes et aux merveilleuses rosaces, l'ensemble étant dû au Français Nicolas de Bonaventure et à l'architecte Filippino degli Organi, de Modène.

Du 7e étage de la « Rinascente » (grand magasin situé au nord du Dôme), intéressante vue rapprochée sur les détails architecturaux et sculpturaux des toits.

Intérieur – *Tlj 7h-19h. Évitez les shorts et les tee-shirts sans manches - 02 72 02 26 56 - www.duomomilano.it.* L'intérieur contraste avec l'extérieur par son austérité et la simplicité de ses lignes qu'accentue l'obscurité. Les cinq vaisseaux sont séparés par cinquante-deux piliers d'une hauteur prodigieuse ; le transept est à trois vaisseaux. La longueur de l'édifice atteint 148 m (N.-D. de Paris : 130 m) ; la largeur maximale au transept est de 91 m. De magnifiques vitraux, dont les plus anciens datent des 15e et 16e s., décorent nef et transepts. Dans le transept

droit, mausolée de Jean-Jacques de Médicis par Leone Leoni (16e s.) ; à gauche se trouve la curieuse statue de saint Barthélemy, martyr écorché, par Marco d'Agrate. Passant sous la coupole et devant l'ensemble monumental que forment le maître-autel et le chœur (1570-1590), dû à Pellegrino Tibaldi, on pénètre dans le transept gauche, où se remarque un magnifique candélabre en bronze, travail français du 13e s. Dans la **crypte** et le **trésor**, on peut voir d'une part l'urne en argent contenant les restes de saint Charles Borromée, archevêque de Milan mort en 1584, et d'autre part des chefs-d'œuvre d'orfèvrerie et d'ivoire liés au culte. La visite peut se poursuivre avec le **baptistère** paléochrétien et la basilique de Santa Tecla du 4e s., dont les contours ont été dessinés sur le parvis *(9h30-17h30 ; 2 € trésor, 4 € site archéologique : Baptistère de San Giovanni alle Fonti et abside de Santa Tecla).*
★★★ **Accès aux terrasses** – *www.duomomilano.it - 9h-19h30 - fermé 1er Mai, 25 déc. - 12 € (en ascenseur), 7 € (à pied), billet combiné terrasses, crypte et baptistère 13 €.* L'édifice est orné de 135 flèches d'une extraordinaire finesse, et d'un nombre impressionnant de statues de marbre blanc (2 245 au total !) pleines de grâce et d'élégance. On pourra les admirer en montant sur les toits. Au sommet, le « Tiburio », haute flèche de 108 m, est surmonté par la célèbre statue dorée de la Madonnina (1774).

Palazzo Reale H3

Le palais Royal, lieu d'accueil des grandes expositions d'art de la ville, a été construit au 18e s. par Giuseppe Piermarini en englobant les vestiges gothiques de l'ancien palais ducal.

★★ Museo del Duomo H3

Piazza Duomo, 14 - www.duomomilano.it - fermé pour travaux de restauration au moment de la rédaction du guide.
Il conserve les originaux de nombreuses sculptures, des vitraux et une étonnante **maquette★** en bois du Duomo au 1/20 (16-19e s.). Ne pas manquer le splendide **Crucifix d'Aribert★** (1040).

★★ Museo del Novecento H3

Piazza del Duomo 12 - ✆ 02 88 44 40 61- www.museodelnovecento.org - 9h30 - 19h30 (jeu. et sam. 22h30), lun. 14h30-19h30 - 5 €. Après une longue période de restauration, l'Arengario, curieux édifice moderne entrepris dans les années 1930, abrite le musée du 20e s. L'œuvre la plus célébrée de la collection est le *Quarto Stato*, de Giuseppe Pellizza da Volpedo (1901), qui représente, avec une force expressive bouleversante, une troupe d'ouvriers et de paysans en route vers un futur plein d'espoir. La muséographie déroule chronologiquement les principaux courants artistiques du 20e s. jusqu'à l'Arte Povera, en en présentant ses artistes majeurs (De Chirico, Sironi, Morandi, Fontana, Manzoni, Kounellis). La salle des Colonnes, cœur du musée, présente une riche collection d'œuvres du **Futurisme** (Boccioni, Balla, Carrà). De la salle dédiée à Lucio Fontana on jouit d'une **vue★★** magnifique sur la cathédrale.
Par la pittoresque via del Palazzo Reale on rejoint **San Gottardo al Palazzo Reale** (1366), ancienne chapelle ducale qui se distingue par son superbe **campanile★** gothique octogonal. À l'intérieur, restes d'une Crucifixion au style inspiré de Giotto *(mur du fond à gauche). Via Pecorari -8h-18h, sam. 9h30-12h et 16h-19h30, dim. 8h30-13h.*

★★ Galleria Vittorio Emanuele II

Construit en 1877 sur un dessin de Giuseppe Mengoni, ce superbe passage, emblématique de Milan, forme une immense croix dont la voûte de verre et d'acier culmine à 50 m. de haut et abrite de beaux magasins, des cafés et des

MILAN, CAPITALE DU FUTURISME
« Nous voulons chanter l'amour du danger, l'habitude de l'énergie et de la témérité. Nous déclarons que la splendeur du monde s'est enrichie d'une beauté nouvelle : la beauté de la vitesse », déclare le poète Filippo Tommaso Marinetti dans le manifeste futuriste publié dans *Le Figaro* en 1909. Mais c'est bien à Milan que le **futurisme** trouva son terrain d'élection. Ce mouvement très révolutionnaire sublime la vitesse de la machine, son mouvement et sa violence. En peinture, il se caractérise par la multiplication de figures ou d'objets en mouvement, comme en témoignent les œuvres exposées de Umberto Boccioni et Severini. *Voir Comprendre l'Italie du Nord, p. 71.*

restaurants. Ne vous étonnez pas si vous voyez des groupes de promeneurs piétiner autour d'une des mosaïques décorant le sol : on dit qu'écraser, d'une triple rotation du talon, les testicules du taureau de la maison de Savoie porterait chance. Au fond se dessine la piazza della Scala.

★★ Teatro alla Scala Plan I H2-3

Piazza della Scala ; billetterie : via Filodrammatici, 2 - ✆ 02 02 88 791 - www.teatroallascala.org - information aussi au métro Duomo.

Traditionnellement reconnu comme étant le théâtre lyrique le plus célèbre au monde, il surprend par sa simplicité extérieure qui ne laisse rien transparaître de la magnificence de sa salle. Construit de 1776 à 1778, il peut accueillir, avec ses six étages de loges, jusqu'à 3 600 spectateurs. La saison lyrique débute le 7 décembre, jour de la fête de saint Ambroise, avec une grande soirée de gala. Le bâtiment vient de bénéficier d'une coûteuse rénovation signée par l'architecte Mario Botta, à qui l'on doit l'extension des coulisses en hauteur, donnant ainsi au profil de l'édifice une forme nouvelle.

Le **musée du Théâtre★** (Museo teatrale alla Scala), récemment réaménagé, présente des souvenirs de Toscanini et Verdi, des bustes, portraits et costumes de scène. Au cours de la visite on accède au foyer et, de là, à l'une des loges d'où l'on aperçoit la salle. *Piazza della Scala - ✆ 02 88 79 74 73 - www.teatroallascala.org - 9h-12h30, 13h30-17h30 - fermé j. fériés - 6 €.*

En face du théâtre se dresse le **Palazzo Marino**, édifié au 16e s. par Galeazzo Alessi pour un riche Génois, Tommaso Marin. Depuis 1861, il abrite l'hôtel de ville. Il donne à la fois sur la piazza della Scala et sur la **piazza San Fedele**, plus intime, où s'élève l'église du même nom conçue par Tibaldi pour les Jésuites, en 1569.

3

Se promener Plan I (p. 226)

DU DUOMO AU CHÂTEAU DES SFORZA

Circuit 1 tracé en vert sur le plan I. Compter une demi-journée avec la visite de la Pinacoteca Ambrosiana et au moins un des musées du Castello Sforzesco. Départ de la piazza Duomo.

★ Piazza dei Mercanti H3

Une place calme et pittoresque au cœur du Milan médiéval. Le **Palazzo dei Giureconsulti** (palais des Jurisconsultes), érigé en 1564, arbore en façade une statue de saint Ambroise enseignant. Le **palais communal** (« Broletto Nuovo » ou Palazzo della Ragione), édifié au 13e s. et agrandi au 18e s., accueille,

SE LOGER

Hotel Ariosto 15

Hotel Gran Duca di York.. 19

Hotel London.. 20

Hotel Regina.. 22

E RESTAURER	Bottiglieria da Pino......(7)	La Vecchia Latteria....(25)	Pane Acqua..............(35)
l Pont de Ferr...........(2)	Dongiò.......................(16)	Luini Panzerotti.........(28)	Peck...........................(37)
ar della Crocetta......(4)	Giulio Pane e Ojo.......(22)	Obikà.........................(31)	Premiata Pizzeria.......(43)

SE LOGER

Hotel Charly .... ②

Hôtel des Étrangers .... ④

Hôtel Gala .... ⑥

Hôtel San Francisco .... ⑧

Ostello A.I.G. Piero Rotta .... ⑩

Vietnamonamour .... ⑫

MILANO

SE RESTAURER

LE FORO BONAPARTE
Pendant la période de la domination française, les bastions espagnols entourant le château originel des Sforza furent détruits et le très vaste espace ainsi dégagé – le Foro Bonaparte – fut l'objet d'ambitieux projets de réaménagement de style néoclassique par Luigi Canonica (1762-1844) et Giovanni Antolini (1756-1841). Mais le projet fut abandonné en 1801 et ce nom désigne aujourd'hui la rue en demi-cercle qui enserre le château. Le parco Sempione date de la même époque.

dans une niche, la **statue équestre** du podestat Oldrado da Tresseno, œuvre romane réalisée par les Antelami. En face se trouve la Loggia degli Osii (1316), ornée de blasons et de statues de saints; de son balcon étaient proclamées les condamnations.
Traverser la piazza dei Mercanti et prendre la via Cantù, qui débouche sur la petite piazza Pio XI où se trouve la pinacothèque Ambrosiana.

★★★ Pinacoteca Ambrosiana H3

Piazza Pio XI, 2 - ✆ 02 80 69 21 - www.ambrosiana.it - ♿ - tlj sf lun. 10h-18h - fermé 25 déc., 1er janv., Pâques, 1er Mai - 15 € (pinacothèque et Codice Atlantico).
Elle occupe un palais élevé en 1609 par le cardinal Frédéric Borromée, où fut installée l'une des premières bibliothèques publiques d'Italie. Quelques années plus tard, le cardinal ayant fait don de sa collection, on y adjoignit la galerie de peinture. La bibliothèque, l'une des plus riches du monde, possède une remarquable collection de dessins, dont ceux de Léonard de Vinci **(Codice Atlantico)**. La pinacothèque, aménagée au 1er étage, s'ouvre avec les salles consacrées à la peinture des 15e et 16e s. Les toiles les plus remarquables sont un **Portrait de dame** de De Predis et le délicieux **Enfant Jésus à l'agneau★★**, de **Bernardino Luini**, baigné d'une chaleur et d'une intimité qui démontrent la capacité de l'artiste à représenter les manifestations d'affection. L'un des principaux témoignages de la peinture lombarde est **La Sainte Parole**, du Bergognone (1453-1523), encore médiévale dans la perspective, où le personnage de la Vierge placé au centre haut de la composition domine la scène. **Le Musicien★★** de **Léonard de Vinci**, par son fond étrangement obscur, traduit la volonté du peintre d'établir une relation entre l'espace et le personnage en premier plan. Dans la salle 3, **La Vierge à l'Enfant sur son trône et les saints★**, de Bramantino, est chargée de symboles : aux pieds de saint Michel, un énorme crapaud rappelant la mort du dragon est placé en confrontation avec le personnage d'Arius, enflé et grotesque, en référence à l'échec de l'hérésie arienne, contre laquelle combattit saint Ambroise. On remarquera aussi les caractéristiques masculines données à la Vierge, dotée d'un soupçon de barbe... Une délicate **Crèche★**, du Baroche, est inondée d'une lumière irradiant de l'Enfant Jésus pour illuminer une Madone d'une extrême douceur. Le magnifique **carton★★★** établi par **Raphaël** pour *L'École d'Athènes* (fresque réalisée pour la décoration des Chambres vaticanes à Rome) est le seul exemplaire de carton Renaissance parvenu jusqu'à nous. **Le Caravage**, dans **Le Panier de fruits★★★**, hausse la nature morte au rang de sujet. Sur un fond uniment monochrome, feuilles enroulées en coquille et fruits à leur plus haut degré de maturation semblent présenter en germe les notions de vieillesse et de mort. La collection du cardinal comprend encore quelques belles peintures flamandes de Paul Bril et de Bruegel de Velours, dont l'étrange **Souriceau aux roses★**. Les salles suivantes sont dédiées essentiellement à l'art italien du 16e au 19e s., avec une prédilection pour les artistes lombards.

Les œuvres les plus remarquables sont quatre magnifiques **portraits★** de **Francesco Hayez**.
Revenir sur ses pas et tourner à gauche dans la via Orefici qui débouche sur la piazza Cordusio.

Piazza Cordusio et via Dante G-H3

Carrefour animé, la piazza Cordusio est dominée par l'imposant et éclectique palais des assurances Generali. De la place part la **via Dante**, une rue piétonne jalonnée de nombreuses boutiques et offrant le Castello Sforzesco en toile de fond. Paradis du shopping, l'ample percée, réalisée dans les années 1890, est bordée de beaux immeubles de style néo-Renaissance.
À l'arrière du château s'étend le **Parco Sempione★** *(ci-dessous)*.
Par la via Dante, on passe devant le **Piccolo Teatro** *(G3) avant d'arriver au Largo Cairoli près duquel se trouve la salle de concert du* **Teatro dal Verme** *(G3)*.

★★★ Castello Sforzesco G2

Piazza Castello, 3 - ✆ 02 88 46 37 00 - www.milanocastello.it - tlj 7h-18h (19h en été). Musées : ✆ 02 88 46 37 03 - tlj sf lun. 9h-17h30 - fermé 25 déc., 1er janv., 1er Mai - 3 €.
Cet énorme quadrilatère, bâti à partir de 1450 par les Visconti, fut la résidence des ducs de Milan, les Sforza. Les grandes tours de sa façade ont été restaurées au début du 20e s., hormis celle du centre, carrée, entièrement reconstruite. Dans ses ailes, qui encadrent deux jolies cours aux arcades Renaissance, le château abrite de remarquables **collections d'art**, réparties en plusieurs sections.
★★ **Musée d'Art ancien** – *Rez-de-chaussée.* Parmi ses superbes salles voûtées ornées de peintures murales se démarquent la Sala delle Asse, qui abrite des fresques de **Léonard de Vinci** représentant un étonnant enchevêtrement de feuillages, et la cappella Ducale : œuvres romanes, gothiques et Renaissance, de la Lombardie principalement. Les pièces maîtresses sont l'imposant **monument funéraire de Bernabò Visconti★★** (14e s.), surmonté de sa statue équestre, le **gisant de Gaston de Foix** et les **sculptures★★** qui l'accompagnent, par **Bambaia**, exécutés en 1523 dans un style classique et équilibré, et la **Pietà Rondanini★★★**, œuvre ultime de **Michel-Ange**, qu'il laissa inachevée. Le premier étage est dédié à une remarquable collection d'**arts décoratifs**, issue de Lombardie, courant du Moyen Âge aux années 1960.
★ **Pinacothèque** – *1er étage.* Elle abrite des œuvres de Mantegna, Giovanni Bellini, Crivelli, Bergognone, Luini, Moretto, Moroni, Magnasco, Tiepolo, Guardi, Lotto, Boltraffio.
★ **Musée des Instruments de musique** – *1er étage de la cour de la Rocchetta.* Riche collection de plus de 600 instruments.
Musée archéologique – *Dans les souterrains de la cour Ducale.* Sont présentés ici la section préhistorique et celle sur l'**art égyptien**.

★ Parco Sempione F-G 1-2

Dans le plus beau parc urbain de la ville, priorité à l'inspiration antique avec l'**Arena** (G1), œuvre de Luigi Canonica, de 1807, et l'**Arco della Pace** (F1), arc de triomphe érigé par Luigi Cagnola (1752-1833) sur ordre de Napoléon Ier. La **Torre Branca** (F2), réalisée dans les années 1930 par Gio Ponti et Cesare Chiodi pour la 5e Triennale, élève sa fine structure métallique à 104 m de haut, d'où un magnifique **panorama★★** s'offre sur la ville. Le parc accueille aussi l'agréable **Acquario civico** (G1-2), abrité dans un pavillon de l'Exposition universelle de 1906, de style Liberty. *Viale Gadio 2 - ✆ 02 88 46 57 50 - www.acquariocivicomilano.eu - tlj sf lun. 9h-13h, 14h-17h30 - fermé 1er janv., 1er Mai, 15 août et 25 déc - gratuit.*

3

★ Triennale Design Museum F2

Viale Alemagna 6 - ✆ 02 73 43 41 - www.triennaledesignmuseum.it - tlj sauf lun. 10h30-20h30, jeu. et vend. 10h30-23h - 10 €. Le **Palazzo dell'Arte** (F2), œuvre de Giovanni Muzio (1893-1982), accueille la Fondazione Triennale di Milano, pôle culturel particulièrement actif dans les domaines de l'architecture, de l'urbanisme, du design et de la communication. Consacré au design italien, le musée, aménagé de façon scientifique et ludique, change chaque année son parcours thématique.

LE CORSO VENEZIA ET LE QUADRILATÈRE DE LA MODE Plan I (p. 226-227)

Circuit 2 tracé en vert sur le plan I. Compter une demi-journée pour la promenade et deux musées. Partir de la piazza Duomo et prendre le très animé corso Vittorio Emanuele II.

Corso Vittorio Emanuele II H3

Cette longue artère piétonne voit se succéder boutiques, cafés et restaurants. Presque à son extrémité, sur la gauche, s'élève l'église **San Carlo al Corso**, œuvre néoclassique de 1839, dédiée à Carlo Borromeo. Le corso Vittorio Emanuele s'achève **piazza San Babila** où se trouve l'église du même nom, dédiée à l'évêque d'Antioche. Sa fondation remonte au 11e s. mais elle a été très restaurée au début du 20e s.

★ Corso Venezia I2

Ce large boulevard, une des plus belles rues de Milan, est bordé d'imposants palais baroques, néoclassiques et surtout Liberty, style en vogue à Milan au début du 20e s. Au n° 47, le **Palazzo Castiglioni**, achevé en 1903 par l'architecte Sommaruga et le sculpteur Bazzaro, en est l'un des plus beaux exemples. Le corso mène aux **Giardini Pubblici Indro Montanelli★**, l'un des poumons verts du centre-ville, qui abritent le **Planetarium** (*corso Venezia, 57*) et le **Museo Civico di Storia naturale★** qui expose d'intéressantes collections d'histoire naturelle (géologie, paléontologie et zoologie). *Corso Venezia, 55 - ✆ 02 88 46 33 37 - www.comune.milano.it/museostoria naturale - tlj sf lun. 9h-17h30 - fermé 25 déc., 1er janv. et 1er Mai - 3 €.*

★★ Galleria d'Arte Moderna (GAM) J2

Via Palestro, 16 - ✆ 02 88 44 59 47 - www.gam-milano.com - ♿ - tlj sf lun. 9h-13h, 14h-17h30 - fermé 1er janv., 1er Mai, 25 déc. - gratuit.

Ce musée a investi la magnifique **Villa Reale**. Construite entre 1786 et 1790 par l'architecte Leopold Pollack pour le prince Belgioioso, elle fut la résidence de Napoléon Ier durant ses années de règne sur l'Italie (1805-1815). Un agréable **jardin à l'anglaise★** s'étend à l'arrière.

La section d'œuvres du 19e s. (la principale de la ville), les collections Vismara (artistes italiens et français du 20e s.) et Grassi (toiles de Manet, Van Gogh, Gauguin et Cézanne) occupent les trois niveaux du bâtiment.

À côté, le **Padiglione d'Arte Contemporanea** (**PAC** – *Via Palestro 14 - ✆ 02 88 44 63 59 - www.comune.milano.it/pac*) accueille des expositions d'art contemporain.

Redescendre le corso Venezia jusqu'à la via Serbelloni dans laquelle aboutit la via Cappuccini.

Dans cette rue se dresse le **Palazzo Berri Meregalli**, (n° 8 via Cappuccini), exemple marquant du Liberty.

Revenir sur la via Serbelloni qui débouche sur la via Mozart.

★ Villa Necchi Campiglio I2

Via Mozart, 14 - ✆ 02 76 34 01 21 - www.casemuseomilano.it - merc.-dim. 10h-18h - 8 €.

Bâtie entre 1932 et 1935, selon les plans de l'architecte milanais Piero Portaluppi (1888-1967), la villa à l'architecture rationaliste des sœurs Necchi, héritières des machines à coudre Necchi, dévoile la vie d'une famille milanaise aisée et cultivée. L'extérieur ne laisse rien soupçonner du goût, de la sobriété et de la modernité de l'ensemble, qui comprend un jardin avec piscine chauffée et court de tennis et, à l'intérieur, monte-plat, ascenseur, interphone, armoire avec éclairage automatique… La maison conserve un très beau mobilier et une riche collection d'œuvres d'art.

Continuer sur la via Mozart et tourner à droite sur la via San Damiano puis à gauche sur le corso Venezia pour rejoindre la via della Spiga.

Quadrilatère de la mode H2

Le fief de la mode milanaise s'organise autour d'un îlot rectangulaire, mêlant boutiques de luxe et beaux palais, délimité par la **via Manzoni**, la **via Monte Napoleone**, la **via Sant'Andrea** et la **via della Spiga**. Ici ont pignon sur rue les plus célèbres enseignes italiennes : Armani, Dolce & Gabbana, Versace, Prada, Gucci… Si seule une élite fortunée y fait du shopping, il est très agréable de se promener dans ces ruelles piétonnes. Elles alignent de séduisantes vitrines (et rien n'interdit de rêver…) donnant sur des boutiques impressionnantes par leur design et leur luxe, et concentrent aussi quelques très belles demeures.

À l'angle de la via Monte Napoleone et de la via Sant'Andrea, les gourmands trouveront la pâtisserie Cova, fondée en 1817.

★★ Museo Bagatti Valsecchi H2

Via Gesù, 5 - ✆ 02 76 00 61 32 - www.museobagattivalsecchi.org - tlj sf lun. 13h-17h45 - fermé j. fériés et août - 8 €.

Situé en face de l'actuelle résidence des Bagatti Valsecchi, dont on peut voir la belle cour intérieure, cette demeure a été édifiée à la fin du 19e s. par deux frères, Fausto et Giuseppe Bagatti Valsecchi, dans le style de la Renaissance. Ils ont reconstitué un intérieur selon leur idée de cette période, mélangeant des pièces authentiques à de très belles copies. Le résultat est insolite.

En sortant du palais sur la via Gesù, prendre à droite. Dans la via Monte Napoleone, tourner à droite et marcher jusqu'à la via Manzoni que l'on prend à gauche.

★★ Museo Poldi Pezzoli H2

Via Manzoni, 12 - ✆ 02 79 48 89 - www.museopoldipezzoli.it - tlj sf mar. 10h-18h - fermé j. fériés - 9 €.

Aménagé dans le cadre agréable d'une demeure aristocratique du 17e s., ce musée présente des collections d'armes, de tissus, de tableaux, de **pièces d'horlogerie★**, de petits bronzes. Parmi les tableaux du 1er étage (auquel on accède par un vieil escalier inscrit dans une cage octogonale irrégulière) se trouvent des œuvres de l'école lombarde (Bergognone, Luini, Foppa, Solario, Boltraffio), les **portraits★★** de Luther et de sa femme par Lucas Cranach et, dans le salon Doré, autour d'un **tapis persan**, le fameux **Portrait de femme★★★** de **Piero del Pollaiolo**, une **Descente de Croix** et une **Vierge à l'Enfant★★** de **Botticelli**, un pathétique **Christ mort★** de **Giovanni Bellini**. Dans les autres salles, œuvres de Pinturicchio, Palma il Vecchio *(Portrait de courtisane)*, Francesco Guardi, Canaletto, Tiepolo, Pérugin, Lotto.

★ Gallerie d'Italia H2

Via Manzoni, 10 - ✆ 800 16 76 19 - www.gallerieditalia.com - tlj sauf lun. 9h30-19h30 (jeu. 22h30) - entrée libre au moment de la rédaction du guide. Le magnifique **cadre★** offert par le Palazzo Anguissola, époustouflant palais néoclassique, à la riche collection d'art du groupe bancaire Intesa SanPaolo contribue à faire de ce nouveau musée un incontournable de la ville. La visite mène, sur fond de musique classique, à travers l'art italien du 19e s., des magnifiques bas reliefs de Canova jusqu'au toiles de Boccioni. À mi-parcours, on découvre les œuvres (surtout lombardes) des différents courants artistiques du 19e s. : romantisme, peinture historique inspirée du Risorgimento, paysage, peinture de genre, divisionnisme (variante du pointillisme) et symbolisme. La salle 14, dédiée aux anciens Navigli (canaux), révèle l'ancienne vocation de ville d'eau de Milan.

★ Casa di Manzoni H2

Via Morone, 1 - ✆ 02 86 46 04 03 - www.casadelmanzoni.mi.it - mar.-vend. 9h-12h, 14h-16h - gratuit.

C'est dans cette belle demeure cossue qu'**Alessandro Manzoni** (1785-1873) *(p. 82)* habita pendant soixante ans. On visite au rez-de-chaussée la bibliothèque contenant les livres et le bureau de l'écrivain. Au premier étage : souvenirs, photographies, portraits, lettres et illustrations de son plus célèbre roman, *Les Fiancés*. La chambre où il mourut conserve son mobilier original. En continuant sur la via Morone, on atteint une petite place où s'élève le **Palazzo Belgioioso**, reconnaissable à sa façade à bossages.

À l'ouest, la via Case Rotte mène à la piazza della Scala (p. 225).

BRERA Plan de ville I (p. 227)

Circuit 3 tracé en vert sur le plan I. Compter une demi-journée.

★ Quartier de la Brera H2

Brera est le quartier des galeries d'art, des boutiques de mode et des antiquaires. Ses rues pavées, plutôt calmes dans la journée, sont envahies le soir d'une foule de cartomanciennes, vendeurs de babioles et noctambules qui se rassemblent au coude à coude dans les *trattorie*, les restaurants et les bars. La belle **via Brera★** est veillée par de vieux palais, dont le plus imposant est le **Palazzo Cusani** (*n° 15*), construit au 18e s. Sur la gauche s'ouvrent les **ruelles et placettes piétonnes★** du quartier (via Fiori Chiari, via Madonnina, via San Carpoforo, piazza del Carmine…), qui comptent parmi les plus jolies de la ville.

★★★ Pinacoteca di Brera H2

Via Brera, 28 - ✆ 02 72 26 32 64 - www.brera.beniculturali.it - tlj sf lun. 8h30-19h15 - fermé 25 déc., 1er janv. et 1er Mai - 6 €, audioguides en français 5 €.

La pinacothèque de Brera fait partie d'un ensemble composé de plusieurs institutions – l'Académie des beaux-arts, la Bibliothèque, l'Observatoire astronomique, l'Institut lombard des sciences, lettres et arts – installées dans un beau palais du 16e s. Dans la cour d'honneur trône, depuis 1809, une statue en bronze de **Canova** représentant Napoléon en César victorieux. La pinacothèque doit en effet son existence à la volonté de l'empereur de faire de Milan une capitale culturelle. La majeure partie de la collection, à l'origine réunie comme matériel d'étude pour les étudiants de l'Académie, provenait d'églises et de monastères fermés lors de la période napoléonienne. Elle s'enrichit par la suite de donations et d'achats.

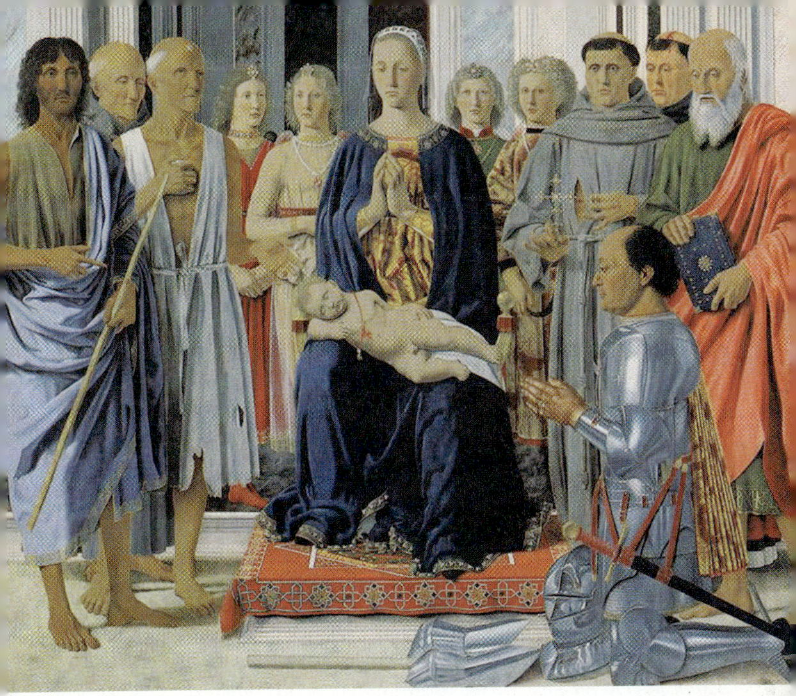

Détail du *Retable de Montefeltro* par Piero della Francesca.
D.R

La grande **école vénitienne** *(salles 5-9 et 14)*, dont la collection de Brera est la plus importante en dehors de Venise, est représentée par des chefs-d'œuvre tels que la **Pietà**★★ de **Giovanni Bellini**, où le paysage désert et le ciel métallique font écho à la tragédie, ou le **Christ mort**★★★ de **Mantegna**. Méditation sur la mort, le dramatique du réalisme y est accentué par la technique du raccourci. Dans les salles napoléoniennes sont exposées les toiles du **Tintoret (Un miracle de saint Marc**★**)**, de **Véronèse** *(Le Dîner chez Simon)* et de Giovanni et Gentile **Bellini** *(Saint Marc prêchant à Alexandrie d'Égypte)*.

3

La **collection Jesi** *(salle 10)* rassemble les grandes tendances artistiques de la première moitié du 20e s. : le sens du mouvement et de la vitesse des peintres futuristes (*La Rixe dans une galerie* de Boccioni), la géométrie propre, nette, des compositions de la peinture métaphysique (*Nature morte* de Morandi, *La Muse métaphysique* de Carrà). Dans le couloir, sur la gauche, une vitre permet de jeter un regard sur les monumentales étagères en bois de la salle Maria Teresa, une des salles de la bibliothèque.

L'**école lombarde** *(salles 15 à 19)* est dominée par la figure de Vincenzo Foppa (**polyptyque**★ de la Vierge et des saints), dont les œuvres sont empreintes des influences de Mantegna et de l'école de Padoue. À la manière de Vinci, la très douce **Madone au buisson de roses**★★ de **Bernardino Luini**.

Une même salle *(salle 24)* réunit deux chefs-d'œuvre de la peinture Renaissance de l'**Italie centrale** *(salles 27 à 29)* : le **Retable de Montefeltro**★★★, de **Piero della Francesca**, où un œuf d'autruche, au dessus des personnages, symbolise à la fois l'Immaculée Conception et la perfection abstraite et géométrique de la forme recherchée par l'artiste, et le **Mariage de la Vierge**★★★, de **Raphaël**, où les personnages pleins de grâce et d'une beauté délicate se rencontrent dans le décor d'un édifice circulaire rappelant Bramante. Le **Christ à la colonne**★★ est la seule attribution certaine à Bramante. Quelques salles plus loin (*salle 29*), les forts contrastes d'ombre et de lumière et le réalisme du **Caravage** sont parfaitement illustrés par le magnifique **Repas à Emmaüs**★★★.

La **peinture flamande et hollandaise** des 16e et 18e s. est exposée dans les salles 31 à 33, avec des œuvres de Rubens, Van Dyck, Rembrandt…
Dans les salles de la peinture italienne du 18e s. *(34 à 36)*, **Rébecca au puits★★** par Piazzetta nous charme par le regard étonné et ingénu de la jeune fille.
Les dernières salles *(37-38)* sont consacrées aux tableaux des 19e et 20e s. (*Le Baiser* de **Hayez**, *Le Char rouge* de Fattori).
Poursuivre la via Brera sur la droite en sortant du musée, pour aller vers la piazza San Marco.

★ San Marco H2

La place où se dresse l'église San Marco était, jusque dans les années 1930, un carrefour de voies d'eau, et la vaste esplanade bordant la *via* du même nom un grand bassin où venaient apponter les bateaux. Derrière la façade gothique de brique rose, reconstituée au 19e s., l'intérieur néoclassique conserve une intéressante crèche en papier du 18e s. et, dans le transept droit, des fresques de l'époque gothique et le beau sarcophage de Lanfranco Settala, du 14e s. L'église, qui bénificie d'une très bonne acoustique, a accueilli Mozart et Giuseppe Verdi et est encore aujourd'hui un lieu de concerts.
Emprunter la via Solferino (au n° 28, immeuble du *Corriere della Sera*, le quotidien italien le plus diffusé) *et, sur la gauche, la via Ancona.*

★ Basilica di San Simpliciano G2

La basilique a été élevée en 385, sur ordre de saint Ambroise, évêque de Milan. Profondément modifiée aux 10e et 11e s., puis remaniée au 19e s., elle conserve cependant la simplicité des premiers édifices chrétiens, dominés par la brique. À l'intérieur, sur la voûte de l'abside, **Couronnement de la Vierge** par Bergognone (1481-1522).
Le **corso Garibaldi**, bordé par de vieux immeubles aux cours fleuries, est une belle rue typiquement milanaise où s'alignent des cafés et des restaurants animés.

DE SANTA MARIA DELLE GRAZIE AU QUARTIER DES NAVIGLI Plan I (p. 227)

Circuit 4 tracé en vert sur le plan I. Compter une demi-journée pour la promenade, la visite des églises et du Cenacolo, sans les musées.
Départ en bordure du corso Magenta, à San Maurizio.

★ San Maurizio al Monastero Maggiore G3

Corso Magenta, 13. Mar.-sam. 9h30-17h30.
Église conventuelle de style Renaissance lombarde (déb. 16e s.). La façade anonyme dissimule un espace intérieur divisé en deux parties entièrement ornées de **fresques★★** de Bernardino Luini ; on accède au chœur (où ont lieu des concerts de musique classique) par un passage situé au fond à gauche.

★ Museo Civico Archeologico G3

Corso Magenta, 15 - ✆ 02 86 45 00 11 - tlj sf lun. 9h-13h, 14h-17h30 - fermé 25 déc., 1er janv. et 1er Mai - 2 €.
Le musée, logé dans ce qui reste de l'ancien grand monastère des bénédictines, s'articule autour de cinq sections thématiques : au rez-de-chaussée, les sections romaine et barbare ; à l'entresol, les sections grecque, étrusque et de l'art du Gandhara. La section romaine recèle les deux chefs-d'œuvre des collections : la **coupe de Trivulce★** (4e s. apr. J.-C.), travaillée à jour dans un seul bloc de verre, et la **patère de Parabiago★** (4e s. apr. J.-C.), plat en argent massif orné des rites à la déesse Cybèle. Dans le jardin, des vestiges

de l'enceinte romaine rappellent que Milan fut la capitale de l'Empire romain à la fin du 3e s.
En face, le beau **palais Litta** présente une façade du 18e s.
Avancer sur le corso Magenta.

★★ Santa Maria delle Grazie F3

Piazza Santa Maria delle Grazie - www.grazieop.it - ♿.
Sur une jolie petite place, l'église Renaissance, bâtie par les Dominicains de 1465 à 1490, fut achevée par Bramante à qui l'on doit l'impressionnante **tribune★★**, la sacristie, le chœur rectangulaire et le très beau **cloître★**, particulièrement fréquenté en début de printemps, quand les magnolias sont en fleur. En 1943, une bombe fit d'énormes dégâts dans l'église qui dut subir une très longue restauration ; mais elle épargna ses deux trésors, la *Cène* de Léonard de Vinci et le dôme de Bramante.
À l'intérieur, on est ébloui par la **coupole★** à tambour érigée par Bramante. Chef-d'œuvre de la Renaissance milanaise, elle repose sur quatre grands arcs plein cintre et est dotée d'une galerie extérieure (16 pans). L'ensemble de l'église a reçu une **décoration** peinte à la fin du 15e s. Les chapelles latérales montrent elles aussi un décor somptueux : remarquez notamment les fresques de Gaudenzio Ferrari *(4e chapelle à droite).*

★★★ Cenacolo F3

Piazza Santa Maria delle Grazie – ✆ 02 92 800 360 - www.architettonicimilano.lombardia.beniculturali.it / www.vivaticket.it - ♿ - tlj sf lun. 8h15-19h - fermé 25 déc., 1er janv. et 1er Mai - réservation obligatoire (il est conseillé de réserver longtemps à l'avance) - 8 € + 1,50 € pour la réservation.
C'est dans l'ancien réfectoire *(cenacolo)* du couvent que se trouve la célèbre **Cène** de **Léonard de Vinci**, peinte à fresque entre 1485 et 1497, à la demande de Ludovic le More. Composition savante (l'espace peint semble être le prolongement de l'espace réel) et dramatique, elle évoque l'institution de l'Eucharistie : la bouche entrouverte du Christ suggère qu'il vient de finir de parler. Sur les visages des disciples se discerne la stupeur qui laisse présager le désastre imminent dont Judas sera l'auteur.
La technique de travail (le peintre opta pour la peinture *a tempera*, peut-être mélangée à de l'huile, et choisit de peindre sur le mur le plus froid de la pièce), la chute d'une bombe sur le réfectoire en 1943 qui exposa l'œuvre aux intempéries et à la poussière, et la pollution, ont rendu nécessaires diverses interventions de restauration. La dernière campagne a duré 21 ans et s'est achevé en 1999. Sur le mur en face figure la **Crucifixion★** (1495), de Montorfano, que l'éclat de la *Cène* ternit inévitablement.
Prendre, face à l'église, la via Zenale jusqu'à la via San Vittore, sur la gauche.

★★ Museo della Scienza e della Tecnologia Leonardo da Vinci F3

Via S. Vittore, 21 - ✆ 02 48 55 55 58 - www.museoscienza.org - merc.-vend. 9h30-17h, w.-end et j. fériés 9h30-18h30 - fermé lun., 25 déc. et 1er janv. - 10 €. Sottomarino Toti : 10h-17h, w.-end 10h-18h30 - 10 €.
Installé dans l'ancien monastère olivetain, édifié au début du 16e s., ce vaste musée présente une intéressante documentation scientifique et plusieurs laboratoires interactifs. Dans la **galerie Léonard de Vinci★** sont exposées les maquettes des inventions imaginées par le grand maître. Les autres sections du musée sont dédiées à l'acoustique, la chimie, les télécommunications, l'astronomie. Les pavillons dédiés aux transports maritimes et ferroviaires sont grandioses.

On peut également visiter le **sottomarino Enrico Toti**, le premier sous-marin construit en Italie après la guerre. De type SSK (Submarine Submarine Killer), il était destiné à guider d'autres sous-marins en Méditerranée.
Suivre la via San Vittore jusqu'à la via Carducci. Au-delà de celle-ci se trouve Sant'Ambrogio.

★★★ Sant'Ambrogio F3

Piazza Sant'Ambrogio, 15 - ✆ 02 864 508 95 - lun.-sam. 7h15-12h15, 14h30-19h, dim. 7h15-13h, 15h-20h.
L'église fut fondée à la fin du 4e s. par l'évêque Ambroise afin d'y déposer les corps des martyrs Gervais et Protais. Située hors des murs de la cité romaine, elle fut élevée au-dessus d'un cimetière romain. De l'antique édifice, il ne demeure que des vestiges de pavement et quelques arcs sculptés, proches du chœur. Cette basilique aux lignes pures précédée d'un très bel **atrium★** orné de chapiteaux est un magnifique exemple du style roman lombard (11e et 12e s.). Deux campaniles, du 9e s. *(à droite)* et du 12e s. *(à gauche)*, encadrent la façade percée d'arcs. Au portail, refait au 18e s., vantaux de bronze datant du 9e s. La crypte, sous le chœur, renferme dans une châsse d'argent les corps des saints Ambroise, Gervais et Protais.
L'intérieur abrite un magnifique **ambon★** roman-byzantin du 12e s. (nef centrale, à gauche), c'est-à-dire un pupitre pour la lecture des Évangiles. De marbre, il repose sur un sarcophage du début de la période chrétienne. Deux sculptures en cuivre doré, un aigle (symbole de saint Jean-Baptiste) et un ange (symbole de saint Matthieu) le rendent d'autant plus unique, la présence d'éléments en métal étant extrêmement rare dans un tel monument. Le maître-autel présente un précieux **parement d'autel★★** revêtu de plaques d'or et d'argent, de cloisonnés d'émail, filigranes et pierres semi-précieuses, chef-d'œuvre de la période carolingienne (9e s.). Au-dessus de l'autel, le ciborium à baldaquin repose sur quatre colonnes de porphyre.
La **chapelle San Vittore in Ciel d'Oro** *(au fond de la nef droite)* fut bâtie au début du 5e s. pour recueillir les restes du martyr Victor. Elle est ornée de remarquables **mosaïques★** du 5e s. Au centre de la coupole, complètement couverte de mosaïques d'or, figure le buste de saint Victor au centre d'une couronne de fleurs. Sur les murs sont représentés des évêques dont, sur la gauche, la plus ancienne illustration de l'évêque Ambroise (fort réalisme). À côté de la chapelle se trouve le **trésor** comportant des éléments de fresques et d'objets liturgiques, dont de beaux coffrets reliquaires des 12e et 18e s., et surtout un fragment de **mosaïque** en marbre et pâte de verre du 4e s., qui ornait à l'origine la basilique primitive de St-Ambroise et montre un agneau. Du fond de la nef gauche, on accède au portique de Bramante.

UN MILANAIS PROCLAMÉ ÉVÊQUE AVANT D'ÊTRE BAPTISÉ

Ambroise (vers 337/339-397), haut fonctionnaire impérial né à Trèves, se détache parmi les personnalités de l'Empire romain. Il ramena la paix chez les chrétiens de Milan, divisés après la mort de l'évêque arien Aussenzio (l'arianisme était une hérésie qui niait la nature divine de Jésus, *Ravenna p. 500*), et fut élu évêque par acclamation populaire, avant même d'être baptisé. Très influent auprès des empereurs, il imposa à Théodose, qui avait fait massacrer les Thessaloniciens, une expiation publique. Ses **sermons** déterminèrent la conversion de **saint Augustin**, qu'Ambroise baptisa en 387. Il renouvela la liturgie et le calendrier des célébrations de l'Église milanaise, qui aujourd'hui encore se conforme **au rite ambrosien**.

En sortant de la basilique, prendre le bus n° 94 sur la via Carducci ou emprunter un peu plus bas sur la gauche la via De Amicis jusqu'au corso di Porta Ticinese (15mn). En remontant celui-ci sur la gauche, on découvre l'église San Lorenzo.

★★ San Lorenzo Maggiore G4

Corso di Porta Ticinese, 39 - 02 89 40 41 29 - www.sanlorenzomaggiore.com - tlj 7h30-12h30,14h30-18h30 - cappella di Sant'Aquilino 2 €, billet combiné avec la chapelle Portinari de Sant'Eustorgio et le Musée diocésain 12 €.

Fondée au 4e s. mais refaite au 12e et au 16e s., cette basilique a gardé son plan octogonal d'origine. Devant la façade s'élève un **portique★** formé de seize colonnes romaines, l'un des rares vestiges de l'antique Mediolanum. L'intérieur, majestueux, de style roman-byzantin, est entouré de matronées (tribunes réservées aux femmes), surmonté d'une vaste coupole et pourvu d'un ample déambulatoire. À droite du chœur on accède, par un atrium, puis par une porte romaine du 1er s., à la **chapelle Sant'Aquilino★**, du 4e s., qui a conservé sa structure d'origine et des mosaïques paléochrétiennes.

Descendre le corso di Porta Ticinese sur la gauche.

Corso di Porta Ticinese G4

Cette large artère, qui aboutit à la porte du même nom et aux *navigli* (canaux), compte un grand nombre de petits créateurs et de boutiques de mode plutôt jeune, accessibles à la bourse de tout un chacun. C'est une « alternative » réjouissante aux boutiques inabordables et standardisées du quadrilatère de la mode (*p. 233*). Bars et restaurants suivent, dans le même esprit.

Museo Diocesano G4

Corso di Porta Ticinese, 95 - 02 89 42 00 19 - www.museodiocesano.it - tlj sf lun. 10h-18h (juil.-sept. : mar.-sam. 19h-0h) - fermé 25-26 déc., 1er janv., 1er Mai - 8 €.

Ce musée, d'une conception très contemporaine, abrite les collections archiépiscopales de Milan : objets liturgiques, sculptures et peintures.

3

★ Basilica di Sant'Eustorgio G4

Piazza Sant'Eustorgio, 1. 02 89 40 26 71 - www.santeustorgio.it - tlj 7h30-12h, 15h30-18h30.

Sant'Eustorgio était autrefois le siège du tribunal de l'Inquisition avant que celui-ci ne soit transféré à Santa Maria della Grazie. La basilique, plus ancienne, remonte au 5e-6e s., comme en témoignent les restes d'abside et la nécropole chrétienne d'époque romaine. La basilique que nous voyons aujourd'hui est un mélange de différentes époques. Elle est liée à saint Pierre de Vérone, dominicain et inquisiteur, mort dans un guet-apens, en 1252, d'un coup de serpe dans la tête. À l'intérieur, la composition du côté droit de l'abside, qui daterait du 10e s., est à remarquer. Un polyptyque de la Passion, réalisé pour G. Visconti au 14e s., avec au centre un crucifix attribué à Jacopino da Tradate, orne le maître-autel.

★★ **Cappella Portinari** – *02 89 40 26 71 - 10h-18h - 6 €.* La chapelle, précieux témoignage de la Renaissance lombarde, fut construite en 1462 lorsque le banquier florentin Pigello Portinari, travaillant à Milan pour le compte de la famille Médicis, souhaita offrir une sépulture à saint Pierre de Vérone, dit saint Pierre martyr. Portinari fut lui-même enterré dans la chapelle où, jusqu'en 1736, sa dalle funéraire demeura visible. La chapelle abrite le plus grand cycle de fresques du 15e s. milanais, peint par **Vincenzo Foppa** (vers 1427-1515), retraçant la vie du saint martyr. En son centre se dresse le magnifique **arc de saint Pierre martyr★★**, en marbre, sculpté par **Giovanni di Balduccio** au 14e s., un des sommets de la sculpture gothique italienne.

En reprenant le corso di Porta Ticinese, vous atteignez le piazzale XXIV Maggio.

Une ville entre art et design

LA CITÉ DANS L'HISTOIRE

Le cœur de l'empire d'Occident

Si Milan est probablement d'origine gauloise, ce sont les Romains qui, en 222 av. J.-C., soumirent la bourgade (Mediolanum) et furent à l'origine de son développement. Dès la fin du 3e s. de notre ère, Dioclétien en fit le siège de l'Empire romain d'Occident; Constantin y publia en 313 l'**édit de Milan** qui accordait aux chrétiens la liberté de culte. En 375, **saint Ambroise** (340-396), l'un des docteurs de l'Église, dont l'éloquence faisait merveille, devint évêque de Milan et contribua au prestige de la ville.

Du royaume lombard aux gibelins

Aux 5e et 6e s., les invasions barbares déferlèrent sur la région avant la fondation par les Lombards d'un royaume auquel ils donnèrent Pavie comme capitale. Ce dernier fut repris en 756 par Pépin le Bref, roi des Francs, dont le fils Charlemagne ceignit, en 774, la couronne de fer des rois lombards. Milan ne redevint capitale qu'en 962.

Au 12e s., afin de s'opposer aux tentatives de Frédéric Barberousse, désireux de s'emparer de la région, Milan forma avec les villes voisines la Ligue lombarde (1167) et remporta la **victoire de Legnano**, qui lui valut son autonomie. Au 13e s., les **Visconti**, gibelins et chefs de l'aristocratie, s'emparèrent du pouvoir : le plus célèbre d'entre eux, **Jean Galéas** (1351-1402), fut à la fois un militaire habile et un fin lettré, un assassin et un dévot, qui obtint le titre de duc de Milan (1395) et fit édifier le Dôme et la chartreuse de Pavie. Sa fille Valentine épousa le grand-père de Louis XII : cette union fut, par sa descendance, à l'origine des guerres d'Italie.

L'avènement des Sforza

Après la mort du dernier Visconti, Philippe-Marie, en 1447, et l'intermède de la République ambrosienne proclamée par le peuple, son gendre, François Sforza, fils d'un simple paysan devenu condottiere, conduisit les **Sforza** au pouvoir. Le plus illustre d'entre eux, **Ludovic le More** (1452-1508), fit de Milan une nouvelle Athènes en y attirant les génies de l'époque, comme Léonard de Vinci et Bramante. Mais Louis XII, se proclamant légitime héritier du duché de Milan, entreprit en 1500 sa conquête. Après lui, François Ier renouvela cette tentative, mais son rêve de conquérir l'Empire se heurta, à Pavie, à la détermination des troupes de Charles Quint.

De l'Espagne au royaume d'Italie

De 1535 à 1713, Milan fut soumise aux Espagnols; pendant cette période, deux grandes figures marquèrent la ville de leur empreinte religieuse et humanitaire : saint Charles Borromée (1538-1584) et Frédéric Borromée (1564-1631), tous deux charitables défenseurs de la cité pendant les pestes qui la ravagèrent (1576 et 1630).

Sous Napoléon, Milan fut la capitale de la République cisalpine (1797) et du royaume d'Italie (1805). En 1815, elle devint capitale du Royaume lombard-vénitien.

Après son rattachement au royaume d'Italie, la ville devient un acteur majeur de la vie économique, financière et culturelle du pays et une métropole reconnue au niveau européen.

LES BEAUX-ARTS

Même si Milan est, dans l'âme et dans l'histoire de l'art, une « ville romane » grâce aux extraordinaires basiliques fondées par saint Ambroise, elle doit sa notoriété en architecture au **Duomo**, qui marque l'apogée d'un gothique flamboyant revu en clé lombarde, révélant de nettes influences romanes.
À la Renaissance, les architectes les plus appréciés sont le Florentin Michelozzo (1396-1472) et **Donato Bramante** (1444-1514), maître favori de Ludovic le More. En peinture, l'école lombarde fut avant tout à la recherche « de la beauté et de la grâce » : ses représentants les plus connus sont Vincenzo Foppa (1427-1515), Bergognone (1450-1523) et Bramantino (1450-1536). Les œuvres des peintres Andrea Solario (vers 1473-1520), Boltraffio (1467-1516), **le Sodoma** (1477-1549) et surtout celles du délicat **Bernardino Luini** (vers 1480-1532) témoignent de l'influence déterminante de **Léonard de Vinci** qui séjourna dans la ville.
L'architecture du 16e s. est dominée par **Pellegrino Tibaldi** (1527-1596), au service de Charles Borromée, et celle du 17e s. par le **Richini** (1584-1658). Se succèdent le néoclassicisme, avec **Piermarini** (1734-1808), l'éclectisme du 19e s. (Galleria Vittorio Emanuele II, piazza della Scala, cimetière monumental) et le Liberty, qui dote les quartiers résidentiels d'élégantes constructions. Le 20e s. est dominé par le génie rationaliste de **Gio Ponti** (1891-1979). Poète, peintre, architecte et designer industriel, Gio Ponti dirigea la Triennale d'art et d'architecture de Milan jusqu'en 1979 et fonda la revue *Domus*. Il a laissé dans sa ville natale plusieurs œuvres, parmi lesquelles les tours Pirelli et Branca. Citons enfin les réalisations contemporaines de **Ettore Sottsass** (1917-2007), maître du design, **Gae Aulenti** (piazza Cadorna), **Vittorio Gregotti** (Teatro degli Arcimboldi et le quartier de la Bicocca), **Renzo Piano** (siège du journal Il Sole 24 Ore), **Massimiliano Fuksas** (Fiera de Rho-Pero).

AUJOURD'HUI ET DEMAIN, VERS L'EXPOSITION UNIVERSELLE 2015

Milan connaît aujourd'hui une nouvelle effervescence architecturale, cherchant à requalifier certains quartiers et à exprimer la vitalité économique de la ville par de grands chantiers : la nouvelle *Fiera di Milano*, la rénovation du théâtre alla Scala et de la Stazione Centrale, le Palazzo Lombardia et le Museo del Novecento sont déjà réalisés. En cours sur le site de l'ancienne Fiera, le complexe **CityLife**, signé par les architectes Hadid, Isozaki et Libeskind, comprend un musée d'art contemporain, un parc, un centre culturel ainsi que des gratte-ciel aux formes audacieuses. Dans le quartier Garibaldi-Repubblica, le projet **Porta Nuova**, conçu par une vingtaine d'architectes internationaux, va changer le profil de ce secteur en intégrant tours, espaces verts, centres d'art, bureaux et commerces. Mais le principal chantier mené pour l'Expo 2015 aura lieu autour des **Navigli** : les canaux devraient être « réouverts » par la **Via d'Acqua-Parco Expo**, un parcours d'eau qui reliera deux grands parcs au sud et au nord de Milan et redonnera une nouvelle vie à la Darsena, le petit port de Milan.
Cette profonde modification de la physionomie de la métropole milanaise s'accompagne d'une réorganisation de son réseau de transport en commun afin de mieux recevoir les visiteurs de l'**Expo 2015** qui aura pour thème « Nourrir la planète, énergie pour la Vie » (*http://fr.expo2015.org*). Des réalisations en cours sur fond d'une profonde crise économique. La victoire aux élections municipales 2011 du candidat de gauche Giuliano Pisapia, après 18 ans de gestion par la droite, peut être un autre signe tangible des changements en cours à Milan.

★ Navigli FG4

La **Porta Ticinese** s'inscrit sur l'ancienne ligne des fortifications du 14e s. Un peu à droite de la place s'ouvre la **Darsena**, l'ancien port de Milan en cours de réhabilitation, et partent, presque à angle droit, les deux derniers canaux subsistants : le **Naviglio Grande** (long de 50 km) et le **Naviglio Pavese** (long de 33 km), conçus au 16e s., notamment par Léonard de Vinci. En suivant la Strada Alzaia Naviglio Grande qui borde le premier, le plus caractéristique, on découvre un aspect insolite de la ville : des maisons aux façades colorées, des passerelles enjambant le canal, le charmant **vicolo dei Lavandai**, avec l'ancien lavoir utilisé jusqu'au début des années 1960 et, environ 800 m plus loin, l'église de **San Cristoforo**, ravissant ensemble composé de deux églises en brique, l'une du 12e s. (*gauche*) et l'autre des 14e et 15e s.

Ce quartier pittoresque est aujourd'hui l'un des lieux à la mode de Milan, rassemblant pléthore de restaurants et bars. S'y réunissent notamment les créateurs de mode et de design qui ont élu domicile dans le quartier de Porta Genova, via Solari, via Tortona. Le dernier dimanche du mois, un marché d'antiquités a lieu sur les berges du Naviglio Grande, et offre une raison supplémentaire d'aller y flâner.

À voir aussi Plan I (p. 227)

★★ Ca'Granda-Ex Ospedale Maggiore (Université) H3/4

Via Festa del Perdono 5 - entrée libre. L'actuelle université était à l'origine un hôpital, construit en 1456 à la demande de Francesco Sforza, sur un projet de Filarete. L'édifice a été remanié plusieurs fois par la suite. Il présente le long de la via Festa del Perdono une très longue façade en brique, animée de fenêtres jumelées, d'arcades et de bustes sculptés, insérés dans des médaillons. La belle **cour d'honneur** est l'œuvre de Richini.

Non loin, sur la via Sant'Antonio (no 5) s'élève la façade de **Sant'Antonio Abate** dont le superbe **intérieur★** présente un très bel exemple du premier baroque milanais (*lun.-sam. 10h-18h, 10h-14h en hiver*). N'hésitez pas à entrer dans le joli cloître (*à gauche de l'église*) pour admirer ses arcades Renaissance en terre cuite. Du côté opposé à la Ca'Granda, vers le corso di Porta Romana, se dresse l'église de **San Nazaro★** (*tlj 8h-12h, 15h-18h*), basilique romane du 12e s., complétée au 16e s. par la **chapelle Trivulzio**, qui la précède et dont la particularité réside dans des tombeaux situés en hauteur. La **chapelle Santa Caterina** (*accès par*

UNE VILLE D'EAU

Le réseau de canaux à fonction défensive, qui entourait autrefois la ville, était aussi un système de communication actif, permettant notamment de relier les eaux du Ticino à celles de l'Adda. Le Naviglio Grande, creusé au 12e s. pour défendre Milan contre Pavie, alliée de Barberousse, devint rapidement une voie navigable sur laquelle fut acheminé – entre autres – le marbre nécessaire à la construction du Duomo. Les canaux – à l'exception du Naviglio Grande et du Naviglio Pavese – ont été recouverts dans les années 1930. Le Naviglio Martesana n'est aujourd'hui visible que dans la zone de la via Padova, et un ancien tracé se devine au niveau de l'écluse de l'Incoronata (un système de double fermeture auquel travailla Léonard de Vinci), entre les vie San Marco et Castelfidardo. Depuis 1819, le Naviglio Pavese est relié, grâce à un ensemble d'écluses, au Ticino. Pour un aperçu du vieux Milan, voyez la salle des Navigli, à la Gallerie d'Italia (*p. 234*).

le transept gauche) abrite des remarquables **fresques** de Bernardino Larino (1546). Contournez l'édifice par la gauche pour en admirer le chevet, d'une part, et les portiques à arcades de l'université, d'autre part.

★★ Santa Maria della Passione I3

Via del Conservatorio - tlj 7h-12h (dim. 9h-12h), 15h15-18h15.

C'est l'une des plus grandes églises de Milan après le Duomo. Elle fut édifiée en 1482, et sa façade baroque fut ajoutée au 18e s. L'église est un véritable musée de peintures, exécutées à différentes époques mais autour du même thème de la Passion du Christ. Dans le transept gauche figure une très belle *Cène* de Gaudenzio Ferrari. La salle capitulaire *(visites guidées lun. et sam. apr.-midi, 1er et 4e dimanches du mois 15h30-17h, lun.-jeu. 9h30-11h30, fermé vend. ; se rens. au ✆ 02 76 02 13 70)* est décorée de superbes **fresques** de Bergognone, datant de la fin du 15e s.

Jouxtant l'église, l'ancien monastère de Santa Maria della Passione accueille le prestigieux **Conservatorio Giuseppe Verdi**.

Sur la gauche de l'église *(via Bellini n° 11)* admirez la superbe **Casa Campanini★**, de style Liberty.

★★ Torre Velasca H3

Piazza Velasca 5.

Ce gratte-ciel rosé (1956), emblème de Milan, a été dessiné par les architectes Belgioioso, Peresutti et Rogers. Noter l'encorbellement des neuf derniers étages, qui donne à la tour de béton armé la forme d'une tour médiévale.

★ Sant'Alessandro H3

Piazza Sant'Alessandro. Lun.-vend. 7h-11h30, 16h-18h, w.-end et j. fériés 9h-12h, 16h-18h30.

Commencée au début du 17e s., cette église illustre magistralement le baroque milanais par la richesse de sa décoration intérieure, toute de marbre, de dorures et de fresques. Remarquez la chaire et le maître-autel. Tableaux de maîtres lombards (18e s.).

★ Santa Maria presso San Satiro H3

Via Speronari, 3. - lun.-vend. 7h30-11h30, sam. 9h30-12h, dim. 9h30-12h30 ; tlj 15h-19h.

À l'exception du campanile carré du 9e s. et de la façade de 1871, l'église est, comme le baptistère, l'œuvre de **Bramante**. L'architecte, utilisant un vocabulaire entièrement classique, a résolu le problème posé par l'exiguïté du lieu grâce à un habile décor de stuc doré en trompe-l'œil : un admirable **faux chœur★★**. Le **baptistère★** *(accès de la nef droite)* et la **coupole★** sont également remarquables. La basilique comprend en outre le **Saccello di San Satiro**, un petit sanctuaire orientalisant en croix grecque, orné d'une *Descente de Croix* (15e s.) en terre cuite polychrome et de fragments de fresques (9e-12e s.).

De la via Falcone, qui longe le chevet de l'église, on peut admirer le **campanile** roman lombard, bâti en brique au 10e s., ainsi que l'extérieur de la chapelle de la Pietà, qui accueille le Saccello di San Satiro.

La **via Spadari**, ponctuée de beaux balcons de style Liberty, abrite un temple de la gastronomie, **Peck** *(voir « Nos Adresses » p. 251)*, le « Fauchon milanais ».

★ Il grattacielo Pirelli (Pirellone) Plan II C1

Piazza Duca d'Aosta.

Ce gratte-ciel de 127 m de haut, appelé aussi Pirellone, date des années 1950. Sa silhouette élégante, bien visible dans la ville, notamment lorsqu'on arrive en train par la Stazione Centrale, est l'œuvre maîtresse du grand architecte milanais **Gio Ponti** (1891-1979). L'immeuble abrite aujourd'hui les bureaux de la région Lombardie. Non loin de là, le tout nouveau **Palazzo Lombardia** dresse ses 39 étages dans le quartier Garibaldi *(via Restelli)*. Il a été réalisé selon les plans de Pei Cobb Freed & Partners, de New York.

À proximité Carte de région (p. 220)

★★ Abbazia di Chiaravalle B2

Via Sant'Arialdo 102, à 7 km au sud-est. Sortir par la Porta Romana.
02 57 40 34 04 - www.chiaravalle-milano.it - tlj sf lun. 9h-12h, 14h30-17h30, dim. 14h30-17h30.

Bâtie en 1135 par saint Bernard de Clairvaux (d'où son nom de Chiaravalle), cette **abbaye** en brique marque l'entrée de l'architecture gothique en Italie. Décorée de pierres blanches dans le style cistercien, elle est dominée par un élégant **clocher★★** polygonal ; le porche a été ajouté au 17e s.

L'intérieur, à trois vaisseaux, est surmonté d'une coupole ornée de fresques du 14e s. Dans le croisillon droit, une autre fresque représente l'Arbre des saints bénédictins. Charmant cloître.

★ Abbazia di Viboldone B2

À 13 km au sud-est, direction San Giuliano Milanese. Suivre la via Emilia puis tourner à droite (indiqué).

Cette oasis de sérénité, où vit aujourd'hui une communauté de bénédictines, a été fondé par l'ordre des Humiliés (Umiliati) en 1176. La façade présente des éléments de style roman lombard et gothique : alternance de briques et de pierres blanches, baies géminées et bandes lombardes. La *Vierge à l'Enfant* du portail est l'œuvre des *maestri campionesi* *(p. 59)*.

L'intérieur, rythmé par des piliers ronds et massifs, conserve des **fresques★★** remarquables. Dans la nef droite : *Vierge à l'Enfant avec saints* (1395) attribuée à Michelino da Besozzo ; 2e travée droite : représentation des *Évangélistes* (sur la voûte), *Les Vierges sages et les Vierges folles et les Prophètes* d'un maître toscan du 14e s. Dans la nef gauche, *Vierge en majesté* et scènes de la vie d'Isaac et Jacob par Giusto de'Menabuoi. Nef centrale : *Vierge en majesté avec saint Michel, saint Jean-Baptiste, saint Ambroise et saint Bernard*, d'un maître toscan et élève de Giotto (1349). Le **Jugement dernier** (1350) est un chef-d'œuvre de Giusto de'Menabuoi, élève de Giotto, aussi actif à Padoue.

★ Lodi B2

À 40 km au sud-est de Milan.
Piazza Broletto, 4 - 0371 42 13 91 - www.turismo.provincia.lodi.it

Au cœur de cette petite ville lombarde typique, la **piazza della Vittoria**, est un vaste rectangle bordé d'arcades sur lequel se dresse la cathédrale.

★ **Duomo** – De style roman lombard, sa construction débute en 1160 et s'achève au 16e s. Elle présente une élégante façade au portail décoré de sculptures de la fin du 12e s., et un très beau porche à baldaquin reposant sur des lions stylophores. La rosace et les deux fenêtres ont été percées au début du 16e s. Sur le côté droit, la tour massive, du 16e s. également, est restée inachevée. L'intérieur se divise en trois nefs, avec un chœur surélevé au-dessus d'une crypte. Une restauration a permis de retrouver certains éléments romans originaux, masqués par des ajouts au 18e s.

Broletto – Le palais communal, restructuré en 1248, montre sur la piazza della Vittoria une façade néoclassique avec un portique surmonté d'une loggia.

En passant sous le portique, on accède à la piazza du Broletto, ornée d'une **fontaine**, en réalité des fonts baptismaux du 14e s. provenant du Duomo.

★★ **Santuario dell'Incoronata** – Ce chef-d'œuvre de la Renaissance lombarde a été édifié en 1488 d'après les plans de Giovanni Battagio, un élève de Bramante. L'intérieur, octogonal, à coupole et loggia, comprend un décor exceptionnel dû aux **Piazza**, une famille de peintres du 16e s. originaire de Lodi, et quatre petits retables de **Bergognone**.

La ville conserve encore d'autres monuments dignes d'intérêt, ainsi l'église **San Francesco**, de style lombard précoce (13e s.), qui a gardé la quasi-totalité de sa décoration peinte originale (14e s.).

★ Abbazia di Morimondo A2

À 30 km au sud-ouest par la SS 494, en direction d'Abbiategrasso.

Commencée au 12e s. et consacrée à la fin du 13e s., elle prit le nom de l'abbaye française de Morimond d'où étaient originaires les Cisterciens qui la fondèrent. Elle présente des éléments lombards et une structure typiquement cistercienne (plan en croix latine, deux bas-côtés, abside à l'est et extrême sobriété).

L'intérieur est l'un des premiers témoignages de l'utilisation de l'arc ogival et recèle un chœur du 16e s. Dans le transept droit, une fresque de la *Vierge à l'Enfant entourée de saint Bernard et saint Benedetto* est attribuée à Bernardino Luini.

★ Monza B2

À 20 km au nord. Prendre le viale Zara et le viale Fulvio Testi, puis la SP 58. Trains au départ de la Stazione Garibaldi.

À la lisière de la Brianza, région de collines verdoyantes, parsemée de lacs, de bourgs riants et de villas, Monza est une cité industrielle (textiles) non sans attrait.

★ **Duomo** – Bâti au cours des 13e et 14e s., il présente une élégante **façade**★★, composée d'assises alternées de marbre vert et blanc, remarquable par l'harmonie de ses proportions et la variété de ses ouvertures : elle est due au dessin de Matteo da Campione (1390-1396), architecte et sculpteur, l'un de ces fameux *maestri campionesi* qui divulguèrent le style lombard en Italie. À l'**intérieur**★, refait au 17e s., splendide **parement d'autel**★ en argent doré (14e s.). La chapelle de la reine Théodolinde *(à gauche)* est revêtue de belles **fresques**★ du 15e s. évoquant sa vie. On peut également admirer la célèbre **couronne de fer**★★ (5e-9e s.) des rois lombards, offerte à la reine par le pape Grégoire le Grand. L'original se trouve dans le **trésor**★, qui abrite aussi de nombreuses pièces d'orfèvrerie du 6e au 9e s., des reliquaires du 17e s. et des tapisseries du 16e s. *✆ 039 32 63 83 - www.museoduomomonza.it - tlj sf lun. 9h-13h, 14h-18h ; couronne de fer 9h-12h, 15h-18h, dim. 15h-18h - 6 € (musée), 4 € (couronne), billet combiné 8 €.*

★★ **Parco di Villa Reale** – Derrière le grandiose édifice néoclassique qui fut la résidence d'Eugène de Beauharnais, puis celle d'Humbert Ier (assassiné à Monza par un anarchiste), s'étend un vaste parc à l'anglaise. Dans sa partie nord, plusieurs terrains de sport ont été aménagés, notamment le célèbre circuit automobile où se court chaque année le **Grand Prix de Monza** de Formule 1.

LA VICTOIRE DU PONT DE LODI

Le 10 mai 1796, Bonaparte remporte au pont de Lodi, sur l'Adda, une victoire décisive sur les Autrichiens. Il rentre quelques jours plus tard dans Milan et prend possession de la Lombardie.

NOS ADRESSES À MILANO

TRANSPORTS

Arriver/partir

En voiture – N'étaient les embouteillages, arriver à Milan en voiture ne poserait pas de difficultés, la ville étant desservie par un vaste réseau autoroutier (*A 4 Turin-Venise, A 8/A 9 Milan-les Lacs, A 7 Milan-Gênes, A 1*).

En train – Il est encore plus facile de venir par le train : la gare centrale, toute proche du centre, est couplée au métro. Liaisons quotidiennes en **TGV** Paris-Milan (*via* Turin) ou par le train de nuit *Le Rialto*, et liaisons quotidiennes Nice-Milan.

Stazione Centrale – *piazza Duca d'Aosta - Ⓜ M2 ligne verte et M3 ligne jaune*. Toutes destinations, du régional à l'international.

Stazione Porta Garibaldi – *Piazza Freud - Ⓜ M2 ligne verte*. Liaisons régionales et interrégionales.

Ferrovie Nord – *piazzale Cadorna - Ⓜ M1 ligne rouge et M2 ligne verte*. Liaisons régionales.

En avion – Milan est desservi par trois aéroports : Milano Linate à 7 km à l'est du centre-ville (*☏ 02 23 23 23 - www.seamilano.eu*) ; Malpensa à environ 50 km au nord-ouest (*☏ 02 23 23 23 - www.seamilano.eu*) et Orio Al Serio, l'aéroport de Bergame, à 45 km à l'est de Milan (*☏ 035 32 63 23 www.sacbo.it*).

Liaisons à partir de Milano Linate – Pour le **centre-ville** (piazza San Babila) : bus ATM n° 73 (*ttes les 10mn, de 6h à 0h40*) ou X73 (*direct, seul. lun.-vend. ttes les 20mn, de 7h à 19h50*). *1,50 € - 25 à 30mn*. Pour la **Stazione Centrale** : bus Starfly (*ttes les 30mn env., de 6h15 à 22h45*). *☏ 02 58 58 72 37 - www.starfly.net - 5 € - 30mn env.*

Liaisons à partir de Malpensa – Pour le **centre-ville** : **bus** Malpensa Shuttle, arrivée à la gare centrale (*ttes les 20mn - ☏ 02 58 58 31 85 - www.malpensashuttle.it - 7,50 € - 50mn*) ou le **train** Malpensa Express, départ au niveau -1 du Terminal 1, relié par navette au Terminal 2, arrivée à la gare de Milano Cadorna ou Milano Centrale (*ttes les 30mn, de 5h à 23h - www.malpensaexpress.it - 11 € - 30mn*). Le bus Malpensa Shuttle relie aussi Malpensa à l'aéroport de Linate. En **taxi**, le tarif Malpensa-Milan est de 85 € env.

Liaisons à partir de l'aéroport d'Oro Al Serio (Bergame) – Pour la Stazione Centrale : **bus** Orio Shuttle (*ttes les 30mn, de 3h à 0h15 - ☏ 035 33 07 06 - www.orioshuttle.com - 10 € - 50mn*), ou le bus Autostradale (*ttes les 30mn, de 4h à 1h*). *☏ 02 33 91 07 94 - www.autostradale.it - 9,90 € - 50mn.*

Se déplacer en ville

Il est vivement conseillé d'emprunter les transports publics : dans l'ensemble, ils sont ponctuels et rapides (surtout le métro). On évitera ainsi les embouteillages, présents à toute heure, de se perdre, chose facile à Milan, et de payer des amendes pour circulation ou stationnement interdits.

Transports en commun (*plan p. 248-249*) – Le réseau de bus, tramway et métro de Milan est géré par ATM. Les billets s'achètent dans les stations de métro, bureaux de tabac, kiosques à journaux et cafés. Le ticket (*1,50 €*) est valable 75mn dans tous les transports urbains, sauf dans le métro où il n'est valable que pour un trajet. *Billets 24h ou 48h : 4,50 € ou 8,25 € - www.atm-mi.it*

Taxi – Les taxis milanais sont de couleur blanche. *Radio taxi* : *☏ 02 85 85, 02 40 40 ou 02 69 69.*
Voiture – Du lun. au vend. (7h30-19h30), la ZTL *Cerchia dei Bastioni* se transforme en **Area C** : il n'est possible d'entrer dans cette zone qu'en achetant un ticket *(5 €)* valable toute la journée et en vente dans les kiosques, bureaux de tabac, Points ATM, parcmètres, distributeurs Banca Intesa Sanpaolo. Par call center ☏ 800 437 437 et sur Internet (*www.areacmilano.it*). L'accès devra être payé le même jour ou avant minuit le lendemain du jour de circulation. Pour tout renseignement ☏ 02 02 02.
Vélo – En centre-ville, on peut louer les bicyclettes jaunes du service **BikeMi**. *ATM Points du Duomo, Cadorna, Loreto, Romolo, Centrale FS, Garibaldi FS - 1 j 2,50 € + 0,50 €/30mn - ☏ 800 80 81 81 (n° vert depuis l'Italie) - www.bikemi.com.*
Pour télécharger des itinéraires cyclables en Lombardie : *www.buonalombardia.it*

Se garer

Le stationnement dans toute la ville est réglementé et payant. Les bandes de couleur jaune indiquent un emplacement réservé aux riverains, celles de couleur bleue un stationnement à durée limitée, sous condition de placer bien en vue la **carte « gratta e sosta »** autorisant le stationnement pour une heure, 8h-19h *(2 € en centre-ville, 1,20 € ailleurs. La durée de la carte de 2 € passe de 1h à 5h après 19h et le dim.)*. Cartes en vente auprès des gardiens de parking, des tabacs et de certains kiosques.
En cas d'**enlèvement de votre voiture**, contactez la police municipale : *piazza Beccaria, 19 - ☏ 02 77 27 02 80 ou 81.*

HÉBERGEMENT

À l'occasion de manifestations commerciales ou touristiques, les prix des hôtels peuvent augmenter : informez-vous au moment de la réservation. Il est très difficile de trouver à Milan un hôtel convenable à un prix abordable. Pour ne pas payer trop cher, mieux vaut sortir de la ville (*Nos Adresses à Pavie p. 291*).

PREMIER PRIX

Hors centre plan II
Ostello Piero Rotta – A1 - *via Salmoiraghi, 1 - Ⓜ QT8 - ☏ 02 39 26 70 95 - www.ostellomilano.it* - ♿ - Chambres à 2-4 lits avec salle de bain privée ou dortoirs avec sanitaires communs. À 15mn du centre en métro.

BUDGET MOYEN

Hors centre plan II
Hotel Charly – C1 *Via Settala 76 - Ⓜ Caiazzo ou Lima - ☏ 02 20 47 190 - www.hotelcharly.com - 20 ch.* Un établissement très agréable et tranquille, installé dans deux petites villas Liberty. Les chambres, lumineuses et dotées de tout le confort, donnent sur une rue peu passante ou sur le plaisant jardin.
Hotel des Étrangers – A3 - *via Sirte, 9 - ☏ 02 48 95 53 25 - www.hoteldesetrangers.it - 94 ch.* Chambres fonctionnelles et modernes, à prix raisonnables, dans cet hôtel au calme, proche du quartier des Navigli.
Hotel Gala – C1 - *viale Zara, 89 - Ⓜ Zara - ☏ 02 66 80 08 91 - www.hotelgalamilano.it - 🅿 - 22 ch.* Un hôtel idéal pour ceux qui arrivent en voiture par l'autoroute, situé 5mn à pied du métro. À cela s'ajoutent la tranquillité du quartier (et du jardin) et un accueil soigné.
Hotel San Francisco – D1 - *viale Lombardia, 55 -*

Rete metropolitana e tratte ferroviarie urbane

www.atm-mi.it

Underground network and urban railway system

LINEE FERROVIARIE SUBURBANE / SUBURBAN RAILWAYS

- S1 Saronno - Milano Rogoredo
- S2 Mariano Comense - Milano Rogoredo
- S3 Saronno - Milano Cadorna
- S4 Camnago Lentate - Seveso - Milano Cadorna
- S5 Varese - Gallarate - Pioltello
- S6 Novara - Magenta - Treviglio
- S8 Lecco - Milano P.ta Garibaldi
- S9 Seregno - Milano Greco - Milano S. Cristoforo
- S10 Milano Bovisa - Milano Rogoredo
- S11 Chiasso - Milano P.ta Garibaldi

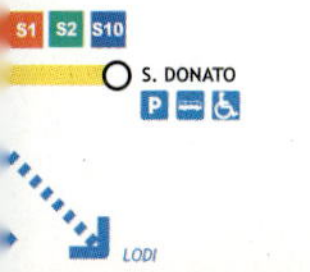

AGGIORNAMENTO: DICEMBRE 2009
UPDATE: DECEMBER 2009

LEGENDA / LEGEND

- METROPOLITANA LINEA 1 / UNDERGROUND LINE 1
- METROPOLITANA LINEA 2 / UNDERGROUND LINE 2
- TRATTA DI M2 IN FASE DI ULTIMAZIONE (FINE 2009) / M2 - SECTION BEING COMPLETED (END 2009)
- METROPOLITANA LINEA 3 / UNDERGROUND LINE 3
- TRATTA DI M3 IN FASE DI ULTIMAZIONE (2011) / M3 - SECTION BEING COMPLETED (2011)
- LINEA M5 IN COSTRUZIONE / UNDERGROUND LINE 5 UNDER CONSTRUCTION
- COLLEGAMENTO CON OSPEDALE S. RAFFAELE / CONNECTION WITH S. RAFFAELE HOSPITAL
- LINEE FERROVIARIE SUBURBANE / SUBURBAN RAILWAYS
- LINEE FERROVIARIE SUBURBANE IN COSTRUZIONE / SUBURBAN RAILWAYS UNDER CONSTRUCTION
- COLLEGAMENTO FERROVIARIO CON MALPENSA / RAIL CONNECTION TO MALPENSA AIRPORT
- COLLEGAMENTO AUTOMOBILISTICO CON MALPENSA, LINATE, ORIO AL SERIO / BUS CONNECTION TO MALPENSA, LINATE, ORIO AL SERIO AIRPORTS
- AUTOBUS 73 PER LINATE / BUS 73 TO LINATE AIRPORT
- INTERSCAMBIO CON RETE FERROVIARIA / INTERCHANGE WITH RAILWAY SYSTEM
- CAPOLINEA BUS EXTRAURBANI / INTERURBAN BUS TERMINAL
- PARCHEGGI DI CORRISPONDENZA ATM / ATM INTERCHANGE PARKING AREAS
- ALTRI PARCHEGGI DI CORRISPONDENZA / OTHER INTERCHANGE PARKING AREAS
- OSPEDALE / HOSPITAL
- LIMITE TARIFFA URBANA / URBAN FARE LIMIT
- ATM POINT: INFORMAZIONI E PUNTO VENDITA / ATM POINT: INFORMATION AND ATM RITAILERS
- STAZIONE ACCESSIBILE / ACCESS FOR THE DISABLE

Numero Verde
800-80.81.81

ATM
AZIENDA TRASPORTI MILANESI S.p.A.

Ⓜ Loreto - ✆ 02 23 60 302 - www.hotel-sanfrancisco.it - P - 28 ch. Non loin du centre et dans un quartier bien desservi, un hôtel géré avec attention. Demandez une chambre sur le joli jardin, intérieur, où l'on sert le petit-déjeuner en été.

POUR SE FAIRE PLAISIR

Centre historique plan I

Hotel Ariosto – F2 - *Via Ariosto 22 - Ⓜ Conciliazione - ✆ 02 481 78 44 - www.hotelariosto.com - 48 ch.* Chambres confortables dans des tons de rouge, qui donnent sur une agréable cour intérieure ou sur l'élégante via Ariosto.

Hotel London – G3 - *Via Rovello 3 - Ⓜ Cairoli - ✆ 02 72 02 01 66 - www.hotellondonmilano.com - 29 ch.* Au cœur du quartier médiéval, un petit hôtel de charme d'un excellent rapport qualité-prix. Ambiance familiale, dans un contexte sobre et élégant.

Hors centre plan II

Vietnamonamour– D1 - *Via Pestalozza 7 - Ⓜ Piola - ✆ 02 70 63 46 14 - www.vietnamonamour.com - 4 ch.* Ce charmant B & B, installé dans une villa de 1903, se caractérise par sa passion pour le Vietnam, comme l'évoquent l'enseigne, le mobilier et l'atmosphère feutrée. Petit-déjeuner dans le jardin. Au restaurant, intime et plaisant, plats vietnamiens savoureux.

UNE FOLIE

Centre historique plan I

Hotel Gran Duca di York – G3 - *Via Moneta, 1a - ✆ 02 874 863 - fax 02 86 90 344 - www.ducadiyork.it - 33 ch.* Derrière la Bourse, dans le cœur historique et économique de la ville, cet élégant palais du 18e s., veillé à l'entrée par un sympathique chat en céramique, dispose de chambres confortables, dotées d'un balcon.

Hotel Regina – G4 - *Via Cesare Correnti, 13 - Ⓜ QT8 - ✆ 02 58 10 69 13 - fax 02 58 10 70 33 - www.hotelregina.it - fermé vac. de Noël et 2 sem. en août - ♿ - 43 ch.* La cour intérieure de ce palais du 18e s., aux voûtes soutenues par des colonnes, a été fermée par une verrière et transformée en un très beau hall. Souci du détail, élégance, bon goût et sobriété pour un séjour plus qu'agréable.

RESTAURATION

La cuisine milanaise est surtout connue pour l'escalope de veau panée *(scaloppina alla milanese)*, l'osso-buco, le risotto au safran et le minestrone (potage aux légumes et au lard). Les vins de la Valteline ou de la région de Pavie accompagnent souvent ces plats.

PREMIER PRIX

Centre historique plan I

Bar della Crocetta – H4 - *Corso di Porta Romana 67 - Ⓜ Crocetta.* Voici un paradis pour amateurs de sandwichs (chers mais très bons). Certains atteignent des dimensions impressionnantes.

Luini Panzerotti – H3 - *Via Santa Radegonda, 16 - Ⓜ Duomo - ✆ 02 86 46 191 7 - www.luini.it - tlj sauf dim. 10h-20h (lun. 10h-15h).* À l'ombre du Duomo, un authentique spécialiste du *panzerotto*, spécialité des Pouilles – pâte farcie avec tomate et fromage – qui a nourri des générations de Milanais.

Obikà Mozzarella Bar – G2 - *Via Mercato, 28 - Ⓜ Lanza - ✆ 02 86 45 05 68 - www.obika.it.* Dans un décor très design, tout en bois, verre et métal, on vous convie à une initiation aux différentes variétés de *mozzarella di bufala*. En accompagnement, grand choix de charcuterie et de vins que l'on peut boire au verre. Autre adresse : dernier étage de La Rinascente, piazza del Duomo.

Peck – H3 - *Via Spadari, 7/9 - Ⓜ Duomo - ✆ 02 80 23 161 - www.peck.it - fermé dim. et lun. mat.* Au premier étage de la grande et élégante épicerie fine de Milan, on peut déguster un très bon café « al banco » (à un prix normal) et des sandwichs ou des plats préparés.

Premiata Pizzeria – F4 - *Alzaia Naviglio Grande 2 - Ⓜ Porta Genova - ✆ 02 89 40 06 48 - www.premiatapizzerianavigli.com -* . L'endroit ne désemplit pas, car on y sert de savoureuses pizzas. Une fois passée votre commande, on vous informera sur la durée de l'attente. Laissez votre nom, et allez faire un tour dans les environs, par exemple dans le charmant vicolo dei Lavandai, tout proche… en attendant d'être appelé.

Hors centre plan II

Pizzeria Spontini – D1 - *Corso Buenos Aires, 60 - Ⓜ Lima - ✆ 02 20 47 444 - www.pizzeriaspontini.it.* Une pizzeria simplissime qui offre, au dire des amateurs, les meilleures pizzas en tranche de Milan. Aussi via Marghera 3 et viale Papiniano 43.

BUDGET MOYEN

Centre historique plan I

Bottiglieria da Pino – H3 - *Via Cerva, 14 - Ⓜ San Babila - ✆ 02 76 00 05 32 - fermé le soir et dim.* Bien qu'elle soit installée dans un quartier commercial et financier, cette *trattoria* classique a su conserver intact son caractère populaire et sert une cuisine maternelle et généreuse à des prix corrects. Ouvert uniquement pour le déjeuner.

Dongiò – I4 - *Via Corio, 3 - Ⓜ Porta Romana - ✆ 02 55 11 372 - fermé sam. midi et dim.- réserv. conseillée.* Simple et familiale, cette authentique *trattoria* calabraise sert des pâtes fraîches, viandes et produits typiques de la région.

Giulio Pane e Ojo – I4- *Via Muratori, 10 - Ⓜ Porta Romana - ✆ 02 54 56 189 - www.giuliopaneojo.com - fermé dim.* Une petite auberge au cadre rustique tenue par de jeunes restaurateurs qui concoctent une cuisine romaine prisée.

La Vecchia Latteria – H3 - *Via dell'Unione, 6 - Ⓜ Missori - ✆ 02 48 44 01 - fermé le soir.* Un restaurant minuscule où il est possible de déguster une cuisine savoureuse, essentiellement végétarienne. L'endroit idéal pour goûter une authentique cuisine milanaise.

Pane Acqua – F3 - *Via Bandello 14 - Ⓜ Conciliazione - ✆ 02 48 19 86 22 - www.paneacqua.com - fermé dim. et lun. midi.* Un petit restaurant original où, grâce à un partenariat avec une galerie d'art moderne, le décor change régulièrement. La cuisine, contemporaine et créative, demeure quant à elle toujours aussi savoureuse.

Hors centre plan II

Da Giannino-L'Angolo d'Abruzzo – D2 - *Via Pilo, 20 - Ⓜ Porta Venezia - ✆ 02 29 40 65 26 - fermé lun. - réserv. conseillée.* L'une des rares *trattorie* de la ville à proposer la cuisine des Abruzzes. Gérée par la même famille depuis plusieurs générations, elle propose spaghetti au jus d'agneau, plats de pâtes, divers rôtis et autres spécialités des Abruzzes.

Dulcis in Fundo – C1 - *Via Zuretti, 55 - ✆ 02 66 71 25 03 - www.dulcisinfundo.it - fermé dim.-lun. et le soir sauf jeu. -* . Dans un ancien hangar, ce restaurant aux couleurs pastel présente un fouillis original de chaises et de tables de tous styles. Plus de 100 recettes de tartes, salées et sucrées, et quelques plats savoureux. Le jeudi soir, le dîner est grandiose! Brunch le sam.

Masuelli San Marco – D3 - *Viale Umbria, 80 - Ⓜ Lodi - ✆ 02 55 18 41 38 - www.masuelli-trattoria.com - fermé dim. et lun. à midi - réserv. conseillée.* Depuis huit générations, la même famille détient ce restaurant bien connu en ville. Les plats régionaux varient en fonction de la saison mais aussi du jour de la semaine. Le jeudi, par exemple, c'est le jour de la *cassoela* (viande de porc cuite avec du chou, différents légumes et des épices).

POUR SE FAIRE PLAISIR

Centre historique plan I

Al Pont de Ferr – F4 - *Ripa di Porta Ticinese 55 - Ⓜ Porta Genova - ✆ 02 89 40 62 77 - www.alpontdeferr.it.* Dans le quartier bohème des Navigli. La cuisine témoigne d'une subtile recherche gastronomique : une maîtrise technique raffinée à prix accessible.

Hors centre plan II

Bon Wei - B1 - *Via Castelvetro 16/18 - ✆ 02 34 13 08 - www.bon-wei.it - fermé lun.* À deux pas de la *Chinatown* milanaise, un établissement raffiné et élégant, qui propose une cuisine cantonaise créative. Le meilleur restaurant ethnique de Milan.

PETITE PAUSE

Centre historique plan I

Camparino – *Galleria Vittorio Emanuele II- Ⓜ Duomo - ✆ 02 86 46 44 35 - www.camparino.it.* Ouvert en 1867 en même temps que la Galleria, ce café fut fréquenté par Giuseppe Verdi, Arturo Toscanini, Giacomo Puccini et le roi Umberto I. Le décor Art nouveau fut dessiné par Angelo d'Andrea en 1915. Cette institution milanaise apparaît dans l'œuvre du futuriste Boccioni, *Rixe dans la galerie* (musée de Brera).

Fioraio Bianchi Caffè– *Via Montebello 7 - Ⓜ Moscova - ✆ 02 29 01 43 90 - www.fioraiobianchicaffe.it.* Un lieu très romantique pour siroter un apéritif ou prendre un petit café parmi les fleurs. Dans cet original café-fleuriste on peut même acheter… des fleurs!

Gattullo – *Piazzale Porta Lodovica, 2 (quartier Navigli) - ✆ 02 58 31 04 97 - www.gattullo.it - fermé lun.* Pour des brioches tout juste sorties du four et un bon cappuccino.

Panarello – *Via Speronari, 3 et piazza San Nazaro in Brolo, 15 (angle corso di Porta Romana).* Deux bonnes adresses, créées en 1930, où l'on oublierait presque qu'il s'agit de délicieuses pâtisseries génoises. Une étape conseillée.

Pasticceria Cova – *Via Montenapoleone, 8 - Ⓜ San Babila - ✆ 02 76 00 55 99 - www.pasticceriacova.it.* Un lieu historique, au cœur de Milan, idéal pour une pause café.

Riva Reno – *Via Mercato, 20 et Viale Col di Lana, 8 - www.rivareno.com.* À deux pas de la piazza Sant'Eustorgio (quartier Ticinese), ou à Brera, ce glacier prépare des parfums à la fois délicieux et créatifs. Tentez notamment la glace aux pignons de pins, au chocolat et au riz soufflé.

Shockolat – *Via Boccaccio 9 - Ⓜ Cadorna - ✆ 02 48 10 05 97 - www.shockolat.it.* Tout près de Santa Maria delle Grazie. Fantastique déclinaison de parfums au chocolat dans cet établissement moderne. Notre conseil? La crème au citron.

Hors centre plan II

Il Massimo del Gelato – *Via Castelvetro, 18 - ✆ 02 34 94 943 - fermé lun.* Dans le quartier Sempione, ce glacier attire la clientèle des quatre coins de la ville. Parfums nombreux et originaux, aux tonalités chocolatées et autres délices.

L'HAPPY HOUR MILANAIS

Une formule idéale qui, à l'occasion, peut remplacer le dîner : pour un prix forfaitaire (généralement entre 6 et 15 € selon la catégorie du bar) on peut boire un verre, de 18h à 21h, en profitant d'un buffet apéritif riche en charcuteries, légumes crus et autres amuse-gueule typiquement italiens.

Centre historique plan I

Bar Magenta – *Via Carducci, 13 - Ⓜ Cadorna - ✆ 02 86 99 50 32.* L'un des bars les plus célèbres de Milan, fréquenté, selon les années et les modes, par des générations diverses. On y prend l'apéritif en regardant autour de soi : le comptoir figure parmi les meubles les plus typiques de l'établissement, de style Liberty.

Bulgari – *Via Fratelli Gabba, 7/b - Ⓜ Montenapoleone - ✆ 02 80 58 05.* Pour qui veut goûter à une ambiance hyper *trendy*. Cocktails délicieux dans une ambiance très zen et dans un jardin ravissant, véritable oasis de paix.

Café Trussardi – *Piazza della Scala, 5 - Ⓜ Duomo - ✆ 02 80 68 82 01.* Au sein du moderne Palazzo Trussardi, au coin du prestigieux théâtre Alla Scala. Raffiné et très fréquenté au moment de l'apéritif.

La Hora Feliz – *Via S. Vito, 5 - Ⓜ Missori - ✆ 02 83 76 587.* Un petit coin de Cuba à Milan, avec un grand choix de cocktails et des « stuzzichini » (petits plats, qui ici sont plutôt abondants).

Radetzky Café – *Corso Garibaldi, 105 - Ⓜ Moscova - ✆ 02 65 72 645.* Un classique de Milan, de style Mittel Europa, assez informel, pratique aussi pour une petite collation ou un brunch.

Triennale Design Cafè - *Viale Alemagna 6 - Ⓜ Cadorna - ✆ 02 87 54 41 - fermé lun.* Dans un lieu qui rend hommage au Milan de la mode et du design, ce café très clair et agréable est une bonne adresse pour un apéritif ou un brunch le dimanche *(sur réserv.)*.

Hors centre plan II

Bar Basso – *Via Plinio, 39 - Ⓜ Lima - ✆ 02 29 40 05 80.* C'est ici que fut inventé le Negroni « sbagliato » (Negroni « raté »). Le Negroni est un cocktail composé de vermouth rouge, de Campari et de gin. Pour le « rater », on remplace le gin par du mousseux. À goûter.

ACHATS

Dans les rues commerçantes les plus fréquentées : corso Vittorio Emanuele II, via Dante, via Torino, corso Buenos Aires, corso Vercelli, via Garibaldi et corso Genova (où l'on retrouve les chaînes internationales). Pour acheter des articles de luxe ou simplement flâner dans les quartiers les plus en vogue : la piazza San Babila, le corso Venezia, la via Monte Napoleone et la via della Spiga.

La Rinascente–*Via Santa Radegonda 1 - Ⓜ Duomo - ✆ 02 88 52 455 - www.rinascente.it.* Le grand magasin le plus célèbre et le plus chic de Milan regroupe les grandes griffes du prêt-à-porter international.

Alessi – *Via Manzoni 14 - Ⓜ Montenapoleone - ✆ 02 79 57 26 - www.alessi.com - mar.-sam. 10h-14h, 15h-19h.* Le nouveau *flagship store* de la célèbre marque d'articles ménagers, dessinés par les grands

noms du design : un espace élégant avec une section *Museo* pour les articles les plus fameux.
Frette – *Via Montenapoleone 21 - Ⓜ Montenapoleone - ☎ 02 78 39 50 - www.frette.com - fermé dim. et lun. mat.* Maison fondée en 1860, qui propose un linge de maison très raffiné.
10 Corso Como – *Corso Como 10 - Ⓜ Garibaldi - ☎ 02 65 48 31 - www.10corsocomo.com - fermé lun. mat.* Ce lieu d'avant-garde, aux allures new-yorkaises, abrite une galerie d'art, une librairie, un restaurant, un café, un B & B et le store, qui propose toutes sortes d'articles tendance, de l'habillement à la parfumerie.
Peck – *Via Spadari 7 - Ⓜ Duomo - ☎ 02 80 23 161 - www.peck.it - fermé dim. et lun. mat.* Le temple de la gastronomie milanaise. Tout est beau, tout est bon, mais aussi assez cher…

EN SOIRÉE

Bar et clubs

Pour une petite promenade ou pour trouver un bar ou un restaurant typique, nous vous conseillons les quartiers Brera et Navigli, très courus des artistes.
Blue Note – *Via P. Borsieri, 37 - Ⓜ Zara - ☎ 02 69 01 68 88 - www.bluenotemilano.com.* Petit frère du fameux Blue Note new-yorkais, le plus célèbre jazz club de Milan accueille des artistes renommés pour une programmation éclectique qui comprend jazz, soul, world music et blues.
Le Scimmie – *Via A. Sforza, 49 (quartier Navigli) - ☎ 02 89 40 28 74 - www.scimmie.it.* Une institution du jazz milanais et italien avec des concerts tous les soirs et des passages de célèbres artistes internationaux. L'été, sur la péniche ancrée juste en face, un bar à vins et une pizzeria.

Musique classique

Teatro alla Scala – *Piazza Scala - Ⓜ Duomo - ☎ 02 02 88 791 - www.teatroallascala.org - info. au métro Duomo.* Une étape obligatoire pour les amateurs d'opéra, mais il faut réserver très longtemps à l'avance ; la saison s'ouvre à la Sant'Ambrogio (7 décembre).
Auditorium di Milano – *Largo Gustav Malher - ☎ 02 83 389 401 - www.laverdi.org.* Musique classique, jazz. Spectacles musicaux, littéraires et pour enfants, rencontres des artistes.
Conservatorio – *Via Conservatorio, 12 - Ⓜ San Babila.* Musique de chambre et musique symphonique avec les plus grands solistes de la scène internationale.

Théâtre

Piccolo Teatro – *☎ 02 42 41 18 89 - www.piccoloteatro.org.* Fondé en 1947 par deux grands noms de la scène italienne – Paolo Grassi et Giorgio Strehler – le « Piccolo » dispose de 3 salles permettant de varier programmations classique et expérimentale : *théâtre Strehler - largo Greppi - Ⓜ Lanza ; théâtre Grassi - via Rovello 2 - Ⓜ Cordusio ; et Théâtre Studio - via Rivoli 6 - Ⓜ Lanza.*

AGENDA

Salone Internazionale del Mobile (Salon du meuble) – *Avril - www.cosmit.it.* Cet événement incontournable transforme les magasins, les bars et les restaurants en lieux de rencontre joyeusement bondés. La presse donne l'agenda.
MiTo Settembre Musica – *Sept. www.mitosettembremusica.it* - Festival international de musique (classique, contemporaine, ethnique, jazz, rock, chanson d'auteur) qui se déroule entre Milan et Turin en plus de 70 lieux (théâtres, églises, cours et places.).

Bergamo

Bergame

★★

121 300 habitants – Lombardie

NOS ADRESSES PAGE 261

S'INFORMER

Offices de tourisme – *Città Bassa : Urban Center - viale Papa Giovanni XXIII, 57 - ✆ 035 23 06 40 ; Città Alta : Torre del Gombito, via Gombito, 13 - ✆ 035 24 22 26 - www.turismo.bergamo.it.*

SE REPÉRER

Carte de région B2 (p. 220-221) – *carte Michelin Régional 561 E 10/11.* Bergame, dont la ville haute est visible depuis l'autoroute A 4, se trouve à une cinquantaine de kilomètres à l'est de Milan.

SE GARER

L'accès à la ville haute est réservé aux riverains et aux clients des hôtels, tandis que le trafic est limité dans le centre commerçant de la ville basse. Mieux vaut donc se garer dans les parkings situés un peu en périphérie, le plus pratique est celui du piazzale Malpensata, derrière la gare.

À NE PAS MANQUER

La ville haute ; dans la ville basse, l'Accademia Carrara (*en restauration au moment de la rédaction du guide*).

ORGANISER SON TEMPS

Les quartiers historiques et les petits musées peuvent occuper une journée.

AVEC LES ENFANTS

Une montée en funiculaire pour explorer la ville fortifiée ; un détour au fascinant Museo del Presepio, dans les environs de Bergame.

3

Située au débouché des vallées Brembana et Seriana et adossée aux contreforts alpins, Bergame est l'une des principales cités de Lombardie. Bipartite, elle se partage entre une ville haute ancienne, blottie derrière ses murailles au lacis de ruelles et aux riches monuments médiévaux et de la Renaissance, et une ville basse moderne, aux larges avenues commerçantes et à l'architecture des 19e et 20e s. Pour ajouter à son attrait, elle conserve dans ses églises et ses musées un grand nombre d'œuvres de Lorenzo Lotto, qui y travailla de 1513 à 1525.

Se promener Plan de ville (p. 257)

★★★ CITTÀ ALTA (VILLE HAUTE)

Se repérer sur la plan de Bergamo. Compter une demi-journée.

Elle est accessible en voiture *(se garer en dehors des remparts)*, ou par le Funicolare Città Alta (*départ viale Vittorio Emanuele II)* : en quelques minutes, il traverse un tunnel creusé dans les remparts vénitiens et aboutit à la pittoresque **piazza del Mercato delle Scarpe** (place du Marché-aux-Chaussures - B1).

On peut également l'atteindre à pied, en empruntant la jolie **via Pignolo★**. On accède alors à la ville haute par la porte de Sant'Agostino au-delà de laquelle, sur la droite, s'élève l'église de **Sant'Agostino** (B1), aujourd'hui désaffectée, qui sert de cadre à des expositions ou à des événements culturels. La ville est ceinte de murailles élevées au moment de la domination vénitienne. Le **viale delle Mura**, le boulevard de la muraille, longe celle-ci et permet d'admirer un magnifique panorama sur la ville.

★★ Piazza Vecchia et Piazza Duomo A1

Emprunter la via Gómbito, qui suit le tracé de l'ancien decumanus.

Cette très jolie place ornée d'une délicieuse fontaine, offerte par le doge de Venise, Alvise Contarini, en 1780, constitue le centre politique de la ville (opposé à la piazza del Duomo, centre du pouvoir religieux) : à droite, le **palazzo Scamozziano**, siège de la bibliothèque municipale, riche de quelque 500 000 volumes, est de style palladien ; en face, le **Palazzo della Ragione**, le plus ancien palais communal d'Italie, date de 1199, mais a été reconstruit au 16e s. Notez les arcades, les harmonieuses baies trilobées et le balcon central surmonté du Lion de saint Marc, symbole de la domination vénitienne. Le bâtiment accueille aujourd'hui une sélection d'œuvres provenant de l'**Accademia Carrara**, fermée pour restauration. *✆ 035 21 80 41 - www.accademiacarrara.bergamo.it - juin-sept. 10h-21h (sam. 10h-23h), reste de l'année 9h30-17h30, w.-end 10h-18h - fermé lun. - 5 €*

Sur sa droite s'élève le **Palazzo del Podestà** (12e s.), qui abrite la section dédiée à la période vénitienne et au 16e s. du Musée historique de Bergame. Au sous-sol du palais, des vestiges de la ville romaine, qui ont permis de localiser l'ancien forum, ont été mis au jour *(accès libre). ✆ 035 24 71 16 - http://fondazione.bergamoestoria.it - juin-sept. tlj sauf lun. 9h30-13h, 14h30-18h (w.-end. 9h30-19h), reste de l'année tlj sauf lun. 9h30-13h, 14h30-18h - 5 €.*

Le palais est veillé par la majestueuse **torre civica**, beffroi du 12e s. doté d'une horloge du 15e s. Une grande cloche *(Campanone)* sonne tous les soirs, à 22h, plus de 100 coups pour rappeler l'ancien couvre-feu. Du sommet on jouit d'une belle **vue★** sur le centre historique. *✆ 035 24 71 16 - http://fondazione.bergamoestoria.it - montée par ascenseur avr.-oct. tlj sauf lun. 9h30-18h (w.-end 9h30-20h), reste de l'année tlj sauf lun. 9h30-13h, 14h30-18h (w.-end 9h30-18h) - 3 €.*

Les arcades du Palazzo della Ragione font le lien avec la charmante **piazza del Duomo★★**.

★★ Cappella Colleoni A1

Piazza Duomo - ✆ 035 21 00 61 - mars-oct. 9h-12h30, 14h30-18h ; reste de l'année 9h-12h30, 14h-16h30 - fermé lun. en hiver.

L'architecte de la chartreuse de Pavie, Amadeo, éleva de 1470 à 1476 ce joyau de la Renaissance lombarde destiné à servir de mausolée à **Bartolomeo Colleoni** (1400-1475), seigneur de Bergame et célèbre condottiere qui loua ses services à Milan et à la république de Venise. Construite à l'emplacement de la sacristie de Ste-Marie-Majeure, la chapelle funéraire s'ouvre et s'encastre sur le côté de la basilique. Son corps principal, surmonté d'une coupole, s'appuie contre le porche nord de l'église. L'élégante **façade** revêtue de précieux marbres polychromes présente une décoration pleine d'allégresse, enrichie de fines sculptures : *putti*, colonnettes cannelées et torsadées, pilastres sculptés, vases et candélabres, médaillons, bas-reliefs où se mêlent, dans un goût propre à cette époque, éléments sacrés et profanes (allégories, épisodes de l'Ancien Testament, représentation de personnages illustres de l'Antiquité, scènes de la légende d'Hercule auquel le condottiere aimait s'identifier).

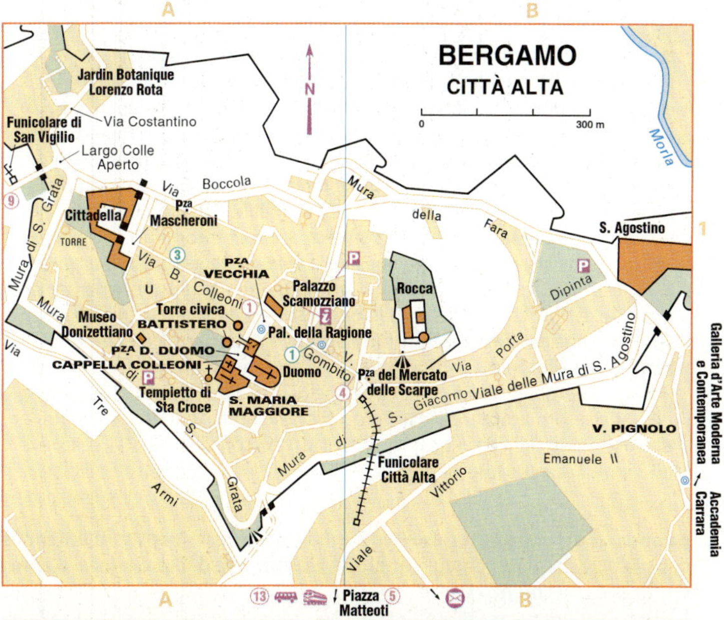

SE LOGER	A modo 5
Agnello d'Oro 1	Baretto di San Vigilio 7
Piazza Vecchia 3	Il Sole 1
SE RESTAURER	La Colombina 9
Al Donizetti 4	Osteria D'Ambrosio 13

3

L'intérieur, somptueux, est décoré de sculptures en méplat d'une extraordinaire délicatesse, de fresques allégoriques de **Tiepolo**, et de **stalles** Renaissance en marqueterie. Le **monument du Colleoni**, œuvre d'Amadeo, est surmonté de la statue équestre du condottiere, en bois doré; délicatement ciselés, les bas-reliefs des sarcophages portent des scènes du Nouveau Testament séparées par des niches qu'occupent des statuettes représentant les Vertus; entre les deux sarcophages figurent les portraits des enfants du condottiere. Sa fille préférée, Medea, morte à l'âge de 15 ans, repose auprès de lui dans un tombeau (*mur de gauche*), merveille de pureté délicate, également dû à Amadeo.

★ Santa Maria Maggiore A1

☏ 035 22 33 27. Avr.-oct. 9h-12h30, 14h30-18h; reste de l'année 9h-12h30, 14h-17h.
Cette basilique remonte au 12e s., mais Giovanni da Campione lui a ajouté, au 14e s., les deux beaux **porches** nord et sud à loggias et reposant sur des lions, dans le style roman lombard. L'intérieur, remanié dans le style baroque (fin 16e-début 17e s.), offre une riche décoration de stucs et d'ors. Les murs du bas-côté gauche, du chœur et du bas-côté droit sont revêtus de neuf splendides **tapisseries**★★ florentines (1580-1586), d'un très beau dessin, exécutées d'après des cartons d'Alessandro Allori et contant la vie de la Vierge. Sur le mur du fond de la nef, la somptueuse tapisserie flamande représentant la **Crucifixion**★★ fut tissée à Anvers (1698). Cette partie de l'église abrite également la tombe de Donizetti (1797-1848), réalisée par le sculpteur Vincenzo Vela (1820-1871). À côté, remarquez un étonnant confessionnal baroque du 18e s. D'intéressantes fresques du 14e s. ornent le transept. Quatre superbes

IL ÉTAIT UNE FOIS...

Habitée depuis les temps préhistoriques, Bergame fut d'abord ligure, mais ce sont les Gaulois qui lui donnèrent son nom : Berg-hem, la « ville sur le mont ». Romanisée au 2e s. av. J.-C., Bergame rejoint la Ligue lombarde au Moyen Âge et prend sa configuration actuelle. La ville haute est le siège de l'évêché et du pouvoir municipal, tandis que la ville basse est dévolue au commerce. En 1332, les Visconti, de Milan, s'en emparent, puis les Vénitiens, un siècle plus tard. Ce sont eux qui la doteront de la plupart de ses monuments, dont les murailles de la ville haute. En 1796, les troupes françaises mettent fin à la domination vénitienne. La République bergamasque est proclamée, et la ville passe sous contrôle français jusqu'en 1815. Le traité de Vienne la transfère sous domination autrichienne, jusqu'à l'arrivée de Garibaldi, en 1859, et son rattachement au royaume d'Italie. Parmi les Bergamasques célèbres, Angelo Giuseppe Roncalli (1881-1963), un pape réformateur très aimé, régna sous le nom de Jean XXIII et fut le promoteur du Concile Vatican II. Sotto il Monte, son village natal, se trouve à 18 km à l'ouest de Bergame.

panneaux de marqueterie★★ illustrant l'Ancien Testament sont enfermés dans la balustrade du chœur : ils furent exécutés au début du 16e s. d'après des dessins de Lorenzo Lotto.

Sortir de l'église piazza di Santa Maria Maggiore pour admirer le portail sud (14e s.) ainsi que le charmant **Tempietto di Santa Croce**, de plan quadrilobé, bâti vers l'an 1000 en style roman primitif. Regagner la piazza del Duomo en contournant la basilique par le **chevet★** dont les absidioles sont ornées de gracieuses arcades.

★ Battistero A1

Couronné de statues, ce charmant **baptistère** octogonal que souligne une galerie en marbre rouge de Vérone, ornée de graciles colonnettes et de statues (14e s.) représentant les Vertus, est une reconstruction de l'œuvre de Giovanni da Campione (1340). Élevé au fond de la nef de Santa Maria Maggiore, mais jugé trop encombrant, il fut démoli en 1660 et rebâti en 1898 à son actuel emplacement.

Duomo

☎ 035 21 02 23 - 7h30-11h45, 15h-18h30. Dédié à saint Alexandre, patron de la ville, le dôme fut commencé en 1459 et terminé au 19e s. Il renferme d'intéressants tableaux de Gian Battista Tiepolo, Giovan Battista Moroni, Sebastiano Ricci et Andrea Previtali.

De la piazza Vecchia, par la via Bartolomeo Colleoni, on atteint la **place Mascheroni**, dominée par la Torre della Campanella. Réalisée en 1520 pour accueillir les activités commerçantes, on remarque en son centre les vestiges d'un puits qui devait garantir des réserves d'eau pour la ville, en cas de siège.

Cittadella

La citadelle fut édifiée par les Visconti en 1355 et remaniée ultérieurement. Elle présente une belle cour bordée d'arcades et abrite le **musée des Sciences naturelles** (*☎ 035 28 60 11 - www.museoscienzebergamo.it*) et le **Musée archéologique** (*☎ 035 24 28 39 - www.museoarcheologicobergamo.it - avr.-sept. 9h-12h30, 14h30-18h, w.-end 9h-19h ; oct.-mars 9h-12h30, 14h30-17h30 - fermé lun., 25 déc. et 1er janv.*)

À proximité de la citadelle s'étend le petit **Jardin Botanique Lorenzo Rota** *(Scaletta di Colle Aperto - ✆ 035 28 60 60 - www.ortobotanicodibergamo.it - 9h-12h, 14h-17h (en été w.-end 9h-19h) - fermé nov.-févr.)*, qui offre une très belle vue sur la ville haute.
Au-delà des fortifications se trouve la gare du funiculaire qui conduit aux ruines du château de **San Vigilio** d'où un **panorama★** domine la plaine et la ville.

Museo Donizettiano

Via Arena, 9 - ✆ 035 42 84 769 - http://fondazione.bergamoestoria.it- tlj sf lun. 9h30-13h, 14h-18h - fermé mar.-vend. apr.-midi d'oct. à mai - 3 €.
Installé dans le baroque Palazzo della Misericordia (15e-17e s.), aujourd'hui conservatoire municipal de musique, il présente des objets, tableaux, partitions, lettres, ainsi que le piano du compositeur **Gaetano Donizetti** (1797-1848), né à Bergame. Il est enterré dans l'église Santa Maria Maggiore.

Rocca - Museo dell'Ottocento

Piazzale Brigata Legnano - ✆ 035 035 22 10 40 - http://fondazione.bergamoestoria.it - tlj sauf lun. 9h30-13h, 14h-17h30 (en été w.-end 9h30-19h) - 3 €.
La forteresse médiévale fut renforcée par les Visconti, puis par la République de Venise qui, à la moitié du 15e s., fit bâtir le donjon. Elle accueille aujourd'hui la section dédiée au 19e s. du Musée historique de Bergame, de l'arrivée des troupes françaises en 1796 à l'Unité d'Italie en 1871.

★ CITTÀ BASSA (VILLE BASSE) Plan de ville (p. 257)

Compter une demi-journée pour la visite des musées.
De pittoresques ruelles entourent l'académie Carrare, tandis qu'une zone moderne et commerçante s'étend autour de la piazza Matteotti.

★★ Accademia Carrara

Piazza Giacomo Carrara, 82 - Fermé pour travaux au moment de la rédaction de ce guide. Pour toute information : www.accademiacarrara.bergamo.it.
Fondée en 1796 à partir de la donation des collections du comte Carrara à la ville et enrichie depuis, l'Accademia constitue l'un des musées les plus importants d'Italie. Elle occupe un palais néoclassique construit en 1810.
La section la plus prestigieuse est celle des écoles italiennes du 15e au 17e s., qui comprend deux célèbres portraits : *Julien de Médicis*, au profil accusé, par **Botticelli**, et *Lionel d'Este*, élégant et raffiné, par **Pisanello**. Parmi les œuvres de l'école vénitienne il faut signaler celles de **Giovanni Bellini**, la

3

MASQUES ET BERGAMASQUE

Improvisation théâtrale satirique née au 16e s. en Italie du Nord, la **commedia dell'arte** a puisé dans les folklores régionaux ses personnages traditionnels et les dialectes dont ils usent (et abusent) sur scène. Ainsi, aux côtés du Pulcinella (Polichinelle), le fanfaron napolitain, ou de la soubrette vénitienne Colombina, trois figures bergamasques se distinguent : Brighella, le roublard, Gioppino, paysan simple et généreux, et surtout Arlecchino (Arlequin). Mythique, ce personnage n'en illustre pas moins une vérité historique : son costume, fait de multiples pièces colorées, évoque la pauvreté des petites gens quittant la ville basse de Bergame pour chercher une meilleure condition à Venise… où l'on moquait leurs tenues faites de bric et de broc. Cette forme de théâtre exerça une notable influence en France aux 17e et 18e s.

magnifique *Vierge à l'Enfant* d'**Andrea Mantegna**, des portraits de **Gentile Bellini**, de **Carpaccio** *(Portrait du doge Leonardo Loredan)* et du Vénitien **Lorenzo Lotto** *(le Portrait de jeune homme,* le splendide *Mariage mystique de sainte Catherine,* la *Sainte Famille avec sainte Catherine* et le *Portrait de Lucina Brembate).* Parmi les œuvres de la fin du 15e s. et du début du 16e s. : **Cosmè Tura**, maître de l'école de Ferrare (*Vierge à l'Enfant*, au réalisme accentué et au modelé anguleux influencés par l'art flamand), le Lombard Bergognone, à la lumière douce, et le Bergamasque Previtali. De **Raphaël** on peut admirer le *Saint Sébastien.* La section des **portraits** (16e s.) est remarquablement illustrée par l'école de Ferrare, spécialisée dans ce domaine, et par le Bergamasque Moroni (1523-1578).

Galleria d'Arte Moderna e Contemporanea (GAMeC)

Via San Tomaso, 53 - ✆ 035 27 02 72 - www.gamec.it - tlj sf lun. 10h-13h, 15h-19h - gratuit (sf expositions temporaires).

Installée dans un ancien couvent très sobrement restauré par Vittorio Gregotti, la GAMeC promeut les arts contemporains sous toutes leurs formes, avec des expositions temporaires ainsi qu'un grand nombre d'activités didactiques. Sa collection permanente, riche de 300 œuvres du 20e s., est constituée essentiellement de trois donations : la collection donnée à la ville par le sculpteur Giacomo Manzù (1908-1991), la collection Spajani (De Chirico, Morandi, De Pisis et Kandinsky) et, enfin, la collection Stucchi (artistes italiens et étrangers des années 1950).

★ Vieux quartier

Il s'étend autour de la longue **via Pignolo★**, sinueuse et bordée de palais anciens, des 16e et 18e s. principalement, et d'églises chargées d'œuvres d'art. Parmi elles, **San Bernardino** renferme, au-dessus de l'autel, une charmante **Vierge en majesté et saints★**, réalisée par **Lorenzo Lotto** en 1521 (bien remarquer la valeur des couleurs, avec la combinaison du rouge vif de l'habit de la Vierge et du vert intense du drap porté par les anges) ; tandis que **Santo Spirito**, possède un *Saint Jean-Baptiste* entouré de saints et un polyptyque de Previtali, un polyptyque représentant la Vierge par Bergognone, et une *Vierge à l'Enfant* de Lorenzo Lotto. L'œuvre de ce peintre vénitien, influencée par Bellini, Raphaël et Dürer, est marquée à la fois par la douceur et la mélancolie que dégagent ses personnages.

Museo Adriano Bernareggi

Via Pignolo, 76 - ✆ 035 24 87 72 - www.museobernareggi.it - tlj sf lun. 9h30-12h30, 15h-18h30 - 5 €.

Cet intéressant petit musée d'art sacré occupe le Palazzo Bassi Rathgeb, joli palais de la Renaissance construit au début du 16e s. La collection, réunie dans les années 1930 par Adriano Bernareggi, évêque de la ville, apporte un éclairage intimiste sur la dévotion religieuse.

Piazza Matteotti

Cette immense place est située en plein cœur de la ville moderne. Elle est longée par le **Sentierone** (Grand Sentier), promenade préférée des habitants. Sur la place s'élèvent le **théâtre Donizetti** et l'**église San Bartolomeo**, qui renferme le **retable Martinengo★** de Lorenzo Lotto, représentant la Vierge en majesté entourée de saints.

La rue XX Settembre (réservée aux piétons), la rue Sant'Alessandro et la rue Sant'Orsola constituent le cœur commercial de la ville moderne.

À proximité Carte de région (p. 220)

★ Museo del Presepio

Via XXV Aprile, 179, Brembo di Dalmine, à 8 km au sud-ouest). ✆ 035 56 33 83 - www.museodelpresepio.com - jeu.-dim. 14h-18h - 3,50 €.

Le musée possède une collection de plus de 800 crèches de toutes provenances, époques et dimensions. Pour les personnages, la créativité est tout aussi étonnante (allumettes, épingles et même les minuscules accroches qui fixent les baleines au tissu dans un parapluie). On remarquera aussi l'intérieur des maisons composant les décors, très fidèles au pays ou à la région d'origine.

★ Val Brembana

À 25 km au nord, quitter Bergame par la SS 470.

La grande station thermale de **San Pellegrino Terme** est bâtie dans un beau cadre de montagnes.

Crespi d'Adda

À 20 km au sud-ouest par l'A 4 direction Milan, sortie Capriate.

Cette localité abrite un bel exemple de **cité ouvrière★** du 19e s., construite par un industriel du coton autour de l'usine. Cet ensemble (comprenant aussi les maisons des ouvriers, des villas, une école, une église, un cimetière) a été inscrit au Patrimoine mondial de l'Unesco.

Trescore Balneario

À 20 km à l'est sur la SS 671 et après sur la SS 42.

via Suardi, 16/H - ✆ 035 94 47 77 - www.prolocotrescore.it/lorenzo-lotto - visites guidées tlj sf lun., janv. et févr., réserv. préalable - 8 €.

L'**Oratorio Suardi** conserve l'œuvre maîtresse de Lorenzo Lotto, un admirable cycle de **fresques★** illustrant la vie des saintes Barbara et Brigitte.

3

NOS ADRESSES À BERGAMO

TRANSPORTS

Funiculaires – Ils font la jonction Basse Ville-Haute Ville et Haute Ville-San Vigilio. *Départ Porta Sant'Alessandro, hors de Colle Aperto - www.atb.bergamo.it.*

HÉBERGEMENT

Ville Haute

BUDGET MOYEN

Agnello d'Oro – A1 - *Via Gombito, 22 - ✆ 035 249 883 - www.agnellodoro.it - 20 ch.* Chambres simples mais confortables donnant sur une place ou sur la rue. Restaurant chaleureux (fermé janv.) servant une cuisine régionale autour de 20 €.

POUR SE FAIRE PLAISIR

Piazza Vecchia – A1 - *Via Colleoni, 3/5 - ✆ 035 25 31 79 - www.hotelpiazzavecchia.it - 13 ch.* Ce petit hôtel à la gestion familiale, occupant une maison de ville du 14e s., propose des chambres élégantes offrant une belle vue sur la ville.

RESTAURATION

Ville Haute

PREMIER PRIX

Al Donizetti – AB1 - *Via Gombito, 17 - ✆ 035 242 661 - www.donizetti.it.* Un endroit très connu et prisé, où l'on propose des assiettes de fromages ou de charcuterie, accompagnées par un bon choix de vin.

BUDGET MOYEN

Baretto di San Vigilio – Hors Plan A1 - *Via Castello, 1, San Vigilio - ✆ 035 25 31 91 - www.baretto.it.* Situé à l'arrivée du funiculaire San Vigilio, ce restaurant propose une cuisine soignée et de délicieuses pâtisseries. En été, la terrasse, installée sur la petite place attenante, offre une vue superbe sur la ville.

La Colombina – A1 - *Via Borgo Canale 12 - ✆ 035 26 14 02 - www.trattorialacolombina.it - fermé lun. et mar.* Petit restaurant simple et accueillant, à l'extérieur des murs d'enceinte. La cuisine s'inspire des saisons et de la tradition.

Il Sole – A1 - *Via Bartolomeo Colleoni, 1 - ✆ 035 218 238 - www.ilsolebergamo.com - fermé jeu. en hiver - 10 ch.* Au cœur de la ville haute, cet établissement, possède une salle au décor hétéroclite et un petit jardin. Pizzas et différents plats. Chambres simples mais bien tenues.

Ville Basse

BUDGET MOYEN

A modo – Hors Plan A1- *Viale Vittorio Emanuele II, 19 - ✆ 035 21 02 95 - www.ristoranteamodo.com - fermé dim.* Chaleureuse et accueillante, la terrasse d'été donne sur l'avenue qui mène à la ville haute. Cuisine moderne et menu à prix intéressant le midi.

Osteria D'Ambrosio – Hors Plan A1- *Via Broseta, 58/a - ✆ 035 40 29 26 - fermé sam. midi, dim. et j. fériés - ⊭ - réserv. conseillée.* Une vraie *osteria*, où règne une ambiance chaleureuse (la personnalité de la très sympathique propriétaire fait toute la particularité du lieu). On y mange à la bonne franquette à midi, pour un prix défiant toute concurrence. Cuisine typique.

PETITE PAUSE

Caffè della Funicolare – *Via Porta Dipinta, 1, Ville Haute - ✆ 035 21 00 91 - www.caffedellafunicolare.it.* À l'arrivée du funiculaire, un café au décor néogothique et une terrasse surplombant toute la ville basse.

Pasticceria Cavour– *Via Gombito 7/A - ville Haute - ✆ 03 524 34 18 - fermé merc.* Café historique et lieu de rencontre des artistes de passage à Bergame, qui a gardé le décor du 19e s. La spécialité est la tarte Cavour.

ACHATS

Angelo Mangili – *Via Gombito 8 - ville haute - ✆ 03 524 87 74.* Cette épicerie, où l'on rentre pour le plaisir des yeux, donne très vite envie de tout acheter : charcuteries, vins, conserves…

AGENDA

Festival pianistico internazionale di Brescia e Bergamo – *✆ 035 24 01 40 - www.festivalpianistico.com* De fin avril à mi-juin se déroule au théâtre Donizetti un festival de piano de grande renommée, qui se tient en parallèle à celui du Teatro Grande, à Brescia.

Brescia

★

194 500 habitants – Lombardie

NOS ADRESSES PAGE 269

S'INFORMER

Office de tourisme – *Piazza della Loggia 13/b - ✆ 030 24 00 357 - www.comune.brescia.it/turismo et www.bresciamusei.com*

SE REPÉRER

Carte de région C2 (p. 220-221) – *cartes Michelin Régional 561 et 562 F 12.*
Brescia se trouve le long de l'A 4, à 40 km à l'ouest du lac de Garde.

À NE PAS MANQUER

La piazza della Loggia, le Museo di Santa Giulia, l'église du Santissimo Corpo di Cristo et la pinacothèque Tosio Martinengo (*fermée pour restauration jusqu'en 2015).*

ORGANISER SON TEMPS

Au moins une journée pour découvrir la ville et le très riche Museo di Santa Giulia.

Au pied des Préalpes lombardes, la ville de Brescia est bâtie sur le plan régulier de l'ancien castrum romain de Brixia. Dominée au nord par la masse d'un château médiéval, elle s'enorgueillit du magnifique Museo di Santa Giulia et de nombreux monuments et églises romains, romans, Renaissance ou baroques, groupés dans le centre urbain. C'est une ville élégante où il est agréable de se promener, de s'asseoir à une terrasse de café et même de se laisser tenter par quelques achats dans ses jolies et nombreuses boutiques.

Découvrir

★★ Santa Giulia - Museo della Città C1

Via Musei, 81/bis - ✆ 030 29 77 834 - www.bresciamusei.com - tlj sf lun., juin-sept. 10h-18h ; reste de l'année : 9h30-17h30 - 8 €.

Le Musée de la Ville occupe les bâtiments du monastère fondé en 753 par le dernier roi des Lombards, Didier (Desiderius) et son épouse Ansa. Selon le célèbre écrivain Alessandro Manzoni, la fille de Didier, Ermengarde, y serait enterrée. Au cours des siècles, le monastère, inscrit sur la liste du Patrimoine mondial de l'UNESCO en 2011, s'est agrandi de la basilique lombarde de San Salvatore, de l'église romane de Santa Maria in Solario et de l'église Renaissance de Santa Giulia. Tous ces bâtiments font partie du parcours du musée, sauf l'église de Santa Giulia, utilisée comme salle de conférence. Également visibles, des témoignages avérant l'établissement du monastère sur un ancien quartier romain ont été mis au jour lors des fouilles. La visite s'articule autour de deux parcours : le premier retrace l'histoire du monastère ; le second présente chronologiquement matériaux archéologiques et œuvres d'art provenant de la ville ou de son territoire, de la période préhistorique au 19e s.

UNE VILLE D'ARTISTES ET UNE HISTOIRE MOUVEMENTÉE

Le temple Capitolin et les vestiges de l'ancien forum témoignent du temps de splendeur que connut la romaine **Brixia** sous l'Empire.

Au 8e s., Brescia devint un duché lombard et, aux 12e et 13e s., une commune libre, membre de la Ligue lombarde, particulièrement prospère et active grâce à ses manufactures d'armes qui fournirent l'Europe entière jusqu'au 18e s.

De 1426 à 1797, Brescia fut soumise à la domination de la république de Venise et se dota alors de nombreux édifices civils et religieux; d'excellents peintres créèrent l'**école de Brescia** dont les protagonistes furent, au 15e s. Vincenzo Foppa, influencé par Mantegna et actif à Milan, et au 16e s., Civerchio, Pitocchetto, Romanino, Moretto et Savoldo. Ces trois derniers révèlent une certaine capacité à relire la peinture vénitienne de Giorgione et du Titien. **Savoldo** fut aussi influencé par les maîtres florentins, notamment Léonard de Vinci, ainsi que par la peinture flamande et Lorenzo Lotto. **Romanino** mêla quant à lui influences vénitienne et lombarde tandis que **Moretto** appliqua la touche de l'école lombarde à la peinture religieuse, qu'il rendit classique et dramatique. Giacomo Ceruti se rendit célèbre sous le nom de **Pitocchetto** pour ses représentations de la vie des gens misérables (les *pitocchi*) marquées d'une grande charge émotionnelle.

Ce sont les troupes napoléoniennes qui mirent fin à la domination de la Sérénissime en 1797. La ville fut alors rattachée à la République cisalpine. Après la chute de Napoléon, Brescia passa sous la domination autrichienne. Au cours du Risorgimento, la force de sa résistance aux Autrichiens pendant les Dix Jours de 1849 lui valut l'appellation de *Lionne d'Italie*.

En tout : 12000 pièces exposées sur 14 000 m^2! Jusqu'à la réouverture de la pinacothèque Tosio Martinengo (*prévue en 2015*), l'étage supérieur accueille les chefs-d'œuvre du musée dans l'exposition l'*Ospite Eccellente*.

La visite débute par l'oratoire roman de **Santa Maria in Solario**. Le 1er étage, orné des fresques de Ferramola, avec une voûte au ciel étoilé, conserve le trésor du monastère : la grande **croix du roi Didier**, incrustée de pierres précieuses et de camées datant de la fin du 8e s., et la **Lipsanoteca**, un magnifique reliquaire en ivoire de la seconde moitié du 4e s. La riche section dédiée à la période romaine témoigne de l'importance de Brixia, comme la **Victoire ailée** en bronze et les 6 portraits dorés de l'époque impériale. On traverse ensuite le site archéologique des **Domus dell'Ortaglia** (du Potager) et leurs très belles mosaïques. De là, on accède à un parc aménagé comme le jardin d'une maison romaine *(si nécessaire, demander l'ouverture des portes au personnel)*.

Après les sections dévolues aux périodes médiévale, communale et vénitienne, on accède au superbe **Coro delle monache** (chœur des religieuses), qui date de la Renaissance et d'où les sœurs pouvaient assister aux cérémonies de San Salvatore par des ouvertures percées dans le mur est. Le chœur présente un très beau cycle de fresques, avec notamment une **crucifixion** de Ferramola, et le **mausolée Martinengo**, l'un des chefs-d'œuvre du musée, réalisé au début du 15e s. La visite se termine avec la basilique de **San Salvatore**, bâtie au 8e s. par le roi Didier, qui présente de merveilleux chapiteaux de l'époque ravennate-byzantine et un cycle de fresques sur la vie de Sant'Obizio, par Romanino. La crypte conserve une plaque de marbre avec paon, exemple exquis d'un mélange d'élégance byzantine et de naturalisme romain.

Se promener Plan de ville (p. 267)

Compter au moins trois heures pour une agréable flânerie au cœur de la ville. Départ de la Piazza della Loggia.
Brescia compte plusieurs grandes places qui ont, à tour de rôle et pour une période historique donnée, symbolisé le « centre » : la piazza del Foro pour la période romaine, la piazza Paolo VI au Moyen Âge, les places della Loggia et del Mercato sous la domination vénitienne et, enfin, celle de la Vittoria depuis le 20e s.

★ Piazza della Loggia B1

Cette belle place de style vénitien, ouverte en 1433, est dominée par l'élégante **Loggia★** qui abrite l'hôtel de ville. Cet édifice Renaissance a été construit entre la fin du 15e s. et le début du 16e s. ; Sansovino et Palladio contribuèrent à l'édification de l'étage supérieur. La couverture en plomb fut réalisée en 1908, dans le style de celle d'origine, détruite par un incendie en 1575.
En face s'élève la **tour de l'Horloge** (16e s.) surmontée de deux jaquemarts qui sonnent les heures. Le 28 mai 1974, lors d'une manifestation syndicale, une bombe explosa sous les arcades de la place, provoquant 8 morts et 90 blessés : une stèle de Carlo Scarpa placée sous l'horloge rappelle ce terrible événement.
À gauche de la Loggia se trouvent les palais du **Monte di Pietà Vecchio** (1484) et du **Monte di Pietà Nuovo** (1497), palais de l'ancien et du nouveau mont-de-piété. Leurs façades composent un musée lapidaire original : des inscriptions romaines, trouvées *in situ*, y furent insérées afin d'être préservées. Une petite loge de type vénitien, dotée d'un balcon, unit ces bâtiments.
Sur la place se tient tous les samedis un marché très animé.
Au nord s'étend le pittoresque et cosmopolite quartier du Carmine, aux nombreuses maisons anciennes bien restaurées. L'église **San Giovanni Evangelista** (B1), bâtie au 15-17e s., accueille dans la **Cappella del Santissimo Sacramento★** des œuvres de Moretto et Romanino. Un peu plus au nord, derrière un beau portail en marbre qui encadre une fresque de Ferramola, l'église **Santa Maria del Carmine** (15e s.) abrite des œuvres de Foppa et un groupe en terre cuite de la *Descente de croix*, du 16e s. Non loin, l'église de la **Madonna delle Grazie** (*Via Grazie 12,* A1) présente un remarquable intérieur baroque.
Retournez vers la piazza della Loggia en suivant le corso Mameli, artère animée et commerçante où se dresse la **torre della Pallata**, bâtie en 1248 mais remaniée au 18e s.
Empruntez le corsetto Sant'Agata, derrière le bâtiment de la Loggia.
L'église de **Sant'Agata** (B1 – *Visite 9h-12h30 et 17h-18h45*), au riche **intérieur★** décoré de fresques des 16e et 17e s., accueille un polyptyque de la *Vierge de Miséricorde* de l'école de Brescia (16e s.).

Piazza Vittoria B1

Dominée par l'immeuble à arcades des Postes, cette place, aménagée selon une géométrie rigoureuse et grandiloquente, qui illustre les tendances urbanistiques du régime fasciste, fut dessinée dans les années 1930 par Marcello Piacentini lors d'un projet de modernisation du centre-ville.

Piazza Paolo VI (place du Dôme) B1

La place doit son nom actuel à Giovanni Battista Montini, originaire de la région de Brescia, qui fut pape sous le nom de Paul VI, de 1963 à 1978. Malgré ou grâce à la majesté des édifices qui la composent, elle est vaste et aérée. Le **Nouveau Dôme** (17e s.) y domine, de sa masse de marbre blanc, la **Rotonda★**, l'ancien dôme roman de la fin du 11e s., bâti sur un précédent sanctuaire. À l'intérieur, magnifique **sarcophage★**, en marbre rose, de l'évêque Berardo Maggi (14e s.) et, dans le chœur, toiles de Moretto et Romanino. Deux escaliers mènent à la crypte de l'église d'origine, datée du 8-9e s.

À gauche du Nouveau Dôme, le **Broletto** est un bâtiment austère, de style roman, surmonté d'une solide tour carrée et présentant, en façade, un balcon des Proclamations. Ancien palais communal et doyen des édifices publics de la ville, il occupe un îlot entier avec sa jolie cour centrale et abrite aujourd'hui des administrations et des services municipaux.

★ Via dei Musei BC1

Cette rue pittoresque, ancien *decumanus* de la ville romaine, est bordée d'imposantes résidences, comme le palais Martinengo (17e s.), et mène aux ruines du forum de l'ancienne Brixia. Tout à coté de la piazza della Loggia s'ouvre l'agréable piazzetta Tito Speri, où il fait bon faire une pause à l'ombre.

★ Piazza del Foro C1

Antique centre civil et religieux de Brixia, l'ancien forum a livré les imposants vestiges du **temple Capitolin★** (73 apr. J.-C.) et du **théâtre** adjacent. Le côté sud était fermé par une **basilique** (69-96 apr. J.-C.), dont on perçoit les restes englobés dans les bâtiments de la piazza Labus, voisine. Les matériaux archéologiques retrouvés pendant les fouilles sont exposés au musée de Santa Giulia : stèles commémoratives, inscriptions épigraphiques, et la magnifique série de bronzes parmi lesquels la célèbre Victoire ailée du 3e s.

Prendre sur la gauche la petite via Piamarta et emprunter l'escalier qui mène à l'**église du Santissimo Corpo di Cristo** (C1), qui s'intègre dans un complexe conventuel fondé en 1467. La simple façade, de style gothique lombard, cache un **intérieur★** à nef unique totalement peint (15-16e s.), avec une voûte en berceau.

Castello BC1

La citadelle occupe la colline Cidneo et s'entoure d'un vaste parc ouvert au public. Le château fut édifié en 1343 par les Visconti, sur les vestiges d'un temple romain : de cette période datent le donjon central, les murs crénelés et la tour, tandis que les bastions et la porte d'entrée monumentale à pont-levis ont été ajoutés au 16e s. par les Vénitiens. Le château abrite le **musée du Risorgimento** et le

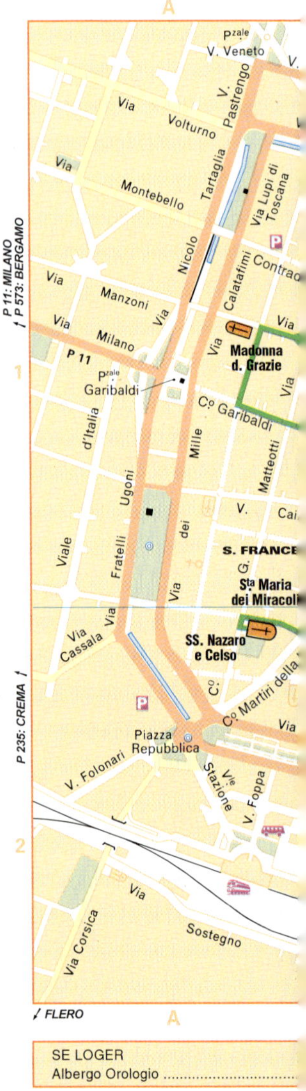

musée des Armes antiques Luigi Marzoli – *Via Castello, 9 - ☏ 030 29 77 833 - www.bresciamusei.com - mar.-vend. 9h30-13h ; sam.-dim. 14h30-18 - fermé lun. - 5 € (pour les deux musées)*.. Une des plus belles collections européennes d'armures et d'armes (constituée de 580 épées, armes à feu et armures allant du 15e au 18e s.) illustre l'ancienne tradition bresciane de fabrication armurière. La visite donne aussi l'occasion de découvrir les fresques de la période des Visconti.

*Retourner sur la via dei Musei, qui mène au Museo di Santa Giulia (**p. 263**). Puis revenir sur la piazza del Foro et emprunter la via Gallo.*

SE RESTAURER

ntro Paolo VI .... ③ Al Frate .... ① Lo Scultore .... ③

Sur la gauche, le vicolo **San Clemente** conduit à l'**église** éponyme (14-15e s.), qui abrite un bel **ensemble★** d'œuvres de Romanino et de Moretto, ce dernier étant enterré dans cette église. *Sam.-dim. 15h-17h45.*

Continuer sur la via Crispi.

Au croisement avec le corso Magenta, on peut remarquer sur la gauche la jolie piazza Arturo Benedetti Michelangeli, où se dressent le Conservatorio et le bel **Oratorio di San Barnaba** (18e s.), utilisé comme auditorium.

★ Pinacoteca Tosio Martinengo C2

Piazza Moretto, 4 - ☏ 030 377 49 99 - www.bresciamusei.com - fermé pour travaux de restauration jusqu'en 2015 : les œuvres majeures sont exposées au Museo di Santa Giulia, section L'Ospite Eccellente.

Situé au fond de la place Moretto, du nom du célèbre peintre brescian dont se dresse la statue, le musée occupe l'ancien palais Martinengo da Barco, du 17e s. On y voit surtout des œuvres représentatives de l'**école de Brescia**, caractérisée par la richesse des tonalités et l'équilibre solide de la composition : Moretto, peintre de scènes religieuses et de portraits, Romanino, auteur de fastueuses scènes religieuses à la vénitienne, Vincenzo Foppa, Savoldo et Pitocchetto. Parmi les plus belles œuvres, il faut citer le *Portrait d'un jeune flûtiste* de Savoldo, la *Cène d'Emmaüs* de Moretto et le *Christ bénissant* de Raphaël.

Emprunter la via Moretto, sur laquelle s'élèvent l'élégant palais Martinengo Colleoni et, en face, l'église de **Sant'Alessandro** (B2). Celle-ci recèle une *Annonciation* (15e s.) de Jacopo Bellini et une **Déposition de croix★** par Civerchio.

Revenir sur le corso Magenta et suivre l'agréable **corso Zanardelli**, où l'on remarquera le bâtiment du Teatro Grande (19e s.), siège du Festival Pianistico Internazionale (*Nos Adresses, p. 269*).

Continuer jusqu'à l'intersection avec le corso Martiri della Libertà.

★ San Francesco (A1)

Via San Franscesco d'Assisi.

Cette belle église franciscaine du 13e s. abrite *Trois Saints* de Moretto, des vestiges de fresques médiévales, une *Pietà* de l'école de Giotto (14e s.), et une *Vierge à l'Enfant*, retable d'autel de Romanino. Le bas-côté droit donne accès à un beau **cloître** de la fin du 15e s.

Sur le corso Martiri della Libertà se dresse la magnifique **façade★** de marbre de **Santa Maria dei Miracoli** (A1-2), un des chefs-d'œuvre de la Renaissance en Lombardie, datant des 15e-16e s.

LA FRANCIACORTA

Entre Brescia et le lac d'Iseo (*p. 314*) s'étend une région de collines viticoles, réputées pour ses blancs et ses rosés mousseux parmi les meilleurs d'Italie (*Franciacorta* DOCG), mais aussi des blancs tranquilles et de bons rouges (*Terre di Franciacorta* DOC). Parmi les villages les plus intéressants du point de vue viticole et touristique, on peut citer Cellatica, Gussago, Rodengo Saiano (abbaye de **San Nicola** fondée au 11e s.), Erbusco, Adro, Corte Franca et Provaglio. Ce dernier se situe presque sur les rives du lac, à proximité de la réserve naturelle des tourbières du Sebino (lac d'Iseo), que l'on peut admirer de l'abbaye de **San Pietro di Lamosa**, à Provaglio. *(www.franciacorta.net).*

San Nazaro-San Celso A2

Corso Matteotti.

Le bâtiment du 15e s. fut remanié au 18e s. L'intérieur conserve plusieurs œuvres d'art, parmi lesquelles le *Couronnement de la Vierge* de Moretto et le **polyptyque Averoldi**★★, chef-d'œuvre du jeune Titien (1520-22), où l'on remarque l'influence de Michel-Ange dans la torsion et la puissance du Saint Sébastien.

NOS ADRESSES À BRESCIA

HÉBERGEMENT

PREMIER PRIX

Centro Paolo VI – C2 - *Via Gezio Calini, 30 - ✆ 030 37 73 531 - www.centropastoralepaolovi.it - 105 ch.* Situé dans un beau bâtiment historique, à deux pas de la pinacothèque Tosio Martinengo, ce centre pastoral est une structure d'accueil qui propose des chambres de différents niveaux, mais très confortables, et un agréable parc ombragé.

BUDGET MOYEN

Albergo Orologio – B1 - *Via Cesare Beccaria, 17 - ✆ 030 37 55 411 - www.albergoorologio.it - 16 ch.* Cet hôtel de caractère est installé dans un palais médiéval, entre la piazza Paolo VI et la piazza della Loggia, dans un quartier très animé. Chambres cosy et confortables, certaines avec vue sur les toits et le centre-ville.

RESTAURATION

Les ruelles qui s'étendent entre la piazza della Loggia et la piazza Paolo VI sont un haut lieu de la vie nocturne de Brescia grâce à un grand nombre de cafés et restaurants.

BUDGET MOYEN

Al Frate – B1 - *Via dei Musei, 25 - ✆ 030 37 70 550 - www.alfrate.com - fermé lun.* Dans une partie très animée du centre-ville, une adresse historique qui propose les spécialités régionales du Bel Paese, concoctées avec des ingrédients de qualité.

Lo Scultore – C1 -*Via Cattaneo, 24 - ✆ 030 29 43 967 - www.loscultore.it - fermé dim. et lun.* À deux pas du Museo di Santa Giulia, un établissement agréable qui propose une cuisine soignée, privilégiant les produits du terroir, labellisés MiB (Made in Brescia). Menu à prix très intéressants, à midi.

PETITE PAUSE

Forneria Il Pane – *Via dei Musei, 18/a, - ✆ 030 49 351* - Sur la délicieuse piazzetta Tito Speri, un établissement qui propose *focacce* et spécialités salées/sucrées de qualité, à goûter aussi sur place.

AGENDA

Festival pianistico Internazionale Arturo Benedetti Michelangeli – *✆ 030 29 30 22 ou 030 29 79 329 - www.festivalmichelangeli.it.* De fin avril à mi-juin se déroule au Teatro Donizetti à Bergame et au Teatro Grande à Brescia un festival de piano de grande renommée, dédié au grand pianiste natif de Brescia (1920-1995).

Mantova

Mantoue

★★

48 860 habitants – Lombardie

NOS ADRESSES PAGE 279

S'INFORMER

Office de tourisme – *Piazza Andrea Mantegna, 6 - ✆ 0376 432 432 - www.cittadimantova.it ou www.turismo.mantova.it.*

SE REPÉRER

Carte de région D3 (p. 220-221) – *cartes Michelin Régional 561 et 562 G 14.*
Mantoue se trouve à l'extrémité sud-est de la Lombardie. On y arrive depuis le Brenner par l'A 2 ou de Brescia par la S 236. Le centre-ville étant interdit aux voitures, garez-vous avant d'y entrer.

À NE PAS MANQUER

Le Palazzo Ducale, avec notamment la Chambre des Époux, le Palazzo Te, la piazza delle Erbe ; dans les environs, Sabbioneta.

ORGANISER SON TEMPS

Une journée entière ne sera pas de trop pour découvrir Mantoue. Pour les environs, prévoyez une demi-journée supplémentaire.

AVEC LES ENFANTS

Le Palazzo Te, aux décors captivants.

À l'extrémité sud-est de la Lombardie, Mantoue est située au cœur d'une plaine basse et fertile, autrefois marécageuse. Elle est cernée au nord par trois lacs issus du cours paresseux du Mincio auquel la ville tourne le dos. Petite ville provinciale, elle possède un charme tout particulier. Ancienne capitale des Gonzague, elle perpétue la tradition d'une ville d'art et d'esprit et conserve un riche patrimoine auquel œuvrèrent des artistes parmi les plus prestigieux de la Renaissance, comme Andrea Mantegna et Giulio Romano. Cet héritage lui a valu (avec Sabbioneta) l'inscription sur la Liste du patrimoine mondial de l'UNESCO.

Le splendide palais des ducs de Gonzague.
R. Sala / Tips / Photononstop

Découvrir Plan de ville (p. 273)

★★★ PALAZZO DUCALE B1

Piazza Sordello, 40 - ✆ 0376 35 21 00 ; - www.mantovaducale.beniculturali.it - tlj sf lun. 8h15-19h15 (dernière entrée 18h20) - fermé 25 déc., 1er janv. - 6,50 €. Visite : 2h. Au moment de la rédaction de ce guide, une partie du complexe est fermée au public suite aux dommages causés par le tremblement de terre de mai 2012.

Cet imposant édifice se compose de bâtiments datant de différentes époques : la *Magna Domus* et le palais du Capitaine, que les Bonacolsi (seigneurs de Mantoue de 1272 à 1328) firent construire à la fin du 13e s., le castello di San Giorgio, du 14e s., et les différents corps intérieurs de bâtiment, édifiés par les Gonzague aux 15e et 16e s., tels que l'église palatine Santa Barbara du 16e s.

Corte Vecchia

3

La visite s'ouvre par le grand escalier des Duchesses, du 17e s., qui conduit à l'étage noble. Dans l'une des premières salles *(salle 1)*, le tableau de Domenico Morone (1442-1517), *L'Expulsion des Bonacolsi et le Triomphe des Gonzague le 16 août 1328*, met en lumière la configuration médiévale de la piazza Sordello, avec l'ancienne façade du Dôme. Par la salle des Caryatides *(salle 2)*, on accède au palais du Capitaine (13e s.). La **salle de Pisanello** *(salle 3)* renferme des fragments de fresques et de remarquables **sinopies★★** (dessin préparatoire d'une fresque, tracé avec une terre ocre, voisine de la sanguine). Œuvres au trait raffiné et incisif de Pisanello, elles illustrent avec un très grand lyrisme, au sein d'un univers fantastique et intemporel, des épisodes inspirés des chansons de geste des chevaliers de la Table ronde.

La **galerie neuve** *(salle 5)* présente des tableaux d'autel (16-18e s.) provenant de différentes églises de Mantoue. Dans l'élégant **salon des Archers** *(salle 7)*, antichambre de l'appartement du duc, on trouve des toiles de **Rubens** (*Pala della Trinità*), de Domenico Fetti (*Moltiplicazione dei pani e dei pesci*) et de Antonio Maria Viani. La célèbre **galerie des Glaces** (*salle 6*) était destinée à la danse et à la musique. À l'origine loggia ouverte, elle fut remaniée au 18e s. et pourvue à cette époque de miroirs. Elle est également dotée d'un très important cycle de fresques à thèmes mythologiques.

De retour dans le salon des Archers, on rejoint l'Appartement Ducal (salles 8 à 12).

Il se compose d'une série de pièces réaménagées au début du 17e s. par Antonio Maria Viani pour Vincent Ier : parmi elles le minuscule « appartement des Nains » qui est une reproduction miniature de la Scala Santa (Saint Escalier) de la basilique Saint-Jean-du-Latran à Rome (*visible à travers une grille, depuis le couloir*).

Prendre le **couloir de Santa Barbara** *(n° 13)* qui permettait aux Gonzague d'accéder à la basilique palatine de **Santa Barbara** sans sortir du palais. Des fenêtres du passage on découvre la façade de cette église, édifiée par Giovanni Battista Bertani entre 1562 et 1572. Par l'**escalier d'Énée** *(n° 14)*, on accède au château San Giorgio.

Castello di San Giorgio

Ce manoir imposant, érigé à la fin du 14e s. et remanié en 1458, abrite la plus célèbre pièce du palais ducal, la **Camera degli Sposi★★★** ou **Camera Picta** *(Chambre des Époux ou Chambre peinte, salle 16)*, que réalisa **Andrea Mantegna** entre 1465 et 1474. Les fresques y glorifient le monde raffiné et superbe de la cour des Gonzague : avec une maîtrise absolue du raccourci et une science prodigieuse de la perspective, le peintre joue avec l'architecture du lieu, créant une vision vertigineuse où s'interpénètrent les espaces et les matériaux. On retrouve également ses caractéristiques décors sculptés en trompe-l'œil et ses guirlandes de feuillages et de fruits. Au mur nord : on reconnaît Ludovic II, tourné vers son secrétaire, tandis que sa femme Barbara est assise de face ; autour des époux se pressent leurs enfants, des courtisans et la figure d'une naine. Au mur ouest, Ludovic rencontre son fils, le cardinal François ; en arrière-plan apparaît une cité aux splendides monuments, qui pourrait représenter la ville de Rome, dont l'artiste rêvait tant mais où il n'était pas encore allé. Sur ce même mur, au faux pilier à droite de la dédicace, Mantegna a laissé son propre portrait. Autour de la dédicace, notez les jolis anges aux ailes de papillon. L'extraordinaire trompe-l'œil de Mantegna atteint son apogée dans l'oculus, par lequel des amours et des domestiques contemplent la scène. Cette invention connaîtra un immense succès. Ici, le motif donne à l'ensemble, solennel, une note légère et étrange.

Corte Nuova

L'escalier d'Énée donne accès, de l'autre côté, à la salle de Manto *(salle 18)*, dont les fresques (1572-80) célèbrent la fondation de la cité. S'ouvre ensuite l'**appartement de Troie** *(salles 19-21)*, édifié et décoré entre 1536 et 1539 par **Giulio Romano** pour le duc Frédéric II : après la chambre des Chevaux (*salle 19*), d'où l'on perçoit un jardin suspendu appelé Cortile dei Cani *(cour des Chiens)*, la **salle de Troie** *(salle 21)* est décorée avec des scènes relatives à la guerre de Troie. La **galerie des Mois** *(salle 22)* s'ouvre sur le manège (Cortile della Cavallerizza) et fait face au bâtiment appelé la « **Rustica** », également œuvre de Giulio Romano. La **galerie de la Mostra** *(salle 23)* est une des pièces les plus vastes du palais, bâtie pour accueillir les collections d'art de Vincent Ier. Elle comptait un grand nombre de chefs-d'œuvre aujourd'hui dispersés comme le *Triomphe de César* par Mantegna, aujourd'hui à Hampton Court, le *Portrait de Frédéric II*, du Titien, au musée du Prado, ou encore la *Mort de la Vierge*, du Caravage, au Louvre. Par la galerie de la Mostra, on accède à la **galerie des Métamorphoses** *(salles 24-27)*, décorée par Antonio Maria Viani et utilisée comme cabinet de curiosités par le duc Vincent 1er, selon le goût de l'époque ; son autre appellation de Galerie de Passerino est due à l'une de ces « curiosités », le corps momifié de Passerino (1308-1328), le dernier des Bonacolsi, conservé dans le palais jusqu'au 17e s. La galerie donne sur le jardin des Simples, aménagé entre 1480 et 1484.

Le **couloir des Maures** *(28)* conduit à la petite **pièce des Maures**, de style vénitien *(salle 30)* et à la **salle des Fleuves** *(salle 33)*, qui donne sur le jardin suspendu. Les géants représentés sur les murs symbolisent les fleuves du Mantouan. La **chambre du Zodiaque** *(salle 32)*, dont la voûte est peinte du char de Diane et des signes du zodiaque, conduit à l'**appartement des Tapisseries** *(salles 34-36)*, autrefois appelé appartement vert. Il fut adapté à la fin du 18e s.

SE LOGER		SE RESTAURER	
B&B Casa dei Poeti	2	Cento Rampini	3
B&B Palazzo Arrivabene	6	L'Ochina Bianca	5
Hotel Casa Poli	4	Osteria... la porta accanto	1

pour recevoir les neuf magnifiques tapisseries de Bruxelles, exécutées d'après des cartons de Raphaël.

Lors d'ouvertures exceptionnelles, on visite d'autres parties du château, comme l'**Appartamento di Isabella d'Este**, au rez-de-chaussée de la Corte Vecchia, où la duchesse décida d'emménager à la mort de son époux en 1519 ; il comprend le célèbre **studiolo**, une petite pièce ornée d'œuvres commandées aux artistes les plus célèbres de son temps : Mantegna, Pérugin, Lorenzo Costa…

Se promener Plan de ville ci-dessus

Départ du Palazzo Ducale.

★ Piazza Sordello B1

Cette place, cœur de l'antique Mantoue, a conservé son aspect médiéval. Elle est bordée à l'ouest par les palais des Bonacolsi flanqués de la haute tour de la « Cage » (Torre della « Gabbia », qui doit son nom à la cage de fer dans laquelle les malfaiteurs étaient exposés), et par le palais épiscopal, dont la façade se distingue par les deux atlantes qui soutiennent un balcon. À l'est, elle est délimitée par les bâtiments les plus anciens du palais ducal : la Magna Domus et le palais du Capitaine, crénelé.

Le côté nord est fermé par le **Duomo**, qui mêle différents éléments et plusieurs styles : une façade baroque, un flanc droit gothique tardif et un campanile roman. L'intérieur, du 16e s., a été dessiné par Giulio Romano.

Piazza Broletto B2

Foyer de la vie publique à l'époque communale, c'est ici que s'élève le Broletto, palais du Podestat du 13e s., en partie remanié au 15e s. Sur la façade, statue du 13e-14e s. représentant Virgile en orateur. À l'angle de droite s'élève la tour communale, transformée plus tard en prison.

★ Piazza delle Erbe B2

Ainsi nommée à cause de son pittoresque marché de fruits et légumes, elle est délimitée au nord par la partie postérieure du Broletto et à l'est par le palais de la Raison (**Palazzo della Ragione**, selon la terminologie médiévale pour désigner la justice) du 13e s., flanqué de la tour de l'Horloge (15e s.). Le palais *(✆ 0376 22 38 10 - fermé lun.)* accueille des expositions temporaires.

La **Rotonda di S. Lorenzo★** est une église romane de plan circulaire, élégante et sobre, dont l'intérieur possède un déambulatoire à colonnades surmonté d'une loggia et d'une coupole. *Lun.-vend. 10h-13h, 15h-18h (19h en été), w.-end 10h-18h. Laisser une offrande.*

★ Teatro Scientifico (Teatro Accademico Bibiena) B2

Via Accademia, 47 - ✆ 0376 32 76 53 - tlj sf lun. 10h-13h, 15h-18h - fermé 25 déc., 1er janv. et 15 août - 2 €.

Ce charmant petit théâtre, appelé aussi **Teatro Accademico** ou **Bibiena**, fut érigé au 18e s. par Antonio Bibiena. Il présente une scène fixe en faux marbre, et quatre ordres de loges en bois, ornées en clair-obscur. Le 16 janvier 1770, le théâtre accueillit Mozart, qui avait alors 13 ans. C'est aujourd'hui encore une scène de concerts.

★ Sant'Andrea B1-2

Érigée au 15e s. d'après les plans de **Leon Battista Alberti**, cette basilique représente l'un des sommets de la Renaissance italienne. La façade est composée d'éléments architecturaux classiques : tympan, arc de triomphe et niches entre les pilastres.

L'**intérieur** possède une nef unique à voûte en plein cintre et des murs peints à faux reliefs. La première chapelle de gauche renferme la tombe de **Mantegna**. Au milieu du transept s'élève la coupole, réalisée entre 1732 et 1765 par Filippo Juvarra. Dans la crypte, deux vases placés dans une arche contiennent la relique du Sang du Christ, apportée à Mantoue par le soldat romain Longino.

★ Museo Diocesano Francesco Gonzaga B1

Piazza Virgiliana, 55 - ✆ 0376 32 06 02 - www.museodiocesanomantova.it - merc.-dim. 9h30-12h, 15h-17h30 - fermé lun.-mar., 25 déc., 1er janv. et Pâques - 6 €. Installé dans le monastère de Santa Agnese (14e s.), qui dresse sa façade néoclassique sur la vaste piazza Virgiliana, ce musée expose le patrimoine du diocèse de Mantoue : tableaux, sculptures, œuvres en marbre et ivoire, **émails de Limoges**, enluminures et la plus riche collection au monde d'**armures★** médiévales italiennes, *ex voto* provenant de l'église Santa Maria delle Grazie (*voir p. 277*). Remarquez aussi les **bustes** en bronze réalisés à la fin du 15e s. pour Luis Gonzague par Pier Jacopo Alari Bonacolsi (dit l'Ancien), sur le modèle des bustes de l'Antiquité.

Histoire d'une ville d'art et de lettres

LA VILLE DE VIRGILE...

Une légende, reprise par Virgile, prétend que Mantoue aurait été fondée par la Grecque Manto, la fille du devin Tirésias. Plus probablement, elle semble avoir été créée par les Étrusques vers le 6e ou le 5e s. av. J.-C.; devenue gauloise par la suite, la cité se développa encore sous le règne des Romains, dès le 3e s. av. J.-C.

En 70 av. J.-C., elle donna naissance au plus grand poète de l'Antiquité romaine, **Virgile** (Publius Virgilius Maro), l'auteur inoubliable de l'*Énéide*, qui raconte les errances d'Énée fuyant Troie et les origines de Rome; ses autres ouvrages, les *Bucoliques* et les *Géorgiques*, évoquent les travaux ou les plaisirs de la campagne et reflètent, par leur ton mélancolique et leur musique harmonieuse, la douceur voilée des paysages mantouans.

... ET DE LA COUR DES GONZAGUE

La dynastie des Gonzague

Au cours du Moyen Âge, la cité fut le théâtre de nombreuses luttes entre factions adverses qui la saccagèrent, avant de devenir commune libre au 13e s., puis de passer, au 14e s., sous le commandement de Louis Ier de Gonzague, nommé « capitaine général de Mantoue ». Sous le mécénat des **Gonzague**, souverains éclairés, protecteurs des arts et des lettres, la cité fut, aux 15e et 16e s., un des principaux centres intellectuels et artistiques de l'Italie du Nord. Jean-François de Gonzague (1407-1444) confia ses enfants au fameux pédagogue Vittorino da Feltre (1379-1446) et fit appel au peintre véronais **Pisanello** (vers 1395-vers 1450) pour décorer les murs du palais ducal.

Son fils, Ludovic II (1444-1478), condottiere de son métier, incarna le type même du seigneur mécène de la Renaissance, distribuant la terre aux pauvres, construisant des ponts et favorisant les artistes : l'humaniste toscan Ange Politien (1454-1494), l'architecte florentin Leon Battista Alberti (1404-1472) et le peintre de Padoue **Andrea Mantegna** (1431-1506) furent familiers de sa cour. François II (1484-1519) épousa la cultivée et sagace Isabelle d'Este, éduquée à Ferrare, qui contribua à la renommée de Mantoue. Leur fils, Frédéric II, fut nommé duc par Charles Quint en 1530 et embellit sa ville natale, faisant appel à l'architecte et peintre **Giulio Romano** (Jules Romain, 1499-1546), élève de Raphaël, qui travailla au Palais Ducal, au Dôme et au Palazzo Te.

Les visées impériales sur Mantoue

En 1627, Vincent II mourut sans laisser d'héritier. La succession aurait dû revenir aux Gonzague-Nevers, branche cadette de la famille, mais l'empereur Ferdinand II de Habsbourg, opposé à toute candidature française, envoya contre Mantoue, en 1630, une armée de mercenaires allemands qui mit la ville à sac, et aurait semé sur son passage l'épidémie de peste qui ravagea ensuite Milan et la Lombardie (ces événements dramatiques servent de toile de fond aux aventures narrées par Manzoni dans *Les Fiancés*). Toutefois, les Gonzague-Nevers présidèrent aux destinées de la ville jusqu'en 1707. Ils furent alors destitués et Mantoue fut annexée à l'Empire autrichien, auquel elle appartint, exception faite de la parenthèse napoléonienne (1797-1814), jusqu'en 1866, date du rattachement de la ville au royaume d'Italie.

Palazzo d'Arco A1

Piazza Carlo d'Arco, 4 - ✆ 0376 32 22 42 - www.museodarcomantova.it - sam. et dim. 9h30-13h, 14h30-18h, mai-sept. : mar.-vend. 10h-13h, 15h-18h ; avr., oct.-mi-nov. : mar.-vend. 10h-13h, 14h30-17h30 - fermé lun. et mi-nov.-mars - 5 €.

Palais néoclassique d'inspiration palladienne *(voir Vicenza, p. 391)* abritant d'intéressantes collections de mobilier, peintures, céramiques du 18e s. Une mention particulière doit être portée à la **salle Rouge**, remarquable exemple de pièce aristocratique de la seconde moitié du 19e s., à la **salle des Figures sacrées** où ont été réunis la plupart des tableaux à sujets religieux, et surtout à la **salle du Zodiaque★** dont les parois sont entièrement décorées des signes zodiacaux, œuvre du peintre véronais Giovan Maria Falconetto vers 1520. On visite également la cuisine du 19e s.

Pescherie A2

Tracé au 12e s. pour régler le niveau des eaux du lac Superiore, le Rio (aujourd'hui partiellement enterré) était enjambé par un pont, près duquel Giulio Romano édifia en 1536 le bâtiment des *pescherie*, destiné au commerce du poisson.

Palazzo di Giustizia A2

Via Poma 11. Le palais de justice présente une monumentale façade à caryatides du début du 17e s. Au no 18 de la même rue se dresse la maison de **Giulio Romano**, bâtie en 1544 sur les plans du maître.

Casa del Mantegna Hors-plan dir. A2

Via Acerbi, 47 - ✆ 0376 36 05 06 - www.casadelmantegna.it - visite gratuite.

Sévère édifice en brique, vraisemblablement dessiné par le peintre lui-même en 1476. De plan carré, il comporte en son centre une jolie cour circulaire qui n'est pas sans rappeler la structure de la Chambre des Époux. Propriété depuis 1940 de la province, qui l'a restauré, il accueille désormais un centre d'art moderne et contemporain (expositions temporaires).

★★ Palazzo Te Hors-plan dir A2

Viale Te, 13 - ✆ 0376 32 32 66 - www.palazzote.it - 9h-18h - fermé lun. mat., 1er janv., 25 déc. - 8 €.

Cette immense villa suburbaine fut construite dans les années 1525-1535 par Giulio Romano dans la localité de Tejeto (d'où son nom) pour Frédéric II de Gonzague, suivant le schéma planimétrique de la maison romaine. Avec son enchevêtrement d'éléments classiques et de créations (tel que l'inquiétant entablement « brisé » de la cour d'honneur), le palais est l'un des plus beaux exemples de l'architecture maniériste et présente une unité remarquable.

L'intérieur fut décoré avec faste par l'artiste et son atelier. Dans le **salon des Chevaux★**, destiné aux réceptions, sont représentés les meilleurs éléments des écuries des Gonzague. C'est dans la **salle de Psyché**, réservée aux banquets, que l'art sensuel et énergique de Giulio Romano incarne le mieux l'esprit hédoniste présent dans tout le palais. Les fresques de la salle la plus célèbre, la **salle des Géants★★**, figurent la colère de Zeus contre les Titans. L'ornementation continue des murs et des voûtes produit une impression de flou spatial, tandis que la coupole suspendue dans le vide crée un effet délibérément artificiel, exactement à l'opposé de celui rendu par Mantegna dans la Chambre des Époux du palais ducal. Il ne faut pas omettre de visiter le jardin se finissant par l'exèdre qui l'ouvre sur l'extérieur et, sur le côté gauche, **l'appartement de la Grotte**. Construit vers 1530, il comporte un vestibule octogonal décoré de grotesques. La logetta conduit au petit **jardin secret** de Frédéric II.

À proximité Carte de région (p. 221)

★ Santa Maria delle Grazie D3

Grazie di Curtatone, à 8 km à l'ouest de Mantoue, sur la R 10 vers Crémone. Piazza Santuario, 4 - 0376 34 90 02 - 7h30-12h, 15h-19h30 (18h30 en hiv.).
Cette église, de style gothique lombard, fondée en 1399 par François Ier Gonzague, est un haut lieu de dévotion mariale. Elle est précédée d'une loggia de la Renaissance qui abrite des boulets de canon provenant de la bataille de Pavie (1525). Mais c'est incontestablement pour son **intérieur★★** que l'église mérite une visite. L'incroyable collection d'**ex-voto** surtout, assemblés sur les côtés au cours des 16e et 17e s., surprend. Il s'agit de statues grandeur nature réalisées en bois, cire, plâtre et papier mâché, offertes en remerciement à la Vierge. On y dénombre beaucoup de soldats mantouans ayant participé à la bataille de Pavie (*p. 285*). Au début de la nef, suspendu par des chaînes, se trouve un **crocodile empaillé** qui semait la terreur sur les rives du Mincio et fut capturé, selon la légende, après une intervention de la Vierge. La première chapelle, sur la droite, abrite le mausolée de Baldassar Castiglione (1478-1529), auteur du *Parfait Courtisan* dû à Giulio Romano.

San Benedetto Po D3

À 25 km au sud-est de Mantoue. On peut aussi rejoindre la localité avec les croisières fluviales qui partent de Mantoue (nos adresses). 376 62 30 36.
L'**abbaye de San Benedetto in Polirone★** est l'un des ensembles bénédictins les plus importants de l'Italie du Nord. Fondée au 11e s. et agrandie grâce aux donations de Matilde de Canossa, l'abbaye fut remaniée au 15e s. avec l'intervention de Giulio Romano.

★ SABBIONETA C3

À 35 km au sud-ouest de Mantoue. Piazza d'Armi, 1 - 0375 52 039 - www.iatsabbioneta.org et www.comune.sabbioneta.mn.it - mar.-dim. 9h30-13h, 14h30-18h30 (17h en hiv.) - fermé lun. - 12 € billet combiné pour tous les sites de la ville.
C'est **Vespasien de Gonzague** (1531-1591) qui, à partir de 1558, fit construire la ville. Philippe II d'Espagne, dont il était général, le récompensa de ses services en le décorant de la Toison d'or, ordre institué en 1429 par Philippe le Bon, duc de Bourgogne. Homme raffiné et cultivé, Vespasien tint à diriger lui-même les travaux de construction de sa « ville idéale ». Le résultat forme un **ensemble urbain★** remarquable. L'enceinte fortifiée hexagonale, avec ses six bastions, le plan urbain en étoile et les monuments font en effet de Sabbioneta l'un des joyaux du maniérisme italien, inscrit sur la liste du Patrimoine mondial de l'Unesco.

Palazzo Giardino

Le palais du jardin, édifié dans la partie de la ville exclusivement réservée au prince, était la résidence privée du duc. Édifice relativement modeste par ses dimensions, de deux étages et de forme allongée, il fut simplement enduit de blanc mais possède une précieuse corniche en chêne. Le décor de faux marbre qui recouvrait les façades a pratiquement disparu. Bordant l'un des côtés de la place, la grande **galerie**, avec ses 96 m, est l'une des plus longues de la Renaissance. Édifiée entre 1584 et 1586, sa façade est en briques apparentes, avec des arcades, des fenêtres et des niches, selon le modèle des aqueducs romains.

L'intérieur, en revanche, présente des murs et des plafonds richement décorés par Bernardino Campi (1522-1591) et ses élèves. Les thèmes décoratifs traduisent la vaste culture littéraire de Vespasien, qui a sans doute ordonné le programme iconographique. Parmi les salles, une mention particulière doit être faite à la **chambre d'Enée** ou cabinet de travail du duc, et à la **salle des miroirs**, la plus grande du palais, destinée aux fêtes de la cour. Décoration et ameublement ont disparu, mais il faut l'imaginer avec deux miroirs disposés à l'intérieur des arcades aveugles, des toiles peintes dans les caissons du plafond et des bustes antiques sur les consoles. Admirer encore le **cabinet des Trois Grâces**, petite pièce entièrement décorée de grotesques, utilisée comme vestiaire par les dames de la cour. Et enfin, joyau du palais, la **galerie des Antiques★★** ou **Corridor Grande** (correspondant à la grande galerie extérieure), qui était destinée à recevoir la collection d'antiquités du duc. Elle présente des plafonds en bois décoré et des fresques murales réalisées par Giovanni et Alessandro Alberti.

★★ Teatro all'antica

Le théâtre, œuvre de Vincenzo Scamozzi (1552-1616), bâti entre 1588 et 1590, est l'une des premières salles d'Europe à avoir été réalisées en dur et couvertes. L'intérieur, décoré de fresques de l'école de Véronèse, possède une tribune à colonnade surmontée de statues de divinités.

★ Palazzo Ducale

Dans le palais ducal, orné de riches plafonds en bois à caissons d'inspiration espagnole, on peut admirer les statues équestres en bois des Gonzague et la galerie des Ancêtres.

L'**église de l'Incoronata**, de plan octogonal et coiffée d'un dôme, contient le mausolée de **Vespasien de Gonzague**, que Leone Leoni (1509-1590) a statufié en bronze d'empereur romain.

Le **musée d'Art sacré** expose la **Toison d'or** de Vespasien de Gonzague, retrouvée en 1988 à l'intérieur de sa tombe, dans l'église de l'Incoronata.

La **synagogue** du 19e s. témoigne de l'histoire de la communauté juive de Sabbioneta. Elle devait son immense renommée au raffinement de ses travaux d'imprimerie, auxquels avait recours Vespasien de Gonzague lui-même.

NOS ADRESSES À MANTOVA

VISITES

La **Mantova Musei Card** *(valable un an)* donne accès à 5 *(15 €)* ou 8 musées *(17 €)*.

HÉBERGEMENT

BUDGET MOYEN

B & B Casa dei Poeti – A1 - *Vicolo San Gervasio, 13 - ✆ 0376 19 610 48 - www.casadeipoeti.eu - 5 ch.* Une adresse incontournable pour ceux qui aiment la littérature : les chambres, simples mais soignées, rendent hommage aux poètes et fournissent matériel de lecture et d'écriture. Une des chambres est équipée de cuisine.

B & B Palazzo Arrivabene – A1-2 - *Via F.lli Bandiera, 20 - ✆ 0376 32 86 85 - www.palazzoarrivabene.net - 3 ch.* Installé dans l'un des plus beaux palais de la ville (15e-18e s.), ce B & B propose un séjour de charme au cœur de la ville, entre plafonds peints à fresque, grandes cheminées et mobilier ancien.

POUR SE FAIRE PLAISIR

Casa Poli – B2 en dir. - *Corso Garibaldi, 32 - ✆ 0376 28 81 70 - www.hotelcasapoli.it - 34 ch.* Un hôtel dont on appréciera le design minimaliste et le confort raffiné.

RESTAURATION

BUDGET MOYEN

Cento Rampini – B2 - *Piazza delle Erbe, 11 - ✆ 0376 36 63 49 - fermé dim. soir et lun.* L'un des restaurants les plus anciens de la ville, en plein centre. Savoureuse cuisine typique.

L'Ochina Bianca – A1 - *Via Finzi, 2 - ✆ 0376 32 37 00 - www.ochinabianca.it - fermé 3 sem. en août.* Une *osteria* traditionnelle qui propose une véritable cuisine du terroir. Cave très bien fournie.

Osteria... la porta accanto – B1 - *Vicolo Bonacolsi, 4 - ✆ 0376 36 67 51 - www.laportaccanto.it - fermé dim. et lun. ; en avr.-mai et sept.-oct ouv. dim. à midi.* Un bistrot au design contemporain qui bénéficie de la gestion du restaurant étoilé voisin, mais avec une carte réduite, à prix intéressants, surtout à midi.

PETITE PAUSE

Caravatti– *Portici Broletto, 16 - ✆ 0376 32 16 53.* En plein centre-ville, un café historique où il fait bon faire une pause sucrée avec une pâtisserie maison : essayez les *risini*, préparés avec des risoni (pâtes en forme de graines de riz) et de la pâte sablée.

ACTIVITÉS

Croisières fluviales – Plusieurs formules de navigation sur les lacs du Mincio et sur le Pô. À ne pas manquer en été, la balade qui traverse le parc du Mincio, au milieu des nénuphars. *Motonavi Andes - ✆ 0376 32 28 75 - www.motonaviandes.it*

AGENDA

Festivaletteratura – *Début sept.* Au programme de ce prestigieux festival littéraire, rencontres avec les auteurs, conférences, spectacles et ateliers. *www.festivaletteratura.it.*

Cremona

Crémone

★

72 180 habitants – Lombardie

NOS ADRESSES PAGE 283

S'INFORMER

Office de tourisme – *Piazza del Comune, 5 - ✆ 0372 40 63 91 - http :// turismo.comune.cremona.it*

SE REPÉRER

Carte de région C3 (p. 220-221) – *cartes Michelin Régional 561 et 562 G 11/12.* Crémone se trouve au cœur de la plaine du Pô. Accès facile par l'A 21 qui va de Brescia à Plaisance.

À NE PAS MANQUER

La piazza del Comune, la salle des violons du palais communal.

ORGANISER SON TEMPS

Prévoyez une demi-journée.

AVEC LES ENFANTS

Le campanile del Torrazzo et le musée consacré au luthier Stradivarius.

À la limite de la Lombardie et de l'Émilie-Romagne, cette ville à taille humaine peut s'enorgueillir de posséder l'une des plus belles places médiévales d'Italie. Mais, hormis le fait d'être la ville natale du compositeur Claudio Monteverdi, elle jouit d'une renommée qui dépasse les frontières de la Péninsule grâce à sa tradition de lutherie, qui vit le jour avec Andrea Amati au 16e s. et fut portée à son apogée par les plus grands luthiers de tous les temps : Andrea Guarneri et Antonio Stradivari.

Se promener

★★★ Campanile del Torrazzo

Piazza del Comune. ✆ 0372 49 50 29 - tlj sf lun. 10h-13h, 14h30-18h - fermé j. feriés - 5 €, billet combiné avec Battistero 6 €.

Relié à la façade de la cathédrale par une galerie Renaissance, le Torrazzo est un admirable campanile élevé à la fin du 13e s. Son corps massif est allégé par un élégant couronnement octogonal ajouté au 14e s. De son sommet (112 m), belle **vue★** sur la ville. Son horloge astronomique, remontant à 1471, a subi divers remaniements, dont le dernier dans les années 1970 : elle se distingue tout particulièrement par ses représentations d'étoiles et de constellations du zodiaque.

★★ Duomo

www.cattedraledicremona.it - tlj 10h-12h, 15h30-19h, dim. 12h-12h30, 15h-17h.

Ce magnifique édifice lombard, commencé en style roman et achevé en gothique (de 1107 à 1332), possède une riche façade de marbre blanc,

Le duomo et le campanile del Torrazzo.
G. Mereghetti / Marka/Age fotostock

précédée d'un porche ; de nombreux éléments ajoutés en forment l'ornementation, notamment une frise de l'école d'Antelami, une grande rose du 13e s. et, au portail central, quatre statues-colonnes qui rappellent celles de Chartres. L'**intérieur**, de vastes proportions, abrite des **fresques★** dues à l'école de Crémone (B. Boccaccino, les Campi, les Bembo et Romanino da Brescia, Pordenone et Gatti). Noter également, à l'entrée du chœur, un élégant **haut-relief★★** d'Amadeo, l'architecte-sculpteur de la chartreuse de Pavie.

3

★ Battistero

Tlj 10h-12h30, 14h30-17h40 - fermé 25 déc., Pâques - 3 €.

Cette belle construction octogonale, ornée d'un porche lombard et d'une galerie à colonnes, a été modifiée à la Renaissance.

Palazzo Comunale - Collection « Gli archi di Palazzo Comunale »

Palazzo Comunale - piazza del Comune, 8 - ✆ 0372 80 36 18 - http ://musei.comune.cremona.it - tlj sf lun. 9h-18h, dim. et j. fériés 10h-18h - fermé 1er janv., 1er Mai, 25 déc. - 6 €. Pour écouter le son des anciens violons, réserver au moins 15 j. av. (3 €).

Bâti au 13e s., puis remanié, l'**hôtel de ville** abrite cinq célèbres **violons** des luthiers crémonais : le *Charles IX* (Amati), l'*Hammerle* (Amati), le *Quarestani* (Guarneri), le *Cremonese 1715* (Stradivari) et le *Stauffer* (Guarneri del Gesù). À sa gauche, la jolie **loge des Soldats** (Loggia dei Militi) remonte au 13e s.

Museo Civico Ala Ponzone et Museo Stradivariano

Via Ugolani Dati, 4 - ✆ 0372 80 36 22 - http ://musei.comune.cremona.it - tlj sf lun. 9h-18h, dim. et j. fériés 10h-18h - fermé 1er janv., 1er Mai, 25 déc. - 7 €.

Installé dans un palais du 16e s., il comprend une **pinacothèque**, essentiellement consacrée aux œuvres de l'école crémonaise, où l'on remarque une douloureuse *Méditation de saint François*, du **Caravage**, ainsi qu'un *Portrait avec des légumes* d'**Arcimboldo**.

La musique avant tout : la capitale des luthiers

Ébène, érable, sapin : de ces bois et de quelques crins de cheval peuvent naître *Caprices*, *Trille du Diable* ou *Palpiti*… autant de sons bouleversants, incroyablement proches de la voix humaine, dont les tonalités touchent parfois au surnaturel.
Pour que ce miracle s'accomplisse, les maîtres luthiers de Crémone sont à l'œuvre depuis le 16e s. et la tradition se perpétue encore aujourd'hui grâce à l'École internationale de lutherie.

LES MAGICIENS DU BOIS

Crémone est la patrie des plus grands luthiers de tous les temps, dont les instruments sont encore aujourd'hui recherchés par les violonistes de renom.
Même si la paternité de la création du violon moderne ne lui est pas clairement attribuée, **Andrea Amati** (1505-1580) peut être cité comme le premier vrai maître luthier : il assure la conception complète de l'instrument, des premiers dessins à la sélection des matériaux utilisés, jusqu'aux finitions de vernis et autres. L'œuvre de ce Crémonais réputé fut poursuivie par ses fils et son neveu Nicola, maître d'**Andrea Guarneri** et du très célèbre **Antonio Stradivari(us)** (1644-1737), qui créa plus de 1 100 instruments à cordes.
Le plus connu de tous les Stradivarius est le « Cremonese » datant de 1715. Très recherchés également, les **« Guarneri del Gesù »**, surnom donné à Giuseppe Guarneri (1698-1744) en raison du trigramme IHS *(Jésus sauveur des hommes)* que portent ses violons. Le mélomane averti distinguera facilement le timbre d'un Stradivarius, d'une pureté cristalline, de celui d'un « Guarneri del Gesù », puissant et profond.

VIOLONS ET ARTISTES

On ne peut bien sûr évoquer le violon sans parler de **Paganini** (1782-1840). Virtuose génial, il sut exploiter toutes les possibilités techniques, jusqu'alors ignorées, de l'instrument et ses prouesses furent considérées comme « diaboliques » à l'époque. Parmi les violons crémonais passés entre les mains expertes de Paganini figure le célèbre « Cannone », un Guarneri de 1743 que l'artiste légua à la ville de Gênes *(p. 194)*.
En plus d'instruments exceptionnels, Crémone donna aussi le jour à **Claudio Monteverdi** (1567-1643), inventeur, avec l'*Orfeo* et *Le Couronnement de Poppée*, de l'opéra moderne. C'est non loin de Crémone, dans le palais ducal de Mantoue *(p. 270)*, que l'*Orfeo* fut créé le 24 février 1607.

Le musée Stradivarius (Museo Stradivari) présente les modèles, formes de bois et outils du grand luthier, ainsi que des instruments à cordes du 17e au 20e s.

Monumenti rinascimentali

La ville est embellie par de nombreux palais Renaissance dont les **palais Fodri★**, **Stanga** et **Raimondi** (siège de l'École internationale de lutherie).

Parmi les églises, signalons **Sant'Agostino**, riche de plusieurs œuvres d'art : **portraits★** de Francesco Sforza et de son épouse par Bonifacio Bembo, **retable★** du Pérugin.

Hors les murs (à 2 km), sur la route de Casalmaggiore, s'élève l'église **San Sigismondo** qui mérite une visite pour son **intérieur★**, véritable salon décoré de fresques par l'école crémonaise du 16e s. (Campi, Gatti, Boccaccino).

NOS ADRESSES À CREMONA

HÉBERGEMENT

PREMIER PRIX

Hotel Duomo – *Via dei Gonfalonieri, 13 - ✆ 0372 35 242 - www.hotelduomocremona.com - 23 ch.* Situation magnifique, pratiquement sur la place du Duomo, pour cet hôtel simple qui propose des chambres bien équipées et comprend aussi un restaurant-pizzeria.

BUDGET MOYEN

Hotel Impero – *Piazza Pace 21 - ✆ 0372 41 30 13 - www.cremonahotels.it - 53 ch.* Dans une zone piétonne du cœur médiéval, un bâtiment des années 1930 accueille cet hôtel très confortable. Les chambres élégantes offrent de belles vue sur la place et le Torrazzo.

Aux alentours

Locanda Ca'Rossa – *Via Palvarino, 5 -* **San Giovanni in Croce** *(à 27 km à l'est de Crémone) - ✆ 0375 91 069 - www.locandacarossa.it.* Belle demeure du 18e s., transformée en hôtel de charme avec une jolie cour sur le devant et un jardin clos à l'arrière. Les chambres sont très confortables et le restaurant sert une cuisine gastronomique.

RESTAURATION

BUDGET MOYEN

Hosteria 700– *Piazza Gallina, 1 - ✆ 0372 36 175 - www.hosteria700.it.* Dans un bâtiment du 19e s. à 300 m du Duomo, un cadre classique et élégant pour ce restaurant qui propose les spécialités de la ville.

La Sosta – *Via Sicardo, 9 - ✆ 0372 45 66 56 - www.osterialasosta.it - fermé dim. soir, lun., 1 sem. en fév., 2 sem. en août.* Une *osteria* moderne et colorée qui propose plats traditionnels et autres spécialités régionales.

PETITE PAUSE

Pasticceria Duomo – *Via Boccaccino, 6 - ✆ 0372 22 273 - www.pasticceriaduomo.it.* Un délicieux café historique au décor Liberty où l'on peut déguster sur place ou emporter les spécialités sucrées de la ville, parmi lesquelles le *torrone*.

Pavia

Pavie

★

71 120 habitants – Lombardie

NOS ADRESSES PAGE 291

S'INFORMER

Office de tourisme – *Palazzo del Broletto - Piazza della Vittoria - 0382 07 99 43 - www.comune.pv.it*

SE REPÉRER

Carte de région B3 (p. 220-221) – *carte Michelin Régional 561 G 9*. Située sur les bords du Tessin, Pavie se trouve à 38 km de Milan, à laquelle elle est reliée par l'A 7 et la S 35.

SE GARER

L'accès au centre historique étant interdit aux voitures (sauf autorisation), garez-vous dans les parkings aménagés, notamment au bord du Ticino.

À NE PAS MANQUER

La chartreuse, l'église San Michele, et le corso Cavour et le corso Garibaldi pour leur atmosphère et leurs boutiques.

ORGANISER SON TEMPS

La ville et ses environs peuvent se visiter en une journée, dont une demi-journée pour le centre-ville.

AVEC LES ENFANTS

La place ducale à Vigevano, curiosité de la Renaissance.

À quelques kilomètres de Milan, Pavie aurait pu totalement disparaître dans l'ombre de sa voisine. Cependant, grâce à son université qui, fondée au 11e s., est l'une des plus anciennes et des plus renommées d'Europe, elle vit au rythme de ses milliers d'étudiants. La ville, qui se découvre à pied, ce qui ajoute à son charme, compte de beaux monuments et des rues où il fait bon flâner.

Se promener

La ville historique s'insère dans une boucle du Tessin et du canal de Pavie (Naviglio Pavese). Elle s'organise autour des axes de la **strada Nuova** qui part du Tessin, à la hauteur du pont couvert, et conduit jusqu'au château, et du **corso Cavour** qui traverse la ville d'est en ouest. Les origines du **pont couvert** (Ponte Coperto) remontent à la période romaine. Érigé au 14e s., il fut couvert en 1583. On distingue encore les anciennes piles en amont du pont actuel, reconstruit après la guerre sur le modèle original.

Bordée d'arcades où se succèdent cafés et glaciers, la **piazza Vittoria**, contiguë à la piazza del Duomo, est le centre animé de la ville. Sur son côté sud s'élève le **Broletto**, ancien palais communal du 12e s.

Une ville historique et universitaire

RIVALE DE MILAN ET CENTRE CULTUREL DEPUIS LE 11e S.

Pavie est riche de monuments romans et Renaissance. Importante place militaire du temps des Romains, elle fut successivement capitale des rois lombards, commune rivale de Milan au 11e s., centre intellectuel et artistique renommé au 14e s., sous les Visconti, enfin place forte au 16e s., avant de devenir l'un des foyers les plus ardents des mouvements indépendantistes au 19e s. Son université, fondée au 11e s., est l'une des plus anciennes et des plus renommées d'Europe : elle accueillit Pétrarque, Léonard de Vinci et le poète Ugo Foscolo, futur auteur des *Dernières Lettres de Jacopo Ortis*.

UNE UNIVERSITÉ RÉPUTÉE

Héritière des écoles de grammaire antiques, l'université de Pavie a pris son essor au Moyen Âge, d'abord dans l'ombre de Bologne puis en rivale dès que les droits et privilèges accordés par la papauté au 14e s. se confirment et lui permettent d'avoir une faculté de droit romain reconnue. Avant même cette matière, d'autres, telles que la philosophie ou la rhétorique, étaient enseignées. Par la suite s'ajoutèrent la théologie, l'hébreu, l'archéologie à partir du 16e s. Après une période de déclin au 17e s., l'université retrouva un peu de son aura grâce à la réforme de l'impératrice Marie-Thérèse d'Autriche, en 1763, qui augmenta le nombre de chaires et d'instituts scientifiques.

Les collèges

Depuis le 15e s. siècle et surtout à partir du 16e s., Pavie a mis en place un système unique d'hébergement et d'aide en faveur des étudiants désargentés. De grands ecclésiastiques ou de riches particuliers ont créé des collèges assurant le logement mais aussi un soutien dans les études. Pour y entrer, les postulants doivent passer des examens, la clef de l'intégration reposant donc uniquement sur le mérite. On dénombre quatre collèges de ce type dans la ville : le collège Borromée, fondé par Charles Borromée en 1564 ; le collège Ghislieri fondé par le pape Pie V en 1567 ; le collège Ste-Catherine, fondé par le diocèse de Pavie en 1973 ; et le collège Nuovo, fondé en 1978 par l'entrepreneure industrielle Sandra Bruni Mattei.

LA BATAILLE DE PAVIE

Fort de sa victoire à Marignan, et poursuivant ses conquêtes italiennes, François Ier s'empare de Milan fin octobre 1524 et entreprend le siège de Pavie. Celui-ci sera le plus long qu'ait connu la ville, puisqu'il durera quatre mois. Dans la nuit du 23 au 24 février 1525, les troupes impériales qui ont reçu des renforts commandés par le vice-roi de Naples passent à l'action. La bataille dure moins de deux heures et se solde par la plus grande défaite de François Ier. Les Français déplorent 10 000 morts et le roi de France est fait prisonnier. Il sera envoyé à Madrid et contraint de signer le traité par lequel il cédera la Bourgogne à l'Empire.

Les bâtiments de l'**université**, dont le siège occupe un palais néoclassique du 18e s., bordent le côté droit de la strada Nuova. Ils abritent cinq belles cours à arcades autour desquelles s'organisent les différents départements.
Sur la piazza Leonardo da Vinci, au sud de l'université, vous pourrez voir les vestiges de **tours médiévales** qui donnèrent à Pavie le surnom de « ville aux 100 tours ».

★ Castello Visconteo

Viale XI Febbraio, 35 - ✆ 0382 33 853 - www.museicivici.pavia.it - juil.-août, déc. et janv. : 9h-13h30 ; reste de l'année : 10h-17h50 - fermé lun. - 6 €.
Imposante construction de brique, ce château fut construit par Galeazzo Visconti entre 1360 et 1365. Vaste quadrilatère à l'origine, il ne possède plus son aile septentrionale. La grande cour intérieure présente des arcades et une loggia à baies géminées.
Le château abrite aujourd'hui les **collections municipales★** (*Musei Civici*), riches en matériel archéologique, en sculptures médiévales et Renaissance, et surtout en peintures. Il a également gardé de belles fresques de l'époque des Visconti et des Sforza ; ainsi, la salle 2 du musée archéologique (*rez-de-chaussée*), dite **Sala azzurra**, présente un somptueux plafond étoilé.
La **pinacothèque Malaspina★**, installée au 1er étage, conserve de nombreux chefs-d'œuvre, dont un beau retable du peintre de Brescia Vincenzo Foppa, une *Vierge à l'Enfant* de Giovanni Bellini, et un expressif *Christ porte-croix* du Lombard Bergognone. Une salle abrite la grande maquette de la cathédrale, en bois, exécutée au 16e s. par Fugazza, d'après les plans de Bramante.

★ Duomo

Piazza del Duomo.
Ce vaste édifice, surmonté de l'une des plus grandes coupoles d'Italie, fut commencé en 1488 : Bramante et Léonard de Vinci auraient contribué à la conception de ses plans. La façade date du 19e s. La tour médiévale mitoyenne s'est écroulée en 1989. En face, évêché du 16e s.

★★ San Michele

Piazza San Michele.
Chef-d'œuvre du style lombard roman, l'église construite au début du 12e s. se dresse sur le site d'une église préexistante. Cette raison explique sa **façade★** en grès blond (et non en briques, comme c'était alors la norme), remarquable par l'équilibre et la variété de son décor sculpté. Au flanc droit, porte romane présentant un linteau sculpté où le Christ remet à saint Paul un *volumen* de papyrus, et à saint Pierre les clefs de l'Église. Malheureusement, les décorations ont mal résisté aux outrages du temps. L'intérieur offre d'intéressants éléments architecturaux (coupole sur trompes, tribunes soulignées de frises et de modillons, chœur surélevé, mosaïques, chapiteaux, etc.). À l'abside, belle **fresque★** du 15e s. *(Couronnement de la Vierge)*. Le bras gauche du transept conserve le précieux **crucifix de Teodote**, fait de lamelles d'argent et datant du 12e s. La **crypte** est subdivisée par des colonnettes dont le fût et la pierre diffèrent les uns des autres et dont les chapiteaux sculptés présentent une grande variété.

★ San Pietro in Ciel d'Oro

Piazza San Pietro in Ciel d'Oro.
Consacrée en 1132, cette église de style roman lombard a succédé à une basilique de style paléochrétien. Sa façade en brique comporte un **portail★** en grès, décoré d'un bas-relief.

L'intérieur comprend trois nefs séparées par des piliers, également en grès, aux chapiteaux sculptés. Le chœur surélevé sur une crypte renferme **le tombeau de saint Augustin★** (354-430) réalisé par les *maestri campionesi* (*p. 59*). Chef-d'œuvre de la sculpture lombarde du 14ᵉ s., il est orné de 95 statues et de 50 bas-reliefs. À droite du maître-autel, insérée dans le pilier, se trouve la **pierre tombale du roi lombard Liutprand**, qui fit ramener de Sardaigne les vénérables reliques de saint Augustin, placées dans une urne à côté du mausolée. Dans la **crypte** repose, dans un sarcophage de style byzantin, le poète Séverin Boèce (vers 480-525). La **sacristie**, Renaissance, a de belles voûtes peintes de grotesques (seconde moitié du 16ᵉ s.) et un tableau du 17ᵉ s. représentant saint Augustin parlant avec saint Jérôme.

San Teodoro

Piazza San Teodoro.

Située dans le centre du quartier des pêcheurs au Moyen Âge, l'église, bâtie dans la seconde moitié du 12ᵉ s., remplace une église antérieure dédiée à sainte Agnès. Témoignage tardif du roman à Pavie, elle comporte de splendides fresques peintes sur les piliers et la façade de la crypte, et renferme la célèbre **vue de Pavie** qui, datée de 1522, montre une extraordinaire reconstitution de la ville de la Renaisssance.

San Lanfranco

À 2 km à l'ouest.

Le chœur renferme un **cénotaphe★** exécuté à la fin du 15ᵉ s. par Amadeo en mémoire de Lanfranc, né à Pavie et mort en 1098, archevêque de Canterbury où il est enterré.

À proximité Carte de région (p. 221)

3

★★★ CERTOSA DI PAVIA B3

À 10 km au nord.

0382 92 56 13 - tlj sf lun. 9h-11h30, 14h30-17h30.

La *Gratriarum Cartusia* (**chartreuse** des Grâces), est l'un des monuments les plus caractéristiques de l'art lombard et la maison d'une petite communauté cistercienne. Fondée en 1396 par **Jean-Galéas Visconti** pour servir de mausolée à sa famille, la chartreuse fut bâtie en grande partie aux 15ᵉ et 16ᵉ s. par plusieurs architectes. Dans la cour s'élèvent, à droite, l'ancien palais des ducs de Milan (1625) et, à gauche, les ateliers des sculpteurs chargés de la décoration.

Façade – Œuvre élaborée, elle surprend par la profusion et la richesse de ses détails, mais conserve une élégante sobriété dans sa structure.

La moitié inférieure, la plus ornée, fut exécutée entre 1473 et 1499 par les frères Mantegazza, ainsi que par le célèbre architecte-sculpteur Amadeo, qui travailla notamment à Bergame,

VOL D'UN CHEF-D'ŒUVRE

En 1984, le triptyque de Baldassarre degli Embriachi fut volé. Sous le coup du chagrin, le prieur mourut d'un infarctus. Afin de rassembler la somme réclamée pour la rançon, on organisa un concert auquel participa le grand flûtiste Severino Gazzelloni (1919-1992). Le triptyque fut retrouvé et les voleurs arrêtés. L'œuvre orne de nouveau la chartreuse.

et par son élève Briosco ; la partie supérieure est en revanche due à l'architecte-sculpteur Cristoforo Lombardo, qui acheva la construction en 1560. Sculptures de marbre polychrome, médaillons de la base, statues de saints dans les niches, rinceaux et guirlandes, motifs ornementaux, sont d'une variété infinie. Autour des fameuses fenêtres d'Amadeo, ce sont des scènes de la Bible, de la Vie du Christ, de la Vie de Jean-Galéas Visconti. Les bas-reliefs de Briosco entourant le portail central évoquent des épisodes de l'histoire des chartreux. Avant de pénétrer dans l'église, la contourner par la gauche, afin d'admirer le superbe ensemble de style gothique lombard tardif avec ses galeries d'arcades superposées.

Intérieur et cloîtres – D'une beauté solennelle, l'intérieur est gothique, mais on y reconnaît des signes avant-coureurs de la Renaissance, notamment dans le transept et le chœur.

À peine entré, en levant les yeux, on aperçoit, par-delà les chapelles de droite, un chartreux (en trompe-l'œil), qui examine les visiteurs depuis une fenêtre géminée. Encore plus haut, seules les étoiles illuminant le bleu profond des voûtes regardent les hôtes.

Dans le croisillon droit se trouve une *Vierge à l'Enfant* du **Bergognone** (1481-1522), auteur également de la *Madone au tapis*, au-dessus de l'entrée du **petit cloître**. Sur le plafond du **réfectoire**, attenant au petit cloître, figure une *Madone allaitant*, toujours du Bergognone. Au-dessus des arcades du **grand cloître**, vaste espace plein de charme, se profilent les toits et les cheminées des cellules où logeaient, jusqu'en 1968, les **chartreux** : bien que d'une extrême sobriété, chacune d'elles constitue un véritable appartement indépendant ouvrant sur un jardin.

De retour dans l'église, on peut admirer, ornant le cul-de-four qui accueille l'autel droit du transept, la fresque du Bergognone représentant la Vierge sur un trône recevant de Jean-Galéas Visconti la maquette de la chartreuse. Le monument funéraire du duc date de la fin du 15ᵉ s.

Le **lavabo** abrite la *Vierge à l'œillet*, fresque de Bernardo Luini (vers 1480-1532). Le transept est séparé du chœur liturgique *(presbiterio)* par une clôture de marbre ; la marqueterie des stalles fut réalisée à partir des dessins du Bergognone.

L'**ancienne sacristie** recèle un **triptyque** de **Baldassarre degli Embriachi** (fin du 14ᵉ s.) en dents d'hippopotame et ivoire. Au centre se trouve une *Vierge à l'Enfant*, présence constante dans la chartreuse, rappelant la profonde reconnaissance que Catherine, épouse de Jean-Galéas, nourrissait pour la Vierge. Le triptyque évoque des épisodes des Vies de Marie et de Jésus.

Le croisillon gauche porte également la signature du Bergogogne avec un *Ecce Homo* et abrite le cénotaphe de Ludovic le More et de Béatrice d'Este, par Cristoforo Solari (1497).

En longeant les chapelles de gauche vers la sortie, on voit, dans la deuxième chapelle, un *Père éternel* du Pérugin (vers 1445-1523).

Circuits conseillés Carte de région (p. 221)

LA LOMELLINA B3

Circuit d'environ 100 km à l'ouest, tracé en vert sur la carte. Quitter Pavie au sud-ouest par la SS 35 puis suivre vers l'ouest la SP 193 bis qui mène à Lomello.

Cette région, située entre le Tessin et le Pô, doit à la riziculture son apparence d'étendue inondée et cloisonnée de bosquets de saules ou de peupliers.

La chartreuse de Pavie.
S. Raccanello / Sime/Photononstop

Lomello B3

La petite ville abrite l'église **Santa Maria**, du 11e s., et son **baptistère** du 8e s. qui forment un ensemble remarquable et harmonieux. Bâtiment octogonal, le baptistère contient les vestiges encore visibles d'une piscine baptismale, adaptée ultérieurement pour les baptêmes par aspersion.
Prendre au nord la S 211.

Mortara B3

On peut y visiter la basilique San Lorenzo, église en brique de style gothique, construite entre 1375 et 1380 par Bartolino da Novara, puis remaniée en 1840 et en 1916. L'intérieur abrite notamment une *Vierge entre saint Roch et saint Sébastien* de Gaudenzio Ferrari (1524).
Quitter Mortara par le nord-est en suivant la S 494.

★ Vigevano B2

Via Merula, 40 - ✆ 0381 69 02 69 ; Infopoint Castello – Piazza Ducale - ✆ 0381 69 16 36 - www.comune.vigevano.pv.it.

La remarquable **place ducale★★** se développe au pied du château Sforza, dominé par l'imposante tour élevée par Bramante. Ce fut Ludovic Marie Sforza, dit Le More, qui conçut la réalisation de cette place comme entrée solennelle du château. Construite entre 1492 et 1494 par Bramante, elle est considérée comme la place typique de la Renaissance lombarde. Les arcades qui la longent présentent des décorations peintes et des médaillons figurant les personnages importants de la cour. La configuration actuelle de la place remonte à 1680, lorsque son quatrième côté fut fermé par la construction de la **cathédrale** baroque qui comporte un petit trésor.

Par un escalier, situé sous les arcades au pied de la tour, on accède au **Castello Visconti**. Édifié en 1345 par Jean Galéas Visconti, il fut transformé par les Sforza en fastueuse résidence. Remarquez les écuries, qui passent pour avoir inspiré Léonard de Vinci. À côté de celles-ci se trouve l'entrée de la **pinacothèque**

et du **musée de la Chaussure**. *✆ 0381 29 92 58 - museicivicivigevano.jimdo.com - 14h-18h, w.-end 10h-18h30 - fermé lun.*
Revenir à Pavie par la SP 206 qui rejoint la SS 596.

L'OLTREPO PAVESE Carte de région (p. 220)

Circuit de 200 km, tracé en rouge sur la carte.
Quitter Pavie au sud par la SS 35.
Située au sud de Pavie, au-delà du Pô, l'Oltrepo Pavese est une région vallonnée, de plus en plus rurale au fur et à mesure que l'on progresse vers le sud. Zone agricole, elle alterne prairies et vignobles et dévoile de jolis villages, quelques vieux châteaux, des églises et des monastères où l'on s'arrête au gré de ses envies et de son voyage. Mais le paysage mérite à lui seul le périple et offre sans aucun doute la plus belle route pour rejoindre Bobbio, situé dans la région Émilie-Romagne.

Casteggio B3

C'est l'un des plus grands centres de production vinicole de la région. La partie ancienne de la ville siège au sommet de la colline. L'ancienne **certosa Cantù**, palais du 18e s. doté d'une jolie cour intérieure pavée, abrite un **musée archéologique** de l'Oltrepo Pavese. *En été lun.-vend. 8h-14h (mar. et jeu. 15h-18h) ; le reste de l'année tlj sf sam. 8h30-12h30, 14h30-17h30 (fermé mar. apr.-midi et dim. mat.) - ✆ 0383 83 941 - www.museocasteggio.it - 4 €.*
Prendre la direction de Voghera, à l'ouest, où l'on bifurquera plein sud vers Varzi en suivant la SS 461. Après Ponte Nizza, tournez à gauche sur la petite route qui mène à l'Abbazia Sant'Alberto.

Abbazia Sant'Alberto di Butrio B3

Isolé dans un coin des Apennins, au milieu de châtaigniers, ce petit monastère doit son existence au moine Albert, qui le fonda au 11e s. sous la protection de la famille Malaspina. Son noyau est constitué de trois églises construites à différentes périodes. Santa Maria, la plus ancienne, fut décorée de fresques au 15e s. Quant à l'oratoire, dédié à saint Albert, il présente des fresques du 14e s. Un mur du cloître de la même époque subsiste derrière l'église.
Revenir sur la SS 461.

Varzi B3

Bourg médiéval, autrefois protégé par un triple mur d'enceinte et dont subsistent deux portes d'accès. Son histoire est étroitement liée à celle de la famille Malaspina dont on peut voir le château (façade du 18e s).
Continuer sur la SS 461. Au col de la Penice, suivre les indications pour la chiesa della Beata Vergine del Penice.

Chiesa della Beata Vergine del Penice B3

Au col du Penice, suivre les indications à partir de la route S 461 qui descend ensuite vers Bobbio.
À 1 460 m d'altitude, cette petite église, selon la tradition, occupe le lieu d'une chapelle fondée par le roi lombard Liutprand. L'actuel sanctuaire remonte au 18e s. et conserve à l'intérieur une statue en bois d'une Vierge (17e s.), objet d'une grande dévotion.
Dans cet endroit désolé, l'église est généralement fermée, mais le site vaut le détour pour la **vue** spectaculaire qu'il offre.
Continuer jusqu'à Bobbio, qui se trouve en Émilie-Romagne.

Bobbio B3
C'est incontestablement par la route qui descend du col delle Penice que l'arrivée sur Bobbio est la plus belle. La petite ville se blottit dans un paysage grandiose où se découpent les Apennins, près de la rivière Trebbia, et dominé à l'ouest par le mont Penice (1 460 m). Ici rayonna l'un des plus grands centres du monachisme occidental : l'abbaye bénédictine de St-Colomban.

Monastero di San Colombano – Fondé par saint Colomban en 614, il abrita un célèbre scriptorium qui fit de Bobbio un centre culturel majeur de l'Italie du Nord aux 10e et 11e s. À partir du 14e s., les plus beaux manuscrits furent acquis par la Biblioteca Ambrosiana de Milan et celle du Vatican. Le monastère fut supprimé en 1803. Ses bâtiments accueillent aujourd'hui le **Museo dell'Abbazia** et le **Museo della Città** *(Pour toute information : ✆ 0523 96 28 15 - www.cooltour.it)*.

Autres monuments – Le château édifié par les Malaspina, place forte érigée en 1304 puis remaniée, s'élève au nord-ouest du bourg. Enjambant la Trebie, le pont de San Colombano compte 11 arches inégales et conserve des éléments romains et médiévaux. La ville, quant à elle, offre d'agréables placettes et des rues bordées d'arcades.

Revenir à Pavie par Plaisance (voir p. 535) puis par l'autoroute.

NOS ADRESSES À PAVIA

HÉBERGEMENT

BUDGET MOYEN

Agriturismo Tenuta Camillo – *Loc. Trognano, Bascapé - 23 km au nord de Pavia - ✆ 0382 66 509 - www.tenutacamillo.it - P - 6 ch. - rest.* Dans la plaine florissante, entre rizières et peupliers, cet agritourisme est idéal pour ceux qui souhaitent un logement tranquille mais pas trop éloigné de Milan. Les chambres et les appartements sont meublés et décorés avec goût. Cuisine paysanne. Piscine.

RESTAURATION

BUDGET MOYEN

Locanda San Michele – *Vicolo San Michele, 4 - ✆ 0382 20 716 - www.ristorantesanmichele.org - fermé lun. et au déj. sf w.-end.* Dans la petite rue menant du corso Garibaldi à la piazza San Michele, une adresse gourmande dans un décor sobre et contemporain. Lorsqu'il fait beau, quelques tables sont installées à l'extérieur.

Antica Osteria del Previ – *Via Milazzo, 65 - Borgo Ticino - ✆ 0382 26 203 - www.anticaosteriadelprevi.com - fermé dim. soir.* Dans le vieux quartier de la ville, sur la rive droite du Tessin, un établissement agréable et soigné qui propose les spécialités du terroir dans une atmosphère d'antan.

PETITE PAUSE

Medagliani Pasticceria – *Corso Cavour, 37 - ✆ 0382 22 748.* N'hésitez pas à pousser la porte de cette minuscule pâtisserie, à l'élégant décor de boiseries peintes, pour y goûter quelques-unes des douceurs proposées ou déguster un café ou un cappuccino.

Regione dei Laghi

Région des Lacs

★★★

NOS ADRESSES PAGE 320

S'INFORMER

Lago Maggiore et Lago d'Orta (Lac Majeur et Lac d'Orta) – *Corso Italia, 18 - Stresa - ✆ 0323 30 416 - www.distrettolaghi.it;*
Lago di Lugano (Lac de Lugano) – *Riva Albertoll, Palazzo Civico - Lugano - ✆ +41 (0)58 866 66 00 - www.luganoturismo.ch;*
Lago di Como (Lac de Côme) – *Piazza Cavour, 17 - Como - ✆ 031 26 97 12 - www.lakecomo.it;*
Valtellina – *✆ 0342 21 59 21 - www.valtellina.it;*
Lago d'Iseo (Lac d'Iseo) – *Lungolago Marconi, 2 - ✆ 030 374 87 33 - www.iseolake.info;*
Lago di Garda (Lac de Garde) – *www.visitgarda.com.*

SE REPÉRER

Carte de région ABC2 (p. 220-221) – *carte Michelin Régional 561 DF 7-14 – carte des lacs p. 300-301.* Du Piémont à la Vénétie et, au nord, de la Suisse au Trentin, la région des Lacs s'étend au pied des Alpes lombardes.

À NE PAS MANQUER

Lago Maggiore : Stresa et les îles Borromées, Villa Taranto (Pallanza) et Ascona (Suisse) ; Lago d'Orta : Orta San Giulio, Isola di San Giulio et Sacro Monte di Varallo ; Lago di Varese : Sacro Monte di Varese et Castiglione Olona ; Lago di Como : Bellagio et Tremezzo ; Lago d'Iseo : Monte Isola ; Lago di Garda : Sirmione, Isola del Garda, Gardone Riviera, Parco-Giardino Sigurtà à Valeggio sul Mincio.

ORGANISER SON TEMPS

En voiture ou bateau, toutes sortes de possibilités de promenades et de visites s'offrent à vous. Sachez cependant que les routes de bord des lacs sont très fréquentées en été et surtout que les sites comme les villas ou les jardins sont généralement fermés de fin octobre à fin mars.

AVEC LES ENFANTS

Tours en bateaux sur les lacs, visite du Sacro Monte di Varallo (Lago d'Orta), le musée Spazzacamino à Santa Maria Maggiore, le Parco-Giardino Sigurtà à Valeggio sul Mincio, les parcs thématiques de Peschiera del Garda.

Ces lacs d'origine glaciaire bénéficient d'un climat particulièrement doux et leurs rives s'ornent d'une végétation abondante et variée. Les eaux bleues s'étalant au pied des monts et reflétant les cimes voisines constituent un décor d'une rare harmonie, de tout temps apprécié des artistes et des voyageurs. Le charme de ces lacs vient de l'alternance de paysages alpestres et méridionaux, des nombreuses villas aux somptueux jardins qui en bordent les rives, des fleurs qui s'épanouissent sans interruption au cours des saisons, des petits ports, avec leurs barques à arceaux, où l'on déguste d'excellents poissons. Bien qu'ils ne soient guère éloignés les uns des autres, chacun d'entre eux offre un aspect particulier.

★★★ Lago Maggiore Carte de région (p. 220) A2

Le **Lago Maggiore**, par son ampleur, sa beauté variée, tantôt majestueuse, tantôt sauvage, mais surtout grâce aux îles Borromées qui en occupent le centre, est le plus célèbre des lacs préalpins d'Italie. Ses eaux, traversées par le Tessin qui prend sa source en Suisse, sont d'un vert jade au nord et d'un bleu soutenu au sud. Protégées des vents froids par les massifs montagneux des Alpes et des Préalpes, les rives du Lago Maggiore bénéficient d'un climat d'une douceur constante, qui a favorisé l'acclimatation d'une luxuriante flore exotique.

LA RIVE OUEST Carte de la Regione dei Laghi (p. 300)

Circuit d'environ 70 km, de Arona à Locarno (Suisse), tracé en vert sur la carte. Comptez deux jours (une petite journée pour les îles Borromées).

Arona

Centre commercial du Lago Maggiore, la ville est dominée par **San Carlone★**, gigantesque statue en bronze (24 m de haut et 12 m de socle) exécutée en 1698, représentant **saint Charles Borromée**, cardinal-archevêque de Milan qui se distingua autant par son autorité dans le rétablissement de la discipline de l'Église que par son généreux courage au cours de la peste de 1576. L'escalier intérieur conduit à des fenêtres d'où l'on profite d'une belle vue. *0322 24 96 69 - avr.-sept. : 9h-12h30, 14h-18h15 ; oct.-déc. et mars : w.-end 9h-12h30, 14h-16h30 (déc. seult dim.) - fermé janv.-fév., 25-26 déc. - 4 €.*

En haut de la vieille ville, l'**église Santa Maria** renferme un beau **polyptyque★** de Gaudenzio Ferrari (1511). De la **citadelle** en ruine s'offre une **vue★** sur le Lago Maggiore, Angera et sa rocca (*p. 297*) et son site de montagnes.

★★ Stresa

Face aux îles Borromées, cette station climatique aux belles villas Liberty est l'une des localités les plus fréquentées des bords du lac. Le centre historique, avec ses petites rues bordées de commerces, est plutôt resserré, tandis que le bourg s'étend le long du lac vers le nord, où se succèdent d'élégants palais 1900. À l'entrée du bourg, la **Villa Pallavicino★** accueille sur 20 ha un jardin botanique et un riche parc animalier. *0323 31 533 - www.parcozoopallavicino.it - 15 mars-oct. : 9h-18h - 9,50 €. Petit train depuis l'embarcadère de Stresa.*

À **Gignese** *(8 km au sud-ouest)*, un petit **musée du Parapluie et de l'Ombrelle** (*Museo dell'Ombrello e del Parasole*) illustre l'histoire, de 1850 à nos jours, de cet accessoire, largement lié à la mode et à l'émancipation de la femme. *Viale Golf Panorama 2 bis - 0323 89 622 - www.comune.gignese.vb.it - avr.-sept. : tlj sf lun. 10h-12h, 15h-18h - 2,50 €.*

★★★ Isole Borromee

Embarcadère de Stresa, Carciano, Baveno ou Pallanza. Procurez-vous l'horaire des bateaux pour organiser vos trajets entre les îles. Ticket de libre circulation pour les 3 îles, 16,90 € - www.navigazionelaghi.it. Billet combiné pour les palais des îles Borromées et la Rocca di Angera 21,50 €, se renseigner aux guichets. Comptez une petite journée. Info. et réserv. en ligne d'une visite guidée : www.borromeoturismo.it.

Une grande partie du lac fut donnée en fief au 15e s. à la famille Borromée, qui n'acheta que progressivement toutes les îles du petit archipel depuis lors appelé **îles Borromées**.

Isola Bella – *0323 30 556 - www.borromeoturismo.it - de mi-mars à mi-oct. : 9h-17h30 - 12 €, Galleria Berthier 9h-13h, 13h30-17h - 3 € ; billet combiné avec Isola*

Madre 18 €. Cet îlot très prisé des touristes est entièrement occupé par le palais bâti par Charles III Borromée (1586-1652), et remanié par son fils Vitaliano VI (1620-1690). L'île fut nommée en l'honneur d'Isabella, la femme de Charles III. Le **palais**, représentatif du baroque lombard, est composé de nombreuses salles d'apparat, où alternent style baroque et motifs antiques, de la très belle **Galleria Berthier**, abritant des chefs-d'œuvre du baroque lombard, aux somptueuses Salle du Trône et Salle des Reines. En 1797, le palais accueillit Napoléon et, en 1935, la conférence de Stresa organisée entre Mussolini et les représentants britannique et français, qui cherchaient un accord pour s'opposer au réarmement de l'Allemagne. Le parcours se termine avec les **grottes**, une série de six pièces au rez-de-chaussée, en bordure d'eau, dont on venait goûter la fraîcheur les jours de grande chaleur.

Les **jardins**, plantés d'essences innombrables et odoriférantes, forment une étonnante composition baroque de dix terrasses agrémentées de statues, de bassins, de fontaines et perspectives architecturales simulant des décors de théâtre. Au sommet du jardin, l'« amphithéâtre », en forme de coquille, est d'un extraordinaire effet scénique.

Isola dei Pescatori – Située entre les deux autres îles, elle a conservé l'aspect d'un village de pêcheurs, malgré l'invasion des restaurants et des échoppes touristiques, et offre une vue imprenable sur l'Isola Bella, le lac et les montagnes alentour. Les ruelles abritent une jolie église dédiée à San Vittore.

Isola Madre – *Mêmes conditions de visite que l'Isola Bella. 11 €.* L'île la plus éloignée et la plus vaste de l'archipel, et aussi la plus intime et silencieuse, est occupée par un **jardin** botanique de 8 ha, l'un des plus anciens et des plus riches d'Italie : il accueille des essences rares et exotiques provenant du monde entier et plusieurs variétés de paons, de perroquets et de faisans. Le palais abrite un remarquable **théâtre de marionnettes** (17e-19e s.) de la maison Borromée qui présente, entre autres, une curieuse scène du « Théâtre de l'Enfer ».

Mottarone

La **strada del Mottarone** *(à péage)* se déroule dans le parc boisé vers le sommet du mont (1 491 m), d'où l'on jouit d'un magnifique **panorama★★★** sur les sept lacs de la région (Majeur, Orta, Mergozzo, Varèse, Comabbio, Monate et Biandronno), les Alpes et le massif du Monte Rosa. *On peut aussi rejoindre le sommet par le téléphérique qui se trouve à côté de l'embarcadère de Carciano. Si vous prévoyez son ascension après une visite des îles Borromées, pensez à débarquer à Carciano. Funivia Stresa-Alpino-Mottarone – ✆ 0323 30 295 - www.stresa-mottarone.it ; mars-nov. 9h30-17h30, hiv. 8h10-17h, dernier départ du sommet 17h20 - 17,40 € AR.*

À mi-pente, le **Giardino botanico Alpinia** regroupe 1 000 espèces de plantes du massif alpin ainsi que des variétés asiatiques. *Accès par le funiculaire, arrêt intermédiaire. ✆ 032 330 295 - www.giardinoalpinia.it - tlj avr.-oct. 9h30-18h - 3 €*

Du sommet du Mottarone on peut continuer le tour du Lago Maggiore ou descendre vers le Lago d'Orta par une route qui offre des vues très agréables sur le lac. *Revenir à Stresa et continuer à longer le lac.*

★ Baveno

Cette jolie villégiature s'est dotée au 19e s. de somptueuses résidences, parmi lesquelles la villa Henfrey-Branca (*bien visible du lac*), qui accueillit la reine Victoria et dont la silhouette originale évoque un château anglais.

Le bourg abrite une **église** paroissiale romane et un baptistère Renaissance, de plan octogonal.

En poursuivant vers le nord, on traverse le charmant hameau de **Feriolo**.

L'île de San Giulio sur le lac d'Orta.
M. Borgese / hemis.fr

Verbania

La plus importante commune du Lago Maggiore se compose des quartiers de Suna, Pallanza et Intra : Pallanza est le plus intéressant du point de vue touristique, tandis qu'Intra est une ville moderne qui permet de s'embarquer sur le ferry qui mène à Laveno, sur la rive est du lac.

Pallanza★★ se démarque par ses nombreuses villas noyées sous les fleurs. De ses **quais★★** ombragés de hauts magnolias et de lauriers roses se dégagent de belles vues. La charmante église romane **Madonna di Campagna** recèle une coupole octogonale à arcades et colonnettes et un intérieur orné de fresques (15e-16e s.). Au cœur de Pallanza l'agréable **Museo del Paesaggio** présente une intéressante section dédiée aux plâtres de Paul Troubetzkoy (né à Intra en 1866), une riche collection de toiles des paysagistes des 19e et 20e s. et des sculptures de A. Martini. *Via Ruga 44 - ✆ 0323 556 621 - www.museodelpaesaggio.it - avr.-oct. tlj sf lun. 10h-12h, 15h30-18h30 - 5 €.*

À la sortie de la ville, sur la route d'Intra, plus au nord le long du rivage, le jardin botanique de la **villa Taranto★★** est incontournable ! Le capitaine Neil McEacharn (1884-1964) nomma le complexe Villa Taranto, à la mémoire d'un de ses ancêtres, le maréchal McDonald, qui avait été nommé duc de Taranto par Napoléon. Conjuguant les styles français, italien et anglais, les magnifiques **jardins** accueillent 20 000 espèces de plantes, répartis en terrasses. Deux parcours (d'environ 2 et 3 km) permettent de profiter au plus près des azalées, bruyères, rhododendrons, camélias, dahlias, érables… *✆ 0323 40 45 55 - www.villataranto.it - mars-oct. : 8h30-18h30 - 9,50 €. On peut aussi rejoindre les jardins par bateau : arrêt Villa Taranto - www.navigazionelaghi.it*

De Verbania, on peut également partir à la découverte du Parco Nazionale della Val Granda, des vallées et des lacs alpins (p. 298).

Continuer vers le nord en longeant la rive.

À **Ghiffa**, un petit **Museo dell'Arte del Cappello** retrace l'histoire des couvre-chefs de la célèbre fabrique Panizza. *Corso Belvedere 279 - ✆ 0323 59 209 - www.museodellartedelcappello.it - avr.-oct. : w.-end 15h30-18h30.*

3

Au-dessus du village s'étend le **Sacro Monte di Ghiffa** (*p. 151*), une série de chapelles baroques, parmi lesquelles l'église de la **Santissima Trinità**, bâtie aux 17e-18e s. sur un ancien oratoire roman. Le Sacro Monte est intégré à une réserve naturelle. *0323 59 870 - www.sacromonteghiffa.it*

★ Cannero Riviera

Cette jolie station climatique étage ses maisons au-dessus du lac parmi les oliviers, les vignes, les orangers et les citronniers. De la rive, que longe une agréable promenade bordée de magnolias, on aperçoit les îlots sur lesquels se dressent les ruines des **châteaux de Malpaga** (14e s.).

Entre Cannero Riviera et Cannobio, prêter attention au panneau indiquant le bourg de Carmine Superiore pour ne pas le rater.

Le joli bourg médiéval de **Carmine Superiore** est dominé par le clocher de l'église San Gottardo (14e s.) qui conserve des fresques du 15e s.

★ Cannobio

Petit bourg proche de la frontière suisse (*5 km au nord*), Cannobio abrite le sanctuaire Renaissance de la **Madonna della Pietà** (*dans la partie basse, près du lac*), qui renferme des décors baroques et un retable du 16e s. Dans la partie haute, le Palazzo della Ragione, ancien hôtel de ville du 13e s., accueille des expositions.

À 3 km à l'ouest de Cannobio, l'**Orrido di Sant'Anna★** est une impressionnante gorge, bordée de hautes falaises de schiste, au fond de laquelle les eaux se précipitent en cascade. On peut s'arrêter pour le repas dans l'agréable restaurant Grotto Sant'Anna, avec terrasse sur l'orrido. *Via Sant'Anna, 28 - Cannobio - 0323 70 682.*

Pour plus d'informations sur les localités suivantes, consulter Le Guide Vert Suisse.

★ Îles de Brissago

Accès par bateau de Brissago, Ascona et Locarno - www.navigazionelaghi.it. 091 791 43 61 - www.isolebrissago.ch - avr.-oct. 9h-18h - 8 CHF.

Les Îles de Brissago, siège du **Jardin botanique du Canton du Tessin**, furent acquises en 1885 par la baronne de Saint-Léger qui transforma San Pancrazio en un jardin exotique plein de charme où des paons se promènent au milieu des essences tropicales.

★★ Ascona

Ancien village de pêcheurs devenu, à partir des années 1950, le petit Saint-Tropez du Lago Maggiore, Ascona s'anime le long d'une agréable et élégante promenade, jalonnée par les terrasses des restaurants et des bars. Au cœur du bourg se dresse l'église **Saint Pierre-et-Saint-Paul** ; elle abrite des œuvres de Giovanni Serodine (1594-1630), né à Ascona et élève du Caravaggio, et l'intéressant **Museo Comunale di Arte Moderna**. *Via Borgo 34 - 091 759 81 40 - www.museoascona.ch - mars-déc. tlj sauf lun. et dim. apr.-midi 10h-12h, 15h-18h.* Tout près du centre, l'église **Santa Maria della Misericordia★** (14e-15e s.) renferme de remarquables fresques des 15e-16e s. et un beau retable du maître-autel, daté de 1519.

Monte Verità, la colline boisée qui domine le village, fut au début du 20e s. le siège d'une communauté d'artistes, psychanalystes et anarchistes – végétariens et naturistes – à la recherche d'un nouveau mode de vie. Le site accueille aujourd'hui un centre culturel, un hôtel, un restaurant et un musée qui raconte cette aventure (*fermé jusqu'en 2014*). *Fondazione Monte Verità – via Collina, 84 - 091 785 40 40 - www.monteverita.org.*

★ Locarno

Au creux d'une baie ensoleillée, Locarno est favorisée par un climat privilégié. Les jardins, les bords du lac, les hauteurs de **Cardada**★★ (1 350 m), le sanctuaire de la **Madonna del Sasso**★★ (15e-17e s.) à Orsellina (*accès en funiculaire, départ via della Stazione*) et les versants plantés de vignes sont autant d'incitations à la promenade. Au mois d'août, la belle **Piazza Grande**★, bordée d'arcades de style lombard, se transforme en une magnifique salle de cinéma en plein air à l'occasion du Festival international du film.

LA RIVE EST Carte de la Regione dei Laghi (p. 300)

Circuit d'environ 40 km, d'Angera à Maccagno, tracé en brun clair sur la carte. Compter une demi-journée.

La rive orientale du lac, côté Lombardie, moins bien exposée que la rive occidentale, est aussi moins touristique.

★ Angera

Cette belle station de séjour est dominée par la puissante silhouette de la **citadelle Borromée** (Rocca Borromeo). Connue depuis l'époque lombarde (8e s.), la citadelle conserve une salle de Justice ornée d'admirables **fresques**★★ du 14e s., évoquant la vie de l'archevêque Ottone Visconti et la tour Castellana, d'où l'on jouit d'un vaste panorama. La forteresse abrite également un extraordinaire **musée de la Poupée et du Jouet**★ (*Museo della Bambola e del Giocattolo*), qui comprend une collection d'un millier de poupées, jouets, livres, meubles en miniature, jeux de table et jeux de société (à partir du 19e s.) constituant l'un des plus importants musées européens dans ce domaine. *0331 93 13 00 - www.borromeoturismo.it - fin mars-oct. : 9h-17h30 - 8,50 €.*

★ Santa Caterina del Sasso à Leggiuno

Bateau depuis Stresa (avr.-sept.) - www.navigazionelaghi.it - du lac, accès par un escalier de 80 marches. Des parkings situés au-dessus, descente par escalier de 240 marches ou en ascenseur (0,50 €). 0332 64 71 72 - www.santacaterinadelsasso.com - avr.-oct. : tlj 8h30-12h, 14h30-18h ; mars tlj 9h-12h, 14h-17h ; nov.-fév. sam. et dim. 9h-12h, 14h-17h. Il est conseillée de laisser une offrande.

Agrippé au rocher, l'ermitage fondé par l'anachorète Alberto Besozzo, au 13e s., surplombe le lac dans un **site**★ magnifique. La salle capitulaire et l'église conservent des fresques datant des 14e-18e s.

★ Cerro

Ce paisible village possède un minuscule port de pêche aux berges ombragées et romantiques et un intéressant et agréable **Museo internazionale Design Ceramico**, dédié aux œuvres réalisées en céramique. *Via Lungolago Perabò, 5 - 0332 66 65 30 - www.midec.org - tlj sauf lun. et mar. apr.-midi 10h-12h30, 14h30-17h30.*

Laveno Mombello

Ce gros bourg tranquille est le point d'embarquement des ferries qui rejoignent Verbania-Intra. De Laveno, une télécabine conduit au sommet du **Sasso del Ferro**★★ (1 100 m), d'où l'on jouit d'un vaste **panorama** sur toute la région des lacs. *0332 668 012 - www.funiviedellagomaggiore.it - lun.-sam. 11h-17h30, dim. 10h-18h30 - 10 € AR.*

Villa Della Porta Bozzolo

À Casalzuigno, 8 km à l'est de Laveno Mombello. 0322 62 41 36 - www.fondoambiente.it - merc.-dim. 10h-18h (17h en hiv.) - 6 €.

La villa, édifiée au 16e s., fut transformée à partir du siècle suivant en une véritable *villa de délice* à l'intérieur joliment décorés. À coté, s'étend un **parc**★ scénographique, disposé sur le flanc abrupt de la colline.

*De Laveno on peut poursuivre vers le Lago di Varese (**p. 301**) ; comptez 25 km de Laveno Mombello à Varese.*

En longeant le lac vers le nord, on traverse **Luino**, animé le mercredi par un grand marché très fréquenté. Tout proche de la frontière suisse (*9 km au nord*), le petit bourg de **Maccagno** abrite un intéressant musée d'art contemporain, Parisi Valle, installé dans un bâtiment qui enjambe la rivière Giona (*www.museoparisivalle.it*). Le sanctuaire de la Madonna della Punta, lui, domine le lac.

★ PARCO NAZIONALE DELLA VAL GRANDE ET VALLI DEL TOCE

Circuit d'env. 150 km qui contourne par l'ouest le Parco Nazionale della Val Grande, tracé en mauve sur la carte Regione dei Laghi (p. 300-301). Comptez une bonne journée, voire plus avec randonnées. Départ de Verbania-Intra vers Trobaso, puis San Bernardino Verbano et enfin Cicogna (à 17 km au nord-ouest de Verbania).

★ Parco Nazionale della Val Grande

Renseignements sur les guides, les sentiers (pour marcheurs très avertis) et les pistes de mountain bike au bureau du parc : Via Don Savino Lilla - Cicogna - 0324 87 540 - www.parcovalgrande.it

Zone naturelle montagneuse, ce parc national est l'un des plus sauvages d'Italie car cette vallée fermée a été complètement abandonnée après la Seconde Guerre mondiale. Aujourd'hui, si les villages ne sont plus habités, chamois, chevreuils et aigles règnent encore en maîtres dans les immenses forêts de châtaigniers. Après l'agréable bourg de **Rovegro**, l'unique route en lacets serrés mène au hameau de **Cicogna**, au cœur du parc, en traversant des paysages touffus, splendides et sauvages.

Retourner à San Bernardino Verbano et bifurquer vers Fondotoce puis Mergozzo.

★ Lago di Mergozzo

Ce lac est un site naturel préservé (embarcations motorisées interdites), où l'on peut se promener et profiter de la vue sur le Lago Maggiore et les Alpes. À 7 km au sud de **Mergozzo**, bourg très agréable alangui au bord du lac, se trouve le village de **Montorfano** qui abrite l'église San Giovanni Battista, construite aux 11e-12e s. sur des édifices plus anciens. En route vers Domodossola, on s'arrêtera pour une balade dans la jolie bourgade, bâtie en pierre, de **Vogogna**.

Valli del Toce (Vallées du Toce)

www.ossola.com

À l'ouest du Parco Nazionale della Val Grande, le Val d'Ossola et la Valle Antigorio s'étirent le long du Toce jusqu'à la Suisse, ouvrant sur une succession de vallées perpendiculaires au fleuve. Dans le **Val d'Ossola**, dont le chef-lieu est **Domodossola**, la première vallée est la Valle Anzasca, dont le joli bourg de **Macugnaga**, au pied du massif du Monte Rosa (4634 m), conserve des témoignages de la culture des Walser qui peuplèrent le lieu au 13e s. Plus haut, la Valle Antrona mène au **lago d'Antrona**, formé au 17e s. par un éboulement naturel. Niché au pied du Monte Leone, dans le val Divedro, s'étend le petit **lago d'Avino** (2234 m).

Dans la **Valle Antigorio**, le village perché de **Baceno** possède une intéressante église d'un style roman tardif et, de là, la Valle Devero conduit au grand **lago d'Agaro** (1631 m). Non loin du Toce, l'**Orrido di Uriezzo**★★ est un ensemble spectaculaire de gorges naturelles creusées sur 150 m par la fonte des glaciers. Tout au bout de la Valle Antigorio, dans le Val Formazza, se trouve l'impres-

sionnante **Cascata del Toce★★** où le fleuve jaillit de 143 m dans les roches. Enfin, juste avant la frontière suisse, le petit **lac de Morasco** (1 815 m) est le point de départ d'excursions vers les glaciers.
Au nord de Domodossola, emprunter la S 337 pour revenir au Lago Maggiore.

Santa Maria Maggiore

La Valle Vigezzo est appelée **Vallée des Peintres** car, depuis le 17e s., elle a fourni aux grandes familles bourgeoises de nombreux artistes, natifs talentueux de la vallée, partis chercher fortune dans les villes italiennes du nord, en Suisse et en France. Au 19e s., le peintre Giovanni Rossetti Valentini (1796-1878) fonda sur place la **Scuola di Belle Arti** (École des Beaux-Arts). Toujours active, l'école présente le parcours de Rossetti Valentini et expose des œuvres de ses élèves les plus renommés.
Via Rossetti Valentini, 1 - ✆ 0324 95 091- juil.-août tlj 10h30-12h30, 16h-19h30, juin et sept. sam. et dim. mêmes horaires.
Quant à l'autre activité développée par les jeunes du village, le **museo dello Spazzacamino** lui est dédié : il retrace l'épopée et les difficiles conditions de travail des ramoneurs… *Piazza Risorgimento, 28 - ✆ 0324 95 091 - www.museospazzacamino.it*
Une très jolie route descend de la valle Cannobina vers le Lago Maggiore, en traversant des villages de montagne dont **Malesco** est l'un des plus charmants.

★★ Lago d'Orta Carte de région (p. 220) A2

Circuit tracé en violet sur la carte p. 300. Départ d'Orta San Giulio.
Jouissant d'un climat très doux, le Lago d'Orta, séparé du Lago Maggiore par le massif du Mottarone (*p. 294*), est l'un des plus petits lacs lombards mais aussi l'un des plus gracieux, avec ses rives boisées et la minuscule île San Giulio qui émerge en son milieu. Ses berges, habitées dès l'Antiquité, furent évangélisées au 4e s. par saint Jules.

★★ Orta San Giulio

Cette petite station de villégiature animée occupe un site délicieux à l'extrémité d'une presqu'île. En arrivant, une sorte de minaret signale la Villa Crespi, magnifique bâtiment de 1879, de style mauresque, qui abrite un célèbre restaurant étoilé. Les vieilles ruelles bordées de maisons anciennes aux élégants balcons de fer forgé débordent de charme. Le **Palazzotto★** (ancien palais communal, 16e s.), orné de fresques, accueille des expositions temporaires.

★★ Isola di San Giulio

Accès d'Orta par bateau tous les 10mn - ✆ 333 605 02 88 - www.motoscafisti.com
Pas de visite pendant les offices, célébrés avec des chants grégoriens.
Ravissante île de 300 m de long sur 160 m de large, abritant la **basilique San Giulio**, vraisemblablement fondée au 4e s. lors de la venue du saint. À l'intérieur de l'église, bel **ambon★** du 12e s., fresques de l'école de Gaudenzio Ferrari (16e s.) et, dans la crypte, châsse contenant le corps du saint. Le tour de l'île est jalonné de panneaux avec des méditations sur le silence.

★ Sacro Monte d'Orta

À 1,5 km à l'ouest d'Orta. Accès par le petit train.
Sanctuaire dédié à saint François d'Assise, bâti sur une colline d'où l'on a une belle vue sur l'île : vingt chapelles baroques décorées de fresques y servent de toiles de fond à des personnages en terre cuite, d'un réalisme théâtral. Ce sanctuaire fait partie de l'ensemble des Monts Sacrés inscrits au Patrimoine mondial de l'Unesco (*p. 151*).

3

Contourner la pointe sud du lac jusqu'à Alzo d'où l'on monte jusqu'au sanctuaire de la **Madonna del Sasso**. De la terrasse de l'église du 18e s. on jouit d'une **vue**★★ magnifique sur le lac enchâssé dans son écrin de montagnes. Revenir à Alzo et se diriger vers **Varallo** *(20 km à l'ouest du lac)*, centre industriel et commercial du val Sesia célèbre pour son pèlerinage du Sacro Monte.

★★ Sacro Monte di Varallo

Accès au Sacro Monte en voiture (parking) ou en funiculaire ; comptez 3h de visite - ✆ 0163 53 938 - www.sacromontevarallo.eu.

Installé dans un vaste parc boisé dominant la ville, cet ensemble étonnant a vu le jour au 15e s. sous l'impulsion du franciscain Bernardino Caimi, qui conçut l'incroyable projet de recréer tous les sanctuaires de Palestine dans ce cadre bucolique. Le site, surnommé « La Nouvelle Jérusalem », rassemble la grotte de Bethléem, le tombeau de la Vierge, le Golgotha… Au 16e s. s'y ajoutèrent les grands épisodes de la vie du Christ. Autour de l'**église baroque**★, ce sont

en tout **43 chapelles★★★** (16e-18e s.) animées par des centaines de sculptures et de fresques très évocatrices réalisées par plusieurs artistes, dont le peintre **Gaudenzio Ferrari** (1480-1546) qui subit l'influence de Léonard de Vinci.
Retourner au lac. Pour en boucler le tour, on peut rejoindre, au nord, Omegna, ville natale de Gianni Rodari (1920-1980), célèbre auteur de littérature enfantine.

Lago di Varese Carte de région (p. 220) A2

Circuit de 50 km tracé sur la carte Regione dei Laghi (p. 300-301) qui passe par Voltorre (cloître de l'église de San Michele), Biandronno (embarcadère pour l'isolino Virginia), Monate et Varano Borgh.
Situé entre le Lago Maggiore, le Lago di Lugano et le Lago di Como, le **Lago di Varese** est le plus grand des 4 autres lacs qui s'étendent à l'ouest de la ville (Varese, Biandronno, Monate et Comabbio).

Varese

À 25 km au sud-est de Laveno Mombello (Lago Maggiore) ou 13 km au sud-ouest de Porto Ceresio (Lago di Lugano).

Agréable et vivante, Varese est une ville moderne qui s'étend non loin du lac. Ce petit et élégant centre historique se développe autour du **corso Matteotti**, artère commerciale sur laquelle s'ouvre la jolie place où s'élève la basilique de **San Vittore**. Bâtie aux 16e-17e s., elle arbore une façade néoclassique et un remarquable campanile baroque. Dressé à ses côtés, le baptistère roman conserve des fresques et des sculptures. Non loin, le **Palazzo Estense**, érigé en 1771 et aujourd'hui hôtel de ville, donne accès aux **Giardini Estensi★**, magnifique exemple de jardin à l'italienne.

★ **Villa Panza** – *Piazza Litta, 1 - 1,5 km au nord du centre-ville - ✆ 0332 28 39 60 - www.fondoambiente.it - tlj sf lun. 10h-18h - 8 €.* Cette villa bâtie à la moitié du 18e s. fut agrandie en 1830 par Luigi Canonica (architecte de l'Arena à Milan). Elle abrite une collection d'art américain contemporain qui s'harmonise de façon inattendue avec ce cadre classique. Les œuvres comprennent la plus importante collection européenne d'œuvres de **Dan Flavin** (1933-1996), figure majeure de l'Art minimal, dont les installations réinventent la peinture à l'aide de sources lumineuses, essentiellement des tubes fluorescents. Le parc, élégant et sobre, offre une belle vue sur les Préalpes et le Monte Rosa.

Castello di Masnago - Museo di arte moderna e contemporanea – *Via Cola di Rienzo, 42 - 2,5 km au nord-ouest - ✆ 0332 82 04 09 - tlj sauf lun. 9h30-12h30, 14h-18h - fermé j. fériés - 6 €.* Le château (15e s., agrandi aux 17e-18e s.), entouré d'un parc, expose les collections d'art moderne et contemporain de la ville. Les **fresques★** du 15e qui décorent la Sala degli Svaghi (Salle des Loisirs, rez-de-chaussée) et la Sala dei Vizi e delle Virtù (Salle des Vices et des Vertus, 1er étage) sont un précieux témoignage de peinture médiévale à sujet profane.

★★ Sacro Monte di Varese

Via dell'Assunzione, 21 - Santa Maria del Monte - à 8 km au nord-ouest de Varese. ✆ 0332 22 92 23 - www.sacromonte.it - tlj 8h-12h, 14h-18h. On peut aussi rejoindre le Sacro Monte par le funiculaire (sam. et dim.) au départ de Prima Cappella – via del Santuario - ✆ 0332 22 55 49.

Cette colline est inscrite au Patrimoine mondial de l'Unesco comme siège d'un important pèlerinage à la Vierge. Quatorze chapelles du 17e s., ornées de fresques en trompe-l'œil et de sculptures en terre cuite représentant des personnages grandeur nature illustrent les mystères du Rosaire et conduisent à la basilique baroque. Du sommet, **vue★★** magnifique sur les lacs et les monts environnants.

À deux kilomètres, se trouve le **Campo dei Fiori★**, longue arête montagneuse et boisée qui s'étire au-dessus de la plaine. Depuis la Punta di Mezzo *(à 4 km du parking)*, vaste **panorama★★** à 360° sur les lacs. *Rens. sur les sentiers et les randonnées au bureau du parc : ✆ 0332 43 53 86 - www.parcocampodeifiori.it.*

Villa Cicogna Mozzoni, à Bisuschio

À 8 km au nord-est de Varese, en direction de Porto Ceresio. ✆ 0332 47 11 34 - www.villacicognamozzoni.it - seul. visites guidées avr.-oct. dim. et j. fériés 9h30-12h, 14h30-19h.

La villa, entourée d'un beau jardin à l'italienne en terrasses, fut construite au 15e s. comme pavillon de chasse et agrandie au siècle suivant pour être transformée en résidence. Les pièces du premier étage, entièrement meublées, présentent sur les parties hautes des murs et sur certains plafonds de belles fresques de style Renaissance.

Les lacs : mariage de nature et art

Les lacs italiens doivent leur attrait à la majesté de leurs paysages, composés de montagnes dont certaines conservent des sommets enneigés jusqu'en mai, et à la douceur d'un climat méditerranéen qui favorise une magnifique végétation.

UNE DOUCEUR DE VIVRE LÉGENDAIRE

Ces exceptionnelles conditions naturelles, et, surtout pour le lac Majeur, une situation géographique privilégiée entre Europe du Nord et du Sud, expliquent l'enthousiasme qu'ils suscitèrent au 19e s. en tant que lieux de villégiature. En réalité, dès le début de la Renaissance, les grandes familles italiennes se faisaient déjà bâtir de somptueuses résidences au bord des lacs alpins. Mais, écrit Renata Lodari, paysagiste spécialiste dans la restauration des jardins historiques italiens : « Tout a commencé avec cette tradition qui amène, à partir de la seconde moitié du 19e s., intellectuels et aristocrates anglais, russes, allemands et français à s'établir sur les rives [des lacs], le temps d'une villégiature. Et ce, bien avant que Milanais et Turinois ne viennent avec la construction de la ligne de chemin de fer goûter à [leurs] charmes. »

VILLAS ET JARDINS

Entre 1850 et 1914, on assiste à l'édification de villas et de jardins, de grands hôtels et d'élégantes stations balnéaires, qui donneront cette atmosphère si particulière aux lacs italiens. Pour ces grandes demeures, l'éclectisme est de mise : style néopalladien, néogrec, etc. Une seule constante : rien ne doit faire obstacle à l'harmonie du décor entre la maison, le jardin et le lac, dans lequel l'ensemble se reflète. De somptueuses portes en fer forgé tiennent lieu, ici, de clôtures. Quant aux jardins, établis en terrasses en raison des contraintes du terrain, ils dénotent un goût pour les essences venues de Chine, du Japon et d'Amérique : azalées, camélias (dont les horticulteurs du lac Majeur sont les spécialistes en Europe), rhododendrons et conifères. La Première Guerre mondiale ouvre une période de déclin ; les domaines se morcellent, villas et grands hôtels se subdivisent en appartements.
Alors que, longtemps, la navigation avait été le seul moyen de transport (l'ouverture d'un service public sur le lac Majeur remonte au 19e s.), la construction de routes modifie le paysage. Les lacs se balnéarisent. Cependant, avec l'engouement pour les jardins et la recherche d'un tourisme vert, leur charme demeure intact et leur magie continue d'opérer.

DU LAC MAJEUR AU LAC DE CÔME, ENTRE VILLAS ET JARDINS

Partant de **Stresa**, sur le lac Majeur, on peut longer la rive ouest jusqu'à **Locarno** *(p. 297)* pour rallier l'autoroute *(payante)* puis descendre à **Lugano**. De là, après avoir longé la rive nord du lac *(p. 305)* jusqu'à Porlezza, on continue plein est vers **Menaggio**, sur le lac de Côme *(p. 305)*. Cet itinéraire de 130 km permet de passer d'un lac à l'autre en évitant les routes plus encombrées du sud, tout en découvrant de beaux paysages et d'agréables localités.

★ Castiglione Olona

À 10 km au sud de Varese, en direction de Tradate.

Invisible depuis la route, le centre historique de cette ancienne place forte est niché en contrebas de la S 233 et rassemble d'intéressants monuments de la Renaissance. Le cardinal **Branda Castiglioni** (1350-1443), éminent diplomate, fit de la ville son fief, à la manière des grands mécènes de la Renaissance. Installée sur l'harmonieuse place Garibaldi, son ancienne demeure abrite le **musée municipal**, qui conserve de précieuses **fresques★** de Masolino da Panicale et du Vecchietta : le presque métaphysique *Paysage hongrois* ornant le cabinet du cardinal et les décorations de la chapelle San Martino. *✆ 0331 85 83 01 - mar.-sam. 9h-12h, 15h-18h ; dim. 10h30-12h30, 15h-18h - fermé lun. et dim. mat. en hiv. - 3 €.*

Sur la même place se dresse l'**église di Villa** (15e s.) dont l'architecture s'inspire clairement de celle de Brunelleschi. Son portail est décoré de deux gigantesques bas-reliefs, *Saint Christophe* et *Saint Antoine*.

Un petit détour mène à l'intéressant **musée d'Art Plastique**, abrité dans un autre palais de la famille Castiglioni. Dans ce cadre historique sont exposées les créations en matière plastique d'un groupe d'artistes réunis dans les années 1969-1973, à l'initiative de l'entreprise Mazzucchelli, une des plus importantes en Italie dans le secteur des polymères. Le musée est en constante évolution et aux œuvres originelles s'ajoutent de nouvelles créations. *Via Roma, 29 - ✆ 0331 85 83 01 - www.museoarteplastica.it - mar.-sam. 9h-12h, 15h-18h ; dim. 10h30-12h30, 15h-18h - fermé lun. et dim. mat. en hiv.*

Retournez sur la piazza Garibaldi et empruntez la via Branda qui monte en direction de la collégiale.

★ **Collégiale** – *✆ 0331 85 89 03 - avr.-sept. : tlj sf lun. 10h-13h, 15h-18h ; reste de l'année : tlj sf lun. 9h30-12h30, 14h30-17h30 - 5 €.*

Au sommet de la colline, elle est un bel exemple d'architecture gothique lombarde (1422-1425). Le **tympan★** sculpté de la basilique est orné d'un splendide Christ en majesté, surmontant d'étonnantes représentations des évangélistes. Dans le chœur, trois cycles de **fresques★** *(Vie de la Vierge)* ont été réalisés au 15e s. par les peintres toscans Masolino da Panicale, Paolo Schiavo et le Vecchietta. Au fond du jardin s'élève le **baptistère**. L'intérieur est entièrement décoré d'un admirable cycle de **fresques★★** représentant la *Vie de saint Jean-Baptiste,* réalisé par Masolino et le Vecchietta : notez la scène du Baptême, où le fleuve Jourdain se perd dans un paysage lombard, et celle du Banquet d'Hérode.

Suivre la direction de Castelseprio.

Une petite halte sur la route permet de visiter le **monastère de Torba**, intéressant site de fondation lombarde inscrit, avec le *castrum* de Castelseprio, sur la liste du patrimoine mondial de l'Unesco. *✆ 0331 82 03 01 - www.fondoambiente.it - merc.-dim. 10h-18h (17h en hiv.) - 5 €.*

Parc archéologique de Castelseprio

✆ 0331 82 04 38 - www.archeologica.lombardia.beniculturali.it - fév.-oct. 8h30-19h, dim. 9h45-18h ; nov.-jan. 8h30-16h, dim. 9h15-14h45 - fermé lun.

Du puissant *castrum* de la période lombarde, dont faisait partie le monastère de Torba et qui fut détruit par les Visconti en 1287, subsistent surtout des vestiges de monuments religieux. Hors des murs du *castrum* se dresse l'église de **Santa Maria foris portas**, qui abrite un rare cycle de **fresques★** des 7e-8e s., qui représentent des épisodes de l'enfance de Christ.

★★ Lago di Lugano Carte de microrégion (p. 220) B2

Circuit d'env. 60 km au départ de Lugano, tracé sur la carte Regione dei Laghi (p. 300-301), qui longe le lac par l'est en faisant des va-et-vient entre Suisse et Italie.
Seule une petite partie du **Lago di Lugano,** parfois nommé **Ceresio**, se trouve en Italie, le reste appartient à la Suisse. D'aspect plus sauvage que les Laghi Maggiore et di Como, ce lac au dessin compliqué n'en a ni l'ampleur ni la majesté. Mais la douceur de son climat et l'attrait de ses paysages en pentes abruptes en font un lieu de villégiature recherché. *Le Guide Vert Suisse.*

★★ Lugano

La « reine du Ceresio » s'étend au fond d'une baie harmonieuse qu'encadrent le **Monte Brè**★★ et le **Monte San Salvatore**★★★, revêtus de bois. Exposée au midi, Lugano est une station climatique et touristique particulièrement appréciée au printemps et à l'automne. On y visitera la **vieille ville**★ et l'église **Santa Maria degli Angeli**★★ pour les **fresques**★★ de Bernardino Luini (1529).

★ Gandria

Les terrasses fleuries, les treilles, les berceaux de feuillage, le labyrinthe des ruelles en escaliers, les maisons à arcades, la petite église baroque composent un ensemble charmant, très apprécié des artistes et des touristes.
Franchir la frontière et continuer à longer le lac. Au bout du lac, après Porlezza, pour rallier le Lago di Como on peut continuer vers Menaggio (à 12 km a l'est).

★ Lanzo d'Intelvi

Station climatique (907 m) au cœur d'une belle forêt de pins et de mélèzes. Ski en hiver. À 6 km de Lanzo d'Intelvi, le **belvédère de Sighignola**★★★ est aussi appelé « balcon d'Italie » en raison de la vue étendue dont on bénéficie sur le Lago di Lugano, les Alpes jusqu'au Monte Rosa et, par temps clair, jusqu'au mont Blanc.

★ Campione d'Italia

Enclave italienne en Suisse, ce village riant et coloré est très fréquenté en raison de son casino. L'oratoire St-Pierre est une gracieuse construction de 1326 due aux **maestri campionesi** *(p. 59)*, qui rivalisèrent avec les *maestri comacini* pour diffuser le style lombard dans toute l'Italie.

★★ Morcote

Les maisons à arcades lombardes de la « perle du Ceresio » se mirent dans les eaux du lac, au pied des dernières pentes du Monte Arbostora. Un escalier et des ruelles conduisent au sanctuaire **Santa Maria del Sasso** (à l'intérieur, **fresques**★ du 16e s.). À la sortie ouest du village, en direction de Figino, se trouve le **Parc Sherrer**★★ dont la végétation exubérante cache des constructions exotiques. *15 mars-oct. 10h-17h - 7 CHF.*

★★★ Lago di Como Carte de région (p. 220) B1-2

Circuit d'environ 190 km, tracé sur la carte Regione dei Laghi (p. 300-301), qui fait le tour complet du lac, avec quelques incursions à l'intérieur des terres. Selon que l'on y accède par la rive nord ou sud du Lago di Lugano, on commencera le tour du lac à Menaggio (p. 308) sur la rive ouest, ou à Como, à la pointe sud-ouest du lac.

Entièrement situé en Lombardie, le **Lago di Como** est, de tous les lacs italiens, celui qui présente le plus de variété. Villages accueillants, petits ports, villas aux jardins ombragés et exotiques alternent le long de ses rives qui s'enfoncent dans les Préalpes.
Sa forme particulière en Y renversé couvre un périmètre de 170 km. À l'intersection de ses trois bras (lac de Lecco au sud-est, celui de Como et le bras nord), le promontoire de Bellagio en constitue la partie la plus belle.

★ **Como** (Côme)
Piazza Cavour, 17 - ✆ 031 26 97 12 - www.lakecomo.it.
Cité florissante sous les Romains, Côme connut son apogée au 11e s. Détruite par les Milanais en 1127, reconstruite par l'empereur Frédéric Barberousse, elle fut reprise par Milan en 1355, dont elle suivit dès lors le destin. Connus dès le 7e s., les **« maestri comacini »** étaient des maçons-architectes-sculpteurs qui diffusèrent le style lombard non seulement en Italie mais dans toute l'Europe.
★★ **Duomo** – Commencé à la fin du 14e s., complété sous la Renaissance et couronné au 18e s. par l'élégant dôme dû à Juvarra, il possède une remarquable **façade★★** richement décorée (1484) par les **frères Rodari**, auteurs également de la virtuose décoration du **portail nord** (dit « della Rana », en raison de la grenouille, *rana*, qui apparaît sur l'un des pilastres) et du **portail sud**. L'**intérieur★**, solennel, présente une architecture gothique et une décoration plutôt Renaissance. Outre les bannières tendues entre les piliers et les magnifiques **tapisseries★** des 16e et 17e s., il abrite dans le bas-côté droit des toiles de B. Luini **(Adoration des Mages, Vierge à l'Enfant entourée de saints★)** et G. Ferrari **(Fuite en Égypte)**, ainsi qu'une pathétique **Descente de Croix★**, sculptée par Tommaso Rodari (1489), dans le bas-côté gauche. Remarquable orgue en 5 corps.
Accolé à la façade, le **Broletto★★**, ancien palais communal du 13e s., est constitué d'un rez-de-chaussée à arcades et d'un étage orné de belles fenêtres à triples baies.
★ **San Fedele** – Au cœur d'un quartier pittoresque, cette église de style roman lombard (12e s.) est ornée d'un curieux portail d'abside agrémenté de belles sculptures en méplat. L'intérieur, à trois vaisseaux, conserve un splendide **chœur★** roman polygonal, flanqué d'absidioles et souligné par une double rangée d'arcades.
★ **Basilica di Sant'Abbondio** – Chef-d'œuvre de l'architecture romane lombarde, cette basilique, consacrée en 1093, présente une noble et sobre **façade★** précédée d'un beau portail. L'intérieur est à cinq vaisseaux, séparés

Varenna, au bord du lac de Côme.
E. Zane / MICHELIN

par de hautes et élégantes colonnes. Remarquable ensemble de **fresques★** du 14e s. évoquant la Vie du Christ.

Villa Olmo – *À 3 km au nord, par la route S 35, puis à droite la S 340.* Imposant édifice néoclassique de la fin du 18e s. qui abrite d'intéressantes expositions temporaires (*www.grandimostrecomo.it*). Petit théâtre et jardins d'où l'on a une belle **vue★** sur Côme et le lac.

Longer la rive ouest du lac pour atteindre Cernobbio.

★★ Cernobbio

Belle localité qui doit sa réputation à la **Villa d'Este**, luxueuse résidence du 16e s. aujourd'hui transformée en hôtel et environnée d'un beau parc *(l'accès du parc et de la villa est réservé à l'hôtel)*. Si l'on ne peut l'admirer du lac, c'est de la piazza del Risorgimento que l'on en a le meilleur point de vue, depuis l'auvent Liberty se trouvant à côté de l'embarcadère.

Continuer sur la S 340, en direction de Tremezzo.

3

Ossuccio

Le village présente une intéressante église romane, dédiée aux saints Giacomo et Filippo, avec un clocher à ciel ouvert et des fresques qui datent du 11e s.

★★★ Villa del Balbianello

Accès par bateau de l'embarcadère de **Lenno** *(7 € A/R). ✆ 0344 56 110 - www.fondoambiente.it - de mi-mars à mi-nov. : tlj sf lun. et merc. 10h-18h - 12 € jardin + villa (visite guidée), 6 € seult jardin.*

La villa (fin du 18e s.) se dresse en surplomb du lac. Son dernier propriétaire, l'explorateur Guido Monzino, lui a donné son aspect actuel. Admirables, le jardin en terrasses et la loggia. Dans la villa ont été tournées des scènes de *Star Wars* et de *Casino Royale*.

★★★ Tremezzo

Lieu de séjour très recherché pour la beauté de son site et la douceur de son climat ; le **parc communal★** offre de calmes jardins en terrasses.

★★ Villa Carlotta – *Via Regina, 2 (entrée à côté du Grand Hôtel de Tremezzo) - ✆ 0344 40 405 - www.villacarlotta.it - avr.-21 oct. : 9h-18h ; 22 oct.-4 nov. et 15-31 mars : 10h-16h ; fermé le reste de l'année - 9 €.*

Construite en 1690 environ, la villa occupe une situation admirable face au massif des Grigne. En 1801, elle fut vendue à G. B. Sommariva, homme politique et mécène qui en fit une somptueuse résidence et transforma le parc en

un jardin romantique. L'intérieur devint un temple de l'art du 19e s., avec des œuvres de Canova (dont on peut voir par A. Tadolini une copie de l'*Amour et Psyché*, *Palamède*, *Madeleine pénitente*, de l'atelier de Canova), Thorvaldsen *(L'entrée d'Alexandre le Grand dans Babylone)*, Hayez *(Le Dernier Adieu de Juliette et Roméo)*. Dans les appartements du premier étage, remarquez les très beaux plafonds à caissons en bois peint remontant au 18e s.
Les **jardins★★**, étagés en paliers, sont célèbres notamment pour leurs 150 sortes différentes de rhododendrons et d'azalées (en avril et mai, ces derniers forment une étonnante mer chromatique). Mais ils présentent aussi une large variété de camélias, des cèdres et séquoias centenaires, des plantes tropicales et une forêt de bambous. Lieux de charme, les cinq terrasses aux tonnelles d'agrumes s'échelonnent devant la villa.

★★ Cadenabbia
Délicieuse villégiature dans un beau site, face à Bellagio ; elle est reliée à Tremezzo et à la Villa Carlotta par une allée de platanes, la via del Paradiso. De la **chapelle St-Martin** *(1h30 à pied AR)*, **vue★★** sur la presqu'île de Bellagio, le lac de Lecco et les Grigne.

★★ Menaggio
C'est l'une des plus belles stations du lac, très fraîche en été. Dans le centre, la route principale s'écarte de la berge pour céder la place à une délicieuse promenade avec une jolie grille et des balcons de fer forgé d'où la vue sur le lac est magnifique. Des petites places entourées de belles maisons et de fontaines s'ouvrent sur la promenade et offrent des recoins agréables pour prendre un verre en terrasse.

Dongo
Dans cette localité, Mussolini et sa maîtresse, Clara Petacci, furent capturés le 27 avril 1945 avant d'être exécutés.

Gravedona
Port de pêche qui possède une charmante église romane, **Santa Maria del Tiglio★**, baptistère du 5e s. transformé au 12e s. dans le style lombard.

★ Abbazia di Piona
À 2 km au départ d'Olgiasca, sur la rive nord-est.
Fondé au 11e s. par des moines clunisiens, ce gracieux petit monastère est devenu cistercien un siècle plus tard. Remarquable **cloître★** roman lombard (1252).

Bellano
Au débouché de la Valsassina, vallée creusée par le torrent Pioverna que domine le massif des Grigne, cette petite ville industrielle possède une jolie **église** du 14e s. dont la façade, due à Giovanni da Campione, est d'un agréable style gothique lombard.

★ Varenna
Perdu au milieu des jardins et des cyprès, c'est un bourg charmant bâti sur un petit promontoire. L'arrivée en bateau de Bellagio ou Menaggio est particulièrement agréable : elle révèle un village de maisons colorées, serrées les unes contre les autres, qui ont l'air de regarder la baie avec curiosité. À gauche de l'arrivée du ferry part une promenade piétonne qui borde le lac. Depuis celle-ci, des rues aux escaliers en cailloux rejoignent le village qui s'étage juste au-dessus. En poursuivant son chemin jusqu'au bout, on atteint la **villa Cipressi**

(aujourd'hui un hôtel) et la **villa Monastero** (un centre de conférences), dont les magnifiques **jardins★** sont ouverts au public. La flore est composée d'essences méditerranéennes mais aussi asiatiques : agrumes, magnolias, lauriers, glycines, camélias, nénuphars (dans un joli petit bassin au-dessus du lac) et pins… *☏ 0341 29 54 50 - www.villamonastero.eu - mai-sept. : vend. 14h-19h, w.-end 10h-19h ; mars, avr. et oct. : w.-end 9h-18h ; fermé le reste de l'année - 8 €.*
Pour revenir à l'embarcadère, emprunter la route du village : non loin de la charmante place s'élève la petite église **San Giovanni Battista** dont les origines remontent avant l'an 1000 et qui possède des fresques du début du 14e s.
Descendre jusqu'à Lecco et passer sur la rive ouest du lac de Lecco, en direction du lac d'Annone.

Civate

Peu avant Lecco, près de la route qui vient de Milan et de Côme, se trouve Civate. Vous pouvez rejoindre à pied l'église romane **San Pietro al Monte★★**, qui faisait initialement partie d'une abbaye bénédictine, construite sur le mont Pedale. L'ascension *(env. 1h)* sera récompensée par la vue panoramique et par la visite. D'origine ancienne, l'église date en grande partie du 12e s. et conserve d'intéressantes **fresques** sur le thème de l'Apocalypse. À côté s'élève l'oratoire de San Benedetto, de la même époque *(dim. et fêtes religieuses sf Noêl et Pâques.).*
Remonter au nord à Bellagio.

★★★ Bellagio

Admirablement situé, à la pointe extrême du promontoire qui sépare les deux branches méridionales du lac, la « perle du lac » est universellement connue pour l'agrément de son cadre et la qualité de son accueil. Au début du 19e s., le comte Francesco Melzi, duc de Lodi, y fit construire une villa, ce qui attira à Bellagio la noblesse milanaise et détermina la vocation touristique de la ville (même si le premier « vacancier » fut en fait Pline le Jeune au 1er s.). Parmi les célébrités qui y séjournèrent, on compte Franz Liszt, qui passa à Bellagio sa lune de miel avec Marie Catherine de Flavigny, comtesse d'Agoult. Leur histoire d'amour a lancé la croyance qu'une lune de miel dans cette cité lacustre portait bonheur. Les villas et les jardins créés par la noblesse lombarde constituent les incontournables de cette ville à l'élégance simple et spontanée. Avant de les visiter, on appréciera la promenade dans ses ruelles. Du bord du lac, on peut emprunter l'agréable Salita Serbelloni. L'église de **San Giacomo** (11e s.) présente un bel ambon. Dans la partie basse de la ville, on peut marcher *(10mn)* jusqu'à la Punta Spartivento dont le panorama porte sur les trois bras du lac.
Villa Serbelloni – *☏ 031 95 15 55 - www.bellagiolakecomo.com - info@promobellagio.it - visite guidée sur réserv. des jardins 15 mars-15 nov. tlj sf lun. 11h et 15h30 - départ de la tour médiévale, place de l'église San Giacomo - 9 €.*
La première villa fut bâtie au 15e s., reconstruite au 16e s. et la famille Serbelloni, au 18e s., en agrandit le parc. Actuellement, elle appartient à la Fondation Rockefeller de New York, qui l'a destinée aux artistes et aux savants pour qu'ils puissent conduire leurs recherches dans une atmosphère de charme et de tranquillité. La visite des **jardins★★** mène jusqu'au sommet du promontoire, en révélant de très belles **vues** sur les trois bras. Après avoir visité le site en 1825, Stendhal écrivit : « au-dessous le bois sacré des Sfondrata, et le hardi promontoire qui sépare les deux branches du lac, celle de Côme, si voluptueuse, et celle qui court vers Lecco, pleine de sévérité : aspects sublimes et gracieux que le site le plus renommé du monde, la baie de Naples, égale mais ne surpasse point ».

3

Villa Melzi – *✆ 339 457 3838 - www.giardinidivillamelzi.it - de mars à oct. 9h30-18h30 - 6 €.* Cette ville néo-classique a été construite pour Francesco Melzi D'Eril, vice-président de la République cisalpine, Grand Chancelier du royaume d'Italie et collaborateur de Napoléon. Son **parc★★** (1811-1815), ravissant au bord du lac, est le premier exemple de jardin à l'anglaise sur le Lago di Como. Particulièrement jolis : le jardin oriental avec le lac de nymphéas et l'allée de platanes.

Torno

À la limite de ce joli port, l'église **San Giovanni** (14e s.) montre une façade ornée d'un riche **portail★** de style Renaissance lombarde.
Avant de revenir à Como, faire une excursion vers la Brianza par la SP 36.

CANTÙ ET LA BRIANZA Carte de la regione dei Laghi (p. 300-301)

La Brianza est une région industrieuse située au sud de Como et qui possède quelques églises romanes. Le fin campanile roman de l'église de San Paolo (11e s.) domine les ruelles de **Cantù** (village spécialisé dans la production de meubles) tandis que l'abside principale de l'église de San Teodoro (achevée au 13e s.) est un bon exemple d'architecture romane.
★ **San Vicenzo in Galliano** – *À 1,5 km à l'est de Cantù. ✆ 031 71 74 45 - d'avr. à sept. mar.-vend. 9h30-12h, 15h-18h ; reste de l'année mar.-dim. 9h30-12h, 15h-17h.* Cette basilique romane, bâtie en pierre grise, est située au sommet d'une petite colline. Sa construction s'étendit de la seconde moitié du 5e s. à la fin du 8e s. Les trois nefs sont décorées de **fresques★** du 11e s. relativement bien conservées et qui constituent un intéressant témoignage de la peinture romane lombarde. Juste à côté, l'élégant et lumineux **baptistère★** date de la même époque. Dans la **galerie** circulaire ouverte, trois autels en pierre rappellent que des messes y étaient également célébrées.

★★ La Valtellina Carte de région (p. 220-221) B-CA

Circuit d'environ 370 km (hors vallées secondaires de la Basse Valteline). Départ de Colico (rive nord-est du Lago di Como).
La Valteline (*www.valtellina.it*) est une vallée alpine creusée par l'Adda qui, du nord de Bormio (au nord-est de Colico, près de la frontière suisse), descend d'abord vers le sud puis plie vers l'ouest, pour enfin se jeter dans l'extrémité septentrionale du Lago di Como. Plusieurs vallées latérales en font partie intégrante. Elle compte plusieurs sites thermaux et des spas très bien équipés. La vallée cultive aussi l'art de la bonne table et du bon vin, grâce à ses traditions culinaires et viticoles.

LA VALCHIAVENNA B1

Au nord du Lago di Como.
La Valchiavenna est la partie la plus occidentale de la Valteline, perpendiculaire au bassin de l'Adda.

Chiavenna

Au cœur d'une région de vallées sauvages, Chiavenna est la clef *(chiave)* des cols du Splügen et de la Maloja, entre l'Italie et la Suisse. La ville est connue pour ses *crotti*, des grottes naturelles où l'on conserve fromages et vins et où l'on sert des spécialités locales. Au-dessus du palais Balbini (15e s.), s'élève la « **rupe del Paradiso** », parc archéologique et botanique qui comprend

Paysage de la Valtelline, près de Sondrio.
M. Ripani / Sime/Photononstop

le **Museo Naturalistico**. *✆ 0343 33 795 - de fin mars à oct. : tlj sf lun. 10h-12h, 14h-18h ; reste de l'année : tlj sf lun. 14h-17h, dim. 10h-12h, 14h-17h - 2 €.*

À voir également, dans le centre historique, les curieuses fresques qui ornent l'extérieur du palais du Prétoire et les portails de la via Dolzino, dont les inscriptions remontent à l'époque de la Réforme.

D'origine romane, la **Collegiata di San Lorenzo**, reconstruite au 16e s. après un incendie, abrite deux toiles de Pietro Ligari (1738 - *2e chapelle à droite*), et de Giuseppe Nuvoloni (1657 - *1re chapelle à gauche*). Le **baptistère** renferme une **cuve baptismale★** romane (1156) ornée d'intéressants bas-reliefs (scène de baptême rassemblant des personnages très différents : un enfant, des ecclésiastiques, un noble, un militaire, un artisan). Le **trésor** recèle une belle **reliure d'évangéliaire** du 12e s. Au-dessus du portail du campanile (16e s.) figurent les armoiries les plus anciennes de la localité, deux clés entrecroisées surmontées d'un aigle.

3

★★ Passo dello Spluga (route du col du Splügen)

À 30 km au nord de Chiavenna.

C'est l'une des routes les plus spectaculaires des Alpes, notamment dans sa **section Campodolcino-Pianazzo★★★**, grimpant en lacet au flanc d'une paroi abrupte.

Revenir à Colico et s'engager sur la S 38.

LA BASSE VALTELINE C1

Morbegno

La position stratégique de Morbegno lui a permis de se développer dès la première moitié du 14e s. grâce à ses voies naturelles vers le Lago di Como (à l'ouest) et vers la région de Bergame (au sud). Cette petite ville animée est un excellent point de départ pour visiter le Val Gerola, la Valle di Albaredo et le Val Masino.

Val Gerola – *Au sud. 40 km AR de Morbegno à Pescegallo par la route provinciale SP 7.* C'est l'une des deux vallées creusées par le torrent Bitto qui a, entre autres, donné son nom à l'un des meilleurs fromages des Alpes. Les paysages sont splendides et la nature plutôt préservée. Les bourgs que l'on rencontre sont **Rasura**, **Pedesina** et **Gerola Alta★**.

Valle di Albaredo – *Au sud. 52 km AR de Morbegno au col de San Marco par la route provinciale SP 8.* Passant par le col de San Marco, cette vallée fut une importante voie commerciale (via Priula) exploitée dès la fin du 15e s. Les ruelles du village d'**Albaredo per San Marco** sont ornées de peintures murales colorées qui illustrent des légendes locales. Un **Ecomuseo** de plein air permet de découvrir les activités rurales d'autrefois.

Continuer sur environ 7 km à l'est, jusqu'à Masino.

Val Masino

32 km AR entre Masino et Bagni di Masino par la route SP 9.

Le Val Masino est une belle et profonde vallée granitique, fort appréciée par les amateurs d'alpinisme. À 1 178 m d'altitude, les eaux thermales de **Bagni del Masino** jaillissent à 38 °C. L'endroit est adorable.

Revenir sur la S 38 et poursuivre vers l'est.

Sondrio

Le chef-lieu de la Valteline est situé au cœur d'une zone de vignobles. Sur la piazza Campello se trouve le **Palazzo Pretorio** (16e s.). La Collegiata dei Santi Gervasio e Protasio a été reconstruite au 19e s. sur un bâtiment antérieur datant du 12e s. Le **Castello Masegra★** domine la ville. Il accueille un musée d'Histoire qui raconte les trois siècles de domination des Grisons dans la Valteline. À l'ouest de la ville se trouve le **Santuario della Madonna della Sassella★**, du 14e s., avec un portail du 16e s., de belles fresques et un précieux autel en bois.

Valmalenco – *Au nord de Sondrio. 52 km AR (après le hameau Mossini) à Chiareggio, le long de la route SP 15.* Renommée surtout pour l'extraction et le travail de la pierre ollaire, la vallée déploie de magnifiques paysages dominés par des sommets qui dépassent les 4 000 m. La localité la plus importante de la vallée est **Chiesa in Valmalenco**. Elle forme avec Caspoggio et Lanzada un formidable domaine skiable et est le point de départ de nombreuses excursions, dont l'Alta via della Valmalenco, une randonnée de huit jours, qui atteint le groupe du Monte Disgrazia, le massif du Bernina et la zone du Pizzo Scalino. Vers le nord, le hameau de **Chiareggio★**, à 1 600 m d'altitude, est un endroit plein de charme avec ses vieilles maisons et ses panoramas.

Revenir sur la S 38 et continuer vers l'est.

LES VINS ET LA CUISINE DE LA VALTELINE

La Valteline se caractérise par un extraordinaire paysage de vignobles en terrasses (mises bout à bout, ces dernières formeraient une ligne de 2 500 km !). Ces vignes produisent des vins rouges à partir de Nebbiolo, un cépage noble à la maturation tardive. Parmi les crus précieux, on compte le **Sforzato** et le **Valtellina Superiore**, qui se décline en cinq appellations (Grumello, Inferno, Maroggia, Sassella et Valgella).

Du côté de la table et des recettes les plus typiques, citons la **polenta taragna** (préparée avec de la farine de sarrasin à laquelle on ajoute du beurre et du fromage), les **pizzoccheri** (des tagliatelles de farine de sarrasin cuites avec des pommes de terre, des blettes, des choux) ou le **sciatt** (un grand beignet à base de farine de sarrasin, frit et farci au fromage).

LA HAUTE VALTELINE C1

Teglio

À 16 km de Sondrio.

Cette localité, qui a donné son nom à la Valteline, était déjà habitée à l'époque préhistorique. Dans le **Palazzo Besta** (1433) se trouve un musée archéologique. Le bourg possède le titre de *Città Slow*, un label de qualité de vie.

Continuer sur la S 38.

Tirano

À 12 km au nord-est de Teglio.

Cette petite ville, arrosée par l'Adda et le Poschiavino, fait figure de carrefour entre la S 38 (« Statale dello Stelvio ») et la route qui conduit au col de la Bernina reliant la Valteline à la région suisse de l'Engadine.

Comme Teglio, elle possède aussi le titre de *Città Slow*. Le **sanctuaire de la Vierge de Tirano★** fut construit, à partir de 1505, sur le lieu d'une apparition de la Vierge. L'église à trois vaisseaux, dont la façade date de 1676, présente une somptueuse décoration baroque où l'on remarque des fresques de Cipriano Valorsa di Grosio (1575-1578), surnommé le « Raphaël de la Valteline » *(partie haute de la nef centrale)*, une fresque de l'Apparition, datant de 1513 *(à gauche au-dessus du confessionnal)*, des toiles d'un élève de Morazzone *(chœur)* et un **orgue** grandiose du 17e s., richement décoré : le buffet est dû à Giuseppe Bulgarini et les panneaux du balcon, représentant la *Naissance de l'Enfant Jésus*, l'*Adoration des Mages* et la *Circoncision*, à G. B. Salmoiraghi (1638).

Grosio

À 14 km au nord-est de Tirano.

Petite commune dans une zone déjà habitée à l'âge du bronze, comme en témoigne le **Parco delle Incisioni Rupestri★**. Ce dernier se situe sur un promontoire entre Grosotto et Grosio, où subsistent les ruines de deux châteaux médiévaux. *✆ 0342 84 72 33 - www.archeologica.lombardia.beniculturali.it*

3

★ Bormio

À 27 km au nord de Grosio.

Dominée par le mont Reit (3 075 m), Bormio est une importante station touristique et **thermale**, appréciée hiver comme été. Le centre historique est assez bien conservé. On admirera les **fresques** (15e s.) sur la façade de l'église romane **S. Vitale** et celle de l'église **Santissimo Crocifisso** ; le **Kuerc**, ancien tribunal du 14e s. ; la **Torre civica** (15e s.) ; le **Ponte di Combo** (1591), avec ses deux chapelles ; le **Castello De Simoni** (17e s.), qui abrite la mairie et un petit musée, et le **jardin botanique de la via Sertorelli**, avec les principales espèces végétales du **Parco nazionale dello Stelvio★★★**, le plus grand territoire protégé des Alpes (300 000 ha), qui compte 102 glaciers, des centaines de sommets, une cinquantaine de lacs d'origine glaciaire, plus de 40 000 ha de forêts et une faune très riche (cerfs, bouquetins, chevreuils, chamois, aigles, perdrix et marmottes). *Pour toute information : www.stelviopark.it.*

Livigno

À 38 km au nord-ouest de Bormio par la route S 301 ou 50 km au nord de Tirano (seulement en été) en passant par Poschiavo (Suisse).

Surnommé « le petit Tibet », Livigno s'étend à 1 800 m d'altitude comme une espèce de long serpent, entre le col du Bernina et celui du Stelvio (au nord de Bormio), dans un cadre naturel magnifique. Importante station de ski, l'endroit est aussi fort prisé en été pour ses nombreuses activités spor-

tives et ses randonnées de tous niveaux. Livigno est une zone franche, et donc beaucoup de produits (alcools, sucre, tabac, carburant…) sont vendus sans TVA.
Redescendre vers Tirano et la S 38 puis continuer à l'est sur la S 39.

Aprica

À 20 km au sud de Tirano.
C'est l'une des destinations préférées de la Valteline, aussi bien pour ses installations sportives que pour ses équipements touristiques. Le bourg, animé et agréable, est un excellent point de départ pour de nombreuses randonnées alentour.
Pour rallier le Lago d'Iseo, poursuivre sur la S 39 jusqu'à Edolo et bifurquer plein sud sur la S 42.

★★ LES GRAVURES RUPESTRES DE LA VALCAMONICA C1-2

La **Valcamonica** suit le cours de l'Oglio jusqu'au Lago d'Iseo. Pittoresque dans sa partie haute, avec les nombreux châteaux en ruine qui jalonnent ses versants, cette vallée, qui conduit d'Edolo à Lovere, s'industrialise à mesure que l'on descend.
Sur un territoire de près de 60 km de long, on trouve de très nombreuses gravures rupestres (inscrites sur la liste du Patrimoine mondial de l'Unesco) datant de la préhistoire au début de la romanisation. Les rochers du Valcamonica, polis par le glissement des glaciers alpins (disparus il y a 10 000 ans), offrent un support lisse, favorable au dessin. Les gravures, réalisées en piquetant la pierre ou en la griffant à plusieurs reprises, ont livré divers témoignages sur la vie quotidienne des peuplades dites camuniennes qui occupaient le site : uniquement chasseurs au paléolithique (environ 8000 à 5000 av. J.-C.), ces hommes s'initièrent à l'agriculture durant le néolithique, puis à la métallurgie à l'âge du bronze (à partir de -1800) et l'âge du fer (de -900 au début de notre ère). On trouve principalement quatre types de représentation : cervidés (scènes de chasse) ; attelages de bovidés et araires ; armes (poignards, haches) et guerriers ; représentations religieuses : orants, symboles, idoles…
Les gravures sont facilement visibles dans le **Parco Nazionale delle Incisioni Rupestri** à Capo di Ponte. *Visite 2h. ✆ 0364 42 140 - www.archeologica.lombardia.beniculturali.it - 8h30-19h30 (16h30 en hiv.) - fermé lun. - 4 €.*
Pour l'accès à la **Riserva Naturale Regionale di Ceto, Cimbergo e Paspardo** s'adresser au musée de Nadro à Ceto, consacré au sujet. *✆ 0364 43 34 65 - www.invallecamonica.it -9h-17h30 (16h en hiv.)- 3 €.*

★ Lago d'Iseo Carte de microrégion (p. 221) C2

Circuit d'environ 30 km sur la rive est du lac, tracé sur la carte de la page 316.
Le petit **Lago d'Iseo** ne manque pas de charme par la variété de ses sites sauvages se découpant sur un fond de hautes montagnes et par ses rives, tantôt escarpées et tantôt sinueuses, où se blottissent des villages tranquilles. Au centre des eaux d'un bleu profond surgit l'île du Monte Isola (600 m).

★ Iseo

Iseo est une charmante villégiature au bord du lac, avec une promenade animée bordée d'alléchantes *gelaterie*. L'église romane Sant'Andrea, au fond d'une charmante petite place, a conservé son campanile du 13e s.

★★ Monte Isola

600 m. Accès en bateau de Sale Marasino, Sulzano et Iseo. Sur l'île, on circule à pied, en bus ou à vélo ; location à Carzano ou Peschiera.

D'une superficie de 4,3 km², la plus vaste île lacustre d'Italie est la principale attraction touristique du lac. Les localités de **Carzano** et **Peschiera**, ont conservé un certain charme. Le sanctuaire de la **Madonna della Ceriola** offre un vaste **panorama★★** sur le lac et les Alpes bergamasques.

★ Pisogne

Petit port dans un joli site au bord du lac. L'**église Santa Maria della Neve** abrite des **fresques★** (16e s.) de Romanino da Brescia.

Lovere

Avec sa vieille ville aux rues en pente et une jolie place face au lac, bordée de cafés, Lovere est très agréable. Son imposante basilica **Santa Maria in Valvendra★** (16e s.) mérite une visite pour ses fresques et son décor baroque. La **Galleria Tadini** présente une collection d'armes, de tableaux (Bellini, le Parmesan), porcelaines et sculptures (Canova). *Via Tadini 40 - ✆ 035 96 27 80 - www.accademiatadini.it - ♿ - mai-sept. : tlj sf lun. 15h-19h, dim. 10h-12h, 15h-19h ; avr. et oct. : sam. 15h-19h, dim. 10h-12h, 15h-19h - fermé nov.-mars - 7 €.*

★★★ Lago di Garda Carte de région (p. 221) D2

Circuit d'environ 150 km, tracé sur la carte p. 316. Comptez deux jours, avec étape possible à Riva del Garda. Départ de Sirmione et tour par l'ouest.

Le **Lago di Garda**, le plus vaste d'Italie, est l'un des plus harmonieux, même s'il présente une grande variété d'aspects : côte basse et plate de la partie méridionale, formée par les alluvions ; abruptes pentes de la rive occidentale ; chaîne montagneuse du Monte Baldo qui domine la rive orientale. Au nord, la barrière des Dolomites favorise, en stoppant les vents, la douceur de ce climat qui a valu, dès l'Antiquité, le surnom de « lac bénéfique » (Benaco) à ce plan d'eau d'une importance stratégique et commerciale notable. Au cours des siècles, les puissances voisines s'en partagèrent successivement la domination.

Sur le plan artistique, c'est sans doute l'influence de la République vénitienne (maîtresse de la région du 15e au 18e s.) qui se fit le plus fortement sentir, en architecture comme dans le domaine de la peinture.

Depuis l'époque romaine, les rives du Lago di Garda furent élues lieux de séjour et, aujourd'hui encore, le touriste peut y trouver de nombreuses villégiatures lui offrant repos, confort et bonne chère.

LA RIVE DES CITRONS - DE SIRMIONE À RIVA DEL GARDA

Env. 70 km.

La rive occidentale du lac est la plus ensoleillée et la plus agréable. On y cultive cédrats et citrons, d'où son surnom.

★★ Sirmione

À la pointe de la péninsule de Sirmione, longue et étroite langue de terre, cette importante station de villégiature est également connue depuis le début du siècle comme station thermale réputée pour soigner, en particulier, les affections des voies respiratoires *(rens. www.termedisirmione.com)*. Passé la zone hôtelière, la petite ville groupe ses maisons autour de la puissante **Rocca**

Scaligera★ (forteresse des Scaliger) des 13e-15e s., bel ensemble crénelé qui conserve d'intéressantes fresques et offre une jolie vue du donjon. ✆ *030 91 64 68 - 8h30-19h30 - fermé lun. et j. feriés - 4 €.*

À voir dans la petite église **Santa Maria Maggiore**, du 15e s., des fresques des 15e et 16e s. À l'extrémité du promontoire rocheux, dans un **site★★** d'une grande beauté, s'étendent les « **Grotte di Catullo** », une zone archéologique où ont été mis au jour les vestiges d'une gigantesque villa romaine, que la tradition attribue au poète romain Catulle (v. 87-54 av. J.-C.). Un petit musée retrace l'histoire des fouilles. ✆ *030 91 61 57 - www.archeologica.lombardia.beniculturali.it - mars-oct. 8h30-19h30 (dim. 8h30-14h) ; reste de l'année : zone archéologique 8h30-16h30 (dim. 8h30-14h), musée 8h30-19h30 - fermé lun. et dim. apr.-midi. - 4 €.*

Non loin, sur un promontoire, l'église **San Pietro in Mavino**, bâtie sur un ancien temple romain, comporte aussi de belles fresques (13e-16e s.).

Desenzano del Garda

Le vieux port, la pittoresque place Malvezzi et la ville ancienne avoisinante constituent d'agréables lieux de flânerie. Très animée le soir, Desenzano regorge de restaurants et de lieux de sortie nocturnes. L'**église Santa Maria Maddalena**, du 16e s., abrite une intense **Cène★** de Tiepolo. Une promenade

dans la vieille ville mène aux ruines du **château médiéval**, qui dominent la ville et offrent un beau point de vue. Au nord de la localité, via Scavi Romani, la **villa romaine** du 4e s. présente un remarquable ensemble de **mosaïques romaines★** polychromes. *✆ 030 91 43 547 - www.archeologica.lombardia.beniculturali.it - tlj sf lun. mars-oct. 8h30-19h ; reste de l'année 8h30-17h - 2 €.*

★ Salò

Capitale de la « Magnifique Patrie » sous la domination vénitienne (du 15e s. à l'arrivée de Napoléon en 1796), cette agréable cité a gardé de sa période de splendeur un **Dôme** du 15e s., qui abrite un grand **polyptyque★** en bois doré de 1510 et quelques œuvres de Moretto et Romanino. Salò fut le siège de l'éphémère République sociale italienne que proclama **Mussolini** en septembre 1943. État fantoche sous domination allemande, il s'effondra lors de la débâcle des troupes germaniques en avril 1945. Des magnolias ombragent une très agréable promenade piétonne ; sous les façades Art nouveau, cafés et restaurants ouvrent leurs terrasses face aux voiliers amarrés.

★ Isola del Garda

✆ 0365 62 294 - www.isoladelgarda.com - visites accompagnées par les propriétaires avr.-oct. le matin ; les jours changent selon le port de départ (Barbarano, Gardone Riviera, Salò, Manerba, Portese, Bardolino, Garda). 25-30 € bateau compris. Réserv. sur le site.

Ce site d'une grande beauté, déjà habité à l'époque romaine, accueillit au 13e s. un ermitage franciscain qui fut ensuite agrandi par San Bernardin de Sienne. En 1870, l'îlot passa au duc de Ferrari, à qui l'on doit l'imposant palais de style néogothique vénitien, puis à la famille Scipione-Cavazza. Tout autour du palais s'étend un merveilleux jardin planté d'essences locales et exotiques, entretenu avec soin et passion.

★ Gardone Riviera

La bourgade comprend deux parties : près du lac, une villégiature ensoleillée, dotée de nombreux hôtels et, sur la hauteur, le pittoresque village de **Gardone di Sopra**. Ici se trouve le **Vittoriale★** du poète **Gabriele d'Annunzio** (1863-1938). Ce vaste domaine, entouré de jardins bénéficiant d'une belle vue sur le lac, est une sorte de sanctuaire où l'on célèbre la poésie, le patriotisme et l'héroïsme guerrier de cet écrivain esthète sur fond de la tragique épopée fasciste. La villa néoclassique **La Priora** rappelle l'atmosphère sombre et chargée dans laquelle il aimait vivre. Le parc rassemble de nombreux souvenirs, comme la proue du navire *Puglia*, à bord duquel D'Annunzio se lança à l'assaut de Fiume, et le **Museo D'Annunzio segreto**, qui éclaire la personnalité du poète à travers ses objets personnels : vêtements, chaussures, bijoux… Au sommet du domaine, le mausolée offre un beau point de **vue★**. *✆ 0365 29 65 11 - www.vittoriale.it - avr.-sept. : tlj sf lun. 9h30-19h ; reste de l'année : tlj sf lun. 9h-13h, 14h-17h - fermé 24-25 déc. et 1er janv. - 16 € pour la visite complète. En haute saison, le Vittoriale est toujours bondé, il est conseillé d'arriver avant 10h ou d'acheter les billets le jour précédent.*

Dans la partie basse du village s'étend le charmant **jardin botanique Heller**, parsemé de sculptures d'artistes contemporains et de plantes des cinq continents. *Via Roma 2 - ✆ 336 41 08 77 - www.hellergarden.com - de mars à oct. tlj 9h-19h - 9 €.*

Toscolano Maderno

Ce bourg est le point de départ idéal pour une incursion dans la Valle delle Cartiere (vallée des papeteries), qui s'étire le long du torrent Toscolano. Le **Museo della Carta** (musée du papier) retrace l'histoire de cette activité

LA FONDATION DE LA CROIX ROUGE
À **Solferino** (*20 km au sud de Sirmione*) une **chapelle ossuaire** et un **musée** commémorent la bataille remportée le 24 juin 1859 sur les Autrichiens par les troupes franco-piémontaises, victoire qui fut déterminante pour l'indépendance de l'Italie. Le champ de bataille s'étendait jusqu'à **San Martino** (*11 km au nord de Solferino*), où se trouvent une chapelle ossuaire, un musée et une tour monumentale. Les très lourdes pertes (11 000 morts et 23 000 blessés) inspirèrent à l'humaniste et homme d'affaires suisse Henri Dunant la fondation de la **Croix-Rouge**, dont on peut voir le **mémorial**.

traditionnelle qui a caractérisé la petite cité du 14e au 20e s. *Via Valle delle Cartiere - ✆ 0365 64 10 50 - www.valledellecartiere.org - avr., mai. et 6-14 oct. sam. et dim. 10h-18h ; de juin à sept. tlj 10h-18h - fermé le reste de l'année - 5 €.*
Avant d'arriver à Gargnano, ne ratez pas, à Bogliaco di Gargnano, l'imposant **Palazzo Bettoni Cazzago**, magnifique réalisation du 18e s., qui devient chaque printemps le cadre de l'exposition florale Giardino di Delizia. *Rens. www.ilgiardinodidelizia.it.*

Gargnano

C'est une charmante station de villégiature entourée de serres, de citronniers et de cédratiers. L'église **San Francesco** possède un joli cloître du 15e s. dont les arcades de style mauresque reposent sur des chapiteaux sculptés d'oranges et de citrons, rappelant la tradition selon laquelle les Franciscains auraient introduit ces agrumes sur les bords du lac.
En continuant vers le nord, le long de la falaise apparaissent de spectaculaires terrasses plantées de pylônes : ce sont les *limonaie*, qui servent à la culture des citrons selon une méthode en vigueur depuis le 18e s. Pour en savoir plus, faites une halte à la **Limonaia del Prà de la Fam** qui se trouve sur la SS45bis, juste après une galerie. *Port de Tignale - ✆ 0365 73 354 - avr.-sept. tlj 10h-18h - 1 €.*
Revenir sur ses pas et traverser la galerie pour monter au bourg de Tignale.
En vous éloignant de la rive pour monter vers le plateau de **Tremosine**, vous profiterez de **vues★★★** exceptionnelles sur le lac. Le **sanctuaire de Montecastello** surplombe le lac d'une hauteur de 800 m et conserve des fresques de l'école de Giotto. *✆ 0365 73 019 - de Pâques à oct. 9h-18h.*

★ Limone sul Garda

C'est un des villages les plus pittoresques des bords du lac, dont le nom fleure bon le citron : sous serres ou en terrasses, l'arbre aux fruits d'or est omniprésent. On peut visiter la **Limonaia del Castèl** (*Via Capitelli - ✆ 0365 95 40 08 - d'avr. à oct. tlj 10h-18h*) ou la **Limonaia di Villa Boghi** (*Via 4 Novembre 25 - tlj 9h-21h*).

★ Riva del Garda

À l'extrémité nord du lac, cette petite station climatique dominée à l'ouest par d'impressionnants escarpements rocheux fut, dès l'Antiquité, un important noyau stratégique et commerciale en raison de sa situation clef sur la route reliant Vérone aux Alpes. Elle possède aujourd'hui encore une pittoresque **vieille ville★**, composée d'un réseau de ruelles étroites et commerçantes.
Non loin du lac, la **Rocca** (citadelle), résidence des princes évêques au 16e s. (elle a conservé ses tours médiévales), a repris son usage militaire au 19e s. avant d'être transformée en musée. Elle abrite des expositions et le **Museo Alto Garda** (MAG), dédié à l'archéologie, l'histoire et l'art du terroir. *Piazza C. Battisti 3/A - ✆ 0464 57 38 69 - www.museoaltogarda.it - mars.-nov. tlj 10h-12h30, 13h30-18h30 - fermé lun. sauf juil.-sept. - 2 €.*

Près de la piazza III Novembre, bordée d'arcades, se dresse la **Torre Apponale** (13e-16e s.), d'où l'on surveillait le port et qui servit à l'occasion de grenier à sel et de prison *(tlj 10h-18h en été - 1 €)*. Sur la via Marocco subsistent des vestiges de tours médiévales où trouvèrent refuge les imprimeurs juifs chassés de Trente par les catholiques, au 15e s. Un peu au nord du centre, entre la via Roma et la viale Pilati, on peut voir les fouilles du site des **thermes romains**. À 3 km au nord de Riva, le **Parco Grotta Cascata Varone** permet des visites de grottes, des balades parmi les cascades et dans un jardin botanique. *www.cascata-varone.com - mars-oct. tlj 9h-18h ; nov-fév. dim. 10h-17h - 5,50 €.*

LA RIVE DES OLIVIERS - DE RIVA DEL GARDA À LAZISE

Env. 75 km.

La rive orientale du lac, dans la région du Veneto, a été surnommée « rive des Oliviers » – sa grande richesse – mais on aurait pu l'appeler aussi « rive des Vignes » car c'est là que l'on produit les renommés Bardolino et Valpolicella.

★ Malcesine

Pittoresque bourg, traversé par un réseau de ruelles étroites de cailloux, ramassé sur une pointe au pied du Monte Baldo et dominé par la silhouette crénelée du **château fort★** des Scaliger de Vérone (Castello Scaligero – 13e-14e s.). *✆ 045 657 03 33 - ouvert en saison 9h-19h ; oct.-mars mar.-dim. 9h-16h - 6 €.* Au bord de l'eau s'élève le palais des Capitaines du Lac (15e s.), de style vénitien. Du sommet du **Monte Baldo** *(téléphérique - www.funiviedelbaldo.it)*, splendide **panorama★★★** sur le lac et, au nord, les massifs de Brenta et de l'Adamello.

Passé Brenzone, empruntez la route de **San Zeno di Montagna** pour bénéficier de splendides **vues★★** sur le lac en descendant vers Torri del Benaco.

Torri del Benaco

Le petit bourg de pêcheurs se présente de loin avec son château, le **Castello Scaligero** (fin 14e s.), et son ancienne serre aux citronniers (1760). Le **palais de la Gardesana** (15e s.), sur le port, est aujourd'hui un hôtel. L'**église de la Trinité** abrite des fresques des 15e et 16e s.

★★ Punta di San Vigilio

Accès à pied par un chemin, demander la carte à l'office de tourisme.

Cette pointe compose un tableau d'une romantique harmonie. La Villa Guarienti *(ne se visite pas)* fut construite au 16e s. pour l'humaniste véronais Agostino Brenzoni, sur les plans de Sanmicheli.

Garda

Cette villégiature fréquentée, qui a donné son nom au lac, porte les traces de la domination vénitienne : palais des Capitaines du Lac et palais Fregoso, tous deux du 15e s.

De Garda, on peut rejoindre le bourg de **Spiazzi** *en 30mn.*

Dans un site à couper le souffle se dresse le **sanctuaire de la Madonna della Corona** (Vierge de la Couronne), qui surplombe la vallée de l'Adige à 774 m d'altitude. *✆ 045 72 20 014 - www.madonnadellacorona.it*

★ Bardolino

La localité a donné son nom à l'une des plus célèbres appellations de vins rouges et rosés italiens, que vous dégusterez dans les propriétés des alentours. La vieille ville, en bordure du lac, est charmante avec l'élégante église

de **San Severo★**, du 11e s., et ses ruelles étroites, bordées d'alléchantes boutiques. La minuscule et insolite église carolingienne de **San Zeno** (9e s.) est cachée dans une ancienne cour.
À 5 km au nord du village *(dir. Albarè et fléchage à partir de Cortelline)* se trouve l'**Eremo di San Giorgio**, un monastère qui dépend de l'ordre des Camaldules (17e s.) et d'où l'on a une belle vue sur le lac.

★ Lazise

Cette jolie petite ville, agréable but de promenade, a gardé l'**enceinte** (vestiges du 10e s.) et le **château** agrandis et restaurés par les Scaliger puis les Visconti. Autour du petit port se dressent des maisons à porche et le bâtiment de la **Dogana Veneta**, situé à la frontière entre la Lombardie et la République de Venise.
Continuer vers Peschiera puis suivre la signalisation pour le parc-jardin Sigurtà, à 8 km au sud de Peschiera del Garda par la SS 249 (dir. Valeggio sul Mincio).

★★ Parco-Giardino Sigurtà

☏ 045 63 71 033 - www.sigurta.it - ♿ - mars-oct. : tlj 9h-18h (mars et oct. 17h) - 12 € - visite possible du parc en petit train (3 €), en vélo (5 €), en golf cart ou en shuttle.
Carlo Sigurtà (1898-1983), industriel en produits pharmaceutiques, après avoir obtenu le droit de pomper l'eau du Mincio, transforma complètement le domaine dénudé d'une villa du 17e s. qui servit de quartier général à Napoléon III en 1859. Aujourd'hui, les 50 ha du parc, parfaitement entretenus, outre la magnifique position sur le Mincio, offrent la magie d'une flore méditerranéenne, de vastes étendues d'herbe et des curiosités architecturales et naturelles.

NOS ADRESSES DANS LA RÉGIONE DES LACS

TRANSPORTS

Navigation sur le Lac Majeur, Lac de Côme et Lac de Garde – *www.navigazionelaghi.it*

Lac Majeur

Navigazione Lago Maggiore – Transport de voitures entre Intra et Laveno et vice versa. Il existe également un billet de libre circulation sur le lac, valable une journée. Croisières nocturnes en été. *Se rens. : www.distrettolaghi.it*
Pour les **îles Borromées**, billet à la journée en libre circulation. *www. navigazionelaghi.it*. Informations à l'**office du tourisme de Stresa** : *Via Cavour, 14 - ☏ 0323 31 308 - www.stresaturismo.it.*
Lago Maggiore Express – Une formule de voyage en train et bateau entre l'Italie et la Suisse. Les trains « delle Centovalli » et « della Valle Vigezzo » vous font découvrir des paysages sauvages, puis le bateau vous mène aux îles Borromées, à Stresa, Ascona, Locarno… *32 € (1 j.), 40 € (2 j.). ☏ 0322 233 200 (Navigazione Lago Maggiore) - www.lagomaggioreexpress.com.*

Lac d'Orta

Départ d'Orta San Giulio. *☏ 345 51 70 005 - www.navigazionelagodorta.it.*

Lac de Lugano

Società Navigazione del Lago di Lugano – « Gran Giro del Lago » (grand tour du lac) tous les jours, au départ de Lugano. Commentaires en 4 langues et restaurant à bord. ✆ *00 41 91 971 52 23 - www.lakelugano.ch.*

Lac de Côme

Transport de voitures entre Bellagio, Varenna, Menaggio et Cadenabbia. Des billets permettent de circuler librement sur le lac pendant toute une journée. Croisières de nuit le samedi en été. *www.navigazionelaghi.it.*

De Côme vous pouvez également emprunter le **funiculaire** jusqu'à Brunate qui offre une vue superbe sur le lac et permet de belles promenades, notamment jusqu'au Faro Voltiano (phare). *www.funicolarecomo.it*

Valtellina

Bernina Express – Ce chemin de fer rhétique flirte avec les plus belles cimes des Alpes. Le trajet de Thusis à Tirano est d'ailleurs inscrit au Patrimoine mondial de l'Unesco. Les points de départ et d'arrivée sont Coire, en Suisse, et **Tirano**, dans la Valteline. Le train traverse 55 tunnels, franchit 196 ponts et avale des pentes affichant parfois 70 % de déclivité. En 2010, le Bernina Express a fêté son centième anniversaire. *www.rhb.ch*

Lac d'Iseo

Navigazione Lago di Iseo – Tour du lac, tour des trois îles (Monte Isola, Isola di Loreto et Isola di San Pietro) et croisières de nuit les vend. et sam. en été. ✆ *035 97 14 83 - www.navigazionelagoiseo.it*

Treno Blu – Un petit train à vapeur conduit, le long de l'Oglio, de Palazzolo sull'Oglio à Paratico-Sarnico. ✆ *030 74 02 851 - www.ferrovieturistiche.it.*

Lac de Garde

Passage des autos entre Maderno et Torri del Benaco et vice versa. Des billets valables une journée permettent la libre circulation sur le lac. Réductions pour les groupes et personnes du 3e âge. Croisières nocturnes en été. *www.navigazionelaghi.it.*

HÉBERGEMENT

Lac Majeur

PREMIER PRIX

Agriturismo Il Monterosso – *Località Cima Monterosso - 6 km à l'ouest de Verbania-Pallanza, sur la route qui mène au sommet du col Monterosso - ✆ 0323 55 65 10 - www.ilmonterosso.it - fermé janv., fév. (rest. fermé lun. et mar.) - 9 ch. - rest.* Au sommet du col du même nom, entouré de châtaigniers, de pins et de hêtres, cet hôtel rustique offre une vue panoramique sur les quatre lacs environnants et sur la chaîne du Monte Rosa, à vous couper le souffle ! Bon goût, sobriété et cuisine authentique. Possibilité de promenade, à pied ou à cheval.

BUDGET MOYEN

Hotel Rigoli – *Via Piave, 48 - Baveno - ✆ 0323 92 47 56 - www.hotelrigoli.com - fermé nov.-Pâques - P - 31 ch. - rest.* Des chambres spacieuses, décorées dans un style classique avec des couleurs claires et des espaces communs tout aussi lumineux. Atmosphère de vacances, surtout sur la terrasse-jardin au bord du lac, d'où l'on jouit d'une très belle vue sur les îles Borromées. La Residence Ortensia, mitoyenne, propose des studios avec kitchenette.

Hotel Conca Azzurra– *Via Alberto, 53 - Ranco - ✆ 0331 97 65 26 - www.concazzurra.it - 29 ch.* Sur la rive lombarde du lac, un établissement très confortable entouré d'un beau parc intégrant une piscine. Chambres soignées et bien équipées, spa moderne et espace bien-être. Le restaurant sert les spécialités de la Lombardie et bénéficie d'une belle vue sur le lac.

Hotel Aquadolce – *Via Cietti, 1 - Verbania-Pallanza - ✆ 0323 505 418 - www.hotelaquadolce.it - 13 ch.* Auberge accueillante et très bien tenue, associant la chaleur de la tradition et la modernité du confort. Le lieu idéal pour un petit séjour sur le lac, agrémenté d'un buffet dans une salle ouverte sur la baie.

POUR SE FAIRE PLAISIR

Hotel Cannero – *Piazza Umberto I, 2 - Cannero Riviera - ✆ 0323 78 80 46 - www.hotelcannero.com - P - 71 ch.* Donnant directement sur le lac, un établissement élégant et très soigné, avec chambres tout confort, piscine, salle de relaxation et terrain de tennis.

Lac d'Orta

BUDGET MOYEN

Hotel La Contrada dei Monti – *Via Contrada dei Monti, 10 - Orta San Giulio - ✆ 0322 90 51 14 - www.lacontradadeimonti.it - fermé janv. - 17 ch.* Pour tous les romantiques, mais aussi pour les autres, un petit joyau de lumière et d'harmonie dans un palais du 18e s., restauré avec soin. Un lieu extraordinaire dans ses moindres détails, pour un séjour enchanteur.

Lac de Lugano

PREMIER PRIX

Hotel Rondanino– *Via Rondanino 1 - Lanzo d'Intelvi - ✆ 031 83 98 58 - www.rondanino.it - 14 ch.* Installé dans un mas du 19e s. restauré, entouré de champs et de forêts de pins, l'hôtel dispose de chambres agréables, avec balcon ou terrasse, et d'un grand jardin.

Lac de Côme

BUDGET MOYEN

Locanda Sant'Anna – *Via per Schignano, 1 - Argegno - 2 km au nord de Côme en direction de Menaggio - ✆ 031 82 17 38 - www.locandasantanna.net - P - 9 ch. - rest.* À l'entrée du hameau, juste à côté du Santuario di Sant'Anna, cet hôtel tranquille ravira les amateurs de calme avec son grand jardin bordant le lac. Donnant toutes sur la verdure, les chambres ne sont pas grandes mais très bien équipées. Possibilité de demi-pension.

Albergo Silvio – *Via Carcano, 12 - 2 km au sud-ouest de Bellagio - ✆ 031 95 03 22 - www.bellagiosilvio.it - fermé 20 nov.-20 déc. et 10 janv.-10 mars - P - 21 ch. - rest.* Chambres très agréables et tranquilles (les mansardées sont particulièrement jolies) et surtout délicieuse cuisine proposant des plats de poisson (pêché dans le lac par le propriétaire). Belle salle panoramique avec vue sur l'eau et grande tonnelle.

POUR SE FAIRE PLAISIR

La Darsena – *Via Regina, 3 - Tremezzo - ✆ 0344 431 66 - www.centrohotelslagocomo.it - 9 ch. - rest.* Petit hôtel refait à neuf, très cosy. Les chambres côté lac offrent une vue imprenable et semblent suspendues au-dessus de l'eau. En revanche, les autres se trouvent bien près de la route. Au restaurant, cuisine inventive d'inspiration traditionnelle.

Valteline

POUR SE FAIRE PLAISIR

Hotel Bagni Vecchi – *Strada dello Stelvio - Valdidentro (Bormio) - ✆ 0342 910 131 - 36 ch. - www.bagnidibormio.it.* Hôtel romantique qui met gratuitement à disposition des clients piscines, grottes sudatoires, saunas, bains turcs et bain panoramique dans la piscine à remous extérieure (la vue embrasse la cuvette de Bormio : sensation garantie même sous la neige). Un endroit formidable pour tous : même sans y loger, on peut s'offrir une journée de « douceurs thermales ». Thermes situés sur l'*hospitium balneorum* romain.

Lac d'Iseo

POUR SE FAIRE PLAISIR

I Due Roccoli – *Via Silvio Bonomelli, Loc. Invino - à 6 km à l'est d'Iseo en dir. de Polareno - ✆ 030 98 22 977 - 20 ch. - www.idueroccoli.com* Situé dans un vaste domaine donnant sur le lac, doté d'une petite église du 18e s., cet hôtel, qui aligne plusieurs terrasses panoramiques, dispose de chambres raffinées bénéficiant de larges vues sur le lac ou le parc.

Lac de Garde

PREMIER PRIX

Camping Ideal Molino – *Via Gardiola, 1 - San Felice del Benaco - 6 km au sud de Salò - ✆ 0365 62 023 - www.campingmolino.it - ♿ - fermé oct. -Pâques.* Au cœur d'un site splendide, sur la rive du lac, autour d'un authentique moulin, se disperse un petit village composé de chalets, bungalows et caravanes. Une excellente alternative aux hôtels du coin.

Hotel Vittoria – *Viale Dante 9 - Riva del Garda - ✆ 0464 55 92 31 - www.hotelvittoriariva.it - fermé févr. - 11 ch.* Au cœur de la vieille ville, dans la zone piétonne, cette auberge de style bavarois a été récemment modernisée. Chambres simples mais bien équipées (connexion Wi-Fi gratuite, TV par satellite et climatisation). À ne pas manquer, au rez-de-chaussée, le restaurant de style bavarois Kapuziner am See (*voir Restauration*).

BUDGET MOYEN

Hotel Cangrande – *Corso Cangrande, 16 - Lazise - ✆ 045 64 70 410 - www.cangrandehotel.it - fermé 20 déc. -20 fév. - P - 18 ch.* À l'abri des remparts médiévaux, ce bâtiment des années 1930, siège de l'entreprise vinicole Girasole, propose des chambres élégantes de style moderne. Le décor est original avec ses énormes tonneaux disposés dans les espaces communs. Les passionnés peuvent visiter les caves.

Hotel Meridiana – *Via Navene Vecchia, 39 - Malcesine - ✆ 0457 40 035 42 - www.hotelmeridiana.it - fermé nov.-mars.* Près du téléphérique du Monte Baldo, un hôtel design très confortable, avec des chambres agréables de style contemporain, un jardin avec piscine et un espace bien-être.

Hotel Clodia – *Via G. Pascoli, 18 - Sirmione - ✆ 030 91 96 490 - www.hotelclodiasirmione.com - fermé janv.-fév.* Dans une zone tranquille, à env. 2 km du centre-ville, un établissement tranquille qui offre un accueil sympathique et personnalisé, un jardin agréable et des chambres de goût romantique.

Mon Repos – *Via Arici, 2 - Sirmione - ✆ 030 99 05 290 - www.hotelmonrepos.com - fermé nov.-mars - 23 ch.* Situé au cœur de la presqu'île panoramique, parmi jardins et oliveraies, cet hôtel simple mais fonctionnel propose un jardin luxuriant avec piscine, une belle vue sur le lac et des chambres basiques mais confortables.

Hotel Garni Riviera – *Via Roma, 1 - Gargnano - ✆ 0365 72 292 - www.garniriviera.it - fermé nov.-Pâques - 20 ch.* Face au lac, une petite perle à bons prix pour qui cherche à apprécier l'intense atmosphère lacustre. Chambres rénovées, gestion affable et belle terrasse sur le lac.

Villa Miravalle – *Via Monte Oro, 9 - Riva del Garda - ✆ 0464 55 23 35 - www.hotelvillamiravalle.com - fermé nov. - P 🏊 - 30 ch.* Un hôtel très agréable avec un joli jardin pour vous reposer et une piscine pour piquer une tête avant d'aller prendre l'apéritif en ville. Chambres bien équipées et buffet bien fourni pour le petit-déjeuner.

Hotel Sorriso – *Via Religione, 5 - Toscolano Maderno - ✆ 0365 54 08 55 - www.hotelsorriso.de.* Un jardin magnifique avec piscine chauffée équipée d'un bain à remous, de grandes chambres confortables, un riche petit déjeuner… voilà une bonne adresse pour un séjour de charme.

RESTAURATION

Lac Majeur

BUDGET MOYEN

Il Vicoletto – *Vicolo del Poncivo, 3 - Stresa - ✆ 0323 93 21 02 - www.ristoranteilvicoletto.com.* Caché dans une ruelle, un établissement au décor moderne et une cuisine au goût du jour. Toute petite terrasse à la belle saison.

Risto Bar Villa Giulia – *Parco di Villa Giulia - Corso Zanitiello (lungolago) - Verbania Pallanza - ✆ 392 333 08 26 ou 339 21 24 340 - www.barvillagiulia.it.* Une charmante adresse où l'on peut déguster des plats très soignés, accompagnés d'un bon verre (intéressant choix de bouteilles).

Ristorante dei Cigni – *Vicolo dell'Arco, à l'angle du Viale delle Magnolie - Verbania Pallanza - ✆ 0323 55 88 42 - fermé mar.-jeu. à midi.* Petit établissement le long du lac Majeur, avec une terrasse panoramique. On y sert une cuisine régionale, notamment à base de poisson.

Vineria dei Portici – *Piazza Vittorio Veneto, 8 - Mergozzo - ✆ 0323 80 775.* Sur le lac de Mergozzo, un bar à vins joliment situé sur la place du centre historique. Bonne gamme de crus, pour arroser des plats nationaux et régionaux.

Lido – *Hotel Lido Angera - Viale Libertà, 11 - Angera - ✆ 0331 93 02 32 - www.hotellido.it - fermé lun. à midi.* Une cuisine jeune et moderne qui exalte les produits frais du terroir pour créer des recettes originales et savoureuses. À goûter : le sushi du lac.

Lac d'Orta

PREMIER PRIX

Enoteca Al Boeucc – *Via Bersani, 28 - Orta San Giulio - ✆ 339 58 40 039 - fermé mar.* Dans une ruelle du joli village, un établissement typique et accueillant où déguster un bon verre de vin accompagné d'assiettes de charcuterie et fromages.

Lac de Varese

BUDGET MOYEN

Tipamasaro– *Via Cavour, 31 - Gavirate, à 10 km à l'est de Varese - ✆ 0332 74 35 24 - fermé lun.* Ambiance sympathique et une agréable terrasse à la belle saison pour savourer une cuisine du terroir concoctée avec passion.

Lac de Lugano

BUDGET MOYEN

Bottegone del Vino– *Via Magatti, 3 - Lugano - ✆ 091 922 76 89 - fermé dim.* Chaleureuse atmosphère dans cette œnothèque où les vins sont accompagnés d'assiettes de fromages, de charcuteries et des spécialités locales.

Lac de Côme

BUDGET MOYEN

Barchetta– *Salita Mella, 13 - Bellagio - ✆ 031 95 13 89 -www. ristorantebarchetta.com - fermé 26 oct.-14 mars.* Une cuisine inventive, utilisant des spécialités du lac de tradition lombarde. À côté, la salle du Ristoro propose des plats plus simples et des *pizze*, également à emporter.

L'Angolo del Silenzio– *Viale Lecco, 25 - Como - ✆ 0313 37 21 57 - www.osterialangolodelsilenzio-como.com - fermé lun. et mar. à midi.* Un établissement classique qui propose une cuisine – surtout régionale – très savoureuse. Terrasse très agréable.

Osteria il Pozzo – *Piazza Garibaldi - Menaggio - ✆ 0344 32 333 - fermé merc.* Agréable trattoria qui propose plats copieux et savoureux, inspirés du Frioul. Bon rapport qualité prix.

Valteline

Al Filò – *Via Dante, 6 - Bormio - ✆ 0342 90 17 32 - www. ristorantealfilo.it - lun. et mar. à midi.* Cette ancienne grange est aujourd'hui un agréable restaurant qui propose des plats de la tradition locale revisités de façon créative.

Lac de Garde

BUDGET MOYEN

Giardino delle Esperidi – *Via Mameli, 1 - Bardolino - ✆ 0456 21 04 77 - fermé mar. et à midi sauf sam. et dim.* Ambiance très soignée et féminine, avec une terrasse sur la rue. Une cuisine originale et jamais banale, qui célèbre la fraîcheur des ingrédients.

Taverna San Vigilio – *Punta di San Vigilio - ✆ 045 72 55 190 - www.locanda-sanvigilio.it.* Un lieu enchanteur (*p. 319*), qui accueille, en face du petit port et sous une tonnelle, un hôtel et un restaurant de luxe ainsi qu'une une taverne plus simple. En été, grand buffet les vend. et sam. soir (*réserv. conseillée*).

Kapuziner am See – *Via Dante, 39 - Riva del Garda - ✆ 0464 55 92 31 - www.kapuzinerriva.it - fermé févr.* Au rez-de-chaussée de l'hôtel Vittoria, un restaurant bavarois très prisé, qui conjugue spécialités de la Bavière et du Bel Paese, bières allemandes et vins italiens.

Agriturismo Il Bagnolo – *Località Bagnolo - Serniga, 1 km au nord-ouest de Gardone Riviera - ✆ 0365 20 290 - www.ilbagnolo.it - fermé midi sf sam. et j. fériés, janv., fév. - réserv. conseillée.* En pleine nature, dans un site enchanteur, cet agritourisme propose des plats délicieux à base de produits de la ferme et des chambres élégantes et romantiques, toutes différentes les unes des autres.

Antica Contrada – *Via Colombare, 23 - Sirmione - ✆ 030 99 04 369 - www. ristoranteanticacontrada.it - fermé lun. et mar. à midi.* À 2 km du centre-ville, un établissement de goût classique, dont la cuisine rend hommage aux spécialités du lac. Terrasse intime et très agréable à la belle saison.

Villa Aurora – *Via Ciucani, 1/7 - Soiano del Lago - 10 km au nord de Desenzano sur la S 572 - ✆ 0365 67 41 01 - fermé merc.* Un bon rapport qualité/prix pour ce restaurant qui concocte une cuisine traditionnelle régionale, joliment présentée. Une salle claire avec vue panoramique et décoration élégante, un brin rustique.

Venise et la Vénétie Le Frioul-Vénétie Julienne 4

Carte Michelin Régional 562 F 18-19

La Vénétie

Frioul-Vénétie Julienne

Façades colorées sur l'île de Burano.

G. Thouvenin / Age fotostock

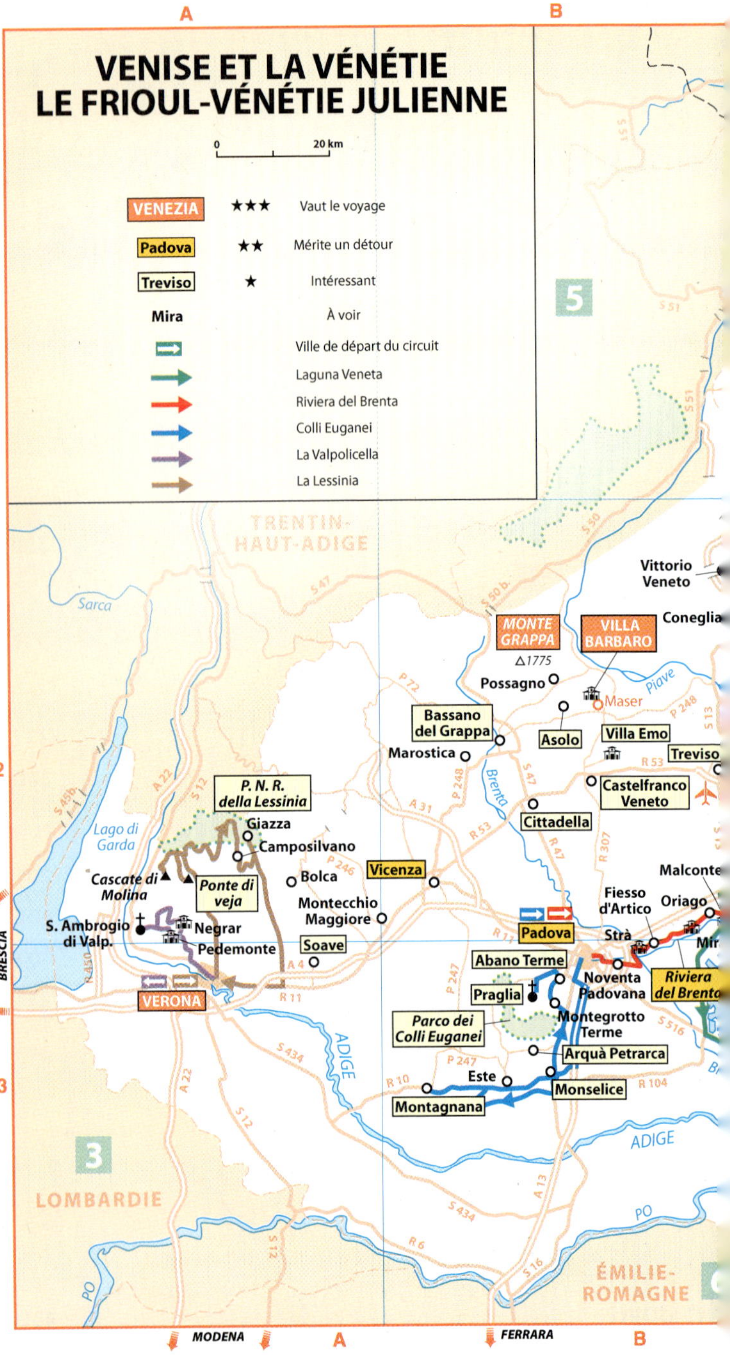
VENISE ET LA VÉNÉTIE
LE FRIOUL-VÉNÉTIE JULIENNE
0
20 km
VENEZIA ★★★ Vaut le voyage
Padova ★★ Mérite un détour
Treviso ★ Intéressant
Mira À voir
Ville de départ du circuit
Laguna Veneta
Riviera del Brenta
Colli Euganei
La Valpolicella
La Lessinia
A
B
1
2
3
5
3
TRENTIN-HAUT-ADIGE
LOMBARDIE
ÉMILIE-ROMAGNE
BRESCIA
MODENA
FERRARA
Sarca
Lago di Garda
Piave
Brenta
ADIGE
PO
Vittorio Veneto
Coneglia
MONTE GRAPPA
△1775
VILLA BARBARO
Possagno
Maser
Asolo
Villa Emo
Treviso
Bassano del Grappa
Marostica
Castelfranco Veneto
Cittadella
P. N. R. della Lessinia
Giazza
Camposilvano
Bolca
Vicenza
Cascate di Molina
Ponte di veja
Montecchio Maggiore
S. Ambrogio di Valp.
Negrar
Pedemonte
Soave
VERONA
Padova
Fiesso d'Artico
Malconte
Oriago
Strà
Mir
Abano Terme
Noventa Padovana
Riviera del Brenta
Praglia
Parco dei Colli Euganei
Montegrotto Terme
Arquà Petrarca
Este
Monselice
Montagnana
S 51
S 50
S 50 b.
S 47
P 72
P 248
S 13
R 53
A 31
R 47
P 307
A 22
S 12
S 450
P 246
A 4
R 11
R 450
P 247
S 434
R 10
R 104
S 516
A 13
R 6
S 16

LIENZ
C
SALBURG
D
KLAGENFURT
LJUBLJANA
POSTOJNA
LJUBLJANA
RIJEKA
PULA
1
2
3
ÖSTERREICH
SLOVENIJA
HRVATSKA
Piave
Tagliamento
Maniago
Cividale del Friuli
Udine
Spilimbergo
Gorizia
Sacile
Pordenone
Villa Manin
Santuario del Monte Grisa
Duino
Grotta Gigante
Villa Opicina
S. Maria in Sylvis
Aquileia
Sta Maria di Barbana
Lignano Sabbiadoro
Portogruaro
Grado
Castello e giardino di Miramare
Trieste
Muggia
Lignano Pineta
Lignano Riviera
Torcello
Burano
Murano
Lido
ENEZIA
aguna eneta
Chioggia
MARE
ADRIATICO
Isola Verde
Golfo di Venezia
N
AVENNA
C
D

Venezia

Venise

★★★

270 098 habitants – Vénétie

NOS ADRESSES PAGE 360

S'INFORMER

Office de tourisme – *Calle Ascensione, San Marco 71/f, 30124 (face au musée Correr) - ✆ 041 52 98 711 - www.turismovenezia.it.* **Points infos** – Hall Arrivée de l'aéroport Marco Polo ; Piazzale Roma (garage ASM) ; gare Santa Lucia ; Giardini ex-Reali. **Forfaits touristiques** – *Voir rubrique « Visites », p. 364.*

SE REPÉRER

Carte de région C2 (p. 328-329) – *carte Michelin Régional 562 F 18-19.* On arrive à Venise par l'A 4. La ville est reliée à Mestre par le pont della Libertà.

SE GARER

Vous devez laisser votre voiture aux parkings payants du Tronchetto ou du piazzale Roma ; pensez à réserver : *www.veniceconnected.com.*

À NE PAS MANQUER

La place et la basilique St-Marc, le palais des Doges, le pont du Rialto, les extraordinaires peintures de la Scuola Grande di San Rocco et de la Scuola Dalmata dei Santi Giorgio e Trifone, une balade en gondole.

ORGANISER SON TEMPS

Deux ou trois jours, pour avoir le temps d'entrer à l'Académie, dans les « écoles » *(scuole)* et les églises ; ou une semaine, pour vivre l'atmosphère des ruelles et des îles de la lagune.

AVEC LES ENFANTS

La vue depuis le campanile de la place St-Marc ou celui de San Giorgio Maggiore, un tour en vaporetto, promenades au fil de l'eau, jeux de plage sur l'île du Lido, démonstration des verriers à Murano.

Venise est une ville légendaire : pour naître et vivre en souveraine pendant plus de deux mille ans, elle a choisi les eaux de la lagune, qui continuent de la protéger des atteintes du temps, tout en menaçant son existence. Venise est de toutes les humeurs : vivante et gaie pour ses habitants, qui emplissent ruelles et places de leurs « ciacole » (bavardages) ; proche de l'adieu déchirant pour ceux qui la préfèrent sous l'éclairage de « Mort à Venise ». La ville offre à chacun un reflet différent, très personnel.

★★★ Grand Canal ou Canal Grande

Pour Venise, qui semble surgir des eaux mais repose en fait sur de nombreux îlots, le Grand Canal constitue l'artère principale de la cité. En forme de S inversé, long de 3,8 km, large de 30 à 70 m et profond en moyenne de 5,5 m, il est la meilleure terrasse pour découvrir les palais construits précisément pour s'afficher et miroiter dans ses eaux.

La basilique de Santa Maria della Salute et le Grand Canal.
J. Arnold / hemis.fr

DE PIAZZALE ROMA À SAN MARCO Plan p. 332-333

Les arrêts du vaporetto indiqués ici sont ceux desservis par la ligne 1 (plan des transports p. 362-363). Départ de Piazzale Roma (gare routière - A2).

★ Palazzo Labia A1

À gauche, un peu en retrait du Grand Canal, sur le canal di Cannaregio. À hauteur de l'arrêt Riva di Biasio.
Élégante demeure (fin 17e s.) des Labia, famille de marchands espagnols.

Fondaco dei Turchi B1-2

À droite. Face à l'arrêt S. Marcuola.
L'ancien entrepôt des marchands turcs compte parmi les plus anciens palais de style vénéto-byzantin (13e s.) de la ville. Les marchandises étaient vendues directement aux bateaux arrimés sous le portique du rez-de-chaussée. L'édifice abrite aujourd'hui le musée d'Histoire naturelle de Venise.

4

★ Palazzo Vendramin Calergi B1

À gauche. Après l'arrêt San Marcuola.
Œuvre de Codussi du début du 16e s., **Richard Wagner** y habita et y mourut. Le palais est occupé par le Casino municipal.

★ Ca'Pesaro B2

À droite. À proximité de l'arrêt Santa Stae - Santa Croce, 2076 - 041 42 73 08 92 (en dehors d'Italie) ; 848 08 20 00 (centre d'appel) - www.visitmuve.it - ♿ - tlj sf lun. avr.-oct. 10h-18h ; reste de l'année : 10h-17h (la billetterie ferme 1h av.) - fermé 25 déc., 1er janv. et 1er Mai - 8 €, inclus dans le Museum Pass.
Œuvre de Longhena, il présente un rez-de-chaussée en bossage à pointe de diamant. Il abrite le **musée d'Art oriental** et la **galerie internationale d'Art moderne**.

SE LOGER

- Casa Caburlotto ... 3
- Casa Cardinal Piazza ... 5
- Casa Rezzonico ... 7
- Centro Culturale Don Orione Artigianelli ... 9
- Country House Le Garzete ... 1
- Domus Ciliota ... 11
- Domus Civica ... 13
- Foresteria Valdese ... 15
- Istituto San Giuseppe ... 17
- La Calcina ... 35
- Locanda al Leon ... 19
- Locanda Art Déco ... 21
- Locanda Ca'Foscari ... 23
- Locanda Ca'le Vele ... 25
- Locanda Casa Querini ... 27
- Locanda Fiorita Ca'Moro ... 29
- Ostello Venezia ... 31
- Patronato Salesiano Leone XIII ... 33
- Santa Fosca ... 37
- Suore Salesie ... 39

SE RESTAURER

- Ai Promessi Sposi ... 2
- Algiubagiò ... 4
- Alla Campana ... 6

MURANO
C
MURANO, TORCELLO, BURANO
D
VENEZIA
0
300 m
N
1
2
3
FONDAMENTE
Fondamenta Nuove
ZANIPÒLO
S. Francesco della Vigna
Cpo S. Lorenzo
SCUOLA DI S. GIORGIO DEGLI SCHIAVONI
ARSENALE
Darsena Grande
S. PIETRO DI CASTELLO
ISOLA DI S. PIETRO
S. ZACCARIA
S. Giov. in Bragora
degli Schiavoni
MUSEO STORICO NAVALE
V. Garibaldi
Fond. S. Anna
Secco Marina
36
Riva dei 7 Martiri
33
CANALE DI SAN MARCO
Riva dei Partigiani
Darsena di S. Elena
ISOLA DI S. ELENA
Viale 4 Novembre
22
Viale Vittorio Veneto
S. ELENA
Giorgio Maggiore
Fondazione Giorgio Cini
ISOLA DI S. GIORGIO MAGGIORE
1
LIDO
MURANO
C
D
LIDO

★★★ Ca'd'Oro B2

À gauche. À l'arrêt du même nom - Cannaregio, 3932 - ☏ 041 52 38 790 - www.cadoro.org - ♿ - 8h15-19h15 (dernière entrée 30mn av.) - fermé lun. apr.-midi, 25 déc., 1er janv. et 1er Mai - 6 €.

Cette délicate création du gothique fleuri, bien que désormais privée des ornementations qui lui valurent son nom, a conservé néanmoins sa beauté, qui transparaît déjà dans la façade. Au-dessus d'une magnifique cour intérieure pavée de mosaïques, la **galerie Franchetti** renferme un remarquable **Saint Sébastien**★★ de **Mantegna**, un *Polyptyque de la Passion* d'**Antonio Vivarini**, la *Vierge à l'Enfant et saint Jean* d'**Andrea del Sarto**, *le Portrait du procureur Nicolò Priuli* du **Tintoret** ou encore *Vénus endormie avec un petit amour* de **Paris Bordone**, ainsi que des **Carpaccio**.

Pescheria B2

À droite. À l'arrêt Rialto Mercato.

Les arcades de cet édifice néogothique du début du 20e s. sont envahies tous les matins (sf dim. et lun.) par les étals du **marché aux poissons**.

Fabbriche Nuove e Fabbriche Vecchie B2

À droite. À l'arrêt Rialto Mercato.

Les **Nouvelles Fabriques**, aux arcades à bossage, servaient à entreposer des marchandises ; l'étage abritait le tribunal de commerce. Plus en retrait, les **Anciennes Fabriques** voisinent le matin avec le marché des maraîchers.

★★ Ponte di Rialto B2

Principale liaison entre les deux rives, initialement (12e s.) en bois, cette œuvre d'Antonio da Ponte, inaugurée en 1591, est la sixième version du pont, mais la première en pierre.

Palazzo Bernardo B2

À droite. Après l'arrêt San Silvestro.

Édifice gothique (1442) aux très belles fenêtres à six baies animées d'arcs brisés au premier étage et de quadrilobes au second.

★ Ca'Foscari A2

À droite. Après l'arrêt San Toma.

Ce palais du 15e s. présente une façade parfaitement symétrique, percée de trois groupes de fenêtres à baies multiples superposées, ce qui crée un rythme harmonieux avec les fenêtres à baie simple et les parties pleines. Il est actuellement le siège central de l'université.

★ Palazzo Grassi A2

À gauche. Campo San Samuele, 3231, face à l'arrêt Ca'Rezzonico - ☏ 199 139 139 (de l'Italie, env. 1 €) ou ☏ 0412 71 90 39 (de l'étranger) - www.palazzograssi.it - tlj sf mar. 10h-19h (dernière entrée 18h) - fermé 24 et 25 déc. - 15 € (20 € avec le site de la Punta della Dogana), audioguide 6 € (8 € avec le double billet).

Construit au 18e s. par Giorgio Massari, c'est le dernier grand palais vénitien réalisé avant la chute de la République. En 2005, il est racheté par l'homme d'affaires français François Pinault qui confie à l'architecte japonais Tadao Ando son réaménagement, en vue d'y mettre en scène sa passion pour l'art contemporain. Investi régulièrement par des artistes qui s'approprient l'espace le temps d'une exposition, le Palazzo Grassi dévoile progressivement, au 2e étage, les œuvres de la collection Pinault (plus de deux mille) au rythme de deux ou trois présentations par an avec, entres autres : Alighiero Boetti,

LA RÉGATE HISTORIQUE

Organisée le 1er dimanche de septembre entre San Marco et le ponte degli Scalzi, c'est un spectacle à ne pas manquer. Pour des raisons de sécurité, les ponts et pontons des *vaporetti* sont interdits au public ; à moins de trouver place à bord d'un bateau garé le long du parcours ou de louer une fenêtre d'un palais riverain, postez-vous sur l'un des *campi* ouvrant sur le canal ou au bout d'une *calle* donnant sur celui-ci. Pour le profane, les différentes compétitions (opposant différents types d'embarcations ou de rameurs) offrent moins d'intérêt que le défilé inaugural en costumes d'époque.

Frédéric Bruly Bouabré, Jonathan Wateridge, David Claerbout, Sigmar Polke, Charles Ray, Rudolf Stingel, Takashi Murakami, Marlene Dumas, Giuseppe Penone, Maurizio Cattelan, Ger Van Elk, Lee Ufan.

★★ Ca'Rezzonico A2

À droite. À l'arrêt du même nom - Dorsoduro, 3136 - ☎ 041 42 73 08 92 (en dehors d'Italie) ou 848 08 20 00 (centre d'appel) - www.visitmuve.it - ♿ - avr.-oct. : 10h-18h ; reste de l'année : 10h-17h - fermé mar., 25 déc., 1er janv. et 1er Mai - 7 €.

Dernier palais dessiné par Longhena, achevé par Massari, il renferme le **musée du 18e s. vénitien** (Museo del Settecento Veneziano). Outre des œuvres de **Tiepolo** *(La Vertu et la Noblesse terrassant la Perfidie)*, des « vedute » de **Canaletto**, des portraits de **Francesco Guardi**, il présente de subtiles scènes de genre exécutées par **Pietro Longhi★★**.

★ Palazzo Cavalli Franchetti

À gauche. Après l'arrêt Accademia (se reporter au plan p. 336-337 - A1).

Palais de la seconde moitié du 15e s. présentant une noble façade avec des fenêtres à cinq baies ouvragées d'arcatures entrecroisées et de motifs quadrilobés.

Palazzo Corner della Ca'Granda

À gauche. Entre les arrêts Giglio et Accademia (se reporter au plan p. 336-337 - B1).

Siège de la préfecture, ce palais Renaissance fut conçu par **Sansovino**. Le rez-de-chaussée à bossages s'ouvre au centre par trois arcades monumentales. Les fenêtres en plein cintre des étages supérieurs alternent avec des colonnes géminées.

★ Ca'Dario B3

À droite. Face à l'arrêt Giglio.

Petit palais édifié à la fin du 15e s. par les Lombardo pour Giovanni Dario, secrétaire du Sénat de la République auprès du sultan. Décoration raffinée en marbre polychrome.

★★★ De la piazza San Marco au campo Santo Stefano Plan de San Marco-Fenice-Santo Stefano p. 336-337

★★★ Piazza San Marco (Place St-Marc) C1

C'est par la lagune qu'il faut aborder la place emblématique de la Sérénissime. Débarquant du vaporetto sur la *riva* à l'arrêt San Zaccaria ou à San Marco Vallaresso, vous découvrez peu à peu ce miracle d'architecture, de couleurs et de lumière. Tout autour, les galeries des **Procuraties** abritent des cafés, dont le Florian (inauguré en 1720) et le Quadri (ouvert par Giorgio Quadri en 1775 comme café turc), ainsi que des boutiques de luxe. La place s'ouvre sur le Grand Canal par la ravissante **piazzetta**. Les deux colonnes de granit de « Marc et Théodore » seraient arrivées d'Orient en 1172.

★★★ Basilica C1

www.basilicasanmarco.it - 9h45-16h ou 17h, dim. et j. fériés 14h-16h ou 17h - entrée libre, musée 5 €, Pala d'Oro 2,50 €, trésor 3 €. Ces billets se prennent à l'intérieur; dépôt des sacs obligatoire et gratuit (1h) à la consigne dans l'Ateneo San Basso, piazzetta dei Leoncini.

La construction de la basilique commença peu après l'an 1000, mêlant influences byzantines et occidentales. À l'occasion de sa consécration en 1094, le corps de saint Marc y fut miraculeusement retrouvé.

Sur plan en forme de croix grecque, la basilique est surmontée d'un dôme central à bulbe et de quatre autres dômes (13e s.) d'inégale hauteur coiffant les bras du transept et la nef. Le superbe décor de marbre et de **mosaïques** qui la recouvre ne peut que susciter l'émerveillement.

Extérieur – **La façade** s'ouvre par cinq portails ornés de marbres et de sculptures, surmontés d'autant d'arcades décorées de mosaïques (sur la première arcade gauche est représentée la translation du corps de saint Marc). Des copies des quatre célèbres **chevaux de bronze** ont pris place sur la balustrade, au-dessus du portail central.

Sur le côté droit, près du palais des Doges, le groupe des **Tétrarques**★ (4e s.), en porphyre, semble saisi d'inquiétude sous le coup d'une sentence tombée

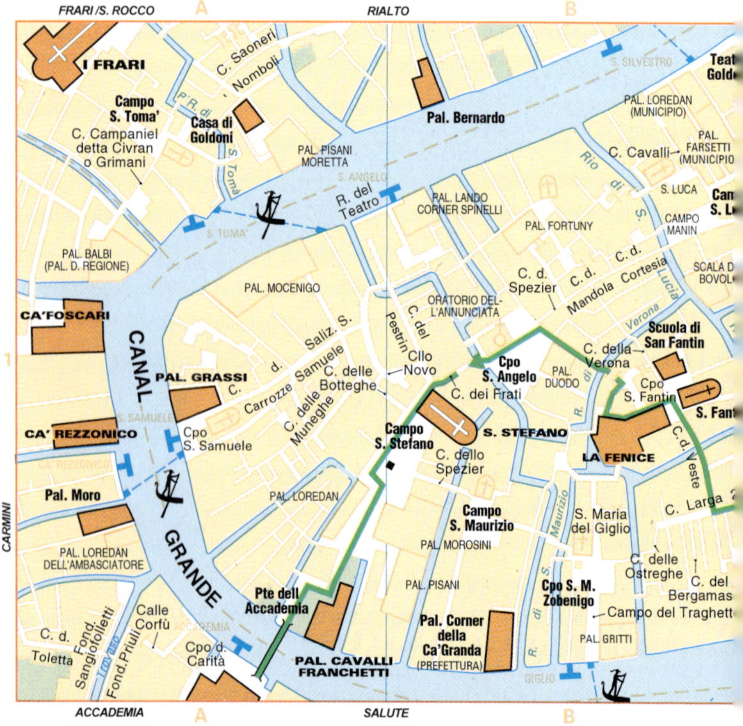

LES TRIBULATIONS DES RELIQUES DE SAINT MARC

Vers l'an 800, Venise se cherchait un nouveau protecteur afin de rivaliser avec Rome et d'affirmer son indépendance politico-religieuse. Deux marchands vénitiens se rendirent alors en Égypte pour y subtiliser la dépouille de saint Marc et la ramenèrent à Venise où une église lui fut dédiée en 832. Mais après l'incendie de celle-ci en 976, le corps du saint fut perdu car les trois personnes connaissant l'emplacement de sa sépulture étaient décédées. La population fut invitée à jeûner et prier pour que le lieu soit retrouvé. Le miracle advint le 25 juin 1094 : lors de la consécration de la troisième église érigée au même endroit, l'effritement d'un pilier du transept révéla la présence du corps de l'Évangéliste. La dépouille fut alors placée dans la crypte puis sous le maître-autel.
Le vol de la dépouille envenima pendant plusieurs siècles les rapports entre l'Église catholique de Rome et l'Église copte d'Égypte. En 1968, le pape Paul VI restitua finalement une partie des reliques aux Coptes qui la déposèrent dans une cathédrale spécialement construite au Caire.

de la toute proche « Pierre du ban », d'où les lois étaient proclamées. À gauche s'ouvre la jolie piazzetta dei Leoncini.

Atrium – Prélude au « récit » des mosaïques intérieures, celles de l'atrium représentent des scènes de l'Ancien Testament. De l'atrium, on accède à la **galerie** et au **musée de St-Marc** (Galleria e Museo Marciano), où sont exposés les **chevaux de bronze doré**★★. *www.museosanmarco.it.*

Intérieur – On demeure frappé tant par la luminosité des **mosaïques**★★★, dont les premières (1071) furent réalisées par les mosaïstes de Constantinople, que par le pavement (12e s.) aux motifs animaliers et géométriques, ondulé par les jeux du terrain. Autour du maître-autel, le *presbiterio* surélevé est séparé de la grande nef par une iconostase. Derrière, un ciborium, soutenu par des **colonnes d'albâtre**★★, précède le **retable d'or**★★★ *(Pala d'oro)*, chef-d'œuvre de l'orfèvrerie gothique commencé au 10e s. Le maître-autel renferme la dépouille de saint Marc.

L'ornementation faite de mosaïques évoque des scènes du Nouveau Testament, depuis la coupole de l'abside, qui porte le *Christ triomphant*, jusqu'au-dessus de l'atrium,

où figure le Jugement dernier. Au grand arc de l'Apocalypse, le premier en entrant, sont retracées les visions du texte de saint Jean. La coupole la plus proche du portail représente la Pentecôte. En se dirigeant vers la coupole centrale on peut admirer le grand arc occidental qui offre une synthèse de l'histoire de la Passion et de la mort du Christ. Sur l'arc sud, qui conduit au croisillon droit, on peut voir les tentations de Jésus, l'entrée à Jérusalem, la Cène et le Lavement de pieds. À la coupole centrale, dite de l'Ascension, figurent les Apôtres et la Vierge, les Vertus, les Béatitudes. Un *Christ bénissant* domine la scène. La coupole surmontant le *presbiterio* représente l'Avent, les prophètes annonçant l'arrivée du Messie. Les mosaïques de l'arc nord qui conduit au croisillon gauche ont été réalisées d'après des cartons du Tintoret (*saint Michel* et *Cène*, *Noces de Cana*) et de Véronèse (*Guérison des lépreux*). À la coupole de saint Jean l'Évangéliste, dans le croisillon droit : le *Sermon sur la montagne* et des scènes de la *Vie de saint Jean*.
Du croisillon droit, on gagne le **trésor★** (*Tesoro*) : il rassemble des objets ornementaux et de culte dont certains furent acquis par la Sérénissime lors de la conquête de Constantinople (1204).

Piazzetta dei Leoncini C1

Sur la gauche de la façade de la basilique.
C'est **Andrea Tirali** qui réalisa le pavement de cet appendice de la piazza, appelée piazzetta dei Leoncini *(des petits lions)* lorsque les deux lions de **Giovanni Bonazza** (1654-1736) y furent placés.

Torre dell'Orologio C1

✆ 041 427 30 892 (en dehors d'Italie) ou 848 08 20 00 (centre d'appel) - www.visitmuve.it - visite guidée sur réserv. en français mar.-merc. 14h et 15h, jeu.-dim. 10h et 11h - fermé 25 déc. et 1er janv. - 12 € (entrée gratuite pour Museo Correr, Museo Archeologico Nazionale et Sale Monumentali della Biblioteca Marciana).
La visite de cette tour (1499) raconte une belle histoire, celle du *temperatore*, l'expert qui y vivait avec sa famille pour s'occuper du mécanisme complexe de l'horloge. Ce dernier inclut les différents cadrans indiquant l'heure et les mouvements lunaires et solaires, les deux **Maures** qui battent les heures et les Trois Mages, qui apparaissent le 6 janvier et le jour de l'Ascension. Du sommet, belle **vue** sur les toits et les églises de Venise.

★★ Campanile C1

San Marco - www.basilicasanmarco.it - juil.-sept. : 9h-21h ; Pâques-juin et oct. : 9h-19h ; reste de l'année : 9h30-15h45 - 8 €.
Signe distinctif de Venise (96 m), que l'on aperçoit même depuis la terre ferme, c'est une exacte réplique du campanile du 16e s. qui s'écroula en 1902. Du sommet, la **vue★★** s'étend du canal de la Giudecca au Grand Canal, des toits en terrasses aux îles de la lagune.
Le campanile s'appuie sur la **Loggetta Sansoviniana**, dont les niches renferment les statues de Minerve, Apollon, Mercure et la Paix. La terrasse est fermée par une balustrade où s'ouvre une grille en bronze du 18e s.

★★★ Palazzo Ducale (Palais des Doges) C1

Entrée pour le public Porta del Frumento, piazzetta San Marco - ✆ 041 42 73 08 92 (en dehors d'Italie) ou 848 08 20 00 (centre d'appel) - www.visitmuve.it - ♿ - juin-oct. : 8h30-18h30 ; avr.-mai : 9h-19h (18h reste de l'année) - fermé 25 déc. et 1er janv. - 16 € (billet combiné avec les musées de la place San Marco) ou Museum Pass.
Symbole de la gloire et de la puissance vénitienne, c'était la résidence des Doges et le siège du gouvernement, d'un tribunal et d'une prison d'État.

UNE VIE DE DOGE

Principal magistrat de la ville, élu à vie parmi les membres de l'aristocratie du Grand Conseil, le doge, s'il incarnait la République, n'avait que des pouvoirs limités. Il ne pouvait quitter le palais qu'accompagné de membres de l'exécutif, et la ville sur autorisation du Grand Conseil. Élu, il s'installait avec sa famille et des objets personnels dans les appartements officiels. À sa mort, l'anneau et le sceau portant ses armes était brisé et l'État se trouvait paralysé jusqu'à l'élection de son successeur.

Construit au 12e s., il fit, entre la fin du 13e et le 16e s., l'objet de radicales transformations.

Le décor géométrique, fait de marbres blancs et roses, confère un charme raffiné aux deux **façades**. Aux angles du palais, des groupes de sculptures représentent, de gauche à droite, le **Jugement de Salomon**, dû sans doute à Bartolomeo Bon, *Adam et Ève* et l'**Ivresse de Noé** (sculptures gothiques des 14e et 15e s.). La galerie du premier présente un délicat travail à motifs quadrilobés. De style gothique flamboyant (1442), la **porte du Papier★★** (Porta della Carta), ainsi nommée par référence peut-être aux copistes et aux archives, en est l'entrée principale. Au tympan, le doge Foscari s'agenouille devant le lion de St-Marc. Parvenu sous le portique Foscari, on se trouve face à l'escalier des Géants, qui se distingue par les statues de Mars et Neptune, œuvres de Sansovino.

Intérieur – C'est en haut de l'**escalier d'Or** de Sansovino que commence la visite du palais. La **salle du Bouclier**, avec ses globes et cartes murales du 18e s., constitue la pièce principale des **appartements privés des doges** *(1er étage)*. Leurs autres salles livrent quelques merveilles : le *Lion de St-Marc* de **Vittore Carpaccio**, dans la salle Grimani, le portrait du roi de France Henri III par le **Tintoret**, dans la salle Erizzo, un *Saint Christophe* de **Titien** surplombant un escalier dérobé montant de la salle des Philosophes, une *Pietà* de **Bellini** dans la salle des Portraits.

L'escalier d'Or mène ensuite à la **salle des Quatre Portes** *(2e étage)*, où les ambassadeurs attendaient d'être reçus par le doge (notez le *Venise qui reçoit de Neptune les dons de la mer* de Tiepolo). On traverse un grand nombre de salles, redécorées après les incendies de 1574 et 1577 par les plus grands artistes de l'époque : la **salle de l'Anticollège**, antichambre des ambassades et délégations (remarquez *L'Enlèvement d'Europe* de Véronèse), la **salle du Collège**, où le doge présidait aux réunions, la **salle du Sénat**, dite des « **Pregadi** », car les membres du Sénat étaient « priés » de participer aux réunions, la **salle du Conseil des Dix**, où se réunissait cette magistrature extraordinaire chargée de sauvegarder les institutions (et qui disposait pour ce faire d'une police secrète),

LE GRAND CONSEIL

À la tête de la République, c'était l'institution de référence. Il réunissait en son sein toutes les fonctions de l'État, promulguait les lois et désignait les personnalités les plus importantes de Venise. Lorsqu'il se réunissait, le spectacle offert par la salle du palais des Doges où se tenait l'assemblée était exceptionnel : le doge présidait, assis au centre du *Tribunal,* également appelé *Bancale di San Marco,* tandis que les membres de la noblesse prenaient place sur des sièges situés le long des murs et sur des bancs disposés parallèlement et dont les files s'étendaient sur toute la longueur de la salle.

Gloire et charme de la Sérénissime

UNE LONGUE HISTOIRE...

Venise fut fondée en 811 par les habitants de Malamocco, près du Lido, qui, fuyant les Francs, s'établirent sur les îles plus sûres du Rivo Alto, aujourd'hui Rialto, et élurent alors leur premier doge, Agnello Partecipazio. L'aventure millénaire de la sérénissime République ainsi inaugurée, la ville fut placée dès 828 sous la protection de saint Marc, dont le corps avait été ramené d'Alexandrie. Du 9e au 13e s., Venise va exploiter sa position privilégiée entre l'Orient et l'Occident. Sa puissance maritime et commerciale lui permettra de conquérir des marchés importants en Istrie et en Dalmatie. En 1204, grâce à la ruse habile de son doge Dandolo, elle conquiert Constantinople avec l'aide des croisés. Les produits du pillage affluent à Venise, tandis que prospère le commerce des denrées précieuses. **Marco Polo** (1254-1324) revient de Chine avec des richesses fabuleuses et éblouit l'Europe par les récits de ses voyages – *Le Livre des merveilles du monde* –, rédigés en français. De la rivalité qui l'oppose longtemps à Gênes, jalouse de son hégémonie maritime, la République sort victorieuse en 1381.

La première moitié du 15e s. est celle de l'apogée de la puissance vénitienne. Les Turcs sont battus à Gallipoli en 1416 et les Vénitiens tiennent en Orient les royaumes de Morée, de Chypre, de Candie. En Italie, ils s'emparent, entre 1414 et 1428, de Vérone, Vicence, Padoue, Udine, puis de Brescia et Bergame. L'Adriatique est « mare Veneziano », de Corfou au Pô.

La prise de Constantinople par les Turcs en 1453 annonce la décadence. La découverte de l'Amérique déplace les courants commerciaux, Venise est obligée de soutenir une lutte épuisante contre les Turcs, qui s'emparent de Chypre en 1500, mais sont défaits en 1571 lors de la bataille navale de **Lépante** à laquelle les Vénitiens prennent une part importante. Au 17e s., la décadence s'affirme après que les Turcs ont conquis Candie, à la suite d'un siège de vingt-cinq ans. En 1797, c'est la mort de la sérénissime République : Napoléon pénètre à Venise et abolit une constitution vieille de dix siècles. Puis, avec le **traité de Campoformio**, il cède la ville à l'Autriche. Venise et la Vénétie seront réunies à l'Italie en 1866.

LA PEINTURE VÉNITIENNE ET L'ART DANS LA CITÉ

L'école picturale de Venise se caractérise par une sensualité affirmée qui se traduit par la primauté donnée à la couleur sur le dessin, et par un sens inné de la lumière. Les historiens ont souvent opposé à l'art savant et idéaliste des Florentins la manière plus spontanée et plus libre des peintres vénitiens, dont l'exemple s'est perpétué jusqu'aux impressionnistes.

La peinture vénitienne connaît ses véritables débuts avec la dynastie des **Bellini** : Jacopo, le père, son fils aîné Gentile, mais surtout le cadet, **Giovanni** ou **Giambellino** (1430-1516), artiste d'une profonde spiritualité, l'un des premiers de la Renaissance à avoir su intégrer avec naturel le paysage à ses compositions de figures. Parallèlement se développe l'œuvre de chroniqueur de leur élève **Carpaccio** (1455-1525), à la fois minutieux et imaginatif, tandis que s'exerce l'influence de **Giorgione**. Inspiré par ce dernier, **Lorenzo Lotto** sait accepter également la leçon du réalisme nordique.

La Renaissance s'achève de manière éblouissante grâce à la personnalité de

trois grands artistes : **Titien** (vers 1490-1576), auteur de scènes dramatiques où le mouvement s'estompe dans des effets de fondu ; **Véronèse** (1528-1588), décorateur fastueux qui sait traduire par la richesse de ses coloris et de ses matières la splendeur de la Sérénissime ; enfin **le Tintoret** (1518-1594), visionnaire dont la technique, violente, rapide, traduit l'inquiétude intérieure.
Les artistes du 18e s. captent la lumière gris bleuté, irisée, un peu voilée, de la ville : ce sont **Canaletto** (1697-1768) et son disciple Bellotto (1720-1780) qui trouvent essentiellement leur inspiration dans les paysages, **Francesco Guardi** (1712-1793) qui peint par touches lumineuses, **Pietro Longhi** (1702-1758), auteur de scènes intimes, **Giambattista Tiepolo** (1696-1770), virtuose des fresques légères et transparentes, et son fils Giandomenico (1727-1804).
Les qualités de spontanéité et de couleur propres à la peinture vénitienne se retrouvent chez les musiciens, dont le plus célèbre reste **Antonio Vivaldi** (1678-1741) qui, durant de longues années, fut maître de violon et de viole à l'anglaise à l'Hôpital de la Piété (les hôpitaux étaient des institutions caritatives et des orphelinats qui servaient aussi de conservatoires).
Les 19e et 20e s. n'ont pas moins abrité nombre d'artistes, intellectuels et collectionneurs que la cité des Doges a enfanté de peintres et musiciens illuminant l'histoire de l'art. **Richard Wagner** (1813-1883) vit ses dernières années au palais Vendramin Calergi ; **Luigi Nono** (1924-1990) donne ses lettres de noblesse à la musique sérielle et électronique ; **Giuseppe Sinopoli** (1946-2001) se fait le chantre du répertoire malherien. En 1895, la **Biennale internationale d'art** ouvre ses portes pour la première fois. En 1932, elle sera suivie par la fameuse **Mostra del Cinema**, premier festival de cinéma créé au monde, tandis qu'après la Seconde Guerre mondiale, **Peggy Guggenheim** (1898-1979) s'installe au palais Venièr, entourée de ses collections abstraites et surréalistes. **Hemingway** possède son rond de serviette au Harry's Bar, Thomas Bernhard sa chambre au Palazzo Gritti. La bande dessinée d'**Hugo Pratt** (1927-1995) s'invite dans les ruelles de la Sérénissime, tandis que **Carlo Scarpa** (1906-1978), architecte et designer, officie pour les verriers de Murano.

LA MAGIE D'UNE VILLE UNIQUE

Venise est bâtie sur 117 îles ; 150 canaux et 400 ponts y ont été dénombrés. Un canal se nomme *rio*, une place *campo*, une rue *calle* ou *salizada*, un quai *riva* ou *fondamenta*, un canal comblé *rio terrà*, un passage sous une maison *sottoportego*, une cour *corte*, une placette *campiello*. Les rues, étroites, aux noms évocateurs, sont dallées et sans trottoirs : balcons fleuris, Madones, enseignes, lanternes les jalonnent ; boutiques d'artisans et palais s'y côtoient. Les places sont charmantes avec leur puits à margelle sculptée dite *vera da pozzo*.
Depuis des siècles, la **gondole** est le moyen de transport de Venise. La gondole est austère et sobre, ne serait-ce que par son noble fer, partie la plus caractéristique, faisant contrepoids au gondolier et tenant lieu d'ornement symbolique : la courbe serait l'insigne du bonnet des doges *(corno ducale)* et les six dents, les quartiers qui divisent la ville. La dent tournée vers la poupe représenterait l'île de la Giudecca.
Quant aux **Vénitiens**, ils ont le teint clair, parlent en zézayant légèrement un dialecte extrêmement vivace, qui supplante l'italien même dans la toponymie, et manifestent sens pratique et habileté commerciale. Pendant longtemps, **bautta** (loup de velours noir) et **domino** (large manteau à capuche), encore portés aujourd'hui lors du Carnaval, ont assuré leur incognito, leur offrant un peu de secret et de vie privée dans une cité dont les quartiers sont des villages où tout se sait.

la **salle de la Porte-Tambour**, pièce où attendaient les personnes convoquées par ce Conseil, la **salle d'armes** (collection d'armes et d'armures du 15e-17e s.), la **salle du Grand Conseil** (1 300 m^2), où se déroulaient les séances de l'assemblée, chargée d'élire presque tous les fonctionnaires – dont le doge – de la République. Parmi les toiles et les portraits des 76 doges figure **Le Paradis** du Tintoret★★. La visite se poursuit par la **salle du Scrutin**, où se déroulaient les votes. Dans la dernière salle sont exposés un tryptique de **Jérôme Bosch** et une représentation de *L'Enfer* d'Enrico Van Bles dit il Civetta (16e s.). Les **Nouvelles Prisons**, au-delà du pont des Soupirs, abritent trois niveaux de cellules. Enfin, la visite se termine avec la **salle des Censeurs**, où siégeait un tribunal de justice, la **salle de l'« Avogaria »** (les trois *avogadori* étaient des avocats de l'État, chargés de veiller au respect des lois) et la **salle du Coffret** où étaient gardés les registres de l'aristocratie.

★★ **Itinéraires secrets** (Itinerari segreti) – *Visite guidée (1h15) en français à 10h20 et 12h, sur réservation - ✆ (+39) 041 42 73 08 92 (de l'étranger) ou 848 08 20 00 (centre d'appel) ou sur internet (+0,50 €) : www.visitmuve.it - 20 €; 14 € pour les détenteurs du San Marco Museum Pass ou du Museum Pass.*

Ce parcours passionnant révèle les aspects quotidiens du travail dans les bureaux, mais aussi l'atmosphère dans laquelle se prenaient les décisions politiques les plus importantes. Ces locaux n'étaient pas visibles de l'extérieur car leurs activités devaient rester secrètes. Se succèdent le petit bureau affecté au Grand Chancelier (rassemblant les archives générales de la Sérénissime); la salle de la Cancelleria Segreta, rappelant le pont d'un navire aux murs couverts de boiseries: la salle des tortures, qui renvoie au caractère intransigeant de la République pour tout ce qui touchait à sa sécurité et à son prestige; et les prisons, les **Piombi** (les plombs), d'où s'évada Casanova. Localisées sous les toits, elles étaient destinées aux coupables de crimes mineurs et offraient de meilleures conditions de détention que les Pozzi (les puits), situés au rez-de-chaussée et donc très humides. Au-dessus de la salle du Grand Conseil, la vaste charpente en mélèze, vraiment inattendue, constitue l'un des moments forts de la visite qui s'achève par la salle des Trois Inquisiteurs (chargés de juger les crimes contre l'État) dont le plafond est orné de toiles du Tintoret.

★★ Ponte dei Sospiri

Il relie le palais des Doges aux Nouvelles Prisons, situées à l'arrière du palais. Construit entre les 16e et 17e s., il doit son nom à la plume des écrivains romantiques qui imaginaient les plaintes des condamnés contemplant par ses fenêtres la lagune pour la dernière fois.

★★ Museo Correr C1

Entrée pour le public piazza San Marco, Ala Napoleonica, Scalone monumentale - ✆ 041 42 73 08 92 (en dehors d'Italie) ou 848 08 20 00 (centre d'appel) - www.visitmuve.it - avr.-oct. : 10h-19h ; nov.-mars : 10h-17h (la billetterie ferme 1h av.) - fermé 25 déc. et 1er janv. - 16 € (San Marco Museum Pass ou Museum Pass).

Le musée doit son nom à Teodoro Correr (1750-1830), gentilhomme qui légua à Venise sa riche collection, liée à l'histoire et à l'art de la Sérénissime. Il intègre différents départements, son parcours conduisant de l'Aile napoléonienne à la bibliothèque, à travers les Procuratie Nuove.

Dans les premières salles, au sein du **Palais royal néoclassique**, passé la loggia napoléonienne dotée d'une vue privilégiée sur la place St-Marc, sont exposées des sculptures d'**Antonio Canova** (dont les groupes harmonieux de *Dédale et Icare*). Les salles suivantes plongent le visiteur dans l'histoire, petite et grande, et la vie quotidienne de la cité des doges. À la **bibliothèque Pisani de San Vidal**, au mobilier « architectural » datant du 17e s. succèdent une importante **collection numismatique** (la quasi-totalité des pièces frappées par la République), des maquettes de bateaux rappelant la puissance maritime de Venise, des armes et des armures, une évocation des fêtes vénitiennes, des arts et métiers et un **Musée archéologique** abritant des sculptures grecques et romaines, des vestiges égyptiens. Dans son prolongement, la **Biblioteca nazionale Marciana★** abrite le somptueux Salone Sansoviniano (conçu par Sansovino, entre 1537 et 1560), orné des portraits de philosophes, certains exécutés par **le Tintoret** et **Véronèse** et d'un plafond ponctué de médaillons, véritable « manifeste du maniérisme à Venise ».

Au deuxième étage, les grandes collections d'art rassemblent notamment des œuvres de **Pieter Bruegel le Jeune** *(Adoration des Mages)*, de **Cosmè Tura** (*Pietà*), de **Giovanni Bellini** *(Madone, Crucifixion)*, de **Lorenzo Lotto** *(Saint Antoine de Padoue)* et de **Vittore Carpaccio** *(Deux Dames vénitiennes)*.

Quitter la piazza San Marco en passant sous les arcades de l'Aile napoléonienne, et prendre dans le prolongement, légèrement à gauche, la salizada San Moisè, bordée de boutiques de grands couturiers.

San Moisè C1

Exaltation de la redondance, la façade est sans aucun doute l'élément le plus spectaculaire de cette église. Elle est l'œuvre d'un élève de Longhena, **Alessandro Tremignon** (17e s.), qui fut aidé du Flamand Meyring, lui-même élève du Bernin. À l'intérieur, résolument baroque, figure dans la chapelle à gauche de la chapelle axiale le *Lavement des pieds* du **Tintoret**.

Contourner l'église sur la gauche et prendre la calle di Tredici Martiri (honorant la mémoire de 13 habitants du quartier assassinés par les fascistes le 28 juillet 1944), jusqu'au ponton donnant sur le Grand Canal, offrant une très belle vue sur la Dogana da Mar et la Salute. Revenir sur ses pas, jusqu'au campo San Moisè, emprunter la calle Larga 22 Marzo après le ponte San Moisè, puis prendre sur la droite la calle del Sartor da Veste, jusqu'au campo San Fantin au-delà du rio.

★ Gran Teatro La Fenice B1

Campo San Fantin, 1965 - billetterie : ✆ 041 24 24 - www.teatrolafenice.it - visite avec un audioguide : 9h30-18h (horaires variables) - 8 € - rens. au ✆ 041 78 66 72 ou sur www.festfenice.com.

Élevé sur une petite place depuis 1792, le prestigieux théâtre lyrique, victime d'un incendie en 1996, a retrouvé ses deux façades et ses deux entrées, dont l'une donne sur le *rio*. Tout en modernisant le théâtre (avec la création notamment de salles de répétition et d'une salle de musique de chambre qui porte aujourd'hui son nom), Aldo Rossi a restitué telle qu'elle était la superbe salle de concerts avec son plafond vert, ses stucs et ses cariatides, ainsi que les foyers éclairés de lustres en verre de Murano et décorés de tentures ornées du Phénix.

Au campo San Fantin, prendre à gauche la calle de la Fenice, puis à droite le campiello Marinoni o de la Fenice et à gauche le sottoportego de la Malvesia Vecchia. Emprunter l'étroite calle del Cafetier donnant sur le paisible campo Sant'Anzolo (ou Sant'Angelo) d'où l'on aperçoit le campanile penché du campo Santo Stefano. Traverser le campo dans sa diagonale, emprunter le petit pont avant de pénétrer dans la calle dei Frati menant directement au campo Santo Stefano.

Campo Santo Stefano B1

La place se déploie tout en longueur et demeure l'une des plus élégantes de Venise. Son église, son campanile, ses cafés et glaciers en font un lieu de rencontres privilégié. C'est aussi un but apprécié de promenades vespérales, lorsque s'allument les fenêtres des palais et scintillent les réverbères, le

SCHIAVONI-ARSENALE
0
200 m
N
A
B
1
2
3
SS GIOVANNI E PAOLO
SAN MARCO ET ALENTOURS
Pal. Ducale
S. ELENA ET S. PIETRO
Fondamenta
Nuove
OSPEDALE
CANALE DELLE FONDAMENTA NOVE
OSPEDALE CIVILE
RIUNITI DI VENEZIA
C. d. Cappuccine
Rio di S. Giustina
Fond. di S. Giustina
Ospedaletto
Barbaria d. Tole
C. Zen
Campo di S. Francesco della Vigna
S. FRANCESCO D. VIGNA
CELESTIA
BACINI
C. Sagredo
C. S. Francesco
C. del Te Deum
Cpo S. Giustina
Cpo d. Confraternita
Cpo d. Celestia
Rio di S. Giovanni Laterano
Ramo Capello
Rio d. Tetta
Rio di S. Francesco
Rio d. Celestia
S. LORENZO
Salizz. S. Giustina
Ramo Ponte S. Francesco
C. L. S. Lorenzo
Cpo S. Lorenzo
C. S. Lorenzo
C. Zorzi
Corte Nuova
Fond. di S. Severo
Rio di S. Severo
POL.
Fond. di S. Lorenzo
R. di S. Lorenzo
Rio di S. Lorenzo
Fondamenta S. G. degli Schiavoni
C. d. Gatte
Salizz.
Campiello Due Pozzi
Rio di S. Ternita
Rio delle Gorne
C. d. Lion
C. dei Furiani
SCUOLA DI S. GIORGIO DEGLI SCHIAVONI
Fondamenta dei Furlani
C. delle Muneghette
Darsena Arsenale Vecchio
Salizz. Zorzi
Rio di S. Provolo
S. GIORGIO DEI GRECI
Salizzada dei Greci
S. ANTONIN
Salizzada S. Antonin
Salizz. d. Pignatèr
Rio di S. Martino
Fondamenta dell' Osmarin
C. Bosello
Rio della Pietà
Rio dei Greci
C. del Pestrin
S. ZACCARIA
Cpo Bandiera e Moro
Fond. d. Fronte
Cpo S. Zaccaria
LA PIETÀ
C. del Dose
S. GIOVANNI IN BRÀGORA
Rio di Ca' di Dio
Rio dell' Arsenale
Fond. d. Madonna
Campiello della Pescaria
Riva degli Schiavoni
S. ZACCARIA
Fondamenta dell' Arsenale
MUSEO STORICO NAVALE
ARSENALE
Riva Ca' di Dio
PALAZZETTO DELLO SPORT
Cpo S. Biagio
Riva S. Biagio
BACINO DI SAN MARCO

métamorphosant en un décor de théâtre que l'atmosphère, devenue silencieuse, nimbe d'une aura magique.
De style gothique, l'église **Santo Stefano** présente une belle façade de briques apparentes. L'intérieur de la sacristie (à l'extrémité du côté droit) renferme plusieurs œuvres du **Tintoret** (le *Lavement des pieds*; la *Résurrection*; la *Prière au jardin des oliviers*; la *Cène*). Dominant l'église, le campanile (16e s.) penché, de 60 m de haut, est l'un des plus célèbres de Venise. Élevé en briques avec quelques chaînages en pierre d'Istrie, il est surmonté d'un clocheton octogonal.
Traverser le campo Santo Stefano en direction du Grand Canal.
Sur la gauche s'élève le **Palazzo Cavalli Franchetti**, élégant palais de style gothique, modifié au 19e s., dressé dans un jardin luxuriant protégé par des grilles. Il abrite, entre autres institutions, Corila, consortium chargé de coordonner les recherches sur le système lagunaire de Venise.
Poursuivant toujours tout droit, on parvient à l'arrêt du vaporetto Accademia.

★★ Schiavoni et Arsenale Plan Schiavoni-Arsenale

De la piazza San Marco, rejoindre les quais, côté gauche, sur la riva degli Schiavoni. À la station de vaporetto San Zaccaria, prendre à gauche le sottoportego San Zaccaria menant au campo du même nom.
À cheval entre les quartiers du Castello et de l'Arsenal, cette promenade, à l'écart de l'effervescence de San Marco, se veut paisible, enrichie des œuvres lumineuses du Carpaccio, avant de se plonger dans une évocation de la puissance maritime de la cité des doges.

Campo San Zaccaria

Élégant et tranquille, il a conservé les arcades d'un cloître du 16e s. élevé à l'emplacement du cimetière du couvent et, sur la droite, la façade de l'église primitive flanquée d'un campanile du 13e s.

★★ San Zaccaria A2

Castello, 4693 - 10h-12h, 16h-18h - fermé le matin les dim. et j. fériés.
La haute façade de style lombard, chef-d'œuvre de la Renaissance vénitienne, fut élevée entre 1480 et 1500 par **Mauro Codussi**. Elle se présente en trois parties, avec un sommet en demi-cercle et deux contreforts curvilignes, ponctués de statues. À l'intérieur, tapissé de peintures, se distinguent *La Sainte Conversation* de **Giovanni Bellini**, composition servie par une remarquable gamme chromatique, *La Vierge en majesté* de **Palma le Jeune**, *La Naissance de saint Jean-Baptiste* du **Tintoret**, et *La Fuite en Égypte* de **Tiepolo**. La **Chapelle d'or** est le chœur du 13e s. de l'église gothique primitive.
Depuis le campo San Zaccaria, prendre à gauche la rue qui mène aussitôt au campo San Provolo. Tourner tout de suite à droite dans le campo, sur la fondamenta de l'Osmarin. Longer le petit canal jusqu'au bout, emprunter le pont à gauche suivi par un autre pont à droite (ponte dei Greci) donnant sur l'étroite calle de la Madonna. Au campiello de la Fraterna, prendre à droite la salizada dei Greci. Franchir le pont et, au pied des marches, prendre la fondamenta dei Furlani sur la gauche qui conduit directement à la Scuola Dalmata dei Santi Giorgio e Trifone.

★★★ Scuola Dalmata dei Santi Giorgio e Trifone

(San Giorgio degli Schiavoni) A2
Castello, 3259/a, calle dei Furlani - ✆ 041 52 28 828 - 9h15-13h, 14h45-18h - fermé l'apr.-midi dim. et j. fériés et le lun. mat. - 4 €.

LES « SCUOLE »

Les *scuole*, qui furent jusqu'à quatre cents à Venise, étaient des confréries laïques vouées à la dévotion et aux œuvres de bienfaisance, auxquelles se consacrèrent, du Moyen Âge jusqu'à la chute de la République, des citoyens de la classe moyenne. Chacune avait son saint protecteur et son statut, la *mariegola*. Leurs sièges étaient de magnifiques palais, dont l'intérieur était décoré par d'illustres artistes.

La visite de quelques-unes de ces institutions permet d'avoir une idée de leur richesse artistique. À commencer par la **Scuola Grande di San Rocco★★★**, où le Tintoret a représenté des scènes de l'Ancien et du Nouveau Testament, et celle de **San Giorgio degli Schiavoni★★★**, précieux écrin pour les œuvres pleines de finesse de Carpaccio qui, puisant dans ses couleurs chaudes, y a illustré les histoires de saint Georges, saint Tryphon et saint Jérôme. Dans le quartier du Dorsoduro, la **Scuola Grande dei Carmini★**, dessinée par Longhena, peut s'enorgueillir, parmi d'autres œuvres, d'une *Vierge apparaissant au bienheureux Simon Stock* auquel elle remet le scapulaire, réalisée par **Tiepolo**.

La Scuola des Dalmates ou « Slavons » (Schiavoni) fut fondée le 19 mai 1451 par un décret du Conseil des Dix qui en approuvait le code fixant son statut et ses règles ; elle fut placée sous la protection de **saint Georges**, **saint Tryphon** et **saint Jérôme**. La façade de la Scuola, simple mais élégante, s'orne au-dessus du portail d'entrée de deux dauphins et de deux bas-reliefs représentant saint Georges terrassant le dragon (16e s.) et la Vierge à l'Enfant entre saint Jean-Baptiste présentant un confrère et sainte Catherine (15e s.). L'intérieur, assez réduit, abrite les cycles de saint Georges, saint Tryphon et saint Jérôme, un ensemble réalisé par **Vittore Carpaccio**, indissociablement lié à la Scuola comme le Tintoret l'est à la Scuola di San Rocco.

Carpaccio consacra cinq années (1502-1507) à réaliser ces œuvres dont la luminosité, exaltée par les couleurs chaudes employées, et l'atmosphère recueillie, trouvent une place idéale dans la salle du rez-de-chaussée au remarquable plafond à poutres.

Le cycle de **saint Georges★★★**, dans un récit qui se veut chevaleresque, joue des perspectives, ajoute un décor macabre à un paysage charmant, des éléments pittoresques empruntés à l'Orient. On y observe saint Georges défiant le dragon, symbole du paganisme, triomphant, puis baptisant les Sélénites. Le **Miracle de saint Tryphon★★★**, martyre chrétien du 3e s., est l'une des rares représentations connues de ce saint originaire d'Asie Mineure, appelé par l'empereur romain Gordien pour exorciser sa fille. Un miracle qu'il accomplit alors enfant, face à un démon symbolisé ici par le lézard venimeux de l'*Écriture sainte*. Le cycle de **saint Jérôme★★★** relate l'arrivée du saint au monastère accompagné d'un lion blessé, suivant la légende, ses funérailles et la méditation de Jérôme dans un cabinet de travail, à moins qu'il ne s'agisse de la **Vision de saint Augustin**, comme le pensent des historiens de l'art. Chaque scène est pourvue de détails, non sans fantaisie, non sans humour, toujours enveloppée de couleurs chaudes.

De la Scuola, prendre à droite le ponte de la Comenda et à droite encore la fondamenta San Giorgio degli Schiavoni. Au bout de la fondamenta, traverser le ponte de la Corte Nuova donnant sur la calle du même nom. Prendre à gauche, la calle Zorzi. Tourner à gauche sur la salizada Santa Giustina puis tout de suite à droite, sur la calle del Fontego donnant sur le campo Santa Giustina. Poursuivre tout droit dans la ruelle, calle del Te Deum, tourner à droite dans la calle San Francesco conduisant au campo San Francesco où se dresse l'église San Francesco della Vigna.

★ San Francesco della Vigna B1

L'édifice actuel fut bâti à partir de 1534, d'après un projet de **Sansovino**. Sa façade, inspirée d'un temple classique coiffé d'un tympan triangulaire, a été réalisée par **Palladio**. Son intérieur abrite les *Quatre Évangélistes*, une œuvre de jeunesse de **Tiepolo**, une Vierge à l'Enfant de Véronèse et une *Madone entourée de saints* de **Giovanni Bellini**. Aux côtés de l'église, le campanile, qui rappelle par sa forme et sa couleur celui de la basilique St-Marc, est l'un des plus élevés de Venise.

Du campo San Francesco, revenir sur le campo Santa Giustina, la calle del Fontego et la salizada Santa Giustina sur la gauche puis à droite la salizada San Francesco. Tourner à gauche dans la calle Sacca puis aussitôt à droite dans la salizada delle Gatte. Au campo delle Gatte, à gauche dans la ruelle, calle va al Ponte dei Scudi, tourner à la première à gauche (calle del Manolin) donnant sur le campo do Pozzi (ou campiello Due Pozzi, littéralement la place des deux puits), bordé de petites maisons, animé par son café. Curieusement, il ne reste qu'un puits.

De la place, prendre la ruelle calle delle Munghette, prolongée par la calle del Bastion. Tourner à droite dans la fondamenta dei Penini longeant le rio delle Gorne. Traverser le ponte dei Penini, qui retombe sur le campo San Martin et l'église du même nom (laquelle renferme notamment des œuvres de Palma le Jeune).

Prendre à gauche la fondamenta di Fronte (prolongée par la fondamenta de Fazza l'Arsenal) qui donne sur le campo de l'Arsenal.

★ Arsenale B3

Une première darse existait déjà à Venise en 1104, lorsque les croisades ont donné essor aux reconstructions navales. Entouré de murs médiévaux hérissés de tours et bordés par des canaux, l'Arsenal possède deux entrées principales, l'une terrestre, l'autre maritime, toutes deux situées sur le rio du même nom. Dans cette zone militaire, fermée à la visite, l'entrée maritime se signale par deux tours reconstruites en 1686. L'entrée terrestre, donnant sur le campo, s'effectue par un imposant **portail Renaissance**, aux allures d'arc de triomphe, orné de lions. Alentour, le quartier, peu fréquenté par les touristes, plus authentique, s'organise en ruelles et places.

4

De l'Arsenale, longer la fondamenta du même nom. Prendre à droite la fondamenta dei Arsenalotti et, au bout à gauche, le Ramo de la Malvasia Vecchia puis à droite la calle du même nom, puis à gauche la calle dei Forni menant sur le quai Riva Ca'di Dio. Longer le quai sur la droite, jusqu'à la calle del Dose sur la droite conduisant au campo Bandiera e Moro, à l'atmosphère tranquille, entouré de quelques beaux palais.

L'église **San Giovanni in Bragora★** abrite notamment des œuvres de Palma le Jeune, de Paris Bordone et de Cima da Conegliano.

Sur le campo, emprunter la calle de la Pietà, prolongée par le campiello Drio de la Pietà. Tourner à gauche pour regagner le quai Riva degli Schiavoni, à l'angle de l'église Santa Maria della Visitazione, proche de l'arrêt du vaporetto San Zaccaria.

★★★ Du Rialto à San Rocco Plan de Venise p. 332-333

Inaugurée par le pont du Rialto, l'un des emblèmes vénitiens, cette promenade est ponctuée de places et de rues commerçantes, fréquentée par les étudiants, animée par un marché gourmand et auréolée par les œuvres du Tintoret.

★★ Ponte di Rialto B2

Le premier lien entre les deux rives du Grand Canal remonte à 1175. Le pont était alors en bois et fut plusieurs fois victime d'incendies. Antonio Da Ponte réalisa le Rialto entre 1588 et 1591, abandonnant l'idée d'un pont à trois arches pour une arche unique longue de 28 m, favorisant la navigation. Il est traversé par un escalier central bordé de boutiques et par deux autres escaliers latéraux plus étroits.

Au pied du pont, s'engager sur la ruga degli Orefici, encadrée d'arcades et d'étals proposant divers souvenirs, bibelots et cartes postales. Après quelques mètres, traverser le campo San Giacomo di Rialto, sur la droite, pour gagner les arcades des Fabbriche Vecchie, auparavant bâtiments commerciaux, maintenant occupés par des cafés aux agréables terrasses sur le Grand Canal. Poursuivre le long des Fabbriche Nuove, également dotées d'arcades, vers le marché de fruits et légumes.

Campo della Pescheria

Toujours le long du Grand Canal, c'est sous les arcades de la Pescheria, vaste bâtiment, que se tient le matin, du mardi au samedi, le marché aux poissons. Le *mercato*, aujourd'hui desservi par le vaporetto, compose un tableau de la Venise populaire, résonnant de harangues, coloré et parfumé.

De la Pescheria, prendre la calle delle Beccarie, jadis occupée par les abattoirs, non moins animée par les étals de poissonniers. Tourner à gauche dans la ruga dei Speziali puis à droite dans la ruga Vecchia San Giovanni qui se prolonge par la rughetta del Ravano, tout aussi bordée de magasins et commerces d'alimentation. Traverser le petit campo Sant'Aponal et emprunter au milieu du campo la Calle de Mezo. Poursuivre toujours tout droit (direction Alla Ferrovia) dans la calle de la Madoneta menant au campo San Polo.

Campo San Polo

Tel un amphithéâtre, il accueille de nombreuses manifestations populaires. La place est bordée de quelques nobles édifices, parmi lesquels les **deux Palazzi Soranzo** (n°s 2169 et 2170), de style gothique fleuri, et le **Palazzo Tiepolo Maffetti**, de style baroque et reconnaissable à la tête d'Hercule qui orne le portail. À l'angle opposé, le **Palazzo Corner Mocenigo**, construit par Sanmicheli au 16e s., abrite aujourd'hui l'administration des Douanes (Guardia di Finanza).

San Polo

www.chorusvenezia.org - 10h-17h - fermé dim., 25 déc., 1er janv., Pâques et 15 août - 3 € ou Chorus Pass.

L'église présente une façade rose et un portail richement décoré de motifs floraux. À l'intérieur se distinguent une *Cène* du **Tintoret**, les *Noces de la Vierge et des anges* de **Véronèse** et *l'Apparition de la Vierge à saint Jean Népomucène*, de **Tiepolo**.

Longer l'église dans la salizada San Polo prolongée par la calle dei Saoneri, après le petit ponte San Polo. Tourner à gauche dans le rio Tera dei Nomboli puis à droite.

Casa di Goldoni

San Polo, 2794 - ✆ 041 42 73 08 92 (en dehors d'Italie) ou 848 08 20 00 (centre d'appel) - www.visitmuve.it - ♿ - 10h-16h ou 17h (dernière entrée 30mn av.) - fermé merc., 25 déc., 1er janv. et 1er Mai - 5 € ou Museum Pass.

Palais natal de Carlo Goldoni (1707-1793), la bâtisse abrite l'Institut international pour la recherche théâtrale, un petit musée consacré à la vie du dramaturge et une salle aménagée en théâtre de marionnettes.

Reprendre le circuit sur la gauche pour accéder au campo San Tomà égayé par une terrasse de café. Traverser le campo sur la gauche, par la calle del Mandoler, puis s'engager à gauche dans la calle Larga donnant sur le campo dei Frari.

LA FRANCE ET VENISE UNIES PAR L'HARMONIE

À deux pas de San Rocco, le **Palazzetto Bru Zane** date de la fin du 17e s. D'emblée, sa vocation a été musicale puisqu'il a été conçu en 1695 par la famille de mélomanes Zane afin de permettre à leur fille d'y donner des récitals de violon. La décoration, très riche, est attribuée à Abondio Stazio, Andrea Pelli, Sebastiano Ricci, initiateur du barocchetto vénitien, et Ferdinando Fochi. La balustrade entourant la grande salle serait de Brustolon. Pour son acoustique magnifique, elle a été surnommée par les musicologues le « Stradivarius des salles de concerts ».
En 2006, la fondation Bru a acquis le palais afin de le « rendre à son histoire ». La restauration est désormais achevée, incluant la superbe salle de concert et un studio d'enregistrement, et le *palazzetto* est occupé depuis 2008 par le Centre de musique romantique française. *Palazzetto Bru Zane - San Polo, 2368 - 30125 Venezia - ✆ 041 52 11 005 - www.bru-zane.com.*

★★★ Santa Maria Gloriosa dei Frari A2

Campo dei Frari, San Polo, 3072 - www.chorusvenezia.org - 9h-18h, dim. et j. fériés 13h-18h (dernière entrée : 17h30) - fermé 25 déc., 1er janv., Pâques et 15 août - 3 € ou Chorus Pass.
Cet édifice monumental flanqué d'un campanile haut de 70 m présente une façade majestueuse, élevée en style gothique tardif. Doté de deux piliers finement ouvragés, le portail est surmonté d'un *Christ ressuscité* d'**Alessandro Vittoria** (1581) qu'encadrent une *Vierge à l'Enfant* et un *Saint François* de **Bartolomeo Bon**.
À l'intérieur figurent le **monument à Canova**, sorte de pyramide de style néoclassique faisant face au mausolée du Titien, une éblouissante chapelle axiale du 15e s., riche de 124 **stalles** ouvragées et une remarquable **Madonna di Ca'Pesaro** du **Titien**. La chapelle majeure, véritable point focal de la merveilleuse perspective, est rehaussée par un autre chef-d'œuvre du Titien, **l'Assomption** (1516), sa première œuvre religieuse d'importance, composition dense et mouvementée, triomphe de la couleur, de la lumière et du rythme.
Contourner l'église des Frari sur la droite, puis tourner à droite dans la salizada San Rocco jusqu'au campo du même nom.

4

★★★ Scuola Grande di San Rocco (Collège majeur de St-Roch) A2

San Polo, 3052 - ✆ 041 52 34 864 - www.scuolagrandesanrocco.it - 9h30-17h30 (dernière entrée 17h) - fermé 25 déc., 1er janv. et Pâques - 8 €.
L'école est dédiée au pèlerin français, saint Roch (1295-1327), patron des malades et des pestiférés. La puissante confrérie laïque St-Roch, qui avait précisément pour but de lutter contre les épidémies de peste, fut reconnue par le Conseil des Dix en 1478. Son prestige et son importance ne cessèrent de croître au cours des siècles, notamment après la translation, en 1485, de Montpellier à Venise des reliques de saint Roch *(urne dans l'église voisine)* et grâce aux nombreux dons et legs dont elle bénéficia.
Son intérieur, revêtu de marbres et de boiseries baroques (dues à Francesco Pianta), renferme une exceptionnelle **collection★★★** de toiles du **Tintoret**, exécutées de 1564 à 1587, livrant le plus beau tableau qui soit du maniérisme. On y observe combien l'artiste, dans l'esprit de la nouvelle vision artistique souhaitée par le concile de Trente, délaisse la peinture intellectuelle et apprêtée afin de s'attacher à traduire le message du Sauveur en termes plus populaires et sensibles.

La salle du rez-de-chaussée rend compte d'un caractère visionnaire de la lumière et de l'inspiration lyrique dans une illustration des **scènes du Nouveau Testament**. *L'Annonciation* se dote de nombreux détails réalistes, *L'Adoration des Mages* se veut théâtrale, *La Fuite en Égypte* baigne dans la clarté magique d'un coucher de soleil tandis que *Le Massacre des Innocents* présente un caractère tragique exacerbé. Le cycle s'achève avec *La Présentation au temple* et *L'Assomption*.
Au premier étage, les cycles de cette **grande salle supérieure** ou salle capitulaire illustrent des scènes de **l'Ancien Testament** (au plafond) et du **Nouveau** (sur les murs). **Le Miracle du serpent d'airain** occupe le centre du plafond. Les deux autres grandes toiles représentent *Moïse faisant jaillir l'eau du rocher* et *La Pluie de manne*. Le cycle du Nouveau Testament se décline notamment avec une *Adoration des bergers, Le Baptême du Christ, La Résurrection du Christ, La Prière au mont des Oliviers* que suivent *La Cène, La Multiplication des pains et des poissons* puis *La Résurrection de Lazare, L'Ascension, La Piscine probatique* et *La Tentation du Christ*. Sur les chevalets de l'autel, reposent une *Annonciation* du **Titien** et deux toiles de **Tiepolo**.
À la grande salle supérieure succède, au fond à gauche, la salle de **l'Albergo**. Son plafond, richement sculpté et doré, s'orne d'un médaillon central représentant le *Triomphe de saint Roch*. Face à l'entrée, une immense **Crucifixion★★★** (1565) impose sa tension dramatique et son expressionnisme pathétique. Dans cette même salle se distinguent l'intensité du *Christ devant Pilate*, dont la luminosité se concentre sur la figure du Christ, et une époustouflante composition, au réalisme tragique, de **La Montée au Calvaire★★★**.
Au sortir de la Scuola, reprendre le chemin inverse jusqu'au campo San Tomà. Tourner à droite au niveau de l'église dans la calle Campaniel, puis aussitôt à gauche dans la calle del Traghetto Vecchio qui mène à la station du vaporetto San Tomà.

★★★ Accademia et Salute Plan de Venise p. 332-333

Cette promenade est l'occasion de déambuler dans le paisible et charmant quartier du Dorsoduro, traversé de petits canaux et pourvu de palais aristocratiques. Ses musées extraordinaires entraînent aussi le visiteur dans un magnifique voyage à travers les époques artistiques.

★★★ Gallerie dell'Accademia AB3

Campo della Carità, Dorsoduro 1050 - ✆ 041 52 00 345 - www.gallerieaccademia.org - 8h15-19h15 - fermé lun. apr.-midi, 25 déc., 1er janv. et 1er Mai - 11 €.
Rassemblant des œuvres réalisées entre les 14e et 19e s., les galeries constituent le panorama le plus significatif des arts de la Vénétie. Parmi les œuvres les plus importantes figurent la **Crucifixion et apothéose des dix mille martyrs du mont Ararat** de **Carpaccio**, la **Vocation des fils de Zébédée** de Marco Basaiti, la **Vierge à l'Enfant** de **Giovanni Bellini** et le **Gentilhomme au lézard**, jeune homme mélancolique de **Lorenzo Lotto**, interrompu dans sa lecture par une pensée ou un souvenir. S'ajoutent une **Pietà** du Titien, intimiste et triste, une **Descente de la croix** et l'histoire de **saint Marc** par le **Tintoret**, dont l'**Enlèvement du corps de saint Marc** dans un palais aux impressions fantomatiques. **Le Repas chez Lévi,** de **Véronèse**, demeure la dernière de la série des Cènes grandioses exécutées pour les réfectoires des couvents vénitiens, la seule aussi conservée à Venise.
Le cycle en neuf tableaux de la **Légende de sainte Ursule**, par Carpaccio, retrace l'histoire de cette princesse bretonne massacrée à Cologne par les Huns.

Un vendeur de légumes en bateau dans Castello Sestiere.
A. Pistolesi / hemis.fr

Sont aussi remarquables le **Saint Georges** d'**Andrea Mantegna**, la **Vierge en majesté** et la **Vierge à l'Enfant entre sainte Catherine et Marie-Madeleine** de **Giovanni Bellini**, la **Tempête** de Palma le Vieux et Paris Bordone et celle, très différente, de **Giorgione**, cristallisation d'un état d'âme, ainsi que la **Vecchia**, portrait de vieille dame dont la tristesse est renforcée par l'inscription « Col tempo », c'est-à-dire « Avec le temps ».

Le 17ᵉ s. est représenté par **Luca Giordano** *(Crucifixion de saint Pierre)* et le 18ᵉ s., plus largement, par **Giambattista Tiepolo** *(Le Châtiment des serpents)*, les paysages urbains vénitiens de **Canaletto** et de remarquables scènes de genre relatant la vie quotidienne dans la Sérénissime, croquées par **Pietro Longhi**. Le peintre romantique Francesco Hayez illustre le 19ᵉ s.

Au sortir de l'Accademia, campo de la Carità, faisant face au débarcadère de l'arrêt du vaporetto Accademia, quitter le campo sur la droite par la calle Contarini Corfù, puis emprunter à gauche le pont pour rejoindre le ramo della Toletta. Suivre ensuite le canal à gauche et de nouveau à gauche prendre la fondamenta Lombardo. Au bout de la calle del Turchette, suivre à droite la calle Longa de Santa Barbara.

Du campo Santa Barbara, longer le canal par la fondamenta Giardini. Le pont à droite et le rio Terrà Canal mène au campo Santa Margherita.

4

Campo Santa Margherita A2

Vaste et accueillante, cette place séduit par son animation, ses terrasses de café et de glaciers, ses boutiques et les étals des marchands qui s'y installent. Le collège des Carmes (**Scuola Grande dei Carmini★**), qui abrite des peintures de **Tiepolo**, s'élève au bout du campo vers la gauche *(✆ 041 52 89 420 - www.scuolagrandecarmini.it - 11h-16h - fermé 1ᵉʳ janv., 25 déc. - 5 €)*.

Longer le collège des Carmes par la gauche et la calle de la Scuola ; après le pont, continuer tout droit puis emprunter la calle Longa de Santa Barbara à droite. Traverser le rio dell'Avogaria puis tout droit le rio San Sebastiano. Continuer jusqu'au Campo San Sebastiano.

LA FÊTE DE LA « MADONNA DELLA SALUTE »
Depuis plus de trois siècles, Venise fête solennellement, le 21 novembre, la fin de l'épidémie de peste de 1630. À cette occasion se forme un pont de bateaux entre la Salute et l'autre rive du Grand Canal afin de permettre à la procession et aux fidèles d'accéder facilement à la basilique. Toute la journée, dans un joyeux climat de fête populaire, on célèbre la *Madonna della Salute*, en l'honneur de laquelle les Vénitiens ont alors coutume de brûler un cierge.

★★ San Sebastiano A2-3

Campo San Sebastiano - www.chorusvenezia.org - 10h-17h - fermé dim., 25 déc., 1er janv., Pâques et 15 août - 3 € ou Chorus Pass.

La beauté de cette église réside essentiellement dans la richesse artistique de son intérieur, illuminé de somptueuses fresques exécutées par **Véronèse**, où se juxtaposent les tons, les nuances froides et chaudes, les ombres colorées. Au plafond, doté de trompe-l'œil imitant des éléments architecturaux, figurent *Esther couronnée par Assuérus*, le *Triomphe de Mardochée* et la *Répudiation de Vasti*. La troisième chapelle, sur la droite, abrite une *Crucifixion*, tandis qu'entre les colonnes torses, des niches accueillent des sibylles et des prophètes. Dans la galerie se déploie le cycle du *Martyre de saint Sébastien (fresque non visible de la nef)*. Enfin, à côté de l'orgue, dont les guichets sont décorés d'une *Présentation de Jésus au temple*, un buste de l'artiste indique où il est inhumé. Dans la sacristie, le plafond est décoré du *Couronnement de la Vierge*, encadré par les *Quatre évangélistes*.

Repasser le pont et prendre à droite sur la fondamenta San Basilio. Arrivé au campo du même nom, emprunter la petite calle Vento jusqu'aux Zattere, remarquable balcon sur l'île de la Giudecca, et tourner à gauche le long du canal. S'arrêter sur le ponte Longo.

Sur le rio, au confluent avec le rio Ognissanti s'élève un étrange édifice, communément appelé **lo Squèro**. Ce bâtiment, construit au 17e s., en bois sombre, sert à loger les charpentiers qui fabriquent les gondoles et qui étaient traditionnellement originaires de la région du Cadore, dans les Dolomites, d'où ils auraient importé ce type de maison. Ouvert sur le rio, un hangar de bois abrite encore les gondoles en réparation ou en construction.

Poursuivre sur les Zattere. L'**église de Gesuati**, pure expression du 18e s., renferme notamment une *Crucifixion* du Tintoret et trois saintes de Tiepolo.

Gagner le quartier de la Salute. Tourner à gauche dans la fondamenta Bragadin longeant le rio San Vio, puis à droite dans la calle della Chiesa prolongée par la fondamenta Venièr et à gauche sur la calle San Cristoforo.

★★ Collezione Peggy Guggenheim B3

Dorsoduro, 704 - ✆ 041 24 05 411 - www.guggenheim-venice.it - tlj sf mar. 10h-18h - fermé 25 déc., 9 janv. et 20 fév. - 12 €.

Au sein du Palazzo Venièr dei Leoni, elle rassemble les pièces majeures de la collectionneuse Peggy Guggenheim (1898-1979) qui vécut ici à partir de 1947, reposant dans l'entrée, près du mur d'enceinte, et dont le jardin est garni de sculptures de **Jean Arp**, de **Germaine Richier** et d'**Henry Moore**.

Exposée dans le palais, la collection de peintures fait la part belle au mouvement dada et au surréalisme, représentés notamment par Brauner, **Dalí** *(Naissance des désirs liquides)*, **Ernst** *(L'Antipape)*, **Magritte**, Chagall, Picabia, Tanguy, **Miró** et De Chirico. S'y ajoutent le mouvement cubiste avec **Picasso** *(Le Poète)*, **Braque** *(La Clarinette)*, Metzinger, Léger et Delaunay et différentes

formes d'abstraction avec **Kandinsky** *(Vers le haut)*, Mondrian, **Rothko**, **Gonzalez** *(L'Homme cactus)*, **Pollock** ou encore **Giacometti**, **Calder**, **Klee** et Motherwell.
En bordure du jardin sont exposés des artistes de l'avant-garde italienne (collection Mattioli), dont **Giorgio Morandi**, Giacomo Balla et **Umberto Boccioni**. Une agréable terrasse s'ouvre à fleur d'eau sur le Grand Canal, dominé par *L'Ange de la ville* de **Marino Marini**.
De la collection Guggenheim, prendre à gauche la calle San Cristoforo menant au campiello Barbaro, poursuivre tout droit dans la calle Bastion. Traverser le campo San Gregorio et emprunter droit devant la calle de l'Abbazia donnant sur le campo della Salute.

★★ Santa Maria della Salute B3

Dorsoduro, 1 - accès à la sacristie 2 €.
En 1630, les Vénitiens firent le vœu de bâtir une église une fois l'épidémie de peste vaincue. C'est ainsi que s'éleva, d'après un projet de Longhena, la blanche « Salute », à la physionomie universellement connue, grâce entre autres à ses « grandes oreilles » *(orecchioni)*, modillons en volutes concentriques. Sur la lanterne qui surmonte le dôme, une statue de la Vierge tient un bâton de « capitaine de mer ». Au sommet de la deuxième coupole (plus petite) trône une statue de saint Marc. En retrait, les deux campaniles ferment la partie arrière.
À l'intérieur se distinguent (dans les trois chapelles de droite) des retables de **Luca Giordano**, la *Présentation au temple*, l'*Assomption* et la *Naissance*; et la *Descente du Saint-Esprit* (dans la première chapelle à gauche de l'autel) du **Titien**. Le chef-d'œuvre dont peut s'enorgueillir la basilique figure dans la sacristie, illuminée par les **Noces de Cana**, du **Tintoret**, remarquable composition théâtrale, farandole de gammes chromatiques où semble résonner le bruissement des étoffes chatoyantes. L'artiste s'y est représenté sous les traits du premier apôtre situé à gauche.

Punta della Dogana - Centro di Arte Contemporanea B3

℘ 199 13 91 39 (de l'Italie, env. 1 €) ou ℘ (+39) 041 27 19 039 (de l'étranger) - www.palazzograssi.it - 10h-19h (la billetterie ferme à 18h) - fermé mar., 24-25 déc. - 15 €, 20 € avec le Palazzo Grassi - audioguide 6 €, 8 € pour les deux sites.
En 2009, l'ancien port monumental de la Sérénissime, surmonté d'une statue mobile de la Fortune sur un globe doré porté par deux atlantes, a été converti en centre d'art contemporain grâce à l'architecte japonais Tadao Ando. Le bâtiment, qui offre une **vue** merveilleuse sur la Giudecca, abrite la majeure partie de la collection des œuvres appartenant à François Pinault. Les artistes parmi les plus célèbres au monde sont ainsi exposés : Jeff Koons, Sigmar Polke, Subodh Gupta, Maurizio Cattelan, Donald Judd, Marcel Broodthaers, Thomas Houseago, Roni Horn, Chen Zhen, Thomas Schütte, Sturtevant, Julie Mehretu, Tatiana Trouvé, Bruce Nauman, Adel Abdessemed, David Hammons, Edward Kienholz, Paul McCarthy.

★★ Cannaregio et le Ghetto Plan p. 354-355

Si cette promenade paraît moins prestigieuse que d'autres, moins auréolée d'églises et de musées, elle possède l'avantage de traverser un quartier vénitien peu touché par le tourisme, plus authentique et tout aussi romantique, chargé d'histoire, de drames et de symboles.
À l'arrêt du vaporetto San Marcuola, sur le campo du même nom (Grand Canal).

La façade de l'église **San Marcuola**, édifiée au 10e s. et transformée au 19e s., est restée inachevée. Elle abrite une *Cène* du Tintoret.

Contourner l'église par le rio Terà dietro la Chiesa puis s'engager sur le rio Terà del Cristo prolongé par le rio Terà Farsetti. Poursuivre tout droit jusqu'au rio della Misericordia, et tourner à gauche dans la fondamenta degli Ormesini.

Épiceries, poissonneries, boulangeries, salon de coiffure, cafés et terrasses de petits restaurants se succèdent le long de la fondamenta, composant l'image d'une Venise affairée et populaire.

Prendre à gauche la passerelle métallique conduisant au campo di Ghetto Nuovo.

Campo di Ghetto Nuovo C2

Évoquant vaguement un amphithéâtre, le campo est entouré de demeures inhabituellement hautes pour Venise, conséquence de l'impossibilité pour les Juifs d'établir leur résidence en dehors du quartier. Une atmosphère paisible règne sur ce campo bordé de boutiques aux enseignes en caractères hébraïques (et pleines d'objets de culte, de bibelots en verre, de cartes postales et de livres).

Si la présence d'une communauté juive est attestée au 10e s. sur la Giudecca, c'est au moment de l'attaque de la **ligue de Cambrai** (1503) que les Juifs (qui n'avaient pas le droit, depuis un décret de 1395, de s'installer dans la cité) se réfugient en masse au centre de la Sérénissime. Ils sont alors confinés dans le quartier du Ghetto, aux issues fermées, officiellement créé en 1516. Reclus de minuit à l'aube, ils peuvent circuler dans la ville durant le jour à la condition de porter le *segno giudaico* (chapeau jaune ou avec des rubans jaunes, voile jaune pour les femmes). Les premiers Juifs vénitiens, ashkénazes chassés d'Allemagne et d'Europe de l'Est par les persécutions, sont rejoints en 1541 par les séfarades expulsés d'Espagne et du Portugal ; les deux communautés vivent dans le Ghetto Vecchio, mais séparément.

HISTOIRE D'UN NOM

De nom propre désignant un lieu précis à Venise, le **Ghetto** est devenu un nom commun, car ce quartier juif fut le premier dans l'histoire de l'Occident. Ce terme, qui a pris au siècle dernier une connotation sinistre, signalait, en dialecte vénitien, la présence de fonderies de canons (en italien, *gettare,* que l'on prononce « *dgettare* » signifiant « couler du métal »). D'origine germanique, les premiers Juifs installés ici prononcèrent « *guetto* » (transcrit en italien *ghetto*) au lieu de « *dgetto* ».

La **Grande Peste** de 1630 marque le début du déclin, tant de la République que de sa communauté juive, dont une grande partie abandonne la ville. Lorsqu'en 1797, Bonaparte ordonne l'ouverture des portes du Ghetto, ils ne sont plus que 3 000 Juifs à y résider. En 1866, lors de la réunification avec l'Italie, ils obtiennent enfin l'égalité complète des droits. Le régime fasciste laissera la communauté en paix jusqu'aux lois raciales de 1938, avant qu'elle ne soit victime de rafles menées par les unités spéciales nazies basées à Trieste (237 personnes seront déportées). De nos jours, l'effectif de la communauté est estimé à 500 personnes, dont une petite trentaine vivent dans le Ghetto.

Museo Ebraico (Musée hébraïque) C2

Cannaregio, 2902/b - ✆ 041 71 53 59 - www.museoebraico.it - 10h-17h30 ou 19h (de juin à sept.) - fermé sam., fêtes juives, 25 déc., 1er janv. et 1er Mai - 3 €.

Établi dans la synagogue allemande (Scuola tedesca), ce musée retrace l'histoire de la communauté juive de Venise et présente de précieux objets de culte, essentiellement ornementaux ou destinés au maniement des rouleaux de la Loi, ainsi que des textiles brodés.

★★ **Synagogues du Ghetto** C2-B2

✆ 041 71 53 59 - www.museoebraico.it - visite guidée en français sur réserv., départ du Musée hébraïque - fermé sam., fêtes juives, 25 déc., 1er janv. et 1er Mai - 8,50 € (billet combiné avec le Musée hébraïque).

Pour repérer ces synagogues situées à l'intérieur d'immeubles d'habitation, il faut tenir compte des indices aux étages supérieurs : cinq fenêtres (autant que la Torah compte de livres) et des lanternes placées discrètement à hauteur des toits indiquent souvent la présence du lieu de prière. Trois d'entre elles se situent sur le Campo di Ghetto Nuovo : la **synagogue allemande** (**Tedesca**), ashkénaze, au-dessus du musée hébraïque, la **synagogue italienne** et la **synagogue Canton**, dont le nom pourrait venir du banquier qui la fit bâtir au 16e s.

Poursuivre sur la calle Ghetto Vecchio que bordent d'appétissantes pâtisseries.

Sur le campiello delle Scuole, se dresse la **synagogue espagnole** (**Scuola Spagnola**), probablement reconstruite par **Baldassare Longhena** au 17e s.

Continuer sur la calle del Ghetto Vecchio jusqu'à la fondamenta Pescaria. Longer sur la droite le canal Cannaregio ponctué de quelques cafés.

Prendre à gauche le **ponte dei Tre Archi**, réalisé à la fin du 17e s. par Andrea Tirali, dernier exemple subsistant à Venise de pont à trois arches.

Sur la droite, s'élève l'église San Giobbe.

San Giobbe A2

www.chorusvenezia.org - 10h-17h - fermé dim., 25 déc., 1er janv., Pâques et 15 août - 3 € ou Chorus Pass.

Bordée par un paisible rio où flottent quelques barques, cette église, dédiée à saint Job, a été construite au cours de la seconde moitié du 15e s. par **Pietro Lombardo**.

Le portail de la façade est un bel ouvrage Renaissance dont la lunette contient un bas-relief représentant saint François et saint Job. À l'intérieur, céramique vernissée attribuée à **Luca Della Robbia** sur les voûtains de la chapelle Martini, retable de **Paris Bordone** et triptyque d'**Antonio Vivarini**.

Revenir sur le canal et le longer en rive droite, sur la fondamenta Savorgnan puis la fondamenta Venier, également animée de restaurants et de cafés.

Laisser à gauche le ponte delle Guglie, élevé en 1580, et qui doit son nom aux petits obélisques qui décorent ses parapets. Prendre à droite dans la salizada San Geremia donnant sur le campo San Geremia, bordé de terrasses de cafés et dominé par l'église du même nom (abritant notamment des œuvres de Palma le Jeune).

Traverser tout droit le campo et s'engager sur le rio Terà Lista di Spagna, jalonné de magasins ; il mène au ponte degli Scalzi, où se trouve l'arrêt du vaporetto Ferrovia.

À voir aussi Plan de Venise p. 332-333

QUELQUES ÉGLISES ET MONUMENTS

★★ Santa Maria dei Miracoli B2

Campiello dei Miracoli, Cannaregio, 6075 - www.chorusvenezia.org - 10h-17h - fermé dim., 25 déc., 1er janv., Pâques et 15 août - 3 € ou Chorus Pass.

Son architecture raffinée et sa splendide décoration de marbres polychromes l'inscrivent dans la filiation de ses modèles toscans du 14e s. Bâtie par **Pietro Lombardo** entre 1481 et 1489, elle représente un des premiers exemples, et l'un des plus admirables, de l'art de la Renaissance à Venise. Sur l'autel se trouve la **Vierge à l'Enfant**, à l'origine de la construction de cette église singulière. Ce tableau, rapidement considéré comme miraculeux, se trouvait auparavant chez un riche Vénitien, avant que le quartier ne se mobilise pour édifier un lieu en adéquation avec l'importance de l'œuvre.

★★ Santi Giovanni e Paolo (San Zanipolo) C2

Campo di Santi Giovanni e Paolo - www.basilicasantigiovanniepaolo.it - ✆ 041 52 35 913 - 9h-18h, dim. et j. fériés 12h-18h - 2,50 € (hors circuit Chorus).

Construite par les Dominicains entre 1240 et 1430, en brique rouge, elle est la plus grande église gothique de Venise : 101 m de longueur, 46 m de largeur à la croisée et 55 m de hauteur au sommet du dôme. Son caractère solennel est dû à son ancienne fonction de **panthéon des doges**, dont les funérailles étaient célébrées sous ses voûtes. La façade s'ouvre par un beau portail en marbre (1460) de **Bartolomeo Bon**. L'intérieur, impressionnant par son espace et sa luminosité, est divisé en trois nefs aboutissant sur un transept desservant cinq absides orientées. Parmi d'autres œuvres, **la chapelle du rosaire** abrite plusieurs scènes du *Nouveau Testament* de **Véronèse**, et le premier autel à droite est orné du polyptyque de saint Vincent Ferrier, de **Giovanni Bellini**.

Sur la place s'élève le monument équestre à **Bartolomeo Colleoni★★**, de Verrochio, à l'allure fière et farouche. La place compte également de beaux exemples de trompe-l'œil qui animent la façade de la **Scuola Grande di san Marco★**. Celle-ci sert aujourd'hui de vestibule à l'**Ospedale**, l'hôpital civil de Venise situé sur le campo, qui contribue, par les va-et-vient des piétons, à l'animation de la place, tout comme les terrasses qui se déploient aux beaux jours.

★ Fondazione Querini-Stampalia B2

Santa Maria Formosa, Castello, 5252 - ✆ 041 27 11 411 - www.queristampalia.it - tlj sf lun. 10h-18h - 10 €.

4

Le musée occupe le deuxième étage de cette demeure seigneuriale qui a conservé son atmosphère des 17e et 18e s., avec ses décorations, meubles et objets d'art. Il abrite une collection de peintures vénitiennes du 14e au 20e s. : **Pietro Longhi** (scènes de sacrements et de chasse), **Palma le Vieux** (*Francesco Querini* et *Paola Priuli Querini*), **Giambattista Tiepolo** (portrait du *Procurateur*), **Giovanni Bellini** (*La Présentation au temple*) et **Gabrielle Bella** (*Scènes de la vie publique vénitienne*).

Scala del Bovolo B2

Fermée pour travaux.

Dressée dans une cour paisible, la structure aérienne★ de la tourelle qui dessert les loggias du palais Contarini del Bovolo, marie les styles gothique et Renaissance. Sa paternité est attribuée à **Giovanni Candi** (mort en 1506).

★ San Giacomo dall'Orio A2

Campo San Giacomo dall'Orio, Santa Croce, 1456 - www.chorusvenezia.org - 10h-17h - fermé dim., 25 déc., 1er janv., Pâques et 15 août - 3 € ou Chorus Pass.

Au cœur d'une jolie place aux allures de village, cette église dont les origines remontent au 9e s. possède un splendide plafond en forme de carène de bateau et renferme quelques éléments originaux : un bénitier rapporté des croisades, une colonne de marbre vert d'origine byzantine, une sculpture du 13e s. en marbre grec, *La Multiplication des pains et des poissons* de Palma le Jeune.

LES ÎLES PROCHES Plan de Venise p. 332-333

★★ Isola di San Giorgio Maggiore C3

Petite île dressée entre la place St-Marc et la Giudecca, accessible en vaporetto (n° 82). C'est du haut du **campanile** de cette **église★** de **Palladio** que l'on a la plus belle **vue★★★** sur Venise. Dans le chœur, deux grandes toiles du Tintoret : *La Cène* et *La Récolte de la manne dans le désert. Campanile : 9h30-12h30, 14h30-16h30 ou 18h30 - 3 € (ascenseur).*

La **Fondazione Giorgio Cini,** installée dans un ancien monastère bénédictin du 15e s., propose des bibliothèques, un Teatro verde et un labyrinthe de verdure. *✆ 041 22 01 215 - www.cini.it - visites guidées le w.-end 10h-17h (16h d'oct. à mars) ; visites en français ou en anglais à 11h, 13h, 15h et 17h en saison - 10 €.*

La Giudecca AB 3

Paisible, presque délaissée, cette île charmante offre au visiteur un visage de Venise simple et attachant. C'est ici que s'élève l'**église du Rédempteur★**, de **Palladio**, qui doit son origine, comme la Salute, à un vœu fait au moment de la peste (1576). Le troisième dimanche de juillet, l'église est en fête pour les célébrations du Rédempteur qui s'achèvent par les *foghi*, spectacle pyrotechnique.

Isola di San Michele C1

Prendre sur fondamenta Nuove le vaporetto 41/42.

L'île est dominée par son église en pierre blanche dessinée par Mauro Codussi, première église Renaissance à Venise. San Michele est surtout connu pour son cimetière, créé par **Napoléon** pour des raisons sanitaires, véritable havre de paix où reposent, du côté orthodoxe, le créateur des Ballets russes, **Serge Diaghilev** (1872-1929) et le compositeur **Igor Stravinski** (1882-1971). Le secteur protestant abrite la dernière demeure des poètes **Ezra Pound** (1885-1972) et **Joseph Brodsky** (1940-1996). Dans le cimetière sont également enterrés le musicien **Luigi Nono** (1924-1990) et le comédien Cesco Baseggio (1897-1971), interprète inspiré du théâtre goldonien.

À proximité Carte de région p. 328-329

LES ÎLES DE LA LAGUNE C2

Séparée des pleines eaux de l'Adriatique par une étroite bande sablonneuse de « lidi », la lagune vénitienne est un milieu naturel fragile et instable *(p. 372)*, soumis aux marées et aux tempêtes comme à l'ensablement. Si la marée, en renouvelant les eaux, assure la vie de la lagune, elle est aussi un fléau. Le phénomène de « l'eau haute » dite « acqua alta » se produit entre septembre et avril, lorsque la marée atteint ou dépasse la cote de 1,10 m (or, une marée moyenne de 70 cm suffit à inonder la place St-Marc ; 30 cm de plus, et ce sont les rues qui sont envahies). En 1966, *l'acqua alta*, en lien avec des conditions météorologiques désastreuses, a été particulièrement grave, le marégraphe de Punta de la Salute enregistrant une marée montant à 1,94 m. De cette époque datent les prévisions alarmistes sur l'avenir de la ville. Le risque de voir disparaître Venise est si grand qu'en 1973 l'État italien fait de la sauvegarde de la ville une « question d'intérêt national ». Aujourd'hui, la solution retenue est la mise en place de structures mobiles aux trois embouchures portuaires. C'est le système judicieusement appelé **Mo.S.E.** (Modulo Sperimentale Elettromeccanico), en référence au prophète Moïse (Mosè en italien) sauvé des eaux. La réalisation de l'ensemble du projet, qui prévoit la pose de 79 vannes à clapet de grandes dimensions, conçues pour réguler le flux de la marée, a été lancée en 2001, non sans soulever certaines polémiques sur son coût exhorbitant et ses faiblesses écologiques.

★ Le Lido

C'est la plage des Vénitiens, un centre de villégiature à l'atmosphère un peu décadente, siège de la Mostra, le festival de cinéma. Le Lido, en cours de rénovation, a quelque peu perdu de sa superbe et les travaux s'éternisent. Il devrait accueillir une nouvelle « porta d'acqua », œuvre de Pierfrancesco Fugali et Luca Gasperini, et un nouveau **Palazzo del Cinema e dei Congressi**, projet italo-français des architectes 5 + 1AA & Rudy Ricciotti.

★★ Murano

À la fin du 13e s., craignant les grands incendies, le Grand Conseil décida le transfert des verreries à Murano qui est, depuis, l'île du verre. On ressentira aisément le souffle artistique de l'île en se promenant jusqu'à **Santa Maria e San Donato★★**, basilique semi-circulaire dont l'abside illustre l'apothéose de la décoration vénéto-byzantine du 12e s. ; le **pavement de mosaïque★★** rappelle celui de Saint-Marc *(tlj sf dim. apr.-midi 9h-12h, 15h30-19h)*.

Le **Museo del vetro★** (musée du Verre) célèbre la tradition insulaire du verre soufflé. On y découvre une collection du 15e s. à nos jours ; visites des ateliers des maîtres verriers. *041 42 73 08 92 (hors d'Italie) ou 848 08 20 00 - www.visitmuve.it - 10h-17h ou 18h - fermé 25 déc., 1er janv. et 1er Mai - 8 € ou Museum Pass.*

★★ Burano

C'est l'île la plus colorée de la lagune. Sur le seuil des maisons, imprégnées des couleurs de l'arc-en-ciel, les femmes travaillent encore sur leur coussin de dentellière.

★★ Torcello

Sur cette île fantôme, seules les pierres rappellent un passé glorieux, qui commença avec les habitants d'Altino fuyant les Lombards. Torcello devint le siège d'un évêché et, en 639, l'église fut construite. À partir du 10e s., Venise acquit sa splendeur, reléguant Torcello à ce petit bout de lagune qui, malgré les ravages de la malaria, se chargea dès lors d'un charme intense. Sur l'herbe reposent des ruines et les nobles pierres de **Santa Maria Assunta** et de **Santa Fosca**. Dans la **basilique**, la simplicité dépouillée, dont l'île est inondée, s'illumine des lueurs des **mosaïques★**. Avec le **Jugement dernier**, Torcello semble se repeupler d'hommes qui, au son des trompettes angéliques, sont rappelés du fond même des viscères des animaux marins qui en avaient fait leur pâture. *Basilique : www.assap.provincia.venezia.it - 3 €, campanile 2 €, billet combiné basilique, campanile et musée archéologique 6 €.*

★ San Lazzaro degli Armeni

Accessible par la ligne n° 20 du vaporetto, depuis l'arrêt San Zaccaria. Information sur les lignes du vaporetto : www.hellovenezia.com. Trajet 1h environ.
La découverte de l'île se limite à la visite guidée du monastère. Entre Venise et le Lido, San Lazzaro, ancienne léproserie, fut donnée au 18e s. par la Sérénissime aux Arméniens chassés par les Turcs. Pierre Manouk, prêtre arménien qui prit le nom de Mékhithar (le Consolateur), s'installa sur l'île avec sa communauté en 1717 et fonda le monastère **(Monastero mechitarista)**. Cet important centre de culture arménienne abrite des tapisseries flamandes, des objets grecs, phéniciens et assyro-babyloniens, des céramiques et peintures arméniennes, une salle des archives riche de 4000 manuscrits. *✆ 041 52 60 104 - visite guidée tlj à 15h sur réserv. préalable - durée 1h30 - 6 €.*

NOS ADRESSES À VENEZIA

Plan de Venise p. 332-333

TRANSPORTS

Sachez qu'en raison de la circulation intense – donc lente – qui règne sur le Grand Canal et de l'emplacement des arrêts du *vaporetto* (certes commodes, mais ne correspondant presque jamais au site desservi, en raison de la physionomie de la ville), le temps d'attente et de déplacement peut parfois dépasser celui que l'on emploierait pour le même trajet à pied.
Toutefois, arriver à Venise avec armes et bagages se présente toujours comme une opération un peu éprouvante. Vous l'expérimentez en jaugeant la pente, particulièrement raide, du premier pont, celui des Scalzi, que l'on découvre à la sortie de la gare. Une journée passée à monter et à descendre les ponts de Venise mettra aussi à rude épreuve le marcheur, même entraîné.
Vaporetto – La ligne la plus utile est la numéro **1** : cet « omnibus », qui effectue tous les arrêts le long du Grand Canal et va jusqu'au Lido, dessert le piazzale Roma, la gare ferroviaire (A2) *(Stazione Santa Lucia)* et la place St-Marc (B2).
Entre minuit et 5h du matin, la cité est parcourue par le *vaporetto* **N** qui effectue le trajet des autres lignes.
La **validité des tickets** est décomptée à partir de la première utilisation (compostage obligatoire). *Trajet simple valable 60mn : 7 €. Formules d'abonnement : 12h (18 €), 24h (20 €), 36h (25 €), 48h (30 €), 72h (35 €), 7 jours (50 €). Tarifs réduits en achetant les billets à l'avance sur www.venice-connected.com. Rens. sur www.actv.it.*

Vaporetto dell'Arte – Nouveau service de vaporetto sur le Grand Canal, de Ferrovia à Giardini. Le bateau est équipé de moniteurs vidéo et d'audioguides. *Tlj de 9h à 17h, au départ de Ferrovia (ttes les 30mn) - ✆ 041 24 24 - www.vaporettoarte.com. Billet 24h : 24 € (6-11 ans 15 €), 10 € avec un abonnement ACTV ; vendu dans les guichets Hellovenezia et sur www.veniceconnected.com.*

Vedette privée – La compagnie Aliguna dessert trois lignes. *15 € l'aller simple, 27 € l'aller-retour, rens. sur www.alilaguna.it.*

Taxi – La course est très chère et il vaut mieux vérifier que le véhicule comporte une bande jaune avec le symbole noir de la ville et le numéro du taxi et que le compteur soit bien visible. L'office de tourisme donne quelques recommandations : – en cas de contestation sur le prix de la course, notez le numéro du taxi et l'heure du trajet et, surtout, demandez un reçu qui indique le parcours et le prix payé ; – il est fortement déconseillé d'utiliser les « taxis non autorisés » qui stationnent près de la gare, des parkings ou de l'aéroport.

Traghetto – Si vous optez pour la marche, sachez qu'il est possible de traverser le Grand Canal à bord d'un traghetto (au lieu de chercher l'un des quatre ponts qui l'enjambent : Scalzi, Rialto, Accademia, della Costituzione ou di Calatrava). Ce bref voyage ne coûte que 0,50 € et s'effectue en général debout (gare à l'équilibre !). Huit embarcadères spécifiquement affectés à ce service : gare ferroviaire (Stazione), San Marcuola, Santa Sofia (Ca'd'Oro), Rialto, San Tomà, San Samuele, Santa Maria del Giglio et Dogana.

Gondole – La promenade en gondole, dans les règles de l'art, atteint des prix bien plus élevés. Tarif officiel de base pour 40mn le long des canaux et des *rii* : 80 € (accompagnement musical non compris !) Le prix peut toutefois être divisé par six, puisque tel est le nombre de passagers que peut accueillir une gondole. Ajouter 40 € pour toute tranche supplémentaire de 20mn. Pour la balade de nuit, entre 19h et 8h : 100 € pour les premières 40mn et 50 € par 20mn supplémentaires. *Informations et prix :* **Istituzione per la Conservazione della Gondola e la Tutela dei Gondolieri** – *✆ 041 528 50 75 - www.gondolavenezia.it (italien, anglais).*

Navigation douce – Plusieurs ports de plaisance permettent de faire escale : Vento di Venezia sur l'île de Certosa (*✆ 041 520 85 88 - marina.ventodivenezia.it*), à San Giorgio Maggiore et à Sant'Elena.

Venice House Boats di Stella Pietro – Location de pénichettes habitables sans permis, à la semaine ou au w.-end. *Polo Nautico Vento di Venezia, Isola della Certosa - ✆ 347 25 71 864 - www.venicehouseboats.com.*

Pour les jeunes

Pour les 14-29 ans, la carte **Rolling Venice** (4 €) donne droit à diverses réductions auprès de quelque 200 services : hôtels, auberges de jeunesse, campings, transports en commun, restaurants universitaires, musées, Biennale et commerces conventionnés. Elle permet de bénéficier d'un abonnement aux transports en vaporetto et bus ACTV pour 18 € pdt 3 jours. Obtention sur simple présentation d'une pièce d'identité : – dans les billetteries et auprès des agences Hellovenezia ; – dans les offices de tourisme (Azienda di Promozione Turistica).

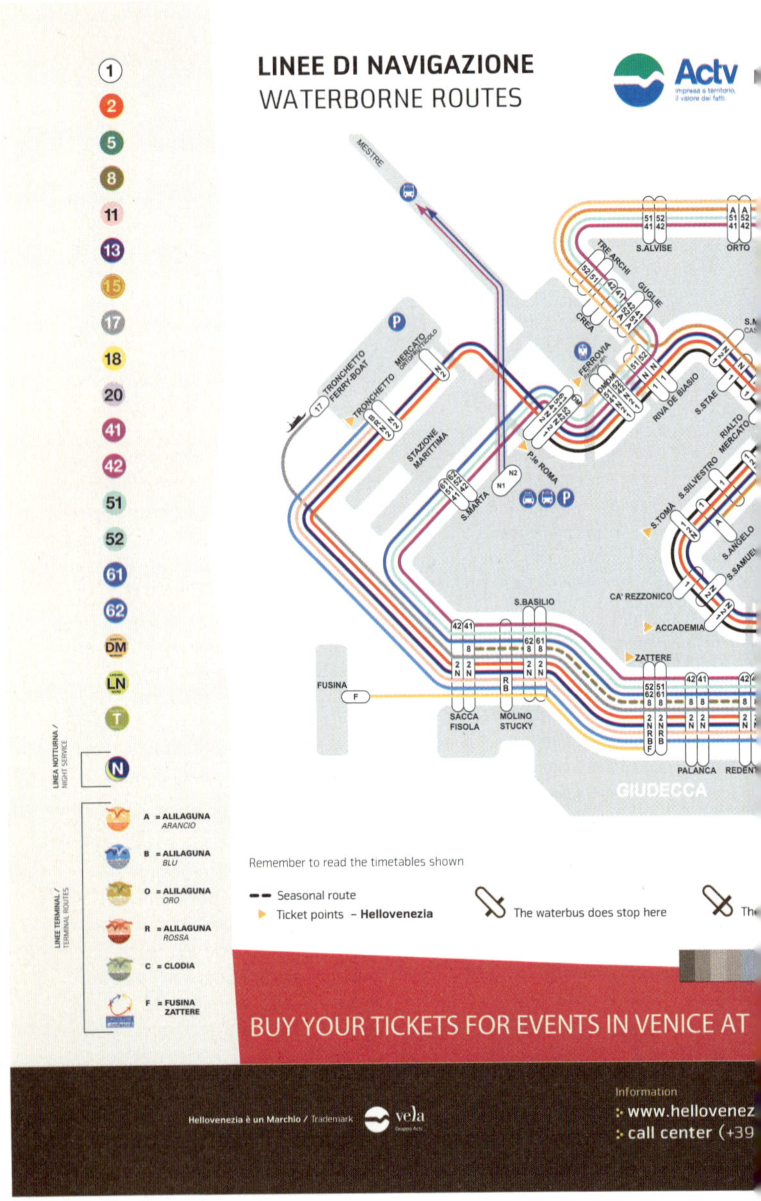
LINEE DI NAVIGAZIONE
WATERBORNE ROUTES
Actv
impresa e territorio, il valore dei fatti.
1
2
5
8
11
13
15
17
18
20
41
42
51
52
61
62
DM
LN
T
LINEA NOTTURNA / NIGHT SERVICE
N
LINEE TERMINAL / TERMINAL ROUTES
A = ALILAGUNA ARANCIO
B = ALILAGUNA BLU
O = ALILAGUNA ORO
R = ALILAGUNA ROSSA
C = CLODIA
F = FUSINA ZATTERE
MESTRE
S.ALVISE
ORTO
TRE ARCHI
GUGLIE
CREA
FERROVIA
TRONCHETTO FERRY-BOAT
TRONCHETTO
MERCATO ORTOFRUTTICOLO
STAZIONE MARITTIMA
P.le ROMA
S.MARTA
RIVA DE BIASIO
S.STAE
RIALTO MERCATO
S.SILVESTRO
S.TOMÀ
S.ANGELO
CA' REZZONICO
ACCADEMIA
S.BASILIO
ZATTERE
FUSINA
SACCA FISOLA
MOLINO STUCKY
PALANCA
GIUDECCA
Remember to read the timetables shown
Seasonal route
Ticket points – Hellovenezia
The waterbus does stop here
BUY YOUR TICKETS FOR EVENTS IN VENICE AT
Hellovenezia è un Marchio / Trademark
vela
Information
www.hellovenez
call center (+39

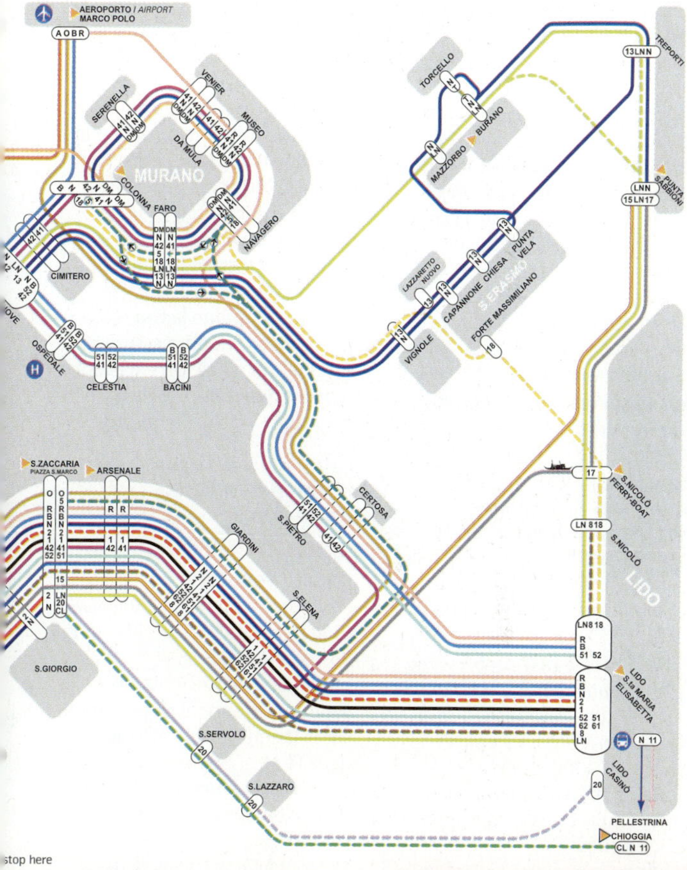

Valida dal 1 aprile 2010

stop here

Rens. : ✆ 041 24 24 - www.hellovenezia.com.

FORFAITS POUR LES VISITES

Chorus Pass – *✆ 041 275 04 62 - www.chorusvenezia.org - 10 €, valable 1 an.* Il permet la visite de 16 des plus belles églises de la ville.

San Marco Museum Pass – *16 €, valable 3 mois - 12 € pour un apr.-midi (nov.-mars : 13h à 16h ; avr.-oct. : 15h-18h).* Accès aux musées de la Piazza San Marco (Palazzo Ducale, Museo Correr, Museo Archeologico Nazionale, Sale Monumentali della Biblioteca Nazionale Marciana).

Museum Pass – *www.visitmuve.it ou www.veniceconnected.com - 20 €, valable 6 mois.* Accès aux musées de Piazza San Marco et aux musées municipaux : Ca' Rezzonico, Palazzo Mocenigo, Casa di Carlo Goldoni, Ca' Pesaro, Museo del Vetro, Museo del Merletto, Museo di Storia Naturale.

VENICEcard San Marco – *www.hellovenezia.com - 24,90 €, valable 7 jours.* Accès aux musées de la piazza San Marco, à 3 églises Chorus de votre choix, à la fondation Querini Stampalia ; tarifs réduits dans certains musées et boutiques.

VENICEcard – *www.hellovenezia.com - 39,90 € (29,90 € pour les 6-29 ans), validité 7 jours.* Accès au palais des Doges, aux 10 musées municipaux, aux églises Chorus, à la fondation Querini Stampalia et au musée du Ghetto. Inclut 2 accès aux toilettes publiques, des réductions pour certaines expos et boutiques.

Rolling VENICEcard – *✆ 041 24 24 - www.hellovenezia.com - 4 €, uniquement pour les 14-29 ans.* Donne droit à des réductions auprès de quelque 200 services.

HÉBERGEMENT

Location d'appartements

BUDGET MOYEN

Loc'appart Italie – *75 r. de la Fontaine-au-Roi, 75011 Paris - ✆ 01 45 27 56 41 - www.destinationslocappart.com.* L'agence parisienne propose une trentaine d'appartements pour 2, 3-4 ou plus de 5 personnes (95/180 € par nuitée avec des offres spéciales), idéalement situés dans différents quartiers : Santa Croce, le Dorsoduro, San Polo, l'Arsenal et même la Giudecca. Une correspondante assure l'accueil sur place. Un excellent rapport qualité/prix et la garantie de goûter à la vie de quartier.

Auberges, instituts religieux, maisons de vacances

PREMIER PRIX

Ostello Venezia – B3 - *fondamenta Zitelle, 86, Isola della Giudecca - ✆ 041 52 38 211 - www.hostelvenice.org - ♿ - 💳̸ - 260 lits.* Emplacement idéal sur l'île de la Giudecca, donnant directement sur la lagune, pour cette auberge de la fédération internationale *(adhésion obligatoire 18 €)* avec hébergement exclusivement en dortoir. Une bonne adresse pour se loger à Venise sans se ruiner.

Casa Cardinal Piazza – B1 - *Cannaregio, 3539/A, à proximité de l'église Madonna dell'Orto - ✆ 041 72 13 88 - 💳̸ - 24 ch.* Dans le quartier Cannaregio, à l'écart des grands axes envahis par les touristes.

Domus Civica – A2 - *San Polo, 3082 - ✆ 041 72 11 03 - www.domuscivica.com - 100 places.* Au cœur de la ville (station de vaporetto San Tomà), une grande structure qui accueille étudiants et touristes. Chambres très sobres, salles de bains communes à chaque étage. Salon TV et deux terrasses.

Istituto San Giuseppe – B2 - *ponte della Guerra, 5402 (Castello) - ✆ 041 52 25 352 - www.sangiuseppecaburlotto.com - fermé 1 sem. en janv. et 1 sem. en nov.* - *14 ch.* Ancien et bel immeuble à proximité de San Marco. Pas de petit-déjeuner.

Santa Fosca – B1 - *Cannaregio, 2372 - ✆ 041 71 57 75 - www.santafosca.it* - *28/144 places.* Entre la gare et le pont Rialto, cette maison religieuse accueille aussi les étudiants et les touristes. Cuisine en libre-service l'été.

Suore Salesie / Istituto Catecumeni – B3 - *Dorsoduro, 108 - ✆ 041 52 23 691 - 24 ch.* À mi-chemin entre le musée Guggenheim et Santa Maria della Salute, chambres à prix raisonnables, petit-déjeuner compris. Auberge l'été, résidence étudiante le reste de l'année.

BUDGET MOYEN

Casa Caburlotto – A2 -*Fondamenta Rizzi, 316 (Santa Croce) - ✆ 041 71 08 77 - www.sangiuseppecaburlotto.com* - *45 ch.* Une solution simple et confortable à prix moyens.

Centro Culturale Don Orione Artigianelli – A3 - *Zattere, 909/a, Dorsoduro - ✆ 041 52 24 077 - www.donorione-venezia.it - 76 ch.* Espace et modernité dans cet ancien couvent reconverti en auberge et centre de congrès. Possibilité de demi-pension et pension complète.

Foresteria Valdese – C2 - *Castello, 5170 - ✆ 041 52 86 797 - www.foresteriavenezia.it* - *11 ch.* À deux pas de la place St-Marc, chambres de 2 à 5 lits avec salle de bains, dortoirs jusqu'à 9 lits.

Patronato Salesiano Leone XIII – C3 - *Castello, 1281 - ✆ 041 52 30 796 - www.salesianiveneziacastello.it* - *41 ch.* Après la place St-Marc et avant l'île Sant'Elena, dans l'un des quartiers les plus tranquilles de la ville. Point Internet et salon TV.

POUR SE FAIRE PLAISIR

Domus Ciliota – B2 - *Calle delle Muneghe, San Marco, 2976 - ✆ 041 52 04 888 - www.ciliota.it - 51 ch.* Dans l'ancien monastère des Augustines, l'institut fait partie d'un complexe architectural remontant au 15e s. Entièrement restauré en 1999, il offre des chambres avec tout le confort moderne à des prix relativement élevés pour cette catégorie.

Hôtels

BUDGET MOYEN

Country House Le Garzette – Hors Plan, D1 - *lungomare Alberoni, 32, Malamocco-Lido - ✆ 041 73 10 78 - 5 ch.* Un agrotourisme raffiné entouré de verdure, non loin de Venise. Idéal pour les familles ou les golfeurs et pour des vacances entre art, nature et culture. Chambres confortables décorées de mobilier 19e s., certaines avec vue sur la lagune. Cuisine familiale avec les produits du potager.

Locanda Ca'Foscari – A2 - *calle della Frescada, Dorsoduro, 3887/B - Vaporetto San Tomà - ✆ 041 71 04 01 - www.locandacafoscari.com - fermé de mi-nov. à mi-janv. - 11 ch.* Cet hôtel au décor très sobre et à l'ambiance familiale propose des chambres lumineuses à des prix raisonnables, ce qui est fort rare à Venise.

Locanda al Leon – B2 - *calle degli Albanesi, Castello, 4270 - ✆ 041 27 70 393 - www.hotelalleon.com - 12 ch.* À deux pas du cœur de la ville, cette auberge dispose d'une douzaine de chambres meublées dans le style vénitien du 18e s.

POUR SE FAIRE PLAISIR

Casa Rezzonico – A2 - *fondamenta Gherardini, Dorsoduro, 2813 - ✆ 041 27 70 653 - www.casarezzonico.it - 6 ch.* Deux chambres disposent d'une belle vue, toutes sont confortables et soignées. À la belle saison, le petit-déjeuner se prend dans le jardin.

Locanda Art Déco – B2 - *calle delle Botteghe, San Marco, 2966 - ✆ 041 27 70 558 - www.locandaartdeco.com - 6 ch.* Dans une ruelle où se concentrent plusieurs boutiques d'antiquaires, cette auberge porte bien son nom, meublée et décorée dans le style du début du 19e s.

Locanda Ca'le Vele – B2 - *calle delle Vele, Cannaregio, 3969 - ✆ 041 24 13 960 - www.locandalevele.com - 6 ch.* Petite auberge à l'atmosphère vénitienne typique dans un palais du 16e s.

Locanda Casa Querini – B2 - *campo San Giovanni Novo, Castello, 4388 - ✆ 041 24 11 294 - www.locandaquerini.com - fermé période de Noël et 3 sem. en janv. - 6 ch.* La maison Querini est un petit palais du 16e s. disposant de chambres de taille moyenne et confortables.

Locanda Fiorita Ca'Moro – B2 - *campiello Novo, San Marco, 3457/A - ✆ 041 52 34 754 - www.locandafiorita.com - 10 ch.* Situé sur l'une des places les plus caractéristiques de la ville, tout près de la place St-Marc, ce petit hôtel possède une architecture et une décoration originales, avec des chambres modernes et fonctionnelles.

UNE FOLIE

La Calcina – B3 - *fondamenta Zattere ai Gesuati, 780 (Dorsoduro) - Vaporetto Zattere - ✆ 041 52 06 466 - fax 041 52 27 045 - www.lacalcina.com - 29 ch.* Il ne subsiste qu'une photographie, placée dans l'entrée, de la *locanda* où séjourna Ruskin en 1876. En lieu et place s'élève un hôtel très agréable de par sa situation privilégiée sur le canal de la Giudecca et la lumière qui l'inonde, si rare dans les étroites rues de Venise…

RESTAURATION

Les repas dans les *trattorie* sont un des plaisirs de la vie vénitienne. On y consomme surtout des poissons et des fruits de mer : filets de saint-pierre, calmars *(calamaretti)*, seiches, anguilles, moules à la vénitienne, mais aussi le foie de veau préparé avec des oignons. Le tout arrosé d'agréables crus des régions voisines de Venise : valpolicella, bardolino, amarone en rouges ; soave et prosecco pour les blancs.

BUDGET MOYEN

Grand Canal

Ai Promessi Sposi – B2 - *calle dell'Oca, Cannaregio, 4367 - ✆ 041 24 12 747 - fermé merc.* Un *bàcaro* près du campo Sant'Apostoli, doté d'un jardin agréable ; spécialités de poissons.

Alla Vedova – B2 - *calle del Pistor (dans le prolongement de l'embarcadère du vaporetto Ca'd'Oro, au-delà de la Strada Nuova), Cannaregio, 3912 - ✆ 041 52 85 324 - fermé jeu. et dim. midi.* Un *bàcaro* souvent bondé (mieux vaut réserver) ; ambiance rétro et cuisine locale savoureuse. Faites-vous conseiller.

Vini da Gigio – B1 - *fondamenta San Felice, Cannaregio, 3628/a - ✆ 041 52 85 140 - www.vinidagigio.com - fermé lun.-mar. et 3 sem. en août.* Ambiance rustique et service informel dans cette *osteria* appréciée des Vénitiens, où vous dégusterez poissons marinés, grillés ou accommodés, ou viandes. Belle carte de vins.

San Marco-Fenice

Alla Campana – B2 - *calle dei Fabbri, San Marco, 4720 - ✆ 041 52 85 170 - fermé dim.* Bistrot typiquement vénitien qui, malgré sa localisation entre le pont Rialto et la place St-Marc, réussit à maintenir une cuisine authentique très appréciable.

Antica Carbonera – B2 - *calle Bembo (1re à gauche après le théâtre Goldoni), San Marco, 4648 - ✆ 041 52 25 479 - www.anticacarbonera.it - fermé mar.* Dans une salle décorée d'objets et de mobilier provenant du yatch de l'archiduc Rodolphe (celui de Mayerling !), une cuisine classique vénitienne orientée, au choix, autour des produits de la mer ou des viandes.

Leon Bianco – B2 - *salizada San Luca, San Marco, 4153 - ✆ 041 52 21 180 - www.osterialeonbianco.com - fermé dim.* Collations rapides au bar ou plats chauds en salle.

Osteria de Bacco – B2 - *Calle delle Rasse, Castello 4620 - ✆ 041 522 28 87.* À quelques pas de la place San Marco, une adresse idéale pour grignoter de délicieux *panini*, *tramezzini* et *pizze*, accompagnés d'un verre de vin.

Schiavoni-Arsenale

Aciugheta – B2 - *campo Santi Filippo e Giacomo, Castello, 4357 - ✆ 041 52 24 292 - www.aciugheta-hotelrio.it - fermé dim., vac.de Noël.* L'anchois figure en première place dans les menus de ce restaurant-pizzeria. À la grande terrasse souvent bondée posée sur un campo très passant, préférez la salle à manger au décor sobre d'œnothèque qui donne sur la tranquille calle della Chiesa.

Rivetta – C2 - *salizada San Provolo, Castello, 4625, entre la place St-Marc et le campo San Zaccaria - ✆ 041 52 87 302.* Grand choix de *cichèti* à deux pas de San Zaccaria.

Rialto-Frari-San Rocco

All'Arco – B2 - *calle dell'Occhialer (à deux pas de la ruga San Giovani par le sottoportego dei Do Mori), San Polo, 436 - ✆ 041 52 05 666 - lun.-sam. 7h-17h.* Toujours bondé lorsque le marché bat son plein, ce minuscule établissement propose un excellent choix de vins et des *crostini* réputés.

La Patatina – B2 - *ponte San Polo, 2741/A (Calle Saoneri) - ✆ 041 52 37 238 - www.lapatatina.it - fermé dim., 3 sem. en août, 1 sem. en déc. - réserv. conseillée.* Restaurant style années 1950 sympathique et animé. On vous y proposera des boulettes de viande à la sauce tomate, un vaste choix de plats de légumes (spécialités de pommes de terre) à consommer au comptoir ou différents plats à déguster tranquillement assis.

Trattoria Al Ponte – B2 - *ponte del Megio (au coin de la calle Larga conduisant au campo San Giacomo dell'Orio), Santa Croce, 1666 - ✆ 041 71 97 77 - fermé sam. soir et dim.* C'est au débouché du « pont du millet », ainsi nommé car c'est dans ce quartier que se trouvaient autrefois les dépôts de millet et de blé, que se trouve cette *trattoria* qui sert d'excellentes spécialités de poissons.

Antico Dolo – B2 - *ruga Rialto, San Polo, 778 - ✆ 041 52 26 546 - www.anticodolo.it - fermé dim.* Petite *osteria* dans une salle aux murs de bois rouge. Au menu : tripes, *crostini*, *polenta* et *bacalà mantecà* à l'heure des repas ainsi qu'un menu dégustation. *Ombre* et *cicheti* dans la journée.

Dona Onesta – A2 - *ponte de la Dona Onesta (non loin de Ca'Foscari), Dorsoduro, 3922 -*

4

✆ 041 71 05 86 - www.donaonesta.com - fermé dim. Une excellente *trattoria* : les *sarde in saor* avec raisins secs et pignons sont un modèle du genre, et les poissons grillés (sole, bar…) remarquablement préparés. Service diligent et sympathique.

La Zucca – B2 - *ramo del Megio, Santa Croce, 1762 - ✆ 041 52 41 570 - www.lazucca.it - fermé dim., 1 sem. en août et en déc. - réserv. conseillée.* Pour goûter à une cuisine variée et créative tout en mangeant léger, nous vous recommandons les plats de légumes proposés dans cette sympathique *trattoria* toute en bois. Excellent lapin au *prosecco.*

Vecio Fritolin – B2 - *calle della Regina (derrière le campo San Cassiano), Santa Croce, 2262 - ✆ 041 52 22 881 - www.veciofritolin.it - fermé lun. et mar. à midi.* Ce petit établissement fort réputé propose des plats à base des produits du marché (essayez le tartare d'espadon aux olives et au citron), ainsi que de délicieuses pâtes élaborées par la maîtresse des lieux. Excellents *cicheti* et plats vénitiens. Sans oublier les fritures.

Vini Da Pinto – B2 - *campo delle Beccarie, San Polo, 367 - ✆ 041 52 24 599 - www.vinidapinto.it.* C'est le matin, en faisant son marché, qu'il faut s'arrêter là pour déguster un verre de vin blanc accompagné de quelques *cicheti*… En revanche, la maison a cédé à l'attrait des sirènes touristiques et les plats proposés restent banals.

Accademia-Salute

Antica Locanda Montin – A3 - *fondamenta di Borgo, Dorsoduro, 1147 - ✆ 041 52 27 151 - www.locandamontin.com - fermé merc.* Sur un quai tranquille, cette célèbre *trattoria* dispose d'une agréable cour intérieure ombragée d'une tonnelle et, de plus, loue quelques chambres. Dans le jardin en face furent tournées quelques scènes du film *Anonimo Veneziano.*

Cannaregio-Ghetto

Algiubagiò – B1 - *fondamenta Nuove, Cannaregio, 5039 - ✆ 041 52 36 084 - www.algiubagio.net.* En attendant le bateau pour les îles, on s'arrêtera volontiers dans ce restaurant (ancienne *osteria* rustique). Vue sur la lagune.

Alla Fontana – A1 - *fondamenta Cannaregio, 1102 - ✆ 041 71 50 77 - fermé dim. soir, lun.* Ce bar à vins, fréquenté par une clientèle très locale, se double d'un petit restaurant proposant une cuisine savoureuse. Tables sur le quai aux beaux jours.

All'Antica Mola – AB1 - *fondamenta Ormesini, Cannaregio, 2800 - ✆ 041 71 74 92 - fermé merc.* À deux pas du Ghetto, un établissement au bord d'un petit canal. Cuisine vénitienne sans prétention mais joliment goûteuse.

Al Paradiso Perduto – B1 - *fondamenta della Misericordia, Cannaregio, 2540 - ✆ 041 72 05 81 - fermé mar. et merc.* Adresse éclectique allant du bistrot, à la cuisine originale, au cabaret où sont donnés des concerts de jazz. Fréquenté par un public jeune.

Anice Stellato – B1 - *fondamenta de la Sensa, Cannaregio, 3272 - ✆ 041 72 07 44 - fermé lun., mar.* Adresse simple et moderne, pour un bon choix de poissons à prix corrects.

Dalla Marisa – A1 - *ponte dei Tre Archi, Cannaregio, 652/b - ✆ 041 72 02 11 - fermé dim., lun. soir et merc. soir.* Menu poisson ou viande. Ce restaurant, tenu par une famille de bouchers, propose une cuisine excellente et copieuse.

Gam Gam – A1 - *Sottoportico di Ghetto Vecchio, Cannaregio,*

1122 - ✆ 041 52 31 495 - www.jewishvenice.org - fermé vend., sam. à midi (sam. soir en été) - [pas de carte] - réserv. conseillée. Pour changer un peu et peut-être découvrir de nouvelles saveurs, ce restaurant juif, au cadre intime, sobre et moderne, vous propose une cuisine kasher traditionnelle…

La Perla – B2 - *Rio Terà dei Franceschi, Cannaregio, 4615 - ✆ 041 52 85 175 - fermé merc.* Une pizzeria honnête proposant un très large éventail de goûts, parfois inattendus.

Osteria Al Ponte – B2 - *calle Larga Giacinto Gallina - Cannareggio, 6378 - ✆ 041 52 86 157 - www.ostariaalponte.com.* Une petite *osteria* au bord du rio dei Mendicanti, surplombée par l'église San Zanipolo. Un bon bar à vins où l'on déguste des *cichèti*.

Sant'Elena-San Pietro

Al Pampo – D3 - *calle Chinotto, 24, Ile de Sant'Elena - ✆ 041 52 08 419. Trattoria* traditionnelle particulièrement prisée l'été quand les tables sont en plein air. Adresse préférée des artistes et des exposants de la Biennale.

Dai Tosi Grandi – D3 - *secco Marina, Castello, 738 - ✆ 041 52 04 182.* Idéal en cas de faim lors de la Biennale. Grand choix de pizzas et incomparables pâtes maison.

POUR SE FAIRE PLAISIR

San Marco-Fenice

Alle Testiere – B2 - *calle del Mondo Novo, Castello, 5801 - ✆ 041 52 27 220 - www.osterialletestiere.it - fermé dim. et lun., vac. de Noël, août - réserv. conseillée.* Ce petit restaurant, très simple, propose une cuisine de qualité. Service informel et spécialités de poisson selon l'arrivage : de quoi satisfaire l'estomac et votre portefeuille !

PETITE PAUSE

Caffè Florian – *piazza San Marco, 55 - ✆ 041 52 05 641 - www.caffeflorian.com.* Le Florian est une étape obligée (mais onéreuse) sur la place St-Marc pour ses petits salons du 18e s., ses serveurs d'un autre temps, sa magnifique terrasse, très animée durant la belle saison, et ses concerts de musique classique très appréciés.

Caffè Quadri – *piazza San Marco, 121 - ✆ 041 52 22 105 - www.caffequadri.it.* Pourquoi ne pas faire une pause entre les visites ou simplement s'arrêter prendre un « espresso » dans ce café-restaurant de luxe, généralement moins bondé que le Florian ? Au 19e s., ce fut l'un des premiers endroits à servir le vrai café turc.

Gran Caffè Lavena – *piazza San Marco, 133-134 - ✆ 041 52 24 070 - www.lavena.it.* Dans le même esprit que les deux adresses précédentes, avec quelque chose de plus populaire, un petit café aux glaces jaunies par le temps.

Harry's Bar – *calle Vallaresso, San Marco, 1323 - piazza San Marco - ✆ 041 52 85 777 - www.harrysbarvenezia.com.* À deux pas de la place St-Marc, le légendaire Harry's Bar, ouvert en 1931 par Giuseppe Cipriani, a jadis accueilli Ernest Hemingway. Aujourd'hui, Vénitiens et touristes y viennent siroter, dans un cadre chic, un « Bellini », cocktail maison à base de champagne et de jus de pêche.

Ai Nomboli – *Calle Goldoni, San Polo, 2717/c - ✆ 041 52 30 995.* Un établissement qui regorge de *tramezzini*.

Ai Rusteghi – *Campo San Bartolomeo, San Marco 5513 - ✆ 041 52 32 205 - www.osteriairusteghi.com - fermé dim.* Grand choix de petits pains, accompagnés de bon vin.

4

Il Caffè (Caffè Rosso) – *Campo Santa Margherita, Dorsoduro, 2963 - fermé dim.* Cet ancien café est un point de rendez-vous, paradis de la musique reggae, à l'apéritif et après le dîner.
Pasticceria Italo Didovich – *Campo di Santa Marina, Castello, 5909.* Des petites douceurs qui régalent les papilles.
Pasticceria Bucintoro– *Sestiere San Polo, 2229 - ✆ 041 72 15 03 - fermé lun. après-midi.* Le patron prépare ses pâtisseries traditionnelles à l'arrière de son comptoir. Un salon de thé pour une pause gourmande.
Rosa Salva – *www.rosasalva.it - S. Marco - Ponte Ferai, calle Fiubera, 950 - ✆ 041 52 10 544; San Salvador - Mercerie, 5020 - ✆ 041 52 27 934; Campo Santi Giovanni e Paolo, 6779 - ✆ 041 52 27 949; Palazzo Cavalli Franchetti, campo San Stefano - ✆ 393 95 99 801; bar San Giorgio - ✆ 393 95 99 220.* N'hésitez pas à goûter ses célèbres pâtisseries avec un bon cappuccino.

EN SOIRÉE

Al Volto – *calle Cavalli, San Marco, 4081 (La Fenice) - à proximité du campo Manin - ✆ 041 52 28 945 - www.alvoltoenoteca.it.* D'intéressantes découvertes à faire dans ce bar à vins chaleureux et accueillant, toujours bondé.

Spectacles

La musique et le théâtre font depuis toujours partie intégrante de l'art de vivre à Venise, même si elle n'est plus l'extraordinaire ville aux 20 théâtres du 18e s. Restent plusieurs salles de spectacle, et de nombreuses églises, comme celles de la Pietà, des Frari et de Santo Stefano, accueillent des concerts. Vous trouverez dans le journal de Venise, le *Gazzettino*, les programmes et horaires.
Teatro La Fenice – *Campo San Fantin, San Marco, 1965 - ✆ 041 24 24 - www.teatrolafenice.it.* C'est l'un des plus célèbres au monde. Il peut accueillir 1 076 spectateurs. La visite avec audioguide vaut le détour, si vous n'avez pas la possibilité d'assister à un concert.
Teatro Malibran – *Derrière l'église San Giovanni Crisostomo, Cannaregio - ✆ 041 24 24 - www.teatrolafenice.it.* Il date de 1678 et a été construit à l'endroit où se dressait la maison de la famille de Marco Polo (panneau à l'arrière du bâtiment). Capacité de 800 places.
Teatro Goldoni – *Calle del Teatro - ✆ 041 24 02 011 - www.teatrostabileveneto.it.* Programme étoffé de théâtre et concerts.
Teatro a l'Avogaria – *Corte Zappa, Dorsoduro, 1617 - ✆ 041 52 06 130 - www.teatroavogaria.it.* Alternance de théâtre et danse.
Teatro Fondamenta Nuove – *Cannaregio, 5013 - ✆ 041 522 44 98 - www.teatrofondamentanuove.it.* Sur la *fondamenta* du même nom, près de la sacca della Misericordia. Théâtre, musique et danse.
Venice Jazz Club – *Entre les places Santa Margherita et Santa Barnaba, près du ponte dei Pugni, Dorsoduro, 3102 - ✆ 041 52 32 056 - www.venicejazzclub.com.*

AGENDA

Chaque année, début septembre, le Lido accueille la **Mostra del Cinema di Venezia**, le plus ancien festival de cinéma au monde. Tous les deux ans, et durant quatre mois, la **Biennale d'art** s'installe dans les quartiers de l'Arsenal et dei Giardini. Les deux événements ont fait du Lion d'or leur plus belle récompense.

Laguna veneta

Lagune vénitienne

★★

NOS ADRESSES PAGE 376

SE REPÉRER

Carte de région C3-D2 (p. 328-329) – *carte Michelin Régional 562 EG 18-22.* La lagune vénitienne est ce bout de mer compris entre Chioggia et Trieste. On y arrive par l'A 4.

À NE PAS MANQUER

Une escale dans la réserve naturelle de Grado et la basilique médiévale d'Aquileia.

ORGANISER SON TEMPS

Prévoyez une journée pour visiter les petites villes lagunaires, voguer sur l'eau et faire un détour sur l'une des plages.

AVEC LES ENFANTS

La station très conviviale de Lignano, avec son zoo.

La lagune vénitienne, la plus grande d'Italie, est née à l'époque post-glaciaire de la convergence des fleuves venus des Alpes et des Apennins. Elle s'étend du Frioul-Vénétie Julienne jusqu'en Émilie-Romagne. Ravenne et Aquilée en marquaient autrefois les limites.

Circuit conseillé Carte de région p. 328-329

Circuit de la Laguna Veneta (220 km), tracé en vert. Suivre la côte en partant de Grado, à l'extrême est de la Vénétie, pour arriver à Chioggia, au sud de Venise.

4

★ Grado D2

Viale Dante, 72 - 0431 87 71 11 - www.turismofvg.it, www.gradoit.it

Fondée par les habitants d'Aquileia lors des invasions barbares, Grado, fut du 5e au 9e s., la résidence du patriarche de cette ville. Aujourd'hui actif petit port de pêche et station balnéaire et thermale à la renommée croissante, Grado est nichée au cœur de la lagune, dans un paysage qui ne manque pas de grandeur.

★ **Quartier ancien** – Les étroites ruelles qui se ramifient entre le port-canal et la cathédrale le rendent pittoresque. La cathédrale Sant'Eufemia, à plan basilical, remonte au 6e s.; elle conserve des colonnes de marbre aux chapiteaux byzantins, un pavement de mosaïque du 6e s., un ambon du 10e s. et un précieux **retable**★ en argent doré, travail vénitien du 14e s. Tout proche de la cathédrale, le baptistère du 6e s., précédé par une allée de sarcophages et de tombeaux, est orné de mosaïques. Tout à côté s'élève encore la basilique Santa Maria delle Grazie (6e s.) qui a conservé des mosaïques d'origine et de beaux chapiteaux.

Riserva Naturale della Valla Cavanata – Cette réserve naturelle régionale, déclarée « zone humide de valeur internationale », est restée particulièrement intacte grâce à la ceinture naturelle de digues qui l'entoure. Plus de 200 espèces d'oiseaux peuvent y être observées *(www.vallecavanata.it).*

Santa Maria di Barbana – *Liaisons en bateau - www.turismofvg.it/monumenti-religiosi/santuario-dell-isola-di-barbana - 5,50 € AR*. Sur l'île de Barbana se trouve un sanctuaire (19e s.) dédié à la Vierge.
Emprunter la SS 352 pour remonter vers Aquileia au nord.

★ Aquileia (Aquilée) D2

Cette ancienne colonie romaine doit son nom à l'aigle *(aquila)* qui traversa le ciel au moment de sa fondation (181 av. J.-C.). Marché florissant sous l'Empire et quartier général d'Auguste lors de sa lutte contre les Germains, Aquileia devint par la suite le siège d'un patriarcat ecclésiastique (554-1751) parmi les plus importants d'Italie, qui joua un rôle important dans l'évangélisation de l'Europe centrale.
La basilique et la zone archéologique ont été inscrites en 1998 au Patrimoine mondial de l'Unesco.
★★ **Basilica** – *✆ 0431 91 067 - www.aquileia.net - www.turismofvg.it/it-IT/citta_arte/siti_storici/basilica_aquileia.html - mars-oct. : 9h-19h ; reste de l'année : 9h-16h30 (17h w.-end) - campanile : mars-oct. : 9h30-13h30, 15h30-18h30 ; fermé reste de l'année - 3 € (cryptes), 2 € (campanile).*
Commencée au 9e s. sur les ruines d'un édifice du 4e s., cette église romane, précédée d'un porche et dotée d'un **campanile** isolé, a été remaniée au 14e s. Joli baptistère datant des 4e-5e s. et restructuré au 11e s.
L'intérieur à trois nefs, en forme de croix latine, est décoré d'un splendide **pavement**★★ en mosaïque (4e s.) qui compte parmi les plus grands et les plus riches de la chrétienté occidentale (760 m²) : de nombreuses scènes religieuses y sont représentées. La charpente et les arcades sont du 14e s., les chapiteaux romans, la décoration du transept Renaissance. Une crypte carolingienne du 9e s., la **cripta degli Affreschi**, est ornée de **fresques**★★ du 12e s qui, en 19 scènes, racontent l'histoire de saint Hermagoras (premier évêque martyrisé) et les origines du christianisme à Aquilée. De la nef gauche, on accède à une seconde crypte, la **cripta degli Scavi**, où sont visibles des ruines archéologiques de quatre époques différentes, notamment de splendides **pavements**★★ de mosaïque du 4e s.
★ **Ruines romaines** – *www.museoarcheo-aquileia.it - tlj - entrée libre.* Aux abords de la basilique, des fouilles ont mis en valeur les restes de l'Aquileia romaine : la *Via Sacra* (derrière la basilique) qui mène au **port fluvial**, des maisons et le *forum* (Foro). Le port longeait alors le fleuve Natisone-Torre qui coulait à l'est de la ville. Cette voie fluviale, large de 48 m et navigable sur 10 km, permettait l'acheminement des marchandises provenant de tout le bassin méditerranéen. Le port lui-même mesurait 300 m et possédait un double niveau de chargement, des rampes, des entrepôts et des passages souterrains pavés le reliant à la cité.
Les **musées** (Museo Archeologico et Museo Paleocristiano) constituent une importante réunion d'objets provenant des fouilles d'Aquileia : remarquer notamment, dans le Musée archéologique, une belle série de statues et de bustes et la collection d'ouvrages en pierre dure. *Musée archéologique : www.museoarcheo-aquileia.it - tlj sf lun. 8h30-19h30 - 4 € ; musée paléochrétien : fermé pour travaux au moment de la rédaction de ce guide.*
Quitter Aquileia par le nord et tourner à gauche sur la S 14, dir. Portogruaro. Après environ 25 km, tourner à gauche sur la S 354 en direction de Lignano.

Lignano

Plus grande station balnéaire du littoral frioulan, Lignano occupe une longue presqu'île de sable encore largement couverte de pinèdes ; s'étendant à l'est de l'embouchure du Tagliamento, elle ferme une partie de la lagune

Une multitude d'oiseaux s'abrite dans la lagune.
A&G Reporter / Tips / Photononstop

de Marano réservée aux pêcheurs. Tournée vers Grado, le golfe de Trieste et les côtes de l'Istrie (souvent visibles), sa **plage** est appréciée pour ses 8 km de sable fin et doré qui s'avancent très progressivement dans une mer sûre permettant des séjours familiaux sans danger.

On y distingue trois secteurs. Située à la pointe de la presqu'île, **Lignano Sabbiadoro** est la partie la plus ancienne, très conviviale avec ses petites maisons, ses rues commerçantes et son grand port de plaisance *(la darsena)*. Séparée de Sabbiadoro par une grande pinède appartenant au Vatican et réservée à des colonies de vacances, **Lignano Pineta**, élégante et moderne, décrit dans son plan d'urbanisation une spirale, coupée par des rues rayonnant depuis la place centrale. Enfin, **Lignano Riviera** doit son nom à la proximité du Tagliamento : sa plage offre une eau légèrement plus froide, mais c'est aussi le secteur où la végétation est la plus dense. À l'arrière, les vacanciers peuvent profiter des plaisirs d'un golf 18 trous et d'un zoo, le **Parco zoo Punta Verde**. *✆ 0431 42 87 75 - www.parcozoopuntaverde.it - fermé nov.-fév. - 13 €.*

4

Prendre la direction de Venise en suivant la SP42.

★★★ Venezia (p. 330)

Depuis Mestre, prendre la direction de Chioggia via Malcontenta et la SS 309/ E 55.

Chioggia

Lungomare Adriatico, 101 - ✆ 041 40 10 68 - www.turismo.venezia.it

Chioggia n'est pas à proprement parler une île de la lagune ; c'est une petite ville « posée » sur deux îles parallèles, reliées à la terre ferme par un long pont.

La ville – La rue principale est le **corso del Popolo**, qui longe le canal de la Vena, autrefois appelé fossa Clodia, avec son marché aux poissons vivant et coloré, et se termine à la piazza Vigo. La colonne au lion ailé indique la fin de la Fossa Clodia. Le pont Vigo, pont de pierre qui enjambe à cet endroit le canal, date de 1685. Le long du corso del Popolo se trouvent le Dôme et quelques-unes

Beauté et danger de la lagune

DE QUOI EST « FAITE » LA LAGUNE DE VENISE ?

La lagune est un système fragile. En équilibre instable, entre atterrissement (lorsque l'apport de sable et d'autres matériaux est excessif, se forme de la « nouvelle » terre) et érosion (lorsque l'apport de sédiments transportés par la mer et les fleuves est tellement faible qu'une partie de la lagune se transforme en mer), la lagune vénitienne est en danger.

La marée et ses bienfaits

À Venise, les marées ont lieu toutes les 6 heures. Chaque jour, la lagune connaît deux marées hautes, dont les eaux pénètrent par les trois entrées du port, et deux marées basses.

Assurant le renouvellement de l'eau, la marée garantit la bonne santé de la lagune : les zones que la marée atteint sont traditionnellement appelées la **lagune vivante**, tandis que les zones plus éloignées, qui ne bénéficient que d'un renouvellement des eaux très réduit, sont désignées sous le terme de **lagune morte**. Dans la lagune morte, on trouve des marécages, des canaux, grands et petits, et des « vallées de pêche » (valli da pesca), c'est-à-dire des parcelles emprisonnées de la lagune destinées à l'industrie de la pêche.

La marée et ses dangers

La santé de la lagune dépend uniquement du renouvellement des eaux assuré par les marées. Le cours des fleuves, qui drainaient autrefois les eaux lagunaires vers la mer, a été progressivement dévié au cours des siècles passés.

Durant le reflux, la lagune ne se renouvelle donc qu'en partie, ce qui contribue à l'accumulation de matériaux polluants. Ce problème s'est accru au 20e s., à cause notamment des industries qui se sont installées à Mestre et à Porto Marghera et de la présence des pétroliers. Par manque d'oxygène, la vie disparaît peu à peu des canaux vénitiens.

L'ACQUA ALTA

Le phénomène de l'*acqua alta*, les « eaux hautes », se manifeste lorsque la marée, qui connaît le long de ces côtes des variations importantes de niveau, atteint ou dépasse 1,10 m.

Le 4 novembre 1966, la Sérénissime connut une montée des eaux importante, due aux très mauvaises conditions météorologiques qui frappaient alors l'Italie (on se souvient de la terrible inondation de Florence). Heureusement, les prévisions alarmantes d'un possible « engloutissement » de Venise ne se vérifièrent pas, grâce notamment à la fermeture sur la terre ferme des puits artésiens, responsables en partie de l'enfoncement de la ville.

Cependant, l'inondation de 1966 ne fait que rejoindre la longue liste des catastrophes provoquées par la marée, dont on trouve trace pour la première fois dans des documents datant de 589. Les comptes rendus des inondations passées se révèlent souvent terrifiants. Ainsi, **Paolo Diacono** (vers 720-799) écrivit à propos de la première montée des eaux : « Plus aucun être vivant ne

subsiste, ni sur terre ni dans l'eau » tandis qu'on peut lire à propos de celle de 1410 que « Près de mille personnes venant de la foire de Mestre et d'ailleurs périrent noyées ».
Depuis le 17e s., Venise s'est affaissée de 60 cm. Autrefois, les marées ne dépassaient qu'une fois tous les cinq ans le rempart en pierre d'Istrie (hydrofuge car non poreuse) qui protège du sel la surface submersible des maisons et monuments. Aujourd'hui, dans les zones basses, le rempart est submergé 40 fois par an et les bâtiments se dégradent peu à peu.

LA FAUNE ET LA FLORE

La lagune est pleine de vie et les **mollusques** de toutes sortes y pullulent littéralement. Ce sont cependant les **poissons** qui déterminent tant l'aspect de la lagune (certaines zones, les « vallées de pêche », sont closes afin de piéger les poissons en migration) que l'activité humaine environnante.
Le **crabe** et les **crevettes** tiennent également une place importante dans la pêche et la cuisine vénitiennes.
En faisant un tour en bateau, on peut voir que les « vallées de pêche » accueillent une multitude d'oiseaux aquatiques : **canards sauvages** (col-vert et sarcelle entre autres), **foulques**, **hérons** ou encore **faucons des marécages** et **busards des roseaux**. Il est plus difficile d'apercevoir l'**aigrette**, reconnaissable à son port altier et à la blancheur de ses plumes, dont aimaient à se parer les femmes au début du 20e s.
Parmi les mammifères, on trouve quantité de **rongeurs** dont la présence peut s'avérer nuisible. Le **rat** se trouve à son aise à peu près partout, dans les champs comme dans les décharges ou les greniers.
Les lais ou *barene* (minuscules îles plates qui apparaissent au fil de l'eau et disparaissent sous les marées hautes) sont couverts de plantes et de fleurs. La **salicorne**, la **limoselle** et l'**aster** colorent de vert, de rouge, de bleu ou de gris ces petits morceaux de terre. On remarque également quantité de **joncs** balançant leurs longues tiges et leurs fleurs en épis sous le vent de la lagune.

UN COMBAT PLUS QUE SÉCULAIRE : STABILISER LA LAGUNE

Au 12e s., une augmentation sensible de la température, due au climat doux qui régnait alors sur l'Europe depuis un certain temps, provoqua des pluies intenses qui furent la cause d'inondations et de raz de marée. La Brenta sortit de son lit et déborda dans la lagune, charriant des immondices et propageant la malaria. La République de Venise chercha à se protéger en installant des palissades le long du littoral, en détournant le cours du fleuve et en créant des barrages. La lagune continua malgré tout à menacer la Sérénissime. Du 15e au 17e s., d'importants travaux furent entrepris pour dévier les fleuves avoisinants (la Brenta, le Piave, le Livenza et le Sile). C'est en 1896 que furent achevés ceux de la Brenta qui se jette désormais dans l'embouchure du Bacchiglione. Néanmoins, les fleuves continuent à amener dans la lagune du sable que la mer et le vent poussent vers la terre. C'est ainsi que se forment et se renforcent les cordons littoraux qui séparent la lagune de la mer. Ce combat millénaire entre les forces de la nature met en péril la lagune qui, prise entre l'érosion marine et l'action constructrice des fleuves, s'enfonce peu à peu.

des églises de Chioggia, dont **Sant'Andrea**, avec son campanile roman à base carrée du 11e s., **San Giacomo** reconstruite au 18e s., et **San Francesco delle Muneghette**, du 15e s., remaniée elle aussi au 18e s.

Le **Duomo**★ (Santa Maria Assunta) fut érigé au 11e s. Détruit par un incendie, il fut reconstruit en 1633 par Baldassarre Longhena (1598-1682). Flanqué d'un campanile carré datant du 14e s., le Dôme était à l'origine orienté dans l'autre sens.

Sur l'île de San Domenico, qui prolonge Chioggia et que l'on peut rejoindre par la calle di Santa Croce après le pont Vigo, vous pourrez voir un beau *saint Paul* de Carpaccio (vers 1465-vers 1526) dans l'église. Le campanile date du 13e s.

Museo Civico della Laguna Sud – *Juste avant la porte de la ville, campo Marconi - ✆ 041 55 00 911 - mar.-merc. 9h-13h, jeu.-sam. 9h-13h, 19h30-23h30 (15h-18h hiver), dim. 19h30-23h30 (15h-18h hiver) - fermé 25 déc., 1er janv., Pâques - 3,50 €.* Les trois niveaux de ce musée retracent chronologiquement le passé maritime de Chioggia à l'aide de matériel archéologique mis au jour dans la région. La salle du rez-de-chaussée est dédiée à la technologie hydraulique et au commerce du temps des Romains ; au premier étage, la salle « Cristoforo Sabbadino », du nom d'un ingénieur vénitien du 16e s, se consacre à la période du Moyen Âge au 16e s. ; le deuxième étage traite du 17e s. à nos jours et évoque les techniques de pêche et de chantier naval, avec en particulier le « bragozzo », l'embarcation typique de Chioggia.

★ **La lagune** – *Rens. à l'office du tourisme de Chioggia.* Situées entre la lagune de Venise et le delta du Pô, Chioggia, Sottomarina et Isola Verde constituent des points de départ idéals pour découvrir cette région à fleur d'eau, que les barques à fond plat et le vélo permettent d'apprécier le plus aisément.

À quelques kilomètres au sud-est du port de Chioggia, la côte recèle les plus vastes fonds marins, surnommés « **Tegnùe** », phénomène de l'Adriatique créé par des algues rouges calcaires. De 17 à 25 mètres de profondeur, ces récifs naturels, formés depuis près de 4 000 ans, regorgent d'une faune et d'une flore singulières, et font partie d'une zone protégée depuis 2002.

NOS ADRESSES SUR LA LAGUNA VENETA

HÉBERGEMENT

BUDGET MOYEN

Grado

Park Spiaggia – *Via Mazzini, 2 - 34073* **Grado** *- ✆ 0431 84 841 - www.hotelparkspiaggia.it - fermé mi-oct.-mi mai.* Hôtel simple et confortable, dans la zone piétonne, près de la plage.

Chioggia

Sole – *Via Mediterraneo, 9 - 30019* **Sottomarina**, *Chioggia - ✆ 041 49 15 43 - www.hotel-sole.com - fermé nov.-mars.* Chambres fonctionnelles.

RESTAURATION

BUDGET MOYEN

Da Luigi – *Via Dante, 25 - 30020* **Torre di Fine** *- 40 km au nord-est de Venise - ✆ 0421 23 74 07 - fermé merc. (sf juin-août), oct.* Une *trattoria* traditionnelle et des plats typiques. Goûtez aux poissons et produits de la mer grillés. Quelques chambres agréables.

ACTIVITÉS

Découvrez la lagune à votre rythme en louant un **houseboat**. *✆ 0426 66 60 25 - www.houseboat.it.*

Riviera del Brenta

Riviera de la Brenta

★★

NOS ADRESSES PAGE 379

SE REPÉRER

Carte de région B2-3 (p. 328-329) – *carte Michelin Régional 562 F 18*. Entre Strà et Fusina, le long du canal de la Brenta, se succèdent un certain nombre de villas, érigées dans le style classique et harmonieux de Palladio. La visite peut être effectuée avec le « Burchiello », embarcation reliant Venise à Padoue, ou par la route qui longe la Brenta et traverse les localités de Strà, Dolo, Mira, Malcontenta.

À NE PAS MANQUER

La visite de la villa Pisani à Strà et une balade au fil de l'eau.

ORGANISER SON TEMPS

Une journée pour excursionner en bateau ou en vélo, moitié moins si vous êtes en voiture.

AVEC LES ENFANTS

Traverser le labyrinthe touffu de la villa Pisani.

La riviera de la Brenta fut créée au 15e s. par les Vénitiens lorsque, au début du déclin de l'ère maritime, ils se mirent à investir sur la terre ferme. Ces rives au charme bucolique, où les doges aimaient à se retirer pour profiter de la campagne, étalent de somptueuses villas qui, de Padoue à la lagune, se reflètent dans les eaux tranquilles du canal. Le visiteur qui arrive en bateau, à bicyclette ou en voiture y trouve le goût délicieux, un peu littéraire, d'une villégiature privilégiée.

Circuit conseillé Carte de région p. 328-329

Circuit de la Riviera del Brenta (68 km), tracé en rouge.

Quitter Venise au sud-ouest vers Malcontenta.

Les villas citées dans l'itinéraire ci-dessous ne représentent qu'un échantillon des nombreuses demeures de la Brenta qu'on peut voir le long d'une promenade Venise-Padoue.

Malcontenta B2

Villa Foscari★, élevée en 1574 par Palladio. Appartements décorés de fresques par B. Franco et G. B. Zelotti. Son nom lui vient de la femme d'un des membres de cette famille, qui fut fort « mécontente » d'y être reléguée. *041 54 70 012 - www.lamalcontenta.com - mai-oct. : mar. et sam. 9h-12h, visite sur demande préalable les autres jours (fermé lun.) - 10 €.*

Remonter la Brenta vers le nord, en direction d'Oriago.

Oriago B2

La façade de la **villa Gradenigo** présente encore des fresques, fort peu visibles en vérité, attribuées à Benedetto Caliari.

Poursuivre sur la rive droite.

UNE RIVIÈRE STRATÉGIQUE
À l'époque romaine, la Brenta se divisait, au niveau de Ponte di Brenta, en deux cours d'eau nommés autrefois *Medioacus maior* et *Medioacus minor*. Ces noms ont disparu mais c'est le long du *Medioacus maior* que commença l'histoire tourmentée de cette rivière, que se disputaient déjà en 1100 les Padouans et les Vénitiens.

À **Mira Porte** – En s'éloignant un peu de la rivière, on découvre la **Barchessa Valmarana**, ornée de fresques de Michelangelo Schiavoni, dit le Chioggiotto *(www.villavalmarana.net)*.

Mira B2

Via Nazionale, 420, à l'accueil de la villa Widmann, 30034 Mira - ✆ 041 56 00 690 - www.turismovenezia.it ou www.burchiello.org.
Dans Mira, franchir la Brenta pour passer sur la rive gauche.
On y voit le **palais Foscarini** et la **villa Widmann-Foscari**, du 18e s., dont la **salle de bal★** est entièrement décorée de fresques. Villa Widmann : *✆ 041 42 49 73 - www.burchiello.org - mai-sept. : 10h-18h ; mars-avr. et oct. 10h-17h ; nov.-fév. : w.-end 10h-17h - fermé lun. - 5 €.*
Reprendre le long de la rivière, vers l'ouest.

Fiesso d'Artico B2

Voir la **villa Soranzo**, dont la façade est ornée de fresques du frère de Véronèse, Benedetto Caliari.

Strà B2-3

La **villa Foscarini Rossi** *(www.villafoscarini.it)*, où aimait résider le futur doge (1762-1763) Marco Foscarini, se trouve presque accolée au domaine de la **villa Pisani★**, laquelle est dotée d'un majestueux jardin à perspective et bassin, avec une serre, une orangeraie et un **labyrinthe★** végétal. Le palais (18e s.) possède de vastes **appartements★** décorés de peintures dont l'**Apothéose de la famille Pisani★★**, chef-d'œuvre de **Giambattista Tiepolo**.
✆ 049 50 20 74 - www.villapisani.beniculturali.it - été : tlj sf lun. 8h30-19h ; le reste de l'année : tlj sf lun. 9h-16h - fermé 25 déc., 1er janv. et 1er Mai - 7,50 € villa et parc.
Rester sur la rive gauche en suivant la via IV Novembre. Puis, franchir le canal vers l'ouest et tourner à gauche pour le longer la rive droite.

Vigonovo B3

À Vigonovo se trouve la **villa Sagredo**, ancienne résidence de Giovanni Sagredo (1617-1682), ami de Galilée et fils d'un membre du Conseil des Dix qui avait été l'élève du fameux astronome à l'université de Padoue.
Remonter le long du canal, ne pas le franchir et bifurquer à gauche sur la SP 33.

Noventa Padovana B3

À 9 km à l'est de Padoue.
Voir la **villa Grimani**, construite au 15e s. sur les vestiges d'un château médiéval, et la **villa Giovanelli**, ancienne résidence estivale des patriarches de Venise.
Terminer à Padoue.

NOS ADRESSES SUR LA RIVIERA DEL BRENTA

TRANSPORTS

Pour imiter les voyageurs du 18e s., emprunter le « Burchiello » ou l'une des autres embarcations aujourd'hui en service. Leur trajet est resté le même que par le passé (en été, départ de Padoue ou de Venise). La visite de certaines villas est comprise dans l'excursion. Rens. *www.padovanavigazione.it* et *www.rivieradelbrenta-navigazione.it* ou dans l'une des trois agences suivantes :

Il Burchiello – *Isola Nova del Tronchetto 25 - Venezia - ✆ 041 24 13 296 - www.ilburchiello.it*

I Battelli del Brenta – *Via Porciglia, 34 - Padoue - ✆ 049 87 60 233 - www.battellidelbrenta.it (français) ;*

Delta Tour – *Via Toscana, 2 - Padoue - ✆ 049 87 00 232 - www.deltatour.it (français).*

HÉBERGEMENT

BUDGET MOYEN

Villa Goetzen – *Via Matteotti, 6 - Dolo - 18 km à l'est de Padoue - ✆ 041 51 02 300 - www.villagoetzen.it* - P - *12 ch.* Au bord de la Brenta, villa du 18e s. aux chambres charmantes. Cuisine locale au restaurant.

Isola di Caprera – *Riviera Silvio Trentin, 13 - Mira - 23 km à l'ouest de Venise - ✆ 041 42 65 255 - www.isoladicaprera.com* - P - *16 ch.* Ancien bâtiment industriel reconverti en hôtel avec goût et élégance. Agréable jardin agrémenté d'une piscine.

POUR SE FAIRE PLAISIR

Villa Giulietta – *Via Riviera del Brenta, 169 - Fiesso d'Artico - 16 km à l'ouest de Padoue - ✆ 041 51 61 500 - www.villagiulietta.it* - P - ♿ - *57 ch.* Agréable hôtel au style contemporain.

Il Burchiello – *Via Venezia, 19 - Oriago di Mira - 19 km à l'ouest de Venise - ✆ 041 42 95 55 - www.burchiello.it* - P - *63 ch.* Possibilité d'arriver en bateau. Belles chambres et élégant restaurant.

RESTAURATION

BUDGET MOYEN

Da Giorgio – *Via Riviera del Brenta, 228 - Fiesso d'Artico - 16 km à l'ouest de Padoue - ✆ 041 51 60 204 - www.dagiorgio.it - fermé merc. et en août* - P. Les arrivages quotidiens du marché au poisson de Chioggia garantissent la fraîcheur des plats. À côté de la villa Giulietta, dans un cadre particulièrement agréable.

Osteria da Caronte – *Via Dolo, 29 - Paluello di Strà - 15 km à l'est de Padoue - ✆ 041 41 20 91 - www.osteriadacaronte.it - fermé mar. soir et merc.* - P. Atmosphère simple et rustique. Cuisine vénitienne.

Nadain – *Via Ghebba, 26 - Oriago di Mira - 19 km à l'ouest de Venise - ✆ 041 42 93 87 - www.nadain.it - fermé merc., jeu. à midi, 7 j. en fév., 15 j. en juil.* - P. Sur sa carte alléchante, cette *trattoria* familliale propose des plats de poissons élaborés avec imagination et inspiration.

Nalin – *Via Argine Sinistro Novissimo, 29 - Mira - 15 km à l'ouest de Venise - ✆ 041 42 00 83 - www.trattorianalin.it - fermé lun., août et 26 déc.-6 janv.* - P. Presque centenaire, ce restaurant est une valeur sûre. Savoureuse cuisine de la mer.

Hostaria Dante – *Via Dante, 53 - Mestre - 13 km au nord-ouest de Venise - ✆ 041 95 94 21 - www.hostariadante.net - fermé dim. et mi-août* - P. Ce quartier au cœur de Mestre a gardé un air d'antan. La cuisine aussi.

Padova

Padoue

★★

213 441 habitants – Vénétie

NOS ADRESSES PAGE 388

S'INFORMER

Office de tourisme – *Galleria Pedrocchi - ✆ 049 87 67 927 ; Gare ferroviaire, piazza della Stazione - ✆ 049 87 52 077 ; Piazza del Santo - ✆ 049 87 53 087 - www.turismopadova.it (français).*

SE REPÉRER

Carte de région B3 (p. 328-329) – *carte Michelin Régional 562 F 17.* À une quarantaine de kilomètres de Venise, Padoue se trouve le long de l'A 4 et est reliée à Bologne par l'A 13.

À NE PAS MANQUER

La chapelle des Scrovegni récemment restaurée, la basilique St-Antoine, une pause au café Pedrocchi.

ORGANISER SON TEMPS

Compter une bonne journée pour visiter l'essentiel.

Important : réserver à l'avance la visite de la chapelle des Scrovegni.

AVEC LES ENFANTS

Continuer vers Venise, en descendant la Brenta en bateau.

Centre économique actif, ville d'art et de pèlerinage, Padoue vit autour de la très animée piazza Cavour. Près de la place se dresse la façade néoclassique du café Pedrocchi, fréquenté par l'élite libérale à l'époque romantique.

Se promener Plan de ville p. 383

LE CENTRE AB2

Compter 2h pour une promenade, un café au Caffè Pedrocchi et les visites.

★ Piazza delle Erbe B2

La place du marché aux légumes, qui date du Moyen Âge, s'anime encore aujourd'hui d'une multitude d'étalages.

Università B2

Située dans le palais « Bo », du nom de l'auberge à l'enseigne du « Bœuf » qui la précéda, l'université conserve une belle cour du 16e s. et un amphithéâtre d'anatomie, dit **« Teatro Anatomico »** (1594). *✆ 049 82 73 044/47 - www.unipd.it - visite guidée lun., merc., vend. 15h15, 16h15 (17h15 seult en été) ; mar., jeu., sam. 9h15 (seult en été), 10h15, 11h15 - 5 €.*

Prato della Valle..
E. Suetone / hemis.fr

L'ambiance universitaire est extrêmement sensible, et les improvisations et débordements d'enthousiasme des étudiants qui, à la réception de leurs diplômes, coiffent les caractéristiques chapeaux à pointes, sont des plus pittoresques.

Caffè Pedrocchi B2

☏ 049 87 81 231 - www.caffepedrocchi.it - tlj sf lun. 9h30-12h30, 15h30-18h - 4 €.
L'édifice néoclassique (1831) abrite un café aux salles blanche, rouge et verte, théâtre de l'insurrection estudiantine contre les Autrichiens en 1848. À l'étage *(Piano Nobile)*, **salles** de réunion et de concerts, de styles divers. L'établissement abrite le Museo del Risorgimento e dell'Età Contemporanea.

Palazzo Zabarella B2

Via San Francesco, 27 - se renseigner sur les périodes d'ouverture et les tarifs - ☏ 049 87 53 100 - www.palazzozabarella.it - ♿.
Ce palais privé accueille régulièrement des expositions majeures.
Revenir vers la piazza delle Erbe.

★ Palazzo della Ragione B2

☏ 049 82 05 006 - ♿ - 9h-18h ou 19h - fermé lun., 1er Mai et 15 août - 4 €.
S'élevant entre deux **places★** pittoresques, la piazza della Frutta et la piazza delle Erbe, cet édifice s'avère remarquable par ses loggias et son toit en forme de carène ; dans le **salon★★** du 1er étage, un cycle de fresques du 15e s. représente les travaux des mois, les arts libéraux, les métiers et les signes du zodiaque. Le palais abrite un pendule de Foucault contemporain.

Piazza dei Signori A2

Vaste place bordée par le **palais du Capitano**, des 14e-16e s., résidence des gouverneurs vénitiens, par la **tour de l'Horloge★**, percée d'une arcade, et par l'élégante loggia del Consiglio, de style Renaissance.

Duomo A2

L'église actuelle (16e-17e s.), à la construction de laquelle collabora Michel-Ange, s'élève sur les bases d'églises plus anciennes.

★★ Battistero A2

Contigu à la cathédrale, le baptistère du 12e s. abrite d'admirables fresques résumant l'ensemble des écritures saintes, réalisées vers 1376-1378 par **Giusto de' Menabuoi**. Leur lecture commence en haut de la coupole avec l'illustration de la Création du monde, et se termine par l'Apocalypse finale, en passant par des épisodes de l'Ancien et du Nouveau Testament.

★★ Museo Diocesano A2

Piazza Duomo, 12 - ✆ 049 87 61 924 - www.museodiocesanopadova.it - jeu.-sam. 14h-17h30, dim. et j. fériés 10h-17h30 - fermé 1er janv., Pâques, août, 25 déc. - 4 €; billet combiné avec Battistero 6 €.

Installé dans le Palazzo Vescovile (Évêché), il permet d'admirer **le salon des Évêques★**, immense pièce rectangulaire. La décoration de la salle a été confiée à Bartolomeo Montagna à partir de la fin du 15e s. De la loggia en trompe-l'œil, tous les évêques de Padoue vous observent. Admirez l'élégance des trompe-l'œil (faux marbres, perspectives). La chapelle Santa Maria degli Angeli remonte à 1495. Le musée se prolonge par une série de salles retraçant l'histoire du diocèse, l'un des plus vastes et des plus anciens d'Italie. Parmi les nombreuses œuvres d'art, remarquez une belle *Vierge à l'Enfant* attribuée à Paolo Veneziano du 14e s., ainsi qu'un très expressif *Saint François de Paul* (San Francesco Paolo) de Tiepolo (18e s.).

Via dei Tadi et bords du canal A2

Bordée d'arcades et de vieux palais, cette rue qui évoque bien l'âme de Padoue, conduit droit au canal. Tourner à gauche après le pont et parcourir ses berges où se trouvent de nombreuses maisons anciennes des 15e au 19e s., dont certaines évoquent les palais vénitiens. Regagner le centre historique par le second pont que l'on rencontre et remonter la via San Tommaso.

DU CÔTÉ DE GIOTTO, GIUSTO DE' MENABUOI ET MANTEGNA B1

Cette promenade invite à la découverte du centre artistique de la ville. Compter 2h.

★★★ Cappella degli Scrovegni : affreschi di Giotto

Piazza Eremitani, 8 - ✆ 049 20 10 020 - www.cappelladegliscrovegni.it - il est obligatoire de réserver les billets au moins 3 j. à l'avance, jusqu'à plusieurs sem. pour certaines périodes de l'année - tlj sf lun. 9h-19h - fermé 25-26 déc., 1er janv. - 13 € (avec réservation).

Vers 1305-1310, **Giotto** a orné les murs de la **chapelle des Scrovegni**, élevée en 1303, de **trente-neuf fresques** évoquant les Vies de Joachim et Anne, de la Vierge et du Christ (la *Fuite en Égypte*, le *Baiser de Judas* et la *Mise au tombeau* sont parmi les scènes les plus célèbres). Dépassant la rigidité expressive de l'art byzantin, sa peinture marque un tournant dans l'histoire en ouvrant l'univers pictural aux sentiments humains. Au registre inférieur, les puissantes figures en grisaille représentent à gauche les Vices, à droite les Vertus. Le *Jugement dernier*, au revers de la façade, sert de conclusion à l'œuvre. Cet ensemble, d'une exceptionnelle unité d'exécution, constitue le sommet de l'œuvre de Giotto par la puissance dramatique des scènes, l'harmonie de la composition et le sentiment religieux intense qui s'en dégage. À l'autel, **Vierge★** de **Giovanni Pisano**.

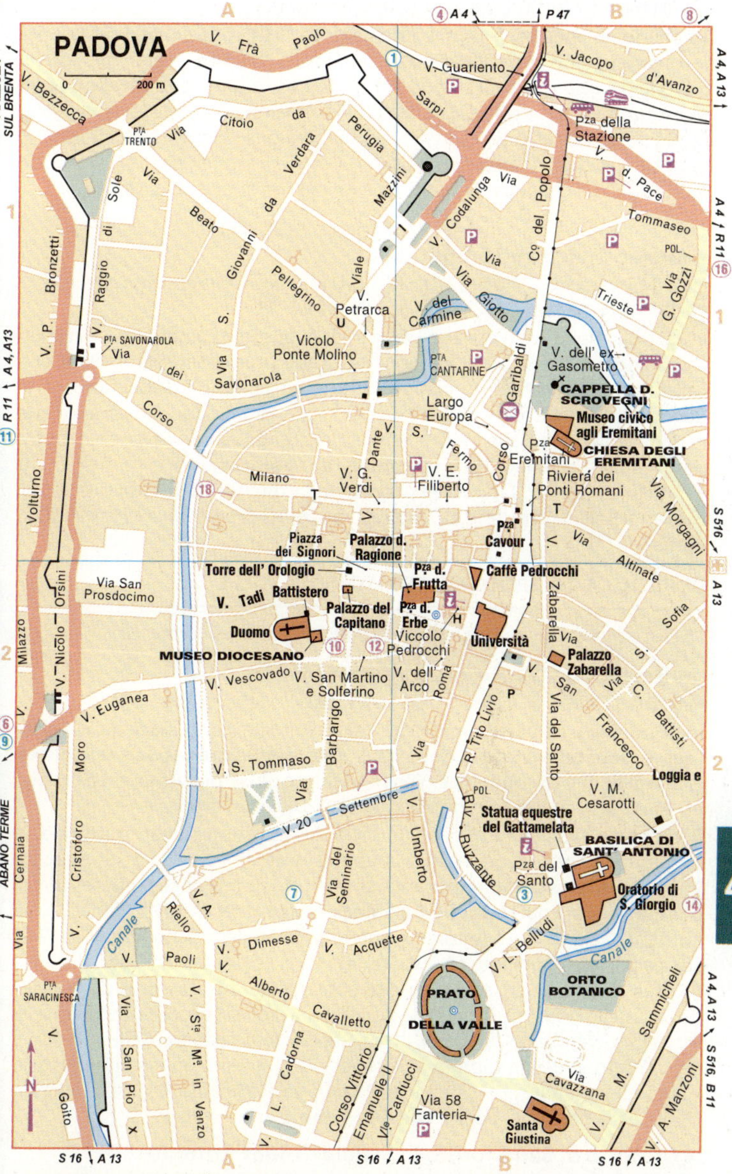

SE LOGER

- Al Cason 1
- Al Fagiano 3
- Ostello della Gioventù Città di Padova 7
- Terme Milano 9
- Villa Lussana 11

SE RESTAURER

- Antica Trattoria Bertolini 4
- Aubergine 6
- Giovanni 8
- Osteria dal Capo 10
- Osteria L'Anfora 12
- Per Bacco 14
- Trattoria la Ragnatela 16
- Trattoria San Pietro 18

★★ Affreschi della chiesa degli Eremitani

Très endommagée par les bombardements de 1944, cette église du 13e s. a été reconstruite dans son style roman d'origine. La chapelle Ovetari *(la seconde à droite de la chapelle du chœur)* conserve des fragments de **fresques** de **Mantegna**, où l'on devine la puissance visionnaire de cet artiste hanté par le rendu perspectif et le souci du détail archéologique : *Martyre de saint Jacques* (mur de gauche), *Assomption* (abside), *Martyre de saint Christophe* (mur de droite). Dans la chapelle du chœur, splendides fresques de **Guariento**, artiste vénitien et disciple de Giotto.

★ Museo Civico agli Eremitani

Piazza Eremitani, 8 - ✆ 049 82 04 54 51 - www.padovacultura.padovanet.it - ♿ - 9h-19h - fermé lun., 25-26 déc., 1er janv. et 1er Mai - 13 €.

Installé dans le couvent des Ermites de saint Augustin, il comprend une section archéologique (périodes égyptienne, étrusque, préromaine et romaine), une collection numismatique (donation Bottacin), un ensemble de peintures vénitiennes et flamandes du 15e au 18e s. (collection Emo Capodilista), ainsi que la riche collection issue de l'ancienne pinacothèque, qui rassemble, outre des meubles, céramiques et sculptures, des **peintures★★** essentiellement vénitiennes (14e-18e s.) : voir en particulier les œuvres de Giotto, Guariento, Giovanni Bellini, Véronèse et Tintoret, ainsi que l'*Expédition d'Uri*, splendide tapisserie du 15e s.

LA BASILICA DEL SANTO ET LE PRATO DELLA VALLE B2

Le foyer religieux de la ville (plan de Padoue p. 383) – Compter 2h.

★★ Basilica del Santo (Basilica di Sant'Antonio)

Piazza del Santo - ✆ 049 82 25 652 - www.basilicadelsanto.org.

Important lieu de pèlerinage dédié à saint Antoine. Sur la place qui précède l'église, **Donatello** érigea une admirable **statua equestre del Gattamelata★★** (surnom donné au condottiere vénitien Erasmo da Nardi qui mourut à Padoue en 1443), la première œuvre de cette taille coulée en bronze en Italie.

Bâtie entre 1232 et 1300 dans un style de transition roman-gothique, la basilique évoque, avec ses huit coupoles byzantines, celle de St-Marc de Venise. L'**intérieur★★**, imposant, contient de nombreuses œuvres d'art : dans la nef gauche, **chapelle du Saint★★**, chef-d'œuvre de la Renaissance abritant l'« arca di sant'Antonio », autel-tombeau de Tiziano Aspetti (1594) ; sur les parois, magnifiques **hauts-reliefs★★** exécutés au 16e s. par plusieurs artistes. Dans le chœur se trouve le célèbre **maître-autel★★** orné de bronzes de Donatello (1450). La 3e chapelle du collatéral droit est décorée de **fresques★** du peintre véronais Altichiero (14e s.). Récemment restaurée, elle constitue, avec l'oratorio di San Giorgio *(voir ci-dessous)*, un témoignage original de la grandeur culturelle et artistique de Padoue vers la fin du 14e s. Des cloîtres, à droite de la basilique, bonne **vue d'ensemble★** sur l'édifice.

★ Oratorio di San Giorgio et Scuola di Sant'Antonio

Piazza del Santo, 11 - ✆ 049 82 25 652 - www.arciconfraternitasantantonio.org - tlj oratoire : avr.-sept. : 9h-12h30, 14h30-19h ; oct.-mars : 9h-12h30, 14h30-17h ; école : 10h-12h, 15h-17h - 2,50 € ; billet combiné pour les deux lieux 4 €.

L'oratoire St-Georges est une chapelle votive décorée de 21 **fresques★★** (1377) par Altichiero et ses élèves, évoquant diverses scènes religieuses.

La Scuola di Sant'Antonio, contiguë, possède au 1er étage, une salle dont les murs sont couverts de 18 **fresques★** du 16e s. narrant la Vie de saint Antoine, dont quatre sont de la main du Titien.

Une histoire d'art, de foi et de culture…

L'HISTOIRE

Il ne reste que quelques vestiges de l'antique Patavium qui, grâce au commerce fluvial, à son agriculture et à la vente des chevaux, devint au 1er s. av. J.-C. l'une des cités romaines les plus prospères de la Vénétie. Détruite par les Lombards au 7e s., Padoue réussit à devenir une « commune libre » du 11e au 13e s., époque à laquelle de nombreux palais et églises y furent édifiés. Elle connut l'apogée de sa vie économique et culturelle sous l'autorité éclairée de la famille Da Carrara (1337-1405). En 1405, Padoue passa sous la domination de la république de Venise, à laquelle elle demeura fidèle, jusqu'à l'abolition de la Constitution de la Sérénissime par Bonaparte, en 1797.

LA VILLE DE SAINT ANTOINE

Bien que ce moine franciscain, thaumaturge d'une prodigieuse éloquence, fût originaire de Lisbonne, où il naquit en 1195, son nom demeure lié à celui de Padoue – dans les environs de laquelle il mourut à 36 ans. On l'invoquait autrefois pour le sauvetage des naufragés et la libération des prisonniers. Il est habituellement représenté tenant un livre et une branche de lys.

UNIVERSITÉ ET HÉBRAÏSME

Fondée en 1222, cette université (la plus ancienne d'Italie après Bologne) connut un rapide développement et attira des étudiants de l'Europe entière. Galilée y enseigna, Pic de la Mirandole, Copernic et le Tasse y étudièrent.

Le ghetto

Le ghetto se situe dans le cœur de Padoue, entre les rues San Martino et Solferino et la via dell'Arco. Les premiers témoignages d'une communauté juive remontent au 12e s. À partir du 14e s., la communauté s'agrandit avec des Juifs venus d'Allemagne, d'Espagne et du reste de l'Italie. Mais le ghetto véritable ne se forma qu'au 17e s., dans ce quartier pauvre et sombre, isolé du reste de la ville par quatre portes gardées et fermées pendant la nuit. Les étudiants y étaient particulièrement nombreux, l'université de Padoue étant alors la seule en Europe à accepter les jeunes hébraïques. Ce n'est qu'en 1797, lorsque les Français décrétèrent l'égalité des Juifs avec les autres citoyens, que les portes furent abattues.

L'ART À PADOUE

En 1304, **Giotto** se rendit de Florence à Padoue pour y décorer la chapelle des Scrovegni, où il réalisa un cycle de fresques aujourd'hui reconnu comme l'un des chefs-d'œuvre de la peinture italienne.

Au 15e s., la Renaissance à Padoue fut marquée par le séjour d'un autre Florentin, **Donatello**, de 1444 à 1453. Au 15e s. également, la cité connut un extraordinaire rayonnement artistique grâce à la diffusion de l'œuvre du peintre padouan **Andrea Mantegna** (1431-1506), artiste d'une puissante originalité, passionné d'anatomie et d'archéologie, novateur dans la représentation de la perspective.

Loggia e odeo Cornaro

Via Cesarotti, 37 - ✆ 335 14 28 861 - visite guidée en italien ttes les 30mn 10h-13h, w.-end : nov.-janv. 15h-18h, fév.-oct. 16h-19h - fermé lun., 25 déc., 1er janv. et 1er Mai - 3 €.

La loge et l'odéon, hommage des humanistes au théâtre ancien, furent construits en 1524. En dehors des thèmes classiques de la mythologie, remarquez la décoration singulière de ce lieu, où l'on découvre de nombreuses représentations ésotériques et alchimiques.

Santa Giustina

Édifice classique du 16e s., rappelant par ses coupoles la Basilica del Santo (*p. 384*). Au fond du chœur, **retable★** de **Véronèse**.

Orto Botanico

Via Orto Botanico, 15 - ✆ 049 82 72 119 - www.ortobotanico.unipd.it - avr.-oct. : 9h-13h, 15h-18h ; reste de l'année : tlj sf dim. 9h-13h - 4 €.

Fondé en 1545, c'est l'un des plus anciens jardins botaniques d'Europe, créé pour la culture de plantes médicinales afin de retrouver les espèces utilisées dans l'Antiquité. Les étudiants pouvaient ainsi venir y parfaire leurs connaissances ; on peut y admirer une abondante flore exotique et le palmier qui inspira à Goethe ses considérations sur la métamorphose des plantes. Le jardin est inscrit au Patrimoine mondial de l'Unesco depuis 1997.

Prato della Valle

Ce charmant jardin ovale du 17e s., planté de platanes, est entouré d'un canal tranquille bordé de statues d'hommes illustres. Il accueille une brocante le 3e dimanche du mois.

Circuit conseillé Carte de région p. 328-329

Circuit des Colli Euganei (120 km environ), tracé en bleu. Compter une journée et demie avec les visites.

Quitter Padoue et aller directement à Montagnana.

Situées au sud de Padoue, les **Colli Euganei★** (Collines Euganéennes), collines d'origine volcanique, forment une agréable région accidentée, riche en vergers et en vignobles, que les Romains appréciaient déjà pour ses nombreuses sources thermales et ses vins. C'est aujourd'hui un parc régional.

Prendre l'autoroute A 13 puis la SR 10 ou, si vous avez le temps, la SS 16 puis la SR 10. Montagnana se trouve à 47 km au sud-ouest.

★ Montagnana B3

Petite ville entourée d'impressionnants **remparts★★** du 14e s., jalonnés de vingt-quatre tours polygonales et percés de quatre portes. Le **duomo** *(9h-12h, 15h30-20h)*, attribué à Sansovino, renferme au maître-autel une *Transfiguration* de Véronèse, des fresques et des stalles du 16e s. L'**église San Francesco**, accolée à l'enceinte, possède un beau clocher gothique.

Continuer 17 km à l'est.

Este B3

Via G. Negri, 9 - ✆ 0429 60 04 62 - www.comune.este.pd.it ou www.turismo termeeuganee.it (français).

Berceau de la célèbre famille d'Este, la ville est cernée au nord de pittoresques **remparts★**. Le **Museo Nazionale Atestino★**, installé dans le palais Mocenigo (16e s.), abrite une riche collection archéologique témoignant de l'activité agricole

JUJUBES JUBILATOIRES
Dans la région d'Arquà Petrarca, l'expression « se pâmer de joie » signifie également « liqueur de jujube », ce qui n'est pas surprenant quand on sait que ce fruit sucré, très riche en vitamine C, y pousse en abondance et qu'on l'accommode de mille manières : en liqueur, à la grappa, *giuggiolotti* (chocolats exquis), *giuggiolosa* (gâteau). Une fête lui est consacrée en automne *(Nos Adresses)*.

locale du paléolithique à l'époque romaine (la ville romaine se nommait Ateste). À l'intérieur du Dôme, au plan elliptique, grande toile de Tiepolo (1759). *Musée : ✆ 0429 20 85 - www.atesino.beniculturali.it - ♿ - 8h30-19h - 4 €.*
Continuer 10 km à l'est.

★ Monselice B3

Via XXVIII Aprile 1945 - ✆ 0429 78 30 26 - www.monseliceturismo.it.
Dominée par les ruines d'un château, cette localité, dont le nom latin *Mons Silicis* témoigne de son activité minière à l'époque romaine, a conservé une partie importante de son enceinte. De la piazza Mazzini monte la pittoresque via del Santuario menant au château (13e-14e s.), au Dôme de style roman, au sanctuaire des Sette Chiese (début 17e s.) et à la villa Balbi, précédée d'un jardin à l'italienne. De la terrasse supérieure, jolie **vue★** sur la région.
Prendre la SP 16 en direction d'Arquà Petrarca (à 6 km) et continuer sur 6,5 km.

★ Arquà Petrarca B3

Dans ce petit pays d'aspect médiéval s'éteignit en 1374 **Pétrarque**, né à Arezzo en 1304. Sa vie tourmentée le mena en divers lieux d'Italie et d'ailleurs. En Avignon, il rencontra dans une église Laure, la femme qu'il aima toute sa vie et immortalisa dans son recueil de sonnets intitulé le *Canzoniere*. Son œuvre devint en Europe une référence pour toute la poésie lyrique, donnant lieu à la Renaissance à un phénomène d'imitation et de culte du poète.
On visite la **maison★** (Casa del Petrarca), où il vécut et mourut : fresques du 16e s. et plafond à caissons d'origine ; souvenirs du poète et autographes de visiteurs illustres, comme Carducci ou Byron. Son tombeau de marbre rose a été érigé en 1380 sur la place de l'église. *✆ 0429 71 82 94 - http ://padova cultura. padovanet.it - tlj sf lun. 9h-12h, 15h-18h30 (14h30-17h hiver) - fermé 25-26 déc., 1er janv. et 1er Mai - 4 €.*
Continuer sur 14 km au nord.

4

Montegrotto Terme B3

Viale Stazione, 60 - ✆ 049 89 28 311.
Moins importante qu'Abano, l'ancienne Mons Ægrotorum (« mont des Malades ») des Romains est une station thermale en pleine expansion.
Suivre les indications pour Abano (à 5 km).

★ Abano Terme B3

Via P. d'Albano, 18 - ✆ 049 86 69 055.
Cette moderne et élégante station thermale ombragée de pins est l'une des plus célèbres d'Italie.
Prendre la via Appia Monterosso puis la SP 60 en direction de San Biagio.

★ Abbazia di Praglia B3

✆ 049 99 99 300 - www.praglia.it - visite guidée tlj apr.-midi - fermé lun. et pdt les fêtes religieuses - gratuit.

L'abbaye bénédictine s'élève au pied des Colli Euganei. Ses fondations, dont il ne reste aujourd'hui que la tour du clocher, datent du tournant des 11e et 12e s.; l'édifice actuel, construit entre les 15e et 16e s., comprend plusieurs cloîtres communiquants. Le cloître rustique, le cloître botanique et le cloître suspendu, au cœur de l'abbaye, qui relient entre eux les différents espaces consacrés à la vie monastique : le réfectoire monumental, la salle du chapitre, l'église, la bibliothèque de livres anciens et la logette-belvédère donnant sur la campagne environnante. On y domine les cultures de plantes officinales, utilisées pour les préparations en vente à l'accueil.

NOS ADRESSES À PADOVA

INFORMATIONS UTILES

Padova Card – *www.padovacard.it*. Valable 48h, cette carte donne accès à la plupart des musées municipaux de Padoue ainsi qu'à des réductions de 10 à 40 %, indiquées sur un livret quadrilingue (italien, français, anglais et allemand). 16 € (petit complément pour certains lieux de visite), 21 € pour 72h.

HÉBERGEMENT

PREMIER PRIX

Padoue

Ostello della Gioventù Città di Padova – A2 - *via Aleardo Aleardi, 30 - ♿ - ✆ 049 8752219 - fax 049 654 210* - Cette auberge de jeunesse centrale dispose de formules de logement adaptés à tous, groupes et familles. Spartiate et économique.

BUDGET MOYEN

Padoue

Al Cason – A1 - *via Frà Paolo Sarpi, 40 - ✆ 049 66 26 36 - fax 049 87 54 217 - www.hotelalcason.com* - P - *48 ch.* La proximité de la gare ferroviaire compensera son emplacement un peu excentré. Gérance familliale, confort sommaire, cuisine simple mais de qualité.

Al Fagiano – B2 - *via Locatelli, 45 - ✆ 049 875 00 73 - www.alfagiano.com - 40 ch.* Très bien situé, à 100 m de la basilique de Sant'Antonio et à 10mn à pied du centre, cet hôtel chaleureux propose des chambres spacieuses et fonctionnelles à un prix intéressant. Idéal aussi pour les familles.

À proximité

Terme Milano – Hors Plan A2 - *viale delle Terme, 169 - 35031 Abano Terme, 13 km au sud-ouest de Padoue - ✆ 049 86 69 444 - fax 049 863 02 44 - www.termemilano.it - fermé 3 sem. en déc., janv. et fév.* - P - *89 ch.* Dans la zone piétonne d'Abano, un hôtel avec piscines couverte et découverte pour jouir au mieux des eaux thermales. Gymnase et court de tennis pour les sportifs.

Villa Lussana – Hors Plan, A1 - *via Chiesa, 1 - 35037 Teolo, 21 km au sud-ouest de Padoue - ✆/fax 049 99 25 530 - www.villalussana.com - fermé 3 sem. en janv.* - P - *11 ch.* Cette belle villa de style Liberty, typique des années 1900, offre un beau panorama sur les Colli Euganei.

RESTAURATION

BUDGET MOYEN

Padoue

Giovanni – Hors Plan, B1 - *via Maroncelli, 22 - ✆ 049 77 26 20 - fermé sam. midi, dim., 24 déc.-2 janv. et en août* - P. N'hésitez pas à quitter le centre-ville pour goûter les pâtes maison et les excellents pot-au-feu de ce restaurant historique.

Per Bacco – B2 - *piazzale Ponte Corvo, 10 - ☏ 049 87 52 883 - www.per-bacco.it - fermé dim.* - 🅿. Belle cave, riche d'un choix de grands crus, pour arroser une délicieuse cuisine locale.

Osteria dal Capo – A2 - *via degli Obizzi, 2 - ☏ 049 66 31 05 - fermé dim. et lun. midi.* À deux pas de la cathédrale, cette *trattoria* traditionnelle propose d'authentiques spécialités de Padoue et de la Vénétie.

Osteria L'Anfora – A2 - *via dei Soncin, 13 - ☏ 049 65 66 29 - www.osterianfora.it - fermé dim.* En plein quartier du Ghetto, la cuisine simple de ce grand bistrot s'accompagne de quelques bonnes bouteilles. Cadre sympathique et informel, très apprécié à l'heure de l'apéritif.

Trattoria San Pietro – A1 - *via San Pietro, 95 - ☏ 049 87 60 330 - fermé dim. et j. fériés* - 🅿. Une adresse réputée du centre historique, au décor soigné et élégant. Attention, tables en nombre limité : réserver absolument !

À proximité

Trattoria la Ragnatela – Hors Plan, B1 - *via Caltana, 79 - www.ristorantelaragnatela.com - 30030 Scaltenigo, 13 km au nord-est de Padoue - ☏ 041 43 60 50 - fermé merc.* Dans ce décor simple et informel, une clientèle variée déferle à l'heure du déjeuner, de l'ouvrier en bleu de travail au cadre en costume-cravate. Cuisine régionale délicieuse et originale, préparée avec soin et imagination. Une adresse à ne pas manquer.

Antica Trattoria Bertolini – Hors Plan, B1 - *via Altichiero, 162 - 35135 Altichiero, 5 km au nord de Padoue - ☏ 049 86 48 306 - www.bertolini1849.it - fermé vend. soir et sam., 3 sem. en août* - 🅿 - *14 ch.* Proche de Padoue, un restaurant ancien dont la carte classique est toujours attractive. La proximité de l'autoroute en fait aussi une bonne étape pour la nuit.

Aubergine – Hors Plan, A2 - *via Ghislandi, 5 - 35031 Abano Terme, 13 km au sud-ouest de Padoue - ☏ 049 86 69 910 - www.aubergine.it - fermé mar., merc., 10 j. en fév., 15-30 juil.* - 🅿. Si vous séjournez à Abano pour une cure thermale, gardez surtout votre appétit pour ce restaurant-pizzeria, particulièrement accueillant !

PETITE PAUSE

Enoteca Severino – *Via del Santo, 44 - ☏ 049 65 06 97.* Cette adresse du début du 20e s. réussit à innover sans dénaturer la tradition. Excellent choix de vins et d'apéritifs, avec dégustations.

EN SOIRÉE

Padova Suona Jazz – *www.padovajazz.com.* Du jazz toute l'année, en partenariat avec le Caffè Pedrocchi.

ACTIVITÉS

Bateau

Profiter de la ville et des villas de la riviera de la Brenta (*p. 377*) au cours d'une journée au fil de l'eau est une expérience à ne pas manquer. Se renseigner à l'office de tourisme ou à : **Consorzio Battellieri di Padova e Riviera del Brenta**, *www.padovanavigazione.it* ou *www.rivieradelbrenta-navigazione.it.*

Vélo et VTT

La région des Colli Euganei offre une grande variété d'itinéraires pour le vélo : adresses et informations pratiques dans les offices de tourisme.

4

AGENDA

Printemps

Solisti Veneti – *☏ 049 666 128 - www.solistiveneti.it.* Le premier grand rendez-vous de l'année, en avril, est le festival de musique ouvert aux solistes de la Vénétie.

Settimana del Vino – *Strada del Vino Colli Euganei - ☏ 049 89 28 318 - www.stradadelvinocollieuganei.it.* Les vins des Colli Euganei sont à l'honneur en mai : manifestations, dégustations, ventes, visites de caves et itinéraires thématiques.

12 et 13 juin – La **fête de saint Antoine** commence le 12 au coucher du soleil, la soirée s'achevant par un concert de cloches du sanctuaire dell'Arcella, en souvenir de celles qui sonnèrent quand il expira. Procession le lendemain à travers la ville. *☏ 049 87 89 722.*

Été

Nuits d'été (Notti d'estate) – *padovacultura.padovanet.it.* Vaste choix de films, concerts et pièces de théâtre.

Notturni d'Arte – *Se renseigner à l'office de tourisme.* Visites thématiques des monuments et sites historiques de Padoue.

Villeggiando – *Se renseigner à l'office de tourisme.* Musique et spectacles aux scénographies originales, dans les palais, les églises et sur les places de Padoue et des environs.

Danse Abano – *Se renseigner à l'office de tourisme* d'Abano : *☏ 049 86 69 055.* Célèbre Festival international de danse, surtout classique.

Septembre – Reconstitution historique en costume, à Monselice (Joutes de la forteresse, *☏ 0429 78 30 26 - www.giostradellarocca.it ou www.monseliceturismo.it*).

Automne

Fête provinciale du raisin – *☏ 049 99 400 27.* À Vò Euganeo, célébration des vendanges et des vins AOC. Dégustations, ventes, défilés de chars couverts de raisin.

Les Concerts du dimanche – Le rendez-vous incontournable avec les solistes de la Vénétie. **Solisti Veneti** : *☏ 049 666 128 - 11h.*

Festa delle Giuggole – *☏ 0429 77 73 27.* Arquà Petrarca fête son fruit vedette, la jujube.

La scène du Théâtre olympique.
S. Politi / Age fotostock

Vicenza

Vicence

★★

115 012 habitants – Vénétie

NOS ADRESSES PAGE 398

4

S'INFORMER

Office de tourisme – *Piazza Matteotti, 12 - ✆ 0444 32 08 54 - www.vicenzae.org (italien)* et *www.visitpalladio.com*. Vous pouvez vous y procurer une brochure détaillant un circuit des villas palladiennes de la ville.

SE REPÉRER

Carte de région B2 (p. 328-329) – *carte Michelin Régional 562 F 16*. Vicence se trouve dans un joli site au pied des monts Berici où l'on arrive par l'A 4. Elle se situe à 65 km de l'aéroport de Venise et à 55 km de celui de Vérone. Desservie par le train, c'est une des gares principales de la ligne Milan-Venezia.

SE GARER

Garez votre voiture dans les parkings du centre-ville *(voir Nos Adresses)*.

À NE PAS MANQUER

La scène du Théâtre olympique, si possible en spectateur lors d'un festival.

ORGANISER SON TEMPS

Prévoyez une journée pour les visites.

Oubliez la zone industrielle et commerciale et plongez vite au cœur de Vicence car s'ouvre, au bout de la route, un joyau : la ville de Palladio, l'architecte des palais, avec ses villas et son Teatro Olimpico. Autour de son prestigieux centre historique, la ville développe aussi fièrement ses atouts d'aujourd'hui : productions textiles, industries mécaniques et chimiques, mais aussi orfèvrerie, sont les moteurs de son activité économique, dont la nouvelle Fondazione Bisazza présente une vitrine rayonnante.

Se promener Plan de ville p. 395

Consacrer une demi-journée à la flânerie dans cette jolie ville.
Le centre de Vicence et ses monuments les plus intéressants se trouvent de chaque côté de l'élégant corso Palladio, que l'on peut parcourir de la piazza Matteoti (où l'on peut facilement se garer et qui est à deux pas du Teatro Olimpico et du Palazzo Chiericati) au Giardino Salvi.

★★ Teatro Olimpico B1

Piazza Matteotti - ✆ 0444 22 28 00 - olimpicovicenza.it - mar.-jeu. 10h-18h, vend.-dim. 10h-20h - fermé lun., 25 déc. et 1er janv. - 8,50 € (carte Vicenza Città Bellissima, comprend l'entrée aux autres musées municipaux).
Ce splendide théâtre de bois et de stucs fut dessiné en 1580 par Palladio sur le modèle des théâtres antiques. Mais l'architecte mourut peu de temps après le lancement des travaux. **Vincenzo Scamozzi** reprit bientôt la direction du projet et c'est à lui que l'on doit entre autres le décor illusionniste de la scène. L'hémicycle des gradins, conçu en semi-ovale à cause d'un manque d'espace, est surmonté d'une très belle **colonnade** dont la balustrade porte des statues. La **scène★★★** est admirable : des niches, des colonnes, des statues s'y superposent et laissent entrevoir en perspective les rues éclairées de Thèbes, représentation imagée de la ville idéale. La rue centrale, qui s'allonge sous l'arche, paraît par un saisissant jeu de trompe-l'œil bien plus grande que ses 12 m réels. Créé à l'initiative de nobles par ambition culturelle pour la ville, le théâtre fut le premier de la Renaissance à être sédentarisé (permanent et fermé). Un son et lumières rock un peu déroutant permet de mieux apprécier la qualité de la scène *(10mn, voir les horaires à l'entrée).*

★ Museo Civico - Pinacoteca Palazzo Chiericati B1

Piazza Matteotti, au 1er étage du palais Chiericati - ✆ 0444 22 28 11 - www.museicivicivicenza.it - mar.-jeu. 10h-18h, vend.-dim. 10-20h - fermé lun., 25 déc., 1er janv. et Pâques - 8,50 € (carte Vicenza Città Bellissima).
Le musée rassemble des primitifs vénitiens (Paolo Veneziano : *Dormition de la Vierge*), la **Crucifixion★★** de Hans Memling, chef-d'œuvre du musée, des toiles de Bartolomeo Montagna (élève de Giovanni Bellini très actif à Vicence), de Mantegna et de Carpaccio.
On voit également des œuvres vénitiennes de L. Lotto, Véronèse, Bassano, Piazzetta, Tiepolo, le Tintoret, ainsi que des œuvres flamandes de Bruegel, de Velours et Van Dyck.

★ Corso Andrea Palladio A2-B1

C'est la grande artère de Vicence ; de nombreux palais, dessinés par Palladio et ses élèves, l'embellissent, ainsi que les rues avoisinantes. Au début du corso, le **palais Chiericati**, œuvre suggestive et imposante de l'architecte ; au n° 147, le **palais Da Schio**, de style gothique vénitien (15e s.), jadis appelé Ca' d'Oro parce

La ville de Palladio

Peuplée dès la préhistoire, occupée par les Romains sous le nom de Vicetia, la ville fut une commune libre au 12e s. Après plusieurs conflits avec ses voisines, Padoue et Vérone, Vicence se mit sous la protection de la république de Venise dès le début du 15e s. Sous le gouvernement de celle-ci, Vicence s'enrichit, grâce à d'orgueilleux et généreux mécènes, d'un nombre impressionnant de palais.

ANDREA PALLADIO

Cette activité architecturale qui lui a valu d'être surnommée l**a « Venise de Terre-Ferme »** est principalement redevable à un artiste exceptionnel qui vécut longtemps à Vicence, Andrea Palladio.
Né à Padoue en 1508, mort à Vicence en 1580, Palladio fut le dernier grand architecte de la Renaissance qui réussit, dans un art d'un équilibre suprême, la synthèse de la leçon antique et des préoccupations modernes. Encouragé par l'humaniste Trissino, il entreprit plusieurs voyages à Rome, médita l'enseignement de Vitruve et publia en 1570 le fruit de ses recherches dans le traité des **Quatre Livres de l'architecture** qui fit connaître son œuvre dans l'Europe entière. La ville et les villas qui l'entourent sont inscrites au Patrimoine mondial de l'Unesco depuis 1994.

LE STYLE PALLADIEN

Il se caractérise par la rigueur du plan où les formes simples et symétriques prédominent, par l'harmonie musicale des façades qui combinent le fronton et le portique, comme à San Giorgio Maggiore de Venise *(➲ p. 358)*. Palladio travailla pour la riche clientèle vénitienne qui souhaitait se faire construire des demeures dans la campagne voisine. Il s'inspira des concepts hérités de l'époque romaine, où les domaines fonciers abritaient à la fois une résidence et un centre agricole actif. Ses habitats s'articulent autour d'un grand salon central, reliant visuellement les deux niveaux. À l'ordonnance rythmique du plan, à la noblesse du dessin, l'architecte ajouta, dans le cas de ces constructions isolées, une science parfaite du décor et de l'implantation, donnant de l'importance au socle, de telle sorte que ces villas surgissent comme de nouveaux temples sur les rives de la Brenta *(➲ p. 377)* ou sur les pentes des monts Berici.
L'élève de Palladio, **Vincenzo Scamozzi** (1552-1616), acheva plusieurs œuvres du maître et continua sa manière.

qu'il était couvert de fresques à fond d'or. Dans la contrà San Gaetano Thiene, la façade orientale du **palais Thiene** est une œuvre originale de Palladio; la façade principale, Renaissance, date de la fin du 15e s. (au n° 12, contrà Porti) *(visite libre vend.-dim. 10h-18h ou sur réserv. ✆ 044 43 39 989)*. En face se dresse le **palais Barbaran Da Porto**, également dessiné par Palladio, qui accueille le musée Palladio. Au n° 98 du corso, le **palais Trissino** est une œuvre très réussie de Scamozzi (1592). Le solennel **palais Valmarana Braga Rosa**, élevé par Palladio en 1566, occupe le n° 16 du corso Fogazzaro *(avr-oct. merc. 10h-12h, 15h-18h - 5 €)*. Il débouche sur la piazza del Castello, sur lequel se trouve un étonnant bâtiment inachevé, le **palais Porto Breganze**.

Palladio Museum B1

✆ 044 43 23 014 - www.palladiomuseum.org - mar.-jeu. 10h-18h, vend. et dim. 10h-19h, sam. 10h-20h - 6 € ou carte Vicenza Città Bellisima.

Logé dans le seul palais qu'Andrea Palladio réussit à achever à Vicence, ce musée est consacré à l'œuvre de l'architecte. Grâce à des animations et des maquettes de ses constructions, les influences, le contexte et la singularité de son travail sont explorés.

Santa Corona B1

Contrà Santa Corona - ✆ 044 42 22 811. L'église fut bâtie au 13e s. pour abriter la sainte Épine offerte par Saint Louis, roi de France, à l'évêque de Vicence. Elle a été récemment entièrement restaurée. L'intérieur, à trois nefs ogivales et chœur Renaissance, recèle plusieurs chefs-d'œuvre : un **Baptême du Christ★★** de **Giovanni Bellini** *(5e autel de gauche)*, une **Adoration des Mages★★** (1573) de **Véronèse** *(3e chapelle de droite)* et une **Marie-Madeleine et saints** de **B. Montagna** *(2e chapelle de gauche)*. La 4e chapelle de droite possède un beau **plafond★** à compartiments peints et stucs dorés.

Gallerie di Palazzo Leoni Montanari B1

Contrà Santa Corona, 25 - ✆ 800 57 88 75 (n° vert depuis l'Italie) - ♿ - www.palazzomontanari.com - tlj sf lun. 10h-18h - 5 € ou carte Vicenza Città Bellissima 8,50 € (comprend l'entrée aux autres musées municipaux).

Les salles de ce fastueux palais baroque, au décor exubérant de fresques et de stucs, abritent une collection d'art vénitien du 18e s. Parmi les nombreux tableaux présentés, on remarquera en particulier le **corpus Longhi★**, œuvre du peintre Pietro Longhi (1702-1785) composée d'un ensemble de quatorze toiles, véritable documentaire sur la vie de la bonne société de l'époque. Le deuxième étage est dédié à l'art sacré orthodoxe, avec une belle **collection d'icônes russes★**, dont certaines datent du 13e s.

★★ Piazza dei Signori B2

Comme la place St-Marc à Venise, elle est un lieu de réunion en plein air, survivance du forum antique; comme sur la « Piazzetta », deux colonnes y sont dressées, portant le lion de St-Marc et le Rédempteur. Le soir, elle se transforme en décor de théâtre au charme magique.

Avec l'altière **Torre Bissara★**, tour-beffroi du 12e s., la **Basilica★★** (1549-1617) occupe un côté de la place : c'est, pour l'élévation, un chef-d'œuvre de Palladio, aux galeries superposées, d'ordres dorique et ionique, admirables de force, de proportions et de pureté; le grand toit en carène, détruit par un bombardement, a été refait. La destination de l'édifice n'était nullement religieuse : là se rassemblaient les notables. Il accueille aujourd'hui de prestigieuses expositions d'art – *Rens. ✆ 0422 42 99 99 - www.comune.vicenza.it ou www.lineadombra.it.*

VICENZA

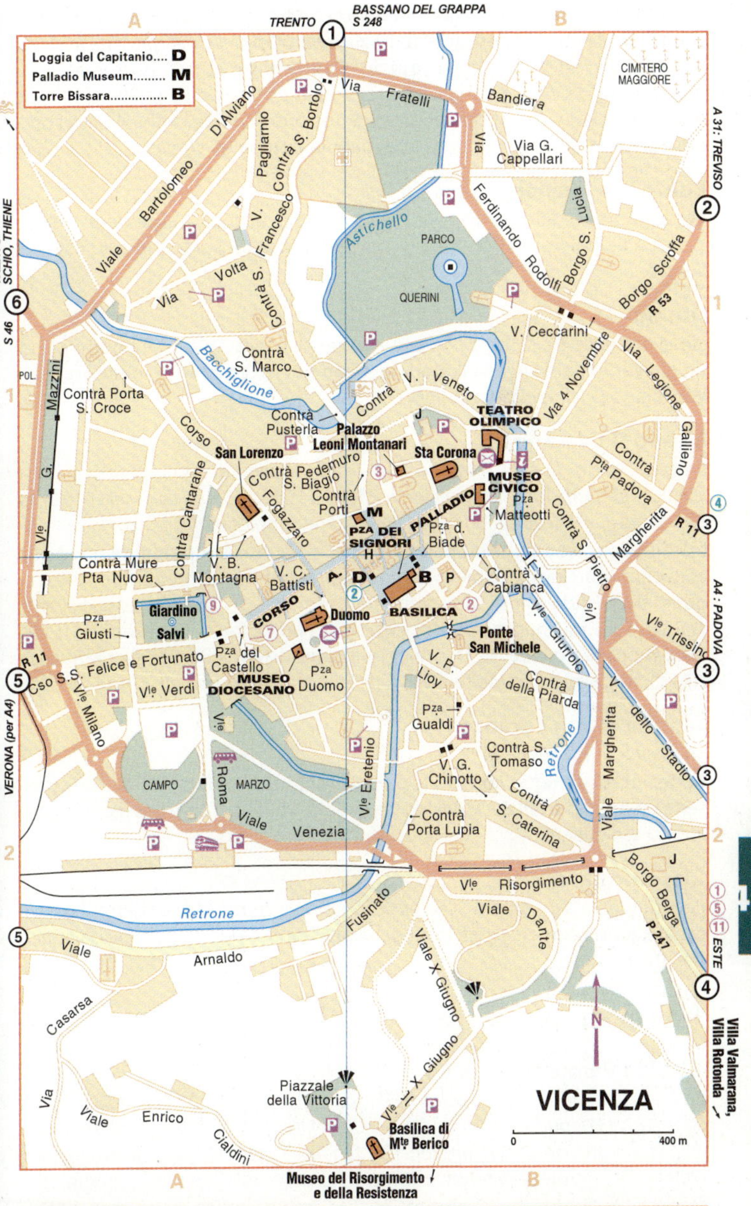

SE LOGER

Albergo Due Mori.. 2

Hotel Victoria... 4

SE RESTAURER

Aeolia.. 1

Al Pestello.. 3

Antica Osteria da Penacio............................ 5

Antico Ristorante agli Schioppi..................... 7

Ponte delle Bele.. 9

Re Di Spagna.. 2

Trattoria Zamboni.. 11

En face, des fresques ornent le **mont-de-piété** (15e s.), dont les bâtiments encadrent la façade baroque de l'église San Vincenzo. À gauche, au coin de la contrà del Monte, la **Loggia del Capitanio★**, autrefois résidence du gouverneur de Venise, fut commencée sur les plans de Palladio en 1571 et resta inachevée : elle est caractérisée par son ordre colossal à chapiteaux composites, ses statues et ses stucs évoquant la victoire de Lépante.

Ponte San Michele B2

Cet arc à travée unique fut construit entre 1621 et 1623 d'après le projet de Tomaso et Francesco Contini, qui travaillèrent aussi sur le pont du Rialto à Venise.

Duomo A2

Élevé entre les 14e et 16e s., il présente une jolie façade bicolore gothique et un chevet Renaissance. À l'intérieur, beau **polyptyque★** (1356) de Lorenzo Veneziano *(5e chapelle de droite).*

Museo Diocesano A2

Piazza Duomo, 12 - ✆ 0444 22 64 00 - www.museodiocesanovicenza.it - tlj sf lun. 10h-13h, 14h-18h - fermé 1er janv., Pâques, 25 déc. - 5 € ou carte Vicenza Città Bellissima 8,50 € (comprend l'entrée aux autres musées municipaux.

Installé dans les salons du palais épiscopal, le musée rassemble une belle collection d'art sacré : le parcours commence par des éléments lapidaires du premier christianisme et de la cathédrale romaine, puis les siècles se suivent : statues du 12e s., manuscrits liturgiques (13e-14e s.), fresques de Badile (15e s.), évocation du Concile de Trente et peintures de Paris Bordone et Maganza (16e s.), de Carpioni et Maffei (17e s.), de Brusaferro (*Histoire du Christ*, 18e s.).

Tempio di San Lorenzo A1

www.sanlorenzosperi.org.

Cette église gothique, construite par les Franciscains entre 1280 et 1300, possède un beau portail de 1344. La nef, avec sa voûte sur croisées d'ogives, est lumineuse et aérée.

Giardino Salvi A2

Ce jardin qu'agrémentent statues et fontaine est entouré sur deux côtés de canaux dans lesquels se reflètent deux ravissantes loggias de style palladien des 16e et 17e s.

À voir aussi Plan de ville p. 395

★★ Villa Valmarana « ai Nani » Hors plan par B2

À 2 km au sud-est, par la route d'Este, puis 1re route à droite, par la SS 247 ; bus ligne 8 ou 13 depuis viale Roma - stradella dei Nani, 8 - ✆ 0444 32 18 03 - www.villavalmarana.com - tlj sf lun. 10h-12h, 15h-18h (cafétéria ouv. 11h-14h, 16h-18h (20h le dim.) - fermé de déb. nov. à déb. mars (sauf en cas d'exposition, se rens.) - 9 €.

Dans cette villa du 17e s., **Giambattista et Giandomenico Tiepolo** ont brossé en 1757 de remarquables **fresques★★★** pleines de verve et de saveur, qui évoquent divers aspects de la vie quotidienne en Vénétie, notamment le carnaval, thème cher à cet artiste.

★★ La Rotonda Hors plan par B2

À 2 km au sud-est, par la route d'Este, puis 2e route à droite ; bus ligne 8 - via della Rotonda, 45 - ✆ 0498 79 08 79 - www.villalarotonda.it - de mi-mars à déb. nov. :

tlj sf lun. 10h-12h, 15h-18h (intérieur uniquement merc. et sam.) - fermé reste de l'année - 10 € (5 € pour le jardin seult).

C'est l'une des œuvres les plus célèbres de Palladio. Surmontée d'un dôme, elle est bâtie sur un plan carré. Chacun des flancs s'ouvre par un fronton à colonnes qui évoque un temple antique. Après la mort de Palladio en 1580, les travaux furent terminés par son élève Vincenzo Scamozzi. Les fresques intérieures sont signées Alessandro Maganza et Louis Dorigny (17e s.).

★ Basilica di Monte Berico e monti Berici B2

À 2 km au sud, par le viale Venezia, puis le viale X Giugno ; bus ligne 18 - viale X Giugno, 87 - ✆ 0444 55 94 11 - www.monteberico.it - tlj sf dim. 6h-12h30, 14h30-18h ou 19h30.

Un portique du 18e s., pourvu de chapelles, flanque le viale X Giugno jusqu'au sommet de la colline, où s'élève la basilique de style baroque, coiffée d'un dôme. De l'esplanade, vaste **panorama★★** sur Vicence, la plaine de Vénétie et les Alpes.

La sacristie conserve l'une des célèbres **Cènes** de **Véronèse**, la **Cène de Saint Grégoire le Grand★★★**. Dans l'église, on trouve également la *Pietà* de B. Montagna (1500). De la basilique, une route parcourt les monts Berici, riantes collines volcaniques, et conduit à Arcugnano et Barbarano. On aperçoit de temps à autre des villas patriciennes, parfois transformées en fermes.

Museo del Risorgimento e della Resistenza Hors plan par B2

À 600 m de la basilique de Monte Berico. Villa Guiccioli, Viale X Giugno, 115 ; bus ligne 18 - ✆ 0444 22 28 20 - www.museicivicivicenza.it - tlj sf lun. 9h-13h - fermé 25 déc. et 1er janv. - 3 € ou carte Vicenza Città Bellissima 8,50 € (comprend l'entrée aux autres musées municipaux).

Ce musée, situé en périphérie de la ville, près du Monte Berico, conserve des documents historiques témoignant des événements nationaux et locaux, de la première campagne d'Italie de Napoléon à la Seconde Guerre mondiale.

À proximité Carte de région p. 328-329

4

★ La route des villas B2

Plusieurs itinéraires de 40 à 100 km autour de Vicence permettent de découvrir l'architecture des villas palladiennes, la plupart d'entre elles ne se visitent que sur rendez-vous. *Carte et brochure en français disponibles à l'office de tourisme (gratuit) - www.provincia.vicenza.it.*

Montecchio Maggiore

À 13 km au sud-ouest, par la route R 11.

★★**Fondazione Bisazza** – *Le long de la route R 11 - viale Milano, 56 - ✆ 0444 70 76 90 - www.fondazionebisazza.com - merc.-dim. 11h-18h - gratuit.*

L'architecte Carlo Dal Bianco a fait des bâtiments industriels de l'entreprise de mosaïques un lieu lumineux, tout en lignes et courbes pures, propice à une promenade onirique au cœur du design contemporain. Jaime Hayon, Studio Job, Alessandro Mendini, Patricia Urquiola, Marcel Wanders, Fabio Novembre, Sandro Chia, Ettore Sottsass, Mimmo Paladino, Aldo Cibic et John Pawson (mis à l'honneur lors de l'inauguration en juin 2012) entraînent le visiteur dans un voyage étonnant où démesure, luxe et fantaisie sont les maîtres mots.

Dans le vieux centre, les ruines de deux châteaux évoquent le souvenir de Roméo et Juliette ; on y jouit de belles **vues★** sur la plaine du Pô et Vicence.

À la sortie de Montecchio, route de Tavernelle, la **villa Cordellina-Lombardia (Lombardi)** abrite un **salon★** tout décoré de fresques de Tiepolo, représentant *La lumière de l'intelligence mettant en fuite les ténèbres de l'ignorance*, thème illustré par les exemples d'Alexandre le Grand et Scipion l'Africain. *✆ 0444 90 81 12 - www.provincia.vicenza.it - avr.-oct. : merc., jeu., w.-end 9h-13h et 15h-18h - nov.-mars : merc. et jeu. 9h-13h et 15h-18h (mar.et vend. sur réservation) - fermé Pâques, 1er Mai et lors de manifestations - 3 €.*

NOS ADRESSES À VICENZA

INFORMATIONS UTILES

Carte Musei Vicenza Città Bellissima – Permet de visiter le Théâtre olympique et les musées de la ville. *Validité 3 jours, 8,50 € - ✆ 041 27 19 044 - olimpicovicenza.it. En cas d'exposition temporaire à la Basilica, un supplément est appliqué au prix de la carte.*

SE GARER

Parking – La ville est fermée hermétiquement aux voitures, choisissez l'un des parkings suivants : Viale Verdi, Via Mure Carmini, Via Canove Vecchie, Viale Eretenio, Piazza Matteotti, Piazzale Bologna, Piazza Mutilato.

HÉBERGEMENT

BUDGET MOYEN

Albergo Due Mori – B2 - *Contrà Do Rode, 24 - ✆ 0444 32 18 86 - fax 0444 32 61 27 - www.hotelduemori.com - ♿ - P - 30 ch.* Hôtel élégant et bien placé : un excellent rapport qualité/prix au cœur de Vicence.

Hotel Victoria – Hors Plan, B1 - *Strada padana vers Padoue 52 - 7 km de Vicence sur la SS 11 (1 km de la sortie Vicence est) - ✆ 0444 91 22 99 - fax 0444 91 25 70 - www.hotelvictoriavicenza.com - P ♿ - 123 ch.* Un hôtel bien équipé à des prix abordables, chose plutôt rare à Vicence. Chambres spacieuses et appartements de style classique, fonctionnels et confortables. Près de l'autoroute et non loin du centre, il s'avère très pratique pour ceux qui arrivent en voiture.

RESTAURATION

La spécialité locale est le « baccalà alla Vicentina », morue en sauce accompagnée de tranches de polenta que l'on déguste avec les vins venant des monts Berici (barbarano, gambellara, breganze).

PREMIER PRIX

Re di Spagna – B2 - *contrà Piancoli, 4 - ✆ 0444 32 06 61 - www.redispagna.it.* Installé dans la Casa Garzadori Bortolan, palais palladien, ce grand restaurant décoré de blanc propose plats et pizzas copieux. Petit jardin agréable aux beaux jours.

BUDGET MOYEN

Vicenza

Al Pestello – B1 - *contrà Santo Stefano, 3 - ✆ 0444 32 37 21 - www.ristorantealpestello.it - fermé dim. et lun. midi, 2 sem. en mai et 2 sem. en oct. - réserver.* Dans la salle décorée d'une grande fresque ou sur l'agréable terrasse, vous pourrez choisir parmi les délicieux plats traditionnels proposés sur la carte écrite en dialecte local.

Antico Ristorante agli Schioppi – A2 - *contrà Piazza del Castello, 26 - ✆ 0444 54 37 01 - www.ristoranteaglischioppi.com - fermé lun. midi et dim.,*

1-6 janv. et de mi-juil. à mi-août. Cette adresse fait dorénavant partie de la tradition culinaire vicentine, avec son ambiance chaleureuse, son mobilier en bois et ses recettes typiques de la Vénétie.

Ponte delle Bele – A2 - *contrà Ponte delle Bele, 5 - ✆ 0444 32 06 47 - www.pontedellebele.it - fermé dim., 1 sem. en juin, 2 sem. en août, le sam. en juil. et août.* Un îlot du Haut-Adige au cœur de Vicence. Ambiance et cuisine caractéristiques de cette région située à la frontière de l'Autriche.

Alentours

Aeolia – Hors Plan, B2 - *piazza Da Schio - 36060 Costozza, 12 km au sud de Vicence - ✆ 0444 55 50 36 - www.aeolia.com - fermé le mar. et 1re quinz. de nov.* Un curieux décor où l'on va de surprise en surprise, des fresques du 16e s. attribuées à Mantegna, aux caves reliées par une multitude de passages ! Côté cuisine, nombreuses spécialités de viande.

Antica Osteria da Penacio – Hors Plan, B2 - *via Soghe, 62 - 36057 Arcugnano, 16 km au sud de Vicence - ✆ 0444 27 30 81 - fermé merc. et jeu. midi, 8 j. en fév., 8 j. en juil., 8 j. en nov. -* P. En aucun cas l'enseigne extérieure ne laisserait soupçonner l'élégance de l'intérieur. Les deux salles décorées dans un style moderne et la minuscule – mais très bien fournie – œnothèque, font de ce restaurant le cadre idéal pour déguster une cuisine de terroir de qualité.

Trattoria Zamboni – Hors Plan, B2 - *via Santa Croce, 73 - 36057 Lapio di Arcugnano, 11 km au sud de Vicence - ✆ 0444 27 30 79 - www.trattoriazamboni.it - fermé lun. et mar. -* P. Une charmante *trattoria* de campagne, face à une vue panoramique sur les vertes collines Berici. La cuisine, traditionnelle, ose quelques innovations.

FAIRE UNE PAUSE

La Triestina – *Corso Palladio, 116 - fermé le dim.* Pâtisserie-salon de thé sur le Corso. Idéal pour prendre le petit-déjeuner.

BOIRE UN VERRE

Le soir, les bars animent la piazza dei Signori : le **Moplen** attire une clientèle jeune et branchée ; le **Bar Antico Caffè Commercio** et l'**Osteria il Grottino** sont assez traditionnels ; le **Borsa Bar** déploie sa terrasse sous les arcades de la Basilica.

AGENDA

Mi-mai – Tout le centre-ville résonne de jazz pendant une semaine. Un rendez-vous apprécié au niveau international – *✆ 0444 22 15 41 - www.vicenzajazz.org.*

Fin mai-juin – Festival de musique classique au Théâtre olympique (**Settimane musicali del Teatro Olimpico**) - *✆ 0444 30 24 25 - www.olimpico.vicenza.it.*

Juin et juillet – **Concerti in villa** : concerts dans les villas pendant les week-ends d'été – *✆ 0444 90 82 14 - www.provincia.vicenza.it.*

Septembre et octobre – Assister à un spectacle au Théâtre olympique est la meilleure façon de le découvrir. Deux mois de théâtre classique – *✆ 0444 32 44 42 - www.tcvi.it.*

Bassano del Grappa

★

42 947 habitants – Vénétie

NOS ADRESSES PAGE 403

NOS ADRESSES PAGE 403

S'INFORMER

Office de tourisme – *Largo Corona d'Italia, 35 - ☏ 0424 52 43 51 - www.vicenzae.org, www.vivibassano.it.*

SE REPÉRER

Carte de région B2 (p. 328-329) – *carte Michelin Régional 562 E 17.* La ville s'étend le long de la S 47, qui va à Padoue (50 km au sud-est).

À NE PAS MANQUER

Le pont Vecchio et une dégustation de grappa.

ORGANISER SON TEMPS

Compter une journée pour visiter Bassano, mais la ville est aussi une excellente base pour explorer la région.

AVEC LES ENFANTS

Une partie d'échecs à Marostica, avec des figurants en costumes d'époque.

Bassano, réputée pour ses céramiques et son eau-de-vie, la grappa, est bâtie sur la Brenta dans un site charmant. La ville, formée de rues étroites aux maisons peintes et de places bordées d'arcades, a pour centre la piazza Garibaldi. Très populaire en Italie, le pont couvert construit au 13e s. fut plusieurs fois détruit et reconstruit.

Se promener

Piazza Libertà

Elle est bordée par la Loggia dei Podestà (16e s.) et le Palazzo del Comune. L'horloge a commencé à fonctionner en 1430.

Piazza Garibaldi

La place est dominée par la tour carrée d'**Ezzelino** (13e s.). L'**église San Francesco** (12e-14e s.), que précède un élégant porche datant de 1306, abrite un beau Christ de Guariento (14e s.).

★ Museo Civico

☏ 0424 51 99 01- tlj sf lun. 9h-18h30, dim. 10h30-13h, 15h-18h - fermé 25 déc., 1er janv. - 4 €.

Installé dans le couvent contigu à l'église San Francesco, le **Musée municipal** abrite la **pinacothèque** qui conserve des œuvres de la famille Da Ponte, peintres natifs de Bassano, dont Jacopo, dit **Jacopo Bassano**, est au 16e s. le membre le plus éminent. On peut admirer plusieurs chefs-d'œuvre de cet artiste favori de Louis XIV et inventeur d'un réalisme pittoresque soumis à des forces lumineuses violentes et contrastées, en particulier un **Saint Valentin baptisant sainte Lucile**. D'autres peintres vénitiens sont représentés

Le Ponte Vecchio, symbole de la ville.
S. Renier / SIME / Simeone / Photononstop

parmi lesquels Vivarini, Pietro Longhi, Tiepolo. Voir également deux belles toiles du Génois A. Magnasco (18e s.) et la salle consacrée aux sculptures de Canova.

Museo della Grappa

✆ 0424 52 44 26 - www.poligrappa.com - 9h-19h30 - gratuit.
Ce petit musée, attenant à la boutique d'un producteur, présente l'histoire de la *grappa* avec une intéressante collection d'alambics de différentes tailles et époques. Il est possible également de visiter la distillerie familiale, fondée en 1898 *(sur RV uniquement).*

Grapperia Nardini

✆ 0424 22 77 41 - www.nardini.it - pour visiter la distillerie et y rejoindre un groupe (lun.-vend.), téléphoner au moins une sem. à l'avance.
Fondée en 1779 par le distillateur Bortolo Nardini, cette *grapperia* a conservé son atmosphère et ses instruments d'époque.

4

★ Ponte Vecchio

La présence d'un pont à cet endroit remonterait au 12e s. Plusieurs fois détruit par les guerres et les crues violentes de la Brenta, l'actuel pont, élégante passerelle en bois surmontée d'une toiture, est une reconstruction fidèle au plan que l'architecte Andrea Palladio réalisa en 1569. Au cours des siècles, il est devenu le symbole de la ville. Il porte aussi le nom de Ponte degli Alpini à la suite de sa reconstruction par les chasseurs alpins en 1948.

« VIVAT BACCHUS ! BACCHUS LEBE ! »

Chanterait Mozart à Bassano, patrie de la **grappa**, une eau-de-vie de marc de raisin. Il y a plusieurs types de grappa : **giovane** (grappa jeune), **invecchiata** (grappa vieillie ou affinée), **aromatica** (grappa parfumée ou aromatisée), **monovitigno** (grappa mono-cépage). Vous découvrirez toute l'histoire et la richesse de goût de cet incontournable produit de la région au musée qui lui est consacré et à la Grapperia Nardini.

Museo degli Alpini
Dans le café au bout du pont - ☏ 0424 50 36 62 - tlj sf lun. 9h-20h - gratuit.
Installé au rez-de-chaussée d'un café donnant sur le pont, la ville et les Alpes, ce petit musée rassemble une collection d'équipements de montagne, utilisés par les troupes des chasseurs alpins italiens durant les deux guerres mondiales.

Palazzo Bonaguro
Commencé au 16e s., puis remanié à la fin du 17e s., l'intérieur du palais est décoré de fresques, dont l'une notamment, peinte à la manière de l'école de Véronèse, représente une scène de banquet. Aujourd'hui, il accueille événements et expositions.

Museo della Ceramica di Palazzo Sturm★
☏ 0424 51 99 40 - tlj sf lun. 9h-13h, 15h-18h, dim. et j. fériés 10h30-13h, 15h-18h - 4 €.
Ce palais du 18e s., qui compte parmi les plus beaux de la ville, renferme une riche collection de céramiques, des fragments médiévaux gravés aux pièces contemporaines, en passant par les célèbres majoliques des Mainardi des 17e et 18e s.

À proximité Carte de région p. 328-329

★★★ Monte Grappa B2
À 32 km au nord, alt. 1 775 m.
Après avoir traversé des forêts de conifères et d'austères pâturages, la route mène au sommet d'où l'on découvre un magnifique **panorama** sur les Dolomites et, par beau temps, sur la Vénétie jusqu'à Venise et Trieste.
Des ossuaires rappellent le souvenir des combats de la Première Guerre mondiale.

Possagno B2
À 18 km au nord-est.
C'est la patrie du sculpteur **Antonio Canova**. On visite sa **maison natale** et, à côté, la **gypsothèque** (*Gipsoteca Canoviana*) qui conserve de nombreuses maquettes et esquisses de l'artiste *(☏ 0423 54 43 23 - www.museocanova.it - tlj sf lun. 9h30-18h - fermé 25 déc., 1er janv., Pâques - 8 €).*
Sur une éminence se trouve le **temple** construit sur les plans du maître ; il abrite son tombeau et sa dernière sculpture, la **Déposition★**. Le cœur de l'artiste est conservé dans la Basilica dei Frari, à Venise.

★ Castelfranco Veneto B2
À 26 km au sud-est.
Pro Loco : Via Francesco Maria Preti, 66 - ☏ 0423 49 50 00.
L'agréable citadelle de Castelfranco, entourée de douves et animée de quelques jolies maisons à arcades, s'enorgueillit d'avoir donné le jour au peintre **Giorgione** et de posséder dans son **Duomo** l'une des rares œuvres qui lui soit quasi unanimement attribuée par la critique : **Vierge à l'Enfant entre saint François et saint Libéral★★**.
Visiter également la **maison natale du peintre** *(piazza del Duomo)*, aménagée en musée. *☏ 0423 73 56 26 - www.museocasagiorgione.it- tlj sf lun. 10h-12h30, 15h-18h30, dim. 10h-19h - fermé 25 déc., 1er janv., Pâques - 5 €.*

★ Cittadella B2

À 13 km au sud.

Porte Bassanesi, 2 - ☏ 049 94 04 485.

Ville forte construite en 1220 par les Padouans pour répondre à Castelfranco, élevée par les Trévisans. Belle **enceinte★★** de brique, en cours de restauration, mais dont près des trois quarts sont déjà visitables. Des différentes portes, celle de Bassano est la plus complexe : véritable bastion, elle se compose d'une succession de cinq arches correspondant à autant de compartiments défensifs. *☏ 0424 94 04 485 ; http ://turismo.comune.cittadella.pd.it - hiver : lun.-vend. 9h-13h, 14h-16h ; sam. : 9h-13h, 14h-16h30 ; dim. : 9h-12h, 14h-17h ; été : mêmes horaires jusqu'à 18h en sem. ; w.-end 9h-12h30, 15h-19h - fermé mar. - 4 €.*

Marostica B2

À 7 km à l'ouest.

Piazza Castello, 1 - ☏ 0424 72 127 - www.marosticascacchi.it.

Petite cité au charme médiéval dont la place centrale, **piazza Castello★**, sert d'échiquier géant lors de la « **Partita a scacchi** », originale partie d'échecs en costumes dont l'origine remonterait au 15e s. *(voir dates p. 32).*

NOS ADRESSES À BASSANO DEL GRAPPA

HÉBERGEMENT

BUDGET MOYEN

Al Moretto – *Via San Pio X, 10 -* **Castelfranco Veneto**, *à 27 km à l'ouest de Trévise - ☏ 0423 72 13 13 - www.albergoalmoretto.it - fermé 24 déc.-6 janv. et 2 sem. en août* - P. Chambres grandes et confortables dans cette ancienne auberge dont les origines remontent au 12e s. Soin particulier apporté à l'ameublement et à la décoration.

Brennero – *Via Torino, 7 - 36061* **Bassano del Grappa** *- ☏ 0424 22 85 38 - www.hotelbrennero.com.* Près du centre, un hôtel confortable et fonctionnel.

AGENDA

Aux mois d'avril et de mai, la ville fête à travers une série d'événements la saison de l'**asperge blanche**. Fête de la récolte, dégustations (vins et gastronomie locale), distribution de prix.

Operaestate-Festival Veneto – *☏ 0424 52 42 14 - www.operaestate.it.* Festival de danse, théâtre et de musique classique aux mois de juillet-août.

4

Verona

Vérone

★★★

265 368 habitants – Vénétie

NOS ADRESSES PAGE 415

S'INFORMER

Offices de tourisme – *Piazza Bra, via degli Alpini, 9 - ✆ 045 80 68 680 ; aéroport Villafranca - ✆ 045 86 19 163 - www.tourism.verona.it.*

SE REPÉRER

Carte de région A3 (p. 328-329) – *cartes Michelin Régional 561 et 562 F 14-15.*
Vérone jouit d'une position privilégiée : elle se trouve à quelques kilomètres du lac de Garde, à l'entrée de l'A 22 du Brenner, tout près des collines Euganéennes et de Venise, à laquelle elle est reliée par l'A 4.

À NE PAS MANQUER

L'impressionnant amphithéâtre romain, San Zeno Maggiore.

ORGANISER SON TEMPS

Ses monuments et musées réclament au moins une journée, sans compter le temps passé à goûter au charme des vieilles rues.

AVEC LES ENFANTS

Une initiation à la « grande musique », en assistant à une représentation dans les arènes (en été). Dans la Lessinia, les cascades de Molina, les animaux en liberté à Malga Derocon et l'ours des cavernes de Camposilvano.

Prise dans un méandre de l'Adige, dans un site de collines, Vérone est la plus belle ville d'art de Vénétie, après Venise. Le long des places et des rues se fondent des siècles d'histoire où alternent vestiges romains, églises médiévales et palais Renaissance. La piazza Bra, reliée au noyau ancien par la pittoresque via Mazzini, en constitue le centre élégant. Si l'harmonieuse cité attire en nombre les mélomanes et les amoureux en quête de romantisme, les gourmets seront aussi à la fête, car la gastronomie fait ici véritablement partie de l'art de vivre et chaque petit plat s'accompagne d'un des excellents vins produits dans la région.

Se promener Plan de ville p. 406

Compter 2h sans les visites. Départ de la piazza Bra.
Une promenade dans la ville vous permettra de découvrir les plus belles rues et places de Vérone, ainsi que ses églises et ses théâtres.

★★ Arena B1

Piazza Bra - ✆ 045 80 03 204 - lun. 13h30-19h30 (ouv. aussi le mat. en été), mar.-dim. 8h30-19h30 ; fermeture anticipée pdt la saison musicale - 6 € ou VeronaCard - billet combiné avec Museo Maffeiano 8 € ; pour tout renseignement concernant le festival : ✆ 045 80 05 151 - www.arena.it.

Le magnifique amphithéâtre romain date du 1er s.
G. A. Rossi / Tips/Photononstop

Ce splendide amphithéâtre, l'un des plus grands du monde romain, peut contenir, sur ses 44 étages de gradins, quelque 25 000 spectateurs. Son appareillage de blocs de marbre rose, de silex et de briques agglomérés permet de situer sa construction vers la fin du 1er s. Chaque été, de prestigieuses représentations lyriques y sont données.
Du sommet des gradins, ample **panorama★★** sur la ville, son cadre de collines et, par temps clair, jusqu'aux Alpes.
Ceux qui souhaitent compléter l'évocation de la période antique peuvent faire un arrêt au musée lapidaire Maffei.

Museo Lapidario Maffeiano A2

Piazza Bra, 28 - ✆ 045 59 00 87 - tlj sf lun. 8h30-14h, dim. 8h30-14h - fermé 25 déc. et 1er janv. - 4,50 € ou VeronaCard ; billet combiné avec l'Arena 7 €.
Fondé dans la première moitié du 18e s., il s'agit du premier musée lapidaire d'Europe. Œuvres étrusques, grecques et romaines.
Prendre la via Roma qui mène au Castelvecchio.

★★ Castelvecchio et Ponte Scaligero A1

Ce bel ensemble fortifié, construit en 1354 par Cangrande II, est relié à l'autre rive de l'Adige par le ponte Scaligero, bel exemple d'architecture militaire du 13e s. Le château est formé de deux parties séparées par un passage que commande un donjon. Le Castelvecchio abrite le **Museo di Castelvecchio★★**, brillante œuvre de la muséologie moderne due à l'architecte Carlo Scarpa.

★★ Museo di Castelvecchio A1

Corso Castelvecchio, 2 - ✆ 045 80 62 611 - mar.-dim. 8h30-19h30, lun. 13h30-19h30 - fermé 1er janv., 25 et 26 déc. - 6 € ou VeronaCard - audioguide 4 €.
La galerie du rez-de-chaussée amorce la visite avec des sculptures médiévales. À l'étage, la **section de peinture** propose un beau panorama de l'école véronaise du 12e au 16e s., dans ses rapports avec Venise et le gothique international : fresques de peintres locaux, peintures de Stefano di Giovanni

4

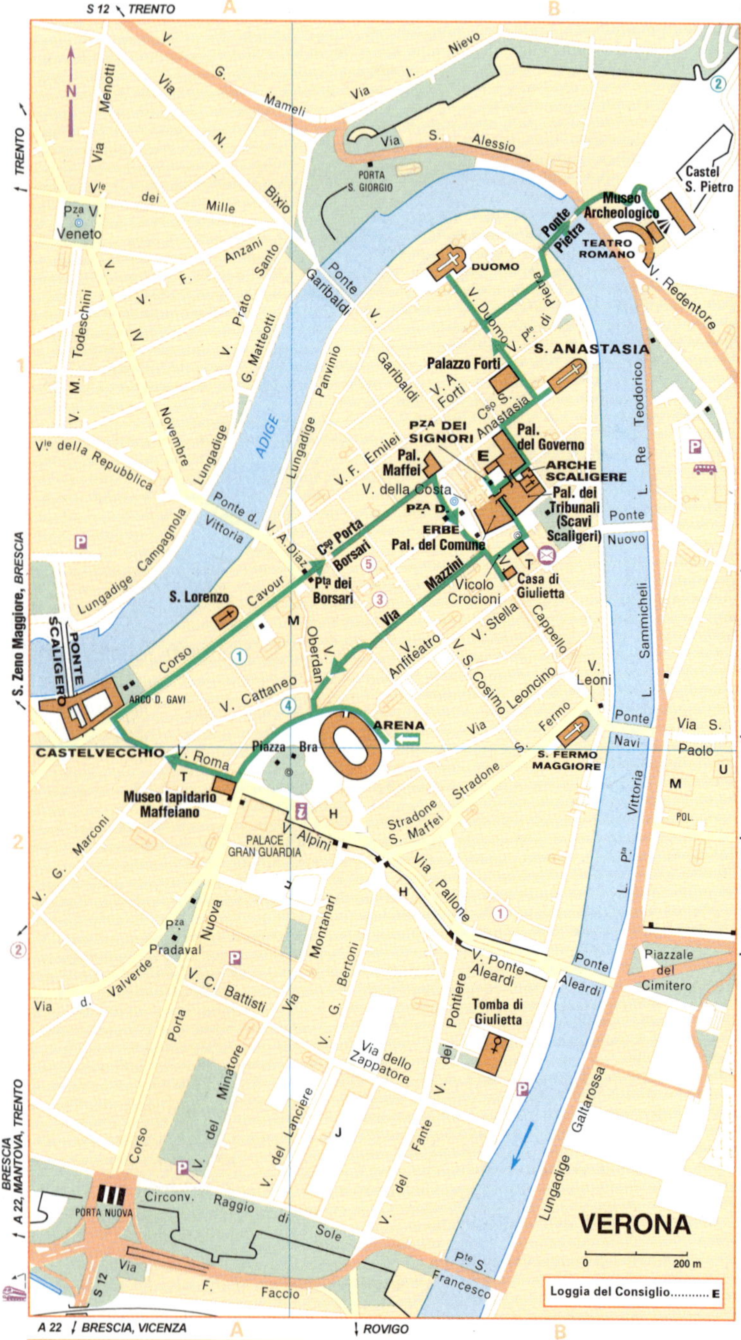

SE LOGER

Camping Castel San Pietro......... ②
Cavour .... ①
Hotel Torcolo .... ④

SE RESTAURER

Al Bersagliere .... ①
Catullo .... ③
Du de Cope..................... ⑤
Kulmbacher Bier-Haus................. ②
San Basilio alla Pergola .... ④

(dit da Verona), Pisanello, Giambono, Vivarini, Mansuetti, ainsi que des Bellini. Sont également exposées des œuvres de Carlo Crivelli (splendide *Madone de la Passion*), Mantegna, Carpaccio, et des artistes flamands Van Cleef, Rubens, Willem Key. Les salles supérieures et, au-delà de la collection d'armes et de bijoux et du tour des remparts, la galerie présentent des œuvres de l'école véronaise de la Renaissance : Morone, Liberale da Verona *(Vierge au chardonneret)*, Girolamo dai Libri, Morando, Badile, Turchi, Farinati, Caroto (*Portrait d'enfant avec dessin*). On voit également des œuvres vénitiennes du Tintoret, de Guardi, Tiepolo, Véronèse et Longhi.

Prendre le corso Cavour. Après avoir dépassé le vicolo Calcina (perpendiculaire au corso sur la gauche), ne pas manquer sur la gauche l'église San Lorenzo.

San Lorenzo A1

Entre le corso Cavour et l'Adige - ✆ 045 80 50 000 - www.chieseverona.it - l'église n'est ouverte que pour les cérémonies religieuses, se rens.

Construit en 1117, ce sanctuaire en forme de croix latine se dresse sur l'emplacement d'une église paléochrétienne du 6e s. Les tours-escaliers normandes extérieures, qui mènent aux tribunes, donnent à sa façade un aspect particulièrement singulier. À l'intérieur, dans l'abside, se trouve une œuvre de Brusasorci (1566), tandis que les fresques sur les murs datent du 13e s.

Poursuivre sur le corso Cavour et passer la porta dei Borsari. Continuer tout droit.

★★ Piazza delle Erbe B1

Cet ancien forum romain est aujourd'hui une jolie place particulièrement colorée et animée les jours de marché.

Dans l'axe central s'alignent la colonne du Marché, le « Capitello » ou « Tribuna » (16e s.), tribune où étaient lus les décrets et les sentences, la fontaine de Madonna Verona surmontée d'une statue romaine personnifiant la ville, et la colonne de St-Marc (1523) portant le lion ailé, emblème de Venise.

Autour de la place, palais et maisons anciennes, dont certaines sont encore ornées de colonnes de marbre et de fresques, composent un cadre séduisant ; remarquer sur le côté nord le **palais Maffei**, d'inspiration baroque.

Poursuivre dans la via Capello.

Casa di Giulietta B1

Au n° 23 se trouve la Maison de Juliette, palais gothique qui aurait appartenu aux Capulet, avec, dans la cour intérieure, le célèbre « balcon de Juliette ». Les graffiti et déclarations d'amour laissés par les visiteurs recouvraient la plupart des murs, mais la maison a été entièrement nettoyée et restaurée en 2004 ; gare à ne pas vous en approcher avec un stylo, les gardiens veillent ! Dans le palais, un petit **musée** évoque l'histoire de Roméo et Juliette dans les arts – *tlj sf lun. matin 8h30-19h30 - 6 € - billet combiné avec la tombe de Juliette 7 €.*

Revenir un peu sur ses pas et prendre à droite le vicolo Crocioni qui aboutit à la piazza Francesco Viviani.

Centro Internazionale di Fotografia Scavi Scaligeri B1

Piazza Francesco Viviani, 2 - ✆ 045 800 74 90 - tlj sf lun. 10h-19h - fermé en dehors des expositions - 5 € ou VeronaCard. Billetterie dans la cour du Palazzo dei Tribunali.

Les photos des expositions temporaires du Centre restituent le **site archéologique Scavi Scaligeri**, suggérant ainsi un voyage dans le temps parmi les restes de la Vérone romaine et médiévale : mosaïque de maison romaine (2e s.), « maison-tour » du palais de Cangrande (1280-1300), enceinte romaine (1e-3e s.).

Se diriger vers la piazza dei Signori par la via Dante Alighieri.

★★ Piazza dei Signori B1

Cette élégante place a l'aspect d'un salon en plein air. À gauche, le **Palazzo del Comune**, dit aussi Palazzo della Ragione (12e s.), est dominé par la **tour des Lamberti**, en briques et en pierres, au couronnement octogonal *(on peut y monter par ascenseur ou/et escaliers - ✆ 045 92 73 027 - 8h30-19h30 ou 20h30, nocturne le vend. - 6 €; la VeronaCard inclut la montée par les escaliers)*. Le palais, récemment restauré, accueille le **Museo d'arte moderna** *(✆ 045 80 62 611)*.

Une arche le relie au **Palazzo dei Tribunali**, anciennement « del Capitano », flanqué d'une massive tour en briques, le torrione Scaligero. Sur le côté opposé, la **Loggia del Consiglio** est un élégant édifice vénitien de la Renaissance.

Fermant la place, le **Palazzo del Governo** (fin du 13e s.) abrite la préfecture. Couronné de merlons et s'ouvrant par un beau portail classique (1533) dû à Sanmicheli, il fut la résidence des Scaliger puis des podestats vénitiens.

★★ Arche Scaligere B1

Les Scaliger firent élever leurs tombeaux (ou *arche*) entre leur palais et leur église. Les sarcophages portent les blasons de la famille avec l'échelle *(scala)* symbolique. Ce sont d'élégants mausolées gothiques entourés d'une balustrade en marbre, décorés de scènes religieuses et de statues de saints.

Le tombeau du populaire Cangrande Ier (mort en 1329), coiffé par sa statue équestre *(original au musée du Castelvecchio)*, surplombe la porte de l'église romane **Santa Maria Antica** *(sur la droite)*.

Au-delà des tombeaux s'élève une grande demeure de briques avec porche et merlons; on l'attribue volontiers aux Montaigu et on la nomme la **casa di Romeo**.

Faire demi-tour et prendre le vicolo Cavalletto jusqu'au corso Sant'Anastasia et à l'église.

★ Sant'Anastasia B1

Piazza Sant'Anastasia - ✆ 045 59 28 13 - www.chieseverona.it - mars-oct : tlj sf dim. matin 9h-18h; nov.-fév. : tlj sf dim. matin 10h-13h, 13h30-17h - 2,50 € ou VeronaCard; billet combiné avec San Zeno, Duomo, San Fermo 6 €.

Débutée à la fin du 13e s., achevée au 15e s., elle arbore une belle façade percée d'un double portail (14e s.) orné de fresques et de sculptures. Remarquable campanile. L'intérieur, ample et élancé, renferme plusieurs chefs-d'œuvre : au-dessus de la chapelle des Pèlerins *(à droite du maître-autel)*, la célèbre fresque de **Pisanello, Saint Georges délivrant la princesse de Trébizonde**★★ (1436), scène irréelle où se mêlent étrangement la précision de l'observation et le fantastique gothique; dans la chapelle, vingt-quatre **terres cuites**★ de Michele da Firenze et **Les Guerriers de la famille Cavalli présentés à la Vierge**★ (1380), fresque votive du Véronais Altichiero.

Remarquer les **bénitiers** : à gauche, on trouve le « gobbo » (bossu), œuvre de Gabriele Caliari, père du Véronèse, à droite, le « Pasquino », ainsi nommé parce qu'il arriva dans l'église le jour de Pâques de 1591. Admirer aussi le pavement (1444) : les trois couleurs représentent l'habit des frères dominicains (blanc et noir) et le martyr de saint Pierre de Vérone.

Revenir sur ses pas et, à droite, suivre la via Duomo.

Palazzo Forti - Arena MuseOpera B1

Via Massalongo, 7 - ✆ 045 80 30 461 - www.arenamuseopera.com - avr.-sept. : 9h-19h30; oct.-mars : tlj sf lun.apr.-midi 9h30-19h30 - 10 €.

Le Palais Forti abrite le nouveau musée de l'Opéra. Guidé par des vidéos et des extraits musicaux, le visiteur suit les étapes de création d'un opéra, de la composition du livret à la représentation, à travers décors, costumes, documents…

Un ville élégante et romantique

UNE CITÉ ANCIENNE...

Colonie romaine sous l'Empire, la ville fut convoitée par les Ostrogoths, les Lombards et les Francs. Sous la seigneurie des **Scaliger**, qui régnèrent pour le compte de l'empereur de 1260 à 1387, elle connut son apogée. Elle passa ensuite sous la domination des Visconti de Milan, avant de tomber en 1405 sous la tutelle de la république de Venise. Occupée par les Autrichiens en 1814, elle a été rattachée à l'Italie en 1866, avec la Vénétie.

... ENTRE LES COLLINES

Vérone est idéalement située entre le lac de Garde, le Basso Veronese, la Lessinia et la Valpoliccella.

Le **Basso Veronese**, au sud de la ville, est une plaine à forte vocation agricole grâce aux nombreux cours d'eau qui l'alimentent. Châteaux forts et églises anciennes se dressent partout.

La **Lessinia**, au nord, est limitée par la vallée de l'Adige, les petites Dolomites et la province de Vicence. De nombreux fossiles rappellent que, il y a des millions d'années, cette région était recouverte par la mer. On y vit aujourd'hui de l'élevage et de l'agriculture (oliviers et vignes) et dans la partie septentrionale, montagneuse, du tourisme *(voir le Parc naturel régional de la Lessinia p. 412)*.

La **Valpolicella,** au nord-ouest, est voisine du Trentino et de la Valpantena. Cette région est renommée pour son vin homonyme *(voir p. 412)*.

UN PEINTRE CÉLÈBRE

Perméables à l'influence septentrionale de la vallée du Rhin, les peintres de Vérone ont développé un art gothique alliant la souplesse de la ligne à la préciosité du détail. Grand voyageur, peintre actif, prodigieux médailleur et inlassable dessinateur, **Pisanello** (vers 1395-vers 1450) est le plus remarquable représentant de l'école véronaise. Sa peinture porte, par l'irréalisme des couleurs, la précision de l'observation et la souplesse du trait, à la fois la nostalgie d'un monde médiéval en train de disparaître et les prémices du réalisme propre à la Renaissance.

ROMÉO ET JULIETTE

Vérone forme le cadre de la tragédie de Shakespeare qui met en scène les amours contrariées de deux adolescents, issus de familles rivales : le drame eut lieu en 1302, à l'époque où la ville était en proie aux luttes intestines opposant les guelfes auxquels appartenaient les Montaigu (Montecchi) et les gibelins, parti des Capulet (Capuleti).

★ Duomo B1

✆ 045 59 28 13 - www.chieseverona.it - mars-oct : tlj sf dim. matin 10h-17h30 ; nov.-fév. : tlj sf dim. matin 10h-13h, 13h30-17h (sam. 16h) - 2,50 € ou VeronaCard ; billet combiné avec San Zeno, Sant'Anastasia, San Fermo 6 €.

Roman pour le chœur, gothique pour la nef, il a été rehaussé d'une tour classique. Remarquable portail principal, de style roman lombard, orné de sculptures et de bas-reliefs de maître Nicolò. À l'intérieur, on admire notamment les piliers de marbre rose, une *Assomption* de Titien *(1er autel de gauche)* et la clôture du chœur en marbre due à Sanmicheli (16e s.).

Le quartier des chanoines qui entoure la cathédrale est amusant à parcourir. *Se diriger vers l'Adige et emprunter le* **Ponte Pietra** (1er s.).

★ Teatro romano B1

Rigaste Redentore, 2 - ✆ 045 80 00 360 - www.teatroromano.it - mar.-dim. 8h30-18h45, lun. 13h30-18h45 - fermé 25 déc. et 1er janv. - 4,50 € ou VeronaCard.

Datant d'Auguste mais très restauré, il est équipé pour accueillir, encore aujourd'hui, des représentations de théâtre, de danse et des concerts.

De là, on peut monter *(escalier ou ascenseur)* à l'ancien **couvent San Girolamo** (15e s.), où est installé le petit **Musée archéologique** et d'où l'on a une belle **vue** sur la ville. Le musée présente en particulier des œuvres de la Vérone romaine acquises par la commune au cours des 18e et 19e s.

Castel San Pietro B1

Accès par un escalier prenant sur la Rigaste Redentore.

Des terrasses de l'édifice, dont la construction remonterait à l'époque des Visconti et de la domination vénitienne, on découvre de splendides **vues★★** sur Vérone.

À voir aussi Plan de ville p. 406

★ San Fermo Maggiore B1

✆ 045 59 28 13 - www.chieseverona.it - mars-oct : tlj sf dim. matin 10h-18h ; nov.-fév. : tlj sf dim. matin 10h-13h, 13h30-17h - 2,50 € ou VeronaCard ; billet combiné avec San Zeno, Duomo, Sant'Anastasia 6 €.

Sur les bases d'un édifice dédié aux martyrs saint Fermo et saint Rustico, les Bénédictins firent construire au 11e s. un bâtiment conçu dès le début comme la superposition de deux églises distinctes. L'église inférieure représente un rare exemple d'église romane primitive à trois nefs, séparées par des piliers décorés de fresques. À la suite de la prise de possession de l'église par les frères franciscains en 1261, l'édifice supérieur fut rénové, prenant sa forme actuelle. La façade juxtapose les styles roman et gothique. L'intérieur, à nef unique, est coiffé d'une jolie charpente en carène renversée, à multiples ressauts. La fresque de l'**Annonciation★** par **Pisanello** (sur la gauche en entrant) encadre le mausolée Brenzoni (1430).

★★ San Zeno Maggiore Hors Plan, A1

Depuis le Castelvecchio, longer l'Adige par le rigaste San Zeno, puis prendre à gauche la via Barbarani, la basilique est à droite après la piazza Corrubio. Piazza San Zeno - ✆ 045 59 28 13 - www.chieseverona.it - mars-oct : tlj sf dim. matin 8h30-18h ; nov.-fév. : tlj sf dim. matin 10h-13h, 13h30-17h - 2,50 € ou VeronaCard ; billet combiné avec San Fermo, Duomo, Sant'Anastasia 6 €.

Construite sur plan basilical, en style lombard, au 12e s., elle compte parmi les plus belles églises romanes d'Italie du Nord. L'extérieur est remarquable pour

son décor de bandes lombardes et d'arcatures en façade, et l'alternance sereine des assises de briques et de pierres sur les côtés et le campanile. Le porche reposant sur deux lions, abrite d'admirables **portes★★★** en bronze (11e et 12e s.) où sont figurées des scènes de l'Ancien et du Nouveau Testament. De part et d'autre du portail, bas-reliefs dus aux maîtres Nicolò et Guglielmo (12e s.) ; au tympan, statue de saint Zénon, patron de la ville.
L'intérieur impose par la nudité et la hauteur de sa nef, coiffée d'une charpente en berceau continu, flanqué de deux demi-berceaux. Les murs sont couverts de fresques des 12e-15e s. Le maître-autel est surmonté d'un splendide **triptyque★★** (1459) de **Mantegna**, remarquable témoignage de la manière de l'artiste, dont les compositions se caractérisent par leur rigueur et le rendu scuptural de leurs figures, ainsi que par leur richesse d'ornementation. Sur la clôture du chœur, statues du 14e s. et, dans l'absidiole de gauche, curieuse statue polychrome du « saint Zénon qui rit ».
Sur le flanc gauche de l'église, petit cloître roman.

Museo degli Affreschi « G.B. Cavalcaselle » e Tomba di Giulietta B2

Via del Pontiere, 35 - ✆ 045 80 00 361 - tlj sf lun. mat. 8h30-19h30 (lun. 13h45-19h30) - 4,50 € ou VeronaCard ; billet combiné avec la Maison de Juliette 7 €.
Le musée occupe un couvent du 13e s. Il abrite des fresques de Morone, Ridolfi, Balestra, Caroto, ainsi que de Louis Dorigny. Le tombeau de Juliette se trouve dans le cloître de l'église San Francesco al Corso, où aurait eu lieu le mariage des deux jeunes gens. Il est précédé d'un ensemble de dix bronzes du sculpteur contemporain Sergio Pasetto, illustrant l'histoire des deux amants.

Giardino Giusti Hors Plan, B1

Via Giardino Giusti, 2 - ✆ 045 80 34 029 - 9h-19h ou 20h - fermé 25 déc. - 6 €.
De l'autre côté de l'Adige, à proximité du théâtre romain, ce jardin de la fin de la Renaissance a conservé l'aspect voulu par Agostino Giusti, chevalier de la république de Venise. La partie inférieure est aménagée à l'italienne, avec des allées, des fontaines, des statues et un labyrinthe ; la partie supérieure, à flanc de colline, abrite une célèbre allée de cyprès et un escalier en colimaçon qui mène à un belvédère d'où l'on peut admirer la ville.

À proximité Carte de région p. 328-329

4

★ Soave A3

À 25 km à l'est de Vérone par l'autoroute A 4.
Piazza dell'Antenna - ✆ 045 61 90 773 - www.comunesoave.it.
Adossé au pied des monts Lessini, le bourg médiéval est dominé par son château qu'encerclent d'imposants remparts, ponctués de 24 tours.
C'est le point de départ de la route des vins de Soave (*Nos adresses, p. 417*) et une étape incontournable dans cette région riche en villages anciens et en châteaux.

POUR LES AMATEURS...
Réputée pour ses grands crus, la région de Vérone produit en particulier deux célèbres vins de Dénomination d'origine contrôlée (DOC) : le **soave**, un blanc souvent sec, et le **valpolicella**, généreux et fruité. Outre l'appellation valpolicella sont produits le valpolicella supérieur, le **recioto** et l'**amarone**. Les deux derniers sont fabriqués avec du raisin trop mûr (le premier est doux, le second plus sec).

Circuits conseillés Carte de région p. 328-329

★ LA VALPOLICELLA A3-2

Circuit de 40 km, tracé en mauve sur la carte p. 413. Compter une demi-journée. Sortir de Vérone vers le nord-ouest par la via Cà di Cozzi (SS 12)

La Valpolicella est une région délimitée par la Lessinia au nord, l'Adige au sud, les collines entre Parona et Quinzano (dans les environs immédiats de Vérone) à l'est et le massif du Monte Pastello, qui fait partie des monts Lessini, à l'ouest. Outre son vignoble, cette terre aux sols calcaires, située à proximité du lac de Garde *(p. 315)*, doit également sa renommée à la beauté de ses **villas**.

Via Ingelheim, 7 - San Pietro in Cariano - 045 77 01 920 - www.valpolicellaweb.it.

Une route des vins mène de villas de maîtres à d'anciennes fermes, dans une campagne parsemée d'oliviers et de cerisiers. *045 68 88 467 - www.stradadelvalpolicella.com.*

Avant Parona di Valpolicella, prendre à droite la via Sottomonte. À hauteur du village, tourner à droite vers Santa Maria di Negrar par la SP 4.

On découvre la villa Novare (18e s.) au hameau éponyme situé à l'est d'**Arbizzano** *(www.villanovare.it).*

À Santa Maria di Negrar, continuer à gauche sur la via Gianantonio Campostrini qui tourne à droite dans Pedemonte.

La villa Serego (16e s.), que Palladio laissa inachevée, se trouve à **Pedemonte**. Dans le village de **San Floriano**, remarquez la petite **église romane** du 12e s.

Continuer vers San Pietro in Cariano, puis Sant'Ambrogio di Valpolicella (SP 4).

Sur la commune de **Sant'Ambrogio** sont éparpillées d'autres charmantes petites **églises romanes**, notamment San Zeno in Poia (12e s.) et San Giorgio Ingannapoltron dont les origines datent du 7e s. (ce qui en fait sans doute la plus ancienne église de la région).

Revenir à San Pietro et prendre à gauche la SP 33 vers Fumane.

Située au cœur d'un domaine viticole, à **Fumane**, la Cazzola della Torre (16e s.) tient son nom de son commanditaire, Giulio della Torre *(www.villadellatorre.it).*

Dans le village, prendre la direction de Marano di Valpolicella. À Marano, revenir sur ses pas et prendre à gauche la via Valpolicella. Après Valgatara, tourner à gauche vers Negrar.

La villa Rizzardi di Pojega, à **Negrar**, est surtout remarquable pour ses jardins aménagés au 18e s. pour l'agrément de la famille Rizzardi *(www.villarizzardi.it).*

Revenir à Vérone par la SP 12 puis la SP 4 à Santa Maria.

★ LA LESSINIA A2

Circuit de 164 km tracé en brun sur la carte p. 413. Prévoir une bonne journée. À la sortie est de Vérone, prendre la SP 6 vers Grezzana, porte d'entrée de la Lessinia.

La Lessinia fait partie des Préalpes et constitue un territoire au très riche patrimoine préhistorique, historique, naturel et culturel. Au 13e s., les **Cimbres**, peuple germanique venu de l'actuel Danemark, s'installèrent dans la région. On leur doit ces maisons aux toits à grandes lauzes. De fait, la pierre est l'une des composantes principales du paysage. Elle sert à faire les enclos et les croix qui jalonnent routes et chemins.

★ **Parco Naturale Regionale della Lessinia** – *Piazza della Chiesa, 34 - Bosco Chiesanuova - 045 70 50 088 - www.lessiniapark.it.*

Couvrant plus de 100 km², il protège non seulement la nature mais promeut aussi le patrimoine culturel grâce à une multitude de musées spécialisés.

Grezzana

Avant d'arriver à Grezzana, sur la gauche, ne manquez par la **villa Arvedi** *(propriété privée)*, demeure du 17e s. précédée d'un harmonieux jardin italien. Dominé par une tour romane, le village est le bourg principal de la vallée de la Valpantena.

Continuer sur la SP 6 pendant 4 km et prendre à gauche dans la vallée après Alcenago (SP 14 puis SP 34c à gauche). Longer le cours d'eau sur 10 km puis le traverser en direction de Sant'Anna d'Alfaedo (SP 13). Dans le village, prendre à gauche la route vers le sud et de nouveau à gauche à Cona, jusqu'à Corrubio. Tourner ensuite à gauche vers Crestena et le Ponte di Veja.

★ Ponte di Veja

Cette superbe arche naturelle de 50 m de long fait partie d'un bel ensemble karstique. On peut admirer de nombreuses cavités calcaires aux alentours. La beauté du site inspira des artistes tels que Mantegna qui représenta l'arche dans le Palazzo Ducale de Mantoue.

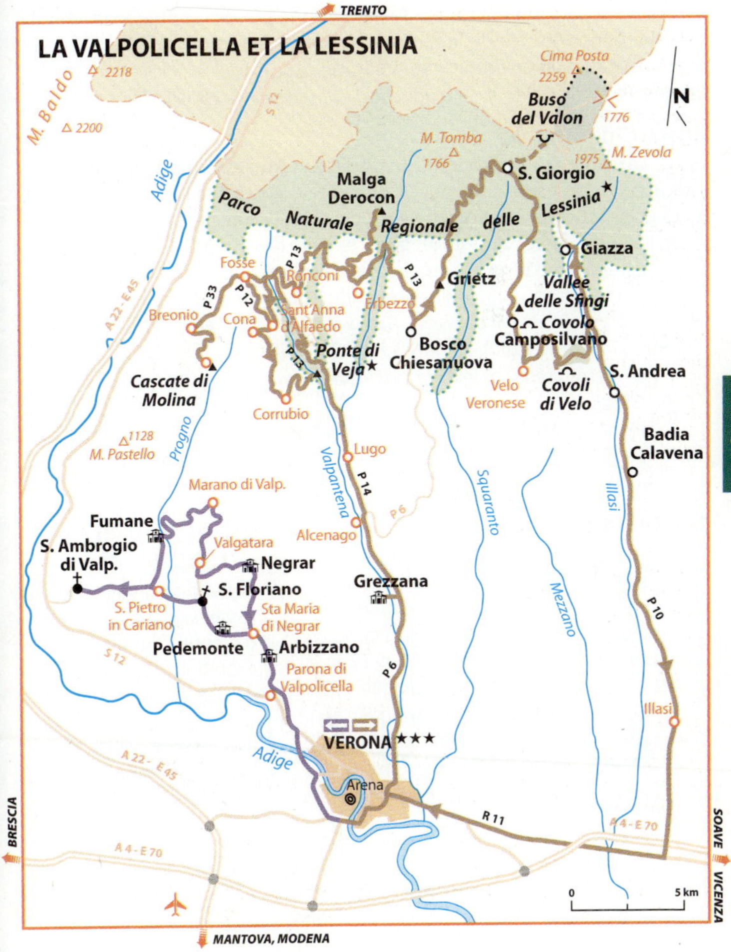

Revenir à Sant'Anna et prendre à gauche vers Breonio par Fosse (SP 12 puis SP 33). Suivre ensuite à gauche la direction de Molina.

Cascate di Molina

Se garer sur les parkings aménagés à l'entrée du village.

Le village médiéval de Molina doit son nom aux nombreux moulins qui tournaient autrefois dans la commune. L'un d'eux a été restauré et peut être visité.

Parco delle Cascate – *via Bacilieri, 1 - Molina - 045 77 20 185 - www.parcodellecascate.it - avr.-sept. : tlj 9h-19h30 ; mars et oct. : dim. et j. fériés 10h-18h - fermé nov.-fév. - 5 € (enf. 3 €).* Trois parcours aménagés (1/2h, 1h ou 2h) mènent aux cascades de Molina, au milieu des arbres ou le long des parois des falaises.

Revenir à Fosse et emprunter à droite la route de Ronconi (SP 13). Dans ce village, poursuivre sur la SP 13 à gauche par Provalo et continuer sur 4 km. Avant Erbezzo, tourner deux fois à gauche par Campagna et monter vers Malga Maso.

Malga Derocon

Area floro-faunistica – *Via Roma, 73 - 334 26 89 288 - 15 juin-16 sept. : tlj 9h-17h - 5 € (enf. 3 €).*

Au cœur du parc, un enclos de 30 ha, sillonné par des sentiers, permet de prendre connaissance de la faune sauvage de la région (chevreuils, cerfs, chamois) dans son environnement naturel.

Revenir vers Erbezzo, tourner à gauche à Campagna vers Bosco Chiesanuova.

Bosco Chiesanuova

Cette agréable station touristique abrite un **Museo Etnografico** au nom évocateur : « La Lessinia : l'uomo e l'ambiente ». Il présente les traditions populaires et les activités de la région au travers d'outils, d'anciens objets artisanaux ou artistiques ; intéressante collection d'ex-voto des Cimbres (13e s.). La visite se termine par deux bâtiments proches du village, destinés à la conservation de la glace et à la production du beurre et du fromage – *via Spiazzi, 4 - 045 67 80 280 - juil.-août et vac. de Noël : mar., vend.-dim. et j. fériés 17h-19h ; reste de l'année : sam. 9h-12h, dim. et j. fériés 17h-19h - 1,50 €.*

Reprendre la route en sens inverse mais tourner tout de suite à droite en direction de San Giorgio.

Juste derrière le restaurant Miramonti à **Grietz**, se trouve une **giassàra**, ancienne glacière utilisée pour stocker la glace et la nourriture.

Poursuivre jusqu'à San Giorgio.

San Giorgio

Station de ski en hiver, San Giorgio est, à la belle saison, le point de départ de nombreuses randonnées à pied ou en VTT à travers les *malgas* (alpages). *Le télésiège de Gaibana est ouvert les dim. en juil.-août et tlj du 5 au 19 août. 045 67 84 001 - malgasangiorgio.net.*

1h AR. Au départ de San Giorgio, un sentier mène au **Buso del Valon**, gigantesque gouffre karstique (env. 45 m de profondeur).

Redescendre par la route à gauche, en direction de Velo Veronese.

Camposilvano

Juste avant Camposilvano, remarquez à gauche un monolithe isolé. Son relief en

AUTRES FOSSILES CÉLÈBRES

Les extraordinaires fossiles de Bolca, devenue capitale mondiale des fossiles de l'ère tertaire, furent découverts au 16e s. Ils sont exposés dans le **musée de Bolca**. *045 65 65 088 - www.bolca.it - tlj sf lun. nov.-fév. 10h-12h, 14h-17h ; mars-oct. 9h-13h, 14h-18h30 - 4 €.*

forme de sphinx a contribué au nom de la vallée – **Valle delle Sfingi** – dont il marque le début.

Museo geopaleontologico di Camposilvano e Covolo – *℘ 045 65 16 005 - 16 juin-16 sept. : tlj sf lun. 9h30-12h30, 15h30-18h30 ; reste de l'année : w.-end 10h-12h, 14h30-16h30 - 3 € (enf. 2 €).* Le musée retrace l'histoire géologique et paléontologique de la région grâce à une collection de très beaux **fossiles★**. On y voit aussi l'empreinte d'un dinosaure, le squelette d'un ours des cavernes, des silex et poteries de l'âge du bronze et divers objets trouvés dans la cavité voisine.

Un sentier à travers les bois et les rochers mène au **Covolo**, immense grotte karstique qui s'enfonce dans la terre (70 m de profondeur pour 85 m de large).

Continuer vers Velo Veronese puis, à ce village, suivre la direction de Giazza.

La route contourne le mont Purga di Velo.

Après Scrivazzi, ne pas manquer la route à droite avant de s'engager dans la valle del Covolo. Se garer au début de la route.

15mn. Le sentier s'enfonce à gauche au milieu des arbres et mène aux **Covoli di Velo**, deux grottes à flanc de versant. Faites demi-tour à la petite cascade.

Reprendre à droite la route vers Giazza. En arrivant dans la vallée, tourner à gauche. Laisser votre voiture en haut du village, sur le grand parking près de Belvedere Albergo et descendre à pied.

Giazza

Dans ce joli village perché entre deux vallées étroites et entouré de montagnes boisées, on parle encore l'**ancien dialecte des Cimbres** dont la culture y est toujours vivante. Le **Museo dei Cimbri** présente leur histoire et leurs traditions – *via dei Boschi, 62 - ℘ 045 78 47 050 - juil.-août : vend.-dim. 15h-18h ; reste de l'année : se rens.*

Le 23 juin, la **Festa del Fuoco** célèbre ce riche passé : treize feux sont allumés comme symbole d'unité entre les treize villages d'origine.

Reprendre la route dans le sens inverse.

Continuer tout droit à Selva di Progno sur la SP 10.

Le *bogone*, l'escargot de **Sant'Andrea**, sur le carrefour à la sortie du bourg, rappelle qu'ici se tient toujours la traditionnelle **fiera dei Bogoni**, foire aux escargots, le week-end suivant le 30 novembre. À **Badia Calavena**, village à l'ombre de son église et de son abbaye bénédictine, la route traverse la zone de production des châtaignes, avant de rejoindre les vignobles vers Illasi.

Rejoindre Vérone en continuant sur la SP 10 puis par la R 11.

NOS ADRESSES À VERONA

INFORMATIONS UTILES

Le 1er dim. du mois, sf de juin à septembre, l'accès aux principaux monuments de Vérone est à 1 €.

Verona Card – Cette carte, valable deux jours (15 €) ou cinq jours (20 €), vous ouvre les portes de la plupart des musées, monuments et églises de la ville + réductions sur l'entrée aux expositions temporaires du Museo di Castelvecchio et du Museo Erizzo. *Rens. www.veronacard.it.*

HÉBERGEMENT

Lors de manifestations commerciales (congrès et foires sont nombreux), culturelles (saison musicale à l'Arena) ou touristiques, les prix peuvent augmenter : informez-vous avant de réserver.

PREMIER PRIX

Camping Castel San Pietro – B1 - *via Castel San Pietro 2 - ✆ 045 59 20 37 - www.campingcastelsanpietro.com - ▭ - 130 empl.* Un hébergement bon marché, agréable et bien situé, à 10-15mn à pied du centre. Vous planterez votre tente au milieu des arbres, dans de jolis jardins en terrasse protégés par les murailles de la vieille ville. Belle vue depuis le solarium. Location de tentes, et mobile-homes.

BUDGET MOYEN

Cavour – A1 - *vicolo Chiodo 4 - ✆ 045 59 01 66 - www.hotelcavourverona.it - fermé 9 janv.-9 fév. - ▭ - 21 ch.* Cet hôtel tranquille a pour principal avantage d'être très central. Il propose des chambres simples, au confort modeste, dont certaines ont des poutres apparentes. Garage payant *(20 €/j)*.

Hotel Torcolo – AB1 - *vicolo Listone, 3 - ✆ 045 80 07 512 - www.hoteltorcolo.it - P - fermé de mi-janv. à mi-fév. - 19 ch.* Une bonne solution pour loger dans le centre sans se ruiner, ce qui n'est pas facile à Vérone. Les gérants sont dynamiques et les chambres agréables (certaines sont décorées dans un style rétro). Petit-déjeuner *(14 €)* servi dans la chambre ou à l'extérieur lorsque cela est possible. Garage payant.

RESTAURATION

PREMIER PRIX

Kulmbacher Bier-Haus – Hors Plan, A2 - *via Marconi, 72 - 37122 Vérone - ✆ 045 59 75 17 - www.kbh.it.* Cette brasserie bavaroise propose des plats savoureux dans une ambiance conviviale.

Catullo – B1 - *via Catullo, 8 - ✆ 392 30 38 770 - fermé dim. et le soir sf vend. et sam.* Ce petit snack-bar au plafond voûté accueille à midi les employés du quartier qui viennent y manger de délicieux sandwichs, beignets, plats de pâtes et desserts faits maison. Ambiance sympathique. Soirées apéro avec DJ vend. et sam. *(19h-23h)*.

BUDGET MOYEN

Du de Cope – B1 - *galleria Pellicciai, 10 - ✆ 045 59 55 62 - www.pizzeriadudecope.it.* On vient entre amis dans cette pizzeria très animée. Le chef Giancarlo Perbellini utilise les meilleurs produits pour réaliser d'exquises *pizze*, *schiacciate* (fougasses) et salades, ainsi que des desserts gourmands (dont le célèbre mille-feuille Strachin Perbellini). Ici, on accompagne la *pizza* de bières régionales, mais les crus de la région ne sont pas en reste.

Al Bersagliere – B2 - *via Dietro Pallone, 1 - 37121 Vérone - ✆ 045 80 04 824 - www.trattoriaalbersagliere.it - fermé dim. et lun., 20 j. en janv., 10 j. en août.* Ce petit restaurant typique donne le choix entre la salle dans la cave ou des tables installées dehors.

San Basilio alla Pergola – Hors Plan, B1-2 - *via Pisano, 9 - ✆ 045 52 04 75 - www.ristorantesanbasilio.it - fermé dim.* Une agréable atmosphère de campagne flotte dans les salles de ce restaurant à la cuisine traditionnelle soignée. Un bon rapport qualité/prix.

Lessinia

PREMIER PRIX

Miramonti – *Grietz - Bosco Chiesanuova - ✆ 045 70 50 391 - fermé mar.* Ce bar-restaurant rustique est une institution locale. La nourriture est copieuse, simple comme l'endroit, au milieu des bâtiments de ferme et des parfums de la campagne. Spécialités de *gnocchi alla malghese*, pâtes maison et grillades de viande.

À proximité de Soave

POUR SE FAIRE PLAISIR

I Tigli – *via Camporosolo, 11 - 37047 San Bonifacio - ✆ 045 61 02 606 - www.pizzeriaitigli.it - fermé merc. - réserv. conseillée.* Simone Padoan a élevé ses *pizze* au rang d'œuvres d'art, composant des recettes originales sur une pâte dont il a le secret. Comptez 20-30 € pour une pizza. Ambiance élégante. Bon choix de vins.

ACHATS

Il Pandoro – Ce gâteau en forme d'étoile, au sommet enneigé de sucre glace, est la spécialité de Vérone et le symbole de Noël.

Routes des vins

Valpolicella

Office du tourisme de Valpolicella : *✆ 045 68 88 467 - www.stradadelvinovalpolicella.it.*

Cantine Bertani - Villa Novare – *Via Asiago, 1 - Arbizzano di Negrar - Villa Novare. Comptez entre 1h30 et 2h pour la visite avec dégustation. Réserv. indispensable : ✆ 045 60 20 744 - www.villanovare.it.* Plus qu'une simple adresse où acheter du vin, cette villa avec son superbe salon, sa chapelle, ses caves voûtées ainsi que son vaste domaine, est une excellente entrée en matière pour découvrir cette région viticole.

Soave

Rens. à l'OT de Soave *(p. 411)* ou auprès de l'association Strada del Vino Soave : *✆ 045 76 81 407 - www.stradadelvinosoave.it (italien, anglais).* Les producteurs réunis en association organisent des dégustations-visites.

ACTIVITÉS

Vélo

À Vérone, se déplacer en vélo est un vrai plaisir.

Vélos en libre accès – 20 stations de vélos en libre accès à travers la ville. *Abonnement 2 € la journée, 5 € la sem., 1re 1/2h gratuite, puis payant ; utilisation maximale 6h. Rens. et inscriptions au ✆ 800 89 69 48 - www.bikeverona.it.*

Location – Boutique **Albi Bici** – *via Tezone, 8 - ✆ 045 80 31 656 ou 349 56 62 601 (mobile) - 1,50 €/h, min. 8h* ; **Carega Bike** – *via Cadrega, 8 - ✆ 045 80 6 248 - www.caregabikeverona.com.*

Randonnées

Le parc naturel de la Lessinia offre de nombreuses possibilités de balades à pied, à cheval ou en vélo. *Carta turistica per escursionisti - Lessinia* disponible en librairie *(8 €).*

Pour des randonnées équestres : **Basalovo Trekking** – *Malga San Giorgio - ✆ 045 90 75 41 ou 347 76 52 884 (mobile).*

AGENDA

De fin juin à fin août, saison lyrique de l'Arena. *Rens. à la Fondazione Arena di Verona - ✆ 045 800 51 51 - www.arena.it.*

En mai, le **Verona Jazz festival** organise des concerts dans les arènes ou le théâtre romain ; en juillet, des représentations de danse et de théâtre sont données dans la **Corte Mercato Vecchio**, cour du Palazzo del Comune. *Rens. : ✆ 045 80 66 485/488 - www.estateteatraleveronese.it.*

L'été, les **Concerti Scaligeri** proposent des concerts gratuits de musique du monde dans différents lieux de la ville. *Rens. : ✆ 045 80 04 219 - www.concertiscaligeri.info ou à l'OT.*

Treviso

Trévise

★

82 807 habitants – Vénétie

NOS ADRESSES PAGE 422

S'INFORMER

Office IAT Treviso – *Piazzale Duca d'Aosta 25 - ✆ 0422 54 76 32 - http :// turismo.provincia.treviso.it.*

SE REPÉRER

Carte de région B2 (p. 328-329) – *carte Michelin Régional 562 EF 18.* Trévise se trouve tout près de Venise (au nord-ouest), à laquelle elle est reliée par la S 13.

À NE PAS MANQUER

Le canal des Buranelli et la Pescheria ; les élégantes villas palladiennes des environs.

ORGANISER SON TEMPS

Une matinée peut suffire pour visiter le centre de Trévise, en réservant votre après-midi à la découverte de cette région viticole ou à la visite d'une des villas palladiennes.

AVEC LES ENFANTS

La Biennale d'art de l'enfant et le Festival international de l'illustration pour l'enfance à Sarmede.

Située dans la riche plaine de la Vénétie, Trévise est un important centre agricole et industriel – c'est la ville d'origine de la célèbre famille Benetton – qui a conservé sa vieille ville ceinte de remparts. Depuis le 14e s., le destin de Trévise est lié à celui de son alliée toute proche, Venise.

Se promener

D'agréables promenades à pied sont possibles dans la ville, que ce soit le long des canaux vers la **Pescheria** (le marché aux poissons) ou dans la très commerçante via Calmaggiore qui relie le Duomo à la piazza dei Signori.

★ Piazza dei Signori

Elle occupe le cœur de la vieille ville et s'entoure de nombreux monuments : le palais du Podestat, surmonté d'un haut beffroi communal, le **Palazzo dei Trecento**★ (1207), le Palazzo Pretorio, Renaissance. En contrebas (piazza Monte di Pietà) se trouvent l'ancien **mont-de-piété** et, piazza San Vito, deux églises accolées, **Santa Lucia** et **San Vito** ; la première est ornée de remarquables **fresques**★ de Tommaso da Modena, l'un des meilleurs peintres du 14e s., après Giotto.

★ San Nicolò

Ce grand édifice roman-gothique est orné de fresques intéressantes, notamment, sur les colonnes, celles de Tommaso da Modena ; dans la chapelle Onigo, portraits de Trévisans par Lorenzo Lotto (16e s.) ; au fond du chœur, Vierge en majesté de Savoldo (16e s.). Dans le **couvent** attenant, la salle du Chapitre renferme des portraits de dominicains illustrés par Tommaso da Modena.

★ Musei Civici di Treviso « Luigi Bailo »

Piazzetta Mario Botter, 1 - ✆ 0422 65 84 42 - www.museicivicitreviso.it - mar.-dim. 9h-12h30, 14h30-18h - fermé lun. et j. fériés - 3 €.

Cet ancien couvent abrite des œuvres de Tommaso da Modena, Girolamo da Treviso (15e s.) et de peintres de l'école vénitienne : Giovanii Battista Cima da Conegliano, Giovanni Bellini, le Titien, Paris Bordone, Jacopo Bassano, Lorenzo Lotto.

Duomo

Cet édifice des 15e et 16e s. est couvert de sept dômes ; façade néoclassique, crypte romane. À gauche, baptistère des 11e et 12e s. Dans la chapelle de l'Annonciation *(à droite du chœur)*, fresques maniéristes de Pordenone et retable de l'*Annonciation* par Titien.

San Francesco

Viale Sant'Antonio da Padova.

De style roman-gothique, l'église possède un beau plafond de bois, la pierre tombale de la fille de Pétrarque, le tombeau de l'un des fils de Dante, ainsi que des fresques de Tommaso da Modena *(1re chapelle à gauche du chœur)*.

À proximité Carte de région p. 328-329

★★★ Villa Barbaro B2

*À 29 km au nord-ouest, à **Maser**, par la route S 348. ✆ 0423 92 30 04 - www.villadimaser.it - mars et juil.-août : mar., jeu., sam. 10h30-18h, dim. et j. fériés 11h-18h ; avr.-juin et sept.-oct. : tlj sf lun. 10h-18h, dim. et j. fériés 11h-18h ; nov.-fév. : w.-end 11h-17h - fermé 1er janv., 25 déc. - 6 €.*

La petite cité agricole de Maser s'enorgueillit de sa célèbre **villa★★★** construite en 1560 par **Palladio** pour les frères Barbaro, Daniele, patriarche d'Aquileia, et Marcantonio, ambassadeur de la république de Venise. L'intérieur a été orné entre 1566 et 1568 d'un admirable ensemble de **fresques★★★** par **Véronèse**, qui a déployé ici toutes les ressources de sa science des perspectives, trompe-l'œil et raccourcis, ainsi que son sens du mouvement et des couleurs.

Non loin de la villa se trouve le **Tempietto**, gracieuse chapelle de plan circulaire, coiffée d'un dôme, également due à Palladio.

★ Villa Emo B2

À 22 km à l'ouest, à Fanzolo di Vedelago. ✆ 0423 47 63 34 - mai-oct. : 15h-19h, dim. et j. fériés 9h30-12h30, 15h-19h ; reste de l'année : 10h-12h30, 14h30-17h30, dim. et j. fériés 9h-12h30, 14h-18h - fermé 25 et 31 déc., 1er janv. - 5 €.

Cette autre villa construite par Palladio est un chef-d'œuvre architectural, où la résidence conçue pour la vie d'un gentleman s'harmonise avec les nécessités

RADICCHIO ROSSO DI TREVISO

Le *radicchio* de Trévise est une sorte de chicorée rouge et allongée, différente de celle de Vérone (rouge et oblongue) et de celle de Chioggia (rouge et ronde). Il rend unique risotti, pâtes et beaucoup d'autres plats. Pour en savoir plus (et avoir des idées de recettes), consultez le site Internet : *www.radicchioditreviso.it*.

de la vie rurale. De longues dépendances rectilignes à arcades, destinées aux services agricoles, encadrent le corps central dont l'intérieur est décoré de fresques du peintre véronais **Gian Battista Zelotti** (1526-1578).

★ Asolo B2

À 37 km à l'ouest.

Piazza Garibaldi, 73 - ✆ 0423 52 90 46 - www.asolo.it (français).

Dominée par son château fort, cette petite ville pittoresque, aux rues bordées de palais décorés de fresques, garde le souvenir du poète britannique Robert Browning et d'Eleonora Duse – célèbre interprète des rôles de D'Annunzio – qui reposent dans le cimetière de Sant'Anna.

Conegliano B2

À 28 km au nord.

Via XX Settembre, 61 - ✆ 0438 21 230.

Au cœur de collines plantées de vergers et de vignobles produisant un excellent vin blanc, cette petite ville est la patrie du peintre **Cima da Conegliano** (1459-1518), admirateur de Giovanni Bellini, coloriste séduisant qui place ses personnages sur fond de paysages idéalisés par une lumière cristalline. Le **Duomo** possède une belle **Conversation sacrée★** de ce peintre. *www.conegliano2000.it.*Voir également le **château** qui abrite deux petits **musées**, et d'où l'on découvre un beau **panorama★** sur le site de la ville. *Musée municipal du château : www.conegliano2000.it - avr.-sept. : 10h-12h30, 16h-19h30 ; reste de l'année : 10h-12h30, 14h30-18h - fermé lun. - 2,50 €.*

La **Scuola dei Battuti** (des Flagellés), voisine du Dôme, est ornée de **fresques★** lombardes et vénitiennes des 15e et 16e s.

Vittorio Veneto B2

À 41 km au nord.

Viale della Vittoria 110. ✆ 0438 57 243.

Son nom évoque la victoire des Italiens sur les Autrichiens en octobre 1918 : documents (photographies, lettres de soldats, uniformes, etc.) au **musée de la Bataille** (Museo della Battaglia) situé à Ceneda, au sud de la ville, dans la loggia de Sansovino (ou Loggia Cenedese), du 16e s., ornée d'un portique à fresques. *✆ 0438 57 695 - www.museobattaglia.it - fermé pour travaux au moment de la rédaction de ce guide.*

Au nord, le quartier de Serravalle a conservé son cachet ancien. L'**église San Giovanni** *(accès par la via Roma puis la via Mazzini)* renferme d'intéressantes **fresques★** attribuées à Jacobello del Fiore et à Gentile da Fabriano (15e s.).

★ Portogruaro C2

À 56 km à l'est.

La ville se développa à partir du 11e s. autour du fleuve Lemene, voie commerciale à l'origine de sa richesse. Deux belles artères, ourlées d'agréables portiques, encadrent la rivière. De nombreux palais de caractère typiquement vénitien, datant de la fin du Moyen Âge et de la Renaissance (14e-16e s.), s'y succèdent. Sur le **corso Martiri della Libertà★★** (l'artère la plus commerçante) se dresse, non loin de la cathédrale (19e s.) et de son campanile roman penché, le curieux **hôtel de ville★** de style gothique tardif (14e s.) à la façade crénelée de merlons gibelins. Derrière le palais, on découvre le fleuve (sur lequel on aperçoit à droite deux moulins du 15e s. restaurés) et un petit **oratoire de pêcheur** (17e s.) avec son propre embarcadère. Via del Seminario (principale rue de la

LE PROSECCO

Ce vin blanc a des origines très anciennes, puisqu'il était déjà connu avant l'époque romaine (2e s. av. J.-C.) sous le nom de *Pucinum*. Le prosecco de Conegliano-Valdobbiadene DOC présente une robe jaune paille et un arôme légèrement fruité, avec un final aux notes agrumées. Il existe sous plusieurs variétés : *tranquillo* (plat), *frizzante* (pétillant) ou *spumante* (mousseux).

Sa route des vins, la **Strada dei Prosecco e Vini del Colli**, serpente dans le nord-ouest de la province de Trévise, décrivant une boucle de 47 km entre les villes de Conegliano, Valdobbiadene et Vittorio Veneto ; une autre route, la **Strada dei Vini del Montello e Colli Asolo**, parcourt également son terroir à l'ouest, autour des collines pittoresques d'Asolo et de Montebelluna.

rive opposée), le **Musée archéologique** (Museo nazionale Concordiese, *au n° 22)* possède des collections romaines (petit bronze de Diane chasseresse) et paléochrétiennes provenant de Concordia Sagittaria *(à 3 km au sud)*, colonie romaine fondée en 40 av. J.-C. *☎ 0421 72 674 - www.comune.portogruaro.ve.it - 8h30-19h - fermé 25 déc. et 1er janv. - 2 €.*

NOS ADRESSES À TREVISO

HÉBERGEMENT

Vous trouverez à l'OT un petit livret regroupant la plupart des B & B de la province de Trévise.

PREMIER PRIX

Il Cascinale – *Via Torre d'Orlando, 6/b - ☎ 0422 40 22 03 - www.agriturismoilcascinale.it - fermé 2 sem. en janv. et 2e quinz. d'août - P - 14 ch.* Dans la périphérie de Trévise mais déjà presque à la campagne, grande ferme rénovée. Chambres spacieuses et confortables, aire de jeux pour les enfants. Atmosphère familiale.

BUDGET MOYEN

Al Giardino – *Via Sant'Antonino, 300/a - ☎ 0422 40 64 06 - www.hotelgiardino.it - P - ♿ - 42 ch.* À 2 km du centre, cet hôtel porte bien son nom puisqu'il est noyé dans la verdure. Gestion familiale.

Scala – *Via Cal di Breda, 1 (angle viale Felissent) - ☎ 0422 30 76 00 - www.hotelscala.it - P - 20 ch.* Proche du centre, cette villa typique du style de la région, entourée d'un parc, offre un cadre propice à la détente.

À proximité

Alla Pasina – *Via Marie, 3 - Dosson - 5 km au sud de Trévise - ☎ 0422 38 21 12 - www.pasina.it - fermé midi et dim. (août), 1 sem. en janv. - P - 7 ch.* Dans une maison de campagne du 18e s. gérée avec passion par une famille. Très bonne adresse, peut-être plus encore pour son excellente table.

RESTAURATION

BUDGET MOYEN

All'Antica Torre – *Via Inferiore, 55 - ☎ 0422 58 36 94 - www.anticatorre.info - fermé lun., dim. soir et en août.* Ambiance singulière dans ce restaurant aménagé dans une tour du 13e s., meublée d'antiquités et décorée de nombreux tableaux. Cuisine typique de la province et spécialités de la mer.

Beccherie – *Piazza Ancillotto 11 - ✆ 0422 54 08 71 - www.anticoristorantebeccherie.it - fermé dim. soir et lun.* Installé dans un palais tricentenaire du cœur historique de la ville, ce restaurant très connu propose une cuisine de la région pleine d'originalité.
Toni del Spin – *Via Inferiore 7 - ✆ 0422 54 38 29 - www.ristorantetonidelspin.com - fermé dim. et lun. midi. Trattoria* historique, richement décorée, à l'atmosphère intime. Cuisine locale typique.

À proximité

Da Dino – *Via Doberdò 3 - Fontane - 5 km au nord de Trévise - ✆ 0422 30 07 92 - fermé le dim. et 10-25 août - P - réserver.* Restaurant fréquenté par des habitués mais aussi par des personnalités du monde du spectacle. Menu solidement ancré dans la tradition vénitienne.
Da Dino – *Via Lanzaghe 13 - Silea - 7 km à l'est de Trévise - ✆ 0422 36 07 65 - www.trattoriadadino.com - fermé mar. soir et merc., vac. de Noël et 2 sem. en été - P.* Restaurant campagnard, à la gestion et à l'atmosphère familiale. Plats puisant leur inspiration dans le terroir.
Trattoria da Sergio – *Via Fanti 14 - Ponzano Veneto - 10 km au nord-ouest de Trévise - ✆ 0422 96 70 00 - fermé le sam. midi et le dim., 23 déc.-6 janv. et 1er-21 août - P - réserver.* Sur les terres des plus célèbres stylistes italiens du textile, une *trattoria* rustique où vous dégusterez une cuisine du terroir. Gestion familiale.

ACTIVITÉS

Randonnées – Le nord-ouest de la province, le long de la frontière avec celle de Belluno, se prête particulièrement bien à la randonnée à pied, en vélo ou à cheval.
Renseignements à l'office de tourisme où vous trouverez une carte détaillant les itinéraires. Voir aussi le site *www.conitreviso.it.*
Vélo – Les cyclistes confirmés et les passionnés de ce sport pourront découvrir l'**Anello ciclistico del Montello e bretelle ad esso collegate**. Les parcours sont décrits dans une brochure éditée par la province de Trévise et disponible dans les offices de tourisme.
Route des vins rouges – Au nord-est de Trévise, des contreforts des Alpes aux plaines de la rivière Piave, s'étend la région du Piave DOC. La **Strada dei Vini del Piave**, qui la traverse, offre l'occasion de goûter un choix de vins de cépage, dont un rouge local : le raboso. Voir le site *www.stradavinidelpiave.com.*

AGENDA

Art et enfants – Au printemps, les années paires, se tient la Biennale d'art de l'enfant : *www.biennaledartedelbambino.it.*
À **Sarmede**, proche de Conegliano, se déroule en automne le Festival international de l'illustration pour l'enfance : *www.sarmedemostra.it.*
Strada del Prosecco – Voir le site *www.coneglianovaldobbiadene.it.*
Printemps du Prosecco – *Consorzio di Promozione Turistica di Treviso - www.marcatreviso.it, www.primaveraprosecco.it.* De nombreux événements se déroulent dans le vignoble, en l'honneur du prosecco.

Via Calmaggiore.
A. Pavan / Age fotostock

Trieste

★

205 341 habitants – Frioul-Vénétie Julienne

NOS ADRESSES PAGE 429

S'INFORMER

Office de tourisme – *Via dell'Orologio 1, coin Piazza Unità d'Italia - ✆ 040 34 78 312 - www.turismofvg.it.*

SE REPÉRER

Carte de région D2 (p. 328-329) – *carte Michelin Régional 562 F 23.* Trieste est une ville moderne qui s'allonge, au fond du golfe du même nom, au pied du plateau du Karst dont le rebord forme au nord, jusqu'à Duino, une côte escarpée aux magnifiques falaises blanches. Trieste se trouve tout au bout de l'autoroute A 4, qui part de Turin et traverse toute la plaine du Pô et de Vénétie.

À NE PAS MANQUER

Les cafés historiques et la Barcolana, grande régate qui se déroule dans le golfe de Trieste au mois d'octobre.

ORGANISER SON TEMPS

Prévoyez une journée au minimum.

AVEC LES ENFANTS

Les maquettes du musée de la Mer et, dans les environs, la Grotte géante et le château de Duino avec ses souterrains.

À la croisée des influences latines, germaniques, slaves et juives, Trieste, ville frontalière, s'est forgé au fil des siècles une personnalité à part. Il faut prendre le temps de flâner dans ses ruelles et ses places, bordées de palais néoclassiques parfois austères, et de s'attarder dans ses nombreux cafés et librairies historiques pour tenter de capter l'esprit de cette ville à nulle autre pareille. Centre culturel très actif, Trieste est également le port le plus important de l'Adriatique, en constant développement grâce à l'accroissement des échanges entre les Balkans et l'Ouest de l'Europe.

Se promener

★★ COLLE DI SAN GIUSTO

Au sommet de la ville, à l'emplacement de l'antique Tergeste installée sur cette colline, la **piazza della Cattedrale★** rassemble les restes d'une basilique romaine que domine le château (15e-16e s.), une colonne vénitienne datant de 1560, l'autel de la IIIe armée (1929) et la basilique St-Just.

★ Basilica di San Giusto

La basilique a été fondée au 5e s. à l'emplacement d'un édifice romain, mais les bâtiments actuels datent en grande partie du 14e s. Sa façade, percée d'une belle rosace gothique, est décorée d'un bas-relief et de bustes en bronze. Le robuste campanile porte, incorporés dans sa partie inférieure, des fragments de colonnes romaines ainsi que le mur du temple qui sont visibles depuis

La régate Barcolana devant le phare de la Victoire.
O. Fantuz / SIME / Photononstop

l'escalier en colimaçon accessible depuis la petite boutique de souvenirs. De son sommet orné d'une statue de saint Just (14e s.), jolie **vue★** sur Trieste.
L'**intérieur★** comprend cinq nefs dont les quatre latérales appartenaient à deux basiliques primitives reliées entre elles au 14e s. par la construction de la nef centrale. Dans l'abside droite, on remarque une belle mosaïque du 13e s. et des fresques du 11e s. évoquant la vie de saint Just. Dans l'abside gauche, magnifique **mosaïque★★** du 12e s. montrant la Vierge en majesté, les archanges Michel et Gabriel, et les apôtres.

Castello di San Giusto

Piazza della Cattedrale, 3 - ✆ 040 30 93 62 - www.triestecultura.it - été : 9h-19h ; hiv. 9h-17h - fermé 25 et 26 déc., 1er et 6 janv. - 4 €.
Il renferme le **musée du Château** (mobilier et remarquable collection d'**armes anciennes★**) et le **Musée lapidaire** (Lapidario Tergestino).

4

Museo di Storia e d'Arte

Piazza della Cattedrale, 1 - ✆ 040 31 05 00 - www.triestecultura.it - 10h-19h - fermé lun. et j. fériés - 4 €.
Il réunit notamment un remarquable ensemble de **vases grecs★** à figures rouges et de ravissants **petits bronzes★** romains archaïques.

Teatro romano

Au pied de la colline San Giusto subsistent les vestiges d'un théâtre élevé au début du 2e s.

LA VILLE BASSE, ENTRE MER ET CULTURE

★ Piazza dell'Unità d'Italia

Trois palais de style 1900 s'y élèvent : le palais du Gouvernement, l'hôtel de ville et celui de la compagnie de navigation Lloyd Triestino.

★ Museo del Mare

Via Campo Marzio, 5 - ✆ 040 30 48 85 - www.triestecultura.it - tlj sf lun. 8h30-13h30 - fermé j. fériés - 4 €.

Le musée de la Mer retrace l'histoire générale du navire à l'aide de nombreuses maquettes, des origines au 18e s. Les instruments de l'*Elettra*, le bateau de Guglielmo Marconi, l'inventeur de la radio, et la **section de la pêche★★** sont particulièrement remarquables.

★ Museo Sartorio

Largo Papa Giovanni XXIII, 1 - ✆ 040 30 14 79 - www.triestecultura.it - tlj sf lun. 9h-13h - fermé j. fériés - 5,50 €.

Ouvert récemment, il doit son existence à une famille de collectionneurs qui habitait cette demeure du 18e s. Du mobilier et des objets d'époque, pour la plupart récupérés dans les grandes maisons de Trieste, occupent les nombreuses pièces sur quatre niveaux. Deux salles, abritant des œuvres particulièrement délicates, se visitent uniquement sur demande (la salle du **trittico di Santa Chiara★★**, du (14e s.), et celle renfermant une large collection de croquis et d'encres de **Tiepolo★★**).

Civico Museo Teatrale « Carlo Schmidl »

Via Rossini, 4 - ✆ 040 67 54 072 - www.triestecultura.it - ♿ - tlj sf lun. 9h-19h - fermé j. fériés - 3,50 €.

Le palais Gopcevich, propriété d'un banquier au 19e s. et superbement décoré, abrite une exposition illustrant la vie théâtrale et musicale triestine du 18e s. à nos jours. Elle fut constituée grâce à l'éditeur de partitions Carlo Schmidl (1859-1943), qui prit l'initiative de créer le musée dès 1924.

Museo della Risiera di San Sabba

Via Palatucci, 5 - accès en bus n° 8 et n° 10 - ✆ 040 82 62 02 -www.risierasansabba.it - 9h-19h - fermé 25 déc. et 1er janv. - gratuit.

Le seul camp de concentration en Italie, installé par les nazis dans l'ancienne rizerie de San Sabba en 1943, témoigne de la tragédie de la Seconde Guerre mondiale, à travers les bâtiments réaménagés et les objets dérobés aux victimes qui ont été retrouvés.

LA TRIESTE JUIVE

La présence de la communauté juive à Trieste a été fondamentale dans le développement culturel et économique de la ville depuis les 13e et 14e s. De 1684 à 1758, elle fut obligée de vivre dans le **ghetto**, situé derrière l'actuelle piazza Unità d'Italia. Le dynamisme du quartier a laissé une expression dans le dialecte local : *far gheto* « faire du bruit ».

Pour découvrir la Trieste juive, on peut se promener dans le ghetto, passer par la via del Monte, où se trouve le **musée Carlo e Vera Wagner**. Sur la via Imbriani, au n° 5, se dresse un bel exemple de maison bourgeoise de la fin du 19e s. Elle abrite le **musée Morpurgo**. La **synagogue** (1912) se situe sur la via Donizzetti, à l'angle avec la piazza Giotti *(www.triestebraica.it)*.

La ville italienne de la Mitteleuropa

IL ÉTAIT UNE FOIS...

L'origine de la ville est fort ancienne : les Celtes et les Illyriens se la disputaient avant que les Romains ne la colonisent sous le nom de Tergeste, centre commercial actif et place forte protégeant les frontières orientales de l'Empire. Après avoir été placée sous la dépendance du patriarche d'Aquileia, la ville fut rattachée à Venise en 1202; mais, en rébellion contre la domination de la Sérénissime, elle se mit en 1382 sous la protection de l'Autriche et joua un rôle d'intermédiaire entre les deux puissances jusqu'au 15e s. En 1719, Charles VI la déclara « Port franc » et en fit le siège de la Compagnie d'Orient et du Levant; la cité connut alors une nouvelle période de prospérité, s'enrichit de multiples édifices et servit de refuge à de nombreux exilés. Trieste ne fut rattachée qu'en 1919 au royaume d'Italie, après de farouches combats. La ville a connu, au début du 20e s., une intense activité littéraire, grâce au romancier **Italo Svevo** (un musée lui est consacré dans le bâtiment qui accueille celui consacré à Joyce : *via Madonna del Mare - www.museosveviano.it*) et au poète **Umberto Saba**. De nos jours, **Claudio Magris** (né en 1939) est son représentant le plus illustre dans le domaine de la littérature.

LE CAFÉ ET LES CAFÉS DE TRIESTE

Les cafés historiques sont incontournables à Trieste. Ils donnent le pouls de la ville, mêlé d'un souffle d'Europe centrale, et offrent l'occasion de déguster un café ou un chocolat loin de l'agitation, dans un cadre élégant. Car la cité est aussi très connue pour ses prestigieuses marques de café comme **Illy** et **Hausbrandt**.

Le premier *caffè* naquit en 1768, peu après l'ouverture de la boutique des cafés Goldoni. Les clients étaient alors priés « d'éviter les scandales, les rencontres suspectes et frivoles, et de contribuer au calme et à la modération ». Chaque établissement correspondit d'abord à une nationalité présente à Trieste, avant que les connotations ne devinssent sociales et thématiques : il y avait ainsi les points de rendez-vous pour parler politique, les salons littéraires, ou encore les lieux de réunion des hommes d'affaires. Ces *caffè* témoignent de la ville cosmopolite du 19e s. L'Irlandais **James Joyce** (les passionnés visiteront son musée : *www.museojoycetrieste.it*) avait élu ici sa première résidence semi-permanente en Europe.

Le meilleur des pèlerinages consiste sans doute à se rendre au **Caffè San Marco** *(n° 18 via Cesare Battisti)* où les travaux de l'écrivain, ainsi que ceux de **Claudio Magris**, **Italo Svevo** et **Umberto Saba** garnissent les étagères. Parmi les précieux survivants, on compte aussi les **Caffè degli Specchi** *(piazza Unità d'Italia - www.caffespecchi.it)*, **Tommaseo** *(piazza Tommaseo, au n° 4/c - www. caffetommaseo.com)* et **Tergesteo** *(passage couvert de la galerie marchande, piazza del Teatro, 2)*. Visiter aussi le **Caffè degli Specchi** ou le caffè **Urbanis**, piazza della Borsa, ancienne pâtisserie fréquentée par les chalands de la galerie Tergesteo, où se mêlent aujourd'hui un décor ancien et un mobilier moderne. Plus récent, le **Cremcaffè** *(via Pigafetta 6/1)* présente l'originalité d'un tapis roulant derrière le comptoir servant à emporter les tasses.

À proximité Carte de région p. 328-329

AU NORD-OUEST

★★ Castello e giardino di Miramare D2

À 8 km, par la route côtière - viale Miramare - ✆ 040 22 41 43 - www.castello-miramare.it (en français) - château : tlj 9h-19h ; parc : nov.-fév. 8h-17h, mars et oct. 8h-18h, avr.-sept. 8h-19h - 6 €.

À l'extrémité d'un promontoire, ce **château**, agrémenté d'un ravissant **jardin** en terrasses, fut bâti en 1860 pour l'archiduc Maximilien d'Autriche, fusillé au Mexique en 1867, et pour sa femme Charlotte de Belgique, morte folle.

★ Castello di Duino D2

À 18 km, par la route côtière – ✆ 040 20 81 20 - www.castellodiduino.it - 7 €.

La famille du prince von Thurn und Taxis continue de résider dans une partie de ce château qui surplombe la mer. L'écrivain autrichien Rainer Maria Rilke (1875-1926) y séjourna à plusieurs reprises à partir de 1910 et y trouva l'inspiration pour ses célèbres *Élégies de Duino*. Pendant la Seconde Guerre mondiale, les Allemands utilisèrent le site et y creusèrent un souterrain de 400 m^2, à 18 m sous terre, afin de défendre la base de Sistiana. On visite les jardins, le belvédère, le donjon du 14e s., le bunker et les 15 salles intérieures ouvertes au public. Remarquez surtout la **Scala Palladio**, splendide escalier en colimaçon et pièce maîtresse du château.

Gorizia D2

À 44 km par la S 14 et la S 55.

Dominée par son **château★**, Gorizia s'étend sur les rives de l'**Isonzo**, tout près de la Slovénie et des champs de bataille de la Première Guerre mondiale (ossuaires de **Redipuglia**, au sud-ouest, et d'Oslavia, au nord). Sa région est couverte de vignobles : celui du **Collio** se trouve sur la frontière.

À visiter, dans le Borgo Castello : le musée de la mode, la collection archéologique et le **musée de la Grande Guerre★** (Museo della Grande Guerra, *✆ 0481 53 03 82 - www.provincia.gorizia.it - tlj sf lun. 9h-19h - 3,50 €*). Voir aussi la **petite église du Santo Spirito★** (1398) ; le **château★**, entouré d'une enceinte à six tours. Autres sites intéressants : le **palazzo dei Conti** (13e s.), le **palazzo degli Stati Provinciali** (15e s.) et les palais **Attems Petzenstein★** (1745) et **Coronini Cronberg★** (beaux jardins à l'anglaise) ; le duomo et la synagogue (18e s.), qui abrite un musée consacré à la communauté juive de Gorizia.

AU NORD

Villa Opicina D2

À 9 km. Sortir par la via Fabio Severo ; à 4,5 km, quitter la route S 14 et prendre à gauche la route S 58 ; accès possible également par funiculaire.

Située à 348 m d'altitude, sur le rebord du haut plateau du Karst. Du belvédère signalé par un obélisque se découvre une magnifique **vue★★** étendue sur Trieste et son golfe.

Santuario del Monte Grisa D2

À 10 km. Sortir par la piazza della Libertà en direction de Prosecco puis de Villa Opicina, et suivre la signalisation « Monte Grisa ».

Sanctuaire moderne dédié à la Vierge. De sa terrasse, splendide **panorama★★** sur le golfe de Trieste.

★ Grotta Gigante, à Borgo Grotta Gigante D2

À 13 km au nord. Même route que pour Villa Opicina, où l'on poursuit à gauche en direction de Borgo Grotta Gigante - 040 32 73 12 - www.grottagigante.it - visites guidées uniquement - fermé lun. (sf juil.-août), 25 déc. et 1er janv. - 11 €.

Un impressionnant escalier permet de descendre dans cette grotte formée d'une unique salle aux dimensions gigantesques et de se promener parmi les magnifiques concrétions. Un **musée de Spéléologie** a été aménagé à l'entrée de la grotte.

AU SUD

Muggia D2

À 14 km. Sortir par la riva Nazario Sauro.

Face à Trieste, cette petite ville de style vénitien possède une cathédrale gothique du 15e s. au joli campanile pointu et à l'élégante façade en calcaire d'Istrie.

NOS ADRESSES À TRIESTE

TRANSPORTS

Liaisons maritimes – Vers la Croatie : *www.triestelines.it*; vers Grado : *www.delfinoverde.it.*

HÉBERGEMENT

Difficile de se loger à un prix raisonnable, sauf près de la gare où se trouvent des hôtels un peu démodés mais confortables.

BUDGET MOYEN

Hotel James Joyce – *Via Cavazzeni, 7 - 040 30 20 65 - www.hoteljamesjoyce.com - 15 ch.* Petit et familial, il s'organise autour d'un escalier de pierre en colimaçon.

Hotel Porta Cavana – *Via San Michele 9 - 040 30 13 13 - www.hotelportacavana.it.* Hôtel soigné, aux 1er et 3e étages d'un immeuble central, sans ascenseur.

UNE FOLIE

Grand Hotel Duchi D'Aosta – *Piazza Unità d'Italia, 2 - 040 76 000 11 - www.magesta.com.* Cet hôtel, le plus prestigieux de Trieste (1873) et donnant sur sa place principale, a un superbe thermarium et piscine couverte.

RESTAURATION

BUDGET MOYEN

Ai Fiori – *Piazza Hortis, 7 - 040 30 06 33 - www.aifiori.com - fermé dim., lun. midi.* Ce restaurant familial sert une cuisine du terroir pleine d'imagination, à prix modérés. Spécialité de poissons.

Montecarlo – *Via San Marco, 10/9 - 040 66 25 45 - www.ristorantemontecarlotrieste.com - fermé dim. soir, lun.* Un restaurant rustique pour une cuisine traditionnelle.

PETITE PAUSE

Cafés historiques (*p. 427*).

EN SOIRÉE

Fondazione Teatro Lirico « Giuseppe Verdi » – *Riva Tre Novembre, 1 - Billetterie : 040 67 22 111 - www.teatroverdi-trieste.com.* Inauguré en 1801, il est l'un des plus anciens théâtres lyriques encore en activité.

Udine

★

100 032 habitants – Frioul-Vénétie Julienne

NOS ADRESSES PAGE 433

S'INFORMER

Office de tourisme – *Piazza I Maggio, 7 - ✆ 0432 29 59 72 - www.turismo.fvg.it.*

SE REPÉRER

Carte de région CD1 (p. 328-329) – *carte Michelin Régional 562 D 21.* Udine est reliée à l'A 4 par l'A 23 qui mène au col de Tarvis.

ORGANISER SON TEMPS

Réservez-lui une demi-journée de votre itinéraire.

Cette charmante ville fut le siège des patriarches d'Aquileia de 1238 à 1420, avant de passer sous la domination de Venise. Son habitat se regroupe autour d'une colline (circonscrite par le pittoresque vicolo Sottomonte), dont le sommet porte un château. Son charme réside dans ses monuments gothiques et Renaissance, ses places retirées, ses rues étroites souvent bordées d'arcades. Udine a fortement souffert du tremblement de terre qui affecta tout le Frioul en 1976.

Se promener

Compter une demi-journée pour le centre-ville.

★★ Piazza della Libertà

Autour de cette harmonieuse place d'aspect Renaissance s'élèvent plusieurs édifices.

La **Loggia del Lionello**, ancien hôtel de ville, tient son nom de l'architecte qui l'éleva en 1457 ; son style gothique vénitien se reconnaît dans la légèreté de ses arcades et son appareil de pierre blanc et rose.

En face, sur la place surélevée, la **Loggia di San Giovanni** (16e s.) est un portique Renaissance surmonté par la tour de l'Horloge (16e s.) à jacquemarts maures. Devant elle, les colonnes de St-Marc et de la Justice, les statues d'Hercule et de Cacus, une jolie fontaine du 16e s.

Castello

Colle del Castello - ✆ 0432 27 15 91 - www.comune.udine.it - ♿ - tlj sf lun. 10h30-19h ; hiv. 10h30-17h - fermé j. fériés - 5 €.

Cet imposant bâtiment du 16e s., précédé d'une esplanade d'où l'on jouit d'une belle vue sur la ville et le Frioul, fut le siège des représentants de la Sérénissime République.

Juste à côté se dresse l'**église Santa Maria del Castello** du 13e s., avec façade et campanile du 16e s. portant à son sommet l'archange Gabriel et renfermant une *Déposition*, fresque peinte au 13e s.

Duomo

Édifice gothique du 14e s., remanié au 18e s., dont la façade s'orne d'un beau portail gothique flamboyant. Son robuste campanile présente, sur l'une de ses faces, les statues de l'ange de l'Annonciation et de l'archange Gabriel (14e s.). À l'intérieur, belle **décoration baroque★** : buffets d'orgue, chaire, tombeaux, retables et stalles historiées. Dans la chapelle du Saint Sacrement, **Tiepolo** a peint à la voûte des fresques en trompe-l'œil.
À droite de la cathédrale, l'**oratoire de la Pureté** (Oratorio della Purità) possède un plafond peint *(Assomption)* en 1757 par Tiepolo.

Palazzo Arcivescovile (Museo Diocesano e Gallerie del Tiepolo)

Piazza Patriarcato, 1 - ☏ 0432 25 003 - www.turismofvg.it - tlj sf lun. et mar. 10h-12h, 15h30-18h30 - fermé 1er janv., Pâques et 25 déc. - 5 €.
Le **palais archiépiscopal** (16e-18e s.) s'enrichit de **fresques★** exécutées par **Giambattista Tiepolo** : à la voûte du grand escalier, *Chute des anges*; dans les appartements, splendides compositions illustrant des scènes de l'Ancien Testament.

Piazza Matteotti

Cette jolie place carrée, où se tient le marché, est entourée de maisons à arcades. On y voit également l'élégante église baroque de San Giacomo (16e s.), une fontaine du 16e s. et une colonne de la Vierge du 15e s. On peut flâner dans les pittoresques via Mercato Vecchio et via Vittorio Veneto, où les boutiques se succèdent sous les arcades.

À proximité Carte de région p. 328-329

Aquileia (Laguna Veneta, p. 372)

★ Cividale del Friuli D1

À 16 km à l'ouest - www.cividale.net (français).
C'est l'ancien *Forum Julii* qui a donné son nom au Frioul, situé en surplomb de la rivière Natisone. Les Lombards, originaires de Scandinavie, s'y installèrent au 6e s. et y fondèrent le premier de leurs nombreux duchés d'Italie du Nord. La ville devint plus tard la résidence des patriarches d'Aquileia; dès le 15e s., elle fut soumise à la République de Venise. C'est là que naquit l'historien Paolo Diacono (8e s.). Atteinte par le séisme de 1976, Cividale a été reconstruite.
Duomo – *www.cividale.net - 10h-13h, 15h-18h; hiv. : w.-end 10h-13h, 15h-17h - 4 €, 6 € billet combiné avec Tempietto, 9 € billet combiné avec Tempietto et Museo Archeologico.* Reconstruit au 16e s. en style Renaissance par Piero Lombardo (1435-1515), le Dôme conserve une façade partiellement gothique et son intérieur reprend des éléments gothiques préexistants. Le maître-autel porte un retable en argent doré vénéto-byzantin du 12e s. Le petit **Museo Cristiano** (Musée chrétien) d'art lombard (*dans la nef droite*) contient, parmi d'autres objets précieux, le baptistère du patriarche Callisto, octogonal, datant du 8e s., et l'« autel » (8e s.) du duc Ratchis, en marbre et aux parois sculptées de scènes de la Vie du Christ.
★★ **Museo Archeologico Nazionale** – *À gauche de la cathédrale - ☏ 0432 70 07 00 - mar.-dim. 8h30-19h30, lun. 9h-14h - fermé 25 déc., 1er janv., 1er Mai - 4 €, 9 € billet combiné avec Tempietto et Museo Cristiano.* Installé dans un beau palais de la fin du 16e s. qui aurait été conçu par Palladio, il présente au 2e étage les nombreuses découvertes faites dans les nécropoles lombardes de Cividale et des alentours : parures féminines et masculines (dont des pièces d'orfèvrerie),

4

armes et objets usuels offrant un bon aperçu de la culture et de l'art lombards, du 6e s. à l'époque carolingienne ; remarquer le sarcophage romain réutilisé et le mobilier funéraire de la tombe du duc Gisulfo (7e s.). Au rez-de-chaussée, collection lapidaire d'époques surtout romaine et lombarde.

★★ **Tempietto** – *Près de la piazza San Biagio - ✆ 0432 70 08 67 - www.cividale.net - 9h30-12h30, 15h-18h30, j. fériés 9h30-13h, 15h-19h30 ; hiver : 9h30-12h30, 15h-17h, j. fériés 9h30-12h30, 14h30-18h - 4 €. 6 € billet combiné avec le Museo Cristiano, 9 € billet combiné avec les Museo Cristiano et Museo Archeologico.* Cet élégant petit temple lombard du 8e s., formé d'une salle carrée en croisées d'ogives, s'orne d'une admirable **décoration** de fresques et de stucs. Le chœur en bois date du 15e s.

★★ Villa Manin - Centro d'Arte Contemporanea C2

À Passariano, à 30 km au sud-ouest - ✆ 0432 82 12 11 - www.villamanin-eventi.it - ♿ - tlj sf lun. 10h-18h, w.-end et j. fériés 10h-19h - prix variable selon l'exposition.
Installés depuis le 13e s. dans le Frioul (territoire sous contrôle vénitien), les **Manin** occupèrent de très hautes charges au service de la Sérénissime. Servant de résidence d'été, la villa du 16e s. fut reconstruite au 17e s., rapidement complétée par deux ailes en retour imitant la grandeur de Versailles, et enfin prolongée par des communs semi-circulaires inspirés de la place St-Pierre de Rome. Cet ensemble grandiose fut choisi par Bonaparte pour préparer le **traité de Campoformio** *(à 8 km au sud-ouest d'Udine)* qui, ironie de l'histoire, fut signé (sans être débaptisé, et alors qu'il mettait fin à la République de Venise) dans la demeure même du dernier doge, Ludovico Manin, le 17 octobre 1797.

On peut voir dans l'aile droite la magnifique chapelle et sa sacristie, l'écurie abritant des carrosses et voitures du 18e au 19e s., et la salle d'armes (pièces du 15e au 19e s.). Depuis quelques années, la villa organise des expositions d'art contemporain. Dans ce cadre, le parc accueille des œuvres commandées à des artistes internationaux.

Pordenone C2

50 km au sud-ouest, par la S 13.
La petite ville présente, au centre-ville, le **Palazzo Comunale** (essentiellement du 14e s.), avec loggia et baies trilobées, et le **duomo** (13e s.), qui conserve la *Pala della Misericordia* (16e s.), œuvre de Pordenone. Intéressant campanile du 13e-14e s. À **Torre** *(3 km au nord)*, voir le **musée archéologique du Frioul de l'Ouest**.

Maniago (C1) – *À 26 km au nord, par la S 251.* Réputée pour la coutellerie, la ville a consacré un musée à cette production. Voir aussi le duomo, de style roman-gothique.

★ **Spilimbergo** (C1) – *À 31 km au nord-est, par la SP 65, la SP 532 et la SP 23.* Possession des comtes Spengemberg de Carinthie aux 11e-12e s. et ville vénitienne raffinée au 15e s., la cité domine le fleuve Tagliamento qui court parmi vignobles et vergers. Le **duomo**, gothique, abrite des fresques. Le **château** présente une belle façade ornée de fresques de la fin du 15e s. La ville est connue pour son école de mosaïstes *(www.scuolamosaicistifriuli.it)*.

★ **Abbaye bénédictine de Santa Maria in Sylvis** (C2) – *À Sesto al Reghena, à 22 km au sud-est, par l'A 28.* Fondée en 762, elle mérite la visite.

Sacile (C2) – *À 13 km à l'ouest, par la S 13.* Cette petite ville, autrefois surnommée « le jardin de la Sérénissime », se répartit sur deux îles du fleuve Livenza.

NOS ADRESSES À UDINE

HÉBERGEMENT

BUDGET MOYEN

Hotel Principe – *Viale Europa Unita, 51 - ✆ 0432 50 60 00 - fax 0432 50 22 21 - www.principe-hotel.it -* P. Une petite auberge bien tenue, proche des gares routières et ferroviaires, dans un quartier tranquille.

POUR SE FAIRE PLAISIR

Hotel Clocchiatti & Next – *Via Cividale, 29 - ✆/fax 0432 50 50 47 - www.hotelclocchiatti.it -* P *- 27 ch.* Ce petit hôtel intime et accueillant abrite des chambres au mobilier simple et fonctionnel (les chambres mansardées du 2e étage sont particulièrement agréables), et dispose d'un bar où est servi le petit-déjeuner, ainsi que d'une terrasse.

RESTAURATION

BUDGET MOYEN

Alla Vedova – *Via Tavagnacco, 9 - ✆ 0432 47 02 91 - www.allavedova.it - fermé dim. soir, lun., 10 au 25 août.* Ce restaurant, vieux d'un siècle, décoré d'une multitude d'objets en cuivre, de trophées de chasse, d'armes anciennes ou encore de cuillères, est divisé en petites salles, dont certaines possèdent une cheminée. Viandes cuites au gril et principalement du gibier.

Al Vecchio Stallo – *Via Viola, 7 - ✆ 0432 21 296 - fermé merc., 25 déc.-4 janv., à Pâques et 1er-15 août. -* ⊭. Dans un palais du 17e s., une vraie *osteria* comme on n'en trouve presque plus propose une cuisine héritée d'une longue tradition familiale. Dans un décor rustique où sont exposés des harnais, vous dégusterez des plats typiques, absolument délicieux, pour un prix très honnête.

ACHATS

Concurrent du jambon de Parme, le fameux **jambon San Daniele** est fabriqué à San Daniele del Friuli, dans la province d'Udine.

EN SOIRÉE

Caffè Contarena – *Via Cavour, 1 - ✆ 0432 51 27 41 - www.contarena.it.* Superbe café Art déco, orné de belles mosaïques dorées sur les murs.

Trentin-Haut-Adige/Südtirol 5

Carte Michelin Régional 562 F 18-19

Santa Maddalena in Val di Funes, Tyrol du Sud.

Mauritius / Photononstop

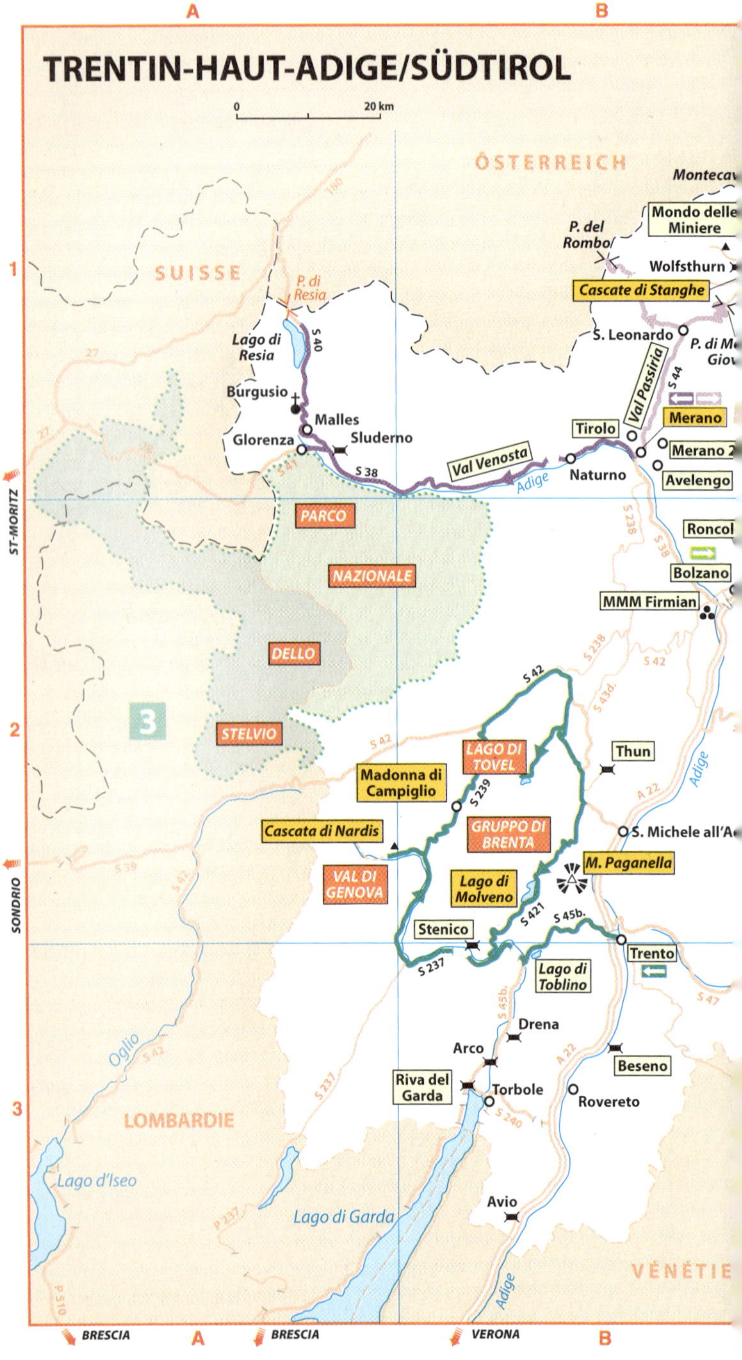
TRENTIN-HAUT-ADIGE/SÜDTIROL
0
20 km
A
B
1
2
3
ÖSTERREICH
SUISSE
LOMBARDIE
VÉNÉTIE
ST-MORITZ
SONDRIO
BRESCIA
BRESCIA
VERONA
P. di Resia
Lago di Resia
Burgusio
Malles
Glorenza
Sluderno
Val Venosta
Naturno
Tirolo
Val Passiria
Merano
Merano 2
Avelengo
S. Leonardo
P. del Rombo
Mondo delle Miniere
Wolfsthurn
Cascate di Stanghe
Roncol
Bolzano
MMM Firmian
PARCO
NAZIONALE
DELLO
STELVIO
3
LAGO DI TOVEL
Madonna di Campiglio
GRUPPO DI BRENTA
Cascata di Nardis
VAL DI GENOVA
Lago di Molveno
M. Paganella
Thun
S. Michele all'A
Stenico
Trento
Lago di Toblino
Drena
Arco
Riva del Garda
Torbole
Rovereto
Beseno
Avio
Lago di Garda
Lago d'Iseo
Oglio
Adige

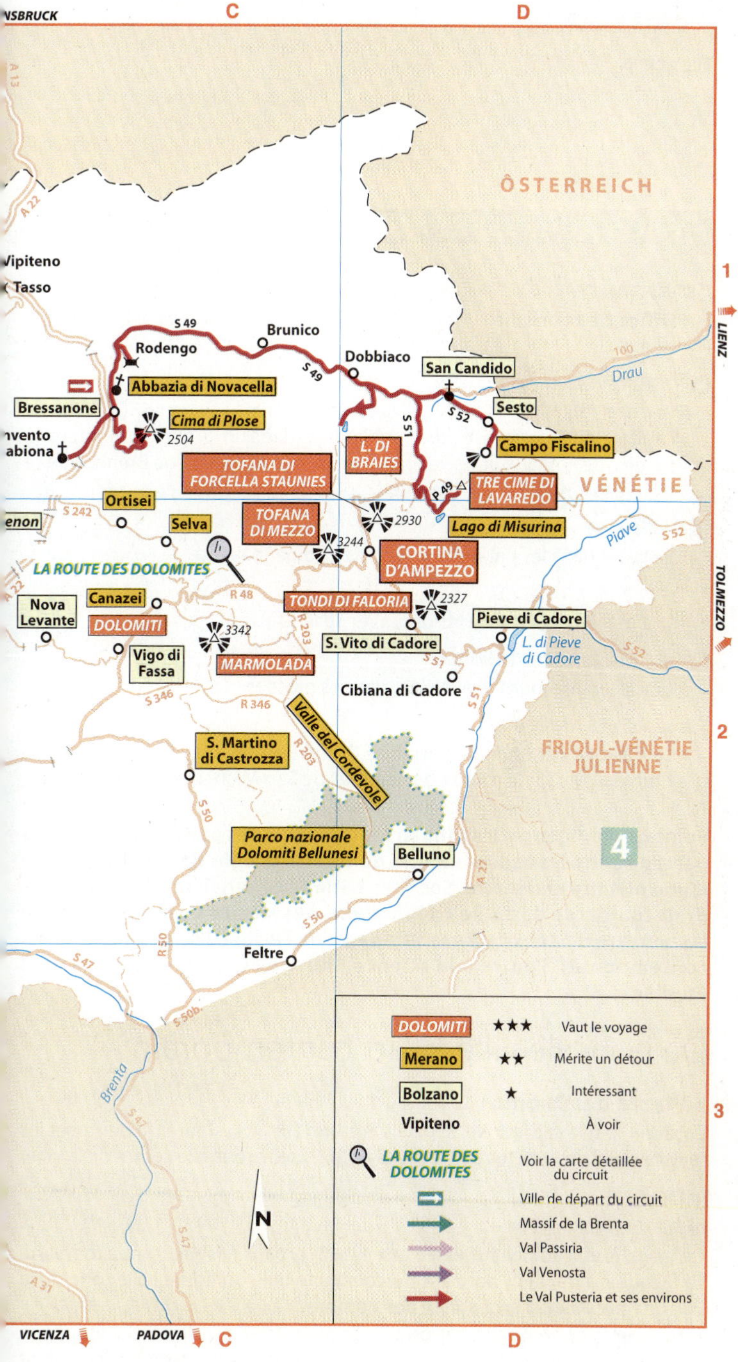
C
D
ÖSTERREICH
1
2
3
LIENZ
TOLMEZZO
VICENZA
PADOVA
Vipiteno
Tasso
S 49
Brunico
Rodengo
Dobbiaco
San Candido
Abbazia di Novacella
Drau
Bressanone
Sesto
S 52
Cima di Plose
2504
Campo Fiscalino
S 51
L. DI BRAIES
TOFANA DI FORCELLA STAUNIES
P 49
TRE CIME DI LAVAREDO
VÉNÉTIE
Ortisei
S 242
2930
Lago di Misurina
Selva
TOFANA DI MEZZO
3244
CORTINA D'AMPEZZO
Piave
LA ROUTE DES DOLOMITES
R 48
Canazei
Nova Levante
DOLOMITI
TONDI DI FALORIA
2327
3342
Pieve di Cadore
S. Vito di Cadore
L. di Pieve di Cadore
Vigo di Fassa
MARMOLADA
R 203
Cibiana di Cadore
S 346
R 346
Valle del Cordevole
FRIOUL-VÉNÉTIE JULIENNE
S. Martino di Castrozza
S 50
Parco nazionale Dolomiti Bellunesi
Belluno
4
A 27
R 50
Feltre
S 47
S 50b
Brenta
A 31
N
DOLOMITI ★★★ Vaut le voyage
Merano ★★ Mérite un détour
Bolzano ★ Intéressant
Vipiteno À voir
LA ROUTE DES DOLOMITES Voir la carte détaillée du circuit
Ville de départ du circuit
Massif de la Brenta
Val Passiria
Val Venosta
Le Val Pusteria et ses environs

Trento

Trente

★

114 236 habitants – Trentin-Haut-Adige

NOS ADRESSES PAGE 445

S'INFORMER

Office de tourisme – *Via Manci, 2 - Trento - ✆ 0461 21 60 00 - www.apt.trento.it.*

SE REPÉRER

Carte de région B2-3 (p. 436-437) – *carte Michelin Régional 562 D 15.* Trente, capitale du Trentin, est située sur l'Adige, dans un cirque de montagnes pelées, de coteaux et de vallons, à proximité du massif de Brenta. Elle se trouve le long de l'A 22 (Brenner).

SE GARER

Se garer dans les parkings le long de l'Adige (payant).

À NE PAS MANQUER

Le Castello del Buon Consiglio, avec ses fresques.

ORGANISER SON TEMPS

Compter une journée avec la visite des musées.

AVEC LES ENFANTS

Le Castello del Buon Consiglio, le Castel Beseno et le Castel Stenico ; le nouveau MUSE ; le musée des métiers de San Michele all'Adige.

Point de confluence des influences germaniques et italiennes, lieu de passage entre les vallées alpines du Tyrol et la Vénétie, Trente est riche d'une histoire millénaire. Sous ses bâtiments Renaissance et sa cathédrale lombarde dort une cité romaine. Les siècles s'y superposent et l'ouverture de deux musées sur la rive de l'Adige, l'un consacré à l'art contemporain, l'autre à la science, illustre la vitalité de cette ville étudiante.

De la vieille ville à l'art contemporain

★ Piazza del Duomo

Entourée par la cathédrale, le palais Pretorio (13e s., restauré), le beffroi et les maisons Rella couvertes de fresques au 16e s., elle forme le centre de la ville.

★ Duomo

6h30-12h, 14h30-20h.

Ce majestueux édifice fut élevé aux 12e-13e s. dans le style roman lombard. La façade du transept nord est percée d'une baie où figure l'allégorie de la Fortune présidant à la destinée des hommes.

À l'intérieur, on remarque les originales montées d'escalier conduisant aux tours. À droite, la chapelle du Crucifix (17e s.) abrite un grand Christ devant

La piazza del Duomo.
F. M. Frei / Look/Photononstop

lequel furent proclamés les décrets du concile ; dans le transept droit, pierre tombale de Sanseverino, condottiere vénitien tué en 1486. Sous le chœur ont été dégagés les vestiges d'une **basilique paléochrétienne** (5e s.). *Ouvert tlj sf dim. 10h-12h, 14h30-17h - 1,50 € ou billet combiné avec le Museo Diocesano.*

★ Museo Diocesano

Piazza Duomo, 18 - ✆ 0461 23 44 19 - www.museodiocesanotridentino.it - ♿ - tlj sf mar. 9h30-12h30, 14h30-17h30 ou 18h - fermé j. fériés - 4 € (billet combiné avec Basilica Paleocristiana) ; gratuit le 1er dim. du mois.

Installé dans le palais Pretorio, le musée rassemble les objets les plus remarquables du trésor de la cathédrale : des représentations du Concile de Trente, des peintures des 15-18e s. où se mêlent influences italiennes et germaniques, des manuscrits enluminés, des **panneaux de bois★** sculptés et des **retables★** (14e-16e s.), huit **tapisseries★** bruxelloises exécutées au début du 16e s. par Pierre Van Aelst et une collection d'habits liturgiques.

Les fondations de la **Porta Veronensis★**, porte d'entrée sud de la cité romaine, se trouvent sous le palais *(accès libre par l'entrée du musée aux mêmes horaires que celui-ci)*. Construites au 1er siècle av. J.-C., ces deux arches encadrées de tours donnaient accès à la rue principale.

5

★ Tridentum Sotterranea

Piazza C. Battisti - tlj sf lun. 9h ou 9h30-13h, 14h-17h30 ou 18h - fermé 1er nov., 25 déc., 1er janv. - 2,50 €.

Sous le centre historique de Trente se dissimulent les vestiges de l'ancienne ville romaine Tridentum. Sur environ 1 700 m^2 de sous-sol, un quartier a été excavé et de beaux pavements de mosaïques, ainsi que le système de chauffage et d'alimentation en eau ont été retrouvés.

Les fouilles du sous-sol du **palais Lodron** *(piazza Lodron, 31)*, ont mis au jour une partie du mur méridional, les fondations d'une tour et même une boutique de vins – *merc.-vend. 10h-12h, 14h30-16h30 - fermé j. fériés - entrée libre.*

LA VILLE DU CONCILE

Colonie romaine sous l'Empire, puis siège d'un évêché dès le 4e s., Trente fut occupée par les Ostrogoths de Théodoric, puis au 6e s. par les Lombards avant d'être réunie au Saint Empire romain germanique à la fin du 10e s. De 1004 à 1801, elle fut gouvernée par des princes-évêques.

La ville accueillit le fameux **concile de Trente** (1545-1563) : cherchant à s'opposer à la montée du protestantisme, il marqua le début de la Contre-Réforme qui changea la face de l'Église. Ses principales décisions, notamment l'obligation de résidence des évêques et la répression du trafic des Indulgences, s'efforçaient de relever la crédibilité de l'Église et son autorité. Après avoir subi le joug napoléonien, Trente fut cédée à l'Autriche en 1814. Ce n'est qu'à la suite de luttes acharnées que la ville et sa région furent libérées en 1918 par les troupes italiennes.

★ Palazzo Tabarelli

Via Oss Mazzurana. Remarquable édifice de style vénitien Renaissance, à pilastres, colonnettes de marbre rose et médaillons.

Via Belenzani

Sévère et noble, elle est bordée de palais de style vénitien. En face de l'hôtel de ville (16e s.), maisons aux murs peints de fresques.

Via Manci

Cette rue mêle les styles vénitien (loggias et fresques) et montagnard (toits débordants) ; voir au no 5 le palais Galazzo (17e s.). Plus loin, dans le quartier allemand, à l'angle de la via del Suffragio, le palais del Monte (15e-16e s.) est décoré de fresques représentant les travaux d'Hercule.

★★ Castello del Buon Consiglio

Via Bernardo Clesio, 5 - ✆ 0461 23 37 70 - www.buonconsiglio.it - tlj sf lun. 9h30-17h (mi-mai à mi-nov. : 10h-18h) - fermé 25 déc., 1er janv. - 8 € (billet combiné avec Castel Beseno, Castel Thun et Castel Stenico 12 €). Visite de la tour de l'Aigle sur réserv. 1 €.

Ce château abrita, du 13e s. à l'aube du 19e s., les princes-évêques de Trente. Castelvecchio en est, comme son nom l'indique, la partie ancienne, qui comprend la **tour de l'Aigle** (Torre Aquila), à ne pas manquer : un peintre de Bohême du 15e s. y peignit à fresque les **mois★★** de l'année, belle expression du gothique international.

Au 16e s., la principauté fut gouvernée par un prince-évêque qui eut une grande influence sur la vie de Trente, Bernard Clès. Il agrandit le château en y ajoutant le Grand Palais (Magno Palazzo). Authentique prince de la Renaissance, il fit appel à des artistes de renom pour décorer sa résidence. Parmi eux, Dosso et Battista Dossi, peintres ferrarais, décorèrent les salles les plus importantes, telle la Grande Salle. Les fresques des voûtes, aux thèmes bibliques et mythologiques (en haut, Phaéton sur son char du Soleil), et celles des lunettes de la **loggia** sont du Romanino, artiste de Brescia.

À admirer également : les collections d'art, de numismatique et d'archéologie.

Santa Maria Maggiore

De nombreuses séances du concile se tinrent dans cette église Renaissance, qui a conservé un campanile roman. Dans le chœur, élégante tribune d'orgue en marbre sculpté, de Vincenzo et Gerolamo Grandi (1534). Au 2e autel de droite, dans la nef, se trouve un retable, *Madone et saints*, dû à Moroni (16e s.).

Sant'Apollinare

Petite église d'origine romane, sur la rive droite de l'Adige. Une curieuse toiture pointue recouvre deux voûtes gothiques bombées.

MART - Museo d'Arte Moderna e Contemporanea di Trento e Rovereto

Au bord de l'Adige. Via R. da Sanseverino, 45 - ✆ 800 39 77 60 (n° vert, de l'Italie) - www.mart.trento.it - fermé pour rénovation, réouverture prévue en 2013.

La **collection permanente** présente, entre autres, des œuvres du peintre Francesco Hayez *(Vénus jouant avec deux louves, 1830)* et des travaux d'Umberto Moggioli pendant la Première Guerre mondiale. Plusieurs expositions temporaires chaque année.

★ MUSE - Museo delle Scienze

À proximité du MART, dans le nouveau quartier « Le Albere ». Ouverture prévue pour juillet 2013.

Ce musée, conçu par l'architecte Renzo Piano dans l'ancienne zone industrielle, se veut un lien entre monde scientifique et le grand public. La visite commence par la terrasse puis l'on descend à la découverte des sommets alpins (climat, topographie, flore et faune, géologie, peuplement). Au 1er étage, les problématiques locales sont mises en perspective avec les enjeux environnementaux planétaires : empreinte écologique, résilience des systèmes naturels, innovations technologiques. Au rdc, l'histoire de la Terre et de la Vie est retracée à travers les recherches scientifiquesles plus récentes, notamment en biologie. Une serre tropicale est dédiée aux riches forêts du Sud.

À proximité Carte de région (p. 436-437)

Rovereto B3

À 22 km au sud par l'A 22.

–Corso Rosmini, 6 - ✆ 0464 43 03 63 - www.visitrovereto.it.

★ **MART** – *Corso Bettini, 43 - ✆ 800 39 77 60 (n° vert, de l'Italie) - www.mart.trento.it - tlj sf lun. 10h-18h (21h vend.) - fermé 25 déc., 1er janv. et 1er Mai - 11 €.* L'extension du Musée d'art moderne et contemporain de Trente et Rovereto *(voir ci-dessus)*, dessinée par l'architecte Mario Botta, présente chaque année une sélection d'œuvres de ses collections.

Casa d'Arte Futurista Depero – *Via Portici, 38 - ✆ 0464 43 18 13 - tlj sf lun. 10h-18h (été 12h-20h) - 7 € (billet combiné avec le MART de Rovereto 13 €).* Réouvert en 2009, le musée créé par l'artiste futuriste **Fortunato Depero** pour exposer ses travaux, revit : ses choix d'aménagement ont été respectés et on y découvre son art original et évolutif. Une sélection parmi les 3 000 objets et œuvres laissés par Depero est présentée, dont ses grandes tapisseries à l'étage.

San Michele all'Adige

À 20 km au nord par l'A 22.

Museo degli Usi e Costumi della Gente Tretina (MUCGT) – *Via Mach, 2 - ✆ 0461 65 03 14 - www.museosanmichele.it - tlj sf lun. 9h-12h30, 14h30-18h - fermé lun., 1er nov., 25 déc. et 1er janv. - 6 €.*

Annoncé comme un Museo dell'Uomo della Montagna Alpina, ce musée passionnant, logé dans le château, est consacré aux métiers et traditions du Trentin : présentations d'outils, reconstitutions d'ateliers et maquettes animées transportent le visiteur dans la vie rurale passée et présente de la région.

Circuits conseillés

★★★ **GRUPPO DEL BRENTA** (Massif de la Brenta) Carte ci-dessus

Circuit de 233 km tracé en vert ci-dessus (outre les localités et sites décrits, la carte pointe d'autres lieux particulièrement pittoresques) – Compter 2 jours. Départ de Trente par l'ouest et la S 45 bis vers Vezzano.

Parco Naturale Adamello-Brenta –*Via Nazionale, 24 - 38080 Strembo - 0465 80 66 66 - www.pnab.it.*

Ce massif calcaire et sauvage prolonge les Dolomites au-delà de la vallée de l'Adige. Son paysage est composé de profondes vallées au fond desquelles reposent des lacs solitaires et des rocs abrupts déchiquetés par l'érosion.

★ Lago di Toblino

Charmant lac qui surgit au milieu des herbes aquatiques, sur fond de parois rocheuses. Sur la presqu'île se dresse un castel, ancienne résidence des princes-évêques de Trente.

À Sarche, prendre à droite la route qui monte.

Pour apprécier la vue, vous pouvez faire une pause à la terrasse du bar Miravalle, situé dans un virage *(fermé le dim.)*.

★ Val Rendena

Porte d'entrée du parc naturel, cet ample val boisé de sapins et de mélèzes est peuplé de riants villages touristiques dont les églises, protégées par des toits débordants, sont couvertes de peintures murales réalisées *a fresco*.

Près de Pinzolo, l'**église San Vigilio** s'enorgueillit d'une remarquable *Danse macabre* (1539), œuvre de San Baschenis. L'intérieur est aussi décoré de fresques, dont celle dite de Charlemagne *(visite sur demande ✆ 340 91 59 270)*.

★★★ Val di Genova

Taillée dans les granits de l'**Adamello**, cette vallée est célèbre par sa grandeur sauvage. Elle fait partie du **Parc naturel Adamello Brenta**, la plus grande zone protégée du Trentin, dont le glacier compte parmi les plus élevés d'Europe ; le parc fait partie des géoparcs européens depuis 2008. La route, longeant un torrent qui bouillonne parmi les rocs, mène à la **cascata di Nardis★★**, qui chute d'une falaise haute de 100 m *(se garer au parking 1, le plus près, 5 €)* Plus loin, la route passe sous la cascade.

★★ Madonna di Campiglio

Agréable station de villégiature (hiver et été), réputée pour ses hôtels et ses nombreuses possibilités d'excursions.

★★ Campo Carlo Magno

Un hypothétique passage de Charlemagne a inspiré le nom de ce lieu boisé, dédié aux sports d'hiver. Du **Passo del Grosté** (**col du Grosté**, *accès par téléphérique, puis à pied)*, on jouit d'un large **panorama★★** sur le massif de la Brenta. *Gagner Dimaro puis Malè et, à Cles, prendre à droite vers Tuenno.*

★★★ Lago di Tovel

La route qui mène au lac commence à flanc de falaise, traverse des futaies et une impressionnante vallée d'éboulis *(droit d'accès et parking - 6/8 € ; une navette relie les parkings en saison)*.

Compter 1h30 pour la balade complète. Ce lac solitaire aux versants couverts de forêts prend parfois, lors des grandes chaleurs, une teinte rouge due à la présence d'une algue microscopique. Le circuit rejoint un petit centre d'interprétation et, de l'autre côté du lac, la cascade Rislà *(deux auberges et un bar sur les berges ; possibilité aussi de pique-niquer)*. Près de l'auberge Lago Rosso, un parcours aventure de grimpe a été aménagé – *vend. de juin à août 10h-16h - 5 €.*

★ Andalo

Petite station de villégiature située dans un paysage majestueux, au cœur d'immenses forêts de conifères, et dominée par les crêtes du massif de Brenta. Du **mont Paganella**, à 2 125 m d'altitude, on découvre un splendide **panorama★★** sur toute la région. *✆ 0461 58 55 88 - www.paganella.net - accès par téléphérique ou télésiège de fin juin à mi-sept. et déc.-avr. - accès possible également de Fai della Paganella, en télésiège, aux mêmes conditions.*

★ Molveno

Situé au milieu de prairies en pente douce et à l'extrémité d'un **lac★★** posé au fond d'un cirque, c'est un lieu de séjour recherché.

★ LA ROUTE DES CHÂTEAUX Carte de région (p. 436-437)

Quelques châteaux parmi les centaines que comptent les environs de Trente se visitent, certains n'étant plus que des ruines accrochées à leur piton rocheux.

★ Castel Beseno B3

À 16 km au sud de Trente, par l'A 22 ou la RS 12. Besenello - 0464 83 46 00 - www.buonconsiglio.it - mars-14 mai : tlj sf lun. 9h30-17h ; 15 mai-19 nov. : tlj sf lun. 10h-18h ; 20 nov.-5 mars : w.-end 9h30-17h - fermé 25 déc., 1er janv. - 5 €.

Cette forteresse sur la colline de Bassano contrôlait jadis le val Lagarina et les routes de communication entre l'Empire germanique et la péninsule italienne. Les parties les plus anciennes datent du 12e s. Il s'agit du plus grand ensemble fortifié de la province. Dans le palazzo di Marcabruno, des répliques d'armes et armures, vidéos, reconstitutions et maquettes relatent la bataille de Calliano qui opposa ici Tyroliens et Vénitiens en 1487.

Tout proche, le **castel Pietra**, dominé par un donjon du 13e s. abrite des fresques médiévales – *dates de visite sur www.castelpietra.info - 0464 83 50 44.*

Castello di Rovereto B3

À Rovereto, via Castelbarco, 7. Museo della guerra - 0464 43 81 00 - www.museodellaguerra.it - tlj sf lun. 10h-18h (19h le w.-end de juil. à sept.) - fermé 24, 25 et 31 déc., 1er janv. - 6,50 €. Cette forteresse du 15e s. accueille un musée consacré aux conflits modernes, des batailles de Napoléon aux guerres mondiales.

Rovereto, p. 441.

Castello di Avio B3

À 46 km au sud de Trente. Sortir de l'A 22 à Rovereto Sud et suivre « Avio ». 0464 68 44 53 - www.fondoambiente.it - 2e quinz. fév. et oct.-nov. : 10h-17h ; mars-sept. : 10h-18h - fermé déc.-mi-fév., j. fériés, lun. et mar. (ouv. mar. en août) - 6 €.

Surplombant la vallée, cette citadelle servait d'avant-poste fortifié. La partie centrale date du 12e s. et le palais est de style gothique. Jolies fresques du 14e s.

Castello di Arco B3

À Rovereto, prendre la RS 240 puis, après Nago, la direction d'Arco (20 km). 0464 51 01 56 - avr.-sept. : 10h-19h ; oct.-mars : 10h-16h - 3,50 €. 20mn.

Il reste peu de vestiges de cet ancien village fortifié bombardé par l'armée française en 1703. Mais les tours, murs, réservoirs restaurés et les quelques belles fresques restantes permettent d'imaginer la vie qui animait ce lieu perché.

À **Riva del Garda**, le château de **la Rocca** se reflète dans les eaux du lac. Belle **vue** depuis le donjon (*p. 318*).

À 6 km au nord d'Arco s'élève la tour du **Castel Drena** *(mars-oct. : tlj sf lun. 10h-18h, ou 17h, ou 19h ; reste de l'année : w.-end 10h-17h ou 18h - fermé janv. - 3 €).*

★ Castel Stenico B2-3

À 35 km de Trente, à l'ouest par la RS 45bis, puis la RS 237 jusqu'à Ponte Arche, ensuite à droite et à gauche après le pont. 0465 77 10 04 - www.buonconsiglio.it - 20 nov.-5 mars : w.-end 9h30-17h ; 15 mai-19 nov. et reste de l'année : tlj sf lun. 9h30-17h - fermé 25 déc. et 1er janv. - 5 €.

Résidence des princes évêques dès le 13e s., le château a subi de nombreuses modifications. On traverse les salles décorées de fresques médiévales, les palais Renaissance, les défenses militaires, les cuisines restaurées.

★ Castel Thun B2

À 30 km au nord de Trente par l'A 22 puis à San Michele all'Adige, la RS 43 puis la RP 203. 0461 492829 - www.buonconsiglio.it - 20 nov.-5 mars : w.-end 9h30-17h ; 15 mai-19 nov. et reste de l'année : tlj sf lun. 9h30-17h - fermé 25 déc. et 1er janv. - 6 €.

Édifié par la puissante famille Thun au 13e s., il fut racheté (avec décor et mobilier) à cette famille par la province du Trentin en 1992. Plongé dans le quotidien de ses illustres occupants, on découvre de superbes pièces dont la **Chambre de l'évêque**, avec sa Porte d'Hercule et son plafond sculpté (16e s.).

NOS ADRESSES À TRENTO

INFORMATIONS UTILES

Trento Rovereto Card – Valable 48h dans les musées, châteaux et monuments de la région et accès illimité à tous les transports publics. *à l'OT – 20 € - extensible à 3 mois (sauf transport).*

HÉBERGEMENT

PREMIER PRIX

Hotel Venezia Albergo Garni – *Piazza Duomo, 45 et via Belenzani, 70 - 0461 23 45 59 - www.hotelveneziatn.it - 43 ch.* Entièrement rénovée, cette adresse sympathique propose de jolies chambres ; certaines ont un petit balcon avec vue sur la place.

BUDGET MOYEN

Hotel America – *Via Torre Verde, 50 - 0461 98 30 10 - www.hotelamerica.it - P - 67 ch.* Le bois et les couleurs claires, la vue sur la ville, le château du Buonconsiglio ou sur les reliefs environnants, créent une atmosphère relaxante, pour un séjour vraiment agréable.

RESTAURATION

PREMIER PRIX

Milky Walky – *Via Garibaldi, 27 - 0461 23 31 60 - www.milkywalky.com - - fermé dim. et lun.-merc. le soir.* Un restaurant orange et vert pour les amoureux des produits frais : grosses salades, panini et autres collations à prix légers ! Milkshakes, smoothies, cocktails, glaces et chocolat maison.

BUDGET MOYEN

Antica Trattoria Due Mori – *Via San Marco, 11 - 0461 98 42 51 - fermé lun.* Un décor rustique, avec plafonds en bois du 15e s. et voûtes en berceau. Un restaurant classique où vous pourrez goûter, entre autres, les plats traditionnels de la région, préparés avec les produits de saison.

Osteria a Le Due Spade – *Via Don Rizzi, 11 - à l'angle de la via Verdi - 0461 23 43 43 - www.leduespade.com - fermé dim.-lun. à midi et 2e quinz. de juin - réserv. conseillée.* Une expérience culinaire à ne pas manquer, si vous arrivez à trouver une table. Fondée au 16e s., cette *osteria* intime et élégante propose une cuisine régionale, revisitée avec talent, et un service de qualité. Dans une *stube* trentinoise (pièce traditionnelle souvent équipée d'un poêle) du 18e s.

ACHATS

Grom – *Piazza Duomo, 27 - 0461 26 03 51 - www.grom.it - dim.-merc. 11h-0h, jeu. 10h-0h, vend.-sam. 11h-1h.* Success-story incroyable pour ces glaces, réalisées à base de produits bio. Variantes selon les saisons et les fruits disponibles, mais le parfum phare reste la *crema di Grom*. Astucieux, des pictogrammes aident les allergiques à certains ingrédients à choisir leur parfum.

ACTIVITÉS

Le Muse – Ce mensuel répertorie l'essentiel des spectacles à Trente et à Rovereto.

Randonnées

Le **Monte Bondone** et la **Valle dei Laghi** sont traversés par de multiples pistes VTT et des sentiers de randonnées. Les cartes sont vendues à l'OT de Trente. Les télécabines des stations de la Brenta peuvent aussi être utilisées.

Escalade

Arco est le village des grimpeurs. *rens. OT d'Arco - viale delle Palme, 1 - 0464 53 22 55 - www.gardatrentino.it.*

Bolzano/Bozen

★

104 841 habitants – Trentin-Haut-Adige

NOS ADRESSES PAGE 449

S'INFORMER

Office de tourisme – *Piazza Walther, 8 - ✆ 0471 30 70 00 - www.bolzano-bozen.it.*

SE REPÉRER

Carte de région B2 (p. 436-437) – *carte Michelin Régional 562 C 15-16.* Capitale du Haut-Adige (province autonome de Bolzano), Bolzano est situé sur l'A 22, la route du Brenner, au confluent de l'Isarco et de l'Adige.

À NE PAS MANQUER

Le Musée archéologique et les étranges cheminées des fées du Renon.

ORGANISER SON TEMPS

Prévoyez une journée.

AVEC LES ENFANTS

Enquêter sur la momie Ötzi au Musée archéologique ; rendre visite aux nautiles du Musée des Sciences naturelles ; découvrir le plateau du Renon en train électrique ; butiner au marché de Noël.

Au creux d'une conque aux pentes recouvertes de vignobles et de vergers, Bolzano conserve dans son architecture urbaine la trace de l'influence exercée par le Tyrol et l'Autriche, du 16e s. jusqu'à 1918. Aujourd'hui ville industrielle, commerçante et touristique, elle conserve une forte personnalité grâce à des influences culturelles variées : la langue allemande y domine mais l'art de vivre y est tout italien. Son centre s'étend de la piazza Walther à la caractéristique via dei Portici (Laubengasse) bordée de belles maisons.

Se promener

★ Duomo/Dom

Tlj sf dim. 10h-17h. En grès rosé, coiffé de tuiles vernissées polychromes, le Duomo est le fruit de diverses phases de construction datant de l'époque paléochrétienne (5e-6e s.), carolingienne (8e-9e s.), romane (fin 12e s.) et gothique (13e s.). Le campanile (1501-1519), de 62 m de haut, s'ajoure de baies de style gothique tardif. Sur le flanc nord, le « petit portail du vin », discrètement décoré de feuilles de vigne, témoigne du privilège de la vente du vin dont bénéficiait cette église. À l'intérieur, vestiges de fresques des 14e et 15e s. et belle **chaire sculptée**★ du gothique tardif, en grès (1514). Le Trésor se compose surtout d'objets liturgiques de style baroque (*mar.-sam. 10h-12h*).

Museo di Scienze Naturali dell'Alto Adige/Naturmuseum Südtirol

Via Bottai, 1 - ✆ 0471 41 29 64 - www.naturmuseum.it - tlj sf lun. 10h-18h - fermé 1er janv., 1er mai, 25 déc. - 5 €.

Tout sur la géologie, les paysages, les biotopes, faune et flore du Haut-Adige. Reconstitutions de milieux, vivarium, aquarium tropical, animaux naturalisés. Ce musée très interactif, où les enfants peuvent manipuler et expérimenter, s'avérera d'autant plus frustrant si vous ne parlez ni italien ni allemand.

Chiesa dei Francescani/Franziskanerkirche

Via Francescani, 1, entrée par la rue pavée - tlj sf dim. 10h-12h, 14h30-18h.

Incendiée en 1291, l'église fut reconstruite au 14e s. et les voûtes d'ogives ajoutées au 15e s. On peut admirer l'**autel de la Nativité★** en bois sculpté, orné d'un retable, de Hans Klocker (16e s.). Charmant petit cloître du 14e s. aux élégantes voûtes compartimentées ornées de fresques de l'école de Giotto.

Museo Mercantile/Merkantilmuseum

Via Portici, 39 - ✆ 0471 94 57 02 - lun.-sam. 10h-12h30 - 4 €.

Ce palais baroque du 18e s. témoigne de la prospérité marchande de Bolzano qui résulta de la création en 1635 par l'archiduchesse Claudia de Medici d'une foire et d'un Tribunal de Commerce, donnant un cadre législatif aux nombreuses transactions. Le musée retrace l'histoire de ce développement commercial, le clou de la visite restant la somptueuse **salle du Conseil**.

★★ Museo Archeologico dell'Alto Adige

Via Museo, 43 - ✆ 0471 32 01 00 - www.iceman.it - ♿ - tlj sf lun. (juil., août et déc. tlj) 10h-18h - fermé 25 déc., 1er janv. et 1er Mai - 9 €.

Surnommé **« le musée d'Ötzi »**, il conserve, avec mille précautions, « l'homme venu des glaces », le célèbre « Ötzi », qu'un couple d'alpinistes allemands retrouva en 1991 près du glacier du Similaun, dans les Alpes de l'Ötztal. La momie a franchi dans sa gangue de glace les 5 300 années séparant l'âge du cuivre du 20e s. ; une chambre froide assure son maintien à une température de -6 °C à hygrométrie constante. Chaque vêtement a été analysé, chaque objet étudié. On progresse à travers les analyses scientifiques : on identifie sa région d'origine grâce à l'émail de ses dents et à ses os, on observe les radios de ses fractures, ses tatouages, jusqu'à l'interprétation de la scène de crime qui détermina que cet homme d'environ 45 ans était mort des suites d'une blessure de flèche à l'épaule. Rappel aussi de l'engouement qu'a provoqué sa découverte : dénonciations dans la presse, romans héroïques, cris à la malédiction, expériences de vie similaire, théories extravagantes et autres produits dérivés ! Au 4e étage, expositions thématiques des collections du musée.

Museo civico/Stadtmuseum

Via Cassa di Risparmio, 14 - ✆ 0471 99 79 60 - mar.-vend. 10h-16h, w.-end et j. fériés 10h-18h - fermé lun., 24, 25 et 31 déc., 1er janv.

En cours de restructuration, il présente des objets d'art du 8e au 20e s. : sculptures, peintures, gravures, bijoux, artisanat, poêles en fonte, costumes traditionnels.

Museion - Museo d'arte moderna e contemporanea

Via Dante, 6 - ✆ 0471 22 34 13 - www.museion.it - tlj sf lun. 10h-18h (jeu. 22h) - fermé 25 déc. - 6 € (gratuit le jeu. après 18h).

Un musée innovant et original, dans lequel l'implication du public de tous âges et la pédagogie de l'art sont mis au premier plan, dans l'idée de « promouvoir de nouvelles formes de conscience esthétique ». Il présente des expositions temporaires d'œuvres italiennes et internationales des 20e et 21e s. Au rez-de-chaussée, le Passage *(accès libre)* accueille diverses manifestations.

LES « PYRAMIDES DE TERRE »

Plus vive sur certains terrains que sur d'autres, l'érosion produit dans le Renon une bizarrerie naturelle, des **cheminées des fées**, dites ici « pyramides de terre ».

L'eau érode les moraines autour des rochers, qui protègent ainsi la terre située en-dessous. Des colonnes se forment alors, protégées par les rochers qu'elles portent sur leur sommet et résistant aussi longtemps qu'elles peuvent supporter cette lourde masse. Quand, par l'effet de l'eau, elles deviennent trop fines, le rocher tombe et les cimes, privées de protection, se désagrègent.

Il existe trois groupes de cheminées des fées dans le Renon : l'un, visible du téléphérique, à Soprabolzano, un second à découvrir en suivant le sentier n° 24 depuis Longomoso, à Monte di Mezzo, et le troisième à Auna di Sotto.

Chiesa dei Domenicani/Dominikanerkirche

Piazza Domenicani - lun.-sam. 9h-17h, dim. 12h-18h.

Édifiée au début du 14e s. en style gothique, elle subit des transformations et même des dommages après sa sécularisation en 1785. Immédiatement à droite après le jubé, la **chapelle San Giovanni** est entièrement ornée de fresques d'école giottesque rappelant la chapelle des Scrovegni de Padova : évocation des histoires de Marie, saint Jean-Baptiste, saint Nicolas et saint Jean l'Évangéliste. Un 2e cycle de fresques, œuvre de Friedrich Pacher (15e s.), est visible dans le **cloître**, à droite de l'église – *tlj sf lun. 10h-18h (10h-12h de nov. à mars).*

À voir aussi

Chiesa parrocchiale di Gries/Grieser Pfarrkirche

Accès par le corso Libertà, après l'église Sant'Agostino sur l'autre rive (continuer tout droit après le pont Talvera) - avr.-oct. : lun.-vend. 10h30-12h, 14h30-16h.

À l'origine romane, l'église fut reconstruite en style gothique au 15e s. Elle abrite un crucifix roman de bois *(face à l'entrée)* et un autel au **retable★** sculpté par le Tyrolien Michael Pacher (vers 1430-1498), à droite du maître-autel. L'ensemble représente le couronnement de la Vierge placée entre l'archange Michel, qui s'apprête à frapper le diable, et saint Érasme, qui tient le cabestan qui le martyrisa en lui arrachant les boyaux. Le fond a été peint par un peintre bavarois (1488). Un détail curieux : observez les lunettes du personnage en bas à droite.

À proximité Carte de région (p. 436-437)

★ Le Renon (Ritten) C1-2

☏ 0471 35 61 00 - www.ritten.com. Le Renon (Ritten en allemand) est ce haut plateau qui domine la vallée de l'Isarco (Eisacktal) entre Bolzano et Ponte Gardena *(sur l'A 22 au nord-est)*. Il est facilement accessible en voiture depuis Bolzano Nord ou en **téléphérique** de Bolzano à Soprabolzano, mais le **petit train électrique** qui relie Maria Assunta/Maria Himmelfahrt à Collalbo (Klobenstein) permet de le découvrir de façon plus romantique.

C'est un haut plateau où le vert intense des prairies n'est interrompu que par des clôtures, des cabanes de bergers et de petites églises qui apparaissent soudain, solitaires, sur un site panoramique, telle l'église Santa Verena, entre Longostagno et Sant'Igenuino.

Le Renon est tourné vers les Dolomites, que l'on peut admirer à loisir en prenant le téléphérique, de Tre Vie (Pemmern), pour la Cima Lago Nero, près du Corno del Renon (téléski en hiver). Les versants recèlent de minuscules et très jolis villages, dont l'un, Barbiano, dominant la vallée d'Isarco, possède un gracieux clocher tordu.

★ Castel Roncolo/Schloss Runkelstein B2

Au nord de Bolzano, dir. Val Sarentino et Vipiteno - ✆ 0471 32 98 08 - www.roncolo.info - tlj sf lun. 10h-18h - fermé 24, 25, 31 déc. et 1er janv. - 8 €.

C'est au 19e s. qu'artistes et intellectuels redécouvrirent ces « ruines formidables » avant que leur restauration ne soit lancée par l'empereur François-Joseph. À l'occasion de travaux plus récents, on a découvert de nouvelles peintures telles que le cycle de fresques du 14e s. retraçant la légende de Tristan et Yseult (technique du vert-de-gris pour donner du relief). La **Stua da Bagno** (salle de bains) est aussi particulièrement remarquable par le décor original des murs et du plafond, datant du 15e s. Belles fresques aussi dans la salle des tournois.

★ MMM Firmian B2

À 5 km au sud-ouest de Bolzano, par la via Castel Firmiano ou alors prendre la dir. de Merano par la S 38 et bifurquer à gauche en dir. de Eppan/Appiano - Sigmundskronerstr., 53 - ✆ 0471 63 12 64 - www.messner-mountain-museum.it - mars-nov. : tlj sf jeu. 10h-18h - 9 €.

Le plus réussi de la série de musées fondés à l'initiative du célèbre alpiniste italien **Reinhold Messner** (né en 1944 dans la région, à Villnöss-Funes), dont le thème général est la rencontre de l'homme et de la montagne. Ici, au cours de la visite des ruines du château Sigmundskron, dont les origines remontent au 9e s., on s'initie à l'histoire des grandes montagnes et de leur exploitation tout en admirant des sculptures et des peintures religieuses ramenées par Messner, en particulier du Tibet où il réalisa un grand nombre d'expéditions.

NOS ADRESSES À BOLZANO/BOZEN

BONS PLANS

MuseumMobil Card – Accès à plus de 80 musées du Haut-Adige, incluant 8 musées à Bolzano et voyages gratuits dans les trains régionaux, les bus, certains téléphériques et petits trains de montagne. *Valable 3 jours (28 €) ou 7 jours (32 €) - ✆ 840 00 04 70 - www.museummobilcard.info.* Autres versions : transports seuls *(MobilCard 1j, 3j ou 7j) ou avec 1j de location de vélo (BikeMobil Card).*

HÉBERGEMENT

Le Haut-Adige a depuis longtemps une vocation pour l'accueil des touristes et particulièrement des familles. Dans de nombreuses auberges, les enfants les plus jeunes ne paient pas alors que leurs aînés bénéficient de réductions conséquentes.
Les hôtels qui adhèrent à l'initiative **Familienhotels** sont non seulement pourvus de structures adaptées à l'accueil des enfants mais proposent aussi de nombreuses activités tournées vers la découverte de la vie à la montagne - www.familienhotels.com.

BUDGET MOYEN

Albergo Belvedere-Schönblick – *39050 San Genesio - ✆ 0471 35 41 27 - www.schoenblick-belvedere.com -*

5

- *28 ch.* À quelques minutes de Bolzano en voiture, une oasis de paix, avec une vue splendide sur la ville, pour les randonneurs et les passionnés de *mountain bike* et d'équitation. Décor tyrolien avec une touche de fantaisie et cuisine typique très soignée. Demi-pension très intéressante.

Hotel Figl – *Piazza del Grano, 9 - 39100 Bolzano - 0471 97 84 12 - www.figl.net.* Un hôtel central, très agréable et accueillant.

Magdalenerhof – *Via Rencio, 48 - 39100 Bolzano - 0471 97 82 67 - www.magdalenerhof.it.* Charmante auberge au calme, mais non loin de la sortie Bolzano-Nord, à 2 km de la piazza Walther.

RESTAURATION

Vous aurez l'embarras du choix parmi les nombreuses adresses de *birrerie* et de *stube*, proposant des plats typiques.

BUDGET MOYEN

Birreria-Ristorante Forst – *Via Goethe, 6 - 0471 97 72 43 - www.forsterbrau.it - fermé dim.* Une valeur sûre pour les amateurs de bière, de *würstel*, de *crauti* et de bien d'autres spécialités.

Vögele – *Via Goethe, 3 - 0471 97 39 38 - www.voegele.it - fermé dim.* Un restaurant typique, aux *stuben* très accueillantes. Incontournable pour qui veut goûter les plats et l'atmosphère du Haut-Adige.

ACTIVITÉS

Randonnée – De Bolzano, la télécabine de San Genesio (Jenesien) permet d'atteindre le départ des randonnées dans le massif de Salto.

La route des vins – *www.suedtiroler-weinstrasse.it - carte disponible à l'OT.* De Bolzano à Salorno au sud, la SS 42 révèle de gracieux paysages et permet de faire d'excellentes dégustations ou des achats !

AGENDA

Le **marché de Noël**, sur la piazza Walther, attire les foules ; pensez à réserver votre hôtel et évitez les pics de fréquentation : les 6-7-8 décembre. Pour toute information : *www.mercatinodinatalebz.it.*

Transart - De début septembre à début octobre, un festival de musique, danse, littérature et art se déroule dans les espaces consacrés à l'art contemporain ou dans des lieux qui s'adaptent bien à l'avant-garde du Trentin-Haut-Adige (MART, Museion…). *Transart, Via Dante, 28 - 0471 67 30 70 - www.transart.it.*

Merano/Meran

★★

38 229 habitants – Trentin-Haut-Adige

NOS ADRESSES PAGE 456

S'INFORMER

Office de tourisme – *Corso Libertà, 45 (derrière la Kurhaus) - ✆ 0473 27 20 00 - www.meraninfo.it (italien, anglais, allemand).*

SE REPÉRER

Carte de région B1 (p. 436-437) – *carte Michelin Régional 562 BC 15.* Merano se trouve au débouché du val Venosta, dans la vallée de l'Adige, et est reliée par une grande route (la S 38) à Bolzano, à 30 km au sud-est.

À NE PAS MANQUER

Une visite des jardins de Castel Trauttmansdorff et la découverte de l'histoire locale au Touriseum ; le réconfort d'un bain de vapeur dans le complexe thermal, après une journée de ski ou de balade en montagne.

ORGANISER SON TEMPS

Comptez une bonne journée.

AVEC LES ENFANTS

Les « expériences » des jardins de Castel Trauttmansdorff et le Touriseum, le refuge des oiseaux du Castel Tirolo, les animaux du Castel Fontana.

Quelle idée de génie eut Joseph Valentin Haller, maire de Merano de 1826 à 1861, quand il décida de suppléer l'absence d'eaux thermales dans sa ville en créant un Spa et des cures (raisins en automne, petit lait au printemps), insistant sur le climat ensoleillé de la vallée ! Dès 1836, l'initiative fut validée par les autorités médicales. Les séjours de l'impératrice Sissi en hiver 1870 puis en 1889 firent le reste... Les curistes y prirent leurs quartiers et ils y sont encore, moyennant quelques aménagements (les eaux thermales sont amenées depuis les années 1960 de Monte San Vigilio). De la Belle Époque restent des villas et la douceur de vivre. Merano s'enorgueillit aussi de son Grand Prix hippique, la plus célèbre course d'obstacles d'Italie, ainsi que de sa station de ski Merano 2000.

Se promener

Compter une demi-journée pour une belle balade.

★★ Passeggiate d'Inverno e d'Estate/Winter und Sommerpromenade

Longeant le fleuve Passirio, ces deux promenades font le charme de Merano. Celle d'Hiver, exposée au midi, ombragée et fleurie, bordée de boutiques et de terrasses, est la plus animée. Elle prolonge celle de la **Kurhaus**, l'ancien établissement thermal aujourd'hui centre culturel et de congrès, et se poursuit par la passeggiata Gilf. Celle-ci finit près d'une puissante chute d'eau. Sur l'autre rive, la promenade d'Été s'enfonce dans un beau parc ombragé (pins, palmiers).

★★ Passeggiata Tappeiner/Tappeiner Promenade

Cette magnifique promenade, longue de 4 km au départ du Ponte Romano/Steinerner Steg, serpente à 150 m au-dessus de Merano, offrant de remarquables points de vue jusqu'au village de Tirolo.

Sentiero di Sissi/Sissi-Weg

3 km (45mn) - ♿. Ce chemin, qui mène du centre-ville (Kurhaus) aux jardins de Trauttmansdorff où Sissi, l'impératrice d'Autriche, aimait se promener, est particulièrement agréable au printemps quand les espaces verts des quartiers résidentiels sont en fleurs. Il mène de parcs en résidences nobles, de l'époque où Merano était l'une des destinations touristiques les plus populaires d'Europe.

À voir aussi

Duomo di San Nicolò / Pfarrkirche St. Nikolaus

Cet édifice gothique, dominé par un puissant clocher et précédé d'une façade à pignon crénelé, est orné sur le côté droit d'une statue de saint Nicolas (14e s.) et d'un gigantesque Saint Christophe, repeint au 19e s.
L'intérieur, recouvert de belles **voûtes gothiques★** à nervures, abrite deux vitraux du 15e s., deux **polyptyques gothiques★** en bois, peints par le Tyrolien Knoller (16e s.). Dans la **chapelle** voisine **Ste-Barbara**, située au début du vieux sentier menant à Tirolo, se trouve un haut-relief de la *Dernière Cène*, du 16e s.

★ Via Portici/Laubengasse

Cette longue rue rectiligne, longée d'arcades et bordée de maisons colorées à oriels, recèle des boutiques aux devantures en bois, des entrées de cours et des escaliers mystérieux. Elle fut, dès le 13e s., le cœur commercial de Merano.

★ Castello Principesco/Landesfürstliche Burg

Via Galilei - ☏ 329 01 86 390 - mars-déc. : mar.-sam. 10h-17h, dim. et j. fériés 10h-13h - fermé janv.-fév. - 2 € ; billet combiné avec Musée municipal 3 €.
Élevé au 14e s. et agrandi au 15e s., le château princier, à pignons crénelés et tour à poivrière, servait de demeure aux princes du Tyrol quand ils séjournaient dans la ville. Il possède de beaux appartements médiévaux.
Avant son déménagement sur la piazza Steinbach, le **Museo civico** présente dans l'Aquila Rossa une sélection d'art régional : sculptures et peintures gothiques, art populaire, toiles des 19e et 20e s. *Via delle Corse 42/A - ☏ 0473 23 60 15 - mêmes conditions que le Castello Principesco.*

★★ I Giardini di Castel Trauttmansdorff

Via San Valentino, 51a - ☏ 0473 23 57 30 - www.trauttmansdorff.it - avr.-oct. : tlj 9h-19h (17h en cas de concert ; le vend. de juin à août jusqu'à 23h) ; 1er nov.-15 nov. : 9h-17h - dernière entrée 1h av. - 10,80 €, billet combiné avec le Touriseum - parking 2,50 €.
Jardin – Élu en 2005 plus beau jardin d'Italie et, en 2006, parmi les plus beaux d'Europe, ses 12 hectares méritent toujours ces titres. La première plante exotique fut ramenée à Merano il y a plus de 150 ans. Elle a été rejointe depuis par une vaste collection d'espèces du monde entier. Différentes thèmes et attractions : forêts, ambiance méditerranéenne, jardins en terrasse, paysages du Haut-Adige. Onze pavillons ont été aménagés par des artistes, selon leur vision du monde végétal et une quinzaine d'« expériences » intrigantes ponctuent la promenade, dont la **passerelle de Matteo Thun**, la volière et les nouveaux **Enfers botaniques**.

Vue du Touriseum
S. Scata / Tips/Photononstop

★★ **Touriseum** – *✆ 0473 27 01 72 - www.touriseum.it - textes en allemand, italien et anglais.* Dans ce château, que le comte Trauttmansdorff avait fait construire sur les ruines d'un édifice médiéval, l'impératrice Élisabeth d'Autriche résida pendant les hivers 1870 et 1889. Ses appartements ne sont plus l'attraction principale du château, désormais occupé par un extraordinaire musée qui raconte, avec beaucoup d'humour et de lucidité, l'histoire du tourisme dans le Haut-Adige et par là-même l'histoire de Merano et ses montagnes. Une promenade ludique et passionnante !

Museo delle Donne/Frauen Museum

Via Mainardo, 2 - ✆ 0473 23 12 16 - www.museia.it - lun.-vend. 10h-17h, sam. 10h-12h30 - 4 €. Ce musée retrace l'histoire des femmes de la région pendant les deux derniers siècles, leur rôle dans la société et l'évolution de leur image, à travers leurs vêtements, accessoires et des objets de leur quotidien.

À proximité Carte de région (p. 436-437)

★ Avelengo/Hafling B1

À 10 km au sud-est. Accès par la route panoramique.
Joli site sur un plateau dominant la vallée de Merano.

★ Merano 2000 B1

Accès par téléphérique à partir de Val di Nova (3 km à l'est) - ✆ 0473 23 48 21 - www.meran2000.net - fermé nov. et avr.
Plateau boisé de conifères où s'ouvrent plus de 40 km de pistes de ski alpin et 12 km pour le ski de fond. Point de départ de nombreuses excursions en haute montagne. Un grand circuit de bobsleigh y est ouvert toute l'année.

★ Tirolo/Tirol B1

À 4 km au nord. Par la route ou le télésiège depuis Merano – ✆ 0473 92 31 05 - seilbahn-hochmuth.it.

Ce charmant village tyrolien, entouré de vignes et de vergers, est dominé par le **Castel Tirolo**, édifié au 12e s. par les comtes du Val Venosta *(20mn de marche)*. Il abrite le **Museo storico-culturale della Provincia di Bolzano**, consacré à l'histoire de la région et du château, depuis le Moyen Âge jusqu'au 20e s. ; l'exposition s'appuie sur des recherches archéologiques, des documents historiographiques, des reconstructions. *0473 22 02 21 - www.schlosstirol.it - mi-mars à déb. déc. : tlj sf lun. 10h-17h (18h en août) - 7 €.*

Près du château, ne manquez pas le **refuge pour oiseaux de proie** et la démonstration de vols des rapaces – *0473 22 15 00 - www.gufyland.com - avr.-mi-nov. : 10h30-17h, démonstration à 11h15 et 15h15 ; reste de l'année : dim. 10h30-17h, démonstration à 15h - 9 €.*

Le **castel Fontana** (ou **Brunnenburg**) est une curieuse reconstruction de fortifications du 13e s. : le poète américain **Ezra Pound** y travailla à ses *Cantos* après 1958, quand fut levée l'accusation selon laquelle il aurait collaboré au régime fasciste par ses émissions de radio. Le site est occupé aujourd'hui par un **musée des métiers ruraux** complété d'une petite **ferme** dans les jardins. *Via Ezra Pound, 3 - 0473 92 35 33 - www.brunnenburg.net - avr.-oct. : tlj sf vend. et sam. 10h-17h - 3 €.*

La télécabine d'Hochmuth amène à proximité des **fermes de Muthöfe**, caractéristiques de la vie rurale en altitude ; joli panorama sur la vallée et nombreux sentiers de randonnée. *0473 92 34 80 - seilbahn-hochmuth.it.*

Circuits conseillés Carte de région (p. 436-437)

★ VAL PASSIRIA/PASSEIERTAL B1

Circuit tracé sur la carte de région (p. 436-437), de 50 km au nord jusqu'au col du Rombo/Timmelsjoch ou 40 km jusqu'au col de Monte Giovo/Jaufenpass.

La route S 44 suit la vallée du Passirio jusqu'à **San Leonardo/Sankt Leonhard**, aimable village tyrolien groupé autour de son église. La **route du col du Rombo/Timmelsjoch★**, abrupte et parfois taillée dans le rocher, offre des vues imposantes sur les crêtes frontières. Du pont après Corvara partent plusieurs sentiers vers le village minier de **Schneeberg** (2h de marche) *(p. 458)*.

Le profil du **col de Monte Giovo/Jaufenpass★** s'élève parmi les conifères. En descendant, **vues★★** sur les hauts sommets enneigés de l'Autriche voisine.

★ VAL VENOSTA/VINSCHGAU AB1

Circuit de 80 km tracé sur la carte de région (p. 436-437). De Merano, suivre la S 38 puis la S 40, direction Resia.

Longue vallée ensoleillée plantée de pommiers, le val Venosta s'élargit progressivement vers l'ouest, au fur et à mesure que l'on monte vers le col de Resia. Merano marque le débouché de cette voie naturelle de communication, qui assure le transit avec la Valteline par le magnifique **col du Stelvio**, avec la Suisse par le col de Tubre et avec l'Autriche par celui de Resia.

Aussi son histoire est-elle déjà fort ancienne, et nul ne saurait mieux la conter que le célèbre Ötzi, ce témoin venu de 5 300 années dans le passé et surgi dans sa gangue de glace au cœur du **val Senales**, une branche du val Venosta *(Musée archéologique de Bolzano)*. Près de l'endroit où il a été retrouvé, un **ArcheoParc** dévoile le mode de vie et les activités du temps d'Ötzi et, dans le village néolithique reconstitué, apprend les méthodes de fabrication du pain ou le tir à l'arc *(autres activités sur programme)*. *0473 67 60 20 - www.archeoparc.it - avr.-déb. nov. : tlj sf lun. 10h-18h (tlj en juil.-août) - 8 €.*

Naturno/Naturns B1

Quand on quitte Merano en direction du col de Resia, on parvient, après être passé devant l'imposante brasserie de Forst et avoir parcouru 15 km, à Naturno, implanté au confluent du val Venosta et du val Senales. Dominant ce « carrefour » depuis le 13e s., le **Castel Juval** appartient aujourd'hui à l'alpiniste Reinhold Messner, qui l'a garni surtout des précieux souvenirs glanés au cours de ses expéditions au Tibet ; le musée est dédié aux montagnes sacrées. *✆ 348 44 33 871 - www.messner-mountain-museum.it - tlj sf merc. 10h-16h - visites guidées uniquement - fermé juil., août, de nov. à fin mars - 8 €.*

Avant de pénétrer dans le village, on aperçoit, légèrement en retrait et immergée parmi les arbres fruitiers, la chapelle de **San Procolo★** que signale un panneau *(✆ 0473 66 73 12 - http ://www.naturns.it/it/san-procolo/ - de 2 sem. av. Pâques à déb. nov. : tlj sf lun. 9h30-12h, 14h30-17h ou 17h30).* Ce minuscule écrin contient les plus anciennes fresques (8e s.) de la région. La plus remarquable d'entre toutes est incontestablement celle dite du **saint sur la balançoire**, sous les traits épanouis et expressifs duquel serait représenté Procule, évêque de Vérone. La scène est censée se situer au moment où il fuit sa ville, suspendu à une corde jetée d'une fenêtre. Mais les regards intrigués des hommes apparaissant à une fenêtre haute et des six personnes s'encadrant dans une troisième laissent penser qu'il joue à se balancer. En face, un **musée** raconte l'histoire de la région et présente quelques fresques gothiques et le résultat des fouilles autour de l'église *(✆ 0473 67 31 39 - mêmes horaires que l'église).*

Sluderno/Schluderns A1

Le village se blottit au pied du **Castel Coira** (1253), qui fut rhabillé à la Renaissance. La belle terrasse intérieure (1570) est le cadre où se déploie l'arbre généalogique des propriétaires, les comtes Trapp. L'un des attraits du château est constitué par sa grande et antique salle d'armes. *✆ 0473 61 52 41 - www.castelcoira.com - visite guidée ttes les 15mn de mi-mars à oct. : tlj sf lun. 10h-12h, 14h-16h30 - reste de l'année : fermé - 8 €.*

Glorenza/Glurns A1

Cette ancienne cité, mentionnée déjà en 1178, ne dépasse plus le millier d'habitants. Elle mérite néanmoins que l'on s'y arrête, car c'est la seule cité fortifiée du Haut-Adige que le temps ait épargnée. L'ensemble des murs existe encore et on y trouve les seules arcades de la vallée. L'église paroissiale, hors de l'enceinte, sert de support à une fresque extérieure de 1496 illustrant le *Jugement dernier.*

Malles/Mals A1

La localité recèle un petit trésor roman, son **église San Benedetto**, élevée au 9e s. Les fresques représentent, entre autres, ses deux fondateurs : un chevalier franc, avec son épée, et un ecclésiastique portant le modèle réduit de l'église, tous deux encadrés d'auréoles carrées.

Burgusio/Burgeis A1

En montant vers le col de Resia, on ne peut manquer de voir la masse blanche de l'**abbaye de Montemaria**, même s'il neige, car tranche alors la couleur noire de son toit pentu, des bulbes des tours et du campanile.

La **crypte** est couverte de splendides fresques romanes, réalisées lors de la construction de l'abbaye au 12e s. Pour des raisons de conservation, elle n'est plus accessible, mais un film en décrit les panneaux dans la salle d'exposition. Inspirées de l'Apocalypse, ces œuvres révèlent une indéniable influence byzantine. Le Christ Pantocrator figure dans une mandorle ourlée d'un arc-en-ciel, symbole de paix. On voit à ses côtés des chérubins et des séraphins pourvus d'ailes se terminant par des flammes et, plus bas, les Évangélistes. En face sont représentés les murs de la Jérusalem céleste. *☏ 0473 84 39 80 - www.marienberg.it - avr.-déb. nov. : lun.-sam. 10h-17h ; vac. de Noël : lun.-sam. 10h-16h - fermé j.fériés, 25 avr., 2 juin, 1er et 2 nov., 8, 25 et 26 déc., 6 janv. - 5 €.*

Lago di Resia A1

Mystérieux et évocateur, un campanile pointe hors de ses eaux. C'est celui de l'ancienne église de Curono, qui fut submergée en 1950 lors de la mise en eau de ce lac artificiel.

NOS ADRESSES À MERANO

HÉBERGEMENT

Consulter la disponibilité des hébergements sur **www.suedtirol.info** et **www.suedtirolerland.it**.

PREMIER PRIX

Pension Grafenstein – *Via Scena, 49 - ☏ 0473 23 46 10 - www.italy-web.com/grafenstein.* Pension de famille toute simple sur les hauteurs de Merano. Accueil aimable, en allemand ou en italien uniquement. Demi-pension.

BUDGET MOYEN

Agriturismo Sittnerhof – *Via Verdi, 60 - ☏ 0473 22 16 31 - www.bauernhofurlaub.it - fermé oct.-fév.* Au calme, cette belle maison traditionnelle abrite un accueillant hôtel « agrotourisme », moderne et fonctionnel.

Aurora Hotel – *Passeggiata lungo Passirio, 38 - ☏ 0473 21 18 00 - www.hotelaurora.bz - fermé de mi-janv. à mi-fév. - P - 36 ch.* Très bien situé sur la promenade qui longe le fleuve Passirio, cet hôtel tout confort allie le charme à la modernité. Les chambres, avec balcon, donnant sur le cours d'eau sont particulièrement agréables.

RESTAURATION

PREMIER PRIX

Forst – *Via Venosta, 9 - 39022 Lagundo/Algund, à 5 km au nord-ouest - ☏ 0473 44 77 27 - www.braugartenforst.com - ouv. 20 avr.-30 sept.* Fondée en 1857, la brasserie Forst est une grande bâtisse typique facile à repérer. On mange dans le grand jardin, rendez-vous de motards. Dégustation de bière et petits plats. *Visites guidées en allemand et en italien (réserv. ☏ 0473 26 01 11).*

POUR SE FAIRE PLAISIR

Sissi – *Via Galilei, 44 - ☏ 0473 23 10 62 - www.sissi.andreafenoglio.com - fermé lun., mar. à midi, de fév. à mi mars - réserv. conseillée.* Un restaurant sobre et de bon goût. La salle possède de grandes baies vitrées et des luminaires de style Liberty qui adoucissent l'atmosphère le soir. Cuisine originale avec produits de saison.

ACTIVITÉS

Terme Merano – *Piazza Terme, 9 - ☏ 0473 25 20 00 - www.termemerano.it.* En plein centre, mais avec vue sur les montagnes, ce cube d'acier et de verre dessiné par l'architecte Matteo Thun abrite un vaste complexe thermal et plusieurs piscines extérieures. Lit d'herbes des montagnes, bain de petit lait bio ou de bière, massage à l'huile d'aiguille de pin du Tyrol… découvrez les soins made in Haut-Adige ! Après la séance de sauna, vous pourrez vous rouler dans la neige dans une pièce conçue pour ça.

Vipiteno/Sterzing

6 419 habitants – Trentin-Haut-Adige

NOS ADRESSES PAGE 458

S'INFORMER

Office de tourisme – *Piazza Città, 3 - ☎ 0472 76 53 25 - www.vipiteno.eu.*

SE REPÉRER

Carte de région C1 (p. 436-437) – *carte Michelin Régional 562 B 16.* Vipiteno est la dernière sortie de l'A 22 (Brenner) avant la frontière autrichienne.

ORGANISER SON TEMPS

Si quelques heures suffisent pour visiter la ville, l'exploration des alentours mérite un séjour plus long.

AVEC LES ENFANTS

Les chutes d'eau de Stanghe, les mines de Schneeberg.

À 15 km de l'Autriche, Vipiteno est une jolie ville ramassée autour d'une rue qui affiche de typiques oriels nordiques et des arcades. La longue histoire de Vipiteno commence à l'âge du bronze, se poursuit à l'époque romaine (« Vipitenum » était un relais sur la route de la Rhétie) et médiévale (un document de 1180 mentionne « Stercengum », dont dérive Sterzing). La période faste de la cité se situe aux 15e et 16e s., quand les vallées voisines exploitaient les gisements d'argent, de zinc et de plomb.

Se promener

La tour des Douze (Torre delle Dodici, 15e s.) partage la rue en deux sections, nommées **via Città Nuova★** (la section sud, la plus typique) et **via Città Vecchia**. C'est le long de la première que s'élève l'hôtel de ville (16e s.).

Sur la place située à leur point de jonction se trouve l'**église de l'Esprit-Saint**, riche en fresques du 15e s. *(tlj sf sam. ap.-midi et dim. 8h30-12h, 14h30-18h).*

Le **Museo civico** et le **Museo Multscher** (*Via della Commenda, 11 - ☎ 0472 76 64 64 - www.vipiteno.eu - avr.-oct. : mar.-sam. 10h-13h, 13h30-17h - fermé j. fériés - 2,50 €)* ont investi l'ancienne commanderie de l'Ordre Teutonique. À voir : les **portes d'autel sculptées★** d'Hans Multscher, artiste allemand du 15e s.

5

À proximité Carte de région (p. 436-437)

★★ Cascate di Stanghe/Gilfenklamm Gorge B1

À 6 km à l'ouest en prenant la direction de Racines/Ratschings par la SP 36, puis de Stanghe. ☎ 0472 76 06 08 - www.ratschings.info - de mai à déb. nov. : 9h30-17h30 (juil.-août : 9h-18h) - 3,50 €.

Les **cascades de Stanghe** dégringolent d'une gorge étroite et sinueuse, parfois striée de blanc et de vert, que l'eau a façonnée. On peut aisément en franchir les anfractuosités en empruntant parfois des passerelles de bois ancrées au rocher. Le parcours dans la gorge et dans le bois derrière le village est des plus agréables, et peut se faire en remontant la rivière (il est alors plus fatigant), ou en la descendant. Pour diversifier la promenade, on peut descendre en longeant les cascades *(laisser la voiture au-dessus, près d'une cafétéria et d'un oratoire)* et remonter par le sentier n° 13, qui traverse les prairies et offre une belle vue sur les alpages, en face. Mais on peut aussi opter pour le sens contraire ! Quel que soit celui que l'on choisit, il faut prévoir une heure pour la montée, trois quarts d'heure pour la descente.

★ Il Mondo delle Miniere B1

À 15 km à l'ouest, vers Ridanna, par la SP 36 - 0472 65 63 64 - www.ridanna-monteneve.it ou www.monteneve.org - ♿ - avr.-déb. nov. : tlj sf lun. (août tlj) 9h30-16h30 ; visites guidées uniquement (sf musée), réserv. obligatoire - à partir de 9 €.

Les **mines de Schneeberg** s'étendent entre 2 000 et 2 650 m d'altitude. Des visites guidées d'une durée variable, de 1h30 – accessibles aux personnes handicapées – à 10h, dont un bon nombre passées sous terre, vous permettent de plonger dans cet univers. L'homme a commencé à creuser ici au 16e s., afin d'extraire l'argent, le plomb et le zinc ; à l'époque, 1 000 mineurs travaillaient dans 70 galeries. À sa fermeture, en 1985, la mine comptait 1 000 galeries.

Pour compléter la visite, on peut se rendre dans la **vallée Aurina** (S 621) où étaient exploitées les mines de Predoi (petit musée à Cadipietra).

Châteaux B1 et C1

De nombreux châteaux jalonnent la région, dont deux peuvent se visiter.

Le château de **Wolfsthurn** (B1), palais baroque aux 365 fenêtres, abrite un musée de la Chasse et de la Pêche du Sud-Tyrol ; les salles du 2e étage ont été conservées telles qu'elles étaient meublées et habitées aux 18e et 19e s. Un parcours découverte partant du château *(1 km - ♿)* permet une promenade agréable dans les bois. *À l'ouest sur la SP 36, en direction de Ridanna, après le bourg de Racines, à Mareta - 0472 75 81 21 - www.provinz.bz.it/volkskunde-museen - d'avr. à mi-nov. : tlj sf lun. 10h-17h (dim. 13h-17h) - fermé 1er nov. - 5 €.*

Le château de **Tasso** (Reifenstein - C1) a conservé des intérieurs bien préservés datant du Moyen Âge et du 15e s. *À 2 km au sud de Vipiteno et de l'A 22, sur le territoire de Pruno, accessible par la S 508 - 339 264 37 52 - avr.-déb. nov. : tlj sf certains sam., visites guidées (italien, anglais, allemand) à 10h30, 14h, 15h (16h de mi-juil. à mi-sept.) - fermé 10 j. en juin - 7 €.*

Monte Cavallo B1

Le long de la route du Brenner, au nord, peu après le terme de la via Città Vecchia, un téléphérique emporte sur le Monte Cavallo, à près de 2 000 m d'altitude. De la station d'arrivée, on peut procéder à de nombreuses promenades. *Rens. : www.montecavallo.com.*

NOS ADRESSES À VIPITENO

HÉBERGEMENT

Les sites **www.suedtirol.info** et **www.suedtirolerland.it** fournissent de nombreuses informations sur les disponibilités.

PREMIER PRIX

Kranebitt – *Loc. Caminata, 16 km à l'est - 39040 Vizze - 0472 64 60 19 - www.kranebitt.com.* Dans la vallée de Vizze, hôtel d'aspect montagnard. Accueil « aux petits soins ».

ACTIVITÉS

Pour les randonneurs, cartes compas avec lignes de niveau au 25 000e, en vente à l'OT.

Dolomiti

Les Dolomites

★★★

NOS ADRESSES PAGE 469

S'INFORMER

Dolomiti Turismo – *Piazza Duomo, 2 - Belluno - ✆ 0437 94 00 83 - www.infodolomiti.it (voir aussi Nos Adresses, rubrique « Informations utiles »).*

Consorzio Turistico Alta Badia – *Strada Col alt. 36, Corvara - ✆ 0471 83 61 76 - www.altabadia.org.*

Consorzio Turistico Rosengarten-Latemar – *✆ 0471 61 03 10 - www.rosengarten-latemar.com.*

Consorzio Turistico Alpe di Siusi – *Via del Paese, 15, Fiè allo Sciliar - ✆ 0471 70 96 00 - www.alpedisiusi.info.*

Haut-Adige – *www.suedtirol.info.*

SE REPÉRER

Carte de région CD1-2 (p. 436-437) – *carte Michelin Régional 562 C 16-19.*
Pour rejoindre les Dolomites du Trentin-Haut-Adige, prenez l'A 22 du Brenner; de la Vénétie, empruntez l'A 27 qui va à Belluno.

À NE PAS MANQUER

L'escalade... ou la contemplation des pointes du Tre Cime di Lavaredo.

ORGANISER SON TEMPS

Un minimum de trois jours sera nécessaire, les routes en lacets rallongeant significativement les déplacements.

AVEC LES ENFANTS

Une promenade facile dans ce décor grandiose, par exemple au canyon du Serrai di Sottoguda, et le musée Ladin à San Martino in Badia.

Entre Vénétie et Trentin-Haut-Adige s'ouvre l'éventail de ces rocheux « Monts Pâles » (« Monti Pallidi »), inscrits depuis 2009 au Patrimoine mondial de l'Unesco. Ils s'embrasent au crépuscule pour s'éteindre soudain lorsque le soleil disparaît. Entre leurs roches abruptes, les Dolomites enferment de petits lacs cristallins et des mystères qui ont tissé la trame d'innombrables légendes poétiques.

5

Circuits conseillés Carte des Dolomiti (p. 460-461)

★★★ LA ROUTE DES DOLOMITES

Circuit tracé en vert, de Bolzano à Cortina d'Ampezzo (210 km). Compter 1 journée pour Ortisei, 2 jours pour le circuit complet.

C'est une route historique, admirable par ses panoramas et ses caractéristiques techniques. À la Renaissance déjà, c'était « la » route commerciale entre Venise et l'Allemagne; elle fut aussi utilisée pendant la Première Guerre mondiale.

CORRESPONDANCE ENTRE LES TOPONYMIES ITALIENNES ET ALLEMANDES	
Adige/Etsch	Chiusa/Klausen
Alpe di Siusi/Seiser Alm	Cornedo/Karneid
Badia/Abtei	Corvara in Badia/Kurfar
Badia (Val)/Gadertal	Costalunga (Passo di)/Karerpass
Bolzano/Bozen	Croda Rossa/Hohe Geisel
Braies (Lago di)/Pragser Wildsee	Dobbiaco/Toblach
Bressanone/Brixen	Ega (Val d')/Eggental
Brunico/Bruneck	Gardera/Gaderbach
Burgusio/Burgeis	Gardena (Passo)/Grödnerjoch
Campo Fiscalino/Fischleinboden	Gardena (Val)/Grödnertal
Carezza (Lago di)/Karersee	Glorenza/Glurns
Catinaccio/Rosengarten	Isarco/Eisack

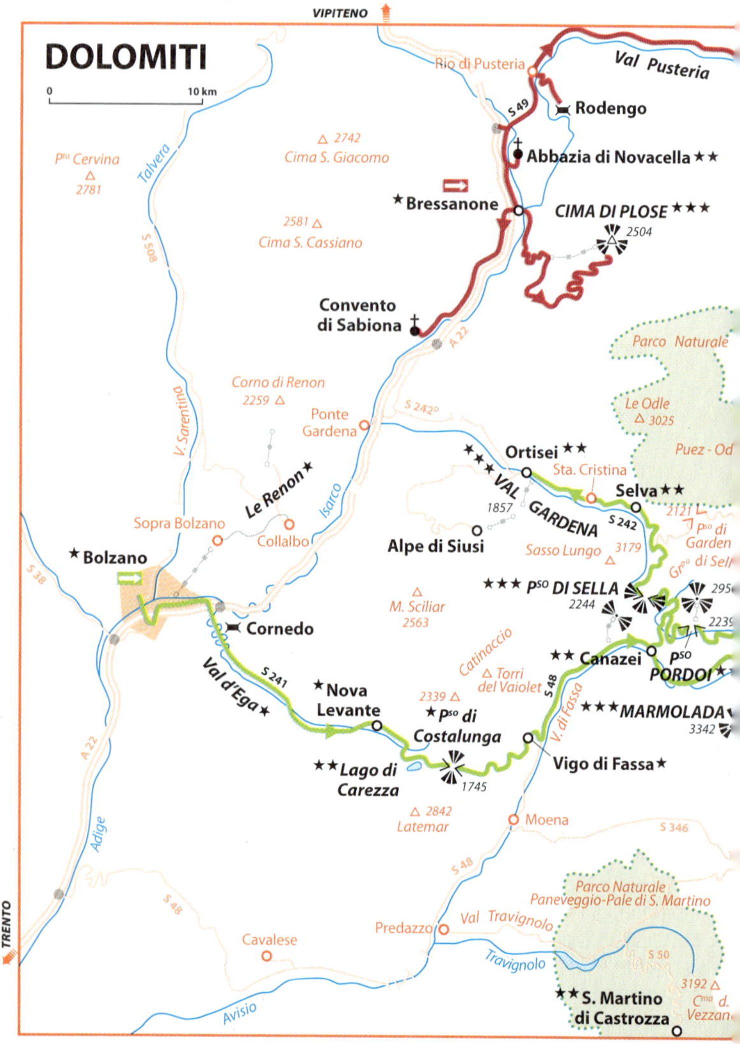

CORRESPONDANCE ENTRE LES TOPONYMIES ITALIENNES ET ALLEMANDES (SUITE)	
Cervina (Punta)/Hirzerspitze	Laveredo (Tre Cime di)/Drei Zinnen
Malles/Mals	Santa Cristina/Sankt Christina
Nova Levante/Welschnofen	Sarentina (Valle)/Sarntal
Odie (le)/Geislerspitze	Sasso Lungo/Langkofel
Ortisei/Sankt Ulrich	Sella (Passo di)/Sellajoch
Plose (Cima)/Plose Bühel	Selva di Val Gardena/Wolkenstein in Gröden
Rienza/Rienz	Sesto (Val di)/Sextental
Riscon/Reischach	Talvera/Talfer
San Candido/Innichen	Tre Scaperi (Cima)/ Dreischuster -spitze
San Cassiano (Cima)/Kassianspitze	Venosta (Val)/Vinschgau
San Giacomo (Cima)/Jakobspitze	Vipiteno/Sterzing
San Vigilio di M./Sankt Vigil	

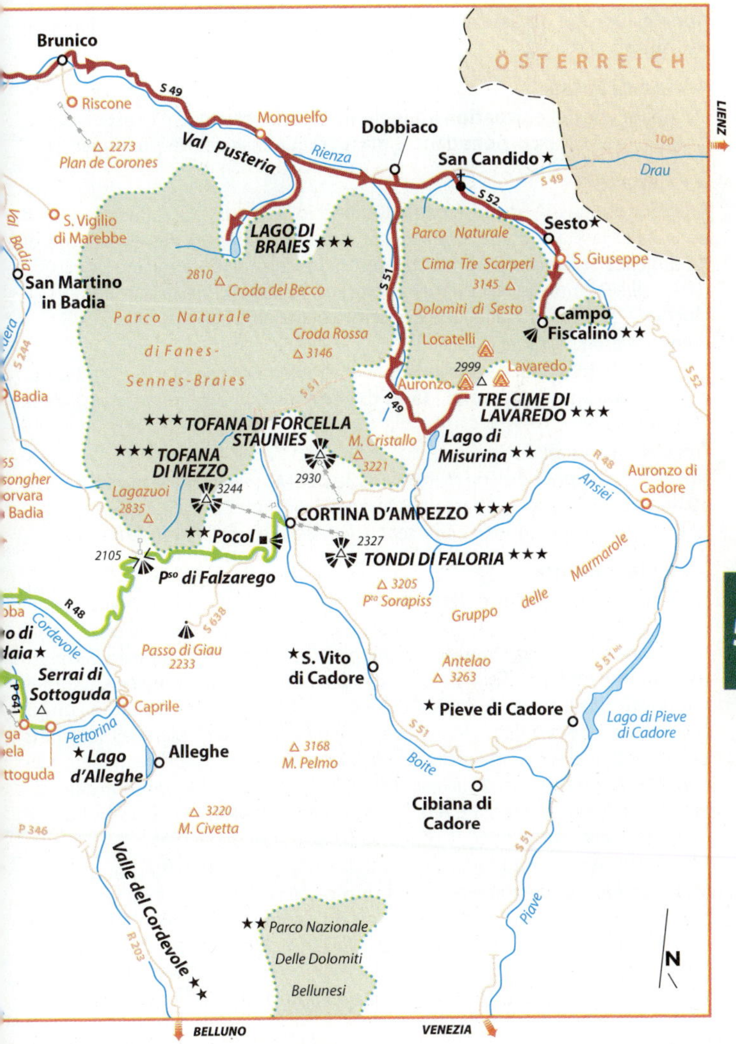

★ **Bolzano/Bozen** *(p. 446)*

★ **Gorge du Val d'Ega/Eggental**
Étroit défilé de grès rose défendu par le **château de Cornedo**.

★ **Nova Levante/Welschnofen**
Dominé par le Catinaccio, ce village, avec son clocher à bulbe, s'étale au-dessus d'un torrent.

★★ **Lago di Carezza/Karersee**
Parking payant 1 €/h.
Ce petit lac translucide aux superbes couleurs, enchâssé dans une mer sombre de conifères, est dominé à l'arrière-plan par les massifs du Latemar et du Catinaccio. Selon la saison, le niveau d'eau peut varier de plus de 10 m.

★ **Passo di Costalunga/Karerpass**
Appelé aussi col de Carezza ; **vue★** vers le Catinaccio d'un côté, le Latemar de l'autre.

★ **Vigo di Fassa**
Occupant une belle **situation★** dans le Val di Fassa, cette localité est un centre d'alpinisme et d'excursions dans le massif du Catinaccio *(téléphérique)*.

★★ **Canazei**
Au cœur du massif, encadré par le Catinaccio, les tours du Vaiolet, le massif de Sella et la Marmolada, Canazei est le point de départ des excursions et de difficiles escalades dans les chaînes de la Marmolada. Le village possède deux églises, l'une au toit de tuiles colorées, l'autre au toit en bardeaux et au clocher à bulbe, dont la façade est peinte d'un Saint Christophe.
Prendre à droite la route S 641.
Elle offre de très belles **vues★★** sur la Marmolada et son glacier. Au débouché d'un long tunnel surgit le **lago di Fedaia★** que domine la masse de la Marmolada.
Traverser le barrage.
Au pied du téléphérique de Marmolada, le petit **Museo della Grande Guerra 1914-18** évoque les combats dans le massif (librairie spécialisée). *0462 60 11 81 - www.cimeetrincee.it - juin-sept. : tlj sf mar. 10h-12h30, 14h-17h - 4 €.*

★★★ **Marmolada**
Via Marmolada, 11, Rocca Pietore - 0437 72 22 77 - www.marmolada.com.
Ce massif, le plus élevé des Dolomites, possède un glacier et une piste de ski très rapide. De **Malga Ciapela**, un téléphérique permet d'atteindre 3 265 m, belvédère d'où l'on bénéficie d'un des plus beaux **panoramas★★★** sur les montagnes de Cortina (Tofane, Cristallo), les pains de sucre du Sasso Lungo, l'énorme masse tabulaire de Sella et, tout à fait à l'arrière-plan, les sommets des Alpes autrichiennes jusqu'au Grossglockner. *Accès en téléphérique : seules les mini-télécabines partant au niveau du barrage sont accessibles aux non-skieurs - (8h30-17h, 5 € la montée, 9 € AR). Possibilité de restauration et lits spartiates à l'arrivée du remonte-pente.*
Poursuivre jusqu'à Sottoguda.
4 km AR. Une route accessible aux piétons, aux vélos et à un petit train permet de se promener entre les parois du canyon du **Serrai di Sottoguda**. *Droit d'entrée juin-sept. : 2,50 € ; petit train 9h-12h30, 14h30-18h30 - 3 € aller simple, 5 € AR.*
Revenir sur Canazei puis, 5,5 km plus loin, prendre à gauche.

★★★ Passo di Sella

Ce col fait communiquer la vallée de Fassa avec celle de Gardena et offre un superbe **panorama★★★**, l'un des plus étendus et des plus caractéristiques des Dolomites, embrassant le massif de Sella, le Sasso Lungo et la Marmolada.

★★★ Val Gardena/Grödnertal

Str. Rezia, 1 - Ortisei - ✆ 0471 77 76 00 - www.valgardena.it.

Royaume des VTTistes, c'est une vallée aussi belle que bondée de touristes. On y parle encore une langue née sous l'occupation romaine, le rhéto-roman, ou **ladin**, dont les sons ne résonnent plus que dans certaines vallées des Dolomites, dans les Grigioni ou les Alpes carniques.

Les artisans de la vallée se consacrent surtout à la sculpture sur bois, comme en témoignent les nombreux jolis magasins des villages les plus célèbres, Selva, Santa Cristina et Ortisei.

★★ **Selva di Val Gardena/Wolkenstein in Gröden** – Station de villégiature au pied du massif de Sella. L'artisanat y est très vivant : objets en bois, étains, porcelaines. Au-dessus de Santa Cristina, le Castel Gardena, résidence d'été du comte de Wolkenstein (17e s.), garde la vallée.

★★ **Ortisei/Sankt Ulrich** – Un téléphérique conduit à **Alpe di Siusi/Seiser Alm**, un haut plateau de 60 km² occupant un **site★★** splendide entre le Sasso Lungo et le Sciliar. Point de départ idéal d'excursions, quels que soient les centres d'intérêt et le niveau de préparation. Le village, très touristique, abrite le **musée Gherdëina** ; on y remarquera la belle section de sculptures sur bois, le morceau de squelette d'un ichtyosaure, les poupées de Gherdëina et la partie consacrée à l'alpiniste-acteur **Luis Trenker**. *Cësa di Ladins, Str. Rezia 83 - ✆ 0471 79 75 54 - www.museumgherdeina.it - mi-mai-oct. : lun.-vend. 10h-12h, 14h-18h (17h, déc.-Pâques) avec en juil.-août sam. 10h-12h, 14h-18h et dim. 16h-19h ; vac. Noël : tlj 10h-12h, 14h-18h - fermé 24, 25 et 31 déc. et 1er janv. - 7 €.*

Revenir sur la route des Dolomites.

UN TOURNOI POUR OSWALD

À partir d'Ortisei, la SP 24 traverse les villages où, pendant trois jours, se déroule chaque année début juin un grand tournoi équestre en l'hommage du puissant chevalier-poète Oswald von Wolkenstein. *✆ 0471 70 96 00 - www.ovwritt.com (allemand, italien).*

★★★ Passo Pordoi

À 2 239 m d'altitude, ce col, le plus haut de la route des Dolomites, occupe un site impressionnant, entre d'énormes blocs de rochers à parois verticales et des sommets tronqués.

Passo di Falzarego

Au fur et à mesure que l'on approche de Cortina d'Ampezzo, la route se fait toujours plus belle. On passe par les Tofane et à côté des Cinq Tours au paysage aride, dont, paraît-il, l'écrivain britannique Tolkien se serait inspiré pour *Le Seigneur des Anneaux*.

★★★ Cortina d'Ampezzo

Via Marconi, 15/B - ✆ 0436 86 62 52 - cortina.dolomiti.org.

Admirablement située à 1 210 m d'altitude dans la combe d'Ampezzo, au cœur du massif des Dolomites dont elle est la capitale, Cortina est une élégante station d'hiver et d'été, remarquablement équipée. Plusieurs excursions au départ de la localité permettent d'apprécier le somptueux **décor montagneux★★★** qui l'entoure.

★★★ **Tondi di Faloria** – *Téléphérique pour Faloria, via Ria di Zeto, ainsi que pour Tofana di Mezzo, accessibles directement à pied depuis le centre-ville. ✆ 0436 25 17 - www.cortinacube.it. De Faloria à Tondi di Faloria : en hiver, téléski « Tondi » et télésiège « Girilada » ; en été, sentier de randonnée.* Du sommet, on jouit d'un panorama grandiose. Magnifiques champs de ski et sentiers de randonnées de difficulté variable.

★★★ **Tofana di Forcella Staunies** – *Téléphérique ; requiert un véhicule depuis Cortina. ✆ 0436 25 17 - www.cortinacube.it.* Le téléphérique porte à 2 935 m, où se trouve un refuge posé sur un site particulièrement spectaculaire, puisque le regard se perd sur 360°.

★★★ **Tofana di Mezzo** – *Téléphérique –rens. Funivia Tofana - via dello Stadio, 12 - ✆ 0436 50 52 - www. freccianelcielo.com.* Le téléphérique porte à 3 243 m, d'où se dévoile un panorama superbe sur les montagnes environnantes. Nombreux sentiers de randonnée à pied et en VTT et superbes via ferrata.

★★ **Belvedere Pocol** – *S'y rendre au coucher du soleil, de préférence.* Il permet de découvrir une très belle vue sur la vallée de Cortina.

AU SUD DE CORTINA Carte de région (p. 436) et Dolomiti (p. 460)

On peut, au départ de Cortina, effectuer d'autres excursions vers le sud.

★★ Valle del Cordevole CD2

À 40 km de Cortina par la R 48, puis la R 203.

La route qui, de Caprile, rejoint Belluno (*p. 472*), est extrêmement pittoresque avec ses villages suspendus et ses gorges impressionnantes. **Alleghe** est un bon centre d'excursions au bord d'un **lac★**.

★★ San Martino di Castrozza C2

À 115 km de Cortina par la S 48, puis S 50 à partir de Predazzo.

Via Passo Rolle, 165 - ✆ 0439 76 88 67 - www.sanmartino.com.

Nombreuses excursions à faire au départ de San Martino, dans un site superbe.

VALLE DEL BOITE Carte des Dolomiti

Circuit d'env. 60 km AR, sur la S 51.

★ San Vito di Cadore

Au pied de l'Antelao, ce joli village possède deux petites églises à toits pentus recouverts de bardeaux.

Cibiana di Cadore

Entre Pieve di Cadore et Cortina, la route qui mène à Cibiana continue jusqu'au col du même nom (6 km de la route principale). De là, un sentier mène au sommet *(2h de marche, navettes de juin à sept. : 9h-18h - 7 €, 11 € AR)*, où se situe l'un des musées Messner, consacré à la conquête des Dolomites et aux hommes, alpinistes et scientifiques, qui ont marqué la découverte du massif. Ce **Museo nelle nuvole** (le « musée dans les nuages ») occupe un fort datant de 1912 ; son emplacement devant un panorama à 360° sur les Alpes est exceptionnel. *✆ 0435 890 996 - www.messner-mountain-museum.it - juin-sept. : tlj 10h-13h, 14h-17h ou 18h - 6 €.*

SURVOL VIRTUEL

Le site de LadiniaMap *(www.ladiniamap.org)* propose de télécharger un logiciel de visualisation 3D (Mac ou PC), RealityMaps Viewer pour des vues aériennes et en 3D des Dolomites.

L'abbaye de Novacella.
R. Mattes / hemis.fr

★ Pieve di Cadore

Piazza Municipio, 13 - ✆ 0435 31 644 - www.infodolomiti.it.

Le village natal du **Titien** s'élève à l'extrémité d'un lac artificiel. L'église conserve une de ses œuvres, et sa maison natale abrite un **musée**. *✆ 0435 32 262 - 20 juin-10 sept. : tlj (dim. uniquement en août) 9h30-12h30, 15h-18h ; reste de l'année : tlj sf dim. 9h30-12h30 - tarif, se rens.*

LA VAL PUSTERIA ET SES ENVIRONS Carte des Dolomiti

Circuit de Bressanone à Campo Fiscalino (env. 130 km), tracé en rouge sur la carte. Compter une bonne journée pour avoir un aperçu de la Val Pusteria.

La Val Pusteria, ou **Pustertal**, est fermée par les Dolomites au sud et les Alpes centrales au nord. De la fin du 13e s. au 16e s., elle fit partie du comté de Göritz (Gorizia) et constituait un maillon de la route d'Alémanie reliant Venise à l'Allemagne.

★ Bressanone/Brixen

Regensburger Allee 9 - ✆ 0472 83 64 01 - www.brixen.org.

Au confluent de la Rienza et de l'Isarco, Bressanone est une gracieuse petite ville typiquement tyrolienne, qui jouit d'un climat sec et vivifiant et d'un exceptionnel ensoleillement. Nombreux sont les témoignages de son riche passé : conquise par les Romains en 15 av. J.-C., siège d'un prince-évêque de 1027 à 1803, domaine bavarois de 1806 à 1813, puis autrichien jusqu'en 1919, date où elle devint une ville italienne.

Duomo – Cette construction baroque, romane à l'origine, présente une façade flanquée de deux clochers et un pronaos néoclassique de Jakob Pirchstaller (1783). L'intérieur, dont les dorures intensifient la lumière, est orné de marbres, stucs et fresques de Paul Troger. À droite du Dôme, un beau **cloître**★ roman, voûté d'arêtes au 14e s., présente d'intéressantes fresques des 14e et 15e s. Du cloître, on accède à l'église de San Giovanni Battista *(visite impossible)* du 11e s., décorée de fresques romanes du 13e s. et gothiques du 14e s.

Une des merveilles du monde

LES DOLOMITES OU LES ROCHERS D'ANTAN

Les Dolomites sont composées d'une roche calcaire blanche, la dolomie, du nom du géologue français Déodat de Dolomieu qui, au 18e s., en étudia la composition. Il y a 150 millions d'années, cette partie du globe était envahie par la mer de Thétis où, sur les fonds marins, marnes, calcaires et massifs de corail commencèrent à former les couches géologiques des « Monts Pâles ».
Il y a 70 millions d'années environ, au moment de l'orogenèse des Alpes (plissement de la croûte terrestre), les strates subirent une compression exceptionnelle et montèrent en surface. Ainsi émergèrent les Dolomites qui, aujourd'hui encore, offrent au randonneur des fossiles marins.
Cette formation ne s'acheva pratiquement qu'au cours des périodes glaciaires du quaternaire (il y a 2 millions d'années environ), lorsque les glaciers adoucirent les formes et creusèrent les vallées. Seules la flore et la faune manquaient ; elles commencèrent à peupler les Dolomites quand les glaciers se retirèrent.

Les massifs

Au sud-est se dressent le Pelmo (3 168 m) et le Civetta (3 220 m), tandis qu'au sud, près de la Cima della Vezzana, les « Pale di San Martino », striées de fissures, se divisent en trois chaînes séparées par un haut plateau. Les massifs du Latemar (2 842 m) et du Catinaccio (2 981 m), où se dressent les fameuses « tours du Vaiolet », encadrent le col de Costalunga. Au nord de ce dernier se trouvent le Sasso Lungo et le colossal massif de Sella, dont une route fait le tour. À l'est, les Dolomites de Cortina ont pour sommets principaux les Tofane, le Sorapiss et le Cristallo. Enfin, au centre, le massif de la **Marmolada** (3 342 m) constitue le point culminant des Dolomites. Le **Cadore** prolonge les Dolomites à l'est et au sud-est de Cortina ; son axe est la vallée de la Piave, sa capitale Pieve di Cadore. Les plus hauts sommets de ce massif sont l'Antelao (3 263 m) et les « Tre Cime di Lavaredo » (trois cimes de 2 857, 2 973 et 2 999 m).
Les paysages des Dolomites doivent leurs couleurs aux forêts de conifères, crocus, gentianes, edelweiss, rhododendrons, lys, campanules alpestres, ou raiponce en épis. Même si les touristes font fuir les animaux, les Dolomites, en grande partie parc naturel, protègent encore le chamois, la marmotte, l'aigle royal et le coq de bruyère.

LES LADINS

Les Ladins sont une population qui parle une langue présentant des affinités avec le latin populaire du haut Moyen Âge. On estime à 30 000 le nombre de Ladins vivant dans la région des Dolomites.
Dans le Ciastel de Tor, à **San Martino in Badia**, se trouve le **Museum Ladin★**, un musée très bien documenté consacré à la culture ladine. L'aménagement bien étudié et les différents moyens technologiques utilisés (des projections, des ordinateurs, des personnages peints qui s'animent et racontent leur histoire, une longue vue qui permet de découvrir San Martino tel qu'il était auparavant) rendent la visite de ce musée extrêmement intéressante. *0474 52 40 20 - www.museumladin.it - Pâques-oct. : mar.-sam. (lun.-sam. en juil.-août) 10h-18h, dim. 14h-18h ; mi-janv.-Pâques : merc.-sam. 15h-19h (tlj 7 déc.-11 déc et 26 déc.-déb. janv.) - 8 €.*

Palazzo Vescovile – Construit par le prince-évêque Bruno von Kirchberg après 1250, le **palais épiscopal** subit ensuite de nombreuses transformations, mais a conservé une belle **cour★** à trois étages d'arcades. Résidence des princes-évêques et siège de leur administration, il abrite le vaste **Musée diocésain★**, où sont exposés, en particulier, un remarquable ensemble de **sculptures★★** sur bois polychromes (art tyrolien roman et gothique), des **retables sculptés★** en ronde bosse de la Renaissance, le **trésor★** de la cathédrale et des **crèches★** datant du 18e au 20e s. *✆ 0472 83 05 05 - www.hofburg.it - de mi-mars à oct. : tlj sf lun. 10h-17h ; crèches déc.-déb. janv. 10h-17h - fermé 24, 25 déc. - 7 €.*
Museo della Farmacia – *Adlerbrückengasse 9 - ✆ 0472 20 91 12 - www.pharmazie.it - juil.-août : lun.-vend. 14h-18h, sam. 11h-16h ; reste de l'année : mar.-merc. 14h -18h, sam. 11h-16h - 3,50 €.* Petit musée sur l'histoire de la pharmacie situé dans un joli cadre ancien qui donne une idée d'une maison aux 15e-16e s.
Mostra sulla Tortura – *Caffé Rosa d'Oro / Gasthof Goldene Rose, Adolf Schiner - Portici Maggiori, 7 - ✆ 0472 83 50 67 - lun.-vend. 9h-20h, sam. 9h-16h.* Au temps des princes du Tyrol, du 16e au 18e s., le système pénal légitimait la torture. Plus de 70 objets illustrent cette période sombre et violente.
Se diriger vers le sud, en direction de Chiusa.

Convento di Sabiona

À 10 km au sud. Laisser la voiture sur le parking nord de Chiusa et gagner le couvent à pied (30mn). Le couvent ne peut être visité mais l'église est ouverte au public d'avr. à mi-oct. à certaines dates – rens. à l'OT Chiusa/Klausen - ✆ 0472 84 74 24.
Ce couvent de sœurs cloîtrées bénédictines fut édifié au 17e s. dans un site splendide, sur un rocher où s'élevait un palais épiscopal détruit par la foudre en 1535.
Revenir vers Bressanone et prendre à droite la route pour Plose.

★★ Plose

Au sud-est. Altitude : 2 446 m. Téléphérique : du village de Sant'Andrea, au sud-est de Bressanone, télécabine pour Valcroce, puis, en hiver uniquement, télésiège pour la Plose. Rens. à l'association de ski de Sant'Andrea ✆ 0472 20 04 33 - www.plose.org.
Le téléphérique de la Plose, puis le télésiège de Schönboden permettent de découvrir un **panorama★★★** sur les Dolomites au sud et, au nord, sur les sommets autrichiens. En été, les marcheurs peuvent explorer les paysages, par plusieurs sentiers balisés.
Revenir en arrière et continuer sur la SS 49. L'abbaye de Novacella se trouve à 3 km au nord de Bressanone.

5

★★ Abbazia di Novacella/Neustift

À 3 km au nord de Bressanone - ✆ 0472 83 61 89 - www.kloster-neustift.it - visites guidées tlj sf dim. et fêtes religieuses, 10h, 11h, 14h, 15h, 16h (de mi-juil. à mi-sept. aussi 12h et 13h) - le guichet est fermé le lun. de janv. à mars - 6 €. Visite guidée des jardins (en allemand ou italien) de mi-juin à mi-sept. (lun., merc. et vend.) - 6 €.

DÉCOUVERTE DES ALPAGES

Après s'être engagé dans la route de la Val Pusteria, prendre à Rio di Pusteria la direction de Valles. Après avoir dépassé le village, on atteint la fin de la route. De là, à pied ou en navette, on arrive à la **Malga Fane★**, un ensemble de chalets au milieu des pâturages. C'est un point de départ pour des excursions et aussi l'occasion de faire une pause pour déguster un plat typique.

Fondée en 1142 par l'évêque de Bressanone, Hartmann, cette abbaye est régie par des moines réguliers augustins. Dans la cour, le **puits des Merveilles** est orné des « huit » Merveilles du monde, nombre incluant l'abbaye. L'**église** de style baroque bavarois surprend par la richesse de son décor. Le **cloître**, roman à l'origine, était entièrement décoré de fresques qui furent recouvertes d'une peinture à la chaux au cours de l'épidémie de peste du 17e s. et partiellement remises au jour au 20e s. La magnifique salle rococo de la **bibliothèque** conserve 76 000 volumes, dont des incunables et des manuscrits enluminés.
Lorsqu'on s'engage dans la vallée par la route nationale qui part de l'autoroute du Brenner, le premier village que l'on rencontre est Rio di Pusteria. Quelques minutes plus tard surgit le **château de Rodengo**, qui abrite le plus vieux cycle de fresques romanes profanes (elles datent du 13e s.), inspirées du poème épique *Iwein*, de Hartmann von Aue. *☎ 0472 45 40 56 - visite guidée uniquement (en italien ou allemand, 1h) de mai à mi-oct. : tlj sf sam. 11h, 15h (de mi-juil. à août aussi 16h) - 5 €.*

Brunico/Bruneck

Ce principal centre de la Val Pusteria présente à **Teodone** un **Musée ethnographique★** (Museo Provinciale degli Usi e Costumi), exposant sur trois hectares des édifices ruraux de divers types, de la résidence noble au fenil, qui illustrent les activités et la vie des paysans et de la noblesse rurale d'autrefois. *☎ 0474 55 20 87 - www.provincia.bz.it/museenfuehrer - avr.-oct. : 9h30-17h (18h août), dim. et j. fériés 14h-18h - fermé lun. sf en août - 6 €.*
Le château est occupé par le MMM Ripa, consacré aux peuples montagnards du monde. *☎ 0474 41 02 20 - www.messner-mountain-museum.it - de mi-mai au 1er nov. et de déb. déc. à mars : tlj sf mar. 10h-18h - fermé 25 et 26 déc. - 8 €.*
De Brunico, continuer en direction de Dobbiaco. Après Monguelfo, tourner à droite en suivant l'indication Lago di Braies.

★★★ Lago di Braies/Pragser Wildsee

Parking payant. À 1 495 m d'altitude, ce lac semblable à une tache aux couleurs changeantes effleure la Croda del Becco. En une heure, on en fait le tour. On peut aussi y louer des bateaux en été *(15 €/h)* et se tremper dans l'eau glacée !
Poursuivre le long de la Val Pusteria. Avant Dobbiaco, tourner à droite vers Cortina (panneau). Continuer par Misurina puis par les Tre Cime di Lavaredo. Le dernier tronçon de route est à péage.

★★★ Tre Cime di Lavaredo

Du refuge Auronzo, on atteint le refuge Lavaredo en une demi-heure. De là, on arrive en une heure au refuge Locatelli. C'est cette dernière partie du sentier qui permet d'admirer la vue époustouflante sur les sommets des Tre Cime. On est ici dans le Parc naturel des Dolomites de Sesto. On peut aussi rejoindre les Tre Cime depuis Sesto, en suivant le sentier 102 qui conduit au refuge Locatelli en deux heures et demie.
En revenant des Tre Cime, il est conseillé de s'arrêter au lac de Misurina.

★★ Lago di Misurina

À 1 759 m, au milieu de sapinières, ce lac est un excellent point de départ pour atteindre les montagnes qui l'entourent, des Tre Cime di Lavaredo au Cristallo.

Dobbiaco/Toblach

Via Dolomiti, 3 - ☎ 0474 97 21 32 - www.altapusteria.info.
Cette ville, qui fut importante au Moyen Âge lorsqu'elle se trouvait exactement à la rencontre de la route d'Alémanie, possède une église paroissiale du baroque tardif, de la seconde moitié du 18e s.

★ San Candido/Innichen

Piazza del Magistrato, 1 - ✆ 0474 91 31 49 - www.altapusteria.info.
Ce gracieux village se prévaut de son église romane, la plus importante du Haut-Adige. C'est au 13e s. que la **collégiale★** acquit son aspect actuel ; le campanile est quant à lui du 14e s. Au-dessus du portail sud se trouvent les fresques de Michael Pacher (1430 env.-1498), peintre et sculpteur. Mais l'œuvre la plus marquante est la *Crucifixion*, impressionnant groupe sculptural sur bois du début du 13e s., où les pieds de Jésus reposent sur la tête d'Adam.
À San Candido, tourner à droite pour Sesto en quittant la Val Pusteria, qui se poursuit en Autriche.

★ Val di Sesto/Sextental

Tourné vers les Dolomites, Sesto offre un très grand choix de promenades, sentiers et parcours d'escalade pour approcher le plus possible ce décor extraordinaire. Le téléphérique du mont Elmo réduit déjà les distances. Pour se promener tranquillement, le sentier 4 traverse la forêt et les hauts alpages, dévoilant un panorama sur la Meridiana di Sesto (du sommet Neuf au sommet Un). À San Giuseppe/Moos s'ouvre la Val Fiscalina, qui arrive jusqu'à **Campo Fiscalino/Fischleinboden★★**, d'où la vue sur la Meridiana di Sesto et le sommet des Tre Scaperi est impressionnante.

NOS ADRESSES DANS LES DOLOMITI

HÉBERGEMENT ET RESTAURATION

La demi-pension ou la pension complète sont les formules privilégiées pour les séjours en montagne. Par conséquent, les hôtels proposent des menus variés, traditionnels et/ou créatifs, qui ne sont pas forcément réservés qu'à leur clientèle. Dans ces conditions, il est difficile de classer séparement les hôtels et les restaurants et de donner des catégories de prix pour les hôtels qui n'indiquent, pour la plupart, que des tarifs demi-pension.

La route des Dolomites

BUDGET MOYEN

Romantik Hotel Post – *Via Carezza, 30 - 39056 Nova Levante - ✆ 0471 61 31 13 - www.romantikhotelpost.com.* Cadre bucolique pour ce bel hôtel avec piscine et spa, perché en bord de vallée. À l'ombre d'une chapelle paissent les chevaux ; possibilité de cours d'équitation et de randonnées équestres.

Chalet Gerard – *Via Plan de Gralba, 37 - 39048 Selva di Val Gardena - ✆ 0471 79 52 74 - www.chalet-gerard.com - fermé avr., mai, une partie d'oct. et de nov.* Si la cuisine que l'on y sert est classique (*polenta* et produits locaux), la vue splendide dont on jouit dans ce refuge situé à 2 000 m d'altitude est, quant à elle, absolument unique : le massif de Sella et le Sassolungo vous enchanteront littéralement. Possibilité d'hébergement.

Concordia – *Via Roma, 41 - 39046 Ortisei - ✆ 0471 79 62 76 - www.restaurantconcordia.com - fermé nov., de mi-avr. à mai.* L'un des rares restaurants de la région qui mérite cette appellation. Vous y trouverez des plats traditionnels délicieux et préparés avec soin, ainsi qu'une ambiance conviviale.

Dr. Senoner – *Via Petlin, 12 - 39046 Ortisei - ✆ 0471 79 64 15 - www.garni-dr-senoner.com - fermé de mi-oct. à nov., d'avr. à mi-juin.* À quelques pas de la rue principale, cette chambre d'hôtes propose des chambres confortables et un jardin agréable.

Hotel Cavallino d'Oro – *Piazza Krausen - 39040 Castelrotto - 11 km à l'ouest d'Ortisei ou 26 km au nord-est de Bolzano - ✆ 0471 70 63 37 - www.cavallino.it - fermé de mi-nov. à déb. déc. - 25 ch.* Pour ceux qui apprécient les ambiances romantiques, les lits à baldaquin et les meubles d'époque de style tyrolien. Même le restaurant, installé dans les *stuben* caractéristiques du 17e s., est intimiste.

Hotel Gran Ancëi – *Pre De Costa Str., 10 -39030 San Cassiano - 26,5 km à l'ouest de Cortina d'Ampezzo - ✆ 0471 84 95 40 - www.granancei.com - fermé mi-oct.-déb. déc., mi-avril-mi-juin - P - 29 ch.* Entouré de forêts et situé près des pistes, un hôtel de style montagnard tout en bois. Les espaces en plein air et la vue splendide sur les Dolomites vous garantissent un séjour reposant et très tranquille.

POUR SE FAIRE PLAISIR

Hotel Colfosco-Kolfuschgerhof – *Via Rönn, 7 - 39030 Colfosco - 2 km à l'est du col de Gardena sur la S 244 - ✆ 0471 83 61 88 - www.kolfuschgerhof.com - fermé d'oct. à déb. déc., de déb. avr. à fin mai - P - ♿ - 44 ch.* Situé tout près des remontées mécaniques, cet hôtel est également fréquenté l'été par les amateurs d'alpinisme et de trekking (de nombreuses activités sportives sont proposées dans la région). Squash, tennis, sauna, bain turc et massages agrémenteront votre séjour dans cet établissement tranquille, à l'ambiance typiquement tyrolienne.

Au sud de Cortina

BUDGET MOYEN

Rifugio Larin – *Loc. Alpe di Senes - 32046 San Vito di Cadore - 9 km au sud de Cortina d'Ampezzo sur la S 51 - ✆ 349 67 39 481 (portable) - www.rifugiolarin.it.* Vous pouvez y aller en voiture mais vous manquerez alors une très belle promenade revigorante. Ce restaurant-refuge classique offre une cuisine et un décor typiques, particulièrement soignés. Très beau panorama.

La Val Pusteria et ses environs

BUDGET MOYEN

Hotel Masl – *Valles 44 - Valles, 7 km de Rio di Pusteria - ✆ 0472 54 71 87 - www.hotel-masl.com - P - 45 ch.* Hôtel élégant, et chaleureux, logé dans une grande maison du 17e s., abondamment fleurie en été. La famille Messner sera aux petits soins pour vous.

Hotel Erika – *Via Braies di Fuori, 66 - 39030 Braies - 5 km au nord du lac de Braies - ✆ 0474 74 86 84 - www.hotelerika.net - fermé d'avr. à mi-mai, de fin oct. à mi-déc. - P - ♿ - 28 ch.* Cet hôtel vous permettra de profiter pleinement, en toute saison, du charme des Dolomites et de la gentillesse des habitants. Accueil enthousiaste, chambres confortables au mobilier en bois massif (celles du 3e ét. sont particulièrement jolies).

Hotel Lavaredo – *Via M. Piana 11 - 32040 Misurina - ✆ 0435 39 227 - www.lavaredohotel.it - fermé d'oct. à Noël, de Pâques à mai - P - 29 ch.* Face au lac, que surplombent les majestueuses Cime di Lavaredo, cet hôtel familial tout en bois propose des chambres très confortables. Cuisine italienne et internationale.

POUR SE FAIRE PLAISIR

Monika Hotel – *Viale Parco, 2 - 39030 Sesto - ✆ 0474 71 03 84 - www.monika.it - fermé de déb. avril à mi-mai et de mi-oct. à mi-déc. - P - 45 ch.* Située dans une zone tranquille et verdoyante, cette jolie maison-bonbonnière, de style classique tyrolien, vous accueille dans un décor élégant où le bois domine. Chambres simples et agréables et très belle salle à manger plus luxueuse.

EN SOIRÉE

La route des Dolomites
Enoteca – *Via Mercato, 5 - 32043 Cortina d'Ampezzo - ✆ 0436 86 20 40 - www.enotecacortina.com.* Une porte ancienne s'ouvre sur la petite salle au plafond en bois de cette œnothèque, sympathique et accueillante. Un endroit idéal pour déguster les vins de la région.

ACHATS

Art52 – *Centre culturel, à côté de l'OT - 39046 Ortisei - www.art52.it - 9h-22h.* Ce grand hall d'exposition présente les travaux d'une soixantaine de sculpteurs de la région. Pour acheter les œuvres, il suffit ensuite de les contacter.

ACTIVITÉS

Sentiers et randonnées d'altitude

Les Dolomites sont parcourues par un réseau de sentiers très dense, qui offre l'embarras du choix au randonneur du dimanche comme aux alpinistes aguerris.

Signalons parmi les grands sentiers d'altitude : –
n° 2 (Bressanone-Feltre) : il traverse la Plose, le massif de Puez, la Gardenaccia, le Sella, la Marmolada ; –
n° 3 (Villabassa-Longarone) : il s'étend à travers la Val Pusterla, la Croda Rossa, Misurina, le Cristallo, le Sorapis et l'Antelao –
n° 4 (San Candido-Pieve di Cadore) : il passe par les Dolomites de Sesto, les Cadini di Misurina et les Marmarole.

Pour partir « en connaissance de cause », condition requise pour toute excursion en montagne, il est conseillé de contacter les offices de tourisme indiqués dans la rubrique « Informations utiles ».

Le site **www.dolomitesalpine.it** donne de précieuses idées et informations pour des randonnées et sessions d'escalade en toute sécurité.

Vous pouvez aussi vous adresser au **Groupe des guides alpins école d'alpinisme** (Gruppo Guide Alpine Scuola di Alpinismo) – *Corso Italia, 69/a - 32043 Cortina d'Ampezzo - ✆ 0436 86 85 05 - www.guidecortina.com.*

Cascades, lacs, grottes, escalade sportive (accessible à tous)… les formidables excursions organisées par cette école d'alpinisme resteront à jamais gravées dans votre mémoire et celles de vos enfants.

Parc de Fanes

(Parco Naturale Fanes-Sennes et Braies)

Tous les sentiers et chemins partent de Dobbiaco, le point de départ des randonnées, et vous mènent entre 1 000 et 3 000 m d'altitude. Certains chemins sont aménagés pour des balades en hiver. Moins bien équipé question ski et plus familial, Dobbiaco offre de nombreuses activités pour les enfants en été – *rens. à l'OT.*

VTT

Dans le Val Gardena, terrain idéal pour les VTTistes, la plupart des remontées mécaniques leur sont ouvertes. Locations dans les villages. *à l'OT d'Ortisei.*

Ski

Les Dolomites détiennent le plus grand espace d'Europe de ski de fond : 1 300 km de pistes damées. *www.dolomitinordicski.com.*

5

Belluno

★

36 599 habitants – Vénétie

NOS ADRESSES PAGE 473

S'INFORMER

Office de tourisme – *Piazza Duomo, 2 - ✆ 0437 94 00 83 - www.infodolomiti.it (en français).*

SE REPÉRER

Carte de région B1 (p. 436-437) – *carte Michelin Régional 562 D 18*. Belluno se trouve le long de l'A 27, qui mène à Venise (109 km plus au sud).

ORGANISER SON TEMPS

Consacrez quelques heures à la ville et une journée au moins à explorer le parc naturel, partie moins connue des Dolomites.

Cette agréable cité est située sur une avancée dominant le confluent du Piave et de l'Ardo, dans un beau cadre de hautes montagnes : au nord s'étendent les Dolomites, au sud les Préalpes de Belluno. Commune libre au Moyen Âge, Belluno se place dès 1404 sous la protection de la République de Venise.

Se promener

Compter une demi-journée.
Pour goûter la beauté de la ville, emprunter la via Rialto, par la porte Dojona (13e s., transformée au 16e s.), parcourir la **piazza del Mercato★** bordée de maisons Renaissance à arcades et ornée d'une fontaine datant de 1409 ; suivre la via Mezzaterra, la via Santa Croce jusqu'à la porte Rugo. La via del Piave offre une ample **vue★** sur la vallée du Piave et les montagnes environnantes. La **piazza del Duomo★** est entourée du **palais des Recteurs★** (Palazzo dei Rettori), de style vénitien (fin 15e s.), du **palais épiscopal** (Palazzo dei Vescovi) et de la cathédrale du 16e s., flanquée d'un campanile baroque dessiné par Juvara ; elle renferme quelques beaux tableaux de l'école vénitienne, dont une toile de Jacopo Bassano et, dans la crypte, un **polyptyque★** du 15e s. de l'école de Rimini.
Le palais des Juristes (Palazzo dei Giuristi) abrite le **Musée municipal** (Museo Civico), composé d'une pinacothèque (peintres locaux et vénitiens), d'une riche collection numismatique et de documents évoquant le Risorgimento. *Pour toute information : ✆ 0437 94 48 36 - http ://museo.comune.belluno.it - 10h-13h, mar. et vend. aussi 15h-18h - fermé lun., 25 déc., 1er janv., 1er Mai et 15 août - 3 €.*

À proximité Carte de région (p. 436-437)

★★ Parco Nazionale Dolomiti Bellunesi C1-D1

À 10 km au nord-ouest de Belluno ; deux routes seulement le traversent, la SS 203 et la SP 2 de la Val del Mis - www.infodolomiti.it, www.dolomitipark.it.

Voir aussi le chapitre sur Les Dolomites (p. 459).

Le Parc national des Dolomites de la province de Belluno a été créé en 1993 afin de préserver un territoire d'une grande valeur, tant du point de vue de ses paysages que pour la richesse de son milieu naturel. Moins touristique et plus enclavé que son homonyme plus au nord, il invite les randonneurs les plus solitaires.

Feltre C3

À 31 km au sud-ouest.

Groupée autour de son château, la ville a conservé une partie de ses remparts et, **via Mezzaterra★**, des maisons anciennes ornées de fresques. La **piazza Maggiore★** frappe par l'ordonnance scénographique de ses bâtiments et des nombreuses arcades, escaliers ou balustrades qui l'animent.

Le **Musée municipal** (Museo Civico) rassemble des tableaux de L. Luzzo, originaire de Feltre, de P. Marescalchi, G. Bellini, Cima da Conegliano, M. Ricci et Jan Metsys ; en outre, le musée possède une section historique rassemblant des documents sur l'histoire de la ville et une section archéologique. *Via L. Luzzo, 23, près de la porte Oria - ✆ 0439 88 52 41/2 - www.musei.comune.feltre.it- w.end et j. fériés - jeu.-dim. 10h30-12h30, 15h-18h (16h-19h en été) - fermé 25-26 déc., 1er janv. - 4 €.*

NOS ADRESSES À BELLUNO

RESTAURATION

BUDGET MOYEN

Al Borgo – *Via Anconetta, 8 - ✆ 0437 92 67 55 - www.alborgo.to - fermé de fin janv. à mi-fév., 1 sem. en oct., lun. soir et mar.* Installé dans une ancienne villa du 18e s., ce restaurant soigné et rustique propose des plats typiques.

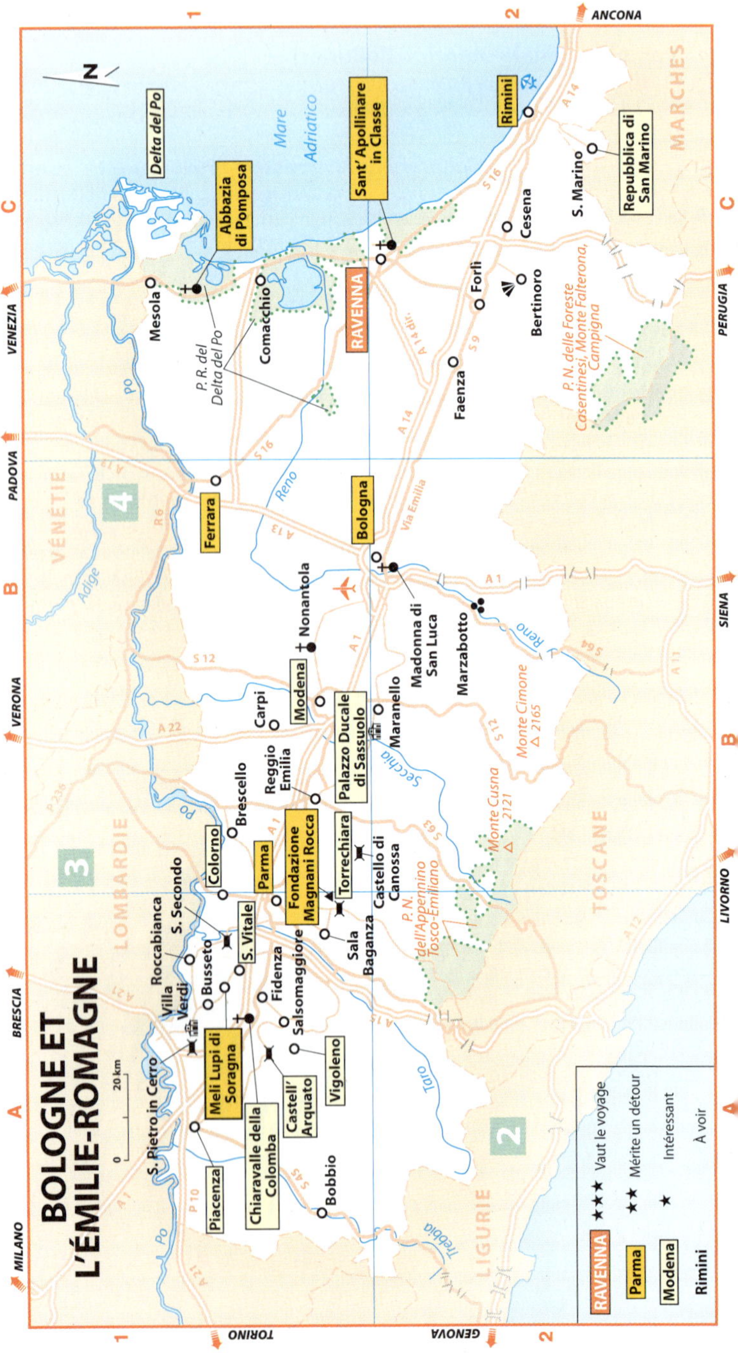
BOLOGNE ET L'ÉMILIE-ROMAGNE
N
0
20 km
MILANO
BRESCIA
VERONA
PADOVA
VENEZIA
ANCONA
PERUGIA
SIENA
LIVORNO
GENOVA
TORINO
A
B
C
1
2
VÉNÉTIE
LOMBARDIE
TOSCANE
LIGURIE
MARCHES
Mare
Adriatico
Delta del Po
Abbazia di Pomposa
Mesola
P. R. del Delta del Po
Comacchio
Sant' Apollinare in Classe
RAVENNA
Rimini
Republica di San Marino
S. Marino
Cesena
Forlì
Bertinoro
Faenza
P. N. delle Foreste Casentinesi, Monte Falterona, Campigna
Ferrara
Bologna
Via Emilia
Reno
Po
Adige
Nonantola
Madonna di San Luca
Marzabotto
Modena
Carpi
Maranello
Palazzo Ducale di Sassuolo
Monte Cimone 2165
Reggio Emilia
Brescello
Secchia
Monte Cusna 2121
Colorno
Parma
Fondazione Magnani Rocca
Torrechiara
Castello di Canossa
P. N. dell'Appennino Tosco-Emiliano
S. Secondo
Roccabianca
S. Vitale
Sala Baganza
Salsomaggiore
Fidenza
Busseto
Villa Verdi
S. Pietro in Cerro
Meli Lupi di Soragna
Chiaravalle della Colomba
Castell' Arquato
Vigoleno
Piacenza
Bobbio
Taro
Trebbia
RAVENNA ★★★ Vaut le voyage
Parma ★★ Mérite un détour
Modena ★ Intéressant
Rimini À voir

Bologna et l'Émilie-Romagne 6

Carte Michelin Régional 562 F 18-19

Bologna

Bologne

★★

380 181 habitants – Émilie-Romagne

NOS ADRESSES PAGE 485

S'INFORMER

Office de tourisme – *Piazza Maggiore, 1/e - ✆ 051 23 96 60 - www.bolognawelcome.com*

SE REPÉRER

Carte de région B2 (p. 474) – *cartes Michelin Régional 562 et 563 I 15-16.* Bologne est extrêmement bien située pour rejoindre les côtes adriatique et toscane, ainsi que les Dolomites. Important nœud autoroutier, elle se trouve en effet au croisement de l'A 1, de l'A 14 de l'Adriatique et de l'A 13 et non loin de l'A 22 du Brenner.

À NE PAS MANQUER

L'ensemble de la piazza Maggiore, Santo Stefano, San Domenico, l'amphithéâtre d'anatomie, le musée Morandi.

ORGANISER SON TEMPS

Il faut compter un minimum de deux jours pour découvrir la ville.

AVEC LES ENFANTS

Grimper au sommet de la tour des Asinelli.

Bologne, que l'iconographie traditionnelle dépeint comme érudite, opulente et rouge, est une ville antiaristocratique et communautaire par vocation. « Bologna la Dotta » (la savante) grâce à sa prestigieuse université, la plus vieille d'Europe avec la Sorbonne parisienne. « Bologna la Grassa » (l'opulente) pour sa richesse agricole et son abondance gastronomique, qui fait d'elle le temple par excellence de la cuisine italienne. « Bologna la Rossa » (la rouge) enfin. Le rouge qui, avec le temps, a pris d'évidentes connotations politiques, désigne en réalité la couleur de ses édifices, de ses tours, de ses 37 km d'arcades sous lesquelles se déroule la vie active, mais sans frénésie, d'une ville proclamée capitale culturelle de l'Europe pour l'an 2000.

Se promener Plan de ville p. 478

★★★ LE CENTRE MONUMENTAL

Compter une demi-journée.

Les deux places contiguës, **piazza Maggiore** et **piazza del Nettuno★★★**, forment, avec la **piazza di Porta Ravegnana★★**, un ensemble d'une grande harmonie constituant le cœur de Bologne.

La piazza Maggiore et San Petronio.
Atlantide S.N.C. / Age fotostock

★★ Fontana del Nettuno B1

Le Géant de bronze du sculpteur flamand **Jean Bologne** (1529-1608), avec sa puissante musculature et les sirènes pressant leurs seins pour en faire jaillir l'eau, constitue une œuvre à la fois puissante et gracieuse, à l'image de la ville.

★ Palazzo Comunale A1-2

✆ 051 20 30 40. Sala Rossa, Sala d'Ercole, Sala Farnese, Cappella Palatina, visite si salles disponibles (s'adresser à l'accueil). Sala del Consiglio : mar.-dim. 10h-13h, (fermée pendant la réunion du Consiglio comunale).

Sa façade est composée de bâtiments de différentes époques : 13e s. à gauche, 15e s. à droite ; au centre, le grand portail du 16e s. est surmonté d'une statue du pape Grégoire XIII ; à gauche du portail, en haut, charmante *Vierge à l'Enfant* par Niccolò dell'Arca (1478). Au fond de la cour, sous la galerie à gauche, une superbe rampe à degrés (autrefois utilisée par les chevaux) donne accès aux riches salons du 1er étage et se poursuit jusqu'au 2e étage où s'ouvrent (au fond de la vaste salle Farnèse couverte de fresques du 17e s.) les somptueuses salles abritant les **collections municipales d'art**, bel ensemble de mobilier et de **peintures★** essentiellement de l'école émilienne, du 14e au 19e s.

★ Museo Morandi – *✆ 051 21 93 338 - www.museomorandi.it - tlj sf lun. 11h-18h, w.-end et j. fériés 10h-20h - fermé 25 déc., 1er janv., 1er Mai - 6 €. Maison sur RV.*

Il rassemble la plus riche collection d'œuvres du peintre et graveur bolonais **Giorgio Morandi** (1890-1964) : toiles, dessins, aquarelles et eaux-fortes. Ocre, bleu, blanc, ivoire, brun, gris… permettent de voir combien son travail recrée un spectre chromatique pour interpréter avec une intense sobriété un univers austère, dominé par l'absence de personnages. Les bouteilles, vases, carafes, coupes à fruits, savamment composés et recomposés dans de nombreuses versions, sont des pictogrammes, des images sans poids,

tandis que les paysages, mesurés et géométriques, révèlent l'influence de Cézanne. Le musée montre aussi la reconstitution du studio de l'artiste et sa collection d'art antique. Les passionnés pourront visiter la maison du peintre sur la via Fondazza, 36.
À gauche du palais communal s'élève le sévère **palazzo dei Notari** (palais des Notaires), des 14e-15e s.

★ Palazzo del Podestà B1-2

Le palais du Podestat et celui du roi Enzo ne sont ouverts qu'à l'occasion d'expositions ou d'événements particuliers.
Sa façade Renaissance donnant sur la piazza Maggiore présente un rez-de-chaussée à arcades séparées par des colonnes corinthiennes et surmontées d'une balustrade ; l'étage comporte des pilastres et un attique percé d'oculi. Contigu au palais du Podestat, le **palais du roi Enzo**, du 13e s., possède une belle cour intérieure, un magnifique escalier menant à une galerie, à gauche de laquelle s'ouvre une cour dominée par la tour de l'Arengo.

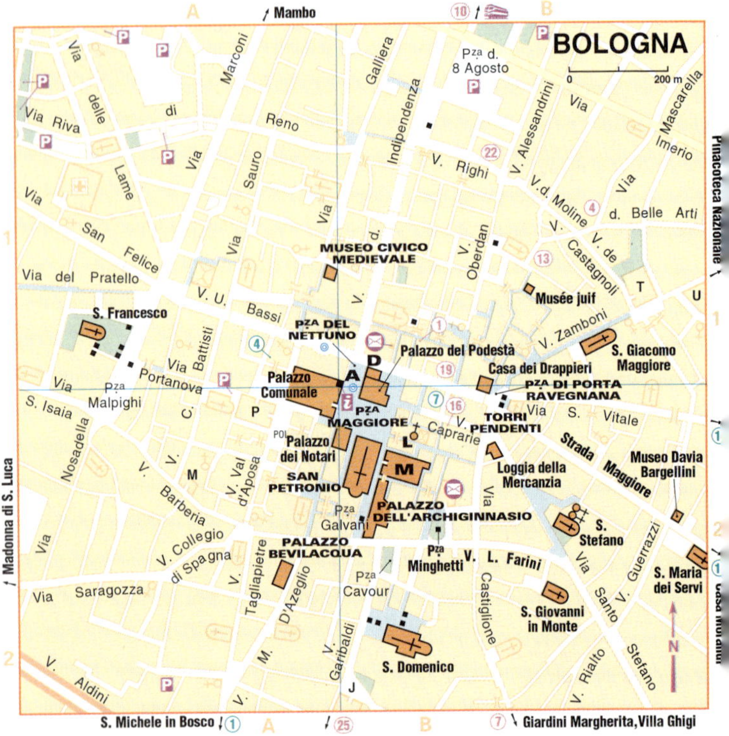

SE LOGER
- A Casa di Dolly 1
- Albergo Centrale 4
- Albergo delle Drapperie 7
- Albergo San Vitale 10
- Albergo Villa Azzurra 13

SE RESTAURER
- Bottega del Vino Olindo Faccioli 1
- Cantina Bentivoglio 4
- Gigina 10
- Marco Fadiga Bistrot 7
- Osteria dell'Orsa 13
- Tamburini 16
- Teresina 19
- Trattoria del rosso 22
- Trebbi 25

- Fontana del Nettuno ...... A
- Museo Civico Archeologico ...... M
- Palazzo di Re Enzo ...... D
- Santa Maria della Vita L

★★ San Petronio B2

Commencée en 1390, la construction de cette basilique fut interminable et les voûtes ne furent posées qu'au 17e s. La façade, dont la partie supérieure n'a pas reçu son revêtement en marbre, est surtout remarquable par son **portail★★** central, ouvrage majeur du sculpteur siennois **Jacopo della Quercia** (1425-1438), qui a orné linteau, ébrasements et piédroits de scènes robustes et expressives.

L'intérieur, l'un des plus vastes connus, contient de nombreuses **œuvres d'art★** : fresques de Giovanni da Modena (15e s.), dans les 1re et surtout 4e chapelles de gauche ; *Saint Sébastien* (école ferraraise, fin 15e s.), dans la 5e chapelle gauche ; *Madone* (1492) de Lorenzo Costa dans la 7e chapelle et tombeau d'Elisa Baciocchi, sœur de Napoléon. L'orgue, à droite dans le chœur, est l'un des plus anciens d'Italie (15e s.). Près de la basilique se trouve le musée municipal d'Archéologie.

★★ Museo Civico Archeologico B2

Via dell'Archiginnasio, 2 - ✆ 051 27 57 211 - www.comune.bologna.it/museoarcheologico - ♿ - tlj sf lun. 9h-15h, w.-end et j. fériés 10h-18h30 - fermé 25 déc., 1er janv. et 1er Mai - 5 €.

L'atrium et la cour intérieure abritent une collection lapidaire, et l'aile contiguë la gypsothèque. Au 1er étage sont exposés les riches mobiliers funéraires (7e s. av. J.-C.), des tombes de la nécropole de Verucchio (près de Rimini), grand centre de la culture villanovienne en Émilie. Également issu de cette civilisation, l'**askos Benacci**, probable récipient à onguents et parfums.

Le musée comprend également des sections préhistorique, égyptienne, gréco-romaine (belle copie romaine de la **tête de l'Athéna Lemnia** de Phidias) et étrusco-italique.

★★ Palazzo e Biblioteca dell'Archiginnasio B2

Piazza Galvani, 1 - ✆ 051 27 68 11 - www.archiginnasio.it - palais et théâtre d'anatomie 9h-18h45 (13h45 sam.) - fermé dim., 25 déc., 1er janv., Pâques - gratuit.

Le **palais de l'Archiginnasio** fut construit entre 1562 et 1563 par Antonio Morandi, dit « le Terribilia », dans le but de réunir dans un seul édifice toutes les écoles alors disséminées dans la ville. Il abrita l'université jusqu'en 1803, date à laquelle le siège fut transféré au palais Poggi. Deux escaliers du vaste porche, celui des Légistes (à droite) et celui des Artistes (à gauche), conduisent aux anciennes salles de classe et aux amphithéâtres. Murs, voûtes des salles, des galeries et des escaliers sont recouverts d'une dense **décoration**, quelque 7 000 écussons, noms d'étudiants, inscriptions commémoratives de maîtres de l'Université y sont peints. L'amphitéâtre des Artistes abrite la bibliothèque municipale, riche de 8 000 000 de volumes dont 2 500 incunables et environ 15 000 éditions rares et précieuses du 16e s. (elle peut être visitée sur demande). Celui des Légistes est dit du « Stabat Mater » car c'est ici que fut exécutée pour la première fois l'œuvre de Rossini. Le **théâtre d'anatomie★**, lieu consacré aux dissections de cadavres, fut bâti aux 17e-18e s. La salle, entièrement lambrissée de bois, est décorée des statues de célèbres médecins de l'Antiquité et des bustes des médecins les plus renommés de l'université bolonaise. Au plafond figure la statue d'Apollon entourée des symboles des constellations. La chaire du lecteur présente la décoration la plus étonnante ; le baldaquin est soutenu par deux **écorchés** (1734), œuvres du céroplaste Ercole Lelli. Au centre de la salle se trouve la copie de la table de dissection en marbre blanc. Le théâtre d'anatomie, pratiquement détruit lors de bombardements en 1944, a été fidèlement reconstruit.

Dans l'oratoire, près de l'église **Santa Maria della Vita**, on peut admirer le dramatique **groupe★** en terre cuite pleurant la mort du Christ, de Nicolò dall'Arca (15e s.).

Pour rejoindre de la piazza Maggiore les Torri pendenti, empruntez les rues et ruelles qui partent sous les arcades, comme la via degli Orefici ou la via Clavature. Là se succèdent étals de marchands de quatre saisons, épiceries fines et charcuteries, un vrai régal pour les yeux et les papilles.

★★ Torri pendenti B2

Tour des Asinelli : été 9h-17h30, le reste de l'année 9h-16h30 - 3 €.

Sur la pittoresque piazza di Porta Ravegnana s'élèvent **deux hautes tours** nobiliaires, vestiges des luttes qui opposaient au Moyen Âge les familles ennemies guelfes et gibelines ; la plus élevée, la **tour des Asinelli**, datant de 1109, atteint presque 100 m : 486 marches conduisent à son sommet, d'où l'on jouit d'un admirable **panorama★★** sur la ville ; la seconde, dite **Garisenda**, a une hauteur de 50 m et une inclinaison de plus de 3 m *(ne se visite pas)*. Au n° 1, **casa dei Drappieri** (maison des Drapiers), de style Renaissance.

Sur la place contiguë, la **Loggia della Mercanzia★**, ou loge des Marchands (14e s.), est ornée de nombreux écussons des corporations et de statues.

Tout près des deux tours, par la via dei Giudei, qui longe la maison des Drapiers, on pénètre dans l'ancien **ghetto juif**, qui occupait une zone allant de l'actuelle via Oberdan à la via San Donato. Il s'agit d'un lacis de petites ruelles : via dell'Inferno, via Canonica, vicolo Mandria, etc. Le **Musée juif** a été aménagé dans l'ancien palais Pannolini (16e s.), au n° 1/5 via Valdonica. Il relate notamment l'histoire de la communauté juive de Bologne et de l'Émilie-Romagne.

AUTOUR DU CENTRE MONUMENTAL : LES ÉGLISES Plan de ville p. 478

Compter 2h.

★ San Giacomo Maggiore B1

Fondée en 1267, cette église est ornée d'une belle galerie Renaissance sur son flanc gauche. À l'intérieur, à l'extrémité du bas-côté gauche, s'ouvre la splendide **chapelle Bentivoglio★**, dont la décoration picturale fut en partie réalisée par l'artiste ferrarais Lorenzo Costa, qui exécuta les *Triomphes de la Réputation et de la Mort* et la belle *Vierge et la famille Bentivoglio sur un trône*. La chapelle abrite par ailleurs un des chefs-d'œuvre de Francesco Francia (fin du 15e s.), la *Vierge et les saints sur un trône* (environ 1494), imprégnée d'une veine mélancolique et élégiaque. Face à la chapelle, dans le déambulatoire, se trouve la **tombe★** du juriste A. Bentivoglio (environ 1433) de Jacopo della Quercia.

L'**oratoire Santa Cecilia** *(accès par la via Zamboni, 15)*, petite église fondée au 13e s. et remaniée au 15e s., recèle un remarquable cycle de **fresques** (1506) dédiées à sainte Cécile, réalisé par F. Francia, L. Costa et A. Aspertini.

En continuant la via Zamboni, on arrive à la Pinacothèque nationale (voir plus loin).

★ Strada Maggiore B2

En parcourant cette élégante rue flanquée de beaux palais, on remarque au n° 19 la **maison Isolani**, rare exemple d'habitation du 13e s. avec un portique en bois. On rejoint au n° 44 le **Museo d'Arte Industriale e galleria Davia Bargellini** (musée d'Art industriel et galerie Davia Bargellini) aussi appelé **Museo Davia Bargellini**, abrité dans un beau palais datant de 1658 ; on y admire des collections d'« art industriel » (arts appliqués et décoratifs) et des tableaux du 14e au 18e s. *✆ 051 23 67 08 - www.comune.bologna.it/iperbole/MuseiCivici - tlj sf lun. 9h-14h, dim. et j. fériés 9h-13h - fermé 25 déc., 1er janv. et 1er Mai.*

Un peu plus loin, sur la droite, se dresse l'église **Santa Maria dei Servi**, fondée au 14e s. Elle est précédée d'un **portique à quatre arcades★** Renaissance et se termine par un bel ensemble absidial. L'intérieur conserve, dans la troisième chapelle à droite, une **Vierge en majesté★★** de **Cimabue**.

★ Santo Stefano B2

Cet ensemble d'édifices religieux (7 à l'origine) donne sur une place bordée de palais Renaissance. On y pénètre par l'**église du Crucifix**, ancienne cathédrale lombarde, restructurée au 11e s. et fortement remaniée au 19e s. On accède à gauche à l'**église du Saint-Sépulcre** (12e s.), de forme polygonale et renfermant le tombeau de saint Pétrone, patron de Bologne. Les colonnes de cipolin noir proviennent du temple antique dédié à Isis (100 apr. J.-C.), transformé en baptistère et donc situé dans l'église actuelle : la fontaine, à l'origine consacrée par les eaux du Nil, fut reconsacrée avec celles du Jourdain. Sur la gauche se trouve l'**église des saints Vital et Agricola** (8e-11e s.), aux lignes sobres et vigoureuses. Toujours depuis l'église du Saint-Sépulcre, on rejoint la belle **cour de Pilate** (11e-12e s.) et, de là, l'**église de la Trinité** (13e s.), ancien martyrium (4e-5e s.), dans lequel furent transférés les corps des martyrs. À droite de la cour de Pilate, au fond, s'ouvre un cloître roman donnant accès à un petit **musée** (peintures, statues, objets de culte).

San Giovanni in Monte B2

Située sur la place du même nom, presque à l'intersection de la via Santo Stefano et de la via L. Farini.

L'église fut construite en 1286 et sa façade achevée en 1474. Mais c'est surtout l'intérieur qui mérite le détour et notamment à gauche, dans une chapelle, le très beau *Saint François d'Assise* (1647) du Guerchin et, plus loin, une *Sainte Famille* (1753) attribuée à Antonio Crespi. Une fresque du 16e s. orne la voûte et les lunettes de la chapelle de saint Ubaldo.

Via L. Farini B2

Elle concentre, avec le passage Cavour et la via dell'Archiginnasio qui en partent, les boutiques de mode des grandes marques italiennes ou internationales. Agréable artère, elle donne également accès à deux petits squares, idéals pour s'asseoir et faire une pause à l'ombre d'arbres : piazza Minghetti et piazza Cavour.

★ San Domenico B2

Cette église, commencée au début du 13e s. et remaniée au 18e s., abrite le célèbre et magnifique **tombeau du saint★★★** : l'admirable sarcophage est l'œuvre de **Nicola Pisano** (1267), tandis que le couronnement avec les statues (1468-1473) fut exécuté par **Niccolò da Bari** (surnommé par la suite Niccolò dell'Arca) et achevé par **Michel-Ange** en 1494 (les deux saints Procule et Pétrone et l'ange de droite). Les bas-reliefs de Nicola Pisano représentent la vie et les miracles de saint Dominique, tandis que la corniche de Niccolò est une célébration de la création, symbolisée par les putti (le Ciel), les guirlandes (la Terre) et les dauphins (la Mer).

LES CHIENS DU SEIGNEUR

Durant sa grossesse, la mère du futur saint eut une vision dans laquelle apparut un chien avec un flambeau, symbole de fidélité et de la foi. Le nom de l'ordre fondé en 1216 par l'Espagnol Domenico Guzman renvoie dans sa forme latine à cette légende (*Domini canes*, les chiens du Seigneur), renouvelée par le petit chien avec la torche qui parfois accompagne la représentation de **saint Dominique**.

La chapelle à droite du chœur renferme un beau tableau de **Filippino Lippi**, le **Mariage mystique de sainte Catherine** (1501). Le chœur, quant à lui, conserve les précieuses stalles exécutées par le moine Damiano da Bergamo en 1541. Non loin, dans la via D'Azeglio, s'élève le palais **Bevilacqua★**, bel édifice Renaissance à bossages, de style florentin.

★ San Francesco A1

Cette église, érigée vers le milieu du 13e s., est l'un des plus précieux exemples du style gothique en Italie. En arrivant de la piazza Malpighi, on remarque les trois belles arches (coffres) des glossateurs (les commentateurs du droit) réalisées au 13e s. Au fond se détache le remarquable **ensemble absidial★**, caractérisé par d'imposants contreforts et des arcs rampants d'influence française. À l'intérieur, sur le maître-autel, trône un beau **retable★** de marbre (1392), œuvre du sculpteur vénitien Paolo delle Masegne.

Une porte sur la droite conduit au cloître des Morts, de style Renaissance, d'où l'on bénéficie d'une belle vue sur le flanc de l'église et sur les deux campaniles.

Non loin de San Francesco se trouve le Musée municipal médiéval (voir plus loin).

À voir aussi Plan de ville p. 478

★★ Pinacoteca Nazionale Hors plan, B1

Via delle Belle Arti, 56 ; du centre, accès par la via Zamboni - ✆ 051 42 09 411 - www.pinacotecabologna.beniculturali.it - 9h-19h - fermé lun., 1er Mai et 15 août - 4 €.

La Pinacothèque nationale rassemble d'importantes collections de tableaux du 13e au 18e s., pour la plupart d'école émilienne.

Parmi les œuvres les plus anciennes se distinguent le tourbillonnant **Saint Georges et le dragon★** de Vitale da Bologna et la *Vierge à l'Enfant sur un trône* de Giotto. Dans la partie Renaissance, on peut admirer le tragique fragment représentant Marie-Madeleine, d'Ercole de'Roberti, la *Pala dei Mercanti*, de Francesco del Cossa, la **Madone à l'Enfant en majesté★**, du **Pérugin** et la **Sainte Cécile★★**, de **Raphaël**, dont le thème de la renonciation aux biens terrestres est symbolisé par les instruments abandonnés à terre.

La **salle des Carrache★★** accueille de nombreux chefs-d'œuvre de Ludovic, grand interprète de la nouvelle spiritualité, tantôt intime et recueillie, tantôt très émotionnelle, de la Contre-Réforme : la délicate *Annonciation*, la *Madone Bargellini* (remarquer la vue de Bologne), une Madone commandée par les carmes déchaux, et la dramatique *Conversion de saint Paul*, qui prélude à la peinture baroque. D'Augustin, initiateur et théoricien de l'Académie, on admirera la *Communion de saint Jérôme*, tandis que parmi les œuvres d'Annibal, signalons l'*Assomption de la Vierge*, œuvre dans laquelle l'artiste construit un espace déjà baroque.

La **salle de Guido Reni★★** recèle de magnifiques œuvres de cet artiste qui, après son adhésion initiale aux modèles des Carrache, aboutit à un classicisme qui se réfère à l'antique et à Raphaël. Dans le célèbre **Massacre des Innocents**, on peut apprécier l'habile structure de la composition et l'équilibre entre l'architecture et les personnages qui forment un triangle renversé. L'intense **Portrait de veuve**, considéré comme un portrait de sa mère, est une œuvre très psychologique dotée d'un équilibre chromatique remarquable ; il s'agit là de l'un des plus beaux portraits du 17e s. italien.

Dans le **corridor du Baroque** est exposé **l'Adoubement de Guillaume d'Aquitaine★** du Guerchin, qui à la leçon des Carrache associe les suggestions chromatiques et la peinture par touches dérivée de Titien. Parmi les

La plus ancienne université du monde occidental

UN PEU D'HISTOIRE

Une cité médiévale fière de son université de droit

L'étrusque Felsina fut conquise au 4e s. av. J.-C. par les Gaulois boïens qui furent à leur tour chassés par les Romains dès 190 av. J.-C. La Bononia romaine tomba ensuite aux mains des Barbares et ne se releva vraiment qu'au 12e s. Au siècle suivant, conduite par un gouvernement communal indépendant, la cité se développa rapidement et se dota de remparts et de tours, s'enrichit de palais et d'églises et se fit universellement connaître par le renom de son université. Celle-ci se présentait comme « l'université des étudiants » (c'est-à-dire directement administrée par les étudiants), par opposition à l'université parisienne, considérée comme « l'université des maîtres ». Si, au Moyen Âge, Paris était le berceau de la culture théologique, Bologne, quant à elle, était le centre de la grande école de droit, qui se fit juge lors de la controverse entre la papauté et l'Empire dans la querelle des Investitures (*p. 102*).

De la commune libre à l'autorité des papes

Dans la lutte qui opposait les gibelins, partisans de l'empereur, et les guelfes, souhaitant l'autonomie communale, ces derniers l'emportèrent et vainquirent à Fossalta, en 1249, l'armée de l'empereur Frédéric II, retenant prisonnier son fils Enzo, qui mourut en captivité à Bologna vingt-trois ans plus tard.
Au 15e s., à l'issue de luttes violentes entre familles rivales, la ville tomba aux mains des **Bentivoglio**, qui restèrent au pouvoir jusqu'en 1506. C'est à cette date que la cité passa sous le contrôle du pape et y demeura jusqu'à l'arrivée de Bonaparte. Après quelques mouvements de rébellion sévèrement réprimés par les Autrichiens, la cité fut réunie au Piémont en 1860. Bologne a vu naître plusieurs papes parmi lesquels **Grégoire XIII**, auteur du calendrier grégorien (1582). C'est à Bologne en 1530, dans la basilique San Petronio, que Charles Quint obligea le pape Clément VII à le couronner à la suite de sa victoire de Pavie sur François Ier et du sac de Rome par ses troupes.

Bologne la Rouge

De 1945 jusqu'en 1999, Bologne a été le fief de la gauche italienne, reportant mandat après mandat le parti communiste aux affaires, ou bien les partis de gauche après la dissolution du PCI en 1991. Bologne est aussi la ville de Romano Prodi, politicien de centre-gauche.

L'ÉCOLE DE PEINTURE DE BOLOGNE

L'appellation désigne la réaction esthétique représentée par les frères Augustin (1557-1602) et Annibal (1560-1609) **Carrache** et par leur cousin Ludovic (1555-1619), contre les excès du maniérisme. Elle s'attache à une composition plus « classique » et à un art plus naturel, susceptible d'exprimer une spiritualité simple et intime. De nombreux artistes, tels les Bolonais l'Albane, **le Guerchin**, **le Dominiquin** et **Guido Reni**, se rallièrent à ce que l'on nommait l'**académie des « Incamminati »** (les acheminés), dont l'enseignement était fondé sur l'étude directe de la nature. En 1595, Annibal Carrache s'établit à Rome, au service des Farnèse; ses fresques réalisées au palais Farnèse orientent son art vers un dynamisme et un illusionnisme qui pourraient préluder à l'art baroque.

productions du 18e s. figurent les œuvres de Giuseppe Maria Crespi, l'un des principaux peintres du 18e s. italien (la **Scène de cour★** et la délicieuse *Jeune Fille avec une rose et un chat*).

Museo Civico Medievale A1

Via Manzoni, 4 - ✆ 051 21 93 930 - www.comune.bologna.it/iperbole/MuseiCivici - tlj sf lun. 9h-15h, w.-end et j. fériés 10h-18h30 - fermé 25 déc., 1er janv., 1er Mai - 5 €.
Les collections de ce musée, logé dans le beau **palais Fava-Ghisilardi★** (fin 15e s.), qui se dresse sur le site d'un palais impérial romain, évoquent le développement de l'art urbain du Moyen Âge au début de la Renaissance. Figurent parmi les œuvres exposées les arches (coffres) des glossateurs de l'université, la statue de Boniface VIII, de Manno Bandini (1301), une précieuse chape anglaise du 13e s., et l'admirable dalle funéraire de Domenico Garganelli, réalisée par Francesco del Cossa vers 1478.

MAMbo (Museo d'Arte Moderna di Bologna) Hors plan, A1

Via Don Minzoni, 14 - ✆ 051 64 96 11 - www.mambo-bologna.org - ma., merc. et vend. 12h-18h, jeu., w.end et j. fériés 12h-20h - fermé 1er janv., 1er Mai, 25 déc. 6 €.
Le musée d'Art moderne de Bologne a ouvert ses portes en 2007 dans le bâtiment (datant de 1916) d'un ancien four à pain. Le fonds est constitué par le legs de la collection de la **Galleria d'Arte moderna di Bologna** qui couvre une large période allant du 18e s. jusqu'à nos jours et bénéficie d'un espace spécifique au sein du musée. Le Mambo a pour but de promouvoir et de collecter les œuvres de jeunes artistes italiens tout en privilégiant la culture et l'histoire de la région de Bologne en mettant en lumière la tradition artistique dont elle est l'héritière. Il intègre également une activité de recherche et d'expérimentation, notamment à travers les expositions temporaires.

À proximité Carte de région p. 474

★ San Michele in Bosco B2

Au sud du centre historique, au-delà du viale Enrico Panzacchi et des jardins de la reine Marguerite. Via G.C. Pupilli, 1 ; accès par les bus 29, 59.
Situé au-delà de la porte San Mamolo sur une éminence, le monastère (aujourd'hui intégré dans un hôpital, l'institut Rizzoli) et l'église datent, dans leur aspect actuel, du début du 16e s. Du parvis de l'église s'offre un panorama sur la ville et au-delà, jusqu'aux Préalpes. Cette église à une seule nef dégage beaucoup de charme et présente d'intéressantes fresques baroques notamment, dans la partie supérieure, sur l'arc du presbytère, l'*Archange Michel chassant du ciel les anges rebelles*. La sacristie (à droite) est décorée de fresques du 16e s. Par une petite porte à droite de l'autel, on accède à la longue galerie sur laquelle s'ouvraient autrefois les cellules des moines. Il faut l'emprunter et descendre à gauche l'escalier pour atteindre le cloître du 17e s. (*3e porte à droite, suivre les indications « chiostro ottagonale dei Carracci »*). Le **cloître des Carrache**, de forme octogonale, était autrefois orné de célèbres fresques – malheureusement presque effacées aujourd'hui – réalisées par Ludovico Carraci et son école.

Madonna di San Luca

À 5 km au sud-ouest. Quitter le centre de la ville par la via Saragozza.
L'église, du 18e s., est reliée à la ville par un **portique★** de 4 km et 666 arcades. Dans le chœur, on peut voir la *Madone de Saint-Luc*, peinture du 12e s. exécutée dans la manière byzantine. Belle **vue★** sur Bologne et les Apennins.

Marzabotto

À 25 km au sud par la SS 64 qui suit la vallée du Reno.
L'ancienne cité étrusque de Misa s'est illustrée dans l'histoire plus récente par un épisode tragique : l'exécution en représailles de 1 830 civils par les Allemands en 1944 (ossuaire dans l'église paroissiale).
Dans la zone archéologique, on découvre les vestiges de la cité étrusque du 6e-5e s. av. J.-C. et de la nécropole. À voir aussi, le riche **Musée archéologique**.
Musée : ✆ 051 93 23 53 - www.archeobologna.beniculturali.it/Marzabotto - été : 9h-13h, 15h-18h30 ; reste de l'année : 9h-13h, 14h-17h30 - fermé lun. - 2 €. Zone archéologique : tlj 8h-19h - 2 €.

NOS ADRESSES À BOLOGNA

ARRIVER/PARTIR

En voiture – Le centre de Bologne est **interdit aux véhicules des non-résidents** de 7h à 20h (sf sam.). Si vous logez en centre-ville, on vous délivrera un permis de stationnement temporaire. Sinon, voir la liste des parkings payants à l'OT *(et aussi le site : http ://iat.comune.bologna.it).*
Par le train – La gare est piazza Medaglie d'Oro, à l'extrémité de la via dell'Indipendenza. De là, les autobus nos 17 et 25 conduisent à la piazza Maggiore, au centre-ville.
Par avion – L'aéroport Guglielmo Marconi est situé à 6 km au nord-ouest de la ville, à Borgo Panigale, *✆ 051 64 79 615 - www.bologna-airport.it.* Il est desservi par les principales compagnies aériennes nationales et internationales, qui le relient aux principales villes italiennes et européennes.
L'aérobus BLQ relie l'aéroport aux points névralgiques de la ville : centre, gare *(30mn de trajet)* et quartier des foires (en période). *De 6h à 0h, ttes les 30mn - 6 € trajet complet, 3 € pour les arrêts intermédiaires, bagages inclus.* Tickets en vente auprès des billetteries ATC, guichets automatiques ou dans le bus. *✆ 051 29 02 90 - www.atc.bo.it.*

SE DÉPLACER DANS LA VILLE

Un vaste réseau de transports urbains dessert la ville. Tickets en vente auprès des billetteries ATC, points de vente autorisés et guichets automatiques :
Ticket à la journée – 4 €, valable 24h une fois composté.
Ticket horaire – 1,20 €, valable 60mn dans la journée et 70mn entre 20h30 et 6h30.
City Pass – 11 €, valable pour 10 trajets de 60mn chacun durant la journée et de 70mn entre 20h30 et 6h30, utilisable par une ou plusieurs personnes à la fois avec une validation par passager. *✆ 051 29 02 90 - www.atc.bo.it.*
Taxi – COTABO (Cooperativa Taxisti Bolognesi) radio-taxi *✆ 051 37 27 27* et CAT (Consorzio Autonomo Taxisti) radio-taxi *✆ 051 53 41 41.*

VISITES

City Red Bus – *✆ 051 35 08 53, www.cityredbus.com - 12 €.* Il fait le tour des principaux centres d'intérêt de la ville en 1h environ (billet valable pour 1j, possibilité de descendre en cours de route et pour attraper un autre bus plus tard). Un moyen facile de se familiariser rapidement avec Bologne.

HÉBERGEMENT

Bon à savoir – À l'occasion de manifestations commerciales ou touristiques, les prix des hôtels peuvent subir une légère hausse : informez-vous au moment de la réservation.

BUDGET MOYEN

A Casa di Dolly – Hors Plan, A2 - *Via della Libertà, 9 (entrée par la via Mura di Porta d'Azeglio) - ✆ 051 331 937 - www.acasadidolly.it.* Au 2e étage d'un immeuble relativement récent, ce B & B, situé à 10mn à pied de la piazza Maggiore, propose 3 grandes chambres doubles avec salle de bains. Accueil convivial (les propriétaires parlent français) et situation idéale pour découvrir la ville sans se soucier de sa voiture.

Albergo Centrale – A1 - *Via della Zecca, 2 - ✆ 051 22 51 14 - www.albergocentralebologna.it - fermé 10 j. en août - 25 ch.* Dans un beau palais d'époque, cet hôtel, accueillant et lumineux, propose des chambres spacieuses, au style agréablement dépouillé. À noter : la chambre no 9 a conservé son mobilier d'origine Art déco. Certaines chambres, moins chères, n'ont pas de salle de bains privée.

Albergo delle Drapperie – B2 - *Via delle Drapperie, 5 - ✆ 051 22 39 55 - www.albergodelledrapperie.com - 21 ch.* Dans le cœur médiéval de la ville, cette auberge du 19e s. est devenue un agréable hôtel qui a été récemment rénové. Chambres confortables et personnalisées. Bon rapport qualité/prix.

Albergo San Vitale – Hors Plan, B2 - *Via San Vitale, 94 - ✆ 051 22 59 66 - www.albergosanvitale.com - 17 ch.* Aménagé dans un ancien couvent dont on a conservé une partie du jardin, ce petit hôtel est agréable et très soigné. Ses chambres, simples et confortables, vous garantissent un séjour reposant. Excellent rapport qualité/prix.

Albergo Villa Azzurra – Hors Plan, B2 - *Viale Felsina, 49 - 5 km à l'est du centre historique, vers Strada Maggiore - ✆ 051 53 54 60 - www.hotelvillaazzurra.com - fermé 10 ou 15 j. en août - 15 ch.* Cette élégante villa d'époque nichée dans un beau jardin propose des chambres spacieuses et meublées avec goût. Excellente adresse pour ceux qui arrivent en voiture, désirent un peu de tranquillité hors du centre-ville.

RESTAURATION

PREMIER PRIX

Bottega del Vino Olindo Faccioli – B1 - *Via Altabella, 15/b - ✆ 051 22 31 71.* Transmise de père en fils depuis 1924, cette œnothèque propose un choix de 500 vins provenant de toute l'Italie. C'est l'endroit parfait pour découvrir les différents vignobles de la Péninsule installé à une table ou au bar.

Tamburini – B2 - *Via Caprarie, 1 - ✆ 051 23 47 26 - www.tamburini.bo.it - lun.-sam. 8h-19h.* La *cantina* la plus chic du quartier contient aussi une belle rôtisserie avec toutes les spécialités de la région. Jambons, pâtes originales et colorées, fromages… à déguster sur place ou à emporter, si vous résistez à la tentation de tout dévorer immédiatement.

BUDGET MOYEN

Cantina Bentivoglio – B1 - *Via Mascarella, 4/b - ✆ 051 26 54 16 - www.cantinabentivoglio.it - Fermé dim. (été).* Dans ce bar élégamment décoré de meubles anciens, vous pourrez déguster, dans un cadre idéal, l'une des

400 bouteilles proposées (parmi lesquelles quelques raretés), tout en écoutant les airs de jazz qui s'y jouent chaque soir.

Gigina – Hors Plan, B1 - *Via Henri Beyle Stendhal, 1 - 4 km au nord-est du centre - ✆ 051 32 23 00 - www.trattoriagigina.it - fermé sam. et 15 j. en août - réserv. conseillée.* En dehors du centre-ville, au-delà des portes, cette *trattoria* renommée sert des plats traditionnels bolonais. Cuisine authentique et ambiance familiale accompagnées d'un service de qualité.

Marco Fadiga Bistrot – B2 - *Via Rialto, 23/c - ✆ 051 22 01 18 - www.marcofadigabistrot.com - fermé dim. et lun.* Atmosphère de bistrot français revisitée. Cuisine du terroir et plats créatifs.

Osteria dell'Orsa – B1 - *Via Mentana, 1/F - ✆ 051 23 15 76 - www.osteriadellorsa.com.* Cette *osteria* est une véritable institution dans le quartier universitaire : professeurs et étudiants s'y retrouvent pour écouter d'excellents concerts de jazz.

Teresina – B1 - *Via Oberdan, 4 - ✆ 051 22 89 85 - www.ristoranteteresinabologna.it - fermé dim. et 2 sem. en août - réserv. conseillée.* Vous trouverez ici d'alléchants menus dégustation avec des plats typiques, dans une ambiance simple et familiale. Très fréquentée, cette *trattoria* un peu étroite dresse des tables dehors en été.

Trattoria del rosso – B1 - *Via Righi, 30 - ✆ 051 23 67 30 - www.trattoriadelrosso.it.* Un ancien café avec terrasse, converti en agréable bistrot, toujours bondé. Vivant et décontracté.

Trebbi – Hors Plan, A2 - *Via Solferino, 40b - ✆ 051 58 37 13.* Depuis 1946, cette *trattoria* sans chichis sert une large sélection d'*antipasti* et de savoureux plats de la gastronomie locale, aussi appréciés des habitués bolonais que de ceux des Salons : mieux vaut donc réserver en fin de semaine et lors des foires.

PETITE PAUSE

Paolo Atti & Figli - *Via Caprarie, 7 - ✆ 051 22 04 25 - www.paoloatti.com.* Une pâtisserie légendaire, fondée en 1880, qui a accueilli dans son décor Liberty Giosuè Carducci et le peintre Morandi. On y trouve aussi une excellente rôtisserie, spécialisée dans les *tortellini.*

Gelateria Gianni – *Via Montegrappa, 11 ; via San Vitale, 2 ; via D'Azeglio, 77 - ✆ 051 23 30 08, www.gelateriagianni.com.* Une enseigne incontournable pour qui aime les glaces de qualité.

EN SOIRÉE

Enoteca des Arts – *Via San Felice, 9/a - ✆ 051 23 64 22.* Un bar à vins-cave dans un long « couloir » voûté et décoré de vieilles bouteilles, rendez-vous de nombre d'étudiants bolonais. Vins italiens ou étrangers choisis avec passion.

Il Circolo Pickwick – *Via San Felice, 77/a - ✆ 051 55 51 04 - fermé dim.* Dans un décor original (une ancienne épicerie), ce pub se prête particulièrement bien à la discussion et aux rencontres. Vins italiens, bières anglaises et cocktails cubains.

Enoteca Regionale Emilia-Romagna – *Piazza Rocca Sforzesca - 45050 Dozza - 29 km au sud-est de Bologna - ✆ 0542 67 80 89 - www.enotecaemiliaromagna.it.* À l'intérieur de la belle forteresse, cette grande cave réunit tous les vins de l'Émilie-Romagne.

Ferrara

Ferrare

★★

135 369 habitants – Émilie-Romagne

NOS ADRESSES PAGE 494

S'INFORMER

Office de tourisme – *Castello Estense - ✆ 0532 20 93 70 - www.ferrara terraeacqua.it.*

SE REPÉRER

Carte de région B1 (p. 474) – *carte Michelin Régional 562 H 16.* Ferrare est proche du delta du Pô, le long de l'A 13 qui va de Bologna à Padoue.

À NE PAS MANQUER

Le Duomo, les rues médiévales, le salon des Mois au Palazzo Schifanoia, le corso Ercole et le Palazzo dei Diamanti.

ORGANISER SON TEMPS

La ville mérite au moins une journée complète, si ce n'est deux jours.

Ferrare est une ville silencieuse, que l'on découvre en parcourant, à pied ou à bicyclette, ses rues rectilignes, bordées de maisons en brique rouge et de palais sévères, et ses grandes places mystérieuses qui ont inspiré la peinture métaphysique de De Chirico et de Carrà. Éblouissante capitale culturelle à la Renaissance, Ferrare est encore aujourd'hui une ville jeune et vivante et l'un des principaux centres d'art et de culture de la Péninsule.

Se promener Plan de ville p. 490

LA VIEILLE VILLE

Compter une demi-journée.

★ Castello Estense B1

Largo Castello, 1 - ✆ 0532 29 92 33 - ♿ - www.castelloestense.it - tlj sf lun. 9h30-16h45 - fermé 25 déc. et 1er janv. - 8 €.

(Visite de la tour suspendue au moment de la rédaction de ce guide.)

Le puissant édifice, défendu par quatre châtelets à ponts-levis et par des douves, fut la résidence des Este. Du rez-de-chaussée, on accède aux étroites prisons où Parisina et son amant furent enfermés ; à l'étage noble, on peut visiter l'orangerie, la tranquille chapelle ducale et les salles ornées de fresques dues aux Filippi, actifs à Ferrare au cours de la seconde moitié du 16e s.

★★ Duomo B1-2

Érigé au 12e s. dans le style romano-gothique lombard, le **Dôme** possède une **façade★★** tripartite dotée d'un magnifique **auvent**, dont le tympan offre une représentation du Jugement dernier rappelant les ornementations des

Le duomo.
P. Canali / Sime/Photononstop

cathédrales gothiques françaises. Sur l'ogive du grand portail, l'image de saint Georges est l'œuvre de Niccolò, maître de l'école romane de Wiligelmo, l'auteur de la décoration sculpturale de la cathédrale de Modène. Sur le flanc droit, la partie supérieure est occupée par deux ordres de galeries, la partie inférieure par le portique et les boutiques de la Loggia des Merciers (15e s.). C'est ici que s'ouvrait le Portail des Mois, dont les panneaux sont désormais conservés au musée de la cathédrale. Le campanile, inachevé, fut conçu par Leon Battista Alberti. L'abside semi-circulaire, aux ornements de terre cuite, est l'œuvre de Biagio Rossetti.

L'**intérieur**, refait au 18e s., renferme quelques œuvres d'art parmi lesquelles, dans le transept droit, *Le Martyre de saint Laurent*, du Guerchin, et deux statues de bronze du 15e s. (saint Maurelius et saint Georges) et enfin, sur la voûte absidiale, le *Jugement dernier* de Bastianino.

Museo della Cattedrale – *Ancienne église de San Romano, via San Romano, 1 (B2 -* **T***) - ✆ 0532 24 49 49 - tlj sf lun. 9h-13h, 15h-18h - fermé 1er janv., Pâques, 1er nov., 25 déc. - 6 €.* Le **musée** recèle deux statues de Jacopo della Quercia, les **panneaux★★** de l'ancien orgue, peints par Cosmè Tura et représentant *Saint Georges combattant le dragon* et l'*Annonciation*, et de magnifiques **sculptures★** (12e s.) provenant du Portail des Mois, marquées par une grande vivacité et une minutieuse observation de la réalité (le plus bel exemple étant le mois de septembre).

Face à la cathédrale, l'**hôtel de ville** du 13e s. est l'ancienne résidence ducale.

Les rues médiévales B2

La **via San Romano**, qui a préservé son activité d'artère commerçante, reliait la piazza Trento e Trieste, place du marché, au port (aujourd'hui via Ripagrande). Elle est bordée de nombreuses maisons comportant un porche, particularité insolite pour Ferrare. La **via delle Volte**, unique en son genre, est devenue l'un des symboles de la ville. Les passages couverts *(volte)* rattachaient les maisons des marchands à leur boutique et permettaient de récupérer de la surface habitable.

En tournant dans la via Mazzini, on rejoint les **synagogues**. Cet édifice fut donné à la communauté juive en 1481 par le banquier romain Ser Samuel Mele. Dans cet ensemble, trois synagogues de rites différents coexistent : le temple de Fano (de la ville des Marches), le temple italien et le temple allemand. *Via Mazzini, 95 - fermés au moment de la rédaction de ce guide - ✆ 0532 21 02 28 - http ://www.comune.fe.it/museoebraico.*

★ Casa Romei B2

Via Savonarola, 30 - ✆ 0532 23 41 30 - tlj sf lun. 8h30-19h30 - fermé 25 déc. et 1er janv. - 3 €.

SE LOGER	
Bed & Breakfast Corte Arcangeli	1
Dolcemela	4
Locanda Borgonuovo	7
Locanda il Bagattino	10

SE RESTAURER	
Antica Trattoria Volano	1
Il ristorantino di Colomba	4
L'Oca Giuliva	7
Quel fantastico giovedì	10
Tassi	13

C'est un exemple pratiquement unique de demeure bourgeoise du 15e s. où se mêlent éléments de style gothique tardif, comme les décorations des pièces du rez-de-chaussée (**salle des Sibylles**, salle des Prophètes), et éléments Renaissance, comme le portique de la belle **cour d'honneur**.

★ Palazzina di Marfisa d'Este B2

Corso Giovecca, 170 - ☎ 0532 24 49 49 - ♿ - tlj sf lun. 9h-13h, 15h-18h - 4 € - fermé 25 déc., 1er janv., Pâques, 1er nov.

Cet hôtel particulier, autrefois entouré d'arcades, de pavillons et de jardins, fut la demeure de Marfise d'Este, qui y accueillit le Tasse. À l'intérieur, il faut admirer les grotesques raffinés des plafonds et les meubles des 16e et 17e s. Du jardin, on accède à la loggia des Orangers, dont la voûte est ornée d'une pergola en trompe-l'œil avec des sarments de vigne et des animaux.

★ Palazzo Schifanoia B2

Via Scandiana, 23 - ☎ 0532 24 49 49 - fermé au moment de la rédaction de ce guide.

Le palais, construit à la fin du 14e s. puis agrandi sous Borso d'Este, renferme les admirables fresques du **salon des Mois★★** : cycle complexe à la gloire de Borso, cette représentation des douze mois de l'année, dont il ne reste malheureusement qu'une partie, met savamment en relation trois registres – le quotidien, l'astrologique et le mythologique – et témoigne du haut niveau de culture atteint par la Renaissance ferraraise. Confiées à différents artistes sous la direction de Cosmè Tura, parmi lesquels Francesco del Cossa (Mars, Avril, Mai) et Ercole de'Roberti (Septembre), les scènes font preuve d'une extraordinaire délicatesse dans le détail et d'une merveilleuse vivacité dans le dessin et la couleur.

Le palais abrite le **musée municipal d'Art ancien** (Museo Civico di Arte Antica), qui contient des collections de pièces archéologiques, médailles, bronzes, marqueteries sur bois et objets en ivoire. Le **Musée lapidaire**, situé dans l'ancienne église Santa Libera, constitue une section du musée municipal.

Tout près du palais, la basilique **Santa Maria in Vado**, des 15e-16e s., recèle un vaste intérieur couvert de fresques et de peintures.

Museo Archeologico Nazionale B2

Via XX Settembre, 124 - ☎ 0532 66 299 - ♿ - tlj sf lun. 9h30-17h - fermé 25 déc., 1er janv. et 1er Mai - 5 €.

LA COMMUNAUTÉ JUIVE DE FERRARE

Elle connut sa plus grande époque de prospérité aux 15e et 16e s. grâce à la politique de la maison d'Este, qui accueillit les juifs venus de Rome, d'Espagne et d'Allemagne. Le ghetto fut institué par le gouvernement pontifical en 1624 : cinq portes, fermées du coucher au lever du soleil, bloquaient le quartier compris entre les rues Mazzini, Vignatagliata et Vittoria. Les portes du ghetto furent abattues par le nouveau royaume d'Italie en 1859. Malgré sa bonne intégration – et son adhésion pour partie au fascisme –, la communauté a été durement touchée pendant la Seconde Guerre mondiale. Cet épisode est le motif central du roman *Le Jardin des Finzi-Contini* de l'écrivain ferrarais **Giorgio Bassani** (1916-2000).

Conçu à la fin du 15e s. par Biagio Rossetti et resté inachevé, le **Palazzo di Ludovico il Moro** possède une jolie cour à arcades et un grand **escalier d'honneur** doté d'une intéressante ornementation en marbre. Le premier étage accueille le **Musée archéologique national**, qui rassemble une riche **collection de vases attiques★** et de mobilier funéraire (6e-4e s. av. J.-C.) provenant des fouilles de la ville de Spina, l'un des ports de commerce les plus importants de la Méditerranée. Elles furent mises au jour au 20e s., après un « scénario policier » archéologique qui dura plus de deux mille ans et pour lequel, entre autres, même Boccace se passionna.

Sant'Antonio in Polesine B2

Vicolo del Gambone.
Une paisible atmosphère d'isolement enveloppe le monastère fondé en 1257 par Béatrice II d'Este, religieuse bénédictine. L'**église intérieure** renferme trois chapelles ornées de précieuses **fresques★** de l'école de Giotto ou émiliennes des 14e-16e s.

LA VILLE RENAISSANCE Plan de ville p. 490

Compter une demi-journée.
En 1490, Hercule Ier d'Este chargea **Biagio Rossetti** d'étendre la ville au nord. Avec l'**adjonction d'Hercule Ier** (Addizione Erculea), on créa donc autour de deux grands axes – le corso Ercole I d'Este et les corsi Porta Po, Biagio Rossetti et Porta di Mare – une grande ville Renaissance, dotée de parcs et de jardins. Par ce grand plan d'aménagement, Ferrare devint, selon l'historien de l'art Jacob Burckhardt, la première « ville moderne d'Europe », inscrite en 1995 au Patrimoine mondial de l'Unesco.

★ Corso Ercole I d'Este B1

Dépourvu de magasins et bordé de magnifiques palais, il conserve aujourd'hui encore son aspect d'origine d'artère résidentielle. Le croisement formé avec l'autre axe de l'adjonction, le **Quadrivio degli Angeli** (carrefour des Anges) constitue le cœur de l'avenue ; il est mis en valeur par la présence de trois palais à la riche ornementation angulaire, dont le splendide palais des Diamants.

★★ Palazzo dei Diamanti B1

Corso Ercole I d'Este, 21 - ✆ 0532 24 49 49, www.palazzodiamanti.it.
Chef-d'œuvre de **Biagio Rossetti**, il doit son nom aux bossages de ses façades : plus de 8 500 « diamants » disposés de manière asymétrique et orientés différemment sur les trois côtés, créant un fort effet plastique. Le palais fut imaginé à partir d'un concept de diagonale ; l'angle en est donc l'élément central, enrichi de **pilastres** et d'un petit balcon.
Le rez-de-chaussée est consacré aux expositions temporaires. À l'étage noble se trouve la Pinacothèque nationale.
★ **Pinacothèque nationale** – *✆ 0532 20 58 44 - tlj sf lun. 9h-13h30 (18h30 jeu.) - fermé dim. et j. fériés - 4 €.* Un parcours établi par collection permet de suivre l'évolution de la peinture ferraraise, émilienne et vénitienne du 13e au 18e s. Parmi les œuvres les plus illustres figurent les deux médaillons de **Cosmè Tura** dédiés à saint Maurelius, **La Mort de la Vierge** du Vénitien **Carpaccio**, la **Déposition** de l'Ortolano, les **retables** de Garofalo et les **fresques** provenant d'églises ferraraises. La collection Strozzi compte les représentations des **Muses Érato et Uranie**, provenant du cabinet de Lionel d'Este au palais de Belfiore, qui se trouvait près de l'actuel corso Ercole I d'Este et fut détruit sous la domination pontificale.

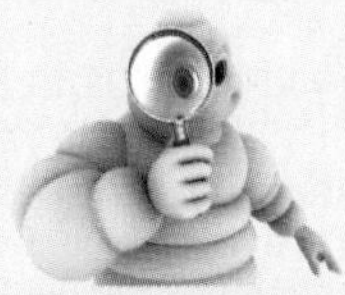

Une ville de culture et de raffinement

UNE DYNASTIE DE MÉCÈNES

D'abord commune indépendante, Ferrare appartint, de 1208 à 1598, aux **Este** qui, en dépit de plusieurs drames familiaux sanglants, surent embellir la ville de nombreux édifices et accueillir peintres et écrivains. **Niccolò III** (1393-1441) supprima sa femme Parisina et son amant mais s'employa à faire de ses deux fils, **Lionel** et **Borso**, des administrateurs efficaces et des mécènes éclairés. **Hercule Ier**, responsable de l'assassinat de son neveu, encouragea les artistes, de même que ses filles Béatrice et Isabelle. **Alphonse Ier d'Este** fut le troisième mari de Lucrèce Borgia. Enfin, Hercule II épousa Renée de France (fille de Louis XII), qui protégea Marot et les calvinistes. À la mort sans enfant d'**Alphonse II** (1533-1597), Ferrare fut annexée aux États pontificaux et les Este ne gardèrent que le duché de Modène.

L'existence d'une université laïque (fondée en 1391) et le mécénat de la famille d'Este assurèrent à Ferrare un extraordinaire rayonnement littéraire et artistique. Bénéficièrent ainsi de la protection de la Cour les trois « couronnes d'Este » : **Matteo Maria Boiardo** (1441-1494), auteur du **Roland amoureux**, **l'Arioste** (1474-1533), qui fut toute sa vie au service des Este, et **le Tasse** (1544-1595).

LES PALADINS DE FRANCE ET DE LA FOI

Dans le **Roland furieux**, prenant prétexte des récits de chevalerie et des amours de Roland et d'Angélique, l'Arioste donne libre cours à une imagination enjouée qui entremêle, dans une langue admirablement ciselée et pleine de mouvement, les descriptions de combats et de paysages, l'évocation de monstres merveilleux et les situations sentimentales qui affectent ses héros.

Le Tasse, né à Sorrente, fit plusieurs séjours à Ferrare ; au cours du premier, il rédigea **La Jérusalem délivrée**, qui relate la prise de Jérusalem par les chrétiens et les amours de Renaud et Armide. Dans ce long poème s'exprime avec un lyrisme nouveau et une grande musicalité la personnalité enthousiaste, violente et ténébreuse du Tasse, dont les dernières années furent assombries par des crises de folie qui lui valurent d'être enfermé.

L'« ATELIER FERRARAIS »

Dominée par la puissante personnalité de **Cosmè Tura** (vers 1430-1495), l'école ferraraise de peinture se caractérise par un réalisme minutieux emprunté aux écoles du Nord, mais mis au service d'un expressionnisme âpre, issu de **Mantegna** (*Padova p. 380)* : une violente tension habite les figures qui paraissent sculptées dans la matière minérale. **Francesco Cossa** (1435-1477), **Ercole de'Roberti** (1450-1496), **Lorenzo Costa** (vers 1460-1530) en sont les principaux représentants. Au 16e s., **Dosso Dossi** et **Garofalo** infléchissent cette dureté graphique grâce à un lyrisme des couleurs s'apparentant aux exemples vénitiens ou romains.

Plus près de nous, un autre artiste ferrarais s'est fait connaître : le cinéaste **Michelangelo Antonioni** (1912-2007). Son œuvre centrée sur la solitude et l'incommunicabilité a eu une influence considérable sur le cinéma italien et européen des années 1960.

Museo Boldini B1

Corso Porta Mare, 9 - ✆ 0532 24 49 49 - tlj sf lun. 9h-13h, 15h-18h - fermé 25 déc., 1er janv., Pâques, 1er nov. - 6 €.

Dans le **palais Massari**, de la fin du 16e s., le **musée Boldini** rassemble des huiles, des pastels et des dessins illustrant l'évolution de l'activité du peintre Giovanni Boldini (1842-1931) durant ses périodes ferraraise, florentine et parisienne. Quelques œuvres d'autres artistes ferrarais, dont Gaetano Previati.

Casa dell'Ariosto A1

Via L. Ariosto, 67 - ✆ 0532 24 49 49 - ♿ - tlj sf lun. 10h-13h, 15h-18h ; dim. et j. fériés 10h-13h - fermé 25-26 déc., 1er-6 janv., Pâques et 1er nov. - gratuit.

Agrémentée d'un jardin où le poète cultivait roses et jasmin, la maison de l'**Arioste** abrite aujourd'hui un centre culturel.

NOS ADRESSES À FERRARA

TRANSPORTS

Voiture – Le centre de Ferrare est interdit aux véhicules non autorisés. Vous pourrez cependant obtenir un permis de stationnement temporaire si vous résidez à l'hôtel.

Parking gratuit – *EX-MOF - via Darsena, au sud de la ville.*

HÉBERGEMENT

BUDGET MOYEN

Ferrara

Dolcemela – A1 - *via della Sacca, 35 - ✆ 0532 76 96 24 - www.dolcemela.it - 6 ch. et 1 appart. familial.* Les chambres de ce B & B situé au cœur de la ville portent des noms de pommes. En été, petit-déjeuner dehors, dans le patio. Gâteaux et biscuits maison toute l'année.

Locanda Borgonuovo – B1 - *via Cairoli, 29 - ✆ 0532 21 11 00 - www.borgonuovo.com - 4 ch. et 2 suites.* Un B & B agréable et raffiné en plein cœur du centre historique, qui offre un accueil chaleureux et un décor soigné. Le petit-déjeuner est excellent et servi en abondance et on peut le prendre, en été, sur une jolie terrasse.

Locanda il Bagattino – B1 *-corso Porta Reno, 24 - ✆ 0532 24 18 87 - www.ilbagattino.it - 6 ch.* Dans une belle maison de la vieille ville, chambres soignées, accueillantes et tout confort.

Alentours

Corte Arcangeli – Hors plan, B2 - *via Pontegradella, 503 - 44030 Pontegradella, 3 km au nord-est direction Pomposa Mare - ✆ 0532 70 50 52 - www.cortearcangeli.it - 6 ch.* Un vrai B & B à l'anglaise, dans une belle ferme entourée de verdure, à quelques minutes seulement du centre. Des chambres personnalisées avec goût (lits anciens, têtes de lits peintes) et de grands espaces communs. Petit-déjeuner pantagruélique et vélos gratuits pour vous balader. Les animaux domestiques sont les bienvenus.

RESTAURATION

PREMIER PRIX

Alentours

Tassi – Hors Plan, A1 - *viale Repubblica, 23 - 44012 Bondeno - 20 km au nord-ouest de Ferrare sur la S 496 - ✆ 0532 89 30 30 - fermé dim. soir, lun.* Autrefois célèbre à Ferrare, cette *trattoria* délicieusement rétro vous initiera à la cuisine locale. Le chariot des *bolliti* (bouillis) et les différentes préparations de viandes que l'on vous énonce à voix haute laissent bouche bée ! Possibilité d'hébergement.

BUDGET MOYEN

Ferrara

Antica Trattoria Volano – B2 - *viale Volano, 20 - ✆ 0532 76 14 21 - www.anticatrattoriavolano.it - fermé jeu.* Cette *trattoria* chargée d'histoire (elle existe depuis le 18e s. !) concocte aujourd'hui une cuisine typique, traditionnelle de Ferrare. Le décor est simple, mais confortable et authentique, et le service est convivial.

Il ristorantino di Colomba – B2 - *vicolo Mozzo Agucchie, 15 - www.ilristorantinodicolomba.it - ✆ 0532 76 15 17 - fermé mar.* Au cœur de la ville, une adresse agréable où l'on peut déguster les recettes traditionnelles ferraraises et beaucoup d'autres.

L'Oca Giuliva – B1 - *via Boccacanale di Santo Stefano, 38 - ✆ 0532 20 76 28 - www.ristorantelocagiuliva.it - fermé lun. et mar. midi, en juin, 1re sem. d'août, 25 déc.-6 janv.* Établissement soigné et élégant, où l'on découvre les saveurs gastronomiques de Ferrare. Magnifique choix de vins.

Quel fantastico giovedì – B2 - *via Castelnuovo, 9 - ✆ 0532 76 05 70 - fermé merc., 20-30 janv., 20 juil.-20 août.* Ce restaurant soigné, géré par une jeune équipe, propose des plats de tradition interprétés avec imagination et créativité.

AGENDA

Palio di Ferrara – *Mai - www.paliodiferrara.it.* Tous les ans, presque sans interruption depuis 1279 (ce qui fait de l'événement « le plus vieux palio du monde », la ville remonte le temps : demoiselles, chevaliers et ménestrels, hommes d'arme et musiciens se retrouvent autour de courses en tous genres. La fête atteint son point d'orgue le dernier dimanche du mois, lorsque s'affrontent dans une course, les huit *contrade* de la ville. Les *contrade* correspondent traditionnellement aux quatre quartiers de la ville intérieure et aux quatre quartiers des faubourgs.

Delta del Po

Delta du Pô

★

NOS ADRESSES PAGE 497

S'INFORMER

Parco Regionale del Delta del Po dell'Emilia Romagna – *Via Mazzini, 200 - 44022 Comacchio - ✆ 0533 31 40 03 - www.parcodeltapo.it.*

SE REPÉRER

Carte de région C1 (p. 474) – *carte Michelin Régional 562 H 18.* Le delta du Pô est la zone comprise entre Venise et Ravenne, appartenant aux provinces de Rovigo et de Ferrare.

À NE PAS MANQUER

Les Valli di Comacchio.

ORGANISER SON TEMPS

Faites une escale d'un ou deux jours, pour profiter des richesses naturelles et historiques du Parc.

AVEC LES ENFANTS

Des excursions à bicyclette dans les marais roseliers, où l'on peut observer les oiseaux aquatiques.

L'ancien delta du Pô, « le grand fleuve » comme l'appelait Guareschi, autrefois pauvre et malsain, a été assaini grâce aux installations de pompage. Aujourd'hui, cette zone, en grande partie agricole, est devenue un Parc naturel, partagé entre la Vénétie et l'Émilie-Romagne. La route Chioggia-Ravenne (90 km) qui la traverse offre à perte de vue un paysage plat, désert, ponctué de temps à autre par une grande ferme isolée. Les futaies de peupliers et de pins parasols viennent rompre la monotonie de ces étendues infinies et néanmoins séduisantes, quelle que soit la saison. Dans les nombreux canaux qui sillonnent ce pays, la pêche à l'anguille est une tradition.

Découvrir Carte de région p. 474

Dans la partie romagnole du delta, les **Valli di Comacchio** forment une zone lagunaire, la plus importante d'Italie, d'une mélancolique beauté. Le Polésine, partie de la plaine vénitienne allant de Rovigo au delta, comprend l'antique cité d'Adria et Porto Tolle, dernière ville que rencontre le Pô avant de se jeter dans la mer. L'apparence actuelle du Polésine est le résultat des actions combinées du Pô, de l'Adige et de l'homme. En 1951, une terrible inondation ravagea toute la région.

Comacchio C1

– ✆ 0533 31 41 54. Pour en savoir plus sur les anguilles, www.turismo.comacchio.it
Comacchio est une étape incontournable pour ceux qui veulent goûter aux anguilles. Bâtie sur le sable et l'eau, rappelant Chioggia (*Laguna Veneta p. 373*), la localité vit en effet depuis toujours de leur pêche. Ses maisons colorées, ses canaux franchis par de curieux ponts, parfois triples, et ses barques de pêche font tout son charme.

★★ Abbazia di Pomposa

À 20 km au nord de Comacchio. ☏ 0533 71 91 10 - 5 €.

Abbaye bénédictine fondée au 6e s., dont le rayonnement fut immense, particulièrement du 10e au 12e s., époque à laquelle saint Gui de Ravenne, son abbé, et **Guido d'Arezzo**, inventeur de la gamme musicale, l'illustrèrent. Juillet et août voient s'y dérouler des concerts.

La très belle **église** préromane est précédée d'un narthex dont la décoration marque le style byzantin. À sa gauche, un admirable campanile roman (11e s.) s'élance vers le ciel; remarquer, d'une part, la progression du nombre et de la taille de ses baies, d'autre part, la sobriété élégante des bandes et arcatures lombardes qui décorent ses neuf étages, enfin la variété du décor géométrique obtenu par l'emploi des briques.

La nef a gardé partiellement son magnifique **pavement** de mosaïques et deux bénitiers, l'un roman, l'autre de style byzantin. Les murs sont revêtus d'un exceptionnel ensemble de **fresques** du 14e s. inspirées des miniatures; on lit de droite à gauche, au registre supérieur, des épisodes de l'Ancien Testament, au registre inférieur, des scènes de la Vie du Christ; dans les écoinçons des arcades, des scènes de l'Apocalypse; au revers de la façade, *Jugement dernier*; dans la chapelle absidiale, *Christ en majesté*.

Devant l'église s'élève le palais de la Ragione, où l'abbé rendait la justice.

Mesola

À 11 km au nord de l'abbaye.

Mesola accueille un robuste château de brique, bâti en 1583 par les Este.

NOS ADRESSES DANS LE DELTA DEL PO

INFORMATIONS UTILES

Ente Parco Regionale Veneto del Delta del Po – *Via Marconi, 6 - 45012 Ariano nel Polesine - ☏ 0426 37 22 02 - www. parcodeltapo.org/index.php/en.*

Centro Visitatori del Parco – *Piazza Matteotti, 3 - Porto Viro - ☏ 0426 37 22 02.*

Centro Turistico Culturale di San Basilio – *Via San Basilio, 16/A - Ariano nel Polesine - ☏ 0426 71 200.*

Giardino Botanico Litoraneo di Porto Caleri – *Rosolina Mare loc. Porto Caleri - ☏ 0426 37 22 02 ou*

La Golena di Ca'Pisani – *Loc. Ca'Pisani di Porto Viro - ☏ 0426 37 22 02.*

Museo della Bonifica di Cà Vendramin – *Loc. Ca'Vendramin di Taglio di Po - ☏ 0426 81 219.*

Oasi di Ca'Mello – *Via Belvedere - Sacca degli Scardovari Porto Tolle - ☏ 0426 66 23 04.*

HÉBERGEMENT

BUDGET MOYEN

La Comacina – *Via Fogli, 17 - 44022 Comacchio - ☏ 0533 31 15 47 - www.lacomacina.it - 14 ch.* Très joli hôtel dans le centre du village, sur le canal Maggiore. L'établissement offre une desserte en bateau du parking de via Trepponti, et propose vélos et VTT pour des excursions dans les vallées de Comacchio. Chambres accueillantes et agréablement meublées.

Hotel Villa Belfiore – *Via Pioppa, 27 - 44020 Ostellato, 27 km à l'ouest de Comacchio - ✆ 0533 68 11 64 - fax 0533 68 11 72 - www.villabelfiore.com - P - 18 ch.* Des chambres spacieuses avec des meubles rustiques en bois massif (datant pour certains du 19e s.) et un service de qualité. Situé dans le magnifique Parc du delta du Pô, un endroit très tranquille pour profiter pleinement de la campagne.

RESTAURATION

BUDGET MOYEN

Da Vasco e Giulia – *Via Muratori, 21 - Comacchio - ✆ 0533 81 252 - www.vascoegiulia.it - fermé lun. et en janv.* La vedette de ce restaurant, parmi les plus connus de Comacchio, est l'anguille, cuisinée de mille manières. On y déguste aussi d'autres spécialités de la mer. Réservation indispensable.

POUR SE FAIRE PLAISIR

La Capanna di Eraclio – *Località Ponte Vicini - 8 km au nord-ouest de Codigoro, 14 km au nord-ouest de l'abbaye de Pomposa - ✆ 0533 71 21 54 - www.lacapannadieraclio.com - fermé merc., jeu., 15 août-15 sept., 25 déc. - réserv. conseillée.* Des chaises en paille et un décor très simple pour cette *osteria* typique qui offre néanmoins un service de qualité. Une cuisine familiale avec plats de poisson et plats de gibier en hiver. Différentes spécialités parmi lesquelles l'*arros in umad* (anguille grillée accompagnée de sauce tomate) et des *schille* (crevettes) servies avec de la polenta blanche.

Détail des mosaïques du baptistère néonien.
J. Arnold / hemis.fr

Ravenna

Ravenne

★★★

158 739 habitants – Émilie-Romagne

S'INFORMER

NOS ADRESSES PAGE 497

Office de tourisme – *Via Salara, 8/10 - ✆ 0544 35 404 - www.turismo.ravenna.it.*

SE REPÉRER

Carte de région C2 (p. 474) – *cartes Michelin Régional 562 et 563 I 18.* Ravenne se trouve sous le delta du Pô, auquel elle est reliée par la S 309. La ville est facile à rejoindre par l'A 14 (prendre l'embranchement après Imola).

À NE PAS MANQUER

Les mosaïques du mausolée de Galla Placidia et celles des basiliques Sant'Apollinare Nuovo, San Vitale et Sant'Apollinare in Classe.

ORGANISER SON TEMPS

Prévoyez une journée.

Paisible ville d'allure provinciale, Ravenne a conservé, à l'intérieur de constructions à l'architecture sobre, d'éblouissants trésors accumulés quand elle fut capitale de l'empire d'Occident, puis siège d'un exarchat

byzantin. Les mosaïques qui couvrent les murs des édifices religieux de Ravenne composent un ensemble éblouissant par l'éclat des couleurs, la richesse du décor et le puissant symbolisme, évocateur d'une grande spiritualité.

★★★ Découvrir les mosaïques Plan de ville

Les mosaïques les plus anciennes sont celles qui ornent le baptistère néonien et le mausolée de Galla Placidia (5e s.) ; puis viennent, dans l'ordre chronologique, celles qui décorent le baptistère des Ariens, Sant'Apollinare Nuovo, San Vitale et, enfin, Sant'Apollinare in Classe (6e s.). Deux grandes écoles de l'époque antique se mêlent en ce qui concerne ce patrimoine : l'école gréco-romaine, caractérisée par la plasticité et l'attention apportée au réalisme et aux paysages, et l'école byzantine, où les personnages se raréfient et se schématisent jusqu'à se fixer hiératiquement sur des fonds d'or. Les monuments paléochrétiens de Ravenne ont été inscrits sur la liste du Patrimoine mondial de l'Unesco en 1996.

Visite – *Listes et horaires des monuments qui conservent des mosaïques :*
Basilique de San Vitale, mausolée de Galla Placidia, baptistère néonien, Musée archiépiscopal et basilique de Sant'Apollinare Nuovo – *0544 54 16 88 - www.ravennamosaici.it - ♿ - 9h/9h30/10h-17h/17h30/19h selon la saison - fermé 25 déc. et 1er janv. - 9,50 € billet combiné avec l'entrée des 5 monuments cités (plus 2 € pour le mausolée de Galla Placidia, de mars à mi-juin).*
Baptistère des Ariens – *Vicolo degli Ariani - 0544 54 37 11 - ♿ - 8h30-19h30.*
Musée national – *Via Fiandrini - 0544 54 37 11 - www.sopraintendenzaravenna.benicuturali.it - ♿ - tlj sf lun. 8h30-19h30 - 5 € ; ou 10 € billet combiné avec Mausoleo di Teodorico et Basilica di Sant'Apollinare in Classe.*
Sant'Apollinare in Classe – *Via Romea Sud - 0544 47 35 69 - ♿ - 8h30-19h30, dim. 13h-19h30 - 5 € ; 10 € billet combiné avec Museo Nazionale et Mausoleo di Teodorico.*

Pour l'accès aux monuments, se répérer sur le plan de Ravenna ci-contre.

★★ San Vitale 1

Le parcours d'accès à la basilique permet d'admirer la précieuse **fresque** recomposée provenant de l'église Santa Chiara, œuvre de Pietro da Rimini (vers 1320). Consacrée en 547 par l'archevêque Maximien, la basilique est un chef-d'œuvre d'architecture où s'expriment le goût du faste, l'invention, la recherche de lumières variées, propres à l'art antique finissant.

De plan octogonal, sur deux étages d'exèdres concaves, cernées par un déambulatoire et une abside profonde, l'intérieur surprend par la richesse de sa décoration : marbres précieux, chapiteaux byzantins admirablement ciselés, fresques et, surtout, **mosaïques** de l'abside, d'un coloris éclatant. Sur les côtés et en avant du chœur, scènes de l'Ancien Testament ; sur les

L'ARIANISME

Diffusée à partir du 4e s. à travers la prédication du prêtre **Arius** (280-336), l'hérésie arienne affirmait que la nature du Christ n'était pas pleinement divine. Condamné par le premier concile de Nicée en 325, l'arianisme continua néanmoins à s'imposer en Orient tout au long du 4e s. ainsi que parmi les Goths, les Vandales et les Lombards jusqu'au 6e s.

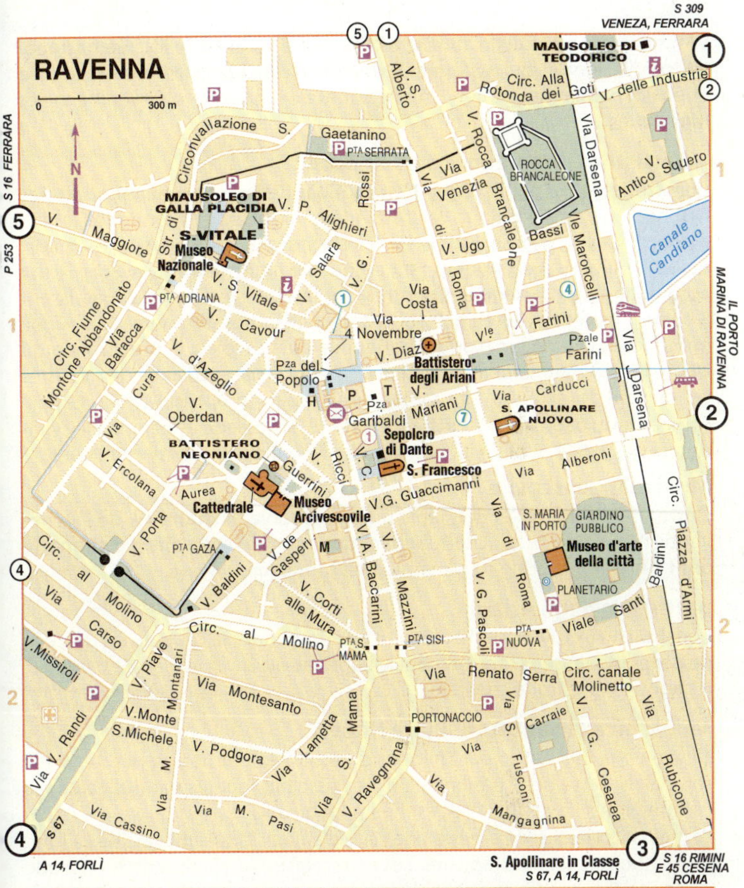

SE LOGER	Ostello Galletti Abbiosi 7
Cappello 1	SE RESTAURER
Hotel Ravenna 4	Ca'de Vén 1

murs latéraux du chœur, groupes de **Théodora** avec sa suite et de **Justinien** accompagné de sa cour. On retrouve dans ces œuvres le faste, la puissance hiératique et l'écriture nettement affirmée du style byzantin. À la voûte, le **Christ en majesté** est assis entre saint Vital et l'évêque Ecclesio, fondateur de l'église.

★★★ Mausoleo di Galla Placidia 1

Élevée au 5e s., cette admirable construction en forme de croix latine est ornée de merveilleuses mosaïques. La coupole et la voûte, scintillant de motifs stellaires et floraux, sont peintes d'un bleu profond, rendu plus magique et plus évocateur encore par le peu de lumière filtrant de la fenêtre d'albâtre. Les tympans et les pendentifs présentent des scènes d'un symbolisme serein, tel l'idyllique Bon Pasteur sur le mur de l'entrée. Les sarcophages qui occupent les bras du mausolée étaient destinés à recevoir les dépouilles mortelles de Galla Placidia et de sa famille.

Le monastère bénédictin annexe à la basilique accueille le **Musée national** (Museo Nazionale), qui renferme des matériaux des époques romaine tardive et paléochrétienne : étoffes, ivoires, icônes de l'école crétoise-vénitienne et mosaïques.

★ Battistero Neoniano (o degli Ortodossi) 2

Construit au 6e s. par l'évêque Néon, ce baptistère est également dit des Orthodoxes par opposition à celui des Ariens que fit élever Théodoric. De plan octogonal, il se compose de deux ordres d'arcades sur lesquels repose la voûte, ornée de superbes mosaïques : sur la coupole figure le **Baptême du Christ** accompagné du cortège des apôtres ; sur la partie inférieure apparaissent 8 petits temples aux autels portatifs alternés de trônes surmontés par la Croix (motif iconographique d'origine orientale qui renvoie à la préparation du trône du Très-Haut pour le Jugement dernier). De part et d'autre des fenêtres se trouvent des sculptures byzantines en méplats (prophètes).
Attenante au baptistère, la **cathédrale** du 18e s. possède un campanile cylindrique des 10e-11e s. et un ambon du 6e s. décoré d'animaux symboliques.

Museo Arcivescovile 2

Outre une petite collection lapidaire, il conserve la **chaire★★** de l'archevêque Maximien (6e s.), chef-d'œuvre de sculpture sur ivoire. La **chapelle Sant'Andrea★★** recèle de remarquables mosaïques.

Battistero degli Ariani 1

Construit au 6e s., vraisemblablement par Théodoric. Sa coupole est décorée de belles **mosaïques** représentant le baptême du Christ et, dans le bandeau, les apôtres et le trône crucifère.

★★ Basilica di Sant'Apollinare Nuovo 2

Élevée entre 493 et 526 par Théodoric, probablement pour servir d'église à son palais, cette belle basilique à trois vaisseaux séparés par des colonnes corinthiennes de marbre grec est finement ouvragée.
Les murs latéraux sont ornés d'une série d'éblouissantes **mosaïques** à fond d'or, disposées sur trois registres. Les deux registres du haut sont de l'époque de Théodoric, tandis que celui du bas fut refait sous Justinien qui fit éliminer toute référence à l'arianisme. Sur les deux côtés du registre supérieur sont représentées dans un cadre « naturel » encore gréco-romain des scènes de la Vie du Christ, tandis que la partie centrale entre les baies vitrées est scandée de saints et de prophètes. Sur le côté droit du registre inférieur, une **procession de martyrs** quitte le palais de Théodoric, guidée par saint

LA VILLE BYZANTINE

C'est en 404 qu'Honorius, abandonnant définitivement Rome, déjà affaiblie par le partage de l'Empire réalisé par Théodose en 395, choisit Ravenne comme siège de la puissance impériale. **Galla Placidia**, sœur d'Honorius, régna avec un faste romain sur la ville puis les rois goths Odoacre (476-493) et **Théodoric** (493-526) ne la conquérirent et l'embellirent à leur tour. La situation privilégiée de son port, Classis, sur l'Adriatique, ouverture sur le monde grec, a inévitablement conduit Ravenne à entrer en rapport avec Byzance, où s'était déplacée la capitale de l'Empire en 476. Passée sous la domination byzantine, la ville devint, sous le règne de l'empereur **Justinien** (482-565), le siège d'un exarchat qui continua d'exercer son influence sur une grande partie de la Péninsule.

Martin vers le Christ en majesté. Les draperies du somptueux palais se substituent aux dignitaires de Théodoric, dont seules les mains apparaissent sur les colonnes. De l'autre côté, partant du port de Classe où sont ancrés trois bateaux et de la ville de Ravenne, se déploie le **cortège des vierges** guidées par les Rois mages, dont la représentation bigarrée et dynamique contraste singulièrement avec le cortège compassé et hiératique. Remarquer la douce représentation de la *Vierge à l'Enfant entourée d'anges*.

★★ Basilica di Sant'Apollinare in Classe Hors plan, 2

À 5 km au sud. Sortir de la ville par la route S 67.

La basilique se dresse dans la campagne, non loin de la mer; commencée en 534, consacrée en 549, elle a été complétée au 11e s. d'un campanile cylindrique séparé de la construction.

L'intérieur, majestueux, est à trois vaisseaux séparés d'arcades supportées par des colonnes de marbre aux splendides chapiteaux corinthiens. Les collatéraux ont reçu de superbes sarcophages chrétiens (5e au 8e s.). L'arc triomphal et l'abside sont ornés de magnifiques **mosaïques** (6e et 7e s.), d'une grande simplicité de composition et d'une belle harmonie de couleurs. Sur l'arc triomphal trône un Christ en majesté parmi les symboles des Évangiles, tandis qu'au-dessous deux groupes de 6 agneaux (les Apôtres) sortent de deux villes dotées de tours (Bethléem et Jérusalem). La cuvette de l'abside accueille une Transfiguration : dominée par la main de Dieu et entourée d'un ciel étoilé, la Croix se détache avec l'image du Christ. Les lettres grecques *alpha* et *oméga* placées au bout de ses bras indiquent qu'Il est commencement et fin de tout. Le médaillon est flanqué des prophètes Moïse et Élie, tandis que trois agneaux représentent Pierre, Jacques et Jean, témoins de la Transfiguration. Dans la partie basse, le personnage de saint Apollinaire parmi ses brebis (le troupeau des fidèles) se détache au milieu d'un précieux pré fleuri.

À voir aussi Plan de ville p. 501

★ Mausoleo di Teodorico 1

Via delle Industrie, 14 - ✆ 544 68 40 20 - été 8h30-19h - 4 €; ou 10 € billet combiné avec Museo Nazionale et Basilica di Sant'Apollinare in Classe

Curieux monument élevé vers 520 par Théodoric lui-même. En pierres de taille énormes, assemblées sans liaison, il est constitué de deux étages et coiffé d'un étonnant dôme monolithe en pierre d'Istrie, de 11 m de diamètre. À l'intérieur, d'une grande sobriété, bassin roman de porphyre transformé en sarcophage.

Sepolcro di Dante 2

Exilé de Florence, **Dante** mourut à Ravenne en 1321. Sa tombe est surmontée d'un monument classique construit en 1780.

San Francesco 2

Église romane datant du 10e s., flanquée d'un campanile de la même époque et remaniée après la Seconde Guerre mondiale. Belles colonnes de marbre grec, maître-autel du 5e s. et crypte du 10e s.

Museo d'Arte della Città 2

Via di Roma, 13 - ✆ 0544 48 23 56- www.museocitta.ra.it - 9h-13h30, 15h-18h, dim. 15h-18h - fermé lun., l'apr.-midi merc. et sam., 1er nov., 25 déc. et 1er janv. - 3 €.

L'ancien monastère des chanoines du Latran, dont la façade sur le jardin public présente la belle **Loggetta lombardesca** (16e s.), abrite la galerie municipale de peinture. Elle rassemble des tableaux de plusieurs écoles (le plus souvent émiliennes et romagnoles) du 14e au 20e s., mais la pièce maîtresse du musée est le beau **gisant**★ du chevalier Guidarello Guidarelli (homme d'armes au service de César Borgia), par Tullio Lombardo (1525). Selon la légende, celles qui cherchent un mari trouveront l'oiseau rare dans l'année si elles embrassent Guidarello.

NOS ADRESSES À RAVENNA

TRANSPORTS

Les rues étroites du centre-ville ne facilitent pas la conduite, abandonnez votre voiture dans l'un des parkings gratuits de la périphérie de la ville : *via Renato Serra, via di Roma (près du Museo d'Arte), piazza della Resistenza, piazza Natalina Vacchi (bus vers le centre-ville), piazza près de Pala De Andrè (bus vers le centre-ville), Parco Teodorico - via Chiavica Romea/via Pomposa (près du mausolée de Teodorico).*

HÉBERGEMENT

BUDGET MOYEN

Hotel Ravenna – 1 - *viale Maroncelli, 12 - ✆ 0544 21 22 04 -www.hotelravenna.ra.it - P - 7 ch.* Cet hôtel, très bien entretenu, propose des chambres simples qui satisferont ceux qui recherchent un bon rapport qualité/prix sans être obligé de dépenser une fortune. Pas de service de petit-déjeuner.

Ostello Galletti Abbiosi – 2 - *via di Roma, 140 - ✆ 0544 31 313 - www.galletti.ra.it - ♿ - 32 ch.* Dans un palais du 19e s. restauré avec soin, chambres fonctionnelles (certaines avec plafond décoré de fresques) auxquelles on accède par un imposant escalier. Guettez les offres « last minute », très intéressantes.

POUR SE FAIRE PLAISIR

Cappello – 1 - *via IV Novembre, 41 - ✆ 0544 21 98 13 - fax 0544 21 98 14 - www.albergocappello.it.* Logé dans un immeuble ancien du centre-ville, cet hôtel offre des chambres élégantes aux noms évocateurs. Atmosphère de charme.

RESTAURATION

PREMIER PRIX

Ca'de'Vèn – 2 - *via C. Ricci, 24 - ✆ 0544 30 163 - www.cadevend.it - fermé lun. - réserv. conseillée.* L'épicerie la plus élégante de Ravenne (1876) est devenue une *trattoria*-œnothèque renommée. Sur de longues tables en bois, on sert des plats froids et quelques plats cuisinés, mais surtout des sandwichs et les typiques *piadine romagnole* (sorte de galettes de pain azyme garnies). Très bon choix de vins italiens.

AGENDA

Ravenna Festival – *Teatro Alighieri - via Mariani, 2 - 48121 Ravenna - ✆ 0544 24 92 44 - www.ravennafestival.org.* Ce prestigieux festival de musique, de théâtre et de danse anime la ville de juin à juillet grâce au maestro Riccardo Muti et à tous les artistes internationaux qui y participent.

Le Ponte di Tiberio.
P. Canali / Sime / Photononstop

Rimini

★★

143 321 habitants – Émilie-Romagne

NOS ADRESSES PAGE 507

S'INFORMER

Office de tourisme – *Piazzale Federico Fellini, 3 (Marina) - ✆ 0541 53 399 - www.riminiturismo.it.*

SE REPÉRER

Carte de région C2 (p. 474) – *cartes Michelin Régional 562 et 563 J 19.* On arrive à Rimini par l'A 14, la S 9, la Via Emilia, et la S 16.

À NE PAS MANQUER

Le temple Malatestiano.

ORGANISER SON TEMPS

Plage ou culture ? Quelques heures à une semaine, selon le programme.

AVEC LES ENFANTS

Un spectacle de dauphins au Delfinario.

Autrefois destination privilégiée du tourisme d'élite (le roi Humbert Ier fut l'un de ses hôtes), Rimini est aujourd'hui une station balnéaire de renommée internationale, dotée d'équipements hôteliers modernes, d'un port de plaisance, d'un aéroport et surtout d'une immense plage de sable fin. Cette capitale du divertissement estival des temps présents côtoie un riche passé dont témoignent les monuments du centre historique.

Se promener

Compter une demi-journée.

★★ Tempio Malatestiano

Construite au 13e s. par les Franciscains et devenue mausolée des Malatesta dès le 14e s., cette église fut transformée à partir de 1447 par **Leon Battista Alberti**, à la demande de Sigismond Ier.

Conforté dans l'idée que l'église devait glorifier le tyran et son épouse bien-aimée, Isotta, en abritant leurs tombeaux, l'architecte florentin n'hésita pas à adopter le modèle antique de l'arc de triomphe (en s'inspirant de l'arc d'Auguste voisin) et toute une série d'éléments d'inspiration classique. Bien qu'inachevé, le « temple » Renaissance de Rimini inaugure ainsi un nouveau type de façade d'édifice religieux, auquel se référera quelques décennies plus tard, la basilique St-André de Mantoue.

L'**intérieur** présente une décoration allégorique de style gothique tardif, sculptée avec une grâce exquise par Agostino di Duccio et constituant une sorte d'encyclopédie médiévale enrichie d'éléments classiques et païens (il faut souligner les délicieux **Jeux d'enfants** de la 2e chapelle de gauche). Le bas-côté droit renferme le tombeau de Sigismond *(au revers de la façade)* et la salle des Reliques *(en cas de fermeture, s'adresser à la sacristie)*, qui recèle le célèbre **Sigismond Malatesta devant saint Sigismond★★**, de **Piero della Francesca**. La toile est frappante par le contraste entre la figure de profil, immatérielle, de l'homme, et le relief du saint assis en diagonale. Dans la chapelle suivante, le tombeau d'Isotta repose sur des éléphants (animaux préférés de son époux), qui soutiennent les chiffres « SI » de Sigismond. Dans la 3e chapelle de droite, la représentation des planètes et des signes du zodiaque (remarquer la vue de Rimini dans l'évocation du Cancer, signe zodiacal de la ville) honore l'œuvre du Divin, opposée à l'activité de l'homme, symbolisée par les arts libéraux représentés en face, dans la chapelle du bas-côté gauche. Derrière l'autel trône un **Crucifix★★** de **Giotto**.

Arco d'Augusto

Piazzale Giulio Cesare.

Élevé en 27 av. J.-C., il offre un aspect majestueux grâce, notamment, à ses belles colonnes cannelées à chapiteaux corinthiens.

Le centre historique

La piazza Cavour est bordée par l'hôtel de ville, le palais de l'Assemblée (Palazzo dell'Arengo) et le palais du Podestat, datant des 13e-14e s. mais largement remaniés.

En passant sous les arcades de l'ancienne poissonnerie et en prenant à droite la via Cairoli, on parvient à l'**église Sant'Agostino**, qui recèle d'intéressants témoignages de l'école picturale de Rimini du 14e s.

Sur la piazza Malatesta toute proche s'élève le massif bâtiment du **Castel Sismondo**, austère édifice que Sigismond Ier fit construire, aidé des conseils de Brunelleschi.

Museo della Città

Via Luigi Tonini, 1 - ✆ 0541 79 38 51 - www.museicomunalirimini.it - mar.-sam. 8h30-13h et 16h-19h, dim. et j. fériés 10h-12h30 et 15h-19h ; juil.-août : 14h-23h, mar. et jeu. aussi 10h-12h30, dim. et j. fériés 17h-23h - 6 €.

Il rassemble le matériel archéologique de l'Ariminum romaine et une large collection d'œuvres des 14e-19e s., d'où se détachent les peintures sur bois

DE PAOLO ET FRANCESCA À FELLINI

Grâce à sa situation au carrefour des voies romaines Emilia et Flaminia, cette antique colonie ombrienne et gauloise s'épanouit sous l'Empire. Au 13e s., la famille des **Malatesta** porta la renommée de Rimini à son comble. Dante a conté dans *La Divine Comédie* les amours contrariées de Paolo Malatesta et de Francesca da Rimini, assassinés par leur frère et époux Gianni Malatesta ; plus tard, Sigismond Ier (1417-1468) sut allier action politique sans scrupules et obscurs démêlés familiaux à une attitude de mécène, appelant à sa cour Piero della Francesca et Leon Battista Alberti. Au 16e s., la ville passa sous domination pontificale.

Dans le domaine artistique, l'activité de Giotto dans l'église San Francesco (désormais Tempio Malatestiano) a favorisé l'essor d'une **école de Rimini**, inspirée du giottisme mais d'un style plus dramatique et précis.

Rimini est également la patrie du grand cinéaste **Federico Fellini** (1920-1993) qui, à travers des chefs-d'œuvre tels que *I Vitelloni* et *Amarcord*, a rendu hommage à ses origines romagnoles. Un musée a été ouvert en son honneur *(Casa Museo Fellini, via Nigra, 26 - ✆ 0541 500 85 (musée), ✆ 0541 50 303 (fondation) - www.federicofellini.it)*.

et les crucifix de l'école de Rimini, la délicate **Pietà★** de **Giovanni Bellini**, le **retable de saint Vincent Ferrier**, de Domenico Ghirlandaio et, pour la section consacrée au 17e s., certaines toiles du Guerchin et de Guido Cagnacci.

Ponte di Tiberio

Commencé sous Auguste, ce pont fut achevé en 21 apr. J.-C., sous Tibère. Son appareil est formé de pierres massives provenant d'Istrie.

NOS ADRESSES À RIMINI

HÉBERGEMENT

Centrale de réservation : *✆ 0541 51 441 - www.riminireservation.it.*

PREMIER PRIX

Rimini

Hotel Rondinella et Dependance Viola – *Via Neri, 3 - ✆ 0541 38 05 67 - www.hotelrondinella.it - P - 59 ch.* Cet hôtel, construit dans un style années 1970 comme la plupart des immeubles alentour, vous offre un accueil et une hospitalité qui vous laisseront sans voix. Absolument impeccable… et on ne parle même pas des prix !

BUDGET MOYEN

Alentours

Hotel Diana – *Via Porto Palos, 15 - 47811 Viserbella, 8 km au nord de Rimini - ✆ 0541 73 81 58 - www.hoteldiana-rimini.com - fermé nov.-fév. - P - 38 ch.* Les chambres, modernes et bien tenues, donnent sur les piscines (pour les petits et pour les grands), dans le prolongement de la plage. Une bonne adresse, compte tenu de l'accueil chaleureux réservé aux clients.

Bed&Breakfast Le Case Rosse – *Tenuta Amalia - via Molino Bianco, 836 - 47827 Villa Verucchio - 6 km au sud-ouest de*

Rimini - ✆ 0541 67 85 36 - www.tenutaamalia.com - 6 ch. Dans un domaine agricole du 18e s., cette maison aux murs rouges a été transformée en gîte agréable et rustique. Copieux petit-déjeuner préparé avec les produits de la ferme.

Locanda Antiche Macine – *Via Provinciale Sogliano, 1540 - 47822 Montalbano, 18 km à l'ouest de Rimini, après Sant'Arcangelo di Romagna - ✆ 0541 62 71 61 - www.antichemacine.it - fermé 2 sem. en janv. - 16 ch.* Au cœur de la campagne verdoyante, une vieille maison du 17e s., dotée d'un pressoir, abrite ce gîte élégant à l'atmosphère chaleureuse. Excellente cuisine du terroir et piscine.

UNE FOLIE

Rimini

Grand Hotel – *Parco Fellini 1 - ✆ 0541 56 000 - www.grandhotelrimini.com - P ♿ - 165 ch.* Lié pour l'éternité à Federico Fellini, ce palace de haut niveau possède un intérieur raffiné et quelques pièces de mobilier exceptionnelles, dont certaines datent du 15e s. Le charme du passé et une atmosphère enchanteresse pour un séjour d'exception.

RESTAURATION

BUDGET MOYEN

Rimini

Osteria De Borg – *Via Forzieri 12 - ✆ 0541 56 074 - www.osteriadeborg.it - fermé midi en juil.-août.* Une *osteria* du quartier typique de San Giuliano, pour savourer des plats traditionnels de la Romagne et en particulier la célèbre *piada*, à arroser d'un bon sangiovese.

Alentours

Dei Cantoni – *Via Santa Maria 19 - 47020 Longiano, 22 km au nord-ouest de Rimini par la Via Emilia, puis route régionale - ✆ 0547 66 58 99 - www.ristorantedeicantoni.it - fermé merc., 15 fév.-15 mars.* Dans ce restaurant situé dans le centre historique, adossé au Castello Malatestiano, les sympathiques propriétaires proposent une cuisine typique et raffinée à base de produits de saison. Service en terrasse l'été. Idéal pour ceux qui veulent sortir de la ville.

La Baracca – *Via Marecchiese 373 - 47037 Vergiano, 4,5 km au sud-ouest de Rimini - ✆ 0541 72 71 55 - www.labaracca.com - fermé merc.* Pour connaître les environs de Rimini, essayez ce petit restaurant, à l'ambiance familiale et informelle, et ses succulents plats du terroir. Excellent rapport qualité/prix.

Osteria la Sangiovesa – *Piazza Simone Balacchi, 14 - 47822 Santarcangelo di Romagna, à 13 km à l'ouest de Rimini, sur la Via Emilia - ✆ 0541 62 07 10 - www.sangiovesa.it - fermé à midi.* Une étape gastronomique conseillée par de nombreux hôtels de la Riviera. Un décor éclectique et des plats traditionnels élaborés avec sensibilité. Bonne carte de vins.

ACHATS

Stamperia Ruggine – *Via Bertani, 36 - ✆ 0541 50 811.* Vous y trouverez la spécialité de Rimini : les motifs à grandes fleurs qui ornent tissus et céramiques. Dans cet atelier-boutique, ils seront imprimés sous vos yeux, selon la technique traditionnelle. Vous n'aurez plus que l'embarras du choix...

ACTIVITÉS

Blue Beach Center – *Quartier Pascoli, devant les plages 62, 63, 63 A, 63 B, 64, 65 - ☏ 0541 38 24 56 - www.spiaggia63a.it.* Le plus complet des centres nautiques : nombreuses activités pour les enfants, centres de massage et de fitness, salle de télévision, terrains de sport, mais aussi ski nautique et scooter des mers. Vous y trouverez également un peu de fraîcheur dans une petite salle intérieure et une terrasse donnant directement sur la plage.

Delfinario – *Lungomare Tintori, 2 - ☏ 0541 50 298 - www.delfinariorimini.it - fermé oct.-mars. 13 €.* Ce « parc à dauphins » fera la joie des plus petits qui, après avoir visité le musée, pourront assister et participer à un joli spectacle avec cinq dauphins *(durée 40mn)*. Les dauphins du parc sont également utilisés pour soigner les personnes autistes.

La Riviera dei Parchi – Entre Rimini et Cattolica se concentrent un grand nombre de parcs à thème pour petits et grands : **Italia in miniatura** *(via Popilia - ☏ 0541 73 67 36)* à Viserba di Rimini, **Fiabilandia** à Rivazzurra di Rimini *(via Çardano 15 - ☏ 0541 37 20 64)*, **Acquafan** *(☏ 0541 60 30 50)* et **Oltremare** à Riccione *(via Ascoli Piceno, 6 - ☏ 0541 42 71 - www.oltremare.org)* avec aquariums, spectacles de dauphins et de rapaces, et l'**Acquarium** de Cattolica. Il existe divers types de billets jumelés pour toutes ces attractions. *www.larivieradeiparchi.it.*

L'**Acquarium** de Cattolica propose une palpitante immersion dans le bassin des requins, à l'aide d'un équipement spécial. Immersion possible pour tous à partir de 12 ans, sur réserv. *☏ 0541 83 71 - booking@acquariodicattolica.it - www.acquariodicattolica.it.*

6

Repubblica di San Marino

République de Saint-Marin

★

32 140 habitants

NOS ADRESSES PAGE 511

S'INFORMER

Office de tourisme – *Contrada del Collegio 40 - ✆ 0549 88 29 14 - www.visitsanmarino.com.*

SE REPÉRER

Carte de région C2 (p. 474) – *cartes Michelin Régional 562 et 563 K 19.*
San Marino se trouve à 22 km de Rimini, le long de la S 72.

SE GARER

Garez-vous au parking de la Porta San Francesco.

ORGANISER SON TEMPS

Visitez la ville à pied, en comptant une journée.

Dans un site admirable, l'un des plus petits États du monde (61 km²) occupe les pentes du mont Titano, arête de grès déchiquetée. Cette très ancienne république bat monnaie, émet des timbres, possède ses propres corps de troupes et de gendarmes. San Marino aurait été fondé au 4e s. par un pieux maçon fuyant les persécutions de Dioclétien. Le système politique qui régit la petite république a peu changé depuis neuf siècles. Deux capitaines-régents choisis parmi les soixante membres du Conseil sont investis tous les six mois de la charge de chef d'État, au cours d'une grande fête. La vie économique est entretenue par le tourisme, le commerce, la philatélie, l'artisanat et l'agriculture. On savoure à San Marino un muscat très agréable.

Se promener

Palazzo Pubblico

Piazza della Libertà.

Reconstruit à la fin du 19e s. en style gothique (voir notamment la salle du Grand Conseil).

San Marino

La basilique conserve les reliques de saint Marin.

À l'intérieur de l'église San Pietro, contiguë, niches taillées dans le roc ayant servi de lits à saint Marin et saint Leo.

« Citadelles » (Rocca Guaita, Rocca Cesta ou della Fratta, Rocca Montale)

Les sommets de ces trois éperons constituant des forteresses naturelles reliées par un chemin de ronde offrent des **vues★★★** magnifiques sur les Apennins, la plaine, Rimini et la mer jusqu'à la côte dalmate.

Rocca Guaita.
Aleksandrs Jermakovi / Fotolia.com

Dans la Torre Cesta, vous pouvez visiter le **musée des Armes anciennes** (Museo delle Armi Antiche). *✆ 0549 88 26 70 - www.museidistato.sm - de juin à mi-sept. : 8h-20h ; de mi-sept. à mai : 9h-17h - fermés 25 déc., 1er janv. et 2 nov. (apr.-midi) - gratuit.*

Museo-Pinacoteca di San Francesco
Via Basilius - ✆ 0549 88 26 70 - www.museidistato.sm - de juin à mi-sept. : 8h-20h ; de mi-sept. à mai : 9h-17h - fermés 25 déc., 1er janv. et 2 nov. (apr.-midi) - gratuit.
Peintures du 12e au 17e s., et modernes (20e s.). Poteries étrusques et objets de culte.

NOS ADRESSES À SAN MARINO

RESTAURATION

POUR SE FAIRE PLAISIR

Righi la Taverna – *Piazza della Libertà, 10 - ✆ 05 49 99 11 96 - fermé dim. soir, lun. (hiver).* La « taverne » la plus célèbre de la république : vous y dégusterez des plats traditionnels agrémentés d'une touche de modernité dans l'élégante salle à l'étage, à moins que vous ne préfériez grignoter un en-cas au rez-de-chaussée.

AGENDA

Relève de la garde – *De mi-mai à sept. sur la piazza della Libertà, ttes les heures de 8h30 jusqu'à 18h30.*

Palio delle Balestre – Le 3 sept., célébrations de l'anniversaire de la fondation de la république et du saint patron : cortège historique, concert de musique ancienne et tournoi d'arbalète, cette arme symbolisant la défense de la ville. *www.federazionebalestrieri.sm.*

Faenza

57 790 habitants – Émilie-Romagne

NOS ADRESSES PAGE 514

S'INFORMER

Office de tourisme – *Voltone Molinella, 2 - ☏ 0546 25 231 - www.prolocofaenza.it*

SE REPÉRER

Carte de région C2 (p. 474) – *cartes Michelin Régional 562 et 563 J 17.* Faenza se trouve le long de la S 9, la Via Emilia, qui va de Bologna à Rimini.

À NE PAS MANQUER

Le musée international de la Céramique.

ORGANISER SON TEMPS

Réservez une journée si vous visitez le musée.

Faenza et la faïence : une association qui va de soi pour cette ville qui s'est fait connaître dans le monde entier grâce à la céramique vernissée ou émailliée dont elle s'est fait une spécialité dès le 15e s. et à laquelle elle a donné son nom.

Découvrir

Également nommées **majoliques** parce qu'à la Renaissance les potiers italiens s'inspiraient des pièces importées de l'île de Majorque, les céramiques de Faenza sont réputées pour la finesse de leur pâte, leur émail remarquable, l'éclat de leurs couleurs et la variété de leurs décorations. Un concours international et une Biennale internationale de la céramique d'art témoignent d'une vocation que perpétuent aujourd'hui encore à Faenza de nombreux artistes et artisans.

★★ Museo internazionale delle Ceramiche

Viale Baccarini, 19 - ☏ 0546 69 73 11 - www.micfaenza.org - avr.-sept : tlj sf lun. 10h-19h ; reste de l'année : mar.-vend. 10h-13h30, w.end et j. fériés 10h-17h30 - fermé 25 déc., 1er janv., 1er Mai et 15 août - 8 €.

Ses collections permettent d'étudier l'évolution de la céramique dans le monde. Le premier étage renferme un très bel ensemble de majoliques italiennes de la Renaissance, des exemplaires de la production locale, des pièces d'art populaire et une collection d'Extrême-Orient. Au rez-de-chaussée sont présentés la céramique contemporaine d'Italie et un remarquable ensemble de pièces françaises dues à Matisse, Picasso, Chagall, Léger, Lurçat, et à l'école de Vallauris.

Se promener

★ Pinacoteca Comunale

Via Santa Maria dell'Angelo, 9 - ☏ 0546 68 02 51 ou 0564 66 07 99 - www.pinacotecafaenza.it - juin-sept. : w.-end 10h-13h, 15h-19h ; reste de l'année : w.-end 10h-18h - gratuit.

Importante collection : œuvres de Giovanni da Rimini, Palmezzano, Dosso Dossi, Rosselino, et quelques tableaux d'écoles étrangères (portraits de Pourbus).

★ Piazza del Popolo et piazza della Libertà

Ces deux places s'enchaînent, l'une dans la continuation de l'autre. Bordée par le palais du Podestat (12e s.) et l'hôtel de ville (13e-15e s.), la piazza del Popolo frappe par sa forme allongée et ses arcades surmontées de galeries.
Sur la piazza della Libertà, où se trouve une charmante fontaine baroque du 17e s., la **cathédrale** a été élevée au 15e s. par l'architecte florentin Giuliano da Maiano, mais sa façade est restée inachevée. À l'intérieur, tombeau de l'évêque saint Savin, œuvre de Benedetto da Maiano réalisée en 1471 *(dans la chapelle St-Savin, au fond du collatéral gauche).*

À proximité Carte de région p. 474

Forlì C2

À 17 km au sud-est.
Piazzetta della Misura, 5 - ✆ 0543 71 24 35 - www.turismoforlivese.it.
Située le long de la Via Emilia, Forlì fut, aux 13e et 14e s., une seigneurie indépendante ; en 1500, Catherine Sforza défendit héroïquement la citadelle contre César Borgia.
Basilica di San Mercuriale – *Piazza Aurelio Saffi.* Dominée par un haut campanile roman, elle possède un portail dont le tympan est orné d'un superbe **bas-relief** du 13e s. À l'intérieur, nombreuses œuvres d'art, dont plusieurs peintures de Marco Palmezzano et le tombeau de Barbara Manfredi par Francesco di Simone Ferrucci.
Pinacoteca – *Piazza Guido da Montefeltro, 12 - ✆ 0543 712 659 - mar.-vend. 9h30-13h, 15h-17h30, w.-end 10h-18h - fermé lun. et j. fériés - gratuit.* Admirer un délicat *Portrait de jeune fille* par Lorenzo di Credi. Les collections se répartissent également entre la **Pinacoteca civica « Melozzo degli Ambrogi »** *(corso della Repubblica, 72 - ✆ 0543 71 26 06 - www.cultura.comune.forli.fc.it - mar.-dim. 9h-13h - fermé lun., j. fériés, 4 fév. - gratuit)*, qui comprend des œuvres d'artistes contemporains, et le complexe de **San Domenico**, qui rassemble les œuvres de peintres émiliens et romagnols du 13e au 15e s.

Cesena C2

À 19 km au sud-est de Forlì.
Piazza del Popolo, 15 - ✆ 0547 35 63 27 - www.comune.cesena.fc.it.
La ville est groupée au pied de la colline portant le vaste château des Malatesta (15e s.). La **bibliothèque Malatestiana★** *(piazza Bufalini)*, Renaissance, comprend trois longues nefs dont les voûtes sont portées par des colonnes cannelées aux beaux chapiteaux. On peut y voir de précieux manuscrits dont quelques-uns proviennent de la fameuse école de miniaturistes de Ferrare, ainsi que le *missorium*, plat en argent doré, du 4e s. probablement. *✆ 0547 61 08 92 - www.malatestiana.it - ♿ - visite guidée uniquement (45mn) 9h-18h45, dim. et j. fériés 10h-12h30 - 5 €.*
À voir aussi la **Rocca Malatestiana** et l'**abbazia di Santa Maria del Monte**, avec une collection d'ex-voto très intéressante.

NOS ADRESSES À FAENZA

HÉBERGEMENT

PREMIER PRIX

Cappello – *Viale Mazzoni, 1 - 47023 Cesena - ✆ 0547 21 016 - www.hotelcappello.com - 14 ch.* Hôtel simple et accueillant près de la forteresse, sur la piazza del Popolo. Ambiance familiale à très bon prix. Chambres récemment rénovées.

RESTAURATION

BUDGET MOYEN

Casa Rusticale dei cavalieri Templari – *Via Bologna, 275 (en dehors du centre, sur la S 9 en dir. de Faenza) - 48018 Forlì - ✆ 0543 70 18 88 - www.osteriadeitemplari.it - fermé lun., 15 j aou., 24 déc.-3 janv., août.* Dans l'ancien hôpital de l'ordre des Templiers, ce restaurant propose différents menus à thème, qui suivent les recettes du terroir et les saisons.

La Baita – *Via Naviglio, 25/c - 48018 Faenza - ✆ 0546 21 584 - fermé dim. et lun., 1er-15 janv., 1er-15 août.* Une ancienne charcuterie transformée en œnothèque-restaurant, où l'on peut déguster une assiette de charcuteries et de fromages accompagnée d'un verre de bon vin, ou des petits plats traditionnels.

Modena

Modène

★

184 663 habitants – Émilie-Romagne

NOS ADRESSES PAGE 519

S'INFORMER

Office de tourisme – *Piazza Grande 14 - ✆ 059 20 32 660 - http ://turismo.comune.modena.it.*

SE REPÉRER

Carte de région B1 (p. 474) – *cartes Michelin Régional 561, 562 et 563 I 14.* À une quarantaine de kilomètres de Bologna, Modène se trouve le long de l'A 1.

SE GARER

Le centre de Modène est interdit aux véhicules non autorisés, mais vous pourrez obtenir un permis de stationnement temporaire si vous résidez à l'hôtel. Les parkings gratuits se trouvent autour du Parco Novi Sad.

À NE PAS MANQUER

Le remarquable Duomo.

ORGANISER SON TEMPS

Prévoir une journée.

AVEC LES ENFANTS

Admirer les voitures de collection de la Galleria Ferrari.

Modène est une ville pleine d'atouts qui séduira aussi bien les amateurs d'art que les passionnés de mécanique (Ferrari, Maserati, Bugatti et Lamborghini), sans oublier les gourmets grâce à sa cuisine succulente. Outre des produits typiques tels que le célèbre vinaigre balsamique, Modène compte de nombreuses spécialités gastronomiques, parmi lesquelles les « zamponi », pieds de porc farcis, que l'on accompagne volontiers d'une bouteille de lambrusco, le vin rouge pétillant de la région.

Se promener

★★★ Duomo

Le Duomo est un chef-d'œuvre de l'art roman, inscrit au Patrimoine mondial de l'Unesco depuis 1997. Y travaillèrent l'architecte lombard **Lanfranco**, les *maestri campionesi* et le sculpteur lombard **Wiligelmo** (12e s.), dont le nom apparaît sur une pierre à gauche du portail, à côté de la date de fondation de l'église (1099).

La façade, coiffée par l'Ange de la Mort portant une fleur de lys, est l'œuvre des *maestri campionesi* et le portail central, de Wiligelmo, est magnifié par un porche supporté par deux lions. Le flanc sud, donnant sur la place, est remarquable par son rythme architectural. On distingue, de gauche à droite : la porte des Princes, sculptée par Wiligelmo, la porte Royale, joyau des *maestri campionesi* du 13e s., et une chaire du 16e s. ornée des symboles des évangélistes. On rejoint le côté opposé en passant sous les arcades gothiques qui relient la cathédrale au puissant campanile roman de marbre blanc (88 m) surnommé « Ghirlandina » à cause de la guirlande de colonnettes qui entoure la partie octogonale. Sur le côté nord s'ouvre la porte de la Pêcherie (école de Wiligelmo), ainsi nommée car proche autrefois du lieu de pêche *(pescheria)* de l'évêché. Les scènes épiques apparaissant sur l'archivolte comptent parmi les premières du genre utilisées en décoration en Italie.

Entièrement en brique, l'**intérieur** de la cathédrale allie l'élan des églises gothiques à la sobriété des édifices romans. Dans le bas-côté gauche, au-delà de l'autel des Petites Statues (*altare delle statuine* – 15e s.), on remarque une chaire du 14e s. en face de laquelle se trouve un siège rudimentaire de bois que la tradition populaire retient comme celui du bourreau. Les stalles du chœur liturgique *(presbiterio)* ont été réalisées au 15e s. par les Da Lendinara.

LE VINAIGRE BALSAMIQUE

Seules, **Modène** et **Reggio Emilia** fabriquent l'authentique vinaigre balsamique qui doit être certifié « **balsamique traditionnel** ». À l'origine de ce nectar, un long et complexe processus de fabrication explique son prix élevé. Le vinaigre est mis à vieillir successivement dans plusieurs tonneaux de bois, chacun d'un bois différent pour lui donner des arômes variés. On estime qu'à partir de 12 ans d'âge, il commence à être un bon cru. Le contenant se réduit au fil du temps, car le vinaigre, en s'évaporant, devient peu à peu un liquide épais et velouté, dont quelques gouttes à peine suffisent à donner aux mets un goût et un parfum inimitables.

On fabrique également dans ces villes un vinaigre balsamique non traditionnel, meilleur marché car vieilli moins longtemps et beaucoup plus dilué. Quant aux autres imitations, elles n'ont rien à voir avec l'original, il s'agit simplement de vinaigre additionné de caramel.

www.balsamicotradizionale.it (en français).

6

L'harmonieux **jubé★★★**, porté par des lions lombards et de petits atlantes, fut exécuté de 1170 à 1220 par les *maestri campionesi*. Sur le parapet figurent entre autres le *Lavement des pieds*, la *Cène*, la *Condamnation de Jésus*. La crypte, aux nombreuses et fines colonnes, renferme une **Sainte Famille★** de Guido Mazzoni (terre cuite du 15e s.) et le tombeau de saint Géminien, patron de Modène à qui le dôme est dédié. Dans le bas-côté droit, près de la sortie, se trouve un petit bijou, une crèche en terre cuite du 16e s.
Le **Museo del Duomo** (musée du Dôme) renferme les fameuses **métopes★★** (12e s.), bas-reliefs qui jadis surmontèrent les arcs-boutants de l'édifice; représentant des baladins ou des symboles aujourd'hui incompréhensibles, elles sont d'un modelé, d'un équilibre et d'une stylisation quasi classiques. *Via Lanfranco, 6 - ✆ 059 43 96 969 - tlj sf lun. 9h30-12h30 et 15h30-19 (hiv. 18h30) - 3 €.*

Palazzo dei Musei

Viale Vittorio Veneto, 5.
Cet édifice du 18e s. renferme les deux principales collections d'art réunies par la famille d'Este.
★ **Biblioteca Estense** – *1er étage, escalier à droite - ✆ 059 22 22 48 - www.cedoc.mo.it/estense - ♿ - tlj sf dim. 9h-13h (mar., merc. et jeu. aussi 14h30-18h30.*
C'est l'une des plus riches d'Italie : 600 000 volumes, 15 000 manuscrits, dont les plus intéressants sont exposés. La **Bible de Borso d'Este★★**, avec ses 1 020 pages enluminées par des artistes ferrarais du 15e s. (parmi lesquels Taddeo Crivelli), en est la pièce maîtresse.
★ **Galleria Estense** – *✆ 059 43 95 711 - www.galleriaestense.beniculturali.it - 8h30-19h30 (lun. 8h30-14h), dim. 14h-19h30, fermé 25 déc., 1er janv. et 1er Mai - 4 €.*
La galerie s'ouvre sur le **buste en marbre de François Ier d'Este**, chef-d'œuvre de Gian Lorenzo Bernini. Les collections offrent une belle évocation de l'école modénaise du 15e s. (Bonascia, Francesco Bianchi Ferrari), redevable à l'école ferraraise, elle-même admirablement représentée par la puissante plasticité du **Saint Antoine** de Cosmè Tura. Les collections des maîtres vénitiens (Cima da Conegliano, Véronèse, le Tintoret, Bassano), peintres ferrarais du 16e s. (Dosso Dossi, Garofalo) et bolonais liés à l'académie des *Incamminati* (les Carrache, Guido Reni, le Guerchin) sont considérables. On trouve également de nombreux tableaux des écoles étrangères, parmi lesquels on peut voir le **portrait de François Ier d'Este** par Vélasquez.
Outre les peintures, la galerie renferme de remarquables figures en terre cuite, production originale des « plasticiens » modénais des 15e-16e s. (Nicolò dell'Arca, Guido Mazzoni, Antonio Begarelli), et aussi des collections de majoliques et d'instruments de musique, dont la superbe **harpe des Este** de 1581.

★ Palazzo Ducale

Noble et majestueux, commencé en 1634 sous François Ier d'Este, il est d'un dessin recherché; il abrite aujourd'hui l'Académie d'infanterie et de cavalerie.

LE « TÉNOR DU PEUPLE »

Luciano Pavarotti (1935-2007) est sans doute le Modénais le plus connu de par le monde. Fils d'un boulanger, il débute sa carrière en 1961 et connaît très vite le succès, notamment avec son rôle fétiche, Rodolfo, dans *La Bohème* de Puccini. Si ses concerts des années 1990 (avec P. Domingo et J. Carreras mais aussi Sting et Elton John) ont été parfois décriés, cet artiste exceptionnel est toujours resté très aimé dans sa ville natale, où il repose.

MAX MARA ET L'ART CONTEMPORAIN
L'entreprise fondée par Achille Maramotti en 1951, qui représente 23 marques textiles diffusées dans le monde entier, est le principal employeur de Reggio Emilia mais pas seulement. Max Mara s'est engagé dans un mécénat en finançant l'installation d'œuvres d'art contemporaines dans des édifices publics de la ville. Ainsi, on peut contempler une fresque de **Sol LeWitt** au plafond de la salle de lecture de la bibliothèque Panizzi et une sculpture et bande sonore de **Robert Morris** au couvent San Domenico, d'autres devant suivre dans les années futures.
Luigi Maramotti, président du groupe et fils du fondateur, a hérité de son père le goût de l'art et l'une des plus importantes collections d'art du 20e s. d'Italie. Cette collection est ouverte au public depuis septembre 2007 et présente 200 œuvres des années 1945 à nos jours, représentatives des principales tendances de l'art italien et international. *Collection Maramotti - Via Fratelli Cervi, 66 - Reggio Emilia - ✆ 0522 38 24 84 - www.collezionemaramotti.org - sur réservation uniquement - gratuit.*

À proximité Carte de région p. 474

★ Palazzo Ducale di Sassuolo B2

À 17 km au sud-ouest. ✆ 0536 18 44 853.
Cette demeure aristocratique de la cité de la céramique fut transformée au 17e s. en résidence d'été par les ducs d'Este. Des travaux de restructuration naquit l'un des chefs-d'œuvre du baroque émilien.

Galleria Ferrari à Maranello B2

À 20 km au sud de Modène environ, par la SP 3.
Via Dino Ferrari, 43 - ✆ 0536 94 32 04 - www.museoferrari.com - 1er Mai-30 sept. : tlj 9h30-19h ; reste de l'année 9h30-18h - fermé 25 déc. et 1er janv. - 13 €.
C'est ici qu'Enzo Ferrari installa son usine en 1943. Depuis cette date, Maranello est non seulement le fief mais aussi le symbole de la **Scuderia Ferrari**. Outre le site de production, il comprend le pôle de la gestion sportive, un circuit pour les essais, une **galerie d'exposition**. Vous y verrez quelques-uns des plus prestigieux modèles depuis la Ferrari 375 F1 avec laquelle José Froilàn Gonzálès gagna le Grand Prix de Grande-Bretagne en 1951 jusqu'à la dernière F1, mais aussi les modèles réalisés pour des commandes privées. Documents, photographies viennent compléter ce vaste panorama de l'histoire de l'innovation technologique et celle des courses conduites par la marque au célèbre « cavallino rampante ».

Reggio Emilia B1

À 25 km à l'ouest de Modène, par la SS 9.
Via Farini, 1/A - ✆ 0522 45 11 52 - turismo.comune.re.it.
Riche centre industriel et commercial sur la Via Emilia, Reggio est la ville natale de l'Arioste et du paysagiste Antonio Fontanesi (1818-1882). Comme Modène et Ferrare, Reggio appartint à la famille d'Este de 1409 à 1776.
Centro storico – Sur la **piazza Prampolini**, cœur politique, religieux et commerçant de la ville, s'élèvent la cathédrale, de fondation antique mais remaniée au 15e s., le baptistère roman et l'hôtel de ville, avec sa tour du Bordello (16e s.). À droite de la cathédrale, la pittoresque **via Broletto**, très animée, conduit à la piazza San Prospero, dominée par la façade du 18e s. et le clocher inachevé de l'**église San Prospero**, dont la coupole de l'abside recèle un beau cycle

de fresques de C. Procaccini et B. Campi, et de précieuses stalles marquetées.
Musei Civici – *Via Spallanzani, 1 - ✆ 0522 45 64 77 - www.musei.re.it - été : tlj sf lun. 9h-12h, 21h-0h, dim. 21h-24h ; reste de l'année : tlj sf lun. 9h-12h, w.-end 10h-13h, 16h-19h - gratuit.* Ils comprennent le musée Spallanzani d'Histoire naturelle, un département paléontologique et ethnologique renfermant des pièces trouvées dans la région, des mosaïques romaines et médiévales, des marbres, des toiles de peintres locaux (15e-20e s.), dont **Solitude★** de A. Fontanesi, et une section consacrée à M. Mazzacurati (1908-1969).
★ **Madonna della Ghiara** – Cette belle église, érigée au début du 17e s. à la suite d'un événement miraculeux, recèle un **intérieur** aux splendides fresques, retables et peintures sur bois, qui forment une magnifique anthologie de la peinture émilienne du 17e s. Parmi les œuvres les plus importantes, le tragique **Christ en Croix** du Guerchin.

Carpi B1

À 18 km au nord.
Gracieuse petite ville dont la **piazza dei Martiri★**, la place principale, présente des proportions étonnantes. C'est un large rectangle bordé d'un côté par des maisons et un long péristyle, de l'autre par le château, et fermé par une cathédrale Renaissance, élevée sur les plans de Peruzzi, et par le théâtre municipal de style néoclassique. Le **castello dei Pio★**, imposant édifice orné de tours dont la cour fut dessinée par Bramante, est en cours de restauration. Les appartements nobles sont désormais ouverts au public. Il abrite aussi le Musée de la ville et le Musée du palais. *✆ 059 64 99 55 - fermés au moment de la rédaction de ce guide.*
L'église de la Sagra (12e-16e s.) est dotée d'un haut campanile roman, la **Torre della Sagra**.
À quelques kilomètres de Carpi (en direction de Novi) se trouve le camp d'internement de **Fossoli**, d'où furent déportés de 1943 à 1944 des milliers de Juifs vers les camps d'extermination nazis.

Abbazia di Nonantola B1

À 11 km au nord-est. www.abbazia-nonantola.net - fermée au moment de la redaction de ce guide.
Fondé au 8e s., le monastère connut un certain rayonnement au Moyen Âge. L'église abbatiale remonte au 12e s. ; le portail conserve de remarquables **sculptures romanes★** exécutées en 1121 par l'atelier de Wiligelmo.

NOS ADRESSES À MODENA

HÉBERGEMENT

BUDGET MOYEN

Hotel Daunia – *Via del Pozzo 158 - ✆ 059 37 11 82 - www.hoteldaunia.it - 42 ch.* Un hôtel du début du 20e s. à la façade rose. Décoration sobre, avec une pointe de design. Terrasse avec gazebo pour le petit-déjeuner.

RESTAURATION

BUDGET MOYEN

Aldina – *Via Albinelli, 40 - ✆ 059 23 61 06 - fermé le soir, dim. et j. fériés ; 1 mois en été.* Très bonne adresse pour faire une pause à midi. On y goûte une cuisine maison dans une atmosphère authentique. Plats copieux.

Le piazza Grande et le duomo.
SIME/G. Simeone / Simeone/Photononstop

Parma

Parme

★★

182 389 habitants – Émilie-Romagne

NOS ADRESSES PAGE 533

S'INFORMER

Office de tourisme – *Piazza Garibaldi 1 - ✆ 0521 21 88 89 - www.turismo.comune.parma.it.*

SE REPÉRER

Carte de région A1 (p. 474) – *cartes Michelin Régional 561 et 562 H 12-13.* Parme se trouve le long de l'A 1, entre le Pô et les Apennins.

SE GARER

Dans le centre de Parme, la circulation est difficile, le stationnement réglementé et les places rares. Mieux vaut se garer dans un parking non loin du centre, largement piétonnier.

À NE PAS MANQUER

La piazza Garibaldi, le Duomo et le baptistère, les œuvres du Parmesan et du Corrège.

ORGANISER SON TEMPS

Partagez vos visites entre la ville et ses environs, riches en monuments et sites d'intérêt.

AVEC LES ENFANTS

Visitez l'un des châteaux de la province, comme les forteresses de Torrechiara ou de Fontanellato.

Flâner entre la piazza Garibaldi, lieu de rencontre de ses habitants, et la piazza del Duomo, cœur historique et artistique, permet de prendre la mesure de la ville. L'importance de son patrimoine ne cède en rien à son élégance et à son raffinement. Ville de musique, comme en témoigne le joli théâtre Regio, ce fut la patrie de nombreux artistes (parmi lesquels le célèbre chef d'orchestre Arturo Toscanini). Parme possède également une riche tradition gastronomique avec des produits mondialement connus tels que le parmesan ou le jambon… de Parme.

Se promener Plan de ville p. 523

LE COMPLEXE ÉPISCOPAL

Compter 2h.

Le noyau historique de la ville comprend, d'une part, l'**ensemble épiscopal★★★** roman formé par la cathédrale et le baptistère, d'une exceptionnelle harmonie, l'église baroque St-Jean et les palais alentour ; d'autre part, le palais de la Pilotta (16e-17e s.) et la Chambre du Corrège.

Fresques intérieures (13e s.) du baptistère (détail).
M. Colin / hemis.fr

★★ Duomo C1

De style roman-lombard, le Duomo est flanqué d'un élégant campanile gothique. Sa façade est précédée d'un beau porche reposant sur des lions et surmonté d'une loggia. À l'intérieur, les **fresques** de la coupole sont du Corrège (1526-1530) : le thème de l'Assomption de la Vierge (dont la figure est noyée au milieu d'un tourbillon d'anges) est le prétexte à un vertigineux mouvement ascendant. La maîtrise de la perspective et de l'anatomie en mouvement donne lieu à une prodigalité inventive déjà toute baroque. Dans le transept droit, **Déposition de Croix** (1178) du sculpteur roman Antelami où, malgré la solennité des figures, on reconnaît l'influence de l'école provençale. L'Ange (1284) en cuivre doré, qui jadis ornait la pointe du campanile, se trouve désormais sur le troisième pilastre de la nef principale.

★★★ Battistero C1

Commencé en 1196, c'est le monument médiéval d'Italie du Nord le plus homogène, l'architecture et le décor sculpté – étroitement liés – datant du 13e s. Réalisé en marbre rose de Vérone, sur un plan octogonal, il est sans doute l'œuvre du Parmesan **Antelami**, dont on reconnaît la main dans les sculptures et dont la signature figure sur le linteau du portail nord. À l'intérieur, d'inspiration byzantine, remarquable ensemble de **fresques** de forme polygonale à 16 côtés, également du 13e s., représentant des scènes de la Vie du Christ et de la Légende dorée.

San Giovanni Evangelista C2

Édifice Renaissance à façade baroque. À l'intérieur, les **fresques de la coupole★★**, peintes par **le Corrège** de 1520 à 1524, représentent la *Vision de saint Jean à Patmos* et la *Translation de l'Évangéliste*. On doit celles des arcs des chapelles de gauche (1er, 2e et 4e) au Parmesan.
On visitera, dans le couvent contigu, les **cloîtres Renaissance**.

Antica spezieria di San Giovanni Evangelista C1

Borgo Pipa, 1 - ✆ 0521 50 85 32 - tlj sf lun. 8h30-13h30 - fermé 25 déc., 1er janv., 1er Mai et 15 août - 2 €.

L'ancienne apothicairerie du 13e s., fondée par les moines bénédictins, fut redécorée au 16e s.

Palazzo della Pilotta B1

Ainsi nommé parce qu'on y jouait à la pelote dans les cours. Cet austère édifice, construit sous l'impulsion des Farnese de 1583 à 1622, abrite aujourd'hui le Musée archéologique et la Galerie nationale, la bibliothèque Palatine et le théâtre Farnese (*p. 523*).

★ **Camera di San Paolo** B1-C1

Via Melloni, 3 - ✆ 0521 53 32 21 - tlj sf lun. 8h30-13h30 - fermé 25 déc., 1er janv., 1er Mai et 15 août - 2 €.

C'était la salle à manger de l'abbesse du couvent de St-Paul. Les fresques de la voûte, lumineuse évocation mythologique, constituent le premier décor monumental du **Corrège** (1519-1520) : l'influence de Mantegna, qu'il côtoya dans sa jeunesse à Mantoue, se retrouve dans les motifs de guirlandes de fruits et de treilles, et dans les reliefs et détails d'architecture peints à la base de la voûte.

Santa Maria della Steccata B2

Cette église du 16e s., conçue par les architectes Bernardino et Zaccagni, abrite de belles **fresques**★ du Parmesan représentant les Vierges folles, entre Moïse et Adam, et les Vierges sages, entre Ève et Aaron. On y voit également les tombeaux des Farnese et des Bourbon-Parme (crypte), ainsi que le mausolée de Neipperg, que Marie-Louise, devenue duchesse de Parme, avait épousé.

Teatro Regio B1

✆ 0521 03 93 93 - www.teatroregioparma.org - visite guidée sur réservation.

Réalisé entre 1821 et 1829 à la demande de Marie-Louise d'Autriche, le Théâtre royal présente une façade néoclassique. À l'intérieur, belle décoration en stuc blanc et doré due à G. Magnani (1853) et magnifique rideau représentant *Le Triomphe de Minerve*, œuvre de Giovan Battista Borghesi. Le théâtre fut inauguré avec l'opéra de Bellini *Zaira*. Bonne acoustique.

Palazzo del Giardino B1

Le **jardin ducal**★ fut dessiné par Petitot et orné de statues par Boudard, tous deux français.

À voir aussi Plan de ville

MUSÉES DU PALAZZO DELLA PILOTTA

Piazzale della Pilotta, 15.

★★ **Galleria Nazionale** B1

Piazzale della Pilotta - 0521 23 33 09 - www.gallerianazionaleparma.it - mar.-dim. 8h30-13h30 - fermé 25 déc., 1er janv., 1er Mai et 15 août - 6 € (billet combiné Galleria et théâtre).

Tableaux des écoles émilienne, toscane et vénitienne des 14e, 15e et 16e s. Le Parmesan est représenté par un stupéfiant portrait de femme, l'**Esclave turque**, d'une suprême élégance, et le Corrège par son chef-d'œuvre, la **Vierge de**

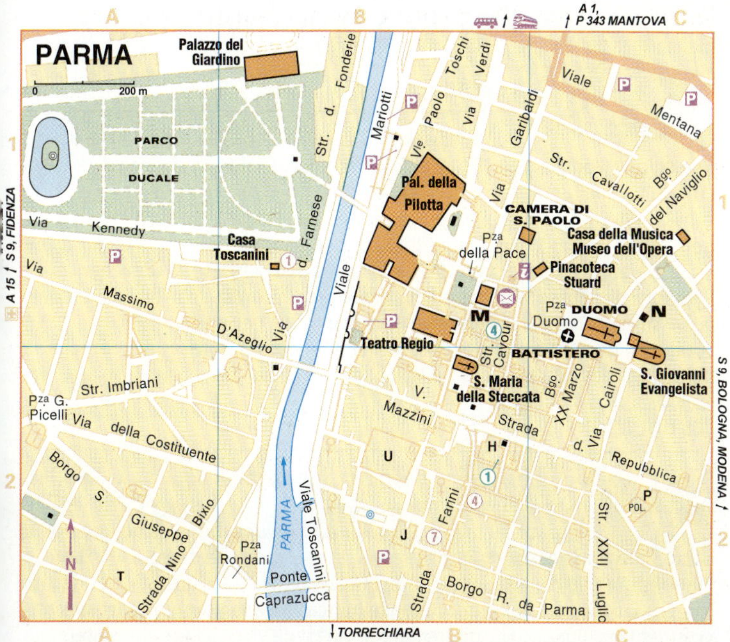

SE LOGER	Antica Osteria Fontana ④
Hotel Button ①	Trattoria del Tribunale ⑦
Hotel Torino ④	
SE RESTAURER	**Antica spezieria di San Giovanni Evangelista N**
Antica cereria ①	**Museo Glauco-Lombardi M**

saint Jérôme (1528) et quelques autres tableaux. Enfin, des œuvres de Nattier, Hubert Robert et Mme Vigée-Lebrun témoignent de la présence française à Parme au 18e s. À remarquer encore, une ébauche de Léonard de Vinci, la *Tête d'adolescente*. Le musée présente également une très belle collection d'art médiéval, parmi laquelle il faut signaler les portes en bois de San Bertolo? datant du 10e s.

★★ Teatro Farnese B1

Voir horaires Galleria Nazionale - 2 € (théâtre seul).

Ravissant théâtre bâti entièrement en bois par G. B. Aleotti en 1619, sur le modèle du Théâtre olympique de Vicence (*p. 391*). Construit à la hâte en vue de la visite de Cosme Ier de Médicis auquel Ranuccio Ier Farnese voulait montrer les fastes de sa cour, les statues ont été réalisées en plâtre et non en marbre, les décors en carton peint et non en stuc. Toutefois, la réalisation finale est une magnifique réussite dans laquelle la majesté du style Renaissance côtoie la fantaisie du baroque naissant, adopté pour de nombreux détails. Un ingénieux système de machines, installées sous la scène, permit de réaliser les premières scènes mobiles de l'histoire du théâtre. On ne l'inaugura cependant qu'une dizaine d'années plus tard, pour le mariage de Marguerite de Médicis et d'Édouard Farnese. Presque totalement détruit en 1944, le théâtre fut reconstruit à l'identique dans les années 1950.

6

Des ducs et des peintres

LES FARNESE

Fondée par les Étrusques vers 525 av. J.-C., Parme devint une colonie romaine en 183 av. J.-C. Devenue commune libre au Moyen Âge (11e-13e s.), elle fut membre de la Ligue lombarde.

Après la chute de son gouvernement communal en 1335, Parme fut tour à tour gouvernée par les Visconti, les Sforza puis les Français, avant d'être annexée en 1513 par l'Église. Mais, en 1545, le pape **Paul III** Farnese, la détachant avec Plaisance de l'État pontifical, en fit un duché qu'il confia à son fils Pierre-Louis (assassiné en 1547). La **dynastie Farnese** régna cependant jusqu'en 1731, comptant de nombreux mécènes, collectionneurs et bâtisseurs, protecteurs des arts et des lettres.

LES BOURBONS

Passée aux Bourbons, Parme découvre son premier souverain, Charles, successivement roi de Naples puis d'Espagne.

De 1748 à 1801, grâce au mariage de Philippe de Bourbon (fils de Philippe V d'Espagne et d'Élisabeth Farnese) avec la fille préférée de Louis XV, Louise Élisabeth, la ville connut une période où les mœurs, l'administration et les arts furent marqués par la prépondérance française et de nombreux artistes traversèrent les Alpes pour y goûter un certain art de vivre; sans oublier Stendhal qui la choisit comme cadre de son roman *La Chartreuse de Parme* (1839).

Aussi les Bourbon-Parme avaient-ils leur Versailles à Colorno (*p. 527*), au nord de la ville. Dernière grande figure, Marie-Louise d'Autriche, seconde femme de Napoléon, y régna de 1814 à 1847.

L'ÉCOLE DE PEINTURE DE PARME

Elle est représentée par deux peintres importants, le Corrège et le Parmesan, dont les œuvres contribuèrent à assurer la transition entre les formes de la Renaissance et le baroque.

Antonio Allegri (1489-1534), dit le Corrège – Il exprima, avec une virtuosité et une science du clair-obscur nouvelles, une sensualité et un optimisme semblant parfois annoncer le 18e s. français.

Francesco Mazzola (1503-1540), dit le Parmesan (Parmigianino) – Il fut un esprit autrement inquiet et mélancolique; il étira ses figures, utilisa des coloris nouveaux, souvent froids, caractéristiques du maniérisme; il créa un canon de beauté féminine qui influença, par l'entremise du Primatice et de Nicolò dell'Abate, l'école de Fontainebleau et tous les maniéristes européens du 16e s.

★ Museo Archeologico Nazionale B1

✆ 0521 23 37 18 - ♿ - 4 €.
Matériel archéologique préromain et romain mis au jour dans la région de Parme (fouilles de Velleia).

AUTRES MUSÉES

★ Fondazione-Museo Glauco Lombardi B1

Via Garibaldi, 15 - ✆ 0521 23 37 27 - www.museolombardi.it - mar.-sam. 9h30- 15h30, dim. et j. fériés 9h-18h30 (dim. en juil. et août 9h-13h30) - fermé lun. - 5 €.
Essentiellement consacré à la vie du duché de Parme-Plaisance aux 18e et 19e s., le musée rassemble des tableaux et des objets évoquant Marie-Louise, qui régna avec sagesse sur le duché jusqu'en 1847. De nombreux peintres français y sont représentés : La Tour, Boucher, Hubert Robert, Mme Vigée-Lebrun, David, Millet…

Museo Casa Toscanini B1

Borgo R. Tanzi, 13 - ✆ 0521 28 54 99 - www.museotoscanini.it - ♿ - merc.-sam. 9h-13h, 14h-18h, dim. 14h-18h - 2 €.
La maison natale du célèbre chef d'orchestre (1867-1957) présente d'intéressants documents pour les passionnés de musique : distinctions et décorations reçues, sculptures et objets liés à la famille Toscanini ainsi qu'à Verdi et Wagner, lettres de Mazzini, Garibaldi, D'Annunzio et Einstein, nombreux témoignages de l'activité américaine du maître. Audiovisuel sur la carrière de l'artiste.

Pinacoteca Stuard C1

Borgo Parmigianino, 2 - ✆ 0521 50 81 84 - ♿ - tlj sf mar. 9h-18h30 - 4 €.
Installée dans l'ancien monastère San Paolo, la collection rassemble des œuvres du 14e au 20e s., notamment une riche section consacrée à l'art toscan des 14e-15e s. Le parcours inclut le *sacellum*, ancienne structure défensive transformée par la suite en beffroi.

Museo dell'Opera C1

Piazzale San Francesco, 1 - ✆ 0521 03 11 70 - www.lacasadellamusica.it, - ♿ - merc.-vend. 10h-14h (apres midi sur réservation), sam. 10h-18h, dim. 14h-18h - fermé 25 déc., 1er janv. et 2 sem. en août - 2 €.
Au sein de la **Casa della Musica**, institution dédiée à la recherche et à la documentation musicale, le musée présente de manière interactive une histoire de l'opéra à Parme.

UN PEU DE GOURMANDISE AUSSI

Le **Prosciutto di Parme** et le **Parmigiano-Reggiano** sont les deux fleurons de la gastronomie parmesane. Le premier, un jambon de 9 kg, salé à la main, ne demande pas moins de dix mois de maturation ; le second est un fromage de lait de vaches exclusivement nourries de fourrages locaux. On l'obtient par la cuisson du lait caillé, suivie d'un salage et d'un affinage qui peut aller jusqu'à vingt-quatre mois. Ce fromage mondialement connu a reçu son appelation contrôlée en 1954. Il représente un tel trésor qu'il sert même, localement, de garantie à des crédits bancaires ! En 2009, des cambrioleurs ont fracturé la cave d'affinage d'une banque pour dérober 570 meules (chacune estimée à 300 €).

À proximité Carte de région p. 474

★★ Fondazione Magnani Rocca A1

À 17 km au sud de Parme - via Fondazione Magnani Rocca, 4 ; Mamiano di Traversetolo - ✆ 0521 84 83 27 - www.magnanirocca.it - tlj sf lun. 10h-18h - 9 €.
La collection d'œuvres d'art léguée par Luigi Magnani (1906-1984), musicologue et essayiste, mérite une visite. Installée dans ce qui fut la villa de campagne du collectionneur, ceinte d'un grand parc où l'on peut se promener, elle réunit des peintures, des meubles (Thomire et Jacob), des sculptures allant du 12e s. à nos jours, et compte de véritables chefs-d'œuvre. Au rez-de-chaussée, sont exposés les tableaux des maîtres anciens : Filippo Lippi (sublime *Vierge et Enfant*) ; Carpaccio (magnifique *Christ mort soutenu par deux anges*), Titien *(Conversation sacrée : la Vierge et l'Enfant avec sainte Catherine, saint Dominique et le donateur)*, Tiepolo, ainsi que des toiles de Van Dyck, Rubens, Albert Dürer *(Madone et Enfant)* et l'exceptionnel *Famille de l'infante Don Luis* de Goya. Le premier étage est consacré à la peinture moderne avec une riche collection de tableaux d'artistes italiens dont Filippo de Pisis (1896-1955) et surtout, largement représenté, Giorgio Morandi, ami du collectionneur. Les artistes français figurent ici également avec Nicolas de Staël, Monet, Braque et Cézanne.

Fidenza A1

À 23 km à l'ouest. Sortir par la via Massimo d'Azeglio.
Cette petite ville agricole possède une remarquable **cathédrale★**, construite au 11e s. et achevée au 13e s., en style gothique. Son **porche central★★** présente une très belle décoration sculptée qui serait due à Antelami. Les trois beaux **portails** de style roman sont ornés de lions, une caractéristique de l'Émilie.

Salsomaggiore A1

À 41 km à l'ouest.
Cette petite ville thermale possède le charme de toutes ses consœurs : des établissements de style Art nouveau, des promenades arborées, des parcs, de nombreux cafés et salons de thé et des boutiques. Elle est située au pied des Apennins parmesans, et la qualité de ses eaux salées qui affleurent naturellement le sol a été reconnue dès la période romaine. Le **docteur Lorenzo Berzieri**, qui en avait découvert les propriétés curatives, entreprit la transformation de ce bourg rural en station thermale : un établissement inauguré en 1923, dans le plus pur style Art nouveau, porte son nom. Autre grand établissement construit au début du 20e s. : le Grand Hôtel des Thermes, qui est aujourd'hui le palais des congrès.

Brescello B1

À 28 km au nord-est.
Elle doit son nom (Brixellum) aux Celtes installés dans la plaine du Pô, qui déjà fondèrent sur leur passage Bressanone (Brixen) et Brescia (Brixia). Mais la notoriété récente de Brescello est liée à la série des films mettant en scène

UN PETIT MONDE PLEIN DE POÉSIE

Giovanni Guareschi (1908-1968), journaliste et romancier qui aimait tremper sa plume dans l'humour, fonda avec Giovanni Mosca (1908-1983) le *Candide* et fut l'auteur du *Petit Monde de Don Camillo*, dont fut tirée la très célèbre version cinématographique interprétée par Fernandel et Gino Cervi.

Don Camillo et **Peppone**. Les **musées** consacrés aux deux personnages rassemblent articles et affiches relatifs aux films et objets utilisés lors des tournages. *0522 48 25 64 - www.visitbrescello.it - 9h30-12h30, 14h30-17h30, w.-end et j. fériés 9h30-12h30, 14h30-18h30 - 4 €.*

Castello di Canossa B1

À 32 km au sud-est.

Il ne reste plus que les ruines, perchées sur un rocher, de cet imposant château où la « grande comtesse de Toscane », **Mathilde**, soutint une lutte de trente ans contre l'empereur et en faveur du pape, lors de la querelle des Investitures (*p. 102*). L'empereur d'Allemagne Henri IV y vint, en chemise, pieds nus dans la neige, faire amende honorable au pape Grégoire VII en 1077 ; il dut attendre trois jours avant d'obtenir le pardon de ses fautes ; de là l'expression « aller à Canossa », c'est-à-dire s'humilier après avoir résisté à quelqu'un.

CHÂTEAUX DE LA PROVINCE DE PARME

Châteaux pratique – *Ils ne se visitent dans la plupart des cas qu'au travers de* **visites guidées** *(habituellement en italien). Il est donc impératif de respecter leurs horaires. Toutefois, pour les groupes (de 10 pers. au moins), il est possible de visiter, sur réservation, en dehors des heures d'ouverture habituelles. La* **carte « del Ducato »** *donne droit à une réduction de 1 € sur les entrées, coûte 2 €, est valable 1 an et s'achète aux billetteries des châteaux. Elle offre également des réductions dans certains restaurants et hôtels.*

Nombreux et présents depuis le Moyen Âge, ils doivent leur existence à de grandes familles aristocratiques comme les Rossi, Sforza, Sanvitale, Visconti (*p. 524*)…

★ Colorno A1

À 12 km au nord de Parme - 0521 31 25 45 - www.castellideldducato.it - ♿ - visite seulement guidée - 6,50 €.

En 1337, Azzio de Corregio construisit une forteresse qui, plusieurs siècles plus tard, fut métamorphosée en une résidence raffinée pour Barbara Sanseverino. Le palais prit ses dimensions actuelles sous la domination des Farnese et sous la direction de l'architecte Ferdinando Galli Bibiena.

En 1749, Filippo di Borbone demanda une reconstruction totale à l'architecte français Alexandre Ennemond Petitot. On fit appel à des artistes français pour transformer le palais d'après le style de Versailles et ceci pour le plaisir de la duchesse Louise-Élisabeth, fille de Louis XV et femme de Filippo. À la mort de Ferdinando, fils de Filippo, Napoléon annexa le duché à la France, en 1807, et le palais de Colorno fut déclaré palais « impérial ». Ainsi s'explique la décoration de l'escalier d'apparat, construit par un élève de Petitot et décoré de fresques, célébrant la puissance de Napoléon.

Après le congrès de Vienne, le duché de Parme fut donné à Marie-Louise, épouse de Napoléon. Elle y séjourna fréquemment et soigna le grand **jardin**, qu'elle fit remanier en parc à l'anglaise. Malheureusement, à partir de 1860 le palais fut entièrement vidé de ses meubles. Ce sont donc des pièces vides, hormis les magnifiques fresques et les sols d'origine, que l'on visite.

Remarquez spécialement la **Sala Grande**, chef-d'œuvre de Petitot (1755) orné de stucs dus aux artistes Boudard et Rusca, l'**appartement** de la duchesse de style Louis XV, et le petit **salon chinois** (salottino cinese).

Dans une autre partie du château, on peut également voir la **cappella San Liborio**, chapelle privée de Ferdinand de Bourbon consacrée en 1792, néoclassique, avec sa riche décoration de stucs, son beau mobilier et un orgue de près de 3000 pipes. Dans l'appartement privé que Ferdinand de Bourbon se fit construire entre 1787 et 1789, c'est l'**observatoire**, pièce au plafond décoré des signes du zodiaque et de la rose des vents, œuvre d'Antonio Bresciani, qui est la plus charmante.

Roccabianca A1

À 29 km au nord-ouest de Parme

0521 37 40 65 - www.castellideldducato.it - visite seulement guidée - 6 €.

Construite par Pier Maria Rossi de 1450 à 1463, la forteresse s'éleva parallèlement à celle de Torrechiara et à celle de San Secondo. Le château était déjà obsolète militairement lors de sa construction, fait surprenant de la part d'un stratège comme Pier Maria Rossi mais qui s'explique par sa destination : une résidence pour Bianca Pellegrini, sa maîtresse, qui reçut effectivement le bâtiment et ses terres par legs en 1467.

À la mort de Pier Maria Rossi (Bianca étant décédée avant lui), le château passa aux Pallavicino, puis aux Rangoni, et revint en 1785, après un imbroglio juridique, aux Pallavicino qui le conservèrent jusqu'en 1901.

De forme rectangulaire avec deux tours d'angle opposées, il est couronné par un parapet à mâchicoulis. Face à l'entrée s'élève le donjon, à l'origine accessible par un pont-levis. Il fut inscrit parmi les forteresses à abattre après le traité secret de Gand entre Philippe II d'Espagne et Ottavio Farnese, la majorité de ses murs d'enceinte ont donc disparu.

De récents travaux de restauration ont cependant mis au jour des stucs et de belles fresques comme celles du **portique d'honneur**, d'une étonnante fraîcheur puisque recouvertes de chaux lors d'une épidémie de peste. Elles montrent les armoiries de Bianca Pellegrini ainsi que des néfliers, arbre symbolique dont le fruit amer devient doux en mûrissant. Ici, comme à Torrechiara (*p. 531*), l'amour de Pier Maria Rossi pour sa maîtresse a influencé la décoration et donné lieu à d'extraordinaires cycles picturaux. Dans la tour sud-est, des fresques redécouvertes relatent les histoires de **Grisalda**, inspirées par la centième nouvelle du Décameron qui célèbre la fidélité. Elles furent commandées par Pier Maria Rossi, les originales étant aujourd'hui au château des Sforza à Milan; les signes astrologiques décorant la voûte du plafond correspondraient à l'horoscope de naissance de ce dernier ou à l'acte de fondation de la Rocca. Les trois pièces au sud, dont les plafonds à caissons étaient tous peints à l'origine, ont été décorées pendant la période des Rangoni : la **Sala dei Feudi**, où figurent les possessions de la famille (villages et châteaux); la **Sala dei Paesaggi**, où des paysages forment des frises entre les armoiries des Rangoni-Farnese et enfin la **Sala dei Quattro Elementi** où sont représentés l'air, la terre, l'eau et le feu.

Les sous-sols du château abritent une distillerie de vinaigre balsamique, avec possibilité d'en acheter sur place.

Rocca dei Rossi di San Secondo A1

À 18 km au nord-ouest de Parme - 0521 87 32 14 - www.cortedeirossi.it - fermé au moment de la rédaction de ce guide.

De la forteresse médiévale jusqu'à la somptueuse résidence de la Renaissance, ce fut la demeure de l'une des plus illustres familles de la région de Parme. Le château occupait une position stratégique et commerciale d'importance sur le tracé de la Via Francigena, qui relie Milan à Parme et continue vers Rome *via* Bologne et Florence.

Sa construction débuta avec Bertrando Rossi, vers 1385. À partir de Troilo I et ses successeurs, Pier Maria III et Troilo II, les Rossi di San Secondo se lièrent aux

La forteresse de Torrechiara.
L. Da Ros / Sime/Photononstop

familles les plus importantes d'Italie. Durant le 16e s., leur cour était ouverte aux plus illustres artistes et hommes de lettres.
Toutes les pièces sont décorées de fresques qui couvrent environ 3 000 m^2 et dont les thèmes puisent dans les fables d'Ésope et de la mythologie classique. La **Chambre de l'âne d'or** (vers 1530) dépeint en 17 tableaux le roman homonyme d'Apulée. Dans la **galerie d'Ésope**, l'iconographie reflète les fastes des Rossi. Les pièces d'apparat portent un décor d'inspiration mythologique. La salle la plus impressionnante, la **Sala delle Gesta Rossiane** avec ses quelque 1 200 m^2 de fresques, célèbre les grands moments et les fêtes données par la famille depuis 1199 jusqu'en 1542. Cesare Baglione, Jacopo Bertoja, Giovan Antonio Paganino, Ercole Procaccini y ont travaillé.

★★ Rocca Meli Lupi di Soragna A1

À 28 km au nord-ouest de Parme - ✆ 0524 59 79 78 - www.roccadisoragna.it - visite guidée - fermé lun. - 7,50 €.
La forteresse s'élève au centre de Soragna, construite en brique et bordée de douves. On y accède par une entrée gardée par deux lions de pierre. Édifiée vers 1385 par les seigneurs de Soragna, Bonifacio et Antonio Lupi, elle devint progressivement une luxueuse résidence pour les princes Meli Lupi, toujours propriétaires. En excellent état de conservation, la demeure est décorée dans un style baroque et garnie de meubles néoclassiques. Œuvres de Domenico Dossa et Giacomo Mercoli pour les stucs, de Giacomo Facchini pour les paysages et les natures mortes, de Ferdinando et Francesco Galli Bibiena pour les fresques.
Au cours de la visite, on découvrira notamment : la cour quadrangulaire avec un portique dont la voûte est entièrement décorée de pampres ; la **salle de Cesare Baglione**, du nom de l'artiste qui la décora de grotesques ; celle des **Travaux d'Hercule** peints par Nicolò dell'Abate au 17e s. ; la **galerie des Poètes** (longue de 62 m) qui mène à une petite terrasse surplombant le jardin ; le **grand escalier** avec sa balustrade de marbre rouge et ses putti en pierre blanche, orné sur les murs des armoiries des familles alliées par mariage

aux Meli Lupi. La **grande galerie** du premier étage est décorée de fresques montrant des événements historiques de la famille Meli Lupi par les frères Bibiena : la rencontre de Nicolo Lupi avec le doge de Venise et surtout le banquet où figure un imposant personnage mangeant une belle volaille (l'empereur Charles V) et un autre personnage plus petit (le marquis de Soragna).

Il faut encore noter la **salle des Femmes fortes** dont les fresques dépeignent des événements bibliques où les femmes jouent un rôle majeur ; la **salle du Trône** décorée de brocarts et de velours, de deux magnifiques tables marquetées en ébène, ivoire, nacre et corail, soutenues par des sculptures de divinités marines en bois doré et supportant des cabinets en ébène, cristal de roche, bronze et miroir ; et enfin, la non moins somptueuse **chambre nuptiale**, meublée à l'occasion du mariage d'Ottavia Rossi de San Secondo avec Giampaolo Meli Lupi, prince du Saint Empire romain et de Soragna et Grand d'Espagne : séparée par une petite balustrade en bois doré, la chambre, aux murs tendus de brocart et de velours, comprend deux exceptionnels miroirs de Murano ornés de cadres en verre de cristal bleu clair et blanc. Au nord s'étend un parc à l'anglaise.

★ Rocca San Vitale à Fontanellato A1

À 19 km au nord-ouest de Parme - ✆ 0521 82 90 55 - www. fontanellato.org - visite guidée avr.-oct. : tlj 9h30-11h30, 15h-18h ; dim. et j. fériés 9h30-12h, 14h30-18h ; reste de l'année : nov.-mars : tlj sf lun. 9h30-11h30, 15h-17h ; dim. et j. fériés 9h30-12h, 14h30-17h - 7 €.

Possédée par les puissants comtes de Sanvitale, qui en restèrent propriétaires jusqu'en 1948, la forteresse, avec son large fossé en eau, occupe le centre du bourg. À l'intérieur, elle présente encore les appartements privés avec leur mobilier et leur décoration des 16e, 17e et 18e s. et des tableaux de Felice Boselli. La visite commence au premier étage par la **salle des armes** où des fresques envahissent totalement le plafond. On y remarque au centre de la voûte le blason des rois de France et sur les murs des portraits de famille du 17e s. La collection d'armes montre des pièces du 16e au 19e s., mais l'attraction ici est un coffre-fort du 17e s. toujours en état de marche. Dans la **salle à manger**, au plafond décoré des blasons des maisons apparentées aux Sanvitale, on admire une cinquantaine de plats et autres pièces de vaisselle portant les armoiries de la famille et datant du 16e au 19e s. Quant à la **salle de billard** au plafond en poutrage, elle est pavée d'un carrelage datant de 1480. Dans la **salle de réception** au plafond en bois peint, remarquez aux murs les portraits des familles Gonzague et Farnese, les meubles datant de 1700 et l'intéressante *Vue du château de Fontanellato* de Pier Ilario Spolverini (1657-1734) qui montre l'édifice avant sa restauration de la fin du 19e s. La visite se poursuit par celle de la chambre à coucher et la **galerie des Ancêtres**, appelée ainsi en raison de la série de portraits des Sanvitale peinte par un artiste anonyme du milieu du 18e s.

Au rez-de-chaussée, transformé en partie en pinacothèque, la **salle des Femmes équilibristes** présente une série de fresques monochromes chargées de petits Amours, femmes, sphinx et animaux couchés sur un fil. Lui succèdent la **salle des Petits Amours** et la **salle des Grotesques** d'après les peintures du 16e s. qui ornent le plafond.

LES GROTESQUES

On désigne par « grotesque » un décor pictural riche en motifs fantastiques, avec des figures animales (souvent imaginaires), des éléments végétaux et des paysages. Ce genre décoratif se répandit dans la seconde moitié du 16e s.

Mais c'est la **salle de Diane et Actéon★★★** qui constitue incontestablement le chef-d'œuvre du château. Sur la voûte et les lunettes, des fresques dues au Parmesan racontent la fable où la déesse de la chasse, surprise au cours de son bain par un chasseur, le transforme en cerf et où le malheureux est dévoré par ses chiens. Les peintures (plusieurs fois restaurées) ont gardé des couleurs magnifiques, fait d'autant plus étonnant qu'elles furent réalisées à la lueur de la bougie, la pièce n'ayant pas de fenêtre au moment de leur exécution. Elles avaient été commandées par le comte Galeazzo en 1524 pour son épouse, Paola Gonzaga, à qui cette pièce était destinée et dont le portrait allégorique, sous les traits de la déesse Hécate, figure au-dessus de la fenêtre.

DANS UN PETIT VILLAGE DE LA VALLÉE DU TARO…

… que surplombe un château, se déroule chaque année le prix littéraire du PEN Club italien, qui fut décerné entre autres à Mario Rigoni Stern. Ce petit village dans la province de Parma s'appelle **Compiano**.

Ne quittez pas le bâtiment sans une visite à la **chambre optique**, dans l'une des tours. Par un judicieux jeu de verres et de prismes, datant du 19e s., on peut y voir, projeté sur une surface courbe, le reflet de la place située face au château.

Rocca di Sala Baganza A1

À 10 km au sud-ouest de Parme - ☏ 0521 33 13 43 - www.castellideducato.it - visite guidée seult et sur réserv. - 4 €.

Située sur les collines des Apennins, la forteresse a tenu un rôle essentiel dans le système défensif des châteaux de la région de Parme. Dès 1258 et durant plus de trois cent cinquante ans, elle fut la propriété de la famille des Sanvitale, puis des Farnese et des Bourbons. Son bâtiment se présente aujourd'hui comme un long parallépipède, flanqué de deux tours en ruine aux extrémités. Il fait l'objet d'une vaste restauration depuis son acquisition par la municipalité en 1987.

Le château de Sala connut son âge d'or sous les Sanvitale, lorsque Stefano Sanvitale décida en 1461 d'y créer un palais, œuvre que poursuivit son fils, Giberto III. Entre 1564 et 1578, un étage noble fut ajouté ainsi qu'un cycle de fresques souhaité par Giberto IV : œuvre d'Ercole Procaccini, celui-ci commence dans la **salle de l'Énéide** avec la célébration de Vénus d'après le poème d'Ovide ; à l'autre extrémité de l'étage noble, la **Sala d'Ercole** représente deux des douze travaux d'Hercule et célèbre la force. Giberto IV commanda cette fresque à l'occasion de son mariage avec sa seconde épouse Barbara Sanseverino, à un peintre lombard de la seconde moitié du 15e s., identifié comme Bernadino Campi ou Orazio Samacchini. En 1823, le lieutenant piémontais Michele Varron, qui avait reçu le château de Napoléon en 1804, y apporta des modifications d'envergure : la destruction des ailes est, sud et ouest, entraînant celle de l'ancien escalier et ouvrant l'actuel qui conduit à la Sala d'Ercole – désormais l'antichambre des appartements nobles. La monumentale cheminée du 16e s. qui l'ornait auparavant fut enlevée et les deux télamons qui supportaient le manteau furent réutilisés pour la décoration de la nouvelle entrée (on les remarque en pénétrant dans l'enceinte du château sur la droite).

★ Torrechiara B1

À 18 km au sud de Parme - ☏ 0521 35 52 55 - www.castellideducato.it - 3 €.

Cet exemple d'architecture militaire, l'un des plus importants du 14e s., s'impose de très loin par sa masse et domine de 80 m d'altitude la vallée de

Parme. Édifié à l'emplacement d'une ancienne construction par Pier Maria Rossi entre 1448 et 1460, il présente trois cercles de murs d'enceinte successifs, à l'origine crénelés, et un plan carré avec une cour centrale à quatre tours d'angle. D'élégantes terrasses, aménagées au 16e s., complètent les deux ailes face à la vallée. Après quelques péripéties, le château fut donné en dot à Sforzino Sforza qui en fit sa résidence à partir de la seconde moitié du 15e s. Il passa ensuite par succession aux Sforza Cesarini, puis à d'autres propriétaires jusqu'en 1912, date de son acquisition par l'État italien. Mais comme la plupart des châteaux des alentours, si l'aspect extérieur traduit une forte connotation militaire, l'intérieur témoigne d'un grand raffinement.
Les appartements sont ornés d'importants cycles de fresques, caractérisées pour la plupart par des paysages et des grotesques de **Cesare Baglione** et datant de la moitié du 16e s. Mais dans la tour sud-est, la **Camera d'Oro★★** doit son nom à l'éclat de sa décoration réalisée par Benedetto Bembo entre 1460 et 1463. Commandées par Pier Maria Rossi, les fresques y célèbrent à la fois son amour pour Bianca Pellegrini et la force du clan à travers la représentation des châteaux des Rossi. Dans les lunettes, l'amour de Pier Maria et de Bianca est signifié selon les codes courtois tandis que sur la voûte, Bianca apparaît comme un pèlerin (allusion à son nom) visitant les possessions de son amant. Les carreaux de terre cuite en relief couvrant les murs, du sol au début de la voûte, étaient à l'origine dorés et multicolores, d'où le nom de chambre d'or donné à cette pièce.

LES SITES VERDIENS

La région de Busseto conserve un grand nombre de témoignages de l'un de ses enfants les plus célèbres : **Giuseppe Verdi** (1813-1901), *p. 86 et 88.*
Bien qu'il connut des débuts incertains et ne fut jamais accepté au conservatoire de Milan, le compositeur, chantre du romantisme, jouit d'un immense succès de son vivant.

Casa natale di Giuseppe Verdi A1

À Roncole Verdi, sur le territoire de Busseto, à 35 km au nord-ouest de Parme.
0524 97 450 - www.bussetolive.com - tlj sf lun. 9h30-12h, 14h30-18h - 4 €, billet combiné avec Teatro et Casa Barezzi, 8,50 €.
Au carrefour du village s'élève la maison où naquit Giuseppe Verdi le 10 octobre 1813. Son père était aubergiste, et la famille modeste, mais non indigente et illettrée comme la légende tend à vouloir le faire croire. Son buste en bronze, réalisé par G. Cantù, a été placé dans le jardin, pour célébrer le centenaire de sa naissance, en 1913.

Busseto A1

À 40 km au nord-ouest de Parme et 5 km de Roncole Verdi.
Piazza Giuseppe Verdi, 10 - 0524 92 487 - www.bussetolive.com.
Giuseppe Verdi vint s'installer dès l'âge de 10 ans dans ce bourg afin de pouvoir aller au collège. Il y fréquenta la maison d'Antonio Barezzi, riche commerçant et ami de son père, son futur beau-père, qui très tôt décela les qualités exceptionnelles du garçon et lui fit donner des cours chez Ferdinando Provesi, directeur de l'École de musique et d'orgue de la cathédrale de Parme.

Piazza Verdi – La place principale, ornée de la statue du compositeur, est occupée par le **Palazzo Vecchio** de la commune (15e s.), la **Rocca Pallavicino** (fondée au 13e s. mais largement remaniée dans la seconde moitié du 19e s.), la **collegiata di San Bartolomeo** (première moitié du 15e s.) et la maison Barezzi, aujourd'hui siège de l'association des Amis de Verdi.

★ **Teatro Verdi** – Il se trouve à l'intérieur de la Rocca Pallavicino et remplace un autre théâtre plus ancien. Construit malgré l'opposition du *maestro*, qui jugeait le projet « trop onéreux et inutile pour l'avenir », il fut inauguré en 1868 en l'absence de Verdi... Restauré en 1998, il peut accueillir 300 personnes. Chaque année s'y déroule le concours international des « Voci Verdiane » (voix verdiennes). *✆ 0524 92 487 - www.bussetolive.com - tlj sf lun. 9h30-13h, 15h-18h30 (hiv. 14h30-17h30) - 4 €, billet combiné avec Casa natale , Casa Barezzi, 8,50 €.*

Casa Barezzi – La maison d'Antonio Barezzi, qui devint son beau-père et avec lequel le musicien entretint une amitié filiale tout au long de sa vie, est aujourd'hui le siège de l'association des Amis de Verdi. Elle y expose un certain nombre de souvenirs (autographes, portraits, affiches, livrets, etc.). Ici, dans le salon, eut lieu la première représentation publique de Giuseppe Verdi en 1830. *✆ 0524 93 11 17 - www.amicidiverdi.it - en général : tlj sf lun. 10h-12h30 et 15h-18h30 (pour les horaires d'hiv., se renseigner) - 4 €, billet combiné avec Casa natale et Teatro 8,50 €.*

Museo Nazionale Giuseppe Verdi – *✆ 0524 93 10 02 - www.museogiuseppe verdi.it - tlj sf lun. 10h-18h - 9 €, billet combiné avec Villa Verdi 14 €.* Ce nouveau musée consacré à Giuseppe Verdi, dont Luciano Pavarotti aurait dû être le président honoraire, occupe la Villa dei Marchesi Pallavicino (16e s.). Il prépare les célébrations pour le bicentenaire du « cygne de Busseto », en 2013.

Villa Verdi à Sant'Agata di Villanova sull'Arda

À 3 km au nord de Busseto - ✆ 0523 83 00 00 - www.villaverdi.org - tlj sf lun. 10-12h30 et 15h-18h30 (pour les horaires d'hiv., se renseigner) - fermé de mi-déc. à déb. janv. - 9 €, billet combiné avec Museo Nazionale 14 €.

C'est la dernière résidence de Giuseppe Verdi. Il acheta cette ferme en 1848, fit des travaux, acquit des terres et dès 1851, y habita une grande partie de l'année avec Giuseppina Streppon, célèbre soprano qui fut sa seconde femme. Verdi se chargea personnellement de l'administration de la ferme. Au cours de la visite, on découvre les pianos, le portrait de Giuseppina jeune réalisée en stuc par Tenerani, des autographes de Manzoni, des photographies d'époque, la bibliothèque musicale de Verdi et son buste en terre cuite réalisé par Vincenzo Gemito en 1872. L'une des pièces montre la chambre reconstituée du Grand Hôtel de Milan dans laquelle Verdi mourut le 27 janvier 1901. Un parc de 7 ha entoure la maison.

NOS ADRESSES À PARMA

HÉBERGEMENT

À l'occasion de manifestations commerciales ou touristiques, les prix des hôtels peuvent subir une légère hausse : informez-vous au moment de la réservation.

BUDGET MOYEN

À Parma

Hotel Button B2 – *Via della Salina, 7 - ✆ 0521 20 80 39 - fax 0521 23 87 83 - www.hotelbutton.it - fermé 23 déc.-2 janv., 18 juil.-18 août - 40 ch.* En plein centre historique, entre le théâtre Regio et la piazza del Duomo, cet hôtel, installé dans un ancien couvent, est très pratique pour découvrir la ville.

Hotel Torino B1 – *Borgo A. Mazza 7 - ✆ 0521 28 10 46 - fax 0521 23 07 25 - www.hotel-torino.it - 39 ch.* Au cœur du centre-ville, un hôtel agréable et soigné dans un beau bâtiment ancien qui a été rénové. Chambres confortables.

À proximité de Parma

Antica Torre – *Cangelasio Case Bussandri, 197 - 43039 Salsomaggiore Terme (de Salsomaggiore, suivez la direction Cangelasio à 8 km, puis laissez-vous guider par les panneaux « Antica Torre ») - ✆/fax 0524 575 425 - www.anticatorre.it.* Située en pleine campagne, cette importante ferme fait également office d'*azienda agrituristica*. Elle constitue une halte idéale, surtout pour les familles. Les chambres aux meubles rustiques et sobres sont très agréables, tout comme les hôtes qui parlent français. Pour ceux qui le souhaitent : dîner possible à la ferme, d'une délicieuse cuisine locale préparée par la maîtresse des lieux.

RESTAURATION

BUDGET MOYEN

À Parma

Antica cereria B1 – *Borgo Rodolfo Tanzi, 5 - ✆ 0521 20 73 87 - www.anticacereria.it - fermé lun. (sf j. fériés).* Adresse très plaisante, où le client choisit ses vins directement dans la cave. Plats du terroir, avec des entrées particulièrement soignées.

Antica Osteria Fontana B2 – *Strada Farini, 24 - ✆ 0521 28 60 37 - fermé dim. et lun., août.* Une œnothèque-restaurant, pour savourer fromages, charcuteries, ou un plat avec du bon vin.

Trattoria del Tribunale B2 – *Vicolo Politi, 5 - ✆ 05 21 28 55 27 - www.trattoriadeltribunale.it.* Près du tribunal, restaurant très connu dans la ville. L'adresse propose des plats de la meilleure tradition locale et de tentantes nouveautés.

PETITE PAUSE

À Busseto

Baratta – *Via Roma, 7 - www.salsamenteriabaratta.it - ✆ 0524 910 66 - Fermé lun.* Pour déguster de la charcuterie locale et des vins de la vallée du Pô en écoutant des airs de Verdi… Un mélange détonnant mais finalement très réussi, à recommander pour un déjeuner sur le pouce.

ACHATS

Gastronomie – En plus du *Prosciutto di Parma (**p. 525**)*, d'autres charcuteries locales d'exception existent : le *culatello di Zibello*, noix de porc affinée dans des caves humides, et le *salame di Felino*, saucisson sec de Felino fabriqué à partir de morceaux choisis de porc maigre. Pour tout connaître sur leur fabrication et la façon de déguster ces produits.

Museo del Prosciutto – *Via Bocchialini, 7 - Langhirano (23 km au sud de Parma) - ✆ 0521 864 324 - mars-8 déc. : sam, dim. et j. fériés : 10h-18h ; mar.-vend. sur réservation pour gr. d'au moins 15 pers. - fermé 24-26, 31 déc., janv. et fév. - 4 €.*

Museo del salame di Felino – *Château de Felino - ✆ 0521 83 18 09 ou 333 23 62 839 (portable) - mars-8 déc. : sam., dim. et j. fériés : 10h-13h, 15h-18h ; vend. : sur réservation pour groupes ; fermé lun.-jeu., déc.-fév.- 5 €.*

Museo del Parmigiano Reggiano – *Viale dei Mille - Soragna - ✆ 0524 596 129 - mars-8 déc. : lun.-vend. sur réservation pour groupes, sam.-dim. et j. fériés : 10h-13h, 15h-18h - 5 €.*

Piacenza

Plaisance

★

103 206 habitants – Émilie-Romagne

NOS ADRESSES PAGE 539

S'INFORMER

Office de tourisme – *Piazza Cavalli* - *0523 32 93 24* - *www.comune.piacenza.it*

SE REPÉRER

Carte de région A1 (p. 474) – *carte Michelin Régional 561 g 11.* Plaisance se trouve le long du Pô. C'est la première ville que l'on rencontre en entrant en Émilie lorsqu'on arrive de Lombardie par l'A 1. Plaisance est reliée à Turin et Brescia par l'A 21.

SE GARER

Le centre de Plaisance n'est pas accessible aux véhicules non autorisés.

À NE PAS MANQUER

La piazza dei Cavalli, le Duomo, la Galleria d'Arte moderna Ricci-Oddi.

ORGANISER SON TEMPS

Consacrez une journée à la ville et, si vous avez le temps, faites une excursion jusqu'au village fortifié de Vigoleno.

Si la piazza Cavalli et la piazza del Duomo sont des incontournables pour le visiteur de passage, Plaisance compte aussi d'autres atouts. D'élégantes rues commerçantes où il est agréable de déambuler, des musées dignes d'intérêt. Et si la ville se situe à l'écart des hordes touristiques, ce n'en est que mieux pour celui qui prend le temps de s'y arrêter.

Se promener

★ Piazza Cavalli

Ancien centre de la politique et du commerce locaux, la place doit son nom aux chefs-d'œuvre baroques de Francesco Mochi (1580-1654), les **statues équestres**★★ des ducs Alexandre et Ranuccio Ier Farnese. Elle est dominée

6

PLAISANCE, ENTRE FARNESE ET BOURBONS

Construite par les Romains sur la rive droite du Pô, à l'extrémité de la Via Emilia, Plaisance fut au Moyen Âge une ville florissante qui adhéra à la Ligue lombarde. En 1545, Alexandre Farnese, alors pape sous le nom de Paul III créa le duché de Parme et Plaisance, et en confia le gouvernement à son fils naturel Pierre Louis. Avec un certain nombre de vicissitudes, les Farnese régnèrent sur la ville jusqu'en 1731, date à laquelle le duché passa aux Bourbons.

par l'énorme bâtiment du « **Gotico** » ★★, l'ancien hôtel de ville, magnifique exemple de l'architecture gothique lombarde (13e s.). L'édifice a une allure à la fois sévère et harmonieuse : en effet, la partie inférieure en marbre et le revêtement en brique de l'étage supérieur contrastent avec les grandes arcades et la gracieuse ornementation des fenêtres.

Sur la gauche de la place s'élève la façade de l'**église San Francesco** (13e s.), intéressant spécimen d'architecture gothique franciscaine.

★ Duomo

Remarquable édifice de style roman lombard (12e-13e s.), dont la façade est percée d'une rosace et de trois admirables portails précédés d'un portique. Les deux portails latéraux témoignent des expériences des écoles de sculpture de Modène et Nonantola. L'**intérieur** en croix latine, d'une grande simplicité, est enrichi des fresques grandioses (17e s.) de la coupole, œuvre du Guerchin et du Morazzone, et de celles des voûtes du chœur, réalisées par C. Procaccini et L. Carrache.

Sant'Antonino

Piazza Sant'Antonino.

Ancienne cathédrale paléochrétienne remaniée au 11e s. Intéressante pour sa tour octogonale de 40 m de haut, ses lanternons et son vestibule nord, gothique, dit du Paradis (1350).

San Savino

Près de la bifurcation de la via G. Alberoni et de la via Roma.

Cette église du 12e s., aux lignes architecturales d'une grande pureté, renferme de précieux témoignages de l'édifice d'origine, tels que les remarquables chapiteaux et les **pavements de mosaïque**★.

Palazzo Farnese

Piazza Cittadella, 29.

Cette imposante construction inachevée de la fin de la Renaissance, conçue par Vignole, abrite les **Musées municipaux**★ (Musei Civici). *✆ 0523 49 26 58 - www.musei.piacenza.it - mar.-jeu. 9h-13h, vend. et w.-end 9h-13h, 15h-18h - 6 €.*

Au rez-de-chaussée, **Les Fastes des Farnese**★, cycle grandiose encadré de stucs peint par S. Ricci (1659-1734) et G. Draghi (1657-1712), relatent les exploits du condottiere Alexandre Farnese et du pape Paul III. On peut aussi admirer la **reproduction**★★ étrusque en bronze d'un **foie divinatoire** (2e-1er s. av. J.-C.), sorte de mémorandum des aruspices.

Le premier étage, au plafond richement orné, renferme une collection d'œuvres émiliennes, lombardes et ligures des 16e-19e s., la **Vierge adorant l'Enfant avec saint Jean**★★, de **Botticelli**, et les *Fastes des Farnese*, dédiés à Élisabeth Farnese.

On peut également visiter le **musée des Voitures** (*Carrozze*, au sous-sol) et le **musée du Risorgimento** (à l'entresol).

San Sisto

À l'extrémité de la via San Sisto.

Cet édifice du 16e s., œuvre du Placentin Alessio Tramello, présente une curieuse architecture. Sa façade est précédée d'un portail de 1622 qui introduit dans un atrium du 16e s. L'**intérieur** recèle une intéressante ornementation Renaissance et un splendide **arrière-chœur de bois** (16e s.). Pour cette église, **Raphaël** exécuta sa célèbre *Vierge de saint Sixte*, aujourd'hui remplacée par une copie.

Les fresques du Pordenone dans l'église de la Madonna di Campagna.
C. Cigolini / Tips / Photononstop

★ Madonna di Campagna

Via Campagna.

Cette admirable église en croix grecque, réalisée par Alessio Tramello dans un style inspiré de Bramante, constitue l'un des ensembles les plus importants de la Renaissance italienne. L'intérieur renferme de splendides **fresques★** du Pordenone (1484-1539).

Galleria d'Arte Moderna Ricci-Oddi

Via San Siro, 13 - ✆ 0523 32 07 42 - www.riccioddi.it - ♿ - tlj sf lun. 9h30-12h30, vend. et w.-end 9h30-12h30 et 15h-18h - fermé j. fériés - 6 €.

Collection présentant la peinture des différentes régions italiennes, du romantisme au 20e s. : œuvres du paysagiste Antonio Fontanesi, des Macchiaioli (Fattori), de peintres au goût français (Boldini, Zandomeneghi), tableaux orientalistes et figuratifs contemporains (De Pisis), futuristes (Boccioni), peinture métaphysique (De Chirico, Carrà)… On remarque aussi quelques sculptures (Medardo Rosso) et des tableaux d'artistes étrangers ayant influencé la production italienne (Klimt).

À voir aussi

Pinacoteca del Collegio Alberoni

Via Emilia Parmense, 77 ; à 2,5 km au sud-est - ✆ 0523 57 70 11 - www.collegioalberoni.it - visite guidée dim. 16h.

Située dans l'enceinte d'un collège fondé au 18e s. par le cardinal Alberoni, elle réunit des **tapisseries** flamandes et italiennes des 16e et 17e s. et une riche collection de peintures italiennes (G. Reni, Baciccia, L. Giordano) et flamandes (Jan Provost) des 15e-19e s., dont le joyau est l'**Ecce homo★★** d'**Antonello da Messina**.

À proximité Carte de région p. 474

★ Abbazia di Chiaravalle della Colomba A1

À Alseno, à 20 km au sud-est de Plaisance

0521 61 19 11 - www.castelli delducato.it - 7h30-12h, 14h30-18h30, j. fériés 8h30-12h.

Il s'agit de l'un des centres cisterciens les plus importants d'Italie. L'abbatiale fut édifiée selon les vœux de san Bernardo da Chiaravalle et de la famille Pallavicino autour de 1135. Du complexe ancien demeurent l'église romane avec ses fresques des 14e et 15e s. et le splendide **cloître gothique★**.

La basilique – La façade ancienne est visible en partie haute, derrière l'avant-portique qui date du 14e s. L'église possède trois nefs, avec un transept selon le plan classique des églises primitives de l'ordre. Le côté sud du transept comporte un magnifique escalier qui donnait accès au dortoir des moines.

Le cloître – Il date du 14e s. et est de plan quadrangulaire ouvert sur chaque côté par 96 arches soutenues par 130 colonnes binaires de marbre rose. Un détail intéressant, les colonnes d'angle semblent « nouées » par un lien de pierre. Sur le côté sud, on remarquera le beau lavabo où les moines venaient se laver les mains avant d'aller au réfectoire. Sur le côté nord se trouve la salle capitulaire à deux nefs sur voûte gothique où se réunissaient les moines.

CHÂTEAUX DE LA PROVINCE DE PLAISANCE

★ Castell'Arquato

À 33 km au sud-est de Plaisance.

Dominé par la tour de défense de sa forteresse, le village s'étage sur les pentes d'une colline. Le complexe historique se situe au sommet.

Château – Élevé entre 1342 et 1349 selon les vœux de Jean Galéas Visconti, il passa aux mains des Scotti en 1404, puis à Filippo Visconti, avant d'être intégré aux domaines des Sforza en 1446. En 1707, il fut incorporé au duché de Parme-Plaisance.

Bâti entièrement en briques, il se compose d'une ligne de fortification d'emprise rectangulaire qui englobe une ligne plus petite. Dominant l'ensemble, le donjon abrite une série de pièces superposées. L'escalier qui les dessert mène au sommet. De là, un panorama splendide se dégage, témoignant du rôle essentiel de la forteresse comme élément de la défense urbaine et du système global de surveillance de la vallée de l'Arda.

Collegiata di Santa Maria Assunta – Sur la place du château s'élèvent l'hôtel de ville (Palazzo del Podestà) et la Collegiata di Santa Maria Assunta, une église du 12e s. bâtie sur un édifice plus ancien (8e s.). Elle renferme de très beaux fonts baptismaux du 8e s. et des fresques du 15e s. dans la chapelle Santa Caterina. À côté, le cloître donne accès au petit **musée diocésain** qui conserve de fins habits sacerdotaux, des tableaux et une magnifique armoire d'archives (première moitié du 15e s.).

En redescendant, on parcourt le joli village aux rues pavées, où l'on peut découvrir l'Ospedale di Santo Spirito (qui abrite aujourd'hui le Musée géologique), le Palazzo Stradivari et le Palazzo del Duca.

★ Vigoleno

À 45 km au sud-est de Plaisance.

Village fortifié, accessible par une route sinueuse entre les collines de vignobles. Après avoir passé la porte, autrefois pourvue d'un pont-levis, on atteint une très jolie place ayant une fontaine au centre. Le bourg s'organise autour d'un axe longitudinal, à l'extrémité occidentale duquel se trouvent le château et l'imposant donjon quadrangulaire, tandis que l'église San Giorgio s'élève à l'extrémité orientale. Le **château** (propriété privée), qui appartenait aux Visconti de Plaisance, fut cédé aux Scotti à la fin du 14e s. Les fortifications actuelles remontent à cette période.

San Giorgio – Église édifiée au 12e s. réaménagée au 17e s., et restaurée en 1963. La lunette, au-dessus de la porte, montre en bas relief le saint guerrier combattant le dragon. L'intérieur à 3 nefs et 3 absides présente des chapiteaux historiés, et une fresque du 15e s. figurant à nouveau le combat de saint Georges contre le dragon.

Castello di San Pietro in Cerro

À 20 km à l'est de Plaisance - Possibilité de visite guidée : ☎ 0523 83 90 56 - Le château se dresse à la limite des provinces de Parma et de Crémona. Il fut construit en 1491 par Bartolomeo Barattieri, conseiller légal (juridique) et ambassadeur à la cour du pape Jules II, et ses descendants le conservèrent jusqu'en 1993. Le château n'a pas connu de modifications majeures au cours des siècles et offre un fidèle témoignage d'une demeure du Quattrocento. De forme rectangulaire, flanqué de deux tours rondes sur la façade d'entrée, il paraît austère à première vue, ce que contredit la cour intérieure carrée à deux niveaux d'arcatures. L'édifice compte 30 pièces décorées, deux halls d'honneur, des cuisines et deux donjons. Il s'entoure d'un vaste parc arboré. Les combles du château accueillent le **mim (Museum In Motion)**, une collection de plus de 400 œuvres (peintures et sculptures) d'artistes contemporains italiens ou étrangers, présentées par roulement. La bibliothèque historique contient 2 000 volumes, consultables sur rendez-vous.

NOS ADRESSES À PIACENZA

HÉBERGEMENT

POUR SE FAIRE PLAISIR

Hotel City – *Via Emilia Parmense, 54 (à 3 km du centre) - ☎ 0523 57 97 52 - www.hotelcitypc.it - 59 ch.* Hôtel moderne et confortable dans un quartier résidentiel.

Hotel Ovest – *Via I Maggio, 82 - ☎ 0523 71 22 22 - www.hotelovest.com - 59 ch.* Hôtel moderne, élégant et bien insonorisé.

RESTAURATION

BUDGET MOYEN

Taverna del Gusto – *Via Taverna, 27 - ☎ 0523 33 28 14 - www.tavernadelgusto.it - fermé dim., lun. et j. fériés.* Œnothèque dans le centre-ville. Idéale pour une collation de fromages et de charcuteries du cru avec un vin approprié. Vente de produits.

À proximité

La Rocca da Franco – *Piazza Municipio - 29014 Castell'Arquato - ☎ 0523 80 51 54 - www.larocca1964.it - fermé merc., fév., 2e quinz. juil.- réserv.* Restaurant avec panorama sur la campagne. Menu-dégustation de plats locaux.

MICHELIN
Une meilleure façon d'avancer

L'Aventure Michelin

Tout commence avec des balles en caoutchouc ! C'est ce que produit, vers 1880, la petite entreprise clermontoise dont héritent André et Édouard Michelin. Les deux frères saisissent vite le potentiel des nouveaux moyens de transport.

L'invention du pneumatique démontable pour la bicyclette est leur première réussite. Mais c'est avec l'automobile qu'ils donnent la pleine mesure de leur créativité. Tout au long du 20e s., Michelin n'a cessé d'innover pour créer des pneumatiques plus fiables et plus performants, du poids lourd à la F 1, en passant par le métro et l'avion.

Très tôt, Michelin propose à ses clients des outils et des services destinés à faciliter leurs déplacements, à les rendre plus agréables... et plus fréquents. Dès 1900, le Guide Michelin fournit aux chauffeurs tous les renseignements utiles pour entretenir leur automobile, trouver où se loger et se restaurer. Il deviendra la référence en matière de gastronomie. Parallèlement, le Bureau des itinéraires offre aux voyageurs conseils et itinéraires personnalisés.

En 1910, la première collection de cartes routières remporte un succès immédiat ! En 1926, un premier guide régional invite à découvrir les plus beaux sites de Bretagne. Bientôt, chaque région de France a son Guide Vert. La collection s'ouvre ensuite à des destinations plus lointaines de New York en 1968... à l'Islande en 2013.

Au 21e s., avec l'essor du numérique, le défi se poursuit pour les cartes et guides Michelin qui continuent d'accompagner le pneumatique. Aujourd'hui comme hier, la mission de Michelin reste l'aide à la mobilité, au service des voyageurs.

MICHELIN AUJOURD'HUI

N°1 MONDIAL DES PNEUMATIQUES

- 69 sites de production dans 18 pays
- 115 000 employés de toutes cultures, sur tous les continents
- 6 000 personnes dans les centres de Recherche & Développement

Avancer
monde où la

Mieux avancer, c'est d'abord innover pour mettre au point des pneus qui freinent plus court et offrent une meilleure adhérence, quel que soit l'état de la route.

LA JUSTE PRESSION

BONNE PRESSION

- Sécurité
- Longévité
- Consommation de carburant optimale

-0,5 bar

- Durée de vie des pneus réduite de 20% (- 8 000 km)

-1 bar

- Risque d'éclatement
- Hausse de la consommation de carburant
- Distance de freinage augmentée sur sol mouillé

ensemble vers un mobilité est plus sûre

C'est aussi aider les automobilistes à prendre soin de leur sécurité et de leurs pneus. Pour cela, Michelin organise partout dans le monde des opérations **"Faites le plein d'air"** pour rappeler à tous que la juste pression est vitale.

L'USURE

COMMENT DETECTER L'USURE ?

Vos pneus MICHELIN sont munis d'indicateurs d'usure : ce sont de petits pains de gomme moulés au fond des sculptures et d'une hauteur de 1,6mm.
Lorsque la profondeur des sculptures est au même niveau que les indicateurs, les pneus sont usés et doivent être remplacés.

Les pneus constituent le seul point de contact entre le véhicule et la route, un pneu usé peut être dangereux sur chaussée mouillée.

PNEU NEUF

PNEU USÉ
(1,6mm de sculpture)

Ci-contre, la zone de contact réelle photographiée sur chaussée mouillée.

Mieux avancer, c'est développer une mobilité durable.

INNOVATION ET ENVIRONNEMENT

Chaque jour, Michelin innove pour réduire la quantité de matières premières utilisée dans la fabrication des pneumatiques, et développe dans ses usines les énergies renouvelables. La conception des pneus MICHELIN permet déjà d'économiser des milliards de litres de carburant, et donc des milliards de tonnes de CO2.

De même, Michelin choisit d'imprimer ses cartes et guides sur des « papiers issus de forêts gérées durablement ». L'obtention de la certification ISO14001 atteste de son plein engagement dans une éco-conception au quotidien.

Un engagement que Michelin confirme en diversifiant ses supports de publication et en proposant des solutions numériques pour trouver plus facilement son chemin, dépenser moins de carburant.... et profiter de ses voyages !

Comme vous, Michelin s'engage dans la préservation de notre planète.

Chattez avec Bibendum

Rendez-vous sur:
www.michelin.com/corporate/fr
Découvrez l'actualité et
l'histoire de Michelin.

QUIZZ

Michelin développe des pneumatiques pour tous les types de véhicules. Amusez-vous à identifier le bon pneu...

Résultat : A-6 / B-4 / C-2 / D-1 / E-3 / F-7 / G-5

INDEX GÉNÉRAL

Torino : villes, curiosités et régions touristiques.
Canova, Antonio : noms historiques ou termes faisant l'objet d'une explication.
Les sites isolés (châteaux, abbayes, grottes…) sont répertoriés à leur propre nom.
Nous indiquons par son nom, entre parenthèses, la région à laquelle appartient chaque ville ou site.

A

B

C

D

E

F

Q – R

T

U

V

W – Z

CARTES ET PLANS

CARTE GÉNÉRALE

Premier rabat de couverture

CARTES DES RÉGIONS

PLANS DE VILLE

CARTES THÉMATIQUES

CARTES DES CIRCUITS

LÉGENDE DES CARTES ET PLANS

Curiosités et repères

- Itinéraire décrit, départ de la visite
- Église
- Mosquée
- Synagogue
- Monastère - Phare
- Fontaine
- Point de vue
- Château - Ruine ou site archéologique
- Barrage - Grotte
- Monument mégalithique
- Tour génoise - Moulin
- Temple - Vestiges gréco - romains
- Temple : bouddhique - hindou
- Autre lieu d'intérêt, sommet
- Distillerie
- Palais, villa, habitation
- Cimetière : chrétien - musulman - israélite
- Oliveraie - Orangeraie
- Mangrove
- Auberge de jeunesse
- Gravure rupestre
- Pierre runique
- Église en bois
- Église en bois debout
- Parc ou réserve national
- Bastide

Sports et loisirs

- Piscine : de plein air - couverte
- Plage - Stade
- Port de plaisance - Voile
- Plongée - Surf
- Refuge - Promenade à pied
- Randonnée équestre
- Golf - Base de loisirs
- Parc d'attractions
- Parc animalier, zoo
- Parc floral, arboretum
- Parc ornithologique, réserve d'oiseaux
- Planche à voile, kitesurf
- Pêche en mer ou sportive
- Canyoning, rafting
- Aire de camping - Auberge
- Arènes
- Base de loisirs, base nautique ou canoë-kayak
- Canoë-kayak
- Promenade en bateau

Informations pratiques

- Information touristique
- Parking - Parking - relais
- Gare : ferroviaire - routière
- Voie ferrée
- Ligne de tramway
- Départ de fiacre
- Métro - RER
- Station de métro (Calgary, ...) (Montréal)
- Téléphérique, télécabine
- Funiculaire, voie à crémaillère
- Chemin de fer touristique
- Transport de voitures et passagers
- Transport de passagers
- File d'attente
- Observatoire
- Station service - Magasin
- Poste - Téléphone
- Internet
- Hôtel de ville - Banque, bureau de change
- Palais de justice - Police
- Gendarmerie
- Théâtre - Université - Musée
- Musée de plein air
- Hôpital
- Marché couvert
- Aéroport
- Parador, Pousada (Établissement hôtelier géré par l'État)
- Chambre d'agriculture
- Conseil provincial
- Gouvernement du district, Délégation du Gouvernement Police cantonale
- Gouvernement provincial (Landhaus)
- Chef lieu de province
- Station thermale
- Source thermale

Axes routiers, voirie

- Autoroute ou assimilée
- Échangeur : complet - partiel
- Route
- Rue piétonne
- Escalier - Sentier, piste

Topographie, limites

- Volcan actif - Récif corallien
- Marais - Désert
- Frontière - Parc naturel

omprendre les symboles utilisés dans le guide

ES ÉTOILES

★★★ **Vaut le voyage** ★★ **Mérite un détour** ★ **Intéressant**

HÔTELS ET RESTAURANTS

9 ch.	Nombre de chambres		Piscine
7,5 €	Prix du petit-déjeuner en sus	CC	Paiement par cartes de crédit
50 €	Prix de la chambre double, petit-déjeuner compris		Carte de crédit non acceptée
bc	Menu boisson comprise	P	Parking réservé à la clientèle
	Air conditionné dans les chambres	Tram	Station de tramway la plus proche
	Restaurant dans l'hôtel	M	Station de métro la plus proche
	Établissement servant de l'alcool (à l'étranger)		

SYMBOLES DANS LE TEXTE

	À faire en famille		Randonnée à vélo
	Pour aller au-delà		Facilité d'accès pour les handicapés
	Promenade à pied	**A2 B**	Repère sur le plan

Note au lecteur

Michelin a apporté le plus grand soin à la rédaction de ce guide et à sa vérification. Toutefois, les informations pratiques (formalités administratives, prix, adresses, numéros de téléphone, adresses Internet…) doivent être considérées comme des indications du fait de l'évolution constante de ces données.

Il n'est pas totalement exclu que certaines d'entre elles ne soient plus, à la date de parution du guide, tout à fait exactes ou exhaustives. N'hésitez pas à nous signaler toute omission ou inexactitude que vous pourriez constater, ainsi qu'à nous faire part de vos avis et suggestions sur les adresses contenues dans ce guide.

Avant d'entamer toute démarche, formalités administratives ou douanières notamment, vous êtes invité à vous renseigner auprès des organismes officiels. Ces informations ne sauraient, de ce fait, engager notre responsabilité.

Collection Le Guide Vert sous la responsabilité d'Anne Teffo

Édition
Irène Lainey, Catherine Girard

Rédaction
Lucie Dejouhanet, Maura Marca, Elisabetta Rossi, Erica Zane, Eva Cantavenera, Philippe Longin, Julie Wood, Véronique Nègre.

Cartographie
Évelyne Girard, Thierry Lemasson, Stéphane Anton, Michèle Cana, Marie-Claude Backe-Amoretti, APEX Cartographie, DzMap Algérie

Relecture
Marie-Ida Artusi-Tessier

Remerciements
Didier Broussard, Hervé Dubois, Pascal Grougon, Marie Simonet

Conception graphique
Christelle Le Déan

Régie publicitaire et partenariats
business-solutions@tp.michelin.com
Le contenu des pages de publicité insérées dans ce guide n'engage que la responsabilité des annonceurs.

Contacts
Michelin
Guides Touristiques
27 cours de l'Île-Seguin, 92650 Boulogne-Billancourt cedex
Service consommateurs : tourisme@tp.michelin.com
Boutique en ligne : www.michelin-boutique.com-

Parution 2013

Michelin Travel Partner
Société par actions simplifiées au capital de 11 629 590 EUR
27 cours de l'Île-Seguin - 92650 Boulogne Billancourt (France) cedex
R.C.S. Nanterre 433 677 721

Dépôt légal : 12-2012 – ISSN 0293-9436
Compograveur : Nord Compo, Villeneuve d'Asq
Imprimeur : la Tipografica Varese, Italie
Imprimé en Italie : 12-2012

Usine certifiée 14001
Sur du papier issu de forêts gérées durablement (100% PEFC)